大 事 记

2011年江苏油田大事记

33

油气勘探开发

勘探方针与部署任务

44

多 元 开 发

矿 业 开 发

91

经 营 管 理

企业改革与管理

131

党 群 工 作

综 述

189

单 位 概 览

试 采 一 厂

210

规章制度选编

油田管理文件

关于印发《江苏油田制度标准化改造实施方案》的通知

江苏油田制度标准化改造实施方案

315

统 计 资 料

2011年全国主要油田原油、天然气产量排序表

344

附 录

职能委员会（领导小组）名录

2011年江苏油田调整及新设职能委员会（领导小组）名录

353

编辑部地址：江苏省扬州市文汇西路 1 号江苏油田机关综合楼 613 室

电　　话：（0514）87760005

传　　真：（0514）87760009

邮政编码：225009

江苏油田年鉴

2012

（总第 18 卷）

《江苏油田年鉴》编辑委员会　编

毛凤鸣　主编

JIANGSU OILFIELD YEARBOOK JIANGSU OILFIELD YEARBOOK

中国石化出版社

图书在版编目（CIP）数据

江苏油田年鉴. 2012 /《江苏油田年鉴》编辑委员会编. —北京：中国石化出版社, 2012.12
ISBN 978-7-5114-1899-9

Ⅰ. ①江… Ⅱ. ①江… Ⅲ. ①油田－江苏省－2012－年鉴 Ⅳ. ①F426.22-54

中国版本图书馆 CIP 数据核字(2012)第 313249 号

中国石化出版社出版发行

地址：北京市东城区安定门外大街 58 号
邮编：100011　电话：（010）84271850
读者服务部电话：（010）84289974
http://www.sinopec-press.com
E-mail:press@sinopec.com
安徽省人民印刷有限公司印刷
全国各地新华书店经销
*
787×1092 毫米 16 开本 25.5 印张 36 彩插 866 千字
2012 年 12 月第 1 版　2012 年 12 月第 1 次印刷
定价：85.00 元

（如出现印刷质量问题，请与我社读者服务部联系调换）

2012

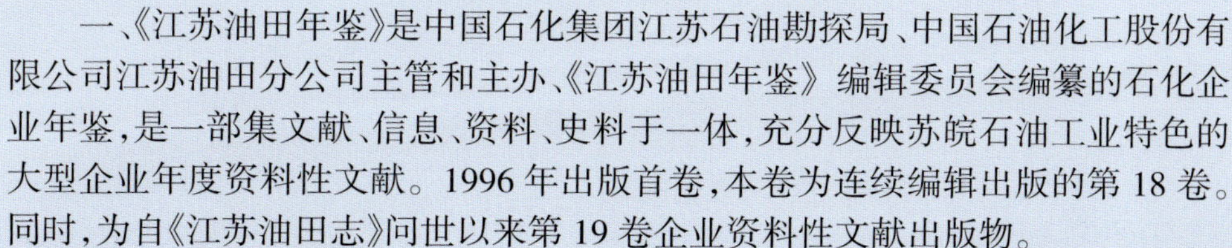

编辑说明

一、《江苏油田年鉴》是中国石化集团江苏石油勘探局、中国石油化工股份有限公司江苏油田分公司主管和主办、《江苏油田年鉴》编辑委员会编纂的石化企业年鉴，是一部集文献、信息、资料、史料于一体，充分反映苏皖石油工业特色的大型企业年度资料性文献。1996 年出版首卷，本卷为连续编辑出版的第 18 卷。同时，为自《江苏油田志》问世以来第 19 卷企业资料性文献出版物。

二、《江苏油田年鉴》(2012)以邓小平理论、“三个代表”重要思想和科学发展观为指导，以科学地历史地总结经验、客观地全面地认识现实为办刊方针，以“求实求全求新、精编精校精印、存文存史存业、立言立德立功”为办鉴宗旨，全面、系统、翔实地记述了江苏油田 2011 年 1 ~ 12 月苏皖油气勘探开发和两个文明建设的基本情况、最新成果和有关资料，表彰 2011 年度先进集体和先进个人的资料收录至 2012 年 5 月。上述资料文献旨在为油田各级领导制定生产经营方针、政策提供依据，同时为油田内外广大读者全面了解、认识江苏油田提供信息。

三、本卷年鉴采用分类编纂法，以综合记述和条目记述相结合的主体形式结构全书。主要内容分为类目、栏目、条目三个层次，在选目时力求体现以事件为记载和编目主线。条目中强化了生产、经营、科研等方面的信息，以提高其借鉴价值。全书以文字表述为主，辅以照片、图表。条目是全书用以反映情况和动态的主要形式，开头用黑体字加【 】作标题。

四、《江苏油田年鉴》以出版年号为卷次名称。本卷年鉴共设 20 个类目、分设 141 栏目。文字记述中共收录了 1006 个条目、43 篇文章(文件、报告)、91 条大事记、50 张统计表。全卷共有 46 幅插页和 107 幅随文图片。内容力求保持各年度资料的连续性。

五、本卷文稿按苏油办〔2012〕10 号文件要求，由机关各部门和各厂、处指定专人负责撰写，并经主管领导审核签发。为完整反映相关领域的发展情况，编辑部采编和补充了部分内容，并以“尤鉴”署名。全卷文稿经油田领导统审后刊用，以保证年鉴所载信息、资料的真实性和权威性。

六、本卷年鉴刊登的各单位名称按油田内部习惯称呼直书其名。其中：“中国石油化工集团公司”用“石化集团公司”、“集团公司”；“中国石油化工股份有限公司”用“石化股份公司”、“股份公司”；“江苏石油勘探局”按习惯采用“江苏油田”、“勘探局”；“中国石油化工股份有限公司江苏油田分公司”用“江苏油田”、“分公司”两种称谓。部分厂、处在刊载时也采取了其内部习惯简称。

七、本卷年鉴采用法定计量单位，对个别非法定计量单位如“亩”、“公顷”，因统计习惯仍予保留。法定单位一般采用汉字表达，少数已被公众接受的法定计量单位如“℃”，则用符号表示。

八、《江苏油田年鉴》在编纂过程中得到有关方面的大力支持与热情帮助，在此一并表示谢忱。希望广大读者对我们认识不及、考虑不周、存在的疏漏之处提出宝贵意见。

《江苏油田年鉴》编辑部

二〇一二年十一月八日

2011 年年末工业占地总面积	16698.7	亩
2011 年年末总人口数	42148	人
2011 年年末在职职工总数	17258	人
2011 年年末离退休职工总数	7807	人
2011 年年末油气勘查面积	36521	平方千米
2011 年年末油气开采面积	922	平方千米
2011 年年末探明含油面积	229.97	平方千米
2011 年年末累计探明石油地质储量	26652	万吨
2011 年探明石油地质储量	1059.00	万吨
2011 年年末累计探明天然气储量	85.18	亿立方米
2011 年年末核定年原油生产能力	172.11	万吨
2011 年年末采油井口数	2281	口
2011 年年末累计原油生产总量	3631.11	万吨
2011 年原油产量	171.02	万吨
2011 年天然气产量	5422	万立方米
2011 年年末累计注水总量	8239.93	万立方米
2011 年注水量	671.59	万立方米
2011 年年末累计卤水销量	3042.69	万立方米
2011 年卤水销量	489.69	万立方米
2011 年年末累计完成二维地震测线	92378.55	千米

2011 年完成二维地震测线	4084.66	千米
2011 年年末累计完成三维地震	10911.70	平方千米
2011 年完成三维地震	776.79	平方千米
2011 年年末累计完成钻井交井	4147	口
2011 年完成钻井交井	246	口
2011 年年末累计完成钻井进尺	1186.13	万米
2011 年完成钻井进尺	97.42	万米
2011 年年末累计完成勘探建设总投资	328.48	亿元
2011 年完成勘探建设投资	32.97	亿元
2011 年年末累计房屋竣工面积	173.05	万平方米
2011 年年末固定资产原值	238.34	亿元
2011 年年末固定资产净值	124.99	亿元
2011 年销售收入	148.60	亿元
2011 年年末累计利税总额	345.80	亿元
2011 年完成利润额	21.24	亿元
2011 年完成税金额	30.34	亿元
2011 年年末实有设备总数	9899	台(套)
2011 年江苏石油勘探局综合能耗	0.42	吨标煤 / 万元
2011 年江苏油田分公司综合能耗	0.30	吨标煤 / 万元

（黄俊良）

2012

荣誉称号
获奖单位
授奖单位
授奖日期

全国"安康杯"优胜企业
江苏油田
中华全国总工会 国家安全生产监督管理总局
2011 年 2 月

"十一五"时期社会主义竞赛先进集体
江苏油田
中华全国总工会
2011 年 3 月

江苏省模范劳动关系和谐企业
江苏油田
省人力资源和社会保障厅 江苏省总工会
省经济和信息化委员会 省企业联合会 / 企业家协会
2011 年 12 月

江苏省十佳基层工会
局工会
江苏省总工会
2011 年 10 月

全国能源化学系统先进工会
局工会
中国能源化学工会全国委员会
2011 年 11 月

全国能源化学系统工会信息工作先进单位
局工会
中国能源化学工会全国委员会
2011 年 8 月

全国能源化学系统工人先锋号
井下作业处综合大队压裂队
中国能源化学工会全国委员会
2011 年 11 月

江苏省企事业先进班组
试采一厂输油二队沙埝联合站
江苏省总工会 江苏省经济和信息化委员会
江苏省国资委 江苏省工商业联合会
2011 年 9 月

2010 年度财务管理先进单位
江苏石油勘探局
中国石油化工集团公司
2011 年 3 月

2010 年度财务管理先进单位
江苏油田分公司
中国石油化工股份有限公司
2011 年 3 月

非上市油田板块 2010 年度全员成本目标管理贡献程度奖
江苏石油勘探局
中国石油化工集团公司
2011 年 3 月

上市油田板块 2010 年度全员成本目标管理贡献程度奖
江苏油田分公司
中国石油化工集团公司
2011 年 3 月

ERP 模块应用典型企业
江苏油田分公司
中国石油化工股份有限公司
2011 年 4 月

2010 年度财务决算先进单位
江苏石油勘探局
中国石油化工集团公司财务部
2011 年 9 月

2010 年度财务决算先进单位
江苏油田分公司
中国石油化工股份有限公司财务部
2011 年 11 月

2008～2010 年全国内部审计先进集体荣誉
江苏油田审计处
国家审计署
2011 年 8 月

2011 年全省经济责任审计理论与实务研讨优秀组织奖
江苏油田审计处
江苏省内审协会
2011 年 10 月

江苏省技工院校教学管理示范院校
江苏油田技师学院
江苏省人力资源和社会保障厅
2011 年 12 月

江苏省技工院校开展社会培训工作先进单位
江苏油田技师学院
江苏省人力资源和社会保障厅
2011 年 12 月

2012

2006～2010 年全省法制宣传教育先进单位
江苏石油勘探局
中共江苏省委宣传部　江苏省司法厅
2011 年 7 月

2006～2010 年中央企业法制宣传教育先进单位
江苏石油勘探局
国务院国有资产监督管理委员会
2011 年 9 月

江苏省"五五"普法工作先进企业
江苏石油勘探局
中共江苏省委宣传部　江苏省司法厅
江苏省法制宣传教育协调指导办公室
2011 年 7 月

2006～2010 年省级机关法制宣传教育先进普法办
江苏油田法律事务处
中共江苏省委宣传部　中共江苏省委省级机关工作委员会　江苏省司法厅
2011 年 8 月

江苏省五四红旗团委创建单位
安徽石油勘探开发公司团委
团省委
2011 年 1 月

江苏省优秀志愿服务项目
志愿服务"站点联动"工程
团省委
2011 年 3 月

江苏省青年志愿服务行动组织奖
江苏油田青年志愿者协会
团省委
2011 年 3 月

2010 年度全省共青团工作创新创优成果二等奖
局团委"360 度考核机制构建团组织评价模型"
团省委
2011 年 1 月

江苏省五四红旗团委
试采二厂团委
团省委
2011 年 5 月

江苏省五四红旗团委创建单位
地测处团委
团省委
2011 年 8 月

2010 年度中国石化青年文明号
钻井处 40416JS 钻井队
中国石油化工集团公司
2011 年 8 月

2010 年度中国石化青年文明号
地质测井处生产测井中心
中国石油化工集团公司
2011 年 8 月

2010 年度省级青年文明号
钻井处 70461JS 钻井队
团省委
2011 年 12 月

2010 年度省级青年文明号
安徽石油勘探开发公司 50761JS 钻井队
团省委
2011 年 12 月

2010 年度省级青年文明号
井下作业处作业一大队大修二队
团省委
2011 年 12 月

运用新媒体引导青年创新案例一等奖
《细分媒介特征，发掘新型阵地》
团省委
2011 年 12 月

（尤鉴）

2012

中国石化在过去的2010年里取得了快速发展的业绩，其中有党中央、国务院的正确领导，有全国尤其是中央各部委的支持，更有我们全体将士凝聚的心血，在这里我感谢大家。也希望大家在新的一年里奋力拼搏，为江苏油田、为中国石化的发展贡献新的更大的力量。

——集团公司副总经理李春光1月14日在油田慰问时的讲话

在领导班子和干部队伍建设中，要加强学习，提高能力水平；要继续增进团结，发挥整体功能；要增强民主集中制意识、协作共事意识、干事创业意识；要改进作风，树立良好形象，坚持求真务实、积极开拓进取，做到清正廉洁。在油田建设和党建方面，要抓好增储上产，大力推进油气勘探开发；要抓好安全环保，提升本质安全水平；要抓好科技创新，增强企业发展后劲；要抓好创先争优，把基层党建工作不断推向深入。

——集团公司党组成员、股份公司高级副总裁蔡希有3月24日在油田干部大会上的讲话

油气储量管理一是加强组织领导。各油田分公司都要成立由分公司总经理挂帅，主管勘探、开发、财务领导负责，勘探、开发技术人员和财务、计划部门人员参加的储量管理领导小组，明确职责。二是油田部要尽快组织制定符合国家储委要求、SEC标准要求、适合股份公司发展要求的储量管理办法。三是加强方法创新，加快特殊类型油藏储量计算方法研究。四是加强储量资产管理队伍建设。

——股份公司副总裁焦方正4月27日在扬州召开的中石化2011年度上市油气储量管理工作会议上的讲话

江苏油田勘探开发等各项工作做得很精细，储量、产量、效益上取得了很好的效果，含金量很高。

——集团公司董事长傅成玉8月在集团公司领导干部座谈会上的讲话

国有及国有控股企业思想政治工作要立足新起点，坚持以人为本，不断解放思想，开拓创新，切实打牢思想文化基础，全面打造企业软实力，努力培养和造就有理想、有道德、有文化、有纪律的社会主义劳动者，为全面提升国有企业核心竞争力、促进企业持续健康发展提供坚实的思想文化根基和不竭的精神动力。

——中宣部副部长、中国思想政治工作研究会常务副会长申维辰9月3日在扬州考察调研时的讲话

一线人才队伍建设是一项长期的战略任务，开展职业技能竞赛是实现知识、技能、石油石化优良作风传承的重要途径。希望受到表彰的选手戒骄戒躁、精益求精，把竞赛中的好作风、好经验带回各自的工作岗位上，引领更多员工在生产经营实践中建功立业，实现个人价值。希望广大员工以获奖选手为榜样，不断学习专业知识，努力提高自身素质，创先争优、勇担责任、追求卓越。希望各单位以此为契机，更加扎实地贯彻落实集团公司人才工作会议精神和人才发展规划纲要，更加关心一线员工的发展、关注一线员工的成长，为加强一线人才队伍建设作出新贡献。

——集团公司党组成员、副总经理李春光10月15日晚在集团公司2011年职业技能竞赛江苏赛区闭幕会上的讲话

江苏油田上上下下精神振奋，领导班子不断追求新水平、攀登新高度，责任心强、事业心强、战斗力强；职工队伍精神状态好，作风过硬，整体的进取心强，各项工作比往年都有了新的更大的进步。

江苏油田要牢固树立资源是命根子的理念，牢固树立所有资源都可以发现的理念，牢固树立找到的资源都可以动用的理念，牢固树立高度重视非常规领域勘探开发的理念。

在抓好常规油气藏开发，保持老区挖潜、新区建产、精细管理等良好做法的同时，要进一步解放思想，开拓思路，加快非常规油气藏的勘探开发工作。要在非常规领域实现当年得手、当年突破、当年建产的目标。要通过常规油气藏的精细开发稳住现有产量，通过非常规油气藏开发技术的突破保持增量，实现江苏油田持续稳产增产。

——集团公司党组成员、股份公司高级副总裁王志刚 11 月 24 日在油田调研时的讲话

我在江苏油田调研下来，感觉江苏油田各项任务完成得都比较好，特别是非常规领域勘探开发很振奋，下一步我相信会有更加良好的表现。根据形势，我给江苏油田下步发展作了个定位——常规油气稳产、非常规油气上产，再创一个十年黄金发展期。

——集团公司党组成员、股份公司高级副总裁王志刚 11 月 25 日在南京召开的中石化下扬子地区海相油气勘探技术交流会上的讲话

积极推进资源战略，加快打造上游“长板”，既是党组对我们的殷切期望，也是油田持续发展的根本所在，更是国家能源安全和社会经济发展赋予我们的光荣使命。广大干部职工要进一步增强大局意识、发展意识、创新意识和责任意识，紧紧围绕主题，牢牢把握主线，大力唱响主旋律，以“大视野”拓宽发展思路，以“大攻关”增强发展能力，以“大协作”丰富发展内涵，以“大舞台”提升发展境界，努力在更高层次、更高水平上推动油田发展。

——勘探局局长、分公司总经理朱平 11 月 4 日在油田勘探开发石油工程工作会上的讲话

要按照集团公司党组提出的党组织要发挥“五个作用”、实现“六个转化”的要求，进一步加强和改进党建思想政治工作，在继承中创新、在创新中发展，突出特色、创新载体，切实增强工作的针对性和实效性，确保党建思想政治工作“跟得上、贴得紧、拿得下”。

——局党委书记李东海 6 月 30 日在江苏油田庆祝中国共产党成立 90 周年大会上的讲话

（黄俊良）

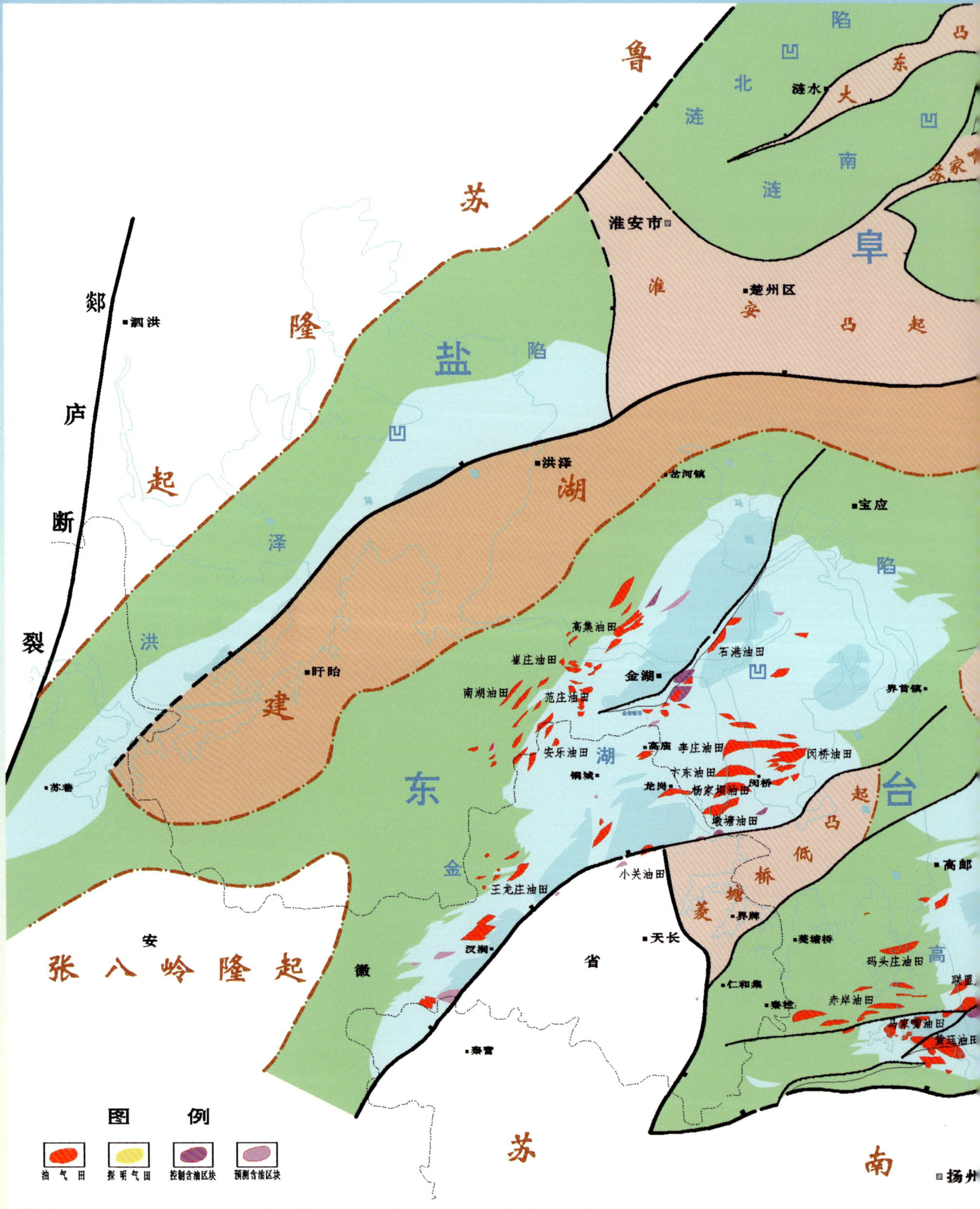

2011·江苏油田油气示意

图 例

油气田　探明气田　控制含油区块　预测含油区块

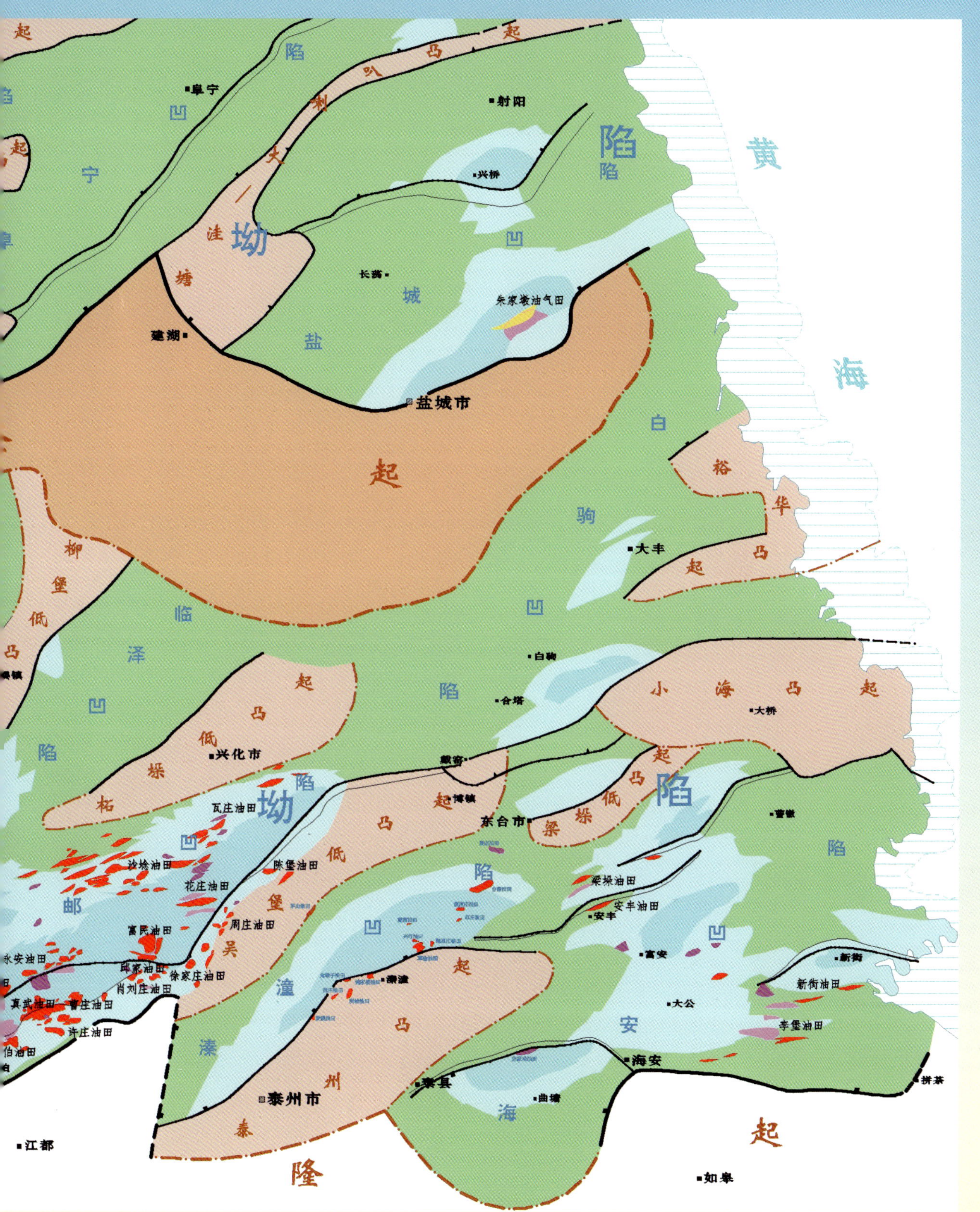

黄
海
阜宁
射阳
兴桥
长荡
朱家墩油气田
建湖
盐城市
大丰
白驹
大桥
兴化市
东台市
瓦庄油田
沙埝油田
花庄油田
陈堡油田
周庄油田
富民油田
永安油田
徐家庄油田
肖刘庄油田
曹庄油田
许庄油田
梁垛油田
安丰油田
安丰
富安
新街
新街油田
大公
李堡油田
海安
泰县
曲塘
泰州市
江都
如皋

2011·江苏油田机构示意

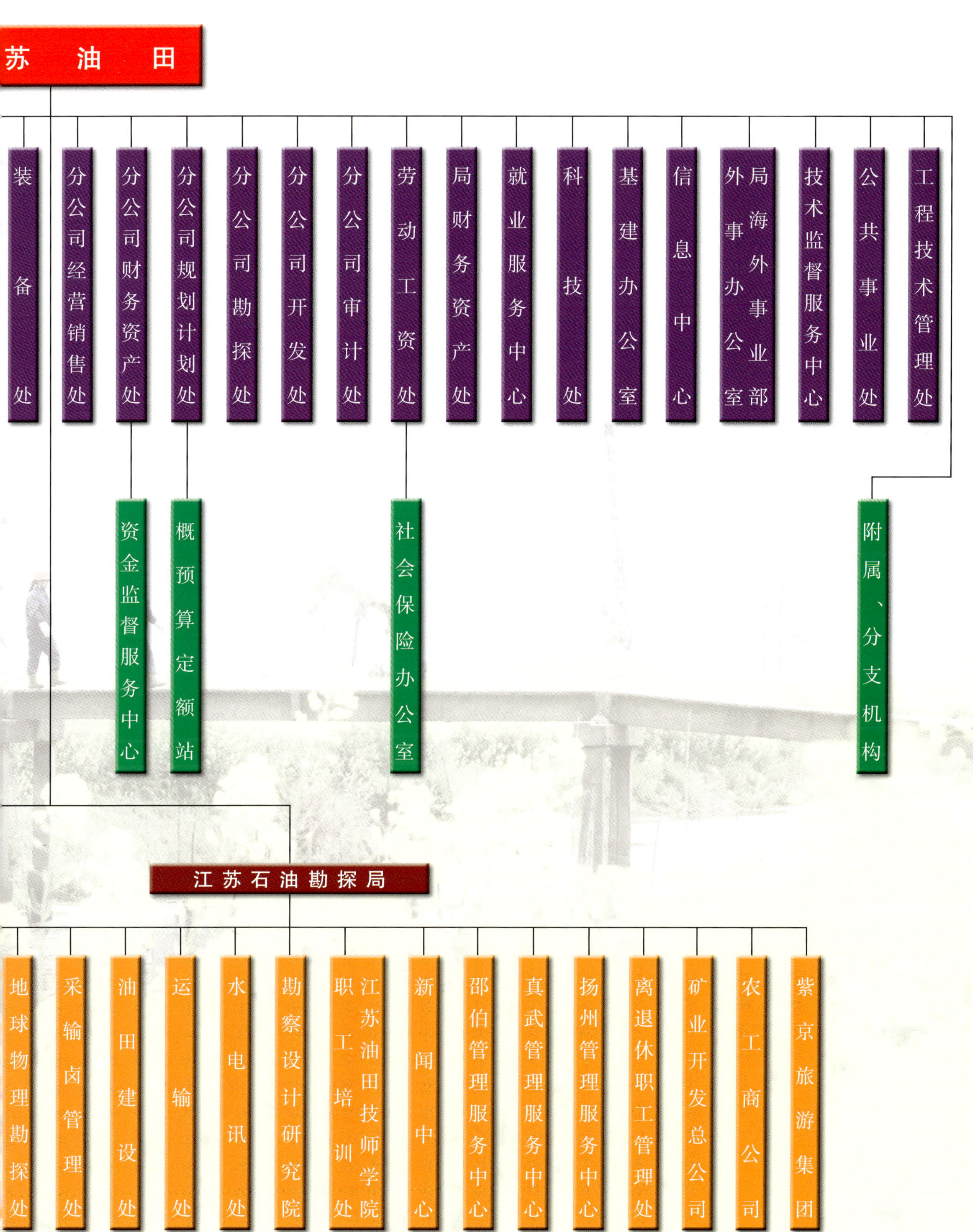
苏油田
装备处
分公司经营销售处
分公司财务资产处
分公司规划计划处
分公司勘探处
分公司开发处
分公司审计处
劳动工资处
局财务资产处
就业服务中心
科技处
基建办公室
信息中心
局海外事业部
外事办公室
技术监督服务中心
公共事业处
工程技术管理处
资金监督服务中心
概预算定额站
社会保险办公室
附属、分支机构
江苏石油勘探局
地球物理勘探处
采输卤管理处
油田建设处
运输处
水电讯处
勘察设计研究院
江苏油田技师学院
职工培训处
新闻中心
邵伯管理服务中心
真武管理服务中心
扬州管理服务中心
离退休职工管理处
矿业开发总公司
农工商公司
紫京旅游集团

2011年7月27日，勘探局局长、分公司总经理朱平来到扬州石化有限责任公司“十二五”结构调整关键工程——催化技改、气分扩能项目施工现场检查指导投产准备工作。他要求集中力量，精心组织，确保开车一次成功。

朱 俊 摄

2011 年 9 月 3 日，中央宣传部副部长申维辰（前左二）在局党委书记李东海（前左一）等油田领导陪同下调研企业思想政治工作。

潘月斌　摄

2011 年 11 月 24 日，股份公司高级副总裁王志刚（中）来油田调研，听取油田工作汇报。

朱 俊 摄

2011 年 3 月 24 日，集团公司党组成员、股份公司高级副总裁蔡希有(中)参加油田干部大会，宣布油田党委主要负责人任免事项。

宋永根　摄

2011年10月15日,2011年集团公司技能竞赛在扬州完美落幕。集团公司副总经理李春光(左一)出席颁奖晚会,并为获得7个工种比赛第一名的金牌选手颁奖。

朱 俊 摄

2011 年 3 月 30 日，中国工程院院士、股份公司原高级副总裁曹湘洪（左三）在油田领导陪同下听取油田勘探开发一体化数据中心及集输注水项目建设情况汇报。

刘同力　摄

2011年4月27日，股份公司副总裁焦方正（主席台左二）在扬州出席中石化油气储量工作会。

宋永根　摄

2011 年集团公司职业技能竞赛部分获奖单位及个人。

潘月斌　摄

2011 年 3 月 31 日，中石化集输与注水系统生产优化推广应用现场会在油田召开。

宋永根　摄

2011 年 5 月 11 日，中石化海(水)上石油作业安全工作会议在南京召开。

宋永根　摄

2011 年 5 月 12 日，海洋石油安全生产工作会议在南京召开。

宋永根　摄

2012 年 4 月 21 日，江苏石油勘探局阿尔及利亚沙漠水管道项目总结表彰暨沙特、肯尼亚、加纳项目誓师动员会在扬州召开。

朱 俊 摄

2011 年 5 月 31 日，油田在扬州召开信息化工作会议，总结"十一五"信息化工作和数据中心建设情况，部署"十二五"和 2011 年信息化建设目标任务。

潘月斌 摄

2011 年 4 月 18 日，油田领导和扬州市领导出席油田扬州生产科研中心项目奠基仪式。

宋永根 摄

2011 年 9 月 28 日，油田天长科研生产基地投入运行。

潘月斌 摄

2011 年 12 月 30 日，真富产能建设会战圆满收官，永联会战鸣炮开工。

郭 涛 陈文明 摄

2011 年 11 月 30 日，高杨产能建设祝捷暨韦庄产能建设开工大会在试采二厂举行。

朱 俊 摄

2011年11月29日，油田举行桥7平1井开钻典礼，打响向非常规油藏进军第一枪。

朱 俊 摄

2011年12月29日，油田召开非常规油气勘探开发座谈会。

朱 俊 摄

2011年8月18日，油田举办第十二届职业技能竞赛。

潘月斌 摄

2011年9月21日，油田举办第三届会计知识大赛。

朱 俊 摄

2011年9月27日，油田召开油气生产板块"比学赶帮超"交流会。

朱 俊 摄

2011年11月20日，油田召开人才成长通道建设工作会。

崔 淼 摄

2011 年 6 月 30 日，油田举行庆祝建党 90 周年大会，油田领导为先进颁奖。

朱 俊 摄

2011 年 6 月 24 日，油田举行庆祝建党 90 周年红歌会。

潘月斌 摄

2011年9月15日,油田召开"为民服务创先争优"动员会。

潘月斌 摄

2011年10月28日，油田在试采一厂召开生活后勤系统"为民服务创先争优"现场会。

朱俊 摄

2011 年 11 月 21 日，油田在扬州紫京园召开思想政治工作会。

朱 俊 摄

2011 年 10 月 18 日，油田 3029 名参保劳动家属领到养老金。至此，油田劳动家属参加江苏省基本养老保险统筹顺利实现，从根本上解决了广大劳动家属“老有所养”的期盼。

陈文明 摄

2011 年 9 月 28 日，油田庆祝老年大学建校 5 周年。

朱 俊 摄

2011 年 8 月 24 日，油田领导参加毕坚屹（中）造血干细胞捐献欢送仪式。

潘月斌　摄

2011 年 10 月，油田退休职工张俊杰获陕西省“第二届道德模范”称号。

潘月斌　摄

本卷封面图片摄影：范友林

《江苏油田年鉴》2012卷目录

彩色插页

编辑说明 …… 彩3
2011·江苏油田数据统计 …… 彩4
2011·江苏油田荣誉荟萃 …… 彩6
2011·江苏油田言论摘登 …… 彩8
2011·江苏油田油气示意 …… 彩10
2011·江苏油田机构示意 …… 彩12
2011·江苏油田大事集锦 …… 彩14
勘探局局长、分公司总经理朱平检查扬州石化有限责任公司催化技改、气分扩能项目 …… 彩14
中央宣传部副部长申维辰来油田调研 …… 彩15
股份公司高级副总裁王志刚来油田调研 …… 彩16
股份公司高级副总裁蔡希有参加油田干部大会 …… 彩17
集团公司副总经理李春光出席在江苏油田举办的集团公司技能竞赛颁奖晚会 …… 彩18
股份公司原高级副总裁曹湘洪听取油田勘探开发一体化数据中心及集输注水项目建设情况汇报 …… 彩19
股份公司副总裁焦方正在扬州出席中石化油气储量工作会 …… 彩20
2011年集团公司职业技能竞赛部分获奖单位及个人、中石化集输与注水系统生产优化推广应用现场会在油田召开 …… 彩21
中石化海(水)上石油作业安全工作会议在南京召开、海洋石油安全生产工作会议在南京召开 …… 彩22
油田阿尔及利亚项目总结暨新项目开工动员会、油田信息化工作会议在扬州召开 …… 彩23
油田举行扬州生产科研中心项目奠基仪式、油田天长科研生产基地投入运行 …… 彩24
真富产能建设祝捷暨永联产能建设动员大会、高杨产能建设暨韦庄产能建设开工大会 …… 彩25
桥7平1井开钻典礼、油田召开非常规油气勘探开发座谈会 …… 彩26
油田举办第十二届职业技能竞赛、油田举办第三届会计知识大赛 …… 彩27
油田召开油气生产板块“比学赶帮超”交流会、油田召开人才成长通道建设工作会 …… 彩28
油田领导为“创先争优”先进集体和个人颁奖、油田举行庆祝建党90周年红歌会 …… 彩29
油田召开“为民服务创先争优”动员会、油田召开生活后勤系统“为民服务创先争优”现场会 …… 彩30
油田召开思想政治工作会、劳动家属社会化养保工作圆满完成、油田庆祝老年大学建校5周年 …… 彩31
油田领导参加毕坚屹造血干细胞捐献欢送仪式、油田退休职工张俊杰获陕西省“第二届道德模范”称号 …… 彩32

特　　载

上级文件 …… 1
关于李东海、周恒友同志职务任免的通知 …… 1
关于李东海、周恒友职务任免的通知 …… 1
关于李浩、谈正鑫同志职务任免的通知 …… 1
关于江苏石油勘探局顶驱购置项目可行性研究报告的批复 …… 2
关于江苏石油勘探局计提固定资产减值准备的批复 …… 2
关于江苏油田黄珏、物研院等基地基础设施改造工程可行性研究报告的批复 …… 2

关于江苏石油勘探局生产科研中心建设项目可行性研究报告的批复 …… 3
关于委托评估《江苏石油勘探局物探仪修站库及基层点建设可行性研究报告》的函 …… 4
关于委托评估《江苏石油勘探局邵伯、富民油区变配电系统设施改造工程可行性研究报告》的函 …… 4
关于江苏石油勘探局2011年非安装设备更新改造项目可行性研究报告的批复 …… 4
关于江苏石油勘探局石油工程技术软硬件更新及配套项目可行性研究报告的批复 …… 5
关于江苏石油勘探局降低水电暖损耗专项工作报告的批复 …… 5
关于送达江苏油田内部石油工程结算情况专项审计报告的函 …… 6
关于江苏石油勘探局生产科研中心建设项目初步设计的批复 …… 6
关于江苏石油勘探局阿尔及利亚管道项目贷款的批复 …… 7
关于完善薪酬分配制度实施方案的批复 …… 8
关于江苏石油勘探局海外项目贷款的批复 …… 8
关于江苏石油勘探局邵伯和富民油区变配电系统设施改造工程项目可行性研究报告的批复 …… 9
关于江苏石油勘探局物探仪修站库及基层队点建设项目可行性研究报告的批复 …… 9
关于江苏石油勘探局2011年科技开发项目计划的批复 …… 10
关于江苏石油勘探局资产减值准备的批复 …… 10
关于江苏石油勘探局住房分配货币化实施方案的批复 …… 11

领导视察 …… 12
李春光看望油田职工、家属 …… 12
蔡希有出席油田干部大会 …… 12
焦方正出席中石化油气储量管理会 …… 13
王志刚、史和平出席国家海洋石油安全生产会 …… 13
中宣部副部长申维辰调研油田思想政治工作 …… 13
李春光出席集团公司技能竞赛闭幕式 …… 14
王志刚来油田调研并出席中石化下扬子地区海相油气勘探技术交流会 …… 14

局十一届二次职工代表大会 …… 15
唱响主旋律 开启新征程 为再创十年黄金发展期而努力奋斗
——江苏石油勘探局十一届二次职工代表大会行政工作报告 朱平（2012年2月27日） …… 15

江苏油田2011年度双文明总结表彰大会 …… 23
在江苏油田2011年度双文明总结表彰大会上的讲话 李东海（2012年1月12日） …… 23

江苏油田总述

综　述 …… 26
江苏油田概况 …… 26
机构沿革 …… 26
矿权所属 …… 26
主要成就 …… 26
地质勘探 …… 26
油田开发 …… 27
油气经销 …… 27
石油工程 …… 27
炼油化工 …… 27
多元开发 …… 28
内外部市场 …… 28
科技创新 …… 28
企业管理 …… 28
经济效益 …… 28
队伍建设 …… 28
和谐发展 …… 28
向致密型油藏进军 …… 29
中石化集团公司2011年职业技能竞赛在江苏油田闭幕 …… 29
合同金额60亿元人民币的阿尔及利亚输水管线项目完工 …… 29
毕坚屹成为油田首位女性造血干细胞捐献者 …… 29
油田参保劳动家属领到养老金 …… 29
油田退休教师张俊杰获陕西省道德模范称号 …… 29
江苏油田2006~2011年主要经济指标 …… 30

江苏油田2006～2011年主要生产建设指标 …… 31
江苏油田历年职工和主要生产经营指标完成情况统计表 …… 31

大　事　记

2011年江苏油田大事记 …… 33

油气勘探开发

勘探方针与部署任务 …… 44
油气勘探概述 …… 44
勘探指导思想 …… 44
勘探部署原则 …… 44
勘探计划任务 …… 44
勘探项目设置 …… 44
地震采集工作量 …… 44
地震资料处理工作量 …… 44
钻探工作量 …… 45
试油和测试实物工作量 …… 45
高邮凹陷实施情况 …… 45
金湖凹陷实施情况 …… 45
勘探技术座谈会 …… 45
页岩油气及致密砂岩油气勘探开发务虚会 …… 45
勘探工作会 …… 45
非常规油气勘探开发工作座谈会 …… 46
矿权现状 …… 46
矿权新立 …… 46
矿权变更 …… 46
矿权延续 …… 46
土地复垦方案编制 …… 46
勘探发现奖励 …… 46
勘探效益 …… 46
新增探明石油地质储量1059万吨 …… 46
新增石油控制地质储量1215万吨 …… 46
新增石油预测地质储量1175万吨 …… 46
苏北盆地石油地质储量序列 …… 47
圈闭评价 …… 47
钻探效益 …… 47
投资效益 …… 47
勘探技术 …… 47
大面积养殖区观测系统动态设计 …… 47
大面积复杂城镇区低信噪比地震资料三维处理技术 …… 47
叠前反演技术在隐蔽油藏勘探中的应用 …… 47
旋转式井壁取芯在大斜度井中获得成功 …… 48
MFE跨隔测试突破了工艺应用瓶颈 …… 48
天X33－1井实现压后流压资料录取 …… 48
勘探成果 …… 48
高邮凹陷戴南组隐蔽油气藏深化勘探 …… 48
高邮南部断阶带精细勘探 …… 48
高邮北斜坡滚动勘探 …… 48
金湖凹陷新区带甩开勘探 …… 48
外围新区评价勘探 …… 48
非常规油气勘探评价研究 …… 49
花26断块新增石油地质储量216万吨 …… 49
沙59断块新增石油探明地质储量72万吨 … 49
邵16、邵17断块新增石油探明地质储量93万吨 …… 49
肖13断块新增石油探明地质储量62万吨 … 49
许33断块新增石油探明地质储量113万吨 …… 49
真43－2、真200断块新增石油探明地质储量30万吨 …… 49
永38断块新增石油控制地质储量420万吨 …… 49
联38断块新增石油控制地质储量640万吨、石油预测地质储量609万吨 …… 50
邵20断块新增石油地质储量82万吨 …… 50
高集油田新增石油探明地质储量124万吨 … 50
秦3断块新增石油探明地质储量140万吨 … 50
天33－1断块新增石油探明地质储量105万吨 …… 50
唐11断块新增预测储量76万吨 …… 50
台14－1井钻探在泰一段发现新油层 …… 50
迈10断块新增石油预测储量408万吨 …… 50
开发方针与部署任务 …… 51
油田开发概述 …… 51
油气田开发方针 …… 52
开发部署指导思想 …… 52
油气田开发任务 …… 52
油气田开发技术经济指标完成情况 …… 52
原油产量的增长及变化 …… 52

老区稳产措施及效益 …… 52
油田勘探、开发、工程技术座谈会 …… 54
油田开发工作会 …… 54

采油工艺 …… 54
采油工艺概述 …… 54
真35断块聚合物驱先导试验 …… 54
沙埝油田沙7断块提高采收率先导试验 …… 55
低渗透油藏大型压裂工艺 …… 55
水平井分流酸化工艺 …… 55
筛管完井水平井卡堵技术 …… 55
连续油管径向井钻井工艺技术 …… 55
注水井恒流配水技术 …… 55

油气田简介 …… 56
真武油田 …… 56
曹庄油田 …… 56
许庄油田 …… 57
富民油田 …… 58
周庄油田 …… 59
联盟庄油田 …… 60
徐家庄油田 …… 61
安丰油田 …… 61
邵伯油田 …… 61
邱家庄油田 …… 62
梁垛油田 …… 62
沙埝油田 …… 62
花庄油田 …… 63
陈堡油田 …… 64
永安油田 …… 65
瓦庄油田 …… 66
新街油田 …… 67
李堡油田 …… 67
朱家墩气田 …… 68
黄珏油田 …… 68
马家嘴油田 …… 69
码头庄油田 …… 70
卞东油田 …… 71
杨家坝油田 …… 71
范庄油田 …… 72
闵桥油田 …… 73
南湖油田 …… 74
崔庄油田 …… 75
高集油田 …… 76
赤岸油田 …… 77
墩塘油田 …… 78
石港油田 …… 79
王龙庄油田 …… 80
安乐油田 …… 81

油藏动态检测 …… 82
油藏动态检测 …… 82

油田地面工程建设 …… 82
油田地面建设概述 …… 82
油田新区产能建设 …… 82
油田老区产能建设 …… 82
低品位储量开发 …… 83
老区地面技改项目 …… 83
油气田防护项目 …… 83

钻井工程 …… 83
钻井工程概述 …… 83
钻井工程经济技术指标 …… 83
钻井处2011年主要经济技术指标与上年同期对比 …… 83
产能建设项目技术管理 …… 84
提速提质提效工作 …… 84
新工具、新技术推广应用 …… 84
定向井、水平井钻井技术 …… 85
钻井处2011年定向井、水平井指标与上年对比 …… 85
完井液及油层保护工艺技术 …… 85
固井技术 …… 85
井控管理 …… 86
科研攻关 …… 86
钻井工程新纪录 …… 86
2011年安徽公司经济技术指标完成情况 …… 86
安徽公司2011年经济技术指标与上年对比 …… 86
安徽公司技术管理 …… 87
安徽公司高杨产能建设项目 …… 87
安徽公司成熟技术应用 …… 87
安徽公司高难度定向井钻井技术 …… 87
安徽公司防碰绕障技术 …… 87
安徽公司防碰井统计表 …… 88
安徽公司探井、评介井施工措施 …… 88
安徽公司2011年探井经济技术指标 …… 89
内蒙小井眼水平井施工技术 …… 89
安徽公司2011年苏里格气田水平井经济技术指标与上年对比 …… 89
安徽公司钻井液技术 …… 89

安徽公司老区复杂调整井固井技术 ………… 90
安徽公司科技攻关 ……………………………… 90
安徽公司英国进口 LWD 推广应用………………… 90

多　元　开　发

矿业开发 ………………………………………… 91
矿业开发综述 ………………………………… 91
资产设备 ……………………………………… 91
原油生产 ……………………………………… 91
石油工程服务 ………………………………… 92
老区措施增油 ………………………………… 92
难采地质储量合作开发 ……………………… 92
工艺技术 ……………………………………… 93
盐硝生产 ……………………………………… 94
主要企业简介 ……………………………………… 95
扬州苏油江华贸易实业有限公司 …………… 95
苏油油成商贸实业有限公司 ………………… 95
机电分公司 …………………………………… 95
盐硝分公司 …………………………………… 95
天然气分公司 ………………………………… 95
扬州睿德石油机械有限公司 ………………… 96
地热分公司 …………………………………… 96
油脂油品厂 …………………………………… 96

社　会　事　业

生活服务 ………………………………………… 97
生活服务概述 ………………………………… 97
文明和谐示范小区创建 ……………………… 97
生活后勤系统“为民服务创先争优”现场会
…………………………………………………… 97
“两堂两室”建设 ……………………………… 97
房产管理 ………………………………………… 98
房产管理概述 ………………………………… 98
房改性质住房修缮 …………………………… 98
家属管理 ………………………………………… 98
家属管理概述 ………………………………… 98
费用发放 ……………………………………… 98
劳动家属参保 ………………………………… 98
稳定工作 ……………………………………… 98
幼儿教育 ………………………………………… 99
幼儿教育概述 ………………………………… 99
幼儿园安全工作 ……………………………… 99
幼儿教育管理 ………………………………… 99
幼儿教师队伍建设 …………………………… 99
幼儿教育科研 ………………………………… 99
社会保险 ………………………………………… 99
社会保险概述 ………………………………… 99
劳动家属参保 ………………………………… 99
实施社会保险缴费内部稽核检查制度 ……… 100
保险费用的征收与管理 ……………………… 100
个人账户管理 ………………………………… 100
档案管理与退休审批 ………………………… 100
养老金社会化发放 …………………………… 100
离退休人员信息管理 ………………………… 100
落实工伤及丧抚待遇 ………………………… 100
医疗报销电子化 ……………………………… 100
完善医保管理服务 …………………………… 100
企业年金计划 ………………………………… 100
信访维稳 ………………………………………… 101
信访维稳概述 ………………………………… 101
八字服务承诺 ………………………………… 101
创建文明来访接待室 ………………………… 101
完善信访信息网络 …………………………… 101
落实惠民政策 ………………………………… 101
推行领导干部下访制度 ……………………… 102
信访制度建设 ………………………………… 102
完善应急预案及应急处置体系 ……………… 102
形成信访处置合力 …………………………… 102
综合治理 ………………………………………… 102
综合治理概述 ………………………………… 102
综合治理 ……………………………………… 102
维护稳定 ……………………………………… 103
平安建设 ……………………………………… 103
消防工作 ……………………………………… 103
深化管理 ……………………………………… 104
人口和计划生育 ………………………………… 104
人口和计生工作概述 ………………………… 104
人口计生目标责任制 ………………………… 104
新型家庭人口文化建设 ……………………… 105
特殊人群服务管理 …………………………… 105
人口计生信息化建设 ………………………… 105

人口计生优质服务 …… 105
人口计生队伍建设 …… 105

科 学 技 术

综　述 …… 106
科学技术概述 …… 106
编制"十二五"非常规油气科技攻关规划 …… 106
2011年科技进步计划 …… 107
油田科技重大专项 …… 107
科技投入 …… 108
项目负责人津贴 …… 108
35项科技成果获江苏油田科技进步奖 …… 108
3项科技成果获中国石化科技奖励 …… 108
3项科技成果获扬州市科学技术奖励 …… 108
颁发科技进步奖奖金96万元 …… 108
完善科技管理制度 …… 108
建立完善科技专家库 …… 108
科技研究及成果 …… 108
科技研究及成果概述 …… 108
43项科技成果通过中国石化成果鉴定和油田成果评定 …… 109
组织技术开发项目税前抵扣认定 …… 109
高邮凹陷阜宁组三段高精度沉积微相及控砂机制研究 …… 109
基于叠前资料的储层评价研究 …… 110
江苏低渗透油藏非线性渗流特征及立体开发技术研究 …… 110
悬浮乳液钻井液技术研究与应用 …… 110
套损井打通道、加固技术的研究与应用 …… 111
江苏油田"十一五"勘探战略研究 …… 111
中低渗砂岩油藏调剖技术研究与应用 …… 111
江苏油田井位设计网上协同应用研究与开发 …… 112
提高钻井速度配套技术的研究与应用 …… 112
复杂障碍区地震采集方法研究及应用 …… 112
杨村断裂带成藏条件与勘探潜力研究 …… 113
中高水含水期油藏水驱波及影响因素与对策 …… 113
疏松砂岩油藏调整挖潜技术研究 …… 113
新技术推广 …… 113
新技术推广概述 …… 113
复杂井眼抽油井防偏磨技术推广应用 …… 113
多核集群地震资料处理系统的集成与应用 …… 114
近钻头电磁测距(RMRS)技术在盐硝矿开发中的应用 …… 114
专利申请与授权 …… 114
江苏油田2011年专利申请状况统计表 …… 115
江苏油田2011年专利授权状况统计表 …… 118
科技成果转化效益奖 …… 121
科技活动 …… 121
学术交流 …… 121
科普工作 …… 121
科技期刊 …… 121
图书馆 …… 122

对 外 合 作

综　述 …… 124
对外合作概述 …… 124
提升管理服务水平 …… 124
强化沟通与联系 …… 124
深化创先争优与"比学赶帮超"活动 …… 125
制度建设 …… 125
队伍建设 …… 125
油田外事工作会议 …… 126
走访调研 …… 126
出入境机电商品检验检疫及公证书认证 …… 126
外汇核销业务管理 …… 126
对外承包工程统计 …… 126
服务基层 …… 126
海外人力资源管理 …… 127
海外项目财务管理 …… 127
境外安全与人员撤离 …… 127
对外合作与交流 …… 128
外事接待 …… 128
荣誉称号 …… 128
因公团组护照管理 …… 128
境外机构与项目简介 …… 128
江苏油田海外事业部——江苏油田中东公司 …… 128
江苏油田海外事业部——叙利亚分部 …… 128

江苏油田海外事业部——江苏油田也门分公司 …… 128
中石化阿尔及利亚沙漠水管线项目 …… 128
油建苏丹项目 …… 129
物探地震采集项目 …… 129
尼日利亚地震采集项目 …… 129
也门地震采集项目 …… 129
加蓬地震采集项目 …… 129
阿尔及利亚地震采集项目 …… 129
厄瓜多尔修井项目 …… 129
叙利亚测井项目 …… 129
尼日尔录井项目 …… 130
哈萨克斯坦、叙利亚捞油项目 …… 130
紫京旅游集团海外项目 …… 130
运输机械维修服务项目 …… 130

经　营　管　理

企业改革与管理 …… 131
组织绩效管理 …… 131
“比学赶帮超”工作 …… 131
“达标创优”工作 …… 132
改善经营管理建议 …… 132
制度标准化信息化工作 …… 133
管理创新工作 …… 133
四家改制企业经营者岗位激励股兑现 …… 134
行政管理 …… 134
管理管理概述 …… 134
秘书工作 …… 134
文书工作 …… 134
综合事务 …… 134
接待工作 …… 135
扬州招待所 …… 135
车队工作 …… 135
北京联络处 …… 135
精细管理 …… 135
文化建设 …… 135
规划计划管理 …… 135
规划计划管理概述 …… 135
投资计划管理 …… 136
勘探局重点项目 …… 136
分公司重点项目 …… 136
勘探局投资完成情况 …… 136
分公司投资完成情况 …… 137
项目责任管理 …… 137
项目后评价 …… 137
生产计划管理 …… 137
统计工作 …… 137
制度标准化改造 …… 138
“十二五”发展规划编制 …… 138
定额管理 …… 138
定额管理概述 …… 138
结算审查 …… 138
定额基础工作 …… 138
规范报表模板 …… 138
加强过程控制 …… 138
细算账，积极争取总部特殊工作量的单独投资 …… 139
完成工程主材情况调研 …… 139
完成开窗侧钻井定额编制工作 …… 139
获奖情况 …… 139
从业资质培训 …… 139
继续教育 …… 140
重点项目造价分析 …… 140
优秀造价管理项目 …… 140
造价分析报告评审 …… 140
财务资产管理 …… 140
财务管理概述 …… 140
预算管理 …… 140
会计集中核算 …… 141
会计信息质量自查 …… 142
会计基础资料展评和会计特色管理工作交流 …… 142
内控管理 …… 142
资金管理 …… 142
资产管理 …… 142
价税管理 …… 143
境外财务业务管理 …… 143
举办油田第三届会计知识大赛 …… 144
组织会计人员会员培训考核 …… 144
举办油田第六届财务管理研讨会 …… 144
住房资金管理 …… 144
ERP 管理 …… 145
合署办公 …… 145

承办中国石化固定资产分类标准转换启动会 …… 145
迎接总部石油工程结算审计 …… 145
财务结算管理 …… 146
财务结算管理概述 …… 146
会计集中核算 …… 146
完善考核促管理 …… 146
资金预算管理 …… 146
强化会计基础工作 …… 147
资金监督管理 …… 147
开展“为民服务创先争优”活动 …… 147
职工队伍建设 …… 147
干部人事管理 …… 148
干部人事管理概述 …… 148
“四好班子”建设 …… 148
干部培养与选拔 …… 148
干部人事制度改革 …… 148
干部管理制度化建设 …… 149
干部培训 …… 149
人才成长通道建设 …… 149
职称评审 …… 149
专业技术人才队伍建设 …… 149
博士后科研工作站 …… 149
组干系统自身建设 …… 150
劳动工资管理 …… 150
劳动工资概述 …… 150
薪酬激励方式 …… 150
完善薪酬分配制度 …… 150
SAP - HR 系统建设 …… 150
职工培训 …… 151
职业技能鉴定 …… 151
高技能人才队伍建设 …… 151
职业技能竞赛 …… 151
油田下属单位机构变动情况 …… 151
迎接劳动用工管理大检查 …… 151
推进全员绩效考核工作 …… 152
开展“三定”工作 …… 152
完善劳动规章制度 …… 152
就业用工管理 …… 152
就业用工管理概述 …… 152
高校毕业生引进 …… 152
劳动力储备 …… 152
退伍兵安置 …… 152
引导职工子女就业 …… 152
完善劳务工薪酬分配制度 …… 153
劳务工基础管理 …… 153
用工结构调整 …… 153
选送优秀操作人员培训 …… 153
油气经销 …… 153
原油经销概述 …… 153
星级站库管理 …… 153
交接计量 …… 154
储运设施建设 …… 154
原油外运 …… 154
价格与销量 …… 154
油款回笼 …… 155
销售网点 …… 155
生产自用油协调 …… 155
烷烃销售 …… 155
天然气销售 …… 155
内控管理 …… 155
2011 年原油分月价格及配置量 …… 155
2010～2011 年江苏油价格变化 …… 156
装备管理 …… 156
装备管理概述 …… 156
现场设备管理 …… 156
装备更新配置 …… 157
设备技术改造 …… 157
设备维修管理 …… 157
设备培训交流 …… 157
设备挖潜增效 …… 158
生产管理 …… 158
生产管理概述 …… 158
生产运行 …… 158
生产协调 …… 158
生产监控 …… 158
优化运行方案 …… 159
防洪防汛 …… 159
干部值查 …… 159
应急管理 …… 159
生产管理信息系统 …… 159
土地公关 …… 159
土地管理概述 …… 159
新增建设用地 …… 159
临时用地 …… 159
待用土地清查 …… 160

青苗赔青 …… 160
土地监督 …… 160
土地管理信息系统 …… 160
土地税费管理 …… 160
公关协调 …… 160
石油工程技术管理 …… 161
工程技术管理概述 …… 161
工作量指标 …… 161
质量考核指标 …… 161
集团公司考核指标 …… 161
井控管理 …… 161
队伍管理 …… 162
市场开拓 …… 162
创新创效 …… 163
科技管理 …… 163
非常规油气勘探开发 …… 163
信息管理 …… 163
安全监察 …… 163
安全监察概述 …… 163
安全检查 …… 164
安全教育培训 …… 164
安全活动 …… 164
HSE 体系建设 …… 164
应急管理 …… 165
安全技术措施 …… 165
隐患治理项目 …… 165
安全考核 …… 165
2011 年度安生生产考核评比统计表 …… 165
基建管理 …… 166
基建管理概述 …… 166
基建市场管理 …… 167
基建制度建设 …… 167
现场检查协调 …… 167
基建合同管理 …… 167
工程招投标管理 …… 167
建设工程安全管理 …… 168
工程承包商管理 …… 168
工程建设资源库管理 …… 168
质量监督与监察管理 …… 168
岗位培训与继续教育 …… 168
抗震减灾工作 …… 169
工程监理 …… 169
工程监理概述 …… 169
域内外监理市场 …… 169
重点监理项目 …… 170
监理队伍建设 …… 170
精细管理 …… 171
精神文明建设 …… 171
信息管理 …… 171
信息管理概述 …… 171
油田“十一五”信息化工作暨数据中心建设总结表彰会 …… 171
数据中心建设维护管理 …… 172
网络系统优化建设管理 …… 172
信息安全管理 …… 172
信息门户管理 …… 172
技术培训 …… 173
中国石化推广项目 …… 173
审计监督 …… 173
审计监督概述 …… 173
审计业务 …… 173
审计荣誉 …… 174
审计理论研讨 …… 174
培训与人才培养 …… 174
审计配合 …… 175
审计基础工作 …… 175
审计质量管理 …… 175
作风建设 …… 175
技术监督 …… 176
技术监督概述 …… 176
技术论文交流 …… 176
节能荣誉 …… 176
能源消耗 …… 176
节能指标 …… 176
节能目标责任制 …… 176
节能例会 …… 176
节能宣传周活动 …… 176
节能减排合理化建议 …… 177
能源审计 …… 177
企业节能标准 …… 177
节能培训 …… 177
节能达标指标评比 …… 177
节能项目和科研 …… 177
节能监测 …… 178
系统效率检测 …… 178
节能监测实验室考核 …… 178

环境保护管理 …… 178
环境管理措施 …… 178
污染治理 …… 178
建设项目环保管理 …… 179
环保宣传教育 …… 179
清洁生产 …… 179
环境监测 …… 179
水务管理 …… 179
节水减排 …… 180
节水技术 …… 180
质量管理 …… 180
质量日和质量月活动 …… 180
质量荣誉 …… 180
质量监督与考核 …… 181
质量认证 …… 181
质量培训 …… 181
标准制(修)订 …… 182
标准信息服务 …… 182
优秀标准项目评选 …… 182
原油天然气贸易计量 …… 182
计量保证确认 …… 182
计量基础管理 …… 182
计量人员培训 …… 183
特种设备定期检验 …… 183
特检所实验室资质认定 …… 183
非特种设备检验 …… 183
技术交流 …… 183
培训取证 …… 183

法律事务 …… 183

法律事务概述 …… 183
法律顾问制度建设 …… 183
召开法制工作会 …… 184
“六五”普法启动 …… 184
法律事务管理制度修订 …… 184
法律事务检查考核 …… 184
重大合同审查 …… 184
合同标准文本建设 …… 184
合同管理信息系统上线运行 …… 184
对外重大项目管理 …… 185
工商事务管理 …… 185
法律风险管理 …… 185
纠纷处理 …… 185
法律专家小组活动 …… 185
规章制度和重要决策法律审核 …… 185
法律人员持证资格培训 …… 185
法律业务学习研讨 …… 185
“12·4”法制宣传日系列活动 …… 186
送法到基层活动 …… 186
“每月一课”及“每季一讲”活动 …… 186
“每季学法测试”活动 …… 186

档案管理 …… 186

档案管理概述 …… 186
档案资料的收集、整理、归档、借阅工作 …… 186
完成2011年全油田档案统计工作、编制地质资料工作年报 …… 186
完成2011年度地质资料上交工作 …… 186
推进档案网络利用、建立电子档案阅览室 …… 187
档案管理标准颁布和贯标培训 …… 187
积极开展原始和实物地质资料的清理工作 …… 187
档案工作评价进一步开展 …… 187
完成中石化地质资料工作会的办会任务 …… 187
地质资料国家委托检查 …… 187

企业志鉴 …… 188

油田年鉴(2011卷)出版发行 …… 188
二轮省志编纂 …… 188
二轮市志编纂 …… 188
省石油志编委会人员调整 …… 188
工作交流 …… 188
获奖情况 …… 188

党　群　工　作

综　述 …… 189

党群工作概述 …… 189
创先争优活动 …… 189
领导班子建设 …… 189
基层组织建设 …… 189
思想政治工作 …… 189
党风廉政建设 …… 190
和谐油田建设 …… 190
党对群众组织的领导 …… 190
局党委常委扩大会 …… 190
“七一”表彰会 …… 190

党务工作座谈会……………………………… 190
信息工作……………………………………… 190
党的建设 ……………………………………… 190
党建概述……………………………………… 190
党组织状况…………………………………… 191
基层党组织建设……………………………… 191
党员教育管理………………………………… 191
信息化建设…………………………………… 191
创先争优……………………………………… 192
庆祝建党 90 周年系列活动 ………………… 192
党建工作创新………………………………… 192
纪检监察 ……………………………………… 192
纪检监察概述………………………………… 192
惩治和预防腐败体系建设…………………… 193
学习贯彻五项制度…………………………… 193
党性党风党纪教育…………………………… 193
廉洁从业教育………………………………… 193
廉洁文化建设………………………………… 193
党委巡视工作………………………………… 193
党风廉政建设责任制………………………… 193
规范信访举报案件办理程序………………… 194
统一立项效能监察…………………………… 194
油田自选项目效能监察……………………… 194
业务公开工作………………………………… 194
效能监察项目评选…………………………… 194
煤炭采购专项督察…………………………… 194
预防职务犯罪………………………………… 194
工程建设领域专项治理……………………… 194
纪检监察队伍建设…………………………… 195
宣传教育 ……………………………………… 195
宣传教育概述………………………………… 195
党委理论中心组学习………………………… 195
形势与任务教育……………………………… 195
深化唱响主旋律工作………………………… 195
精心组织庆祝建党 90 周年系列宣传活动 … 195
党的十七届六中全会精神学习宣传………… 196
日常思想政治工作…………………………… 196
思想政治工作研究 …………………………… 196
思想政治工作研究概述……………………… 196
召开思想政治工作会………………………… 196
政研会理事会换届…………………………… 196
优秀成果受上级政研会表彰………………… 197
承担上级政研会课题………………………… 197
承办思想政治工作汇报座谈会……………… 197
编发《江苏油田通讯》 ……………………… 197
精神文明建设 ………………………………… 197
精神文明建设概述…………………………… 197
文明创建宣传………………………………… 197
文明单位创建………………………………… 197
文明创建活动………………………………… 197
基层文明创建工作…………………………… 198
文明社区创建工作…………………………… 198
统一战线 ……………………………………… 198
统战工作概述………………………………… 198
统战工作对象………………………………… 198
统战工作……………………………………… 198
统战活动……………………………………… 198
工　会 ………………………………………… 199
工会组织概述………………………………… 199
局十一届一次职代会………………………… 199
局十一届一次职代会职工代表名录………… 199
工会全委会议………………………………… 200
劳动竞赛活动………………………………… 200
职工素质工程………………………………… 200
“五型”班组竞赛 …………………………… 200
和谐劳动关系建设…………………………… 200
劳动模范培养管理…………………………… 201
民主管理工作………………………………… 201
扶贫帮困工作………………………………… 201
女职工工作…………………………………… 201
文化体育活动………………………………… 201
加强自身建设………………………………… 201
共青团 ………………………………………… 202
共青团工作概述……………………………… 202
青年志愿者活动……………………………… 202
青年微博论坛………………………………… 202
“五四”表彰 ………………………………… 202
“三比三赛三学”活动 ……………………… 203
召开青年政研分会会议……………………… 203
青年突击队活动……………………………… 203
青年文明号创建……………………………… 203
青年安全活动………………………………… 203
青年岗位能手评选…………………………… 203
青年素质提升活动…………………………… 203
共青团基层组织建设………………………… 203

局机关党群工作 …… 204
局机关党群工作概述 …… 204
唱响主旋律 …… 204
机关党的建设 …… 204
机关党风廉政建设 …… 204
机关作风建设 …… 205
机关“为民服务创先争优”活动 …… 205
机关思想政治工作 …… 205
机关工会工作 …… 205
机关女工工作 …… 205
机关共青团工作 …… 206
机关计划生育工作 …… 206
人民武装 …… 206
人民武装概述 …… 206
民兵预备役政治教育和全民国防教育 …… 206
预备役连队军训和军事日活动 …… 206
民兵预备役整组 …… 207
民兵征集 …… 207
拥军优属 …… 207
交通战备 …… 207
武器装备管理 …… 207
保密·机要 …… 208
保密工作概述 …… 208
保密工作责任制 …… 208
保密宣传教育 …… 208
国家秘密管理 …… 208
商业秘密保护 …… 208
保密工作督察 …… 208
涉密测绘成果保密检查 …… 208
编发《保密工作信息》 …… 208
机要工作 …… 208
文联·体协 …… 208
举办“红色交响”文艺晚会 …… 208
举办红色电影专场 …… 209
举办技能竞赛颁奖晚会 …… 209
组织参加“中国石化第五届职工文艺录像调演” …… 209
潘月斌、张勇获首届中石化“朝阳”文学艺术奖 …… 209
编辑出版《群英谱》画册 …… 209
组织战地文艺演出 …… 209
举办“供销杯”羽毛球赛 …… 209

单 位 概 览

试采一厂 …… 210
试采一厂概况 …… 210
生产任务和经济技术指标 …… 210
滚动评价 …… 210
真富产能建设 …… 210
老区稳产 …… 210
科技创新 …… 211
工艺技术 …… 211
企业管理 …… 211
经营管理 …… 211
HSE 管理 …… 211
队伍建设 …… 211
党建思想政治工作 …… 212
和谐建设 …… 212
试采一厂 2007 ~ 2011 年度主要生产任务和经济指标完成情况统计表 …… 212
试采二厂 …… 212
试采二厂概况 …… 212
生产任务和经济技术指标完成情况 …… 213
油田开发 …… 213
经营管理 …… 213
HSE 管理 …… 214
科技攻关 …… 214
队伍建设 …… 214
和谐油田建设 …… 214
试采二厂 2007 ~ 2011 年度主要生产任务和经济技术指标完成情况统计表 …… 215
安徽采油厂 …… 215
安徽采油厂概况 …… 215
生产任务和经济技术指标完成情况 …… 216
勘探和滚动评价 …… 216
提高单井产能战略 …… 216
油水井分片承包管理 …… 216
空气源热泵试用取得成功 …… 216
铜庄站改扩建工程竣工 …… 216
天长科研生产基地投用 …… 217
完善 HSE 监督管理体系 …… 217
增强自发电能力 …… 217
样板井选树 …… 217

"导师制"常态化 …… 217
井下作业质量分析会 …… 217
集体廉政谈话 …… 217
民生工程 …… 218
精神文明建设 …… 218
安徽采油厂 2007~2011 年主要生产任务和经济指标完成情况统计表 …… 218
地质科学研究院 …… 218
地研院概况 …… 218
油气勘探 …… 218
油田开发 …… 219
科技创新 …… 219
基础管理 …… 220
精神文明建设 …… 220
物探技术研究院 …… 220
物研院概况 …… 220
生产任务完成情况 …… 221
科技工作 …… 221
计算机工作 …… 222
管理工作 …… 222
人才队伍建设 …… 222
双文明建设 …… 222
党建工作 …… 223
物研院 2007~2011 年度主要生产任务和工作量完成情况统计表 …… 223
石油工程技术研究院 …… 223
工程院概况 …… 223
科研生产及经营指标完成情况 …… 223
服务生产 …… 223
科技创新 …… 224
科研生产管理 …… 224
人力资源管理 …… 225
经营管理 …… 225
HSE 管理 …… 225
精神文明建设 …… 225
物资供销处 …… 225
供销处概况 …… 225
主要经济指标完成情况 …… 225
物资供销管理体制和机制 …… 225
物资供应 …… 226
物资采购 …… 226
供应商管理 …… 227
质量管理 …… 227
安全管理 …… 227
仓储管理 …… 227
基础管理 …… 227
精神文明建设 …… 227
供销处 2007~2011 年度主要生产任务和经济指标完成情况统计表 …… 228
井下作业处 …… 229
井下作业处概况 …… 229
机构人员 …… 229
生产施工 …… 229
经营管理 …… 229
HSE 管理 …… 229
企业管理 …… 229
工艺技术 …… 230
外部市场 …… 230
队伍建设 …… 230
精神文明建设 …… 230
扬州石化有限责任公司 …… 231
扬州石化概况 …… 231
主要经济技术指标 …… 231
装置运行 …… 231
转型发展 …… 231
经营管理 …… 232
职工技能培训 …… 232
精神文明建设 …… 232
扬州石化 2007~2011 年度主要生产任务和经济指标完成情况统计表 …… 233
地球物理勘探处 …… 233
物探处概况 …… 233
地震生产 …… 233
外部市场 …… 234
经营管理 …… 234
HSE 管理 …… 235
科技创新 …… 235
"三支队伍"建设 …… 235
和谐物探建设 …… 236
物探处 2007~2011 年度主要生产任务和经济指标完成情况统计表 …… 236
钻井处 …… 237
钻井处概况 …… 237
设备状况 …… 237
主要经济技术指标完成情况 …… 237
内部市场 …… 237

外部市场 …… 237
安全环保 …… 238
技术管理 …… 238
经营管理 …… 238
基础工作 …… 238
队伍建设 …… 238
精神文明建设 …… 239
钻井处 2007～2011 年度主要生产任务和经济技术指标完成情况统计表 …… 239
地质测井处 …… 239
地测处概况 …… 239
生产经营情况 …… 240
域内市场新贡献 …… 240
域外市场新步伐 …… 240
海外市场新希望 …… 240
基础工作 …… 240
财务管理 …… 240
HSE 管理 …… 241
科研与技术 …… 241
油气发现能力 …… 241
技能人才队伍建设 …… 241
劳务工队伍建设 …… 241
活力党建 …… 242
“家文化”活动 …… 242
劳动竞赛 …… 242
地测处 2007～2011 年度生产任务和经济指标完成情况统计表 …… 242
安徽石油勘探开发公司 …… 242
安徽公司概况 …… 242
域内生产任务和考核指标完成情况 …… 243
域外市场 …… 243
海外项目 …… 243
组织机构 …… 243
基础工作 …… 243
新技术推广应用 …… 244
安全环保 …… 244
天长科研生产基地启用 …… 244
精神文明建设 …… 244
安徽公司 2007～2011 年度生产任务和经济指标完成情况统计表 …… 245
勘察设计研究院 …… 245
设计院概况 …… 245
主要经济技术指标完成情况 …… 246
机构人员和设备 …… 246
油田产能建设 …… 246
非烃类矿藏开发 …… 246
民生矿建 …… 246
总承包工程建设 …… 246
合作开发市场 …… 246
延长油矿市场 …… 247
其他市场 …… 247
“四新”技术应用 …… 247
青年技术座谈会 …… 247
精细管理服务 …… 247
班子建设 …… 247
“三创一争”劳动竞赛 …… 247
活力党建 …… 248
设计院 2007～2011 年度工作任务和经济技术指标完成情况统计表 …… 248
油田建设处 …… 248
油建处概况 …… 248
主要生产经营指标完成情况 …… 248
保油上产 …… 249
域外市场 …… 249
海外市场 …… 249
HSE 管理 …… 249
成本管控 …… 249
班组管理 …… 249
信息化建设 …… 249
队伍建设 …… 249
科技创新 …… 249
精神文明建设 …… 250
运输处 …… 250
运输处概况 …… 250
生产经营 …… 250
运输处 2007～2011 年度主要生产经营指标完成情况统计表 …… 250
内外部市场 …… 251
精细管理 …… 251
安全工作 …… 251
科技创新 …… 252
降本增效 …… 252
职工培训 …… 252
企业文化建设 …… 252
精神文明建设 …… 253
水电讯处 …… 253
水电讯处概况 …… 253
经营指标完成情况 …… 253

运行保障 …… 253
工程项目 …… 253
安全工作 …… 254
精细管理 …… 254
三项工程 …… 254
党建和思想政治工作 …… 254
和谐建设 …… 255
水电讯处2007~2011年生产任务和经济指标完成情况统计表 …… 255
离退休职工管理处 …… 255
离退休职工管理处概况 …… 256
离退休职工情况 …… 256
落实政治生活待遇 …… 256
离退休职工党支部建设 …… 256
老年思想政治工作 …… 256
组织开展文化娱乐活动 …… 257
服务管理工作 …… 257
关工委工作 …… 257
新闻中心 …… 258
新闻中心概况 …… 258
出版《江苏石油报》100期 …… 258
播出电视《油田新闻》149期 …… 258
对外宣传 …… 258
印刷与文印 …… 258
队伍建设 …… 258
精神文明建设 …… 259
职工培训处 …… 259
职工培训处概况 …… 259
培训教学任务完成情况 …… 259
教学与科研 …… 259
师资培养 …… 260
"三品工程"建设 …… 260
精神文明建设 …… 261
基础设施建设 …… 261
获得荣誉 …… 261
真武管理服务中心 …… 261
真管中心概况 …… 261
任务及指标完成情况 …… 261
做优服务工作 …… 262
矿区建设 …… 262
人才培养 …… 262
"三基"工作 …… 263
安全环保工作 …… 263
精神文明建设 …… 263
邵伯管理服务中心 …… 264
邵管中心概况 …… 264
任务完成情况 …… 264
社区创建 …… 264
细节管理 …… 264
降本增效 …… 265
安全管理 …… 265
党群工作 …… 265
队伍建设 …… 265
信访维稳 …… 266
扬州管理服务中心 …… 266
扬管中心概况 …… 266
提升服务质量 …… 266
强化精细管理 …… 267
和谐社区创建 …… 267
党建和思想政治工作 …… 267
矿业开发总公司 …… 268
矿业开发总公司概况 …… 268
经营指标完成情况 …… 268
主营核心业务 …… 268
石油工程服务 …… 269
特色贸易 …… 269
基础管理 …… 269
和谐矿总建设 …… 270
紫京旅游集团 …… 270
紫京集团概况 …… 270
海外经营项目 …… 270
餐饮旅游项目 …… 271
物业管理项目 …… 271
创先争优·质量管理 …… 271
内控·财务管理 …… 271
人力资源管理 …… 271
HSE管理 …… 272
精神文明建设 …… 272
北京中亚紫京公司 …… 272
北京协和物业管理中心 …… 272
南京紫京饭店 …… 272
无锡紫京饭店 …… 272
黄山紫京饭店 …… 272
广西分公司 …… 273
淮安分公司 …… 273
沙特分公司 …… 273
也门分公司 …… 273

叙利亚项目 …… 273
伊朗项目 …… 274
迪拜项目 …… 274
阿尔及利亚项目 …… 274
其他海外项目 …… 274
农工商公司 …… 274
农工商公司概况 …… 274
主要指标完成情况 …… 274
吨粮田建设 …… 274
生态农业 …… 275
补助粮供应 …… 275
安全环保 …… 275
精细管理 …… 276
民生工程 …… 276
“三支队伍”建设 …… 276
企业文化建设 …… 276
党建和思想政治工作 …… 276
采输卤管理处 …… 277
采输卤管理处概况 …… 277
机构设置 …… 277
生产经营任务完成情况 …… 277
采输卤管理处历年生产经营状况柱状图(2005～2011 年) …… 277
石盐开发 …… 278
生产管理 …… 278
科技管理 …… 278
经营管理 …… 278
党建和思想政治工作 …… 279
扬州友好医院 …… 280
友好医院概况 …… 280
医疗业务指标 …… 280
科技创新 …… 280
担当社会责任 …… 280
护理培训 …… 280
医疗培训 …… 281
对外合作 …… 281
支持癌症康复事业 …… 281
整合医疗资源 …… 281
深化“学习梅奥”活动 …… 281
医德医风建设 …… 281
精神文明建设 …… 282
医院主要领导人员 …… 282
江苏中油天工机械有限公司 …… 282
中油天工概况 …… 282
生产经营指标完成情况 …… 282
市场开拓 …… 283
科研管理 …… 283
经营管理 …… 283
基础设施管理 …… 283
队伍建设 …… 284
企业文化建设 …… 284
中油天工 2007～2011 年度主要生产任务和经济技术指标完成情况统计表 …… 284

机构与干部

机　构 …… 285
油田机关机构变动情况 …… 285
2011 年末江苏油田机关机构设置和定员表 …… 285
组织机构及负责人 …… 287
一、中共江苏石油勘探局第六届委员会 …… 287
二、中共江苏石油勘探局经委检查委员会 …… 288
三、江苏石油勘探局工会第七届委员会 …… 288
四、江苏石油勘探局 …… 288
五、江苏油田分公司 …… 288
六、江苏油田 HSE 总监、首席专家、副总师 …… 288
七、油田机关部门 …… 288
八、油田直属单位 …… 289

先进集体与先进个人

先进名录 …… 293
获全国非科技类奖项先进集体名单 …… 293
获江苏省非科技类奖项先进集体名单 …… 293
获集团公司非科技类奖项先进集体名单 …… 294
获全国非科技类奖项先进个人名单 …… 295
获江苏省非科技类奖项先进个人名单 …… 295
获集团公司非科技类奖项先进个人名单 …… 295
获局党委、勘探局、分公司表彰的先进名录 …… 296
一、阿尔及利亚沙漠水管道项目先进集体和个人 …… 296
二、2011 年度双文明标杆单位、双文明先进

单位、双文明标杆队、双文明劳动模范 …… 296
三、优秀思想政治工作者 …… 296
四、2011 年度先进党支部、优秀共产党员和优秀党支部书记 …… 296
五、2012 年度江苏油田科技创新团队和科技创新先进个人 …… 298
六、2011 年度行政办公室系统先进个人 …… 298
七、2011 年度节能达标竞赛优胜基层队(站) …… 298
八、2010~2011 年度"达标创优"工作先进集体和先进个人 …… 298
九、2010~2011 年度科技管理先进集体和先进工作者 …… 300
十、2011 年度质量科技成果 …… 300
十一、2011 年度信访稳定工作先进单位和个人 …… 301
十二、2011 年度内控管理工作先进集体和个人 …… 301
十三、2011 年规划计划定额造价经营销售系统工作先进集体和个人 …… 301
十四、2011 年度人口和计划生育工作先进单位、先进集体、先进工作者 …… 302
十五、2011 年度设备管理先进单位、先进队站 …… 302
十六、2011 年度质量先进 …… 302
十七、2011 年度科技进步奖 …… 303
十八、2011 年度环境保护先进集体及先进工作者 …… 303
十九、2011 年度效能监察优秀项目 …… 303
二十、2011 年度节能先进 …… 304
二十一、2011 年统计工作先进单位和优秀统计分析报告(论文) …… 305
二十二、2010 年度财务决算先进单位和个人 …… 305
二十三、2011 年度江苏油田青年岗位能手 …… 306
二十四、2011 年"局青年岗位能手" …… 306
二十五、第十二届职业技能竞赛优秀单位和个人 …… 306
二十六、优秀教师、教育工作者、职业教育工作者、兼职教师 …… 307
二十七、优秀清洁生产技术报告 …… 307
二十八、2010 年度油田海外工作先进个人 …… 307
二十九、"十一五"信息化先进单位和先进个人 …… 307
三十、优秀 WWW 网站 …… 308
三十一、桥 7 平 1 长水平段钻井暨分段压裂项目先进单位和先进个人 …… 308
三十二、2011 年度物资供应管理先进单位和先进个人 …… 308
三十三、2011 年度开发新工艺新技术项目以及开发生产课题 …… 308

人　物

新任油田领导 …… 311
李东海 …… 311
李　浩 …… 311
模范人物 …… 311
江苏省劳动模范　杨　莲 …… 311
江苏省"五一"劳动奖章获得者　田　明 …… 312
2011 年度油田双文明劳动模范 …… 312
苗向阳 …… 312
吴建国 …… 312
冯恩山 …… 313
李　静 …… 313
兰文明 …… 313
郑　超 …… 313
章东海 …… 313
徐华兴 …… 314
孙东升 …… 314
陈　宁 …… 314

规章制度选编

油田管理文件 …… 315
关于印发《江苏油田制度标准化改造实施方案》的通知 …… 315
关于印发《江苏油田组织绩效考核管理暂行办法》的通知 …… 319
关于下发《江苏油田组织绩效考核管理补充办法》的通知 …… 322
关于印发《江苏油田全员绩效考核管理实施

意见》的通知 …… 323
重要文件目录索引 …… 326
2011 年中共江苏石油勘探局委员会部分文件目录 …… 326
2011 年江苏石油勘探局部分文件目录 …… 328
2011 年江苏油田分公司部分文件目录 …… 341

统 计 资 料

2011 年全国主要油田原油、天然气产量排序表 …… 344
2011 年江苏油田基本情况 …… 345
2011 年江苏石油勘探局综合经济效益指标完成情况 …… 347
2011 年江苏油田分公司综合经济效益指标完成情况 …… 347
2011 年江苏石油勘探开发主要经济效益指标 …… 348
江苏油田 2011 年度科技进步奖获奖项目 …… 349
2011 年度江苏油田获国家、省(部)级科技进步奖项目表 …… 351
2011 年度江苏油田获扬州市科学技术奖项目表 …… 351
2011 年江苏油田人口自然变动及计划生育情况统计表 …… 352

附 录

职能委员会(领导小组)名录 …… 353
2011 年江苏油田调整及新设职能委员会(领导小组)名录 …… 353
一、油田地质资料管理领导小组 …… 353
二、江苏油田博士后科研工作站工作领导小组 …… 353
三、江苏油田生产科研中心建设项目组织机构 …… 353
四、上市油气储量管理工作组织机构 …… 353
五、油田井控工作领导小组成员和机构 …… 354
六、江苏油田内部控制管理领导小组 …… 354
七、江苏油田自用成品油退税管理领导小组和工作组 …… 354
八、江苏油田技能操作人员考评委员会 …… 354
九、江苏油田辐射管理领导小组 …… 354
十、江苏油田非常规油气勘探开发工作管理组织机构 …… 354
十一、油田职称改革工作领导小组 …… 355
十二、江苏油田防火安全委员会 …… 355
十三、韦庄产能建设项目组组织机构 …… 355
十四、韦庄产能建设项目工委 …… 355
十五、永联产能建设项目工委 …… 355
十六、永联产能建设项目组织机构 …… 355
领导讲话题录 …… 356
2011 年油田主要领导在油田有关工作会议上的讲话题录 …… 356
高级职称名录 …… 357
2011 年被授予高级职称任职资格名录 …… 357
高级技师名录 …… 358
2011 年被授予高级技师任职资格名录 …… 358
社会媒体报道题录 …… 358
2011 年《中国石化报》刊发江苏油田报道题录 …… 358
单位通联录 …… 362
2011 年江苏油田附属单位通联录 …… 362
2011 年冬季、2012 年夏季油田通勤车时刻表 …… 363

索 引

主题词索引 …… 368
表题索引 …… 385

撰审名单

《江苏油田年鉴》2012 卷撰稿人名单 …… 387
《江苏油田年鉴》2012 卷审稿人名单 …… 388

Contents of Jiangsu Oilfield Yearbook 2012

Feature Articles

Documents from Superiors 1
Inspection by Leaders 12

Summary of Jiangsu Oilfield

Summary 26

Records of Important Events

Records of Important Events of Jiangsu Oilfield in 2012 33

Oil and Gas Exploration and Development

Exploration Policy and Task Disposition 44
Exploration Benefits 45
Exploration Technology 47
Exploration Results 48
Development Policy and Task Disposition 51
Oil Extraction Techniques 54
Brief Introduction to Oil and Gas Field 56
Reservoir Dynamic Monitoring 82
Oilfield Surface Engineering Construction 82
Drilling Engineering 83

Multi Development

Mining Development 91
Brief Introduction to Main Enterprises 95

Social Undertakings

Logistic Service 97
House Property Management 98
Management of Family Members 98
Early Childhood Education Management 99
Social Insurance 99
Petition Holding Stability 101
Comprehensive Administration 102
Population and Family Plan 104

Science and Technology

Summary 106
Science and Technology Research and Results 108
Dissemination of New Technology 113
Science and Technology Activities 121

International Cooperation

Summary 124
International Cooperation and Exchange 128
Foreign Institutions and Projects 128

Operation and Management

Enterprise Reform and Management 131
Administrative Management 134
Planning and Programming Management 135
Quota Management 138
Finance and Assets Management 140
Financial Settlement Management 146
Cadre and Personnel Management 148
Labor Force and Wages Management 150
Employment Management 152
Oil and Gas Distribution 153
Equipment Management 156
Production Management 158
Land Public Relations 159
Petroleum Engineering Technology Management 161
Security and Supervision 163
Infrastructure Management 166
Engineering Supervision 169
Information Management 171
Audit and Supervision 173
Technology Supervision 176
Legal Affairs 183
Archives Management 186
Enterprise Yearbook 188

Party and Mass Work

Summary 189
Party Development 190
Discipline Inspection and Supervision 192

Propaganda and Education ······ 195
Research of Ideological and Political Work ······ 196
Spiritual Civilization Development ······ 197
United Front ······ 198
Trade Union of Bureau ······ 199
Communist Youth League ······ 202
Party and Mass Work at Headquarter ······ 204
People's Armed Forces ······ 206
Secrecy Confidential ······ 208
Culture and Art Union Sports Association ······ 208

Overview of Sub – companies

No. 1 Oil Production Company ······ 210
No. 2 Oil Production Company ······ 212
Anhui Oil Production Plant ······ 215
Geological Research Institute (GRI) ······ 218
Geophysical Prospecting Research Institute ······ 220
Petroleum Engineering Technology Institute ······ 223
Material Supply and Marketing Company ······ 225
Down – hole Service Company ······ 229
Yangzhou Petrochemical Co. , LLC ······ 231
Geophysical Prospecting Company ······ 233
Drilling Company ······ 237
Geology Well – logging Company ······ 239
Anhui Oil Exploration and Development Company ······ 242
Engineering Institute ······ 245
Oilfield Construction Company ······ 248
Transportation Company ······ 250
Water, Power and Communication Company ······ 253
Retired Staff Management Department ······ 255
Press Center ······ 258
Staff Training Department ······ 259
Zhenwu Administration and Service Center ······ 261
Shaobo Administration and Service Center ······ 264
Yangzhou Administration and Service Center ······ 266
Mining Development Corporation ······ 268
Zijing Tourism Group ······ 270
Agricultural, Industrial and Commercial Company ······ 274
Bittern Production and Transportation Management ······ 277
Yangzhou Youhao Hospital ······ 280
Jiangsu Sinopetro Superbskill Machine Co. , Ltd ······ 282

Organizations and Cadre

Organizations ······ 285
Organizations and Principals ······ 287

Outstanding Collectives and Individuals

Name List of the Outstanding ······ 293

Character

Newly Appointed Oilfield Leader ······ 311
Model ······ 311

Selection of Regulations and Rules

Documents of Corporate Administration ······ 315

Statistic Data

Appendix

Functional Committee List ······ 353
Leader Speech Bibliography ······ 356
Senior Professional Titles Directory ······ 357
Senior Technicians Directory ······ 358
Social Media Report Bibliography ······ 358
Address Book ······ 362

Index

Subject Index ······ 368
Title Index ······ 385

Name List of Writers and Revisers

Name List of the Writers of Jiangsu Oilfield Yearbook 2012 ······ 387
Name List of the Revisers of Jiangsu Oilfield Yearbook 2012 ······ 388

特　　载

上　级　文　件

中共中国石油化工集团公司党组文件

中国石化党组〔2011〕13号

关于李东海、周恒友同志职务任免的通知

中共江苏石油勘探局委员会：

根据工作需要，经研究并征得中共江苏省委员会同意，决定：

李东海同志任中共江苏石油勘探局委员会书记。

免去周恒友同志的中共江苏石油勘探局委员会书记、常委、委员职务，调出另有任用。

中国共产党中国石油化工集团公司党组
二〇一一年三月十一日

中国石油化工集团公司文件

中国石化人〔2011〕198号

关于李东海、周恒友职务任免的通知

江苏石油勘探局：

根据工作需要，经党组研究并征得中共江苏省委员会同意，决定：

李东海任江苏石油勘探局副局长（兼）。

免去周恒友的江苏石油勘探局副局长职务。

二〇一一年三月十一日

中共中国石油化工集团公司党组文件

中国石化党组〔2011〕42号

关于李浩、谈正鑫同志职务任免的通知

中共江苏石油勘探局委员会：

根据工作需要，经研究并征得中共江苏省委员会同意，决定：

李浩同志任中共江苏石油勘探局委员会副书记、纪律检查委员会书记，为江苏石油勘探局工会主席人选。

免去谈正鑫同志的中共江苏石油勘探局委员会副书记、常委、委员、纪律检查委员会书记职务，不再担任江苏石油勘探局工会主席职务，任调研员。

二〇一一年五月九日

中国石油化工集团公司文件

中国石化计〔2011〕48号

关于江苏石油勘探局顶驱购置项目可行性研究报告的批复

江苏石油勘探局：

你局《关于购置顶驱的请示》（苏油装〔2010〕316号）收悉。经研究，批复如下：

一、原则同意你局购置顶驱3套，其中500吨顶驱1套、350吨顶驱2套，以满足油田勘探开发生产的需要。

二、项目总投资2886万元。其中建设投资2825万元、建设期利息61万元。资金来源为你局自有资金30%，银行贷款70%。

请你局按照集团公司有关规定，做好设备招标购置工作，严格控制投资。

二〇一一年一月二十四日

中国石油化工集团公司财务部文件

中国石化财产〔2011〕10号

关于江苏石油勘探局计提固定资产减值准备的批复

江苏石油勘探局：

你局《关于呈报江苏石油勘探局二〇一〇年度重大会计事项的报告》（苏油财资〔2010〕373号）收悉。经研究，现批复如下：

一、同意你局计提固定资产减值准备1371.93万元，请按照年报审计确认金额，列入2010年财务决算，做好相关账务处理。

二、你局应加大计提减值准备的固定资产的处置力度，规范操作。

二〇一一年一月二十八日

中国石油化工集团公司文件

中国石化计〔2011〕78号

关于江苏油田黄珏、物研院等基地基础设施改造工程可行性研究报告的批复

江苏石油勘探局：

你局《关于呈报江苏石油勘探局黄珏、真武等老基地基础设施改造工程可行性研究报告的请示》（苏油计〔2010〕185号）和《关于呈报江苏石油勘探局物研院、邵伯等老基地基础设施改造工程可行性研究报告的请示》（苏油计〔2010〕219号）收悉。经研究，批复如下：

一、原则同意你局实施黄珏、真武、物研院、邵伯、扬州基地基础设施改造项目，以改善小区居民生活环境，提升矿区服务质量，构建和谐社区。

二、工程主要内容包括：

1. 黄珏基地。道路系统。拓宽改造主干道路800平方米、消防通道720平方米，新建宅间路525平方米、场地4380平方米。排水系统。新建DN200～300毫米UPVC排污管1100米。供暖系统。新建0.7兆瓦燃气供热锅炉2台，Φ57～133毫米保温供暖管线4035米。配电系统。更新500千伏·安变压器2台、配电柜6面、低压电缆3645米。供水系统。更新DN40～100毫米内外涂塑钢管1940米。

2. 真武基地。道路系统。改造道路3740平方米、消防通道200平方米、宅间路1500平方米、场地1150

平方米。排水系统。更新DN200～300毫米UPVC双壁波纹管7000米、DN400～500毫米钢筋混凝土管4600米、路灯24个。供暖系统。更新Φ57～108毫米保温黄夹克保温管20720米。浴室热源系统改造。取水井1口、回灌井2口、水源热泵2台、热水循环泵2台、潜水泵1台及自动软水装置1台等。防洪设施。真武中心河沿北区住宅点两侧新建5米高浆砌毛石直立式重力挡土墙1040米。

3. 物研院基地。道路系统。改造、拓宽主干道路2880平方米,改造消防通道1800平方米,新建人行道690平方米、场地2050平方米。排水系统。改造DN200～300毫米UPVC污水管1250米,DN400～800毫米钢筋混凝土雨水管870米。配电系统。更换500千伏安、200千伏·安、630千伏·安变压器各1台,315千伏·安变压器2台,配电柜8面,低压电缆2380米。供暖系统。更换Φ57～159毫米保温供暖管线2840米。监控系统。安装摄像头24个、录像机2台、监视器5台。

4. 邵伯基地。道路系统。改造道路10230平方米、消防通道720平方米、宅间路5000平方米、场地9750平方米。排水系统。改造DN200～300毫米UPVC双壁波纹管2010米、宽盖板沟4080米。供暖系统。改造Φ57～159毫米供暖保温管线3130米。供水系统。改造DN40～100毫米内外涂塑钢管2360米、供水阀门井30座。防洪设施。新建5米高浆砌毛石直立式重力挡土墙950米。

5. 扬州基地。改造消防通道3600平方米、场地4000平方米、DN80～100毫米供水管线7100米、Φ57～159毫米供暖保温管线9600米。

三、环境保护、劳动安全、职业卫生、节能按照国家和集团公司有关规定执行。

四、该项目总投资5184万元,其中建设投资5081万元、建设期利息103万元。资金来源为企业自有资金30%,银行贷款70%。

请你局抓紧实施,高质量完成设施改造。

二〇一一年二月十一日

中国石油化工集团公司文件

中国石化计〔2011〕165号

关于江苏石油勘探局生产科研中心建设项目可行性研究报告的批复

江苏石油勘探局:

你局《关于江苏油田生产科研中心建设的请示》(苏油计〔2011〕18号)收悉。经研究,批复如下:

一、原则同意你局在已有25亩存量土地上建设江苏油田生产科研中心项目。

二、主要建设内容。新建主体建筑3栋,包括科研办公用房、接待用房和餐饮会议用房3个单体,采用"U"形庭院空间布局,总建筑面积28900平方米,包括地上23100平方米、地下5800平方米。其中:

1. 科研办公用房:地上7层,建筑面积10900平方米,钢筋混凝土框架结构。其中科研办公用房建筑面积9400平方米,内设办公室71间,20～30人方案讨论室14间等;设备机房、电梯及门厅等建筑面积1500平方米。

2. 接待用房:地上6层,建筑面积8000平方米,钢筋混凝土框架结构。其中客房建筑面积6700平方米,内设客房120间(套),包括标间110套、套房10间;商务接待及大堂等建筑面积1300平方米。

3. 餐饮会议用房:地上3层,建筑面积4200平方米,钢筋混凝土框架结构。其中餐厅建筑面积1700平方米,内设500人大餐厅1个,20人餐厅3个,15人餐厅6个;会议建筑面积2500平方米,设置300人会议室1个,50人会议室6个,30人会议室3个,相应配置音响、会场灯光、网络及语音等系统。

4. 人防地下室:建筑面积5800平方米,包括人防、停车、厨房及配套设备用房等。防空地下室按核6级设防修建,地下停车位100个。配套建设供电、供水、暖通、通信、燃气、电视、消防、安防和中水回用系统等公用工程。

5. 装修标准:大堂、门厅等公共区域地面为大理石,办公室、客房、餐厅、会议室等房间铺设地砖;外门窗为断桥隔热铝合金双层中空玻璃,内门为实木门;大堂、门厅等公共区域内墙面为干挂石材,办公室、客房、餐厅、会议室等采用乳胶漆墙面;吊顶采用轻钢龙骨纸面石膏板吊顶或铝合金扣板吊顶;外墙饰面采用玻璃幕墙和干挂石材,屋顶采用铝板;上人屋面为地砖铺装,屋顶花园为种植屋面。

三、本项目不新征土地,不增加劳动定员。

四、劳动安全、环境保护、职业卫生和消防等,要按照国家和集团公司有关规定,严格执行有关设计规范,做好节能、安全和环保工作。项目开工前要完成环境影响评价等文件的报批手续。

五、投资及资金来源:总投资控制在15600万元以

内,资金来源为企业自有资金。

根据生产科研中心建筑物位置、规划方案及建筑物结构,为做好与周边已建建筑及公共设施的过渡衔接,要认真做好统筹安排,并据此完善整体设计方案,尽快编制初步设计,报总部审批。由于原批复方案与地方规划要求存在较大出入,以及土地权属和地面房屋权属不统一等问题,以本批复为准,原石化股份计〔2009〕492 号文件同时废止。

二〇一一年二月二十五日

中国石油化工集团公司石油工程管理部

中国石化工计函〔2011〕6 号

关于委托评估《江苏石油勘探局物探仪修站库及基层队点建设可行性研究报告》的函

江苏石油勘探局、江汉石油管理局咨询中心:

根据集团公司投资项目决策程序的有关办法,现委托江汉石油管理局咨询中心评估江苏石油勘探局《江苏石油勘探局物探仪修站库及基层队点建设可行性研究报告》,我部要求在 5 月 15 日前完成该项目的评估并提交评估报告。项目评估费 5 万元,由江苏石油勘探局支付给江汉石油管理局咨询中心。

二〇一一年四月六日

中国石油化工集团公司石油工程管理部

中国石化工计函〔2011〕8 号

关于委托评估《江苏石油勘探局邵伯、富民油区变配电系统设施改造工程可行性研究报告》的函

江苏石油勘探局、江汉石油管理局咨询中心:

根据集团公司投资项目决策程序的有关办法,现委托江汉石油管理局咨询中心评估《江苏石油勘探局邵伯、富民油区变配电系统设施改造工程可行性研究报告》,我部要求在 5 月 20 日前完成该项目的评估并提交评估报告。项目评估费 5 万元,由江苏石油勘探局支付给江汉石油管理局咨询中心。

二〇一一年四月二十八日

中国石油化工集团公司文件

中国石化计〔2011〕584 号

关于江苏石油勘探局 2011 年非安装设备更新改造项目可行性研究报告的批复

江苏石油勘探局:

你局《关于呈报江苏石油勘探局测录井设备更新改造可行性研究报告的请示》(苏油计〔2011〕77 号)、《关于呈报江苏石油勘探局捞油设备更新购置可行性研究报告的请示》(苏油计〔2011〕78 号)、《关于呈报江苏石油勘探局物探设备更新购置可行性研究报告的请示》(苏油计〔2011〕79 号)、《关于呈报江苏石油勘探局定向井钻井设备购置可行性研究报告的请示》(苏油计〔2011〕80 号)、《关于呈报江苏石油勘探局钻机及其附属设备更新改造可行性研究报告的请示》(苏油计〔2011〕81 号)和《关于呈报江苏石油勘探局运输油建设备更新改造可行性研究报告的请示》(苏油计〔2011〕

82 号)收悉。经研究,批复如下:

一、同意你局 2011 年更新改造部分石油工程设备,以满足油田勘探开发生产需要。

二、主要内容。购置各类石油工程设备 157 台(套),其中物探 18 台、钻机及配套 31 台、测录井 17 台、油建运输 82 台、捞油配套 9 台(详见附件)。

三、项目总投资 24907 万元。其中建设投资 24620 万元(物探 4072 万元、钻机及配套 11355 万元、测录井 4970 万元、油建运输 3427 万元、捞油配套 796 万元)、建设期利息 287 万元。资金来源为你局自有资金 30%,银行贷款 70%。

请你局按照集团公司有关规定,做好设备招标购置工作,严格控制项目投资。

附件:江苏石油勘探局 2011 年非安装设备更新改造表(略)

二〇一一年七月四日

中国石油化工集团公司文件

中国石化计〔2011〕622 号

关于江苏石油勘探局石油工程技术软硬件更新及配套项目可行性研究报告的批复

江苏石油勘探局:

你局《关于呈报江苏石油勘探局石油工程软硬件及配套项目可行性研究报告的请示》(苏油计〔2011〕68 号)收悉。经研究,批复如下:

一、同意你局升级购置石油工程配套软硬件 22 套,其中物探类 5 套、测录井类 3 套、生产设施配套 14 套。

二、项目投资 1420 万元,资金来源为你局自有资金 426 万元,银行贷款 994 万元。

你局要严格按照集团公司有关规定,做好软硬件统一招标和采购工作,进一步减少投资。

附件:江苏石油勘探局 2011 年石油工程技术软硬件更新及配套项目表(略)

二〇一一年七月八日

中国石化集团公司石油工程管理部

中国石化工矿函〔2011〕15 号

关于江苏石油勘探局降低水电暖损耗专项工作报告的批复

江苏石油勘探局:

你局《关于贯彻落实集团公司降低水电暖损耗专项工作的报告》(苏油公〔2011〕136 号)收悉。经研究,批复如下:

一、原则同意你局所报工作方案。请你局抓紧组织实施。

二、要高度重视水电暖降耗增效工作。损耗问题是影响水电暖供应业务经济效益的重要因素,集团公司领导对此十分关注。你局要加强工作领导,协调各方面力量,抓好方案落实。

三、把握工作目的和原则。要紧紧围绕降低损耗、优化指标、提升效益这一目的,以管理和技术升级措施为主,以解决关键环节、瓶颈问题为重点,统筹安排,分轻重缓急,稳步推进。

四、进一步强化管理措施。供电方面,建立电网经济运行分析系统和网损综合分析评价平台,合理调度电力运行;推行分压、分区、分线和分台区的综合降损管理,加强计量基础管理、关口表管理,完善统计数据;开展线损专项技术研究。供暖方面,完善计量系统,优化供暖管网结构和保温方式,提高供暖管网运行水平;加强巡检工作,及时治理跑冒滴漏现象。

五、抓好技术改造项目落实。供电方面,实施邵伯矿区低压用电系统改造、吴堡油区 35kV 变电系统改造、曹庄油区配电网 6kV 升压改造、黄珏油区 10kV 配电线路改造、变电所自动化系统改造等技术改造项目,确保降低线损。供暖方面,改造供暖系统埋地管网,减少管线穿孔造成的浪费现象。

六、确保完成既定工作目标。供电方面,到 2013 年,35kV 电网线损率、10(6)kV 电网线损率和小区配电损耗率分别降至 4.8%、7.8% 和 18%。供暖方面,2011

年供热单位面积标煤耗降至 0.172 千克/(平方米·天),2013 年降至 0.163 千克/(平方米·天)。

二〇一一年七月二十七日

中国石油化工集团公司审计局

中国石化审函〔2011〕25 号

关于送达江苏油田内部石油工程结算情况专项审计报告的函

江苏石油勘探局、江苏油田分公司:

根据 2011 年审计工作计划,审计局(部)派出北京分局(部)审计组一行 10 人,于 2011 年 3 月 14 日至 4 月 12 日,对 2010 年你单位内部间及与系统内油气田企业之间的石油工程结算情况进行了专项审计。在征求你单位意见基础上形成的审计报告已经审计局(部)审议。现将该审计报告正式送达你单位,请认真落实审计意见和建议,并将整改情况于收文之日起 60 日内反馈我局(部)及北京分局(部)。

二〇一一年七月二十九日

中国石油化工集团公司发展计划部文件

中国石化计项〔2011〕24 号

关于江苏石油勘探局生产科研中心建设项目初步设计的批复

江苏石油勘探局:

你局《关于呈报江苏石油勘探局生产科研中心建设项目初步设计的请示》(油计〔2011〕158 号)及设计文件收悉。经审查,原则同意所报初步设计,现批复如下:

一、总体规划、建筑、结构

1. 原则同意本项目总体规划设计方案,主要建设内容为:新建 1 座集科研办公、接待、餐饮、会议为一体的综合楼,并配套相应的公用工程和辅助设施。

2. 原则同意本项目建筑设计方案。本项目总建筑面积核定 29517 平方米,其中:科研办公区域为地上 7 层,建筑高度 29.05 米,建筑面积 9337 平方米;接待区域为地上 7 层(局部 6 层),建筑高度 27.70 米,建筑面积 9141 平方米;餐饮、会议区域为地上 3 层,建筑高度 13.95 米,建筑面积 4370 平方米;地下室统一设置为 1 层(含厨房、汽车库及设备用房等),建筑面积 6669 平方米。

3. 原则同意接待区域配置方案,客房总数为 119 套(间),其中:高级套间 4 套、普通套间 8 套、单人间 66 间、标准间 41 间。

4. 原则同意餐饮、会议区域配置方案,设置 360 人大餐厅 1 间、小餐厅 6 间;300 人大会议厅 1 间、60 人会议室 3 间、30 人会议室 4 间、20 人会议室 1 间、贵宾接待室 1 间。

5. 科研办公区域设计方案应根据办公具体功能要求进一步优化,除领导办公用房外,其他办公室原则上采用大开间设置;走廊净宽由 2.4 米改为 2.1 米。

6. 科研办公区域主入口应加设门斗并增加门禁系统。

7. 接待区域大堂总台后墙面应保持完整,总台办公室门改在侧向。

8. 取消接待区域一层乒乓球室,适当增加商店及商务中心面积。

9. 接待区域高级套间平面布置、普通套间浴缸设置应进一步优化。

10. 为便于人员取餐,餐饮区域大餐厅取餐台的布置方案应进一步优化;民族就餐设施与餐饮用房在紫京招待所统筹考虑。

11. 餐饮区域一层东南角小餐厅应考虑布置条形宴会桌的可能性;2 个 6 人小餐厅中间隔墙建议设置为活动隔断,以增加使用的灵活性。

12. 会议区域二层大会议厅应按多功能厅设计,地面采用平楼面设计并满足视频会议要求。

13. 餐饮、会议区域一层门厅、厨房、消防控制室等部位应按规范设置防火门。

14. 进一步完善会议区域大会议厅室外楼梯、平台立面设计及会议室准备间功能设计。

15. 原则同意本项目结构设计方案,地下室底板、侧墙、地梁最大裂缝宽度应按 0.2 毫米控制。

16. 取消本项目与紫京招待所之间所设地下管廊,

管线穿越按直埋设计。

二、总图、景观、装修

1. 原则同意本项目布置在扬州市开发区维扬路东侧、紫京招待所南侧的总图布置方案，区域总占地面积为26697平方米，不需新征土地。建筑容积率为1.41，绿化率为24%。

2. 本项目场地范围为新建生产科研中心及周边界区内道路，原石油公安分局周边场地标高维持现状。

3. 餐饮、会议区域一层主入口应考虑车辆驶入停靠要求。

4. 本项目外幕墙石材、景观及室内装修方案应按照控制投资、标准适当的原则进一步优化完善，并进行多方案比较及专项审查后再予确定。

三、强电、弱电

1. 原则同意在地下室新建1座10/0.4kV变配电室、配置2台1250kVA干式变压器及改造紫京招待所现有10/0.4kV变配电室为本项目供电的设计方案，新建变配电室所需2回10kV电源引自厂区不同高压配电站。

2. 照明设计在满足各功能用房照度值的前提下，应严格控制照明功率密度值。

3. 设置于科研办公区域二层灾备机房面积由80平方米核增为200平方米，并移至首层A－B轴处。

4. 设计单位应根据建设单位提供的门禁系统设置范围，进一步优化门禁系统设计方案，具体在详细设计阶段予以落实。

5. 设计单位应根据办公用房功能要求进一步优化各工位弱电配置方案，内、外网络应按物理分开设置，具体在详细设计阶段予以落实。

6. 本项目会议系统配置标准偏高，应根据功能需求进一步优化。

7. 新建大楼顶层可考虑预留卫星天线基础。

四、暖通、空调

1. 原则同意本项目设置溴化锂直燃机组提供冷热源及主机布置在紫京招待所地下室的设计方案。空调冷却塔由布置在紫京招待所楼顶改为布置在新建科研办公区域楼顶。

2. 根据当地气象条件，取消空调系统所设高压喷雾加湿系统。

3. 空调末端系统设置应根据使用功能、使用时间段进行划分，以便于管理维护，降低运行费用。

4. 各功能分区空调冷热水应预留计量表安装位置。

5. 各功能用房的空调计算冷热负荷应考虑同时使用系数。

五、给排水、环保、消防、劳动安全与卫生

1. 原则同意本项目给排水、环保、消防、劳动安全与卫生设计方案。

2. 设计单位应在详细设计阶段根据供水水压≥0.16MPa的要求，进一步完善给水系统分区设计方案。

3. 关于是否增设太阳能热水制备系统，应根据地方有关规定在详细设计阶段予以落实。

4. 本项目所设环保、消防、劳动安全与卫生设施应按“三同时”要求与主体工程同步建成投用。

六、概算

本项目建设投资核定为19573.81万元（详见总概算表）。（略）

二〇一一年八月三日

中国石油化工集团公司财务部文件

中国石化财资〔2011〕107号

关于江苏石油勘探局阿尔及利亚管道项目贷款的批复

江苏石油勘探局：

你单位《关于申请江苏石油勘探局阿尔及利亚沙漠水管线项目贷款的请示》（苏油财资〔2011〕248号）收悉。经研究，批复如下：

一、同意对阿尔及利亚管道项目贷款额度展期。阿尔及利亚管道项目贷款总额度11135万美元，其中，2245万美元由2011年12月31日展期至2012年5月31日、3890万美元由2011年9月30日展期至2012年7月31日、5000万美元由2011年10月31日展期至2012年11月30日。你单位与国际工程公司分别按照88%和12%的比例，承担还本付息责任，你单位应承担的贷款额度（本金）9798.8万美元（详见附表）。

二、调整后，你单位在盛骏公司贷款额度为9798.8万美元（详见附表）。

三、请你单位在确保付息债务总额不超的前提下，向盛骏公司办理相关手续，按需提款。同时，你单位要与国际工程公司通力合作，密切跟踪项目进展，严格监督资金使用，合理安排还款计划，保证按时还本付息。

附件：江苏油田盛骏贷款额度情况表

二〇一一年八月二十九日

附件：

江苏油田盛骏贷款情况表

金额单位：万美元　　截至2011年8月29日

序号	项目名称	贷款额度		起始日	到期日
1	阿尔及利亚管道项目	9798.8	1975.6	2011－12－31	2012－05－31
			3423.2	2011－09－30	2012－07－31
			4400.0	2011－10－31	2012－11－30
	合计	9798.8			

中国石油化工集团公司 中国石油化工股份有限公司 人事部文件

中国石化人薪〔2011〕192号

关于完善薪酬分配制度实施方案的批复

各有关单位：

你单位上报的完善薪酬分配制度实施方案收悉，根据《中国石化完善薪酬分配制度方案》（中国石化人〔2011〕537号），经审核研究，批复如下：

一、原则同意你单位所报完善薪酬分配制度实施方案，具体意见和基本薪酬执行标准详见通知单。

二、请你单位按照总部批复意见完善实施方案，履行民主程序后组织实施，并于11月30日前将正式印发执行的《完善薪酬分配制度实施方案》和工作总结报人事部备案。

三、薪酬分配关系到职工的切身利益，工作中须持续优化收入结构，合理控制内部收入差距，实现工资正常增长。请你们按照谨慎宣传、低调操作的原则精心组织实施，注意收集相关信息，有针对性地做好政策解释和正面引导工作，进一步调动职工积极性和创造性，促进企业和谐有效发展。

工作中遇有问题，请及时报告人事部。

二○一一年九月一日

中国石油化工集团公司财务部文件

中国石化财资〔2011〕115号

关于江苏石油勘探局海外项目贷款的批复

江苏石油勘探局：

你单位《关于申请江苏石油勘探局海外项目贷款的请示》（苏油财资〔2011〕282号）收悉。经研究，批复如下：

一、同意增加你单位在盛骏公司的贷款额度2000万美元，期限一年，自2011年10月1日至2012年9月30日。

二、调整后，你单位在盛骏公司贷款额度为11,798.8万美元（详见附表）。

三、请你单位在确保付息债务指标不超的前提下，和盛骏公司签订贷款合同，办理相关手续，按需提款。同时，你单位要严格监督资金使用，合理安排还款计划，保证按时还本付息。

此复。

附件：江苏油田盛骏贷款额度情况表

二○一一年九月二十日

附件：

江苏油田盛骏贷款额度情况表

金额单位：万美元　　截至 2011 年 9 月 19 日

序号	项目名称	贷款额度		起始日	到期日
1	阿尔及利亚管道项目	9798.8	1975.6	2011－12－31	2012－05－31
			3423.2	2011－09－30	2012－07－31
			4400.0	2011－10－31	2012－11－30
2	其他项目	2000		2011－10－01	2012－09－30
	合计	11798.8			

中国石油化工集团公司发展计划部文件

中国石化计油〔2011〕30 号

关于江苏石油勘探局邵伯和富民油区变配电系统设施改造工程项目可行性研究报告的批复

江苏石油勘探局：

你局《关于呈报江苏石油勘探局邵伯、富民油区变配电系统设施改造工程可行性研究报告的请示》（苏油计〔2011〕137 号）收悉。经研究，批复如下：

一、原则同意你局实施邵伯和富民油区变配电系统设施改造工程，以消除安全隐患，提高供电可靠性。

二、工程主要内容

1. 邵伯变电所：更新 35kV 户外式断路器（GIE－40.5）5 台，S11－4000/35（35/10kV）变压器 2 台，10kV（KYN28－10）中置柜 16 台，10kV 电容自动补偿（容量 1260kVar）1 套，二次综合保护系统 1 套。

2. 邵伯变电所二回电源 35kV 曹邵 2#线：新建真—邵段 14 公里，全线铁塔架设，直线、转角和耐张塔采用 15 米角钢塔，跨越塔采用 18 米角钢塔。导线采用 LGJ－120，悬垂采用硅橡胶绝缘子，全线架设避雷线。

3. 邵伯地区 6kV 配电网络及配电变压器：更新 10kV 架空线路 5.9 公里，YJV22－6/10kV（3×95）高压电缆 2.42 公里，S11 配电变压器 53 台，12 米钢管塔 9 基，53 组 YH5WS－17/50 氧化锌避雷器，33 组 HPRWG1－10F/100 跌落式熔断器，20 台 ZW32－12/T630－20 柱上真空断路器。

4. 富民变电所：更新 10kV（KYN28－10）中置柜 16 台，更新 10kV 电容自动补偿（1260kvar）1 套。原有 6kV 高压室和电容室利旧，主变待富民地区配电线路升压改造时更换。

5. 将在运行的 11 台 S7 型变压器更新为 S11 型变压器。

三、该工程不新征土地，不增加劳动定员。

四、环境保护、劳动安全、职业卫生和节能按照国家有关规定执行。

五、该项目总投资 2817.51 万元，其中建设投资 2752.34 万元，建设期利息 65.17 万元。资金来源为企业自有资金 30%，银行贷款 70%。

请你局据此开展后续工作，进一步优化建设方案，严格控制建设规模。

二〇一一年九月二十九日

中国石油化工集团公司发展计划部文件

中国石化计油〔2011〕33 号

关于江苏石油勘探局物探仪修站库及基层队点建设项目可行性研究报告的批复

江苏石油勘探局：

你局《关于呈报江苏石油勘探局物探仪修站库及

基层队点建设项目可行性研究报告的请示》(苏油计〔2011〕106号)收悉。经研究,批复如下:

一、原则同意你局实施物探仪修站库及基层队点建设工程,以消除安全隐患,提高生产效率,更好地为油气勘探开发服务。

二、工程主要内容

1. 新建地震仪及配套设备库房建筑面积4415平方米,3栋(双层)框架结构,层高3.3米,每栋设货梯1部。

2. 新建仪器车库建筑面积594平方米,层高5.0米,单层,砖混结构;新建停车场7620平方米,用于存放中型车、小型车和钻机。

3. 新建汽修工房建筑面积1188平方米,用作车辆的维修和钻机配件的加工,内设10t桥式吊车1台,门式钢架轻钢结构。

4. 新建仪修工房建筑面积1008平方米,用作设备的测试、检修和维护,按两层布置,层高4.5米,框架结构,内设货梯1部。

5. 新建基层队办公楼建筑面积2237平方米,4层双面条式楼,底层层高3.6米,二层以上层高3.3米,框架结构。

6. 配套建设道路、围墙以及水、电、暖、讯等工程。

三、该工程建于扬州市公道镇埝桥村,新征土地30亩。不增加劳动定员。

四、环境保护、劳动安全、职业卫生和节能,按照国家有关规定执行。

五、该项目总投资2764万元,其中建设投资2701万元,建设期利息63万元。资金来源为企业自有资金30%,银行贷款70%。

请你局据此开展后续工作,进一步优化建设方案,做好与现有老虎山基地的功能协调,避免重复建设,严格控制投资。

二〇一一年十月十一日

中国石油化工集团公司科技开发部文件

中国石化科计〔2011〕16号

关于江苏石油勘探局2011年科技开发项目计划的批复

江苏石油勘探局:

你单位《关于上报2011年企业研究开发项目计划的报告》(苏油科〔2011〕389号)文已收悉,经研究,同意你单位上报的2011年科技开发项目计划(详见附件),共计55个项目(其中:16个结转,39个新开项目),经费自筹解决。请按照项目计划进度执行,严格经费审核、使用和管理,并将执行情况及时报科技开发部。

附件:2011年科技开发项目计划表(略)

二〇一一年十一月八日

中国石油化工集团公司财务部文件

中国石化财产〔2011〕162号

关于江苏石油勘探局资产减值准备的批复

江苏石油勘探局:

你局《关于呈报江苏石油勘探局二〇一一年度重大会计核准事项的报告》(苏油财资〔2011〕490号)收悉。经研究,现批复如下:

一、同意你局对应收也门OGMC公司款项全额计提坏账准备98.47万元,核销固定资产减值准备151.07万元。请按照年报审计确认金额,列入2011年财务决算,做好相关账务处理。

二、对应收扬州胜利石油工程有限责任公司债权,暂不予以核销。你局应进一步加大追索力度,尽可能减少损失。要认真总结教训,加强对业务关联单位的资信管理,杜绝坏账发生。

二〇一一年十二月二十六日

中国石油化工集团公司住房制度改革领导小组办公室文件

中国石化房办〔2011〕179号

关于江苏油田住房分配货币化实施方案的批复

江苏石油勘探局：

你单位上报的《江苏油田关于报批〈江苏油田进一步深化住房制度改革实行住房分配货币实施方案〉的请示》（苏油公〔2011〕562号）已收悉，现批复如下。

1. 原则同意你单位制定的《江苏油田进一步深化住房制度改革实行住房分配货币实施方案》。

2. 同意按你单位测算的历年年度基准补贴额执行，具体为：

油田本部　　单位：元/平方米

年度	1999	2000	2001	2002	2003	2004
基准补贴额	145	145	145	145	145	145
年度	2005	2006	2007	2008	2009	
基准补贴额	145	150	146	145	145	

说明：由于你单位本部1999年至2005年及2008年至2009年年度基准补贴额实际计算值均小于江苏省1998年普通商品房平均价1445元/平方米的10%，根据集团公司规定，油田本部1999年至2005年及2008年至2009年年度基准补贴额按145元/平方米取值。

各分支机构历年年度基准补贴额分别为：

驻北京机构　　单位：元/平方米

年度	1999	2000	2001	2002	2003	2004
基准补贴额	1802	1702	1470	1424	1217	1096
年度	2005	2006	2007	2008	2009	
基准补贴额	1092	1658	2146	3000	3000	

说明：由于你单位驻北京机构2008年至2009年年度基准补贴额实际测算值大于3000元/平方米，根据集团公司相关规定，2008年至2009年实际执行值为3000元/平方米。

驻上海机构　　单位：元/平方米

年度	1999	2000	2001	2002	2003	2004
基准补贴额	931	860	854	895	987	1362
年度	2005	2006	2007	2008	2009	
基准补贴额	1599	1926	1978	2303	2106	

驻南京机构　　单位：元/平方米

年度	1999	2000	2001	2002	2003	2004
基准补贴额	719	713	490	355	373	312
年度	2005	2006	2007	2008	2009	
基准补贴额	268	502	593	682	453	

3. 同意你单位工龄补贴额按8元/（平方米·年）工龄执行。

4. 同意你单位职工住房补贴建筑面积加权平均值按65平方米执行。

5. 在发放住房补贴时,要严格按规定执行,住房补贴总金额为15899万元,其中非在职人员住房补贴总额为4606万元。

6. 根据《关于规范驻苏企业住房补贴发放有关问题的通知》(中国石化房办〔2011〕113号)精神,你单位已按江苏省地方政策领取过一次性补贴的无房或住房面积未达标职工,按照《中国石油化工集团单位进一步深化住房制度改革实行住房分配货币化实施办法》(中国石化办〔2009〕595号,以下简称《实施办法》)计算住房补贴,已足额领取的不再计发补贴,不足的补足其差额;未按地方政策领取过一次性补贴的无房或住房面积未达标职工,按《实施办法》执行。

7. 你单位2011年12月31日(含)以前1999年1月1日以后(含)参加工作的新职工,按照目前执行的江苏省补贴办法领取按月补贴已满10年的,停止发放;未满10年的,继续按原标准领取满10年后,停止发放。按地方标准领取的补贴总额低于按《实施办法》计算的补贴总额的,一次性补足其差额。

8. 你单位2012年1月1日(含)以后参加工作的新职工,按照《中国石油化工集团单位进一步深化住房制度改革实行住房分配货币化实施办法》(中国石化办〔2009〕595号)文件执行。

9. 你单位要切实加强对住房分配货币化工作的组织领导,实施过程中严格掌握政策标准,规范操作,制定详细的工作措施和方案,及时研究和解决出现的问题,确保住房分配货币化工作顺利进行和企业稳定。

二〇一一年十二月二十八日

领导视察

李春光看望油田职工、家属

1月14日,集团公司副总经理李春光及其率领的集团公司人事部主任周世良、财务部主任温冬芬、政工部主任张殿国等,在局长、分公司总经理朱平,局党委副书记谈正鑫,分公司副总经理钟志国陪同下,来到油田基层队站,走进职工家庭,代表集团公司党组,代表苏树林总经理,慰问了油田广大职工、家属。

当天上午9时许,李春光一行首先来到安徽公司32633钻井队承钻的黄107井,看望慰问奋战在野外生产一线的职工。在井场上、钻台上,李春光与当班职工亲切握手、交谈,问候职工及其家人,祝大家春节快乐、全家幸福。

随后,李春光一行赶到中石化金牌采油队——试采二厂采油九队,亲切看望慰问在严寒中坚持生产的职工。在团中央青年文明号韦2联合站,李春光来到集输岗、锅炉房等值班室,给大家拜年,并与戴士角、朱俊、肖琴等职工拉起了家常。李春光还专门来到职工食堂,看望慰问职工。当他看到当天中午的菜谱时高兴地说:“四荤四素,不错不错!”

在慰问中,李春光还为职工送上了鱼、猪肉等春节慰问品,并与职工合影留念。他说:中国石化在过去的2010年,取得了快速发展的业绩,其中有党中央、国务院的正确领导,有全国尤其是中央各部委的支持,更有我们全体将士凝聚的心血,在这里我感谢大家。也希望大家在新的一年里奋力拼搏,为江苏油田、为中国石化的发展贡献新的更大的力量。

在油田慰问期间,李春光还亲切看望慰问了油田老领导陈济中,油田劳模、井下作业处职工田明,困难职工王伟明家庭。在得知田明的先进事迹后,李春光欣然在田明的《地层测试及相关技术探讨》论文集上题词:实践出真知,创新无止境,愿在高起点上更进一步。

蔡希有出席油田干部大会

3月24日上午,集团公司党组成员、股份公司高级副总裁蔡希有出席油田干部大会并作讲话。

据集团公司相关文件通知,根据江苏油田领导班子建设实际和工作需要,经党组研究并征得中共江苏省委同意,决定:李东海任中共江苏石油勘探局委员会书记,兼任江苏石油勘探局副局长,仍任江苏油田分公司副总经理。免去周恒友江苏石油勘探局党委书记、常委、委员、副局长职务,调出另有任用。

蔡希有高度评价了油田领导班子主要成员在油田发展、党的建设等方面取得的成绩。他要求大家都能站在全局高度,自觉与集团公司党组保持高度一致,全力支持党组的决定,支持新班子的工作,做到讲党性、顾大局、守纪律。

他说,在领导班子和干部队伍建设上,要加强学习,提高能力水平;要继续增进团结,发挥整体功能;要增强民主集中制意识、增强协作共事意识、增强干事创业意识;要改进作风,树立良好形象,要坚持求真务实、积极开拓进取精神,做到清正廉洁。在油田建设和党建方面,要抓好增储上产,大力推进油气勘探开发;要抓好安全环保,提升本质安全水平;要抓好科技创新,增强企业发展后劲;要抓好创先争优,把基层党建工作不断推向深入。

局长、分公司总经理朱平主持会议并讲话。集团公司人事部副主任戴锭宣读石化集团公司对江苏油田领导班子调整的人事任免文件。周恒友、李东海作表态发言。

会后,蔡希有一行还视察了石油山庄民生工程。

焦方正出席中国石化油气储量管理会

4 月 27 日,股份公司副总裁焦方正出席在扬召开的中国石化 2011 年度上市油气储量管理工作会议并讲话。

焦方正对下步储量管理工作提出了要求:一是加强组织领导。各油田分公司都要成立由分公司总经理挂帅,主管勘探、开发、财务领导负责,勘探、开发技术人员和财务、计划部门人员参加的储量管理领导小组,明确职责。二是油田部要尽快组织制定符合国家储委要求、SEC 标准要求、适合股份公司发展要求的储量管理办法。三是加强方法创新,加快特殊类型油藏储量计算方法研究。四是加强储量资产管理队伍建设。各油田分公司要设立专门的上市储量管理部门,研究院要成立相应的储量研究室。

勘探局局长、分公司总经理朱平致欢迎辞,分公司副总经理毛凤鸣参加了会议,分公司副总经理钟志国作了题为《深化认识,持续推进,努力开创江苏油田上市储量管理工作新局面》的大会交流发言。

王志刚、史和平出席国家海洋石油安全生产会

5 月 12 ~ 13 日,由国家安全生产监督总局主办、中石化承办的国家海洋石油安全生产工作会在南京召开。中石化高级副总裁王志刚、江苏省副省长史和平致辞,国家安监总局副局长王德学、付建华,国家煤矿安监局副局长彭建勋,油田领导朱平、钟志国等有关部门和单位的领导出席了会议。

会议充分肯定了中石化及江苏油田海(水)上安全生产管理工作。在"十一五"期间,江苏油田共投入 2860 万元,用于湖区消防艇升级改造、泄洪道采油平台更新、卞 4 计量平台重建、卞东注水站建设等隐患治理项目。组建了水上应急救援队伍,配备了 4300 米围油栏、4 座收油动力站,在 4 条穿越湖区的长输管道安装了实时监控装置。每年汛期来临前,该油田都要进行水上消防、救生、溢油处置等联合演练,检验了职工应急救援技能,提高了复杂应急状态下与地方海事部门协调配合能力,促进了油田整体安全水平的提高。

中宣部副部长申维辰调研油田思想政治工作

9 月 3 日,中宣部副部长、中国思想政治工作研究会常务副会长申维辰一行,在江苏省委宣传部副部长周琪等领导的陪同下,就贯彻落实《中央宣传部、国务院国资委关于加强和改进新形势下国有及国有控股企业思想政治工作的意见》情况来扬考察调研。

其间,申维辰专程视察油田,并出席在油田召开的扬州市国有及国有控股企业思想政治工作汇报座谈会。局党委书记李东海在会上介绍了油田思想政治工作经验。

在油田调研期间,申维辰一行先后来到地研院、离退休处、新闻中心,实地考察了油田思想政治、新闻宣传、文化建设、生产经营、勘探开发及科技创新等方面的情况。

在由 8 家扬州市国有及国有控股企业参加的专题汇报座谈会上,李东海向调研组一行介绍了油田近年来两个文明建设情况,并作了专题汇报。

申维辰对油田及扬州市国有及国有控股企业思想政治工作给予了充分肯定。他希望大家立足新起点,坚持以人为本,不断解放思想,开拓创新,切实打牢思想文化基础,全面打造企业软实力,努力培养和造就有理想、有道德、有文化、有纪律的社会主义劳动者,为全面提升国有企业核心竞争力、促进企业持续健康发展

提供坚实的思想文化根基和不竭的精神动力。

中国思想政治工作研究会秘书长、中宣部思想政治工作研究所所长王学勤，中国思想政治工作研究会副秘书长王明业，扬州市委常委、宣传部部长袁秋年，局党委副书记、纪委书记、工会主席李浩陪同调研。

李春光出席集团公司技能竞赛闭幕式

10 月 15 日晚，集团公司 2011 年职业技能竞赛在扬州大剧院闭幕。集团公司党组成员、副总经理、竞赛组委会主任李春光，以及总部机关相关部门领导，各赛区承办单位组委会领导，来自油田、炼化、油品销售和工程建设等板块的获奖选手，江苏油田赛区的裁判长、裁判员、参赛选手及领队，油田部分职工代表等近 1000 人参加闭幕式。油田领导朱平、李东海、毛凤鸣、陈网根、钟志国、肖国连出席闭幕式。局长、分公司总经理朱平致辞，集团公司、股份公司人事部主任，竞赛组委会副主任周世良宣布竞赛结果，集团公司党组成员、副总经理，竞赛组委会主任李春光讲话，并给获得 7 个工种比赛第一名的金牌选手颁奖。

李春光在讲话中强调，今天的中国石化在规模和实力上都已经进入了世界前列，党组提出的建设“世界一流能源化工公司”是一个宏伟的蓝图，也是艰辛的征程。在新的起点上，更要把一线员工队伍建设好。他表示，抓好一线队伍建设，是推动科学发展、打造世界一流的基本任务。一流的公司，必须有一流的人才，要坚持以人为本，切实尊重广大一线员工的主人翁地位，全面打造作风过硬、技艺精湛的一线员工队伍，为公司发展提供坚强支持。抓好一线队伍建设，还是打造高度负责任、高度受尊敬企业的内涵要求。作为国有骨干企业，中国石化承担着重要的经济责任、政治责任和社会责任。安全生产、质量承诺是中国石化负责任表现的两个关键内容，它们维系在广大一线员工身上。一线员工的职业素养、综合素质、团队和谐，关系企业的核心竞争力，影响企业的经济、社会效益。抓好一线队伍建设，更是践行“人人都能成才”理念的重要举措。生产经营一线，是中国石化人才辈出的主阵地，很多优秀人才都扎根在一线、成长在一线。要引导和鼓励一线员工人人都能把所学、所能发挥在工作中、专注在岗位上，在本职岗位上实现个人人生价值。

李春光还指出：一线人才队伍建设是一项长期的战略任务，开展职业技能竞赛是实现知识、技能、石油石化优良作风传承的重要途径。希望受到表彰的选手戒骄戒躁、精益求精，把竞赛中的好作风、好经验带回各自的工作岗位上，引领更多员工在生产经营实践中建功立业，实现个人价值。希望广大员工以获奖选手为榜样，不断学习专业知识，努力提高自身素质，创先争优、勇担责任、追求卓越。希望各单位以此为契机，更加扎实地贯彻落实集团公司人才工作会议精神和人才发展规划纲要，更加关心一线员工的发展、关注一线员工的成长，为加强一线人才队伍建设作出新贡献。

集团公司 2011 年职业技能竞赛自 9 月中旬开赛以来，共有来自油田、炼化、油品销售、工程建设四大板块的 68 家单位的 464 名选手参加决赛。本次竞赛设油品计量、催化裂化、机泵维修、二甲苯、水质检验、钻井液、井下作业等 7 个工种，分江西石油、茂名石化、天津石化、江苏油田等 4 个赛区举行。最终，蔡巍、朱贵山等 35 名选手分获 7 个工种竞赛金奖，江苏油田获得比赛团体奖和优秀组织奖，个人单项比赛取得 4 金 2 银 1 铜的历史最好成绩。本次共有 35 名选手获得金奖，12 家企业夺得团体奖，8 家企业获得优秀组织奖。作为本赛区的承办单位，江苏油田的组织工作受到了中石化领导和参赛人员的好评，整个比赛实现了平安、精彩、圆满的目标。

闭幕式上，江苏油田还举行了以“光荣 · 绽放”为主题的颁奖晚会。

王志刚来油田调研并出席中石化下扬子地区海相油气勘探技术交流会

11 月 24 日，集团公司党组成员、股份公司高级副总裁王志刚，以及石油工程管理部副主任宗铁一行来油田调研。王志刚在高度评价油田各项工作后，希望江苏油田进一步解放思想，开拓思路，尽快在非常规油气藏勘探开发上取得新的突破。

当天上午，油田召开了工作汇报会。汇报会由局党委书记李东海主持，局长、分公司总经理朱平代表江苏油田作工作汇报，分公司副总经理毛凤鸣就非常规油气藏勘探开发工作进行了专题汇报。油田领导陈网根、钟志国、肖国连、李浩出席汇报会。

王志刚在听取油田工作汇报后，高度评价油田各项工作。他说，江苏油田上上下下精神振奋，领导班子不断追求新水平、攀登新高度，责任心强、事业心强、战斗力强；职工队伍精神状态好，作风过硬，整体进取心强，各项工作比往年都有了新的更大的进步。

王志刚指出，江苏油田要牢固树立资源是命根子的理念，牢固树立所有资源都可以发现的理念，牢固树立找到的资源都可以动用的理念，牢固树立高度重视非常规领域勘探开发的理念。

针对非常规油气藏开发，王志刚要求，在抓好常规油气藏开发，保持老区挖潜、新区建产、精细管理等良好做法的同时，要进一步解放思想，开拓思路，加快非常规油气藏的勘探开发工作。要在非常规领域实现当年得手、当年突破、当年建产的目标。要通过常规油气藏的精细开发稳住现有产量，通过非常规油气藏开发技术的突破保持增量，实现江苏油田持续稳产增产。要广泛学习、积极引进、尽早掌握水平井分段压裂等非常规油气藏的开发技术；要加强工程技术人才队伍建设，组建专门的非常规油气藏开发的工程团队，把精兵强将、高质量人才充实到这个团队中去，形成一个掌握非常规油气藏开发技术的高水平、过得硬、强有力的团队，为江苏油田下步发展打牢基础。要做好长井段水平井分段压裂技术的规划工作，明确发展计划、目标方向和任务，要优选部分有潜力的水平井开展分段压裂试验，以提高工艺技术对地层的适应性，提高压裂效果和开发效益。

11月25日，王志刚出席在南京召开的中石化下扬子地区海相油气勘探技术交流会。

当天下午，王志刚在讲话中指出：我在江苏油田调研下来，感觉江苏油田各项任务完成得都比较好，特别是非常规领域勘探开发很振奋，下一步我相信会有更加良好的表现。根据形势，我给江苏油田下步发展做了个定位——常规油气稳产、非常规油气上产，再创一个十年黄金发展期。

王志刚对江苏油田下一步发展充满了信心，要求尽快组建专门的非常规油气勘探开发团队，特别是长井段水平井分段压裂的技术团队，以非常规的思路对下扬子进行再认识，以非常规的手段挖掘非常规资源的潜力，为中石化打造世界一流作出更大的贡献。

油田领导朱平、李东海对学习贯彻王志刚高级副总裁的讲话精神提出了明确要求。

局十一届二次职工代表大会

唱响主旋律　开启新征程
为再创十年黄金发展期而努力奋斗

——江苏石油勘探局十一届二次职工代表大会行政工作报告

朱　平

（二〇一二年二月二十七日）

各位代表：

按照会议安排，我代表勘探局、分公司向大会作行政工作报告，请予审议。

一、2011年工作回顾

2011年，是油田创新开局、开拓奋进、铿锵前行的一年。一年来，面对勘探开发的繁重任务、海外市场的严峻形势、经营管理的重重压力，油田广大干部员工在集团公司的正确领导下，用智慧和汗水、激情和拼搏、责任和担当，唱响了“埋头苦干创精细管理之先，团结奋进争内涵发展之优”的主旋律，全面完成了各项目标任务，夺取了两个文明建设的新胜利。

——以油为本，攻坚攻关攻难，科学发展迈出稳健步伐。新增探明储量1059万吨、控制储量1215万吨、预测储量1175万吨，新增三级储量连续10年超过3个1000万吨，新增探明储量连续16年超过1000万吨。生产原油171万吨、天然气5422万立方米，原油产量连续18年保持稳定增长。今天的油田正以昂扬向上的姿态焕发出勃勃生机。

——以效为本，创新创优创效，有效发展保持稳定增长。全油田实现经营收入164.2亿元，创历史新高，其中分公司实现收入114.84亿元，勘探局实现收入49.36亿元；实现利税总额53.81亿元，实现利润20.96

亿元，全面完成总部下达的年度考核指标。今天的油田，正高举精细管理的旗帜攀登新的高峰。

——以人为本，用心用情用力，和谐发展呈现稳固局面。积极争取、认真落实惠民利民政策，办成了一批多年想办的大事、群众期盼的实事、困扰发展的难事，一个个惠民政策、一件件利民实事传递着民生的热度。今天的油田，正在成为广大干部员工和家属共建共享的幸福美好家园。

这些来之不易的成果，标志着油田“十二五”发展实现良好的开局，我们在大力唱响主旋律中满怀豪情地踏上了再创十年黄金发展期的新征程。

一年来，我们从资源接替的艰辛中走来，在大力唱响主旋律中拓展了油气勘探的新空间

面对圈闭发现难、井位落实难、储量提交难的困境，大打立体勘探、精细勘探、二次勘探的进攻仗，我们不仅超额完成了三级储量任务，而且把一个个勘探的“难点”变成了增储上产的“亮点”。

隐蔽油气藏拓展勘探亮点不断，在高邮深凹带部署的邵X20、联X38、永38井相继获得成功，新增三级储量1844万吨，隐蔽油气藏已从幕后走向了台前，它不仅成为储量任务完成的主阵地，也为深凹带隐蔽油气藏勘探由西向东拓展，朝着叠合连片、满凹含油目标迈出了关键的一步。老区滚动勘探亮点纷呈，沙埝、花庄地区新增探明储量348万吨，花X26井分别在戴一段发现构造岩性复合油藏、在阜三段发现低渗油藏，多层系立体勘探取得重要进展；在方许结合部钻探的许X33井，新增探明储量113万吨，结合部勘探由“冷”变“热”，成为储量增长的又一领域；汉涧西斜坡、铜城断裂带和唐港构造带大胆外甩寻求突围，发现了秦3、唐11、天33-1等新含油断块，新增三级储量321万吨，进一步拓宽了金湖凹陷勘探空间。外围新区评价和非常规油气勘探亮点闪现，徐闻探区在沉积体系、成藏模式上取得了新的认识；阜阳、盐阜等地区发现了一批有利目标；非常规油气勘探按照集团公司决策部署，迅速集结精兵强将，开展了矿权登记、资源评价、老井复查等工作，优选了一批老井压裂目标，完成了盐页HF-1井论证准备，以非常规的思路、举措和速度擂响了向非常规油气领域进军的战鼓。

一年来，我们从原油生产的考验中走来，在大力唱响主旋律中创出了油田开发的新水平

坚持以提高储量动用率和油田采收率为中心，以提高单井产能为抓手，优质高效建设新区，精雕细刻稳定老区，不但扭转了产量波动的不利局面，而且主要开发指标稳中向好，开发水平不断提升。

老区综合调整不断深化，坚持老区稳产一号工程不动摇，着力在“驱”字上做文章，不断完善水驱、改善水驱、深化水驱，全年投转注水井73口，新增注水储量522万吨，自然递减率、综合递减率分别控制在14%与8%以内；着力在“稳”字上下功夫，陈堡、沙埝等主力油田通过细分层系开发，连续12年保持稳产态势；着力在“升”字上见成效，富民、黄珏等老油田通过模式重构、井网重建、层系重组，产量大幅回升；着力在“变”字上求突破，范庄、南湖等油田剩余油挖潜由构造高部位向油水过渡带转移并取得成功。产能评建工作不断推进，形成了“新区快速建产、老区滚动增储、致密储量有效动用”的新格局，真富、高杨分别建产能8万吨和6万吨，真许、大高集、大程庄连片格局初步形成，韦庄、永联新一轮产能建设顺利启动。新技术新工艺应用不断拓展，桥12-2井大型压裂初期日产油15吨以上，桥7平1长水平段钻井暨分段压裂项目启动实施，吹响了向致密油藏进军的号角，大量难动用储量转化为可动用储量见到了曙光；韦5-4、杨37等径向井成功实施，水平井、侧钻井应用规模创历史新纪录，目前特殊结构井日产油超过1300吨，占全油田日产油1/4以上；沙7断块重大先导开始试注，真35断块聚合物驱进入主段塞阶段，探索适合江苏油田特点的三采技术迈出坚实步伐。

一年来，我们从产业升级的挑战中走来，在大力唱响主旋律中形成了结构调整的新格局

充分发挥油田特色优势、技术优势、资源优势和品牌优势，加快调整优化产业结构，形成了以油气生产为主导，以石油工程为主体，多点支撑、多元发展、多极增长的崭新格局。

内外市场齐头并进。全年内部市场实现收入25.51亿元，其中石油工程业务实现收入18.61亿元、同比增长10.7%。完成内部钻井进尺66.85万米，井下作业1913井次，测录井1875井次，工作量创历史新高。城区及海陆过渡带地震施工、高温深井钻探、单队月进尺、多级射孔起爆、大型压裂施工等多项指标被刷新。外部市场实现收入23.85亿元，其中海外市场实现收入8.81亿元。面对中东、北非地区部分国家政局动荡的形势，油田上下牢固树立越是形势严峻、越要坚定不移“走出去”的信念，以更加积极稳健的姿态迎接市场新一轮挑战，推出了一系列开拓市场的重要举措，促进了外部市场持续健康发展。地面建设在圆满完成阿尔及利亚沙漠水管道项目的基础上，成功中标沙特、肯尼亚等项目，实现了市场的有序接替；物探新签了阿尔及利亚、尼日利亚等项目，市场份额稳步增长；井筒业务依托厄瓜多尔修井品牌，成功敲开南美钻井市场的大门；紫京服务拓展到15个国家46个项目中，实现了集团化品牌化发展。国内域外市场在新疆、内蒙、海南、广东等10多个省市从事多项业务，形成了多点开花、成片开发、滚动发展的强劲势头。

多元发展成效显著。炼油化工优化升级，全国首套年产25万吨MCP催化装置和12万吨气分扩能改造项目一次开车成功，转型发展、创新发展取得重大进展。非烃类资源开发竞相发展,矿业开发实现劳务收入4.55亿元,同比增长24.6%,经济规模和效益创历史新高,芒硝开发外输合格硝水76.5万立方米,同比增加20%,呈现出量质齐升的良好态势;采输卤外销合格卤水489.69万立方米,实现收入1.1亿元,保持了销量收入的稳定增长;26万吨元明粉项目主体工程通过验收,为按时投产奠定了坚实基础。与此同时,物资供应、车船运输、供水供电运行平稳、保障有力,农工商公司连续6年实现"吨粮田"目标,生活后勤战线着力抓服务、比质量、保稳定、促和谐,持续深化文明和谐示范小区创建,营造了舒适优美的矿区环境、安定有序的治安环境、共建共享的和谐环境。改制企业与油田和衷共济、携手并进,呈现出持续稳定、健康发展的良好态势。

一年来,我们从科技创新的探索中走来,在大力唱响主旋律中实现了技术进步的新突破

坚持实施"科技兴油"和"人才强企"战略,着力推进科技进步和人才队伍建设,科技创新硕果累累,油田发展的活力和动力进一步增强。

科技创新的支撑和引领作用进一步发挥。全年安排油田级科技攻关项目81项、集团公司项目11项、博士后科技攻关项目7项,安排经费3655万元。申请专利45项,获得国家专利28项。有1项成果被评为中石化技术发明一等奖,6项成果通过集团公司科技成果鉴定,其中1项成果达到国际领先水平,3项成果达到国际先进水平。全面建成勘探开发一体化数据中心,数字油田建设走在中石化第一方阵的前列。扎实推进高邮南部断裂带滚动勘探开发科技重大专项,在沉积和构造体系、地层划分与油气富集规律等方面取得重要进展,许X33、许X35井等一批重点井取得重要突破;全面启动主力油田再稳产综合技术研究科技重大专项,6大主力油田通过分类调整挖潜,2011年采收率从28.8%提高到29.3%,在增储上产的舞台上充分彰显了科技创新的无穷魅力。

队伍建设全面加强。分类培训"育才",组织200多名处级干部脱产轮训;选拔推荐590人次参加各类专业研修培训;扎实开展全员培训584期15271人次,三支人才队伍素质不断提高。技能比武"选才",认真做好集团公司技能大赛承办和油田第十二届技能大赛组织工作,取得了竞赛组织和比赛成绩的双丰收,在集团公司2011年职业技能大赛中,江苏油田包揽了钻井液工、井下作业工两个项目的个人第一名,斩获四金两银一铜,并夺得钻井液工团体第一和井下作业工团体第二两项荣誉,创下了金牌数和奖牌数的最高纪录。引进交流"储才",及时引进了一批复合型经营管理人才、特长型专业技术人才、技能型操作人才,人才结构进一步优化。完善机制"励才",制定出台全员绩效考核、人才成长通道建设、完善薪酬分配等制度,强化了激励导向,形成了良好的成才环境。

一年来,我们从经营管理的压力中走来,在大力唱响主旋律中取得了精细管理的新成效

按照"塑造中国石化特色管理模式"的总体部署,着力推进"比学赶帮超"机制化,不断夯实"三基"工作,油田内在素质有了新的增强,管理水平有了新的提升。

HSE管理深入推进。强化安全意识,持续深化"我要安全"主题活动,"四不"安全理念更加深入人心。强化教育培训,组织各类HSE培训226期12190人次。强化制度执行,油田领导带队值查97次,开展"三特"情况下带班工作189次,促进了责任的落实。强化体系建设,推行"七想七不干"安全提示卡,开展"两书"实施效果检查,油田领导班子全程带队深入95个基层单位和作业现场进行检查,促进了HSE管理体系的规范实施。强化排查治理,认真开展查找身边"十大薄弱环节"活动,重点对直接作业环节、交通安全等方面存在的问题进行"查、找、摆、改",全年排查各类隐患9044个,落实隐患治理项目11项3107万元、安全技术措施173项1939万元。强化职业健康监护,组织15228人进行了职业健康体检。强化环境保护,油田成为集团公司唯一连续7年获得环保先进单位称号的企业。加强节能减排,全油田单位能耗持续下降。加强质量管理,产品质量、工程质量、服务满意度进一步提高。

经营管理不断提升。坚持珍惜投资、谨慎投资、用好投资的原则,不断优化投资结构,实现了投资规模、质量和效益的有效增长。深入推进全员成本目标管理,持续优化预算管理,圆满完成会计集中核算系统推广上线、关联交易平台上线和境内外资金业务整合试点工作,管财、理财、聚财能力进一步增强。持续深化ERP应用,全面整合内控流程,着力推进管理效益审计,有效防范经营法律风险,切实加强外协队伍效能监察,"五把锁"功能得到充分发挥。积极开展"比学赶帮超与达标创优"、"改善经营管理建议"、"制度标准化信息化"三项工作,刷新油田指标51个,获得总部红旗33面、红星34颗;实施完成改善经营管理建议57项、制度改造2112项,各项基础工作不断向精细化、标准化、信息化方向迈进。完善绩效分档考核机制,将年度效益指标分为基本目标、提升目标、奋斗目标三档,进一步激发了各单位挖潜增效的积极性。

一年来,我们从改善民生的攻坚中走来,在大力唱响主旋律中营造了和谐发展的新气象

充分发挥思想政治工作的引领作用、企业文化的导向作用、和谐建设的保障作用,着力在凝聚人、鼓舞人、发展人上下功夫,形成了一心一意谋发展、群策群力建和谐的浓厚氛围。

党建和思想政治工作在创新提升中不断加强。坚持跟得上、贴得紧、拿得下,围绕中心、服务大局,着力聚共识,开展"辉煌'十一五'、奋进'十二五'"系列宣传教育活动,以发展责任提升了认知,以发展成就鼓舞了士气,以发展目标凝聚了队伍;着力抓载体,启动“为民服务创先争优”活动,开展“高度负责任、高度受尊敬”和“责任、潜力、办法”大讨论活动,进一步激发了广大干部员工争先进、创一流、敢担当、有作为的干劲和热情;着力凝民心,认真落实党建联系点、民情联系点、安全承包点和职工生活联系点制度,体民情、释民惑、解民忧,进一步密切了党群干群关系;着力造氛围,深入开展纪念建党90周年系列活动,扎实推进廉洁文化“六进”工程建设,充分发挥工会、共青团、关工委等群众组织和公安、综治、信访等部门的作用,营造了心齐、气顺、风正、劲足的浓厚氛围。油田继续保持了“全国思想政治工作优秀企业”、“江苏省文明单位标兵”等荣誉称号。

民生工程在攻坚克难中全力推进。面对涉及群体多、利益诉求多、历史遗留问题多的复杂格局,我们大力争取集团公司和地方政府的政策支持,反复斟酌方案,带着责任、带着感情、带着方法,关心到户,服务到人,在点点滴滴中赢得广大员工和家属的理解和支持,确保了各项民生工程的平稳有序实施。3623名劳动家属参保工作顺利完成,劳动家属大病救助工作平稳推进,广大劳动家属真正实现了“老有所养”、“病有所医”的愿望;为6262人次老同志进行了健康体检和疗养,离退休职工“两项待遇”有效落实;住房分配货币化、企业年金、基本养老金调整、帮扶救困、职工子女就业等工作有序推进;退休军转干部发放生活补贴稳妥解决;天长生产科研基地建成投用,安徽油区一批经营管理人员和生产科研骨干进城工作生活;公道生产培训基地和扬州生产科研中心建设加紧进行;难采储量职工倒班点建设顺利实施;矿区建设“十个民生重点工程”全面展开,员工群众的生产生活条件不断改善;完善薪酬分配制度稳妥实施,员工薪酬水平及相关群体福利待遇稳步提高;积极加强油地合作,在融入地方、借势发展中支持了当地经济社会发展,促进了和谐油田建设,江苏油田美好明天的蓝图正在逐步变为现实。

成功来自执著的探索,收获源于辛劳的奋斗。成绩的取得,凝聚着集团公司的正确领导和深切关怀,镌刻着广大干部员工迎难而上、锐意进取的奋斗足迹和心血汗水,饱含着全体离退休老同志和员工家属的关心关注、理解支持。在此,我代表油田党政领导班子,向广大干部员工、离退休老同志、员工家属和改制企业以及所有关心、支持油田发展事业的同志们,致以崇高的敬意和诚挚的问候!

各位代表,一年来我们风雨兼程,休戚与共,不仅夯实了发展的物质基础,而且积累了推动发展的宝贵经验。

一是必须坚持解放思想,顺应发展大势。正是在应对纷繁复杂的形势中,我们大力推进思想解放,坚信“小盆景也能做出大风景”,在消除观念羁绊中突破条条框框,在拓展思维空间中拓宽发展思路,在提升思想活力中激发发展动力,牢牢把握了发展的主动权。实践证明,只有解放思想,才能解放资源、解放人才、解放生产力,只有打开思想的大门,才能打开油藏之门、市场之门和效益之门。

二是必须坚持资源战略,保持发展态势。正是在攻坚克难的磨砺中,我们始终坚定“有油”、“有路”、“有招”的信念,勘探上攻得出,开发上守得住,工程上拿得下,实现了储量产量的持续稳定增长,进一步筑牢了油田发展的根基。实践证明,资源是油田发展的根,根深才能叶茂;有了资源,我们腰杆就硬、底气就足,发展就有后劲。

三是必须坚持市场导向,把握发展形势。正是在市场风雨的历练中,我们本着“长短结合、有进有退、有所为有所不为”的原则,优化市场布局,细化市场举措,强化市场策略,既化解了“眼前之急”,又谋划了“长远之功”,促进了市场的持续有效发展。实践证明,在激烈、残酷的市场竞争中,信心比什么都重要,士气比什么都可贵,只要我们坚定不移地“走出去、走进去、走上去”,与国内外高手论伯仲、比高低、共经纬,就一定能开创油田发展的广阔天地。

四是必须坚持精细管理,赢得发展优势。正是在管理幅度、难度不断加大的考验中,我们更加注重精细理念的渗透、精细习惯的养成和精细品牌的塑造,努力把管理优势转化为创新优势、竞争优势和发展优势,使得油田精细管理的特色更加鲜明。实践证明,无论是在油田内部市场还是在油田外部市场,精细管理都是一块“金字招牌”,我们要像爱护自己的眼睛一样,呵护这个品牌,用好这个品牌,擦亮这个品牌,发挥这个品牌的最大价值。

五是必须坚持创新驱动,适应发展趋势。正是在探索“禁区”、攻关“难区”、突破“盲区”中,我们聚集创新要素,融合创新载体,形成创新合力,促进了理论创新、技术创新和机制创新,实现了科技“撑杆”发展“起跳”。实践证明,创新是突破自身发展瓶颈的必然选择,是助推油田发展的强大引擎,只有勇于做创新的攀登者,才能领略“无限风光在险峰”的胜境,从而抢占发展的制高点,赢得主动,赢得优势,赢得未来。

六是必须坚持以人为本,形成发展的强大声势。正是在广大员工和家属的热切期盼中,我们用心用情用力为员工群众办了一批看得见、摸得着、感受得到的好事实事,不断扩大民生工程的受益面,使得我们生产的每一吨原油,创造的每一份效益,既承担着发展责任,也浸透着浓浓的民生情怀。实践证明,民生既是发展的目的,也是持久的动力,只有把广大员工的积极性、主动性、创造性充分焕发出来,才能汇聚成推动事业发展的决定性力量,我们的事业就一定能兴旺发达。

在总结成绩的同时,我们也要客观冷静地看到存在的问题和不足:油田资源接替和持续稳产压力日益加大,外部市场面临诸多挑战,投资成本控制难度加大,技术瓶颈亟需加快突破,安全环保存在薄弱环节,队伍整体素质有待进一步提高。这些矛盾和问题需要我们高度重视,采取切实有效措施,在加快发展的过程中不断予以解决。

二、面临的形势和任务

把握大势,才能明确方位;因势利导,才能赢得未来。放眼全球经济发展的大浪潮,我们面临着国际油价高位运行、石油需求潜力巨大的难得机遇;纵观我国经济社会发展的大背景,我们面临着经济发展长期向好、发展回旋余地广阔的重要机遇;置身集团公司发展的大格局,我们面临着建设世界一流能源化工公司、打造上游"长板"的宝贵机遇;审视油田发展的大方向,既要看到更为复杂、更加严峻的发展形势,也要看到今天的江苏油田发展的环境更好,发展的基础更实,发展的动力更强等有利因素,我们面临着再创十年黄金发展期的战略机遇。

再创十年黄金发展期是党组所期。在去年8月的集团公司领导干部座谈会上,集团公司党组确定了"建设世界一流能源化工公司"的新目标,傅成玉董事长提出了"把'短板'补上,让'长板'和'短板'都变强"的战略指导思想,并在集团公司勘探工作会上对江苏油田精细管理给予了高度评价,指出:江苏油田勘探开发等各项工作做得很精细,储量、产量、效益上取得了很好的效果,含金量很高;同年11月,王志刚高级副总裁来油田调研时代表集团公司党组对油田工作给予了充分肯定,指出要通过常规油气保稳产、非常规油气促上产,勉励江苏油田再创十年黄金发展期。这一宏伟目标令人鼓舞、催人奋进,激励着油田上下在新的起点上继往开来,乘势而上,再创辉煌。

再创十年黄金发展期是油田所需。时间累积成就,也带来成长中的烦恼。走过三十多年的发展历程,油田发展呈现出新的阶段性特征:储量产量持续稳定增长与资源接替矛盾日益加剧并存;"走出去"步伐加快与外部环境日趋复杂并存;精细管理不断加强与投资成本压力不断加大并存;科技攻关纵深推进与瓶颈制约日益凸显并存;人才素质不断提高与队伍建设结构性矛盾并存;民生改善步伐不断加快与员工群众物质文化需求日益增长并存。油田发展既有上行的动力,也有下行的风险。逆水行舟,不进则退。站在战略"十字路口",我们选择箭头朝上,就是要以高目标激发高追求,高定位催生高干劲,使我们都成为"跳起来摘桃子的人",始终保持攻势,而不是守成,时刻保持时不我待的紧迫感、舍我其谁的使命感、干事创业的责任感,不断推动油田发展再上新台阶。

再创十年黄金发展期是员工所盼。亲历"十五"、"十一五"黄金十年,是每一名干部员工的无上荣光;有幸投身"再创十年黄金发展期"的伟大实践,是数万名员工和家属的热切期盼。"企兴人旺、人旺企兴",一个不断成长、发展壮大的企业,一个充满朝气、蓬勃向上的企业,与广大员工的切身利益、民生福祉紧密相连,带给员工的是创业的天地、成长的舞台、发展的机遇,也必将激发起干事创业的热情,迸发出坚不可摧的力量,形成万众一心、百舸争流的局面。十年黄金发展期,不仅要成为油田发展的黄金十年,也要成为民生幸福的黄金十年,还要成为广大干部员工成就事业、施展抱负、实现理想的黄金十年。

再创十年黄金发展期是我们所能。经过多年的发展积累,特别是近年来我们埋头苦干,励精图治,一步一个脚印积蓄力量,今天的江苏油田正蓄势待发。我们有四大勘探领域,苏北盆地已探明2.67亿吨储量,处于勘探发现高峰期,徐闻、阜阳、下扬子海相也有相当的资源潜力,非常规勘探开发正风生水起,再续辉煌有坚实的物质基础;我们探索形成了适应江苏油田特点的工艺技术系列,成功走出了一条复杂小断块油田高效开发的新路子,再续辉煌有过硬的技术本领;我们孕育形成了"四精"管理方法,秉承弘扬了"四镜"管理理念,再续辉煌有扎实的管理功底;我们在传承石油石化战线铁人精神、"三老四严"优良传统的同时,培育形成了"团结、图强、求实、创新"的企业精神,再续辉煌有强大的精神动力;我们拥有一支"特别能吃苦、特别能战斗、特别能奉献"、"虎气生生、嗷嗷叫"的员工队伍,大家心齐气顺劲足,再续辉煌有浓厚的发展氛围;我们身处长江"金三角"经济社会发展的滚滚大潮之中,江淮大地已呈"两个率先"之势,再续辉煌有良好的社会环境。我们要充分运用好这些有利条件和积极因素,毫不动摇地加快发展,不断开创江苏油田更加美好辉煌的明天。

使命的呼唤就是奋进的号角,机遇的把握就是历史的责任。我们要坚定信心,不负重托,倍加努力,在把握大势中趋利避害,在开拓创新中破解难题,在应对挑战中抢抓机遇,朝着再创十年黄金发展期的宏伟目标奋勇前进。

一是解放思想谋发展,加快资源接替的战略性突破。坚持勘探上"突围"、开发上"突破"、工程上"突进",全力打造老区和新区并进、域内和域外并行、常规和非常规并举的油气勘探新版图;"油路"更宽、"水路"更畅、"新路"更广的油田开发新路径;高水平、高质量、高科技的石油工程新利器,实现油田储量产量持续稳定增长,努力建设一个资源有保障、根基更牢固、发展可持续的油田。

二是面向市场谋发展,加快结构调整的战略性优化。立足两种资源面向两个市场,坚持把产业调强、结构调优、效益调高,做精做强工程服务、打造品牌优势,做精做细炼油化工、打造特色优势,做精做活矿业开发、打造资源优势,做精做优后勤服务、打造服务优势,努力建设一个立足苏皖、面向全国、走向世界具有强劲竞争力的油田。

三是精细管理谋发展,加快发展方式的战略性转变。坚持"储量、产量、工作量、投资、成本、效益"六统一原则,持续深化精细管理,在精细管理中降低物耗能耗损耗,在精细管理中提高效率效能效益,在精细管理中创新创优创效,把精细管理做成江苏油田的品牌和名片,让精细管理的旗帜高高飘扬,努力建设一个发展速度快、质量效益好、综合实力强的油田。

四是依靠科技谋发展,加快创新能力的战略性提升。以三个科技重大专项为抓手,汇集创新资源,优化创新环境,搭建创新平台,构建自主创新与借脑引智相结合、重点突破与全面推进相统筹、单项技术创新与集成创新相驱动、技术攻关与全员革新相促进的创新体系,努力建设一个创新热情充分涌动、创造活力竞相进发、创新能力持续提升的油田。

五是立足人才谋发展,加快人力资源的战略性集聚。坚持把人才资本作为油田的核心资产来经营,做到人才资源优先开发、人才结构优先调整、人才投入优先保证、人才制度优先创新,开动人才工作的"动车组",充分发挥人才高地的集聚效应、辐射效应、乘数效应,使人才优势成为油田发展的第一优势,努力建设一个人尽其才、才尽其用、人才辈出的油田。

六是以人为本谋发展,加快和谐建设的战略性推进。坚持发展共担、和谐共建、成果共享、稳定共保、人企共赢的理念,着力营造干事创业的工作环境、舒适优美的矿区环境、安居乐业的生活环境、健康向上的人文环境、共建共享的社会环境,努力建设一个受人尊敬、令人向往、广大员工引以自豪的油田。

三、2012 年工作安排

2012 年是党的十八大召开的喜庆之年,也是油田再创十年黄金发展期的加力推进之年,做好今年各项工作意义十分重大。今年油田工作的总体思路是:深入贯彻落实科学发展观,紧紧围绕主题,牢牢把握主线,大力唱响主旋律,着力加快勘探开发进程,着力加快"走出去"步伐,着力深化体制机制创新,着力推进科技进步,着力转变发展方式,着力加强安全生产和节能减排,全面加强党的建设、队伍建设、和谐油田建设,开启江苏油田再创十年黄金发展期新征程,以优异成绩迎接党的十八大胜利召开。

按照总部下达的目标任务,2012 年主要生产经营指标是:

油气储量:新增探明储量 1000 万吨、控制储量 1000 万吨、预测储量 1000 万吨。

油气产量:生产原油 171 万吨、天然气 5000 万立方米。

经济效益:分公司在油价每桶 105 美元的情况下,实现利润 18.43 亿元,油气单位完全成本控制在 2503.3 元/吨以内,炼油吨油完全费用控制在 586.4 元以内;勘探局亏损控制在 1.59 亿元以内,五项费用控制在考核指标以内。

安全稳定:杜绝较大以上安全事故和重大环境污染事故的发生;保持企业总体稳定。

节能减排:完成总部下达的考核指标。

围绕以上目标,重点抓好以下几方面工作:

(一)更加注重资源战略,坚定不移推进油气勘探

坚持立体勘探、精细勘探、二次勘探不动摇,切实把好勘探"突围"路线图,着力从思想上突围,跳出"框框"找资源;从技术上突围,突破"瓶颈"找资源;从领域上突围,拓展"三新"找资源;从类型上突围,挺进"非常规"找资源,全方位、多维度拓展资源接替空间。

在战略展开上,立足高邮、金湖主力凹陷,强化精细勘探保稳定,做到"三个拓展"。隐蔽油气藏要在高邮凹陷邵伯次凹形成环凹连片场面的基础上,进一步向樊川次凹、刘五舍次凹,向金湖凹陷拓展;复杂断裂带要在真武断裂带形成多点突破的基础上,进一步向构造结合部,向其他断裂带拓展;两大斜坡带要在构造高带发现众多富集含油断块、主体部位连片含油的基础上,进一步向构造高带结合部,向勘探程度较低的斜坡两端拓展。

在战略接替上,加快苏北外围、深层和徐闻的突破,坚持甩开勘探找场面,做到"三个深化"。深化海安凹陷勘探,重点选择配套条件较好的次凹和构造高带工作,扩大三维地震精查,力争点面结合形成规模场面;深化苏北深层攻关,重点解决储层评价预测、油气层保护、储层改造三大难题,释放深层资源潜力,尽快形成储量产量接替新阵地;深化徐闻区块评价,重点解剖迈陈凹陷,加强乌石、纪家凹陷评价研究,选择有利目标实施钻探。

在战略准备上,加大阜阳、盐阜和下扬子海相工作力度,推进风险勘探求突破,做到"三个优选"。南华北盆地阜阳地区以颜集、倪丘集凹陷为重点,以石炭、二叠为主要目的层系优选有利圈闭,实施风险钻探;苏北盆地外围地区以盐城、阜宁凹陷为重点,优选有利区带,深化勘探部署;下扬子海相中古生界以海安—盐阜、金湖—高邮地区为重点,优选有利目标,强化技术攻关,力争早日实现战略突破。

(二)更加注重科学开发,坚定不移推进持续稳产上产

紧紧围绕提高储量动用率、油田采收率和单井产

能目标，着力打好开发“突破”组合拳，不断创新开发理念，优化开发方式，提高开发水平，实现油田持续稳产。

着力在稳产模式上求突破，抓好改善水驱的“适应性工程”。针对层间、层内、平面三大矛盾，把握“藏”的类型，树立“网”的理念，突出“水”的作用，发挥“驱”的功能，抓好模式重构、井网重建、层系重组“三重”工作。在巩固稳产上，对陈堡、赤岸等主力油田积极探索单层、少层开发与立体、精细开发，增强井网对油藏的立体控制能力。在调整改善上，对花庄、马家嘴等油田积极探索矢量井网、变形井网，提高水驱控制与动用程度。在治理挖潜上，对真武、王龙庄等老油田，加强“三高”单元调堵调剖调驱工作，提高井网对流场的控制能力。

着力在产建方式上求突破，抓好增储上产的“接替性工程”。在建设层次上，精心组织好永联、韦庄、秦营产能建设，努力在评价中寻找新区新块，实现增储目标；在滚动中拓展老区新块，实现接替目标；在建设中完成注采配套，实现产能目标。在准备层次上，精细做好许35、高21、天33等区块的评价准备，为产能建设提供后备战场。在评价层次上，紧跟勘探新发现，瞄准出油点，着力评价真许、韦马、大程庄等有利区带，积极寻找新的产建目标。

着力在技术支撑上求突破，抓好增产增效的“保障性工程”。用深用精水平井、侧钻井等主打技术，不断拓展应用空间，丰富应用类型，形成油田稳产支撑点。研究推广分支井、径向井等适用技术，积极开展配套技术攻关，通过规模化应用，形成产量增长点。积极发展大型压裂、长井段水平井分段压裂等先进技术，有效破解储量动用瓶颈，形成产能增长点。做优做强堵水调剖、分层注水等常规技术，形成稳产保障点。精心组织好聚合物驱、二元复合驱等两个重点提高采收率先导项目，形成三次采油突破点。全年安排实施水平井35口，径向井25口，长井段水平井分段压裂8口。

在抓好常规油气资源的同时，要坚持以“当年得手、当年突破、当年建产”为目标，按照“动用一批、升级一批、发现一批”三个层次，精细做好桥7平1井施工投产，扎实搞好花26平1、桥6平1井实施准备，积极探索永38、联38等致密油藏开发的产建模式，确保当年建产拿油。加快钻探高邮凹陷深凹带和北斜坡内坡带、金湖凹陷龙岗汉涧环凹带等准备目标，形成致密砂岩油气资源有效接替场面；按照“突破区、接替区、准备区”三个层次，依托科技专项，深化页岩油气资源评价，抓好选区、选层、选点工作，力争实现“点”的突破、“面”的展开，努力探索建立非常规油气藏勘探开发试验区，构建常规和非常规油气并举的崭新格局，舞起勘探开发的“龙头”，托起油气产量箭头继续向上的信心和希望。

（三）更加注重结构调整，坚定不移推进产业优化升级

按照“固内争外、扩大市场、创树品牌、提高效益”的思路，更加注重各个板块的整体性和协调性，产业链的关联性和互补性，业务发展的成长性和持续性，不断提升保障能力、竞争能力和可持续发展能力。

扎实推进石油工程。以打造石油工程铁军为目标，以提速提质提效为抓手，主动出击，为油开道，着力向“更精”的方向发展，用更加精准的工程技术来实现精细勘探、精细开发，推动物探、钻井、油气藏识别、储层改造、地面工艺等五大工程技术全面进步；着力向“更快”的方向推进，依靠技术提速、管理提速、安全提速，不断提高施工效率；着力向“更优”的方向提升，把新技术应用与勘探开发目标有机结合起来，注重由追求“工程效果”向追求“地质效果”转变，使工程技术更具针对性、适应性和实效性；着力向“更新”的方向进攻，大力加强特殊结构井、大型压裂、连续油管作业等新技术的研究应用，实现重大接替技术跨越发展；着力向“更稳”的方向加力，通过优化技术方案，强化施工监管，提高工程质量和施工成功率，切实担当起主力军作用，为油田发展铁肩担重任、铁心保上产、铁志作贡献。

大力开拓外部市场。要更加积极主动地分析市场、把握市场、拼抢市场，坚定不移地“走出去、走进去、走上去”。着力调整市场策略、提升市场开发能力，持续巩固阿尔及利亚、尼日利亚、厄瓜多尔等成熟市场，大力开拓沙特、肯尼亚、泰国等新兴市场，密切跟踪乍得、加纳、阿根廷等潜在市场，实现市场开发良性循环；着力优化市场布局、提升风险防控能力，选择开发公共安全良好、业务相对集中、工作量有保证的市场，切实化解业务过于集中和单一导致的市场风险；着力强化市场服务、提升市场竞争能力，发挥一体化服务、井筒大包、地面工程EPC总承包的优势，实现由施工服务为主向技术输出、管理输出、工程总承包为主转变，形成差异化竞争优势。

积极推进多元发展。不断拓展矿业开发业务，稳步推进捞油、作业等技术服务，深入开展硝盐联产、溶腔综合利用研究，抓好年产20万立方米精制卤水项目前期可行性分析论证，加快26万吨元明粉项目建设进程，超前建立元明粉销售网络，为新产品成功进入市场创造条件。持续优化炼油化工，抓好MCP等新装置全过程优化，多产低碳烯烃等高附加值产品，把新技术优势转化为效益优势、竞争优势和发展优势。

做精做优生产辅助和矿区服务。进一步提升车船运输、供水供电、物资供应保障能力；深入推进文明和谐示范小区创建，大力开展“三创四优”活动，为油田发展担当“铁后勤、铁保障和铁支撑”，充分展示“勤”字当头、后勤不“后”、前线无忧的形象风采。

（四）更加注重安全环保，坚定不移推进安全绿色发展

牢固树立“安全高于一切,生命最为宝贵”的安全价值观,强化“四不”安全理念,始终把HSE作为“天字号”工程来抓,切实做到“三抓三促”和“三提升”,即抓安全文化、促理念渗透,按照“七想七不干”的工作要求,大力开展“三谈三反一提高”专题活动,提高HSE工作精细管理水平,进一步巩固“我要安全”主题活动成效;抓体系建设、促执行落实,积极推进安全生产标准化达标创建工作,着力强化“两书”、“三项制度”、“三特”带班制度的有效执行,严格HSE考核和问责,落实一票否决制,确保HSE管理体系高效运行;抓监督检查、促隐患治理,强化井控、交通、工程建设等重点领域、直接作业环节和承包商安全监管,严格作业票证管理,加强境外公共安全,深入开展风险评估和隐患排查,做到工作重心下移、防控关口前移、管理标准上移;提升环保工作水平,认真执行“三同时”制度,不断强化油区环境风险源防控,杜绝环境污染事故;提升节能工作水平,重点抓好规划设计和用能设备两个源头,努力提高能源利用效率;提升质量工作水平,牢记“每一滴油都是承诺”的社会责任,完善质量保证体系,促进产品质量、工程质量、服务质量稳步提升,让江苏油田的品牌形象光彩夺目、熠熠生辉。

(五)更加注重精细管理,坚定不移推进油田内涵发展

按照“塑造中国石化特色管理模式”的总体部署,既登高望远、对标一流,又立足实际、培育特色,全力打造具有江苏油田精细特质的管理模式,不断提升企业管理水平。要把好投资价值线,突出可研论证、方案遴选、立项审批等关键环节,做好项目经济效益评价,努力增加投资回报。要把好预算约束线,持续深化全面预算管理,加强经济活动分析,强化动态监控,推行预算闭环管理。要把好成本控制线,按照“经营一元钱,节约一分钱”的要求,深入开展全员成本目标管理,综合应用会计集中核算和资金集中管理平台,大力开展增收节支、节能降耗和降本压费活动,试行工资效益联动增长机制,加大正向激励考核兑现力度。要把好监管防护线,完善内控实施细则,加强ERP应用模块建设,突出管理效益审计,抓好工程效能监察,做好合同法律审查,充分发挥“五把锁”的纠偏、稽核、监督和自净功能,进一步防范经营风险。要把好“三基”工作标准线,把基层建设的着力点放在班子作风的建设上,把基础工作的着力点放在岗位责任的落实上,把基本功训练的着力点放在员工素质的提高上,在立足基层、服务基层、夯实基层中把油田发展的根基打得更牢。同时,要按照集团公司部署要求,积极稳妥地推进体制机制创新,不断提高油田整体竞争能力。

(六)更加注重创新驱动,坚定不移推进科技进步和人才队伍建设

大力推进科技创新。按照“常规技术常用常新、成熟技术完善配套、瓶颈技术加快攻关”的总体思路,坚持用高科技战胜高难度、用新技术开创新局面,努力打磨适应复杂小断块油田的“杀手锏”技术。在科研机制上,要树立“大科研”理念,强化风险共担、责任共保、利益共享机制,在加强油田内部厂、处、院结合的基础上,进一步巩固油田与高等院校、科研院所和集团公司直属科研机构的交流合作,加快提升油田科研水平。在科研组织上,要构建“大兵团”格局,坚持集中队伍、集中精力、集中攻关,强力推进三个科技重大专项,着力开展水平井分段压裂等重大技术现场试验和高精度三维地震、连续油管径向钻井、生化污水处理等重点新技术的推广应用。在科研方向上,要实现“大效应”目标,紧紧围绕“四个复杂”,打好向低渗透进军、向深层进军、向隐蔽油气藏进军的攻坚仗,打好提高储量动用率、提高油田采收率、提高单井产能的攻坚仗,打好发现油气层、保护油气层、解放油气层的攻坚仗和提高五大系统效率的攻坚仗,努力多出成果、快出成果、出好成果,让科技之炬照亮再创十年黄金发展期的光明前景。

加强人才队伍建设。要牢固树立“人才资源是第一资源”的理念,进一步完善选才、育才、用才、聚才工作机制,多为发展育人才、敢为事业用人才。要以提高劳动生产率为前提,不断整合人才资源,深化完善人力资源配置机制,推行用工效率指标考核,不断挖掘劳动力潜力。要以岗位建设为核心,畅通人才成长通道,进一步完善三大岗位序列,促进人才队伍建设从条块建设向系统建设、从身份管理向岗位管理的转变。要以能力培养为重点,提升人才素质,切实抓好重点人才、关键岗位、全员素质三大培训工程,扎实开展“业务大培训、岗位大练兵、技能大比武”活动,通过“导师制”、“技师带徒”等有效形式,分层分类分岗开发各类人才。要以业绩贡献为导向,逐步健全立体多元的人才考评与激励机制,努力使各类人才在油田发展的大舞台上活力竞相迸发、才干全面施展、能量充分释放。

(七)更加注重凝心聚力,坚定不移推进党建和思想政治工作

再创十年黄金发展期是宏伟的事业、艰辛的历程,对我们驾驭发展全局的能力和水平是一次重大考验,考验着我们的勇气和智慧,考验着我们的品格和意志,考验着我们的信心和毅力。荷担前行,奋力攀登,我们必须常怀赶考之心、永葆争先之志,注重发挥“五个作用”,着力实现“六个转化”,深入开展“为民服务创先争优”活动,扎实开展“唱响主旋律、聚焦新目标、开启新征程”主题活动,力争上游、争创一流;必须鼓足赶考之劲、凝聚全员之力,注重宣传引导和舆论支持,把笔墨镜头更多地聚焦基层和一线、对准先进和榜样,用生动的语言、鲜活的画面反映广大员工为油拼搏、为油大干、为油奉献的精神风貌,充分展示“身边的感动”、大

力唱响“劳动者之歌”;必须恪尽赶考之责、大兴率先之风,注重发挥表率示范作用,各级领导干部要始终站在发展的前沿、实干的前沿、攻坚的前沿,一张蓝图绘到底,一着不让抓落实,舍得为发展劳心志、为民生下苦功、为工作多流汗,用干部的辛苦指数提升油田的发展指数和民生的幸福指数;必须练好赶考之功、深植文化之根,注重发挥企业文化“无形之手”的作用,内强素质、外树形象,不断丰富和完善总结具有鲜明时代特征、石油特质和精细特色的企业文化,充分展示文化成果、成功实践、辉煌成就。重点抓好精细文化、安全文化、廉洁文化、创新文化、责任文化建设,不断提升队伍的素质素养和油田的知名度美誉度;必须汇聚赶考之智、共谋发展之策,注重发挥员工群众的主人翁作用,把做好群众工作作为基本功和过硬本领来对待,主动深入群众、贴近群众,真情关心群众、帮助群众,积极宣传群众、组织群众,努力做到科学发展向上攀登、联系群众向下扎根,形成共谋发展、共筑和谐的强大推动力。

(八)更加注重改善民生,坚定不移推进和谐油田建设

为员工群众办实事、做好事、解难事是我们的思之所至、情之所系、责之所在,要带着深厚的感情,把员工的事当大事来抓。扎实搞好“基本民生”,建立基本薪酬正常增长机制,认真落实离退休人员“两项待遇”,加强社会保险管理与服务,使发展的成果更多更好地惠及广大员工群众;切实保障“底线民生”,进一步健全帮扶体系,落实困难家庭、大病救助、送温暖献爱心等工作,办更多雪中送炭的实事,不让油田大家庭中的一名成员在和谐发展的进程中掉队;认真做好“热点民生”,积极抓好企业年金、职工房改补贴、职工子女就业指导等工作,深入捕捉他们关注的重点、难点和热点,做到知情、答疑、解忧;不断丰富“文化民生”,积极推进业余文化活动到一线进班组、到社区进家庭、到市场进项目工作,把更多、更好的精神食粮奉献给员工群众;全力打造“幸福民生”,积极引导员工群众心系油田、爱企如家,共担发展责任、共创和谐环境、共享幸福生活,形成同心同德谋发展、众志成城铸伟业的生动局面。

同志们,展现在我们面前的是一个充满希望、充满挑战的崭新征程,是一幅鼓舞人心、催人奋进的宏伟蓝图,其目标远大,使命光荣,任务艰巨。让我们在集团公司的正确领导下,深入贯彻落实科学发展观,大力唱响“埋头苦干创精细管理之先,团结奋进争内涵发展之优”的主旋律,进一步解放思想,开拓进取,奋发有为,争创一流,为江苏油田再创十年黄金发展期,为中国石化建设世界一流能源化工公司而努力奋斗,以优异成绩迎接党的十八大胜利召开!

江苏油田2011年度双文明总结表彰大会

在江苏油田2011年度
双文明总结表彰大会上的讲话

李东海

(二〇一二年一月十二日)

同志们:

今天我们欢聚一堂,隆重召开2011年度双文明总结表彰大会,目的是总结成绩,表彰先进,动员广大干部职工以先进为榜样,进一步唱响“埋头苦干创精细管理之先,团结奋进争内涵发展之优”主旋律,为油田再创十年黄金发展期而努力奋斗。首先我代表油田党政向今天受表彰的先进集体和先进个人表示热烈的祝贺!

在刚才召开的辞旧迎新大会上,勘探局局长、分公司总经理朱平同志作了重要讲话,全面总结了2011年取得的丰硕成果,安排部署了2012年工作。过去的一年,油田干部职工万众一心、攻坚克难,取得了令人振奋的业绩,交出了令人满意的答卷。成绩令我们倍感骄傲,但奋斗的历程更值得回味,获得的经验更值得珍惜,主要体现在以下几个方面:一是在凝聚共识中积聚力量。一年来,我们瞄准建设“世界一流”和打造“上游长板”的目标,埋头苦干,团结奋进,大力唱响主旋律,静下心,铆足劲,一心一意谋发展、脚踏实地抓落实、同心同德促发展的认识更加统一。二是在积极应对中赢得主动。面对艰巨的增储上产压力、繁重的降本增效任务、多变的外部市场环境、严峻的安全环保形势,广大干部职工不等不靠,主动出击,积极应对,扭转了生

产经营的被动局面，赢得了主动权，两个文明建设的成果更加丰硕。三是在开拓创新中开辟新路。广大干部职工解放思想、转变观念，大力推进科技创新，打开了油路，畅通了水路，开辟了新路，发展的动力更加强劲。四是在苦练内功中做实品牌。始终坚持精细管理不动摇，在求精求细中苦练内功，深入开展“比学赶帮超”和“责任、潜力、办法”大讨论活动，管理水平进一步提升，精细品牌的影响力不断扩大，发展的根基更加坚实。五是在用心、用情、用力办实事中赢得民心。深入开展“为民服务创先争优”活动，努力为职工群众办实事、解难事、做好事，用真心服务群众，用真爱关心群众，用真情感动群众，劳动家属参保、薪酬体系完善、人才通道建设等大事、难事相继完成，职工住房补贴工作有序推进，和谐稳定的氛围更加浓厚。六是在服从服务中推进党的建设。党建思想政治工作体现了“跟得上、贴得紧、拿得下”的原则，在服务油田中心工作中闯新路、创新招，努力当好生产经营的帮手、政策与部署宣传的旗手和和谐稳定的多面手，党建思想政治工作科学化水平不断提升。

成绩已经过去，未来更需努力。2012年，是党的十八大召开的喜庆之年，也是油田再创十年黄金发展期全面推进之年。我们要全面贯彻党的十七届六中全会、中央经济工作会议和集团公司工作会议精神，坚定不移地瞄准建设“世界一流”和打造“上游长板”的目标，按照朱平局长（总经理）在辞旧迎新大会上的安排部署，解放思想，开拓创新，紧紧围绕主题，牢牢把握主线，大力唱响主旋律，努力开启江苏油田再创十年黄金发展期新征程。

一、要解放思想，在转变观念中开创发展新路

再创十年黄金发展期，思想解放是关键。我们必须坚持在解放思想中打开思路，在更新观念中谋求新路。一是在深化学习中解放思想。要不断强化党员领导干部的政治理论学习，提升政策理论水平和战略思维、创新思维、辩证思维能力，从而准确理解上级政策，把握工作努力方向。要不断拓宽干部职工的视野，认真学习借鉴大庆、胜利等油田老区高产稳产经验，跟踪了解国内外致密油气藏、页岩油气开发动态。要通过持之以恒地学习，让油田广大干部职工筑牢底气、培养才气、生成灵气、显露朝气。二是在推动实践中解放思想。要以管理上的困惑、生产上的难题、技术上的瓶颈作为进攻点，大胆试、大胆闯、大胆实践，向极限挑战，向禁区进军，在打破常规的实践中突破思维定势，在另辟蹊径中打开创新之门。三是在更新观念中解放思想。当前，在发展中遇到了一些难题和困惑，我们不能因为眼前的困难而畏缩，也不能因为环境和政策的变化而沮丧，必须从历史的、发展的、辩证的眼光多角度、全方位地审视，努力做到三个“正确理解”：一是正确理解国家政策法规的新变化。树立积极的心态，客观冷静地看待国家在安全、环保、节能减排等方面愈发严格的政策，不埋怨、不叫屈，自觉主动地按政策办事，努力提升安全、环保管理水平。二是要正确理解社会舆论对企业的监督。树立理性平和的心态，把监督作为改变作风、加强管理的推动力量，自觉履行责任，努力打造“高度负责任、高度受尊敬”的企业。三是正确理解油田发展的阶段性挑战。树立谦虚谨慎的心态，正确对待职工群众的意见和看法，引导群众以发展的眼光看问题，在齐心协力共促发展中解决矛盾和困难。

二、要传承经验，在深化提升中夯实发展根基

刚刚过去的2011年，是油田砥砺前行、开拓奋进、创新开局的一年。我们创造了优异的成绩，更积累了宝贵的经验。要不断继承好做法、好传统、好经验，做到“三个坚持”。一是要坚持凝神聚气，在深化唱响主旋律中统一思想、鼓足干劲。要在全体干部职工中继续唱响“埋头苦干创精细管理之先，团结奋进争内涵发展之优”主旋律，把唱响主旋律与“比学赶帮超”、“达标创优”等工作有机结合起来，把“埋头苦干、团结奋进”作为一种精神力量、一种行为导向、一种价值追求，引导干部职工为再创十年黄金发展期创新业、谱新篇、立新功。二是要坚持凝心聚力，在发动职工群众中激发干劲、凝聚力量。要动员广大干部职工围绕“再创十年黄金发展期”，明责任、挖潜力、想办法，进一步认清常规油气资源稳产的严峻挑战和非常规油气资源上产的巨大潜力，树立强烈的责任意识、使命意识、机遇意识，以时不我待、只争朝夕的精神投身到推动常规油气资源稳产和非常规油气资源勘探开发的生动实践中。三是要坚持凝才聚智，在深化三支人才队伍建设中培育人才、推动发展。认真实施好薪酬体系完善和人才通道建设工作，努力构建各类人才队伍纵向畅通、横向贯通、考评完备、激励有序的培养机制，大力营造人才汇聚、智慧迸发、各得其所、各展所长的良好氛围。

三、要“双轮驱动”，在开拓创新中增强发展后劲

再创十年黄金发展期，无论是常规求稳产，还是非常规促上产，都必须依靠科技创新这把金钥匙；无论是解决发现成本、开发成本不断上升，投资效益、盈利能力不断下降的矛盾，还是应对集团公司考核管理模式调整、体制机制改革带来的挑战，都必须靠精细管理这个法宝。因此，我们必须坚持科技和管理双轮驱动，做到“三个着力”：一是着力提升科技的支撑力。牢固树立“科技是第一生产力”的思想，大力推动科研攻关，努力将“第一生产力”转化为“黄金发展力”。推动科研大

攻关,既要发挥专业研究的引领作用,也要鼓励职工群众创新创造。职工群众处在生产实践的第一线,他们对事物的观察、情况的了解更细致、更透彻、更深刻,其改善经营管理的建议对提升管理效率、解决生产现场难题有着不可或缺的重要作用,必须一以贯之地坚持和重视。二是着力提升精细品牌的影响力。“十五”以来,以“四精、四镜”为主要内容的精细管理铸就了油田过去的十年辉煌,成就了江苏油田小油田大作为的影响力。新的一年,必须深化精细管理,以“三谈三反一提高”活动为载体继续抓好“我要安全”主题活动,促进安全管理水平不断提升。要按照“经营一元钱,节约一分钱”的要求,大力开展增收节支、节能降耗和降本压费活动,抓好全员、全要素、全过程成本费用控制,做到人人、处处、时时讲精细,全面提升油田成本管控水平。要按照制度化、标准化、规范化的要求,以信息化巩固管理精细化,充分发挥勘探开发一体化数据中心及业务协同平台的作用,优化检查、评比等传统考核手段,不断提升精细管理的效率。要瞄准勘探开发方案、工艺流程设计和重大投资决策,通过强化一盘棋思想、树立一本账意识,在整体布局中优化方案,在总体最优中完善决策,在油田效益最大化中彰显管理价值。三是着力提升队伍凝聚力。要充分发挥企业文化凝心聚力的作用,用文化规范行为、引领方向,提升干部职工队伍的“精气神”。要创新密切联系群众、研判群情民意和社会社区管理机制,在联系职工群众上着眼,在引导职工群众上着手,在服务职工群众上着力,以有效的工作把职工群众吸引过来、团结起来、组织起来,努力创造“上下同心、干群同力、目标同向”的好局面。

四、要转变作风,在求真务实中优化发展氛围

再创十年黄金发展期,需要我们扎实走好脚下的每一步。在新的一年里,我们要着力在四个方面下功夫,努力实现作风大转变:一是在振奋精神上下功夫。昂扬向上的良好精神状态是各项工作旗开得胜、取得“开门红”的重要保障。各单位要大力宣传贯彻油田辞旧迎新大会精神,让再创十年黄金发展期成为引领全体干部职工奋斗的旗帜,动员大家瞄准这一目标,始终保持蓬勃向上的朝气、攻坚克难的勇气、昂扬奋进的锐气,胜不骄、败不馁,无所畏惧,勇往直前。二是在扎实苦干上下功夫。各级班子和领导干部要立足十年长远发展,着眼年度工作目标,做到说了算、定了干、干必成,凝心聚力抓落实。要牢固树立“我的岗位我尽责,我的工作我尽力”的理念,立足本职岗位,落实工作职责,一招不让,一点不拉,事事落地,招招有效。三是在团结奋进上下功夫。各级领导班子要团结协作、相互补台,真诚坦荡、和谐共事,认真贯彻落实民主集中制原则,以科学民主的作风提升班子整体凝聚力和战斗力。党员领导干部要坚持廉洁从业、清白做人、勤奋干事,始终保持对事业的责任心、对制度的敬畏心、对行为的廉耻心,树立清正、廉洁的形象。四是在为民服务上下功夫。深入开展“为民服务创先争优”活动,经常深入基层为职工群众排忧解难。各级机关干部要广泛走访群众、深入基层调研、实行基层蹲点和开展结对帮扶等工作,在下基层中“接地气”,在走一线中“察民意”,在为民服务中夯实群众基础,增进群众感情,密切干群关系,凝聚队伍力量。

春节将至,各单位要按照油田相关要求,以高度的政治责任感,切实关心一线岗位职工、海外域外施工的职工家庭、离退休老同志、职工家属和生活困难的各类人员,帮助他们解决生产生活中的实际问题,认真组织开展“送温暖”活动,把党的温暖和组织的关怀送到他们的心中。要严格执行党风廉政建设有关规定,切实做到“五严禁”、“五不准”。要高度重视两节期间的安全稳定工作,严格执行各项安全维稳制度,做好节日期间的值班和信访工作,加大各种事故隐患和不稳定因素的排查力度,确保职工群众过一个欢乐、祥和、安定的春节。

同志们,再创油田十年黄金发展期,是时代的要求、历史的责任、群众的期盼。让我们在集团公司党组的正确领导下,牢记历史使命,不负希望重托,团结一心,扎实工作,奋力夺取全年工作开门红,为再创十年黄金发展期而努力奋斗,以优异成绩迎接党的十八大胜利召开!

江苏油田总述

综 述

【江苏油田概况】 江苏油田为中国石化集团江苏石油勘探局(简称江苏石油勘探局)和中国石油化工股份有限公司江苏油田分公司(简称江苏油田分公司)的统称,是以油气勘探开发为主,石油工程技术服务、石油炼制和盐卤盐硝开发生产综合发展的国有大Ⅰ型企业。江苏油田组建于1975年4月23日,1998年5月划归中国石油化工总公司。1998年11月,安徽油田并入江苏油田。2000年1月,设为江苏石油勘探局、江苏油田分公司。工作区域主要分布在江苏、安徽两省的6个地市15个县(市、区)58个乡镇内。2000年11月18日,油田机关及主要科研单位由江苏省江都县邵伯镇迁至江苏省扬州市经济开发区。

油田实行勘探局(分公司)、二级厂(处)、基层队(站)三级管理体系。2011年,共有二级厂(处)27个,主要专业队伍218支。年末职工总数17258人。干部总数6271人,其中高级技术职称1550人,中级技术职称2451人。资产总值183.10亿元,其中固定资产净值124.99亿元。

(黄俊良)

【机构沿革】 (1)江苏石油勘探开发会战指挥部(1975年4月23日~1983年3月15日),其机构于1975年4月23日在北京成立。在会战期间实行石油化学工业部与江苏省双重领导,以部为主。机关所在地:江苏省江都县邵伯镇。行政级别:地、师级。其间,1978年9月24日苏浙皖石油勘探指挥部挂牌。(2)江苏石油勘探开发公司(1983年3月16日~1986年5月7日),隶属石油工业部。(3)江苏石油勘探局(1986年5月8日至今),隶属石油工业部、中国石油天然气总公司。1998年3月,九届全国人大一次会议批准《国务院机构改革方案》,决定分别组建中国石油和中国石化两个特大型企业集团公司。1998年5月26日,中国石油天然气总公司和中国石油化工总公司划转企业交接仪式在京举行,江苏石油勘探局据此由中国石油天然气总公司划转至中国石油化工总公司。7月27日,中国石油天然气集团公司、中国石油化工集团公司在北京宣告成立。其间,1998年11月3日安徽石油勘探开发公司并入江苏石油勘探局。(4)江苏石油勘探局、江苏油田分公司(2000年1月28日分设、分立至今),合称江苏油田,隶属中国石油化工集团公司和中国石油化工股份有限公司。

(黄俊良)

【矿权所属】 2011年,江苏油田油气勘探领域主要包括:苏北盆地第三系、南华北盆地周口坳陷阜阳地区、北部湾盆地徐闻区块和下扬子海相中古生界等。截至2011年末,江苏油田分公司有油气勘探开采项目区块27个,总面积3.74万平方千米。其中,探矿权项目区块8个,面积3.65万平方千米;采矿权项目区块19个,面积0.092万平方千米。共探明油气田36个,面积229.97平方千米,天然气地质储量85.18亿立方米,累积探明石油地质储量2.67亿吨,生产原油3631.11万吨。

(黄俊良)

【主要成就】 江苏油田成立36年来,累计完成二维地震测线92378.55千米,三维满覆盖地震10911.70平方千米;钻井交井4147口,完成钻井总进尺1186.13万米;累计探明石油地质储量26652万吨,探明含油面积229.97平方千米,探明36个油气田,投入开发34个油气田;累计完成注水总量8239.93万立方米。至2011年底,共有油水井3069口。累计生产原油3631.11万吨。累计生产盐卤卤水3042万立方米,累计实现销售收入6.95亿元人民币。

(黄俊良)

【地质勘探】 2011年,江苏油田设置8个勘探项目,完成勘探投资65022.61万元。全年动用3个地震队,完成三维地震满覆盖面积500.65平方千米,完成二维地震400千米。出站三维资料处理项目15块,满覆盖面积3789.2平方千米;出站二维资料处理测线94条,剖面长度为3473.79千米。全年探井开钻39口,完井36口(预探井22口,滚动评价井14口)。在完成的36口探井中,钻遇油气显示井11口,电测解释有油气层的井21口,下油层套管井19口。全年完成探井进尺118112米。全年新探井投入试油23口井38层。地层测试23口井35层次,水力压裂13口井18井次(其中二次压裂1井次)。试油新获工业油流10口井,探井成功率28%(预探井成功率为22.7%,评价井成功率为35.7%),正试油探井1口(花X26-2井)。全年新增石油探明地质储量1059万吨,新增探明含油面积11.40平方千米,技术可采储量185.10万吨,为年计划任务900万吨的118%;新增石油控制地质储量1215万吨,新增控制含油面积13.00平方千米,技术可采储量163.90万吨,为年计划任务900万吨的135%;新增石油预测储量1175万吨,新增预测含油面积14.38平方千米,技术可采储量113.30万吨,完成1000万吨年计划任务的118%。油田新增三级石油地质储量3449万吨,连续10年完成“三个一千万吨”储量工作目标,新增探明储量连续16年超过1000万吨。

(黄俊良)

【油田开发】 2011年,江苏油田年钻开发井230口,进尺54.83万米,分别完成年部署的115.6%和108.1%。新增探明地质储量1059万吨,新增动用储量482万吨,复算核减动用储量71万吨,净增动用储量411万吨。新增可采储量183.6万吨,复算核减可采储量7.1万吨,净增可采储量176.5万吨,年储采平衡系数1.03。新增注水储量522万吨。投产新井223口,完成年部署的120.5%。新井年产油13.29万吨,完成年计划的99.2%。投(转)注水井71口,完成年部署的101.4%。新建(增)原油年生产能力24.56万吨,完成年部署的101.8%。年产原油171.02万吨,完成年部署的100.01%。老井增产措施375井次,有效334井次,措施有效率89.1%,年增产原油11.05万吨,完成年部署的102.3%。年注水671.59万立方米,完成年部署的103.3%。年产液量744.06万吨,完成年部署的104.1%。年底综合含水77.99%,含水上升率1.95%。老井产油量自然递减率13.95%,比年部署下降0.07个百分点。老井产油量综合递减率7.46%,比年部署下降0.08个百分点。

(黄俊良)

【油气经销】 全年完成原油商品量162.93万吨,原油销售商品率95.27%,均完成中石化股份公司和油田下达的考核指标。实现天然气商品量3607万立方米,完成股份公司年度计划的120%,其中供盐城民用气3053.3万立方米。销售凝析油及烷烃产品2000吨,液化气1914.38吨。当年油款回笼率100%,气款回笼率100%,完成中石化股份公司和油田下达的考核指标。油气销售收入95.57亿元(含税),比上年增长33%,销售收入创历史新高。各类报表上报及时率、准确率均为100%。

(黄俊良)

【石油工程】 石油工程系统各专业结合自身的特点,充分发挥特色优势,强化全员技术管理理念,充分发挥技术支撑和引领作用,大力开展提速提质提效活动,技术管理工作水平得到进一步提高。(1)物探处首次成功实施金西三维金湖城区和尼日利亚OML114海陆过渡带复杂地表地区地震采集项目,城区及海陆过渡带施工能力得到了新突破。提前15天完成金西三维项目,各项质量指标均超过设计指标,创下了“四个第一”,实现了物探处地震采集领域的一大突破,填补了该地区地震勘探资料的空白。(2)钻井处以“五个一”、“三个二”和“三个三”的工程目标为抓手,提速提质提效。全年有18口井实现“五个一”、“三个二”和“三个三”提速目标。完成了江苏油田第一口超深开窗侧钻短半径水平井TH12328CH井的施工;70833JS钻井队承钻的TH10122井,实现月进尺5270米,打破了油田单井月进尺最高纪录,同时创下单只钻头进尺最高纪录;推广RMRS电磁波测距技术,有6口水平连通井成功实现无溶腔精确对接;50768JS钻井队在海南3次刷新了该地区的钻井纪录;实施了江苏油田首口低渗致密砂岩长水平段水平井桥7平1井的施工。(3)地测处测录井技术升级换代,油气发现步入创新天地。第三代电缆地层测试仪器EFET全年完井19口,为满足采油厂了解地层压力情况和评价区块油气发挥了重要作用;射采联作射孔技术改进后在沙7-37井得到成功应用;在真95井的大跨度夹层射孔作业中,采用多次增压起爆技术,一次性射开6个大跨度油层,创下了油田射孔多级起爆新纪录。(4)井下作业处优质高效地完成了永X35井压裂施工任务,并创造了2项油田内部压裂施工新纪录,完成了徐闻X3井35~37号层的钻灰施工,创下了2项油田施工新纪录。

(黄俊良)

【炼油化工】 2011年,扬州石化加工原(料)油32.2万吨,生产聚丙烯10437吨,化纤产量5184吨,成品油批发零售量29035吨。实现销售收入20.36亿元,在中石化炼油板块大幅亏损的情况下,实现利润-2478万元。加工吨油增加值列中石化33家炼油企业第1位,产品售价列第2位,利润总额列第5位,同比提升19位。上缴税费金2.26亿元,其中国税1.96亿元,地税

0.3 亿元。

（黄俊良）

【多元开发】 （1）炼油化工优化升级，全国首套年产25万吨MCP催化装置和12万吨气分扩能改造项目一次开车成功。（2）非烃类资源矿业开发实现劳务收入4.55亿元，同比增长24.6%，经济规模和效益创历史新高，芒硝开发外输合格硝水76.5万立方米，同比增加20%；采输卤外销合格卤水489.69万立方米，实现收入1.1亿元；26万吨元明粉项目主体工程通过验收，为按时投产奠定了坚实基础。

（黄俊良）

【内外部市场】 （1）全年油田内部市场实现收入25.51亿元，其中石油工程业务实现收入18.61亿元，同比增长10.7%。完成内部钻井进尺66.85万米，井下作业1913井次，测录井1875井次，工作量创历史新高。城区及海陆过渡带地震施工、高温深井钻探、单队月进尺、多级射孔起爆、大型压裂施工等多项指标被刷新。（2）外部市场实现收入23.85亿元，其中海外市场实现收入8.81亿元。地面建设在圆满完成阿尔及利亚沙漠水管道项目的基础上，成功中标沙特、肯尼亚等项目；物探新签了阿尔及利亚、尼日利亚等项目；井筒业务依托厄瓜多尔修井品牌，成功敲开南美钻井市场大门；紫京服务拓展到15个国家46个项目，实现了集团化品牌化发展。在新疆、内蒙、海南、广东等10多个省市自治区的国内域外市场开展了多项业务。

（黄俊良）

【科技创新】 全年安排油田级科技攻关项目81项、集团公司项目11项、博士后科技攻关项目7项，安排经费3655万元。申请专利45项，获得国家专利28项。有1项成果被评为中石化技术发明一等奖，6项成果通过集团公司科技成果鉴定，其中1项成果达到国际领先水平，3项成果达到国际先进水平。全面建成勘探开发一体化数据中心，数字油田建设走在中石化第一方阵的前列。扎实推进高邮南部断裂带滚动勘探开发科技重大专项，在沉积和构造体系、地层划分与油气富集规律等方面取得重要进展；全面启动主力油田再稳产综合技术研究科技重大专项，6大主力油田通过分类调整挖潜，2011年采收率从28.8%提高到29.3%。

（黄俊良）

【企业管理】 （1）HSE管理。持续深化“我要安全”主题活动，“四不”安全理念更加深入人心；组织各类HSE培训226期12190人次；油田领导带队值查97次，开展“三特”情况下带班工作189次；推行“七想七不干”安全提示卡，开展“两书”实施效果检查，油田领导班子全程带队深入95个基层单位和作业现场进行检查；开展查找身边“十大薄弱环节”活动，重点对直接作业环节、交通安全等方面存在的问题进行“查、找、摆、改”，全年排查各类隐患9044个，落实隐患治理项目11项3107万元、安全技术措施173项1939万元；组织15228人进行了职业健康体检；强化环境保护，油田成为集团公司唯一连续7年获得环保先进单位称号的企业。

（2）经营管理。优化投资结构，实现投资规模、质量和效益的有效增长；推进全员成本目标管理，优化预算管理，圆满完成会计集中核算系统推广上线、关联交易平台上线和境内外资金业务整合试点工作；深化ERP应用，全面整合内控流程，着力推进管理效益审计，“五把锁”功能得到充分发挥；开展“比学赶帮超与达标创优”、“改善经营管理建议”、“制度标准化信息化”三项工作，刷新油田指标51个，获得总部红旗33面、红星34颗；实施完成改善经营管理建议57项、制度改造2112项，各项基础工作不断向精细化、标准化、信息化方向迈进；完善绩效分档考核机制。

（黄俊良）

【经济效益】 2011年，全油田生产原油171.02万吨、天然气5422万立方米，实现经营收入164.2亿元，创历史新高，实现利税总额51.58亿元，实现利润21.24亿元。

目前，江苏油田新增三级储量已连续10年超过3个1000万吨，新增探明储量连续16年超过1000万吨，原油产量连续18年保持稳定增长。

（黄俊良）

【队伍建设】 （1）在“三支队伍”建设方面，组织200多名处级干部脱产轮训，选拔推荐590人次参加各类专业研修培训，扎实开展全员培训584期15271人次。（2）在技能提升方面，承办集团公司技能大赛和开展油田第十二届技能大赛组织工作，取得了竞赛组织和比赛成绩的双丰收。（3）在引进交流方面，引进了一批复合型经营管理人才、特长型专业技术人才、技能型操作人才。（4）在完善人才激励机制方面，制定出台全员绩效考核、人才成长通道建设、完善薪酬分配等制度。

（黄俊良）

【和谐发展】 （1）党建和思想政治工作。开展“辉煌‘十一五’、奋进‘十二五’”系列宣传教育活动，启动“为民服务创先争优”活动，开展“高度负责任、高度受尊敬”和“责任、潜力、办法”大讨论，认真落实党建联系点、民情联系点、安全承包点和职工生活联系点制度，营造氛围，开展纪念建党90周年系列活动，扎实推进廉洁文化“六进”工程，发挥工会、共青团、关工委等群众组织和公安、综治、信访等部门的作用，油田继续保持了"全国思想政治工作优秀企业"、"江苏省文明单位标兵"等荣誉称号。

(2)民生工程。有3623名劳动家属参保工作顺利完成,劳动家属大病救助工作平稳推进;为6262人次老同志进行了健康体检和疗养,离退休职工"两项待遇"有效落实;住房分配货币化工作、企业年金、基本养老金调整、帮扶救困、职工子女就业等工作有序推进;退休军转干部发放生活补贴稳妥解决;难采储量职工倒班点建设顺利实施;矿区建设全面展开;完善薪酬分配制度稳妥实施;在融入地方、借势发展中支持了当地经济社会发展,促进了和谐油田建设。

(黄俊良)

【向致密型油藏进军】 12月21日,永(安)—联(盟庄)产能建设项目方案获得通过,该项目投资5.6亿元,将新建产能8万吨。该项目建设区块具有油藏埋藏深、渗透率低、水平井水平段长等特点,是油田首次采用水平井分段压裂技术开展产能建设的项目,是油田第一次整体动用深层致密油藏的产能建设项目,也是落实总部指示,为油田再创十年黄金发展期打基础的项目,标志着油田全面吹响了向致密油藏进军的号角。

(黄俊良)

【中石化集团公司2011年职业技能竞赛在江苏油田闭幕】 集团公司2011年职业技能竞赛自9月中旬开赛,共有来自油田、炼化、油品销售、工程建设四大板块的68家单位的464名选手参加决赛。该次竞赛设油品计量、催化裂化、机泵维修、二甲苯、水质检验、钻井液、井下作业等7个工种,分江西石油、茂名石化、天津石化、江苏油田等4个赛区举行。10月15日晚,随着江苏油田赛区最后2个项目比赛的结束,集团公司2011年职业技能竞赛落幕。这次共有35名选手获得金奖,12家企业夺得团体奖,8家企业获得优秀组织奖。蔡巍、朱贵山等35名选手分获7个工种竞赛金奖,江苏油田获得比赛团体奖和优秀组织奖,个人单项比赛取得4金2银1铜的历史最好成绩。江苏油田还对获得集团公司金牌的本油田选手给予2万元奖励,并通过业绩考核使他们享受高级技师职业资格待遇。

(黄俊良)

【合同金额60亿元人民币的阿尔及利亚输水管线项目完工】 合同总金额超过60亿元人民币、中石化迄今承揽的海外最大地面工程项目之一的阿尔及利亚沙漠供水管线工程,由江苏油田油建项目部承建了总长度超过800千米的工作量。该项目于2008年6月18日正式开焊。经过全体员工3年多的艰苦努力,管线于3月21日全线贯通。为克服沙漠地区施工高原、山地、丘陵等多种地形带来的困难,油建项目部成功运用了大口径管道下沟器、管道内防腐机器人作业等五大施工技术,开创了国外沙漠管道施工史上的先河。

(黄俊良)

【毕坚屹成为油田首位女性造血干细胞捐献者】 毕坚屹是油田采输卤处职工,2005年,她毅然加入中华骨髓库成为一名志愿者,2011年1月其与一名患者初次配型成功。8月29日,经过5天的造血干细胞动员剂注射,江苏省人民医院医护人员通过体外循环的方式,从毕坚屹血液中成功采集到富含造血干细胞血浆146毫升。血浆分离后即被送往接受捐献的患者所住医院。至此,毕坚屹成为油田首位女性捐献干细胞志愿者。在此之前,油田只有男职工朱俊1人系造血干细胞捐献者。

(黄俊良)

【油田参保劳动家属领到养老金】 7月,江苏省出台了相关《实施办法》,将油田劳动家属纳入省基本养老保险社会统筹范围。8月24日,油田召开专门会议,安排部署参保工作。9月19日,江苏省人社厅有关人员亲赴油田为第一批到龄参保家属办理审批手续。10月18日,3029名油田参保劳动家属领到养老金。至此,油田劳动家属参加江苏省基本养老保险统筹顺利实现,从根本上解决了广大劳动家属"老有所养"的期盼,油田也成为江苏省行业统筹单位的首家企业。

(黄俊良)

【油田退休教师张俊杰获陕西省道德模范称号】 2005年春天,61岁的油田退休教师张俊杰回到阔别36年的家乡——陕西省南郑县协税镇。回乡后,他四处奔走,积极呼吁,自掏腰包购置了电脑、打印机等设备,与昔日同窗好友共同创办了汉中市首个爱心公益组织——陕西汉中科教扶贫服务社。6年里,张俊杰先后成功联系了胜利油田的"胜利1助1"公益社团、西安"98爱心社"、"湖北爱心社"等爱心团体,通过东西联手、城乡互助、企校合作、募捐图书衣物、"1助1"结对助学等活动,用募得的万余册图书成立了1个图书馆、5个乡村图书阅览室;结对助学让300多名家境贫寒面临辍学的孩子得以继续完成学业;成功开办的5家"爱心超市"使周边12个乡镇的2000余名困难群众受到救助,走出了一条科教扶贫之路。2011年10月,张俊杰获得"第二届陕西省道德模范"称号。

(黄俊良)

江苏油田 2006～2011 年主要经济指标

亿元

指标名称 \ 年份	2011	2010	2009	2008	2007	2006
工业总产值	105.11	82.69	64.25	99.75	77.76	73.61
江苏石油勘探局	23.41	21.44	19.68	20.00	17.16	14.36
江苏油田分公司	81.70	61.25	44.57	79.75	60.60	59.25
工业增加值	77.94	59.61	40.11	77.84	54.68	49.18
江苏石油勘探局	7.96	7.87	6.81	6.86	5.50	4.26
江苏油田分公司	69.98	51.24	33.30	70.98	49.18	44.92
资产总计	183.10	162.97	130.15	113.72	89.58	72.39
江苏石油勘探局	52.61	47.46	44.05	43.43	31.69	26.98
江苏油田分公司	130.49	115.51	86.10*	70.29	57.89	45.41
流动资产	45.02	39.30*	19.37	23.87	14.74	11.73
江苏石油勘探局	17.92	16.35	15.96	20.19	10.90	9.24
江苏油田分公司	27.10	22.95*	3.41	3.68	3.84	2.49
固定资产原值	238.34	218.49*	193.26	169.76	145.85	126.57
江苏石油勘探局	45.31	41.08	35.66	31.21	27.17	25.77
江苏油田分公司	193.03	177.41*	157.60	138.55	118.68	100.80
固定资产净值	124.99	115.84*	103.63	85.16	69.53	59.80
江苏石油勘探局	28.78	26.89	23.42	20.69	16.56*	16.06
江苏油田分公司	96.21	88.95*	80.21	64.47	52.97	43.74
销售收入	148.60	140.97	114.32	139.87	104.86	86.18
江苏油田勘探局	49.36	50.68	50.55	46.89	32.72	26.94
江苏油田分公司	99.24	90.29	63.77	92.98	72.14	59.24
实现利税	51.58	35.77*	22.02	61.95	42.46	38.16
江苏石油勘探局	2.32	1.84	2.07	2.92	1.94	1.81
江苏油田分公司	49.26	33.93*	19.95	59.04	40.52	36.35
税金	30.34	20.19*	12.37	29.55*	17.69	9.65
江苏石油勘探局	3.29	2.37	2.00	2.78	2.71	2.21
江苏油田分公司	27.05	17.82*	10.37	26.77	14.98	7.44
综合能耗/吨标煤·万元$^{-1}$						
江苏石油勘探局	0.42	0.46	0.46	0.46	0.47	0.49
江苏油田分公司	0.30	0.36	0.35	0.34	0.35	0.37

注：* 处为 2012 年 6 月重新核实、调整数据。

江苏油田2006~2011年主要生产建设指标

指标名称 \ 年份	2011	2010	2009	2008	2007	2006
原油产量/万吨	171.02	171.01	171.01	171.00	170.20	167.40
天然气产量/亿立方米	0.54	0.56	0.57	0.58	0.55	0.61
新增原油生产能力/万吨	24.56	24.57	26.30	26.18	24.60	24.50
新增探明石油地质储量/万吨	1059	1063	1067	1056	1047	1042
二维地震/千米	4084.66	3211.79	3247.97	3760.80	3240.00	3521.92
三维地震/平方千米	776.79	816.58	562.21	382.45	588.89	525.80
完井/口	406	380	323	311	266	278
探井	85	93	77	77	49	53
开发井	321	287	246	234	217	225
钻井进尺/万米	97.42	93.37	81.59	76.45	63.98	62.84

江苏油田历年职工和主要生产经营指标完成情况统计表

项目 数量 年份	年末职工	二维地震	三维地震	钻井进尺	原油产量	油田注水量	新增探明石油储量	勘探建设总投资	工业产值现行价	上缴利润	上缴税金
计算单位	人	千米	平方千米	米	吨	立方米	万吨	万元	万元	万元	万元
1975	5050	—	—	36246	6176	—	—	3253.49	78	—	—
1976	7042	566.21	—	71423	34848	—	—	4565.04	436	—	—
1977	7979	1464.70	—	76295	126916	—	848.40	5339.77	1606	—	—
1978	8870	1776.52	—	134141	261859	7817	191.30	8518.49	3362	—	—
1979	9612	1696.84	—	126892	305401	112411	509.00	7368.11	3940	—	—
1980	11266	1460.94	—	101948	309072	197556	312.00	5502.91	4021	—	—
1981	11713	1519.36	—	78695	300388	200642	150.00	6012.17	3962.52	—	—
1982	12358	1997.05	—	92188	311147	173376	215.00	6590.16	4050.55	—	—
1983	12870	2722.99	—	124595	353858	149247	389.80	8338.03	4684.11	—	—
1984	13056	3019.55	—	147700	407931	164725	927.00	10873.83	10367.40	—	—
1985	13479	2991.65	—	163716	513900	273742	520.00	17129.66	16184.45	—	318.8
1986	13926	3695.12	22.91	135285	559086	364225	458.00	15086.00	20054.20	—	679.1
1987	16652	4335.22	—	156607	625019	633056	—	19013.72	25258.00	—	640.1
1988	17404	3775.29	11.84	193064	741786*	913305	694	21150	31128	—	502.3
1989	18464	3522.51	120.19	198905	823576*	1130167	509	25996	41186	—	704.1
1990	18886	2541.06	197.71	169078	880285*	1579423	516	27588	45145	—	841.7
1991	19530	2667.03	198.32	159242	897078*	1658730	318	34113	45659	—	1460.3
1992	19914	2815.97	165.40	169342	895054*	1481586	547	38508	50857*	—	1127
1993	19961	1956.76	129.34	182958	906400*	1539629	957	45857	84439	—	1537

续表

项目 数量 年份	年末职工	二维地震	三维地震	钻井进尺	原油产量	油田注水量	新增探明石油储量	勘探建设总投资	工业产值现行价	上缴利润	上缴税金
1994	20242	1505.10	324.24	228533	966351*	1798168	852	75015	102075	—	3830
1995	20642	1242.10	358.73	260745	1064378*	2286881	847	80418	127501	194	5310
1996	20930	1414.17	370.11	242422	1150521*	2617801	1155	83956	114799*	240	6351
1997	21160	1404.85	438.62*	271964	1262394*	3258613*	1105*	94236	125479*	1132	13108
1998	23840*	1271.00	325.81*	256185	1338316*	2975649*	1287	97783	130737*	714	15960
1999	23815	219.46	443.83*	285350	1452666	3153763*	1270	118522	157238*	858	17572
2000	23812*	1339.44	358.38	344497	1550166	3210780*	1051	145137	257723	65863	33391
2001	21750	1246.56	384.04	325202	1570168	3133909*	1085	125644	226725	45520	32184
2002	21519*	910.72	369.20	421233	1570188	3431071*	1096	112068	218566	32056	33445
2003	21024	1978.73	1167.10	463277	1582378	3397436*	1101	117696	268618	65094	39967
2004	19229	2926.31	433.83	516129	1620018	3861443*	1129	152721	340552*	88020	53005
2005	18279	1794.20	1093.08	558989	1647028	4155155*	1028	145917	470995*	233053	78103
2006	17879	3521.92*	525.80	628417	1674028	4570537*	1042	156662	704664	285062	96583
2007	17695	3240.00	588.89	639778*	1702026	4994625*	1047	217938	93.32亿	24.78亿	17.11亿
2008	17672	3760.80*	382.45	764525	1710068	5520781	1056	25.62亿	99.75亿	32.95亿	37.89亿
2009	17571	3247.97	562.61*	815948*	1710098	5961994	1067	29.35亿	93.32亿	0.87亿	14.56亿
2010	18223	3211.79*	816.58*	933716*	1710118	6266375	1063	30.26亿	82.68亿	14.97亿	17.55亿
2011	17258	4084.66	776.79	974232	1710168	6715933	1059	32.97亿	105.11亿	21.24亿	30.34亿

注:“*”(1988~2010年)标记为2012年6月重新核实、调整的数据。

(黄俊良)

大 事 记

2011年江苏油田大事记

【1月7日】 局党委发出通知,要求各级党组织结合实际组织开展纪念中国共产党成立90周年系列活动。活动内容有6项:庆祝大会、“七一”座谈会、文艺晚会、创先争优活动、系列宣传活动、影视展播活动等。

【1月8日】 油田在扬州召开辞旧迎新大会,总结2010年工作,部署2011年任务,动员职工全面提升精细管理水平,持续深化内涵发展,为实现“十二五”良好开局而努力奋斗。油田领导朱平、周恒友、谈正鑫、毛凤鸣、李东海、陈网根、钟志国、肖国连,以及离退休老同志代表等出席会议。局长、分公司总经理朱平讲话,局党委书记周恒友主持会议。局党委书记周恒友还传达了集团公司工作会议精神,分公司副总经理钟志国宣读了2010年四季度安全生产考核挂牌决定,分公司副总经理李东海作内部经营责任制相关情况说明。朱平在讲话中要求,2011年重点抓好8个方面的工作。他还对近期深入学习贯彻集团公司工作会议精神、认真分解落实“十二五”规划及今年工作目标、扎实抓好HSE工作、精心组织好生产经营各项工作、认真落实党风廉政责任制、切实安排好节日期间职工生活等重点工作提出了要求。

【1月10~24日】 春节前夕,局党委书记周恒友代表油田党政领导班子,先后到厄瓜多尔、阿尔及利亚、叙利亚等国,看望慰问员工、开展工作调研、检查HSE工作、拜访使馆和甲方单位等。

【1月11日】 集团公司在京召开2011年度HSE工作视频会议,油田喜获“我要安全”主题活动、安全生产、环保先进单位称号。油田领导朱平、毛凤鸣、李东海、陈网根在扬州分会场参加会议,局长、分公司总经理朱平就贯彻落实视频会精神提出了要求。

【1月13日】 2011年油田科学技术委员会会议在扬州召开。油田领导朱平、谈正鑫、毛凤鸣、李东海、钟志国、肖国连出席会议。会议审议、通过了2011年油田科技项目及经费计划,会上还作了重大专项“高邮凹陷南部断裂带阜宁—泰州组滚动勘探开发研究”的进展情况书面报告。

【1月14日】 集团公司副总经理李春光,率集团公司人事部主任周世良、财务部主任温冬芬、政工部主任张殿国等,在局长、分公司总经理朱平,局党委副书记谈正鑫,分公司副总经理钟志国陪同下,深入油田基层队站,走进职工家庭,代表集团公司党组,代表苏树林总经理,慰问油田广大职工、家属。李春光一行先后来到安徽公司32633钻井队承钻的黄107井、中石化金牌采油队——试采二厂采油九队,亲切看望慰问奋战在野外生产一线的职工。在钻台上、井场上,李春光频频与当班职工亲切握手、交谈,问候职工及其家人,祝大家春节快乐、全家幸福。李春光说,在这里我感谢大家,也希望大家在新的一年里奋力拼搏,为江苏油田、为中国石化的发展贡献新的更大的力量。在油田慰问期间,李春光还亲切看望慰问了油田老领导陈济中,油田劳模、井下作业处职工田明,困难职工王伟明家庭。在得知田明的先进事迹后,李春光欣然在田明的《地层测试及相关技术探讨》论文集上题词:实践出真知,创新无止境,愿在高起点上更进一步。

【1月15日】 油田召开2011年HSE工作视频会,总结工作、表彰先进、部署任务。油田领导朱平、谈正鑫、毛凤鸣、李东海、钟志国、肖国连等出席会议。2011年HSE工作着重抓好5个方面工作:突出“四不”安全理念,深入开展“我要安全”主题活动;坚持“谁主管、谁负责”,层层落实HSE责任制;落实风险削减措施,提高本质安全水平;做好安全生产监管,强化重点工作落实;扎实抓好环保工作,提升清洁生产水平。

▲ 是日,在共青团江苏省第十三届委员会第四次

全体会议上,局团委上报的“基于360度考核的团组织评价模型的构建与实施”获得共青团工作创新创优二等奖,获团省委奖励。

【1月16日】 在兔年新春佳节即将来临之际,油田领导朱平、谈正鑫、毛凤鸣、李东海、陈网根、钟志国、肖国连等奔赴油区各地,慰问老领导、老党员、老先进、困难户和劳模等,为他们送去节日的问候和组织的温暖。

【1月22日】 油田离退休职工管理委员会会议在扬州召开。油田领导朱平、谈正鑫、肖国连,局调研员于吉永等参加了会议。会议总结了上年度离退休工作和关心下一代工作,安排、部署了2011年的相关任务,部分离退休老同志还对油田离退休管理工作提出了意见和建议。

【1月30日】 兔年春节前夕,油田HSE委员会专门在局域网发出《致油田私家车员工的公开信》,祝福私家车员工远离事故、路路平安、一生幸福。1000多字的《公开信》,从安全意识、交通法规、驾驶技术、文明驾驶、车辆管理等方面进行了提醒,这在油田尚属首次。

【2011年1月】 江苏省总工会发文授予第三届江苏省十大科技创新成果第一完成人、十大先进操作法第一发展人省五一劳动奖章,井下作业处高级技师田明榜上有名。田明的“试油测试工艺配套工具的研制与应用”获第三届江苏省职工十大科技创新成果。

【2月1日】 除夕前一天,油田领导分4路慰问坚守岗位的职工,勉励大家在“十二五”开启之年,开好头、起好步,为油田发展作出新的贡献。

【2月18日】 针对域外发生“2·17”突发安全事故情况,油田召开安全工作紧急视频会,油田领导朱平、周恒友、谈正鑫、毛凤鸣、李东海、钟志国、肖国连在主会场参加了会议。局长、分公司总经理朱平在讲话中要求各单位,认真起来、动员起来、严格起来,切实增强做好安全工作的责任感和使命感。对于下一步工作,他强调了坚持“谁主管、谁负责”,层层落实安全责任制;认真落实安全生产制度,从严加强安全生产管理;强化安全监管,把各项安全措施落到实处;开展安全隐患排查,落实隐患治理措施;加强安全教育培训,提高全员安全意识等五项要求。

【2月19~20日】 根据域外安全生产中的突发事件,油田领导带领机关处室长分8路到基层进行安全大检查。这次检查以现场为主,不听汇报、不指定检查点,发现隐患立即下发整改通知。检查重点是油田HSE工作会议贯彻落实情况、各级安全生产责任制和安全管理制度的落实完善情况、直接作业环节安全管理制度落实情况、重点要害部位的安全管理情况、交通安全管理各项工作开展情况、安全培训教育开展情况等。

【2月25日】 局十一届一次职工代表大会在扬州花园国际大酒店召开。油田领导朱平、周恒友、谈正鑫、毛凤鸣、李东海、陈网根、钟志国、肖国连等出席了会议。实到正式代表276名,列席代表31名参加了会议。局长、分公司总经理朱平作了题为《全面提升精细管理,持续深化内涵发展,为开创“十二五”工作新局面而努力奋斗》的行政工作报告。在随后的分组会议上,除讨论行政报告外,与会代表还对相关报告、文本、决议、决定(草案)进行了审议,并审议了油田领导班子建设情况的报告、油田领导班子成员述职报告,民主评议了油田领导班子和班子成员,听取油田2010年业务招待费管理使用情况的报告,以及民主推荐优秀年轻干部。大会号召全体职工,牢记胡锦涛总书记“再接再厉”重要指示,大力发扬“吃螃蟹”精神,紧紧围绕“加快有效发展,构建和谐油田”主题,牢牢把握“精细管理、内涵发展”主线,以昂扬的精神状态、务求必胜的坚定信心、矢志不渝的满腔热情、努力开创科学有效和谐发展新局面。会议于26日上午闭幕。

【2月26日】 油田2010年度双文明总结表彰大会在扬州花园国际大酒店召开,油田领导朱平、周恒友、谈正鑫、毛凤鸣、李东海、陈网根、钟志国、肖国连等出席会议。6个双文明标杆单位、10个先进单位、40个双文明标杆队、16名劳模受到了表彰。9个单位获得了2010年度“创业杯”、“创新杯”、“创效杯”优胜单位称号,14人荣立了个人一等功。

▲ 是日,局党委召开扩大会议,总结部署油田党风建设和反腐倡廉工作。油田领导朱平、周恒友、谈正鑫、毛凤鸣、李东海、陈网根、钟志国、肖国连等出席了会议。会议由局长、分公司总经理朱平主持。局党委书记周恒友讲话。局党委副书记、局纪委书记谈正鑫代表局党委作工作报告。周恒友在讲话中指出:一是要坚定不移地推进油田反腐倡廉建设。围绕中心,突出重点;坚持惩防并举,注重预防;坚持以人为本,宽严相济;坚持统一领导,齐抓共管。二是持之以恒地加强油田干部队伍作风建设。领导干部必须不断增强学习意识、问题意识、责任意识、规矩意识、群众意识、表率意识。朱平在会议结束时要求:纪检监察工作要努力开创新局面,为油田顺利实现“十二五”奋斗目标提供有力保证;各级党政组织要高度重视效能监察工作,不断提高精细管理水平;认真贯彻落实党风廉政建设责任制,进一步完善油田惩治和预防腐败体系。

【2 月 28 日】 在真 35 井试注 4 个月后,真 145 井和真 35 - 6 井也相继投注聚合物溶液,至此,真 35 断块先导性试验正式进入聚合物驱替阶段。

【3 月初】 全国人大代表,局长、分公司总经理朱平赴京参加第十一届全国人民代表大会第四次会议。

【3 月 7 日】 为进一步落实安全生产责任制,强化生产现场安全管理,根据中石化有关文件精神,油田结合实际,特制定《江苏油田二级单位领导带班制度(试行)》。规定所称二级单位领导,是指二级单位领导班子成员和副主任师;油田域外、境外项目部的负责人。对关键装置和要害部位在“三特”(特殊时间、特殊作业、特殊气候)情况下实行领导带班。特殊时间作业是指重大活动期间、节假日、夜间等特殊时段进行的非常规作业;特殊工况作业是指新改扩建工程项目开工和投产、石化装置开停车、重大工艺调整、油田一级动火(石化特级动火)、探井、评价井、含硫化氢的油气井钻开油气层及可能发生较大以上事故的重点工程(项目)等的特殊作业;特殊气候作业是指强风、台风、龙卷风、沙尘暴、强雷电、暴雨、大雪、浓雾等极端天气及油田汛期等特殊气候条件下的高风险作业。

【3 月 10 日】 油田召开持续推进“比学赶帮超与达标创优”、“改善经营管理建议”、“制度标准化信息化”工作会议,分公司副总经理李东海到会讲话。

【3 月 15 日】 中石化在京召开 2011 年科技进步工作视频会议。由江苏油田首次独立完成的“高邮凹陷复杂断块油藏断层控制作用及勘探关键技术”获得中石化 2010 年科技进步一等奖。分公司副总经理毛凤鸣等在分会场参加了会议。

【3 月 18 日】 徐闻 X3 井试油方案通过了中石化专家组的审查,同意试油 2 个层序。首先试油 35 ~ 37 号层,然后在 27 ~ 33 号层间优选合适层位进行试油。

【3 月 21 日】 合同总金额超过 60 亿元人民币、中石化承揽的迄今海外最大地面工程项目之一的阿尔及利亚沙漠供水管线工程,经过江苏油田油建项目部员工 3 年多艰苦努力,已全线贯通。油建处承建的管线总长度超过 800 千米。工程于 2008 年 6 月 18 日正式开焊。在沙漠和山区,以及每年持续 6 个多月 50℃ 以上的盛夏高温和长达 3 个多月的沙尘暴天气的困难条件下,油建项目部克服重重困难,严格按照 QHSE 管理要求进行安全生产、绿色生产。为克服沙漠地区施工高原、山地、丘陵等多种地形带来的困难,油建项目部成功运用了大口径管道下沟器、管道内防腐机器人作业等五大施工技术,开创了国外沙漠管道施工史上的先河。

【3 月 24 日】 油田召开干部大会,宣布集团公司调整油田领导班子的决定。据集团公司相关文件通知,根据江苏油田领导班子建设实际和工作需要,经党组研究并征得中共江苏省委同意,决定:李东海任中共江苏石油勘探局委员会书记,兼任江苏石油勘探局副局长,仍任江苏油田分公司副总经理。免去周恒友江苏石油勘探局党委书记、常委、委员、副局长职务,调出另有任用。集团公司党组成员、股份公司高级副总裁蔡希有出席会议并作重要讲话。局长、分公司总经理朱平主持会议并讲话。集团公司人事部副主任戴锭宣读中石化集团公司对江苏油田领导班子调整的人事任免文件。蔡希有要求大家站在全局高度,自觉与集团公司党组保持高度一致,全力支持党组的决定,支持新班子的工作,做到讲党性、顾大局、守纪律。

【3 月 25 日】 油田召开 2010 年度暨“十一五”节能工作总结表彰会。“十一五”期间,油田超额完成了国家千家企业 4 万吨标煤节能量考核指标和集团公司下达的各项指标任务。分公司副总经理钟志国参加了会议。“十一五”期间,油田实施节能技术推广应用项目 35 项,节约能源消费资金 8120 万元。累计完成节能量 40700 吨标煤,超额完成千家企业 4 万吨标煤节能量考核指标和集团公司下达的各项指标任务。初步形成了具有水乡油田特色的节能精细管理模式,荣获国家石油和化学工业节能先进单位称号,连续 3 年获集团公司节能先进单位称号。

【3 月 30 日 ~ 4 月 1 日】 油田召开 2011 年勘探、开发、工程技术座谈会,全面总结“十一五”工作,安排部署“十二五”以及 2011 年勘探、开发、工程相关工作。油田领导朱平、李东海、谈正鑫、毛凤鸣、陈网根、钟志国、肖国连等出席会议。“十一五”期间,新增三级储量超亿吨,其中探明储量连续 15 年超千万吨,原油产量连续 17 年保持稳中有升,石油工程业务年收入从“十五”末的 18.69 亿元增长到“十一五”末的 41 亿元。

【4 月 8 日】 为切实抓好“我要安全”主题活动,根据集团公司有关通知精神,油田决定开展查找身边“十大薄弱环节”活动。通知指出,每位员工都要紧密联系本岗位实际,从人的不安全行为、物的不安全状态、环境的不良因素和管理的缺陷等方面,认真查找身边 HSE 薄弱环节,提出具体的改进措施和建议。管理部门以“查管理、找短板、堵塞漏洞”为重点查找薄弱环节。基层单位以“查执行、找缺陷、狠抓落实”为重点查找薄弱环节,以制度执行力、风险识别、现场管理、设备管理、教育培训、应急演练等方面为主要查找内容,通过隐患

查找、风险分析查出管理上、程序上、流程上的缺陷。班组和员工以“查隐患、找违章、消减风险”为重点查找薄弱环节，以岗位操作、作业环节行为、设备设施使用和维护、应急反应、安全意识等方面为主要查找内容，通过隐患排查、风险辨识找出人的不安全行为、物的不安全状态。

▲是日上午，油田召开厂处领导干部大会。会上通报了对钻井处“2 · 17”安全事故的处理决定。

【4 月 18 日】 江苏油田生产科研中心项目奠基仪式在扬州基地举行。油田领导朱平、李东海、谈正鑫、毛凤鸣、钟志国、肖国连，以及扬州市副市长闻道才等出席了奠基仪式。油田生产科研中心占地面积 1.5 万多平方米，建筑面积近 3 万平方米，是集生产科研、会议办公、后勤保障于一体的综合性基地。在奠基仪式上，项目负责人、知识分子代表分别发言。扬州市副市长闻道才在致辞中要求有关部门全力支持项目建设。

【4 月 20 日】 安徽公司退休职工周崇明一次缴纳自己平时省吃俭用积攒下来的 2 万元特殊党费，作为庆贺建党 90 周年的礼物。周崇明生于 1939 年 1 月，出身农民家庭，1966 年 7 月毕业于安徽大学生物系，1979 年 8 月加入中国共产党，1985 年 4 月调入安徽石油勘探公司，1997 年 1 月提前退休至今。他退休后曾任安徽公司离退休罗马花园党支部书记，现任公司关工委委员。

【4 月 27 日】 中石化 2011 年度上市油气储量管理工作会在扬州召开。股份公司副总裁焦方正出席会议并讲话。局长、分公司总经理朱平致欢迎辞。中石化 13 家油气田及总部机关的 115 名代表、油田领导毛凤鸣等参加了会议。焦方正对下步储量管理工作提出了要求：一是要加强组织领导。二是油田部要尽快组织制定符合国家储委要求、SEC 标准要求、适合股份公司发展要求的储量管理办法。三是要加强方法创新，加快特殊类型油藏储量计算方法研究。四是要加强储量资产管理队伍建设。

▲ 是日，在中石化组织的鉴定会上，油田申报的“复杂断块低渗透油藏改善开发效果研究”科研项目，受到“国际先进”的评价。项目研究成果在 5 个区块应用后，增加可采储量 67.1 万吨，提高采收率 4.66 个百分点，新增利润 39974 万元，已成为江苏油田老区稳产上产的重要技术支撑。

【4 月 29 日】 “五一”前夕，油田领导朱平、李东海、谈正鑫、毛凤鸣、陈网根、钟志国、肖国连等，分 4 路慰问一线职工，向正在坚守岗位的职工送去节日的祝福。

▲是日，油田“咱们工人有力量”战地文艺演出在高杨产能建设工区举行。油田领导朱平、李东海、谈正鑫、钟志国，油田劳模代表、参战单位代表，在试采二厂采油七队驻地大院观看了演出，共庆“五一”劳动节。在现场，局工会负责人宣读了《高杨产能建设项目专项立功公报》。油田领导为 3 个二等功集体和 5 名二等功个人颁发了证书。劳模代表发出了《倡议书》，号召油田全体职工做唱响主旋律的倡导者、实践者和推动者。

【5 月 9 日】 作业处试油测试大队试油一队在中石化重点探井徐闻 X3 井点火口一开后点火成功，预示着该井已初步发现油气显示。

【5 月 11 日】 中国石化海（水）上石油作业安全会在油田紫京饭店召开，国家安监总局一司副司长周彬，集团公司安全环保局局长王强、副局长彭国生，油田领导朱平、钟志国，以及中石化涉及海（水）上石油作业单位的领导和专家出席了会议。会议回顾了 2010 年工作，部署了 2011 年任务。会议表彰了一批先进单位和个人。勘探局、物探处获得了海（水）上石油作业安全工作先进单位称号，葛志羽、杨桂明等获得了先进管理者称号，李金珍、王春和、张国梁、曹江等获得先进个人称号。周彬在会上介绍了当前全国安全生产形势，对中石化海（水）上安全生产工作提出要求：认真贯彻国家海洋生产法律法规，贯彻好国务院、安监总局有关文件精神，进一步落实好安全生产监管责任；加强建设项目“三同时”管理；强化人员培训，以及应急预案的制定、演练；做好职工健康的监管；加强政府安全监管职能，提高政府执法能力。

【5 月 12 ~ 13 日】 由国家安全生产监督总局主办、中石化承办的国家海洋石油安全生产工作会在南京召开。中石化高级副总裁王志刚、江苏省副省长史和平致辞，国家安监总局副局长王德学、付建华，国家煤矿安监局副局长彭建勋，油田领导朱平、钟志国等有关部门有关单位的领导出席了会议。这次会议总结了“十一五”工作，安排部署了“十二五”及 2011 年重点工作。会议充分肯定了中石化及江苏油田海（水）上安全生产管理工作。“十一五”期间，江苏油田共投入 2860 万元，用于湖区消防艇升级改造、泄洪道采油平台更新、卞 4 计量平台重建、卞东注水站建设等隐患治理项目。组建了水上应急救援队伍，配备了 4300 米围油栏、4 座收油动力站，为 4 条穿越湖区的长输管道安装了实时监控装置。每年汛期来临前，油田都要进行水上消防、救生、溢油事故联合演练，检验了职工应急救援技能，提高了复杂应急状态下与地方海事部门协调配合能力，促进了油田整体安全水平的提高。王德学在讲话中强调，加强安全监督管理，进一步深化企业安全生产主体责任落实；突出重点巩固成果，进一步深化隐患排

查治理工作;实施 HSE 分级达标,进一步深化基层安全基础工作;努力完善政策措施,扎实推进职业健康安全管理,加大安全投入力度,扎实推进安全保障和应急能力建设;切实突出预防为主,扎实推进长效机制建设。

【5月15~16日】 油田第十二届职业技能竞赛3个工种的比赛提前打响。钻井液工、井下作业工、催化裂化装置操作工将组队参加集团公司竞赛,江苏油田还是集团公司上述3工种竞赛的承办单位。16日,勘探局局长、分公司总经理朱平一行,分别到井下作业处、钻井处、扬州石化,看望慰问了工作人员和参赛选手。

【5月16日】 高集油田自动化装置工程开工。试采二厂高集油田为江苏油田主力采油区块,日原油生产能力300多吨。针对油田共有133口油井、50口水井,且80%的油水井位于淮河入江泄洪道,每年都要遭受1~2次的洪水袭击,加上采油七队员工人数紧缺,长输管线绝大部分实施湖底穿越等情况,油田投资近6000万元用于高集油田的自动化工程建设。此项工程采用现代先进的工业信息技术、网络技术、传感技术和中频自动加热技术,实现了测量、监控、供热、集输等一体化、自动化,极大地减轻当班职工的劳动强度,实现低碳清洁生产。

【5月17日】 油田召开2011年外部市场工作座谈会,共商发展大计,共谋发展举措,共绘发展蓝图。局长、分公司总经理朱平,副局长陈网根出席会议。

【5月18日】 "苏油号"气枪船试航仪式在镇江造船厂举行,局资产装备处、安全处和物探处相关人员参加了试航仪式,并登船检查了气枪船各个系统。在一天的试航时间里,技术人员对通信系统、动力系统、导航系统等进行了测试,同时进行了回转、应急操舵、紧急制动等试验,结果各项测试、试验均符合技术要求。"苏油号"气枪船的试航成功,标志着勘探局首艘浅海气枪船完成建造阶段,进入航行调试和气枪系统调试阶段。

【5月23日】 油田召开干部视频会议,在家的油田领导班子成员、局机关处室领导等在扬州基地主会场参加了会议。油田领导朱平主持会议,李东海宣读中国石化党组《关于李浩、谈正鑫同志职务任免的通知》,及扬州市总工会《关于江苏石油勘探局工会第七届委员会增补委员、常委、主席的批复》任免文件。根据工作需要,经研究并征得中共江苏省委同意,李浩任中共江苏石油勘探局委员会副书记、纪律检查委员会书记,江苏石油勘探局工会主席;免去谈正鑫的中共江苏石油勘探局委员会副书记、常委、委员、纪律检查委员会书记职务,不再担任江苏石油勘探局工会主席,任调研员。另外,当天上午,根据《中国工会章程》和上级党组织提名,江苏石油勘探局第七届工会委员会第六次全体会议,选举李浩为江苏石油勘探局工会第七届委员会委员、常委、主席,并报请扬州市总工会批准。油田领导李东海、谈正鑫,以及29名委员参加了上午的会议。

【5月30日】 在中国石油和化学工业联合会与中国化工环保协会召开的相关会议上,江苏油田获得"十一五"全国石油和化工环境保护先进单位称号,周以琦获得先进工作者称号。

【5月】 中石化办公厅通报2010年度直属单位领导班子绩效考核结果,根据相关管理办法考核,27家直属单位领导班子被确定为最高级——A级,其中,油田企业只有4家,分别为江苏石油勘探局/江苏油田分公司、西北石油局/西北油田分公司、胜利石油管理局/胜利油田分公司、中原石油勘探局/中原油田分公司。

【6月1日】 油田领导朱平、李东海、肖国连、李浩分两路来到油田真、邵、扬三地幼儿园,与孩子们一起共庆"六一"儿童节。

【6月2日】 油田召开制度标准化改造动员会,对推进油田制度标准化信息化工作作出部署。分公司副总经理毛凤鸣出席会议并讲话。为塑造中国石化特色管理模式,自2010年以来,集团公司作出了制度标准化信息化等一系列部署。按照部署,油田成立了工作指导委员会和试点项目管理小组,制定了实施计划,明确了推进原则,取得了阶段性成果。目前,油田共梳理4个层级33个类别3799项制度,其中有效制度3258项,部分有效制度71项,失效制度470项,初步形成涵盖决策指挥、生产经营、监督制约等领域的制度体系,基本满足了生产经营管理的需要。

【6月11日】 也门当地时间下午4点30分,北京时间下午9点30分,油田也门分公司经理黄立新等3人,从也门首都萨那国际机场最后一批撤离安全形势日益恶化的也门,并于12日晚平安回国。至此,油田在也门的135名中方人员全部安全撤离回国。在此前的3月28日,针对中东、北非一些国家安全形势的变化,局再次召开相关会议,明确人员撤离等要求,确保海外项目人财物平安。当时,油田已从也门撤回2支钻井队、3支修井队、1支录井队和部分紫京服务人员,累计100多人。

【6月14日】 油田召开基层党组织工作信息管理系统上线运行启动会。局党委书记李东海出席会议并讲

话，局党委副书记、纪委书记李浩主持会议。李东海、李浩共同揿下按钮，启动油田基层党组织工作信息管理运行系统。系统的正式投用，标志着油田基础党建工作迈入科学化、规范化、信息化的轨道。这套由组织部和地研院自主研发的系统，集党组织和党员基本信息、规章制度、组织管理、党员管理等党务工作于一体，是各基层党组织加强信息管理、开展党务活动的高效便捷平台。经过前期建设调试和试运行，系统具备了正式上线运行的条件。

【6月17日】 江苏省经济和信息化委员会召开“五五”普法表彰、“六五”普法规划实施动员大会，会上，勘探局被授予“五五”普法工作先进单位称号。

【6月24日】 油田庆祝建党90周年“永远跟党走”歌咏晚会分别在真武、邵伯、金湖、扬州老虎山基地同时举行。油田领导朱平、李东海、钟志国、李浩，部分劳动模范和优秀共产党员代表，以及油田数千名干部职工、家属在现场冒雨观看了比赛盛况。经过紧张激烈的角逐，试采一厂、钻井处、物探处、试采二厂、井下作业处、安徽采油厂、地测处、供销处、矿业总公司和邵管中心等10家单位夺得金奖；试采一厂、钻井处、试采二厂、物探处等单位获优秀组织奖。该次比赛共有各片区28支参赛队伍共2138人登台献歌。

【6月22日】 在第十个全国“安全生产月”应急预案演练周期间，油田首次破坏性地震应急救援综合演练在刘陆联合站进行，来自油田生产、安全、公安、消防、医护等方面人员参加了演练，近100人现场观摩。此次演练检验了该地区在遭到破坏性地震袭击后油田各单位的应急处置能力，提升了油田事故应急处置的实战能力，提高了部门和专业队伍的协调作战能力，同时也检查、评价了事故应急预案的科学性、周密性、实用性。

【6月28日】 在集团公司争创一流办公室活动阶段性总结表彰视频会上，油田局长办公室被授予优秀办公室称号，臧庆莹被评为优秀办公室主任。

【6月29日】 在建党90周年之际，油田领导朱平、李东海、毛凤鸣、钟志国、肖国连、李浩，分4路亲切看望老党员、老石油，并通过他们向为党和油田建设发展作出贡献的老党员老石油们表示诚挚感谢和衷心祝福。

【6月30日】 来自油田各单位的600多名代表在扬州大剧院隆重集会，热烈庆祝中国共产党成立90周年。庆祝大会由勘探局局长、分公司总经理朱平主持。局党委书记李东海讲话。油田领导毛凤鸣、陈网根、钟志国、肖国连、李浩等出席了大会。会上，试采一厂等3家单位和个人作了典型经验发言。局党委副书记、纪委书记、工会主席李浩宣读了局党委表彰决定，38个先进党支部、41名优秀共产党员、23名优秀党支部书记受到了表彰。李东海在讲话中要求，唱响主旋律，在围绕中心、服务大局上做文章；唱响主旋律，在建好班子、带好队伍上下功夫；唱响主旋律，在服务职工、构建和谐上见成效。朱平在会议结束时强调：一是要把唱响主旋律贯穿于围绕中心、服务大局的生动实践中，在推动油田发展上创造新业绩。二是要把唱响主旋律贯穿于服务群众、改善民生的具体措施中，在促进和谐稳定上体现新作为。三是要把唱响主旋律贯穿于砥砺信念、锻炼党性的自觉行动中，在加强作风建设上树立新形象。四是要把唱响主旋律贯穿于引领思想、凝心聚力的重要使命中，在创新党建工作上展示新风采。与会人员还观看了油田庆祝建党90周年文艺晚会。

▲ 是日，油田召开党员代表大会，通过无记名投票方式，选举产生局党委副书记、纪委书记、工会主席李浩为中共扬州市第六次党代会代表。

【7月1日】 油田召开上半年勘探工作分析会，油田领导朱平、李东海、毛凤鸣、陈网根、钟志国出席会议。会上，地研院、物研院、钻井处、地测处、工程院、勘探处等6家单位或部门分别作了主题发言，对上半年的勘探工作作了详细的分析，并对下半年的勘探工作作了部署。分公司副总经理毛凤鸣、副局长陈网根、分公司副总经理钟志国分别作了讲话，要求各家抓细三季度的工作，加紧落实三级储量任务。局党委书记李东海从3个方面分析了上半年的勘探工作：一是勘探工作面临的对象越来越复杂，工作的难度越来越大，主要表现在对象复杂、三级储量压力大、勘探成本越来越高；二是上半年勘探工作卓有成效，成果意义较大，在新类型方面也有发现；三是勘探战线的同志们信心高涨，完成任务充满信心。勘探局局长、分公司总经理朱平在肯定了上半年取得的成绩和分析存在的问题后提出了4点要求：一要加深研究、加快评价、加大外甩；二要提高能力、提高水平、提高质量；三要多专业合作、多学科集成、多单位联合；四要早部署、早安排、早实施。

【7月8日】 油田召开年中工作暨老同志情况通报视频会议，总结上半年工作，部署三季度任务，号召广大职工立足主战场，打好主动仗，唱响主旋律，为完成全年任务而努力奋斗。油田领导朱平、李东海、毛凤鸣、陈网根、钟志国、肖国连、李浩，以及老同志代表等在扬州基地主会场参加会议。局长、分公司总经理朱平讲话，局党委书记李东海主持会议，分公司副总经理钟志国宣读二季度安全生产考核挂牌决定。

【7月18～19日】 2011年油田HSE大检查冒雨进

行。油田领导朱平、李东海、毛凤鸣、陈网根、钟志国、肖国连、李浩分别带领7个检查组,深入全油田所有二级单位进行检查。油田HSE总监、副总师、机关处室负责人等共55名机关人员参加了检查。此次检查的重点内容有:各单位安全生产责任和安全管理制度的落实完善情况、持续深化"我要安全"主题活动及安全培训教育开展情况、防洪防汛工作的开展情况、直接作业环节安全管理制度落实情况、井控管理情况、交通安全管理各项工作开展情况、职业卫生管理情况、环保工作情况等。

【7月23日】 团省委在扬州基地召开省部属企业、科研院所共青团工作座谈会,交流探讨新时期团建工作经验。团省委城工部部长曹琳,江苏油田、东航江苏公司、华东石油局、中电集团第十四研究所等10家单位代表参加了这次活动。会上,油田共青团紧贴油田中心工作,通过目标群体细化、整合传统活动、统一形象标识、挖掘文化内涵等手段,打造共青团品牌活动等做法受到与会者好评。

【7月26日】 油田领导朱平、李东海、毛凤鸣、钟志国、李浩兵分5路,亲切看望慰问高温下奋战在各条战线上的干部职工,给他们送去清凉,鼓励他们结合高温季节生产特点,优化生产运行节奏,抓好以防暑降温、防雷防台等为主要内容的夏季"八防"工作,全力以赴夺取生产经营的新胜利。

【7月28日】 油田召开党委书记座谈会,总结、交流上半年党建思想政治工作,安排部署下步工作。局长、分公司总经理朱平,局党委书记李东海,局党委副书记、纪委书记、工会主席李浩出席会议。会上,9家二级单位的党委书记对上半年党建思想政治工作进行了交流。李东海在讲话中要求:要进一步深入学习贯彻胡锦涛总书记"七一"讲话精神,在理解上下功夫,做到理论上成熟,实践上有忧患意识;要进一步深化唱响主旋律工作,在内容与形式、效果与实效上下功夫,做到党建思想政治工作与生产经营任务紧密结合;要认真研究、探索基层工作的规律和办法,切实加强"三基"工作,提高基层单位的凝聚力;要进一步筹备好今年政研会、政工会;要围绕生产经营中心工作,建好班子、带好队伍;要在做好三季度生产经营工作的同时,切实加强安全、环保等工作。朱平强调:要进一步学习贯彻胡锦涛总书记"七一"讲话精神,要进一步唱响主旋律,要进一步加强新形势下思想政治工作。

【7月30日】 扬州石化MCP装置反应喷油,生产出合格产品,各项技术指标均在正常范围内,标志着国内首套MCP装置安全平稳一次开车成功。该装置经过10个月的安装建设,6月5日,装置主体工程完工。6月10日开始技改对接,先后完成了新旧流程碰头、机泵水联运、岗位员工培训考试等工作,7月26日具备投产条件。

【8月1日】 油田在扬州基地召开上半年经济效益分析会。油田领导朱平、李东海、钟志国、肖国连、李浩参加会议。针对下步工作,局党委书记李东海指出:油田开发要继续想办法、加把劲,加大整体注水力度,力保原油踏线运行;要高度重视安全工作,结合查找身边的"十大薄弱环节"活动,找出安全和质量方面的软肋,制定措施、加强工作、堵住漏洞;要加强外部市场开拓和市场接替,盘活停用设备。局长、分公司总经理朱平在充分肯定上半年的生产经营工作后强调:要全力推进勘探开发,保储量、保重点、保发现、保效益;要科学精细保证原油生产,确保全年171万吨产量完成;石油工程板块要以增储上产为己任,同时加大海外市场开拓力度;要加快公用工程和矿业开发项目的施工节奏,特别是加快元明粉项目的工作进度;炼化工程板块要认真做好新装置的安全开工运行,要开好新机器、用好新技术、实现新发展,确保全年安全高效运行;后勤生活板块要抓好重点工程、民生工程、"三大基地"的建设,做好十个矿区改造工程。

【8月8日】 油田领导班子在扬召开会议,传达学习贯彻集团公司领导干部座谈会精神。油田领导朱平、李东海、陈网根、钟志国、肖国连、李浩出席会议,局机关相关部门领导参加了学习。会上学习了8月3~5日集团公司董事长、党组书记傅成玉在领导干部座谈会上作的题为《着力做强做优,打造世界一流》的讲话。油田领导班子在学习中认为:会议提出的"建设世界一流能源化工公司"的战略目标,内涵丰富、意义深远,振奋精神、鼓舞人心,同时也为油田提供了一个非常重要的发展机遇期。我们要牢牢把握机遇,进一步解放思想、统一认识、凝聚力量,开创油田"十二五"发展美好未来。

【8月10日】 局党委发出通知,要求油田各级党组织深化唱响"埋头苦干创精细管理之先,团结奋进争内涵发展之优"主旋律工作。通知要求,一是认真学习贯彻胡锦涛总书记"七一"重要讲话和集团公司领导干部座谈会精神,进一步深入领会唱响主旋律的重要意义与深刻内涵。二是广泛开展"责任、潜力、办法"大讨论,进一步提振干部职工昂扬向上的精神状态。三是持续推进"比学赶帮超"工作,进一步兴起创先争优热潮。

【8月18日】 油田第十二届职业技能竞赛经过精心筹备在钻井处大楼前开幕。油田领导朱平、李东海、肖

国连、李浩，以及大赛裁判员、参赛选手、各参赛单位的领导等近400人出席了开幕式。局长、分公司总经理、大赛组委会主任朱平致辞并宣布大赛开幕。开幕式上，参赛选手、裁判员代表分别宣誓。油田总会计师、大赛组委会副主任肖国连抽取了竞赛理论考试试卷。局党委书记、大赛组委会主任李东海主持了开幕式。开幕式后，朱平、李东海等领导参观了油田技能人才培育工作展牌，并巡视了理论考试现场。该届竞赛共有21支代表队、336名选手参加20个工种的角逐。

【8月23日】 国家审计署表彰了一批全国内部审计先进集体和个人，油田审计处榜上有名。这是国家审计署对油田审计部门在2008～2010年期间，积极推进审计转型，促进油田精细管理和内涵发展给予的充分肯定。"十一五"期间，审计处累计完成财务审计资产350亿元，工程投资审计25亿元，促进增收节支7500万元，提出审计意见和建议并被采纳1150条，促成了全局性10多项管理制度的修订完善。在近3年配合国务院监事会、国家审计署等的6次检查中，油田均没有违规违纪和效益流失问题。

【8月24日】 油田在扬州基地举行仪式，欢送油田首位女性造血干细胞捐献者毕坚屹前往南京实现捐献愿望。局长、分公司总经理朱平，局党委书记李东海，局党委副书记、纪委书记、工会主席李浩出席欢送仪式，扬州市红十字会及油田相关单位、部门领导也参加了欢送仪式。毕坚屹现为采输卤处职工，早在油建处时，她就于2005年自愿加入中华造血干细胞捐献者资料库。今年1月与一名患者初次配型成功，成为油田第二位捐献造血干细胞志愿者，也是油田首位女性造血干细胞捐献者。

【8月26日】 油田页岩油气及致密砂岩油气勘探开发务虚会在扬召开，吹响了向非常规油气藏领域进军的号角。油田领导朱平、毛凤鸣、钟志国、肖国连、李浩参加会议。页岩油气及致密砂岩油气藏勘探开发，是集团公司打造上游长板、建设国际一流能源化工公司的重大战略，也是油田实现资源接替、保持可持续发展的重大课题。会上，来自油田内外的4位专家，分别作页岩油气地质评价方法及主要分布领域、非常规油气井分段压裂技术等报告。60多名与会人员还分组进行了讨论。局长、分公司总经理朱平强调：要切实增强观念上的适应性，要切实增强思路上的适应性，要切实增强技术上的适应性，要切实增强经济上的适应性，要切实增强机制上的适应性，要切实增强队伍上的培养机制。

【8月26～28日】 局党委书记李东海、副局长陈网根代表油田领导班子，看望慰问油田驻疆钻井、矿业开发等前线将士，把油田领导班子的亲切关怀和油田广大干部职工的殷切期望送到万里之遥的驻疆前线将士的心坎上。李东海强调：要树立全局意识，在合作共赢中求得发展；树立创新意识，在技术进步中求得发展；树立风险意识，在保障安全的条件下求得发展；树立人才意识，在育人引技上求得发展；树立精细意识，在降本增效中求得发展；树立以人为本意识，在和谐氛围中求得发展。

【8月29日～9月1日】 集团公司HSE检查团对油田展开深入细致的大检查。8月29日上午，油田领导朱平、毛凤鸣、钟志国、肖国连、李浩在扬州基地参加了汇报会。此次检查的主要内容包括各级HSE责任制落实情况，隐患排查和治理情况，以及环保管理等11个方面。9月1日上午，集团公司HSE检查组对油田进行了讲评。局长、分公司总经理朱平代表油田领导班子作表态发言。分公司副总经理钟志国，局党委副书记、纪委书记、工会主席李浩出席了讲评会。此次检查采取了听、看、问、查，推荐检查与随机检查、重点检查与面上检查、查阅资料与随机提问、座谈检查与实物检查相结合的方式，先后检查了油田机关职能部门4个，二级单位9个，基层队站29个。其中，抽查资料300余份，书面考试79人次，现场提问19人次，消防演练4次，井控演练2次。检查组负责人胡广杰在讲评中认为，江苏油田HSE管理工作领导重视，HSE责任制得到有效落实；"我要安全"主题活动扎实有效；井控安全管理水平进一步提升；作业现场监管有力，保障了生产平稳运行；加强了应急、消防、职业卫生、危化品、水上作业、交通安全等工作；环保与节水管理水平不断提高。与此同时，检查组也查出了4个方面的问题，并就如何提升江苏油田HSE工作水平提出了建议和要求。

【9月3日】 中宣部副部长、中国思想政治工作研究会常务副会长申维辰一行，在江苏省委宣传部副部长周琪等领导的陪同下，就贯彻落实《中央宣传部、国务院国资委关于加强和改进新形势下国有及国有控股企业思想政治工作的意见》情况来扬考察调研。其间，申维辰专程视察油田，并出席在油田召开的扬州市国有及国有控股企业思想政治工作汇报座谈会。局党委书记李东海在会上介绍了油田思想政治工作经验。在油田调研期间，申维辰一行先后来到地研院、离退休处、新闻中心，实地考察了油田思想政治、新闻宣传、文化建设、生产经营、勘探开发及科技创新等方面的情况。在由8家扬州市国有及国有控股企业参加的专题汇报座谈会上，李东海向调研组一行介绍了油田近年来两个文明建设情况，并作了专题汇报。申维辰对油田及扬州市国有及国有控股企业思想政治工作给予了充分

肯定。他希望大家立足新起点,坚持以人为本,不断解放思想,开拓创新,切实打牢思想文化基础,全面打造企业软实力,努力培养和造就有理想、有道德、有文化、有纪律的社会主义劳动者,为全面提升国有企业核心竞争力、促进企业持续健康发展提供坚实的思想文化根基和不竭的精神动力。中国思想政治工作研究会秘书长、中宣部思想政治工作研究所所长王学勤,中国思想政治工作研究会副秘书长王明业,扬州市委常委、宣传部部长袁秋年,局党委副书记、纪委书记、工会主席李浩陪同调研。

【9月9日】 油田庆祝第27个教师节活动在邵管中心紫京饭店举行,油田总会计师肖国连出席会议并讲话。会上,成绩突出的16名教师、9名教育工作者、20名职业教育工作者和7名兼职教师受到表彰,4名先进代表进行了交流发言。

【9月15日】 油田召开"为民服务创先争优"活动动员部署视频会。油田领导朱平、李东海、毛凤鸣、钟志国、肖国连、李浩出席会议。勘探局局长、分公司总经理朱平主持会议。在油田活动动员部署会上,局党委副书记、纪委书记、工会主席李浩宣读了油田《关于开展"为民服务创先争优"活动实施方案》。会上,局党委书记李东海要求大家,准确理解和把握好"活动对象"、准确理解和把握好活动的"重点与导向"、准确理解和把握好"活动原则"。朱平要求在"四个着力"上下功夫见实效,认真抓好活动贯彻落实:一要紧紧围绕"为民服务创先争优"的目标,着力在争先进、作表率、创一流上下功夫见实效;二要更加突出"为民服务创先争优"的重点,着力在亮标准、亮身份、亮承诺上下功夫见实效;三要不断夯实"为民服务创先争优"的根基,着力在促和谐、保稳定、惠民生上下功夫见实效;四要全力打造"为民服务创先争优"的窗口,着力在转作风、强服务、树形象上下功夫见实效。

【9月19日】 油田发出通知,在生产现场推行"七想七不干"安全提示卡作法。该提示卡是用卡片形式表示的一种现场安全管理工具,旨在作业之前,作业人员用较短的时间对作业中的危害进行识别和分析,在确认各项安全防控措施和安全工作条件具备后开始作业。通知指出,这项工作是贯彻落实集团公司"想安全禁令,不遵守不干;想安全风险,不清楚不干;想安全措施,不完善不干;想安全环境,不合格不干;想安全技能,不具备不干;想安全用品,不配齐不干;想安全确认,不落实不干"的具体有效措施。

【9月28日】 油田在天长科研生产基地举行落成典礼。油田领导朱平、李东海、毛凤鸣、陈网根、钟志国、李浩及天长市地方政府相关人员出席典礼。局党委书记李东海主持典礼,局长、分公司总经理朱平发表讲话并为基地落成揭牌。天长基地占地37.7亩,位于安徽省天长市经济开发区经二路上,是油田"十二五"时期率先建成的重点民生工程之一。工程自2009年10月立项,2011年8月初通过竣工质量验收。在落成典礼上,总承包方、使用方、基地管理等单位相关领导及天长市领导相继发言。朱平发表了热情洋溢的讲话。朱平与天长市市委书记、市人大常委会主任杨东坡共同为基地揭牌。在此前的8月2~4日,油田相关部门对天长科研生产基地工程进行了质量验收。通过验收,8月4日,项目总承包方设计院向使用单位移交了该项目。

▲ 是日,油田离退休处在扬举办了"收获在金秋"庆祝江苏油田老年大学建校五周年文艺演出。局党委副书记、纪委书记、工会主席李浩出席活动并为获奖学员颁奖。5年来,油田老年大学已发展成为1所总校5所分校,14个专业、40个教学班,在校学员近550人的综合性老年大学,在提高老年人的素质、促进老年人的身心健康、丰富老年人精神文化生活等方面,发挥了积极作用。演出期间,一批先进分校、优秀管理者、优秀教师、优秀学员分别受到了表彰。

【9月30日】 在新中国62华诞前夕,油田领导朱平、李东海、毛凤鸣、陈网根、钟志国、肖国连、李浩兵分4路亲切看望慰问在岗职工,共同祝愿祖国与油田的明天更美好,油田职工的生活更美满、更幸福。

【10月9日】 油田召开党员代表大会,选举产生油田出席江苏省第十二次党代会的代表。油田领导朱平、李东海、毛凤鸣、陈网根、钟志国、肖国连,部分基层党员代表等出席会议。根据江苏省委确定的代表分配名额和构成要求,油田选举产生1名党员专业技术人员代表出席省第十二次党代会。在这次会议上,应到党员代表69人,实到65人,符合选举规定要求。经过选举情况说明、宣读选举办法、候选人情况介绍、推荐选举监票人、组织选举、选票统计等严密程序,工程院主任工程师薛芸当选本次江苏省党代会代表。

【10月15日】 随着江苏油田赛区最后2个项目比赛的结束,集团公司2011年职业技能竞赛完美落幕,共有35名选手获得金奖、12家企业夺得团体奖、8家企业获得优秀组织奖。闭幕式于当晚19时30分在扬州大剧院举行。油田领导朱平、李东海、毛凤鸣、陈网根、钟志国、肖国连出席闭幕式。局长、分公司总经理朱平致辞,集团公司、股份公司人事部主任、竞赛组委会副主任周世良宣布竞赛结果,集团公司党组成员、副总经理、竞赛组委会主任李春光讲话,并给获得7个工种比

赛第一名的金牌选手颁奖。江苏油田获得比赛团体奖和优秀组织奖，个人单项比赛取得4金2银1铜的历史最好成绩。来自钻井处的蔡巍、郑和，井下作业处的朱贵山、成鹏捧得金奖，安徽公司的樊英、钻井处的李松文获得银奖，井下作业处的马林收获一枚铜奖。特别值得一提的是，蔡巍和朱贵山分别位列钻井液工和井下作业工金奖第一名，包揽了这两个项目的冠军。在此前的10月12日上午，中国石化2011年职业技能竞赛江苏油田赛区在扬举行开幕式。该次竞赛的其他工种比赛已于9月19日开始分别在江西石油、茂名石化、天津石化进行完毕，最后两个项目是江苏油田赛区的钻井液工、井下作业工的比赛，有来自8家油田企业的100名选手展开为期4天的激烈角逐。

【10月18日】 3029名油田参保劳动家属领取到属于自己的养老金。至此，通过油田上下的共同努力，油田劳动家属参加江苏省基本养老保险统筹顺利实现，从根本上解决了广大劳动家属"老有所养"的期盼。

【10月19日】 油田在扬州基地隆重举行第十二届职业技能竞赛闭幕式，召开集团公司技能竞赛江苏油田获奖选手表彰大会，对大赛中表现突出的选手、裁判员和单位进行嘉奖。其中，获得集团公司金牌的选手除受到2万元奖励外，还将通过业绩考核后享有高级技师职业资格。该届大赛共有336名选手参加了20个工种的决赛，产生金银铜牌各21块，另外还有17人参加了集团公司比赛，获得4金2银1铜，创下了油田选手参加集团公司竞赛历史最好成绩。

【10月】 油田培训处退休教师张俊杰获得"第二届陕西省道德模范"称号。2005年春天，61岁的张俊杰回到阔别36年的家乡——陕西省南郑县协税镇。他四处奔走，积极呼吁，自掏腰包购置了电脑、打印机等设备，与昔日同窗好友共同创办了汉中市首个爱心公益组织——陕西汉中科教扶贫服务社。并以此为媒介，建立农村学习社区，开展科教扶贫，把爱心撒向秦巴山水间。6年来，张俊杰先后成功联系了胜利油田的"胜利1助1"公益社团、西安"98爱心社"、"湖北爱心社"等爱心团体，通过东西联手、城乡互助、企校合作、募捐图书衣物、"1助1"结对助学等活动，用募得的万余册图书成立了1个图书馆、5个乡村图书阅览室；结对助学让300多名家境贫寒面临辍学的孩子得以继续完成学业；成功开办的5家"爱心超市"使周边12个乡镇的2000余名困难群众受到救助，走出了一条科教扶贫之路。

【11月21日】 2011年油田思想政治工作会在扬州招待所紫京园召开。会议总结了成绩，交流了经验，表彰了先进，分析了形势，安排了工作，明确了任务。油田领导朱平、李东海、毛凤鸣、陈网根、钟志国、李浩出席了会议。李浩作了题为《认真学习贯彻党的十七届六中全会精神，切实加强和改进新形势下思想政治工作，持续推进油田科学有效和谐发展》的报告。针对下步工作，局党委书记李东海要求以理性的思维审视形势、敢于担当，在唱响主旋律中加强和改进思想政治工作；要以创新的意识引领方向、理清思路，在唱响主旋律中加强和改进思想政治工作；要以发展的眼光瞄准热点、做实做活，在唱实主旋律中加强和改进思想政治工作；要以坚强的领导持续推进、完善机制，在唱好主旋律中加强和改进思想政治工作。局长、分公司总经理朱平从5个方面充分肯定了油田思想政治工作取得的新成效，并就贯彻这次会议精神和下步工作要求各单位，要深刻领会、准确把握，认真抓好落实。朱平强调：思想政治工作要把握方向，引领思想，始终与时代发展要求相适应；要围绕中心，服务大局，始终与生产经营工作相融合；要发挥优势，体现特色，始终与企业文化建设相渗透；要贴近基层，联系实际，始终与干部作风建设相促进；要以人为本，服务群众，始终与和谐油田建设相结合。会上，钻井处、试采一厂等9家单位发布了政研成果，一批优秀政研会（分会、学组）、优秀思想政治工作者、优秀政研成果受到了隆重表彰。

【11月24日】 集团公司党组成员、股份公司高级副总裁王志刚，以及石油工程管理部副主任宗铁一行来油田调研。王志刚在高度评价油田各项工作后，希望江苏油田进一步解放思想，开拓思路，尽快在非常规油气藏勘探开发上取得新的突破。当天上午，油田召开了工作汇报会。汇报会由局党委书记李东海主持，局长、分公司总经理朱平代表江苏油田作工作汇报，分公司副总经理毛凤鸣就非常规油气藏勘探开发工作进行了专题汇报。油田领导陈网根、钟志国、肖国连、李浩出席汇报会。王志刚听取油田工作汇报后，高度评价油田各项工作。他说，江苏油田上上下下精神振奋，领导班子不断追求新水平、攀登新高度，责任心强、事业心强、战斗力强；职工队伍精神状态好，作风过硬，整体的进取心强，各项工作比往年都有了新的更大的进步。王志刚指出，江苏油田要牢固树立资源是命根子的理念，牢固树立所有资源都可以发现的理念，牢固树立找到的资源都可以动用的理念，牢固树立高度重视非常规领域勘探开发的理念。他还对下步工作提出具体要求。

【11月25日】 在南京召开的中石化下扬子地区海相油气勘探技术交流会上，集团公司党组成员、股份公司高级副总裁王志刚希望江苏油田，通过常规油气稳产、非常规油气上产，再创一个十年黄金发展期。当天下午，王志刚在讲话中指出：我在江苏油田调研下来，感觉

江苏油田各项任务完成都比较好,特别是非常规领域勘探开发很振奋,下一步我相信会有更加良好的表现。根据形势,我给江苏油田下步发展做了个定位——常规油气稳产、非常规油气上产,再创一个十年黄金发展期。王志刚对江苏油田下一步发展充满了信心,要求尽快组建专门的非常规油气勘探开发团队,特别是长井段水平井分段压裂的技术团队,以非常规的思路对下扬子进行再认识,以非常规的手段挖掘非常规资源的潜力,为中石化打造世界一流作出更大的贡献。

【11 月 29 日】 油田桥 7 平 1 长水平段钻井暨分段压裂项目启动仪式,在位于金湖县的桥 7 平 1 井井场举行。油田首口低渗致密砂岩长水平段水平井正式实施,标志着油田向低渗致密油气藏进军迈出了实质性的步伐,拉开了非常规油气勘探开发的大幕,将为油田再创十年黄金发展期提供有力支撑。

【11 月 30 日】 油田在试采二厂召开大会,隆重庆祝高杨产能建设获得圆满成功,同时启动韦庄产能建设项目。油田领导朱平、李东海、毛凤鸣、陈网根、钟志国、肖国连、李浩等出席会议。局长、分公司总经理朱平讲话,局党委书记李东海主持会议。高杨产能建设于 2010 年 12 月 20 日打响,圆满地实现了“比学赶帮超争先干、优质高效超 5 万”的奋斗目标,建成产能 6 万吨,拔得了“十二五”产能建设的头筹。在高杨项目祝捷的同时,大会又进行了韦庄产能建设动员,掀起了新一轮夺油上产的热潮。韦庄产能建设以韦 2、韦 5 等块整体调整为主体,以黄 8 和马 33、35 等块滚动开发为两翼,计划新建产能 5.5 万吨。

【11 月底】 局元明粉项目硝盐车间已完成主体验收、非标设备主体吊装,下步进行工艺配管及附属设备安装,2012 年 2 月上旬达到单机调试条件;热电主厂房完成主体验收,锅炉水压试验一次性通过;化学水处理间完成主体验收,碎煤机房主体施工完毕;采输硝首站、注水泵房主体完成,注水泵已进场准备安装。综合楼完成主体建设。

【12 月 21 ~ 23 日】 由油田领导带队的检查组,分 7 路深入 27 个二级单位进行 2011 年度“达标创优”工作大检查。“达标创优”工作是油田多年来强化“三基”工作、推进基层管理的有效载体。2011 是油田开展“达标创优”工作的第 9 年,也是总部第五届“金银牌基层队创建”和“五项劳动竞赛”活动的验收评比年。油田开展这次大规模的检查,旨在进一步推动“达标创优”工作不断深入和持续改进,提升基层管理水平,保障油田各项目标顺利实现。分公司副总经理毛凤鸣在 12 月 20 日召开的检查预备会上对此次检查工作提出了具体要求。局长、分公司总经理朱平在基层检查中,就如何深化“达标创优”工作提出 3 点要求:要完善激励机制,从“要我达标创优”向“我要达标创优”转变;要建立保障机制,各种系统、配套的措施都要落实到位;要积极探索长效机制,常态化、持续性地向前发展。在基层检查中,局党委书记李东海指出:“三基”工作关键在领导,重点在基层,执行在机关。

【12 月 16 日】 经单位推荐、专业组考评、评委会评审,2011 年油田职称评审工作全部完成,共评审晋升 340 人,其中高级晋升 113 人,晋升率为 53.8%;中级晋升 164 人,晋升率为 61.8%;初级等额晋升。2011 年,油田职称工作继续坚持总量控制、量化考核、差额推荐、差额评审的办法,进一步加强评审制度建设,严格评审标准,规范评审程序,突出对工作能力和业绩的考核评价。经过各单位摸底汇总,共有 538 人申报职称,其中高级 210 人,中级 265 人,初级 63 人。在此前的 9 月 20 日,油田召开职称工作会议,总结 2010 年工作,部署启动 2011 年任务。油田领导朱平、李东海、李浩出席会议。会上,局党委书记李东海宣布油田职称改革工作领导小组调整决定。油田职改办负责人总结部署了油田职称工作。局长、分公司总经理朱平对职称工作提出 5 个方面要求:领会精神,找准定位,确保导向准确;坚持标准,严格程序,确保规范运行;创新思路,完善办法,确保优质高效;严肃纪律,强化监督,确保公平公正;统筹兼顾,合理安排,确保平稳推进。

（黄俊良　整理）

油气勘探开发

勘探方针与部署任务

【油气勘探概述】 2011年,江苏油田油气勘探领域主要包括:苏北盆地第三系、南华北盆地周口坳陷阜阳地区、北部湾盆地徐闻区块和下扬子海相中古生界等。勘探战线按照"十二五"总体勘探指导思想,紧紧围绕勘探发现和油气储量增长核心任务,制定实施年度部署计划和勘探项目设计,依托科技创新、管理创新,强化主力凹陷精细勘探,加快"三新"领域评价攻关,大打勘探进攻仗,油气勘探取得了"一个新突破,三个新进展,两个新认识"的丰硕成果,即:高邮凹陷隐蔽油气藏深化勘探取得重要突破;高邮南部断阶带精细勘探取得重要进展,高邮北斜坡滚动勘探取得重要进展,金湖凹陷新区带甩开勘探取得新发现;外围新区评价勘探取得新认识,非常规油气勘探评价研究取得重要认识。全年新增石油探明地质储量1059万吨,为年计划任务900万吨的118%;新增石油控制地质储量1215万吨,为年计划任务900万吨的135%;新增石油预测地质储量1175万吨,为年计划任务1000万吨的118%。油田新增三级石油地质储量3449万吨,连续10年实现"3个1000万吨"储量工作目标,新增探明储量连续16年超过1000万吨,为油田持续稳定发展奠定了基础。

(郭海宁)

【勘探指导思想】 按照"稳定老区、加快新区、油气并举、提高效益"总体勘探指导思想,紧紧围绕勘探发现和油气储量核心任务,立足主力富油凹陷,着力实施立体勘探、精细勘探和二次勘探,努力保持勘探持续发展。加强外围新区评价,大力实施甩开勘探、风险勘探和突破勘探,加快形成勘探战略接替场面。

(郭海宁)

【勘探部署原则】 根据所属各区块勘探现状,按照战略展开、战略接替、战略准备的部署原则分三个层次进行部署。第一层次——战略展开:立足高邮、金湖主力凹陷,坚持精细挖潜,确保完成储量任务,实现油田的持续稳定发展。第二层次——战略接替:发展海安凹陷,加快苏北深层和徐闻区块,坚持甩开勘探,尽早形成接替场面。第三层次——战略准备:加强盐阜坳陷、下扬子海相中古生界、阜阳地区评价研究,努力实现油气勘探新突破。

(郭海宁)

【勘探计划任务】 2011年,计划新增石油探明地质储量900万吨,控制储量900万吨,预测储量1000万吨。二维地震400千米,三维地震501平方千米;探井40口,探井进尺12.13万米;计划勘探投资65027万元。

(郭海宁)

【勘探项目设置】 2011年,油田根据勘探指导思想、部署原则及计划任务,设置8个勘探项目,老区勘探3个项目:高邮凹陷油气勘探项目、金湖凹陷油气勘探项目、老区滚动评价项目;新区勘探5个项目:苏北外围油气勘探项目、苏北深层油气勘探项目、徐闻区块油气勘探项目、阜阳地区油气勘探项目、江苏海相油气勘探项目。

(郭海宁)

【地震采集工作量】 地震采集全年动用3个地震队,完成三维地震满覆盖面积500.65平方千米,完成二维地震400千米。分别在高邮凹陷陈堡和花瓦—瓦庄地区实施高精度三维地震作业,在金湖凹陷金西以及海安凹陷的富安东实施常规三维;在安徽阜阳地区颜集凹陷实施二维地震作业。

(郭海宁)

【地震资料处理工作量】 地震资料处理采用Origin2000、PC集群IBME1350、PC集群RS-1100VM及PC集群Bladerack2并行机同时进行生产,并行机承担主要处理生产任务,出站三维资料处理项目15块,满覆盖面积3789.2平方千米。其中常规处理项目2块(陈堡、金西),满覆盖面积计383平方千米;叠前时间偏移处理13块(车逻—码头庄、韦庄、高集、徐闻、新街、陈堡、富安东、南断阶西、坝田、金西、白马湖—桥河口、沙埝南—花庄、四灶西),满覆盖面积计2346.6平方千米,AVO处理1059.6平方千米。全年出站二维资料处理测线94条,剖面长度为3473.79千米,主要是苏北盆地盐阜地区的新、老二维地震资料和盐城西、兴化西以及江苏海相南通—如皋的老二维地震资料。

(郭海宁)

【钻探工作量】 全年探井开钻39口,完井36口(预探井22口,滚动评价井14口),主要在高邮、金湖、海安3个凹陷进行钻探。在完成的36口探井中,钻遇油气显示井11口,电测解释有油气层的井21口,下油层套管井19口。全年完成探井进尺118112米,探井钻井取芯24口,合计进尺376.50米,芯长374.45米,平均收获率99.5%,油砂长66.80米。

(郭海宁)

【试油和测试实物工作量】 全年新探井投入试油23口井38层。地层测试23口井35层次,水力压裂13口井18井次(其中二次压裂1井次)。试油新获工业油流10井口,综合探井成功率28%(预探井成功率为22.7%,评价井成功率为35.7%),正试油探井1口(花X26-2)。

(申忠贤)

【高邮凹陷实施情况】 高邮凹陷完成三维地震207.46平方千米,探井完井18口,进尺63179米,试油交井13口24层,新获工业油气流井5口,探井成功率27.8%。新钻探圈闭16个,获油气圈闭4个,圈闭钻探成功率25.0%。新增石油探明地质储量690万吨、含油面积5.93平方千米;新增石油控制地质储量1215万吨、含油面积13.00平方千米;新增石油预测地质储量691万吨、含油面积6.57平方千米。每口探井探明石油地质储量38.33万吨,每米进尺探明石油地质储量109.21吨。勘探直接投资32082.75万元,每吨探明石油地质储量投资46.50元,每米进尺投资5078.07元。

(郭海宁)

【金湖凹陷实施情况】 金湖凹陷完成三维地震157.86平方千米,探井完井9口,进尺28278米,试油完井7口10层,新获工业油流3层,探井成功率33.3%。新钻探圈闭8个,获油气圈闭1个,圈闭成功率14.3%。新增石油探明地质储量369万吨、含油面积5.47平方千米;新增石油预测地质储量76万吨,含油面积0.71平方千米。每口探井探明石油地质储量41万吨,每米进尺探明石油地质储量130.49吨。勘探直接投资13513.80万元,每吨探明石油地质储量投资36.62元,每米进尺投资4778.9元。

(郭海宁)

【勘探技术座谈会】 3月30日~4月1日,油田在扬州紫京会议中心召开了勘探开发工程技术座谈会,与会代表100余人。来自地研院、物研院、工程院、地测处和物探处等单位的技术人员在为期一天时间里,交流了18个勘探专题技术报告。上述报告系统总结了近年来油气勘探领域取得的新理论、新技术以及新成果,认真分析了“十二五”期间油田所面临的形势,深入探讨了当前资源接替等方面的关键技术问题,进一步明确了新的技术思路和攻关方向。会议评选出勘探专业优秀报告一等奖8个。油田领导朱平、李东海、谈正鑫、毛凤鸣、陈网根、钟志国、肖国连出席了会议。朱平在闭幕式上讲话,对今后勘探工作提出了具体要求。

(张新雷)

【页岩油气及致密砂岩油气勘探开发务虚会】 8月26日,油田页岩油气及致密砂岩油气勘探开发务虚会在扬州召开。与会代表60余人,油田领导朱平、毛凤鸣、钟志国、肖国连、李浩参加了会议。会上,来自油田内外的4位专家,分别作页岩油气地质评价方法及主要分布领域、非常规油气井分段压裂技术等报告。会议代表分组进行了热烈的讨论。页岩油气及致密砂岩油气藏勘探开发是集团公司打造上游长板、建设国际一流能源化工公司的重大战略,也是油田实现资源接替、保持可持续发展的重大课题。局长、分公司总经理朱平在总结讲话中强调:切实增强观念上的适应性,在解放思想中坚定信心;切实增强思路上的适应性,在深化认识中明确方向;切实增强技术上的适应性,在攻坚克难中强化工程技术支撑;切实增强经济上的适应性,在统筹兼顾中提高效益;切实增强机制上的适应性,在齐抓共管中形成合力;切实增强队伍上的培养机制,在学习交流中增强能力。

(张新雷)

【勘探工作会】 10月26日,油田召开了勘探工作会,油田领导朱平、毛凤鸣、陈网根、钟志国、李浩出席了会议,与会代表50余人。来自地研院和物研院的有关负责人作大会报告,20多位代表进行了讨论和发言。会议总结了1~9月所取得的勘探成果,客观分析了勘探工作中存在的问题,明确提出了下步勘探工作思路,认真部署了近期勘探重点工作。会议提出了2012年油田总的勘探目标:新增石油探明储量1000万吨、控制储量800万吨、预测储量1000万吨。朱平、毛凤鸣、陈网根在会议结束时发表了讲话。

(张新雷)

【非常规油气勘探开发工作座谈会】 12月29日,油田在扬州会议中心召开了非常规油气勘探开发工作座谈会,与会代表60余人。来自勘探处、开发处、工程技术处和科技处的有关负责人作油田非常规油气勘探工作进展、油气资源现状、石油工程准备、科技工作情况等4个报告。与会人员围绕非常规油气勘探开发工作重点、难点、热点问题展开了热烈讨论。油田领导朱平、李东海、毛凤鸣、陈网根、钟志国、肖国连、李浩等出席了会议。朱平在总结讲话中要求油田勘探、开发、石油工程战线上的广大员工,进一步认清形势,统一认识,解放思想,创新实践,朝着非常规油气"当年得手、当年突破、当年建产"的目标全力进发。

(张新雷)

【矿权现状】 截至2011年底,江苏油田所属油气勘查、开采区块共计27个,区块总面积37443平方千米。其中油气勘查区块8个,面积36521平方千米;油气开采区块19个,面积922平方千米。勘查区块主要分布在江苏境内5个,面积24338平方千米;安徽境内2个,面积5927平方千米;广东北部湾盆地1个,面积6256平方千米。开采区块主要分布在江苏境内17个,面积852平方千米;安徽天长境内2个,面积70平方千米。

(夏 延)

【矿权新立】 为了拓展新的勘探领域,根据《矿产资源勘查区块登记管理办法》要求,2011年8月,集中向国土资源部新申请15个探矿权新立项目,申请面积44807平方千米,项目主要分布在浙江、福建、江西、广东四省境内。2011年底,国土资源部受理了浙江、福建、广东三省境内10个探矿权项目,目前10个项目已进入国土资源部项目审批程序中。

(夏 延)

【矿权变更】 为了便于矿权管理,根据江苏油田分公司和中石化股份公司油田勘探开发事业部统一部署,2011年,将同一地区的两个区块粤、琼雷琼盆地徐闻油气勘查项目陆上部分和广东雷琼地区纪家—洋青区块油气勘查项目削边合并变更为一个区块,即广东北部湾盆地徐闻区块油气勘查项目,国土资源部批准面积6255.8平方千米。

(夏 延)

【矿权延续】 2011年,江苏油田探矿权许可证到期项目1项,即安徽天长地区油气勘查项目。根据《矿产资源勘查区块登记管理办法》要求,及时上报探矿权延续项目申请材料,国土资源部已批准该延续项目。

(夏 延)

【土地复垦方案编制】 根据国土资源部《关于组织土地复垦方案编报和审查有关问题的通知》(国土资发〔2007〕81号)以及中石化油田勘探开发事业部《关于提交土地复垦方案的通知》文件要求,新申请采矿权项目必须提交土地复垦方案及环境灾害治理方案,为了尽快取得海安凹陷新街—李堡油田开采许可证,保证油田依法顺利进行开采,2011年江苏油田分公司委托具有国土资源部所要求的编制土地复垦方案资质的北京海地人资源咨询有限责任公司编制海安凹陷新街—李堡油田土地复垦方案,涉及面积295平方千米,土地复垦方案目前有待相关部门上会审核。

(夏 延)

【勘探发现奖励】 2011年,股份公司授予江苏油田分公司"2010年储量发现成果奖"二等奖,表彰其2010年度高邮凹陷精细勘探取得的重要进展。

(郭海宁)

勘 探 效 益

【新增石油探明地质储量1059万吨】 2011年新增石油探明地质储量1059万吨,新增探明含油面积11.40平方千米,技术可采储量185.10万吨,完成900万吨年计划任务的118%,其主要分布在高邮凹陷的沙埝、邵伯、富民、花庄、肖刘庄、许庄和金湖凹陷的高集、王龙庄等8个油田的15个含油断块中。

(郭海宁)

【新增石油控制地质储量1215万吨】 2011年新增石油控制地质储量1215万吨,新增控制含油面积13.00平方千米,技术可采储量163.90万吨,完成900万吨年计划任务的135%,其主要分布在高邮凹陷的永安、花庄、联盟庄等3个油田的3个含油区块中。

(郭海宁)

【新增石油预测地质储量1175万吨】 2011年新增石油预测储量1175万吨,新增预测含油面积14.38平方千米,技术可采储量113.30万吨,完成1000万吨年计划任务的118%,其主要分布在苏北盆地高邮凹陷的联盟庄、邵伯和金湖凹陷的石港以及北部湾盆地迈陈凹陷徐闻3区块等4个油田(或构造)的4个含油断块中。

(郭海宁)

【苏北盆地石油地质储量序列】 据三次资评计算，苏北盆地江苏油田探区石油总远景资源量为5.54亿吨(不包括华东分公司探区及洪泽、白驹凹陷)。截至2011年底已探明37个油气田，累计石油探明储量26652万吨，探明程度48.1%，剩余石油控制储量3277万吨，剩余石油预测储量5390万吨，现有可升级石油潜在资源量8353万吨，推测石油资源量11728万吨；累计探明天然气地质储量25.61亿立方米(不含溶解气)、预测天然气地质储量4.13亿立方米，现有推测天然气资源量610.05亿立方米，天然气总资源量639.79亿立方米。按2012年计划新增石油探明储量1000万吨测算，苏北盆地第三系石油资源序列构成为1∶3.28∶5.39∶8.35∶11.73。

(郭海宁)

【圈闭评价】 2011年，新发现局部圈闭49个，面积80.2平方千米，Ⅰ类圈闭30个，面积55.1平方千米。其中高邮凹陷新发现圈闭29个，面积40.5平方千米，Ⅰ类圈闭20个，面积31.1平方千米；金湖凹陷新发现圈闭11个，面积19.8平方千米，Ⅰ类圈闭6个，面积14.9平方千米；海安凹陷新发现圈闭9个，面积19.9平方千米，Ⅰ类圈闭4个，面积9.1平方千米。全探区有Ⅰ、Ⅱ类储备圈闭198个，面积912.4平方千米，石油潜在资源量37217万吨，天然气潜在资源量106.3亿立方米。其中Ⅰ类圈闭50个，面积174.2平方千米，潜在资源量石油17081万吨，天然气65亿立方米；Ⅱ类圈闭148个，面积738.2平方千米，潜在资源量石油20136万吨，天然气41.4亿立方米。

(郭海宁)

【钻探效益】 2011年，新钻探圈闭26个，完钻圈闭24个，见工业油流圈闭5个，圈闭钻探成功率18.5%。见低产油气圈闭1个，电测解释油气层圈闭7个，仅见、未见显示圈闭14个，正钻、正试、待试圈闭5个。全年完成探井36口，电测解释有油气层的井21口，下油层套管井19口，试油新获工业油流井10口，综合探井成功率为28%。

(郭海宁)

【投资效益】 2011年，新增石油探明地质储量1059万吨，勘探直接投资65022.61万元。每吨探明储量直接投资61.4元，较上年每吨探明储量直接投资58.93元有小幅上升。老区每吨探明储量发现成本由上年的40.72元上升为今年的43.06元。全年完成探井36口，钻井进尺118112米，平均每口探井获得探明储量29.42万吨，平均每米进尺探明储量89.66吨，每吨探明储量直接投资61.4元，每米进尺投资5505元，每探明1000万吨储量需钻探井34口，探明1000万吨储量需探井进尺11.15万米，总体勘探效益较上一年有所下降。

(郭海宁)

勘 探 技 术

【大面积养殖区观测系统动态设计】 2011年，油田成功攻克陈堡高精度三维的大面积养殖区，获取到优质的地震资料。技术人员以地质任务为目标，积极开展基于地质目标的大面积养殖区观测系统动态设计技术攻关，取得了理想效果。在实施过程中，采用GGI软件进行依据地下反射需求的地表特殊观测系统设计；充分利用高清晰卫星图片，基于“3S”技术与实地踏勘相结合进行炮点、检波点优化布设；加强设计方案分析，注重方案的实时调整等一系列的技术措施，优化施工方案，确保了地震采集的顺利进行，保持了采集质量的持续提升。

(朱相羽)

【大面积复杂城镇区低信噪比地震资料三维处理技术】

金西三维是油田首次在大面积城区开展地震采集作业的三维施工方法，其采集难度大，城区干扰强，资料信噪比低。面对首块大面积城区地震资料，物研院强化资料处理技术攻关，面对三维采集中碰到的复杂地表条件造成的各种干扰、过金湖县城造成的采集数据不规则以及不同震源采集造成的能量、频率不一致等问题，在处理中加强噪音衰减、一致性处理以及叠前数据规则化等针对性处理技术的研究，成功攻克了大面积城区地震资料的处理难题，取得了丰富的经验，为叠前时间偏移提供了覆盖次数较均匀的、一致性较好的高品质资料，提高了金西三维处理的最终偏移成像质量。

(朱相羽)

【叠前反演技术在隐蔽油藏勘探中的应用】 随着勘探进程的不断发展，隐蔽油藏逐渐成为苏北盆地油气勘探的重要领域之一。在隐蔽油气勘探领域，叠前反演技术作为隐蔽油藏勘探中进行储层预测和描述的有效手段，近年得到了广泛应用。通过强化叠前地震资料保幅处理、各种叠前反演方法，烃类检测等一系列核心技术的攻关，结合隐蔽油藏的储层特点，建立了叠前反演技术流程，形成了横波估算技术、子波提取技术、岩石物理及敏感属性分析技术、叠前波阻抗反演和弹性参数计算技术4个主要技术系列,实现了隐蔽油藏由“碰”到“找”、由“叠后反演”到“叠前反演”、由“定性预测”到“定量描述”的过程,并在高邮凹陷深凹带隐蔽油藏勘探中得到了应用,结合地质分析技术,隐蔽油藏勘探获得了新的重要发现,隐蔽油藏的储量发现呈大幅上升态势。

(朱相羽)

【旋转式井壁取芯在大斜度井中获得成功】 旋转式井壁取芯较常规冲击式井壁取芯,具有岩芯大、代表性好的特点。在没有钻井取芯的层段,是评价地层储集特性的有效手段。由于该项技术一般在小于30度的定向井或直井中使用,应用的范围具有局限性。2011年,在高X21井大斜度中进行了尝试,取得了较好的效果。该井井深2875米,最大井斜40.58度,所在井深2610米。从2412米至2799米,井壁取芯21颗,施工安全。该井的试验成功,扩大了旋转井壁取芯的应用范围,在大斜度井中又增加了一项取资料的手段。

(吕　刚)

【MFE跨隔测试突破了工艺应用瓶颈】 2011年,在探井试油小会战期间,在许X33、天X33-1、沙X39-2等井开展了组合PT封隔器、WJK封隔器与MFE工具的跨隔测试工艺现场应用,针对先前的工艺弱项进行了多跨距的坐封操作系列试验,均取得了突破性的进展,取得了典范性的跨隔测试资料,成功地实现了160米大跨距的跨隔测试,节约了上返试油封堵工作量,为探井试油提供了完备的技术措施,增加了试油新技术储备。

(申忠贤)

【天X33-1井实现压后流压资料录取】 9月,在天X33-1井开展了压后排液期间的电子压力计投送下井首次现场试验,取得了原管柱抽汲的流压资料,再现了储层产出变化状态,为探井试油提供了翔实的过程资料,压后排液的压力计投送下井现场试验取得成功,为探井试油测试积累了工艺经验,增加了试油新技术储备。

(申忠贤)

勘　探　成　果

【高邮凹陷戴南组隐蔽油气藏深化勘探】 近年来,通过深化成藏理论的地质认识,高邮凹陷隐蔽油气藏勘探思路不断拓宽,进一步加强了沉积、砂体、成藏3个建模以及精细储层预测和圈闭描述评价工作,先后在樊川次凹北部缓坡带永安地区、邵伯次凹北部联东地区、邵伯次凹南部陡坡带邵伯地区和刘五舍次凹南部陡坡带周庄南地区,针对不同类型的隐蔽油藏圈闭实施了4口探井。经过钻探,永38、联X38、邵X20三口探井获得成功,新增控制、预测储量1751万吨,含油面积17.04平方千米,高邮凹陷隐蔽油气藏勘探再次获得重要突破,初步展现出戴南组隐蔽油藏环凹连片含油的态势进一步由邵伯次凹向东部樊川次凹扩展的增储大场面。

(郭海宁)

【高邮南部断阶带精细勘探】 高邮南部断阶带按照立体勘探和精细勘探的思路,近年来通过设立油田重大科技专项,实施高精度三维连片的采集处理解释,2011年针对构造高带及其翼部整体部署,分步实施,逐个解剖,精细刻画,在方巷与许庄两个高带之间的结合部发现并落实了大量圈闭,圈闭面积17.6平方千米,预测资源量3317万吨。重点部署钻探的许X21-1、许X33、许X34井均在阜宁组发现了油层,滚动评价勘探取得重要发现,呈现出多层系展开、全方位突破的态势。

(郭海宁)

【高邮北斜坡滚动勘探】 2011年,以沙埝、花庄地区为重点,加强了沙埝主体部位的滚动挖潜,在加快沙埝南阜宁组低渗透领域勘探的同时,还加强了北斜坡戴南组、泰州组新层系、新类型的探索,全年共部署7口探井,6口探井发现油层,新增石油探明地质储量348万吨,新增含油面积3.07平方千米。尤其是花X26井在戴一段构造—岩性复合圈闭试获工业油流,对今后北斜坡戴南组的勘探具有重要的指导意义。

(郭海宁)

【金湖凹陷新区带甩开勘探】 2011年,针对金湖凹陷西斜坡、汊涧斜坡、铜城断裂带和唐港构造带等新区带展开了甩开勘探。在金湖县城实施了首块城区三维施工方法,填补了三维地震空白区,在汊涧斜坡南部的秦营地区、凹陷东部处于桥河口凹槽和汜水次凹之间的唐港构造带以及铜城断裂带共部署探井9口,5口井新发现油层,新增石油探明地质储量369万吨,含油面积5.47平方千米。

(郭海宁)

【外围新区评价勘探】 北部湾盆地徐闻新区所钻探的徐闻X3井经过钻探在涠洲组见到丰富的油气显示,中途测试和完井试油均获得了油气,新增石油预测储量408万吨,含油面积7.1平方千米,进一步提升了对徐闻探区勘探的信心，并取得以下几方面的新认识：两类油源供烃，进一步夯实了油气资源的物质基础；两类沉积体系，明确证实了“南扇北洲”沉积模式；两套储盖组合，“立体勘探”成为现实；两种成藏模式，展示了构造、岩性兼探广阔前景。

（郭海宁）

【非常规油气勘探评价研究】 年初成立了专门组织机构，配置了相关管理和研究人员，开展了非常规油气理论与技术学习与调研，启动了非常规油气勘探总体研究和专项研究项目，展开了页岩油气勘探矿权区块登记，进行了页岩油及致密砂岩油气资源评价及工程先导试验。按照3个部署层次，开展了老井复查工作，明确了主攻方向和先导试验区，优选了第一批老井压裂目标，对江苏油田探区非常规油气勘探评价初步取得了几点认识：油田4个探区发育8套富含有机质泥页岩层系，具备形成非常规油气条件；探区内非常规油气显示非常丰富；明确苏北盆地阜二段、阜四段和阜阳探区石炭/二叠系将是油田“十二五”页岩油气勘探主攻层系和区带。在盐城凹陷和高邮凹陷先期考虑建立勘探先导试验区。

（郭海宁）

【花26断块新增石油探明地质储量216万吨】 花X26井是探索北斜坡戴南组构造—岩性复合圈闭和阜三段构造圈闭的一口重点探井。该井经钻探地质录井在戴一、阜三段见到良好油气显示，电测解释戴一段油层2.5米，阜三段油层11米。完井试油射开电测解释3149.4～3185.8米井段（阜三段）10、11、13、17号4层10.1米油层，压裂后抽汲日产油5.2立方米，试油射开电测解释2635.4～2637.8米井段（戴一段）6号1层2.4米油层，平均日产油7.2立方米。针对该块钻探的2口评价井花X26－1、花X26－2井钻探也获得良好效果，其中花X26－1井对井段3159.4～3202.9米5层16.4米完井射孔试油，抽汲日产油27.0立方米。该块2套层系新增探明储量216万吨，含油面积2.01平方千米。

（孙春友 郭海宁）

【沙59断块新增石油探明地质储量72万吨】 沙59块位于沙埝构造南部内斜坡。沙X59A井在阜三段地质录井见油气显示共10层17.0米。电测综合解释阜三段油层13层27.8米。完井试油射开2853.4～2887.8米井段4层7.9米油层和油干层，压裂后抽汲获得日产21.4吨高产油流。该块经过滚动评价新增探明储量72万吨，探明含油面积0.57平方千米。

（孙春友 朱相羽）

【邵16、邵17断块新增石油探明地质储量93万吨】 在探索近岸水下扇部署实施的邵14井获得成功后，经精细储层预测发现了邵16复合圈闭，按照断层—岩性圈闭成藏模式，部署实施邵16井获得成功。该井电测解释戴二段油层3层12.8米、油干层1层5.0米，完井试油获得工业油流。该块新增探明储量33万吨，探明含油面积0.60平方千米。按照邵16井的成藏模式，在邻块钻探了邵17井获得成功。该块新增探明储量60万吨，探明含油面积0.50平方千米。

（孙春友 朱相羽）

【肖13断块新增石油探明地质储量62万吨】 肖X13井位于小纪构造的西边，真①大断层的下降盘。地质录井在阜一段见油气显示共21层49.94米，电测解释阜一段油层6层21.0米。完井试油获得工业油流。该块新增探明储量62万吨，探明含油面积0.64平方千米。

（孙春友 朱相羽）

【许33断块新增石油探明地质储量113万吨】 许X33井位于许庄主体构造的西翼，钻于高邮凹陷南部断阶带许庄构造许33断块高部位，目的是探明许33断块阜一段含油气情况。该井地质录井在阜二、阜一段见油斑、油迹、荧光显示合计26层67.37米。电测解释油层11层38.3米，油水同层3层13.1米。完井试油共3层，第1层为阜一段下部油层，压裂后抽汲获得低产油流，另2层常规试油获得工业油流。该块新增探明储量113万吨，探明含油面积1.14平方千米。

（孙春友 朱相羽）

【真43－2、真200断块新增石油探明地质储量30万吨】 真X43－2井钻于高邮凹陷南部断阶带许庄构造真43断块高部位。地质录井在戴南组砂砾岩地层见众多气测显示，在戴二段、戴一段见油迹、荧光显示合计31层88.97米。完井电测解释戴一段油层（偏干）2层7.2米，油干层2层5.3米，油水同层3层13.4米。测井对该类地层的油气层难判别，气测显示对油气层的判别显得非常重要。完井试油射开电测解释戴一、戴二段的油层及部分干层获得工业油流。该块新增探明储量27万吨，探明含油面积0.27平方千米。许庄构造同时部署钻探真X200井，该井地质录井在戴一段见5层16.0米的油迹、荧光显示。电测解释油干层2层8.0米。完井试油射开电测解释2315.9～2329.1米井段26、27号2层8.3米油层，抽汲日产油5.1吨。该块新增探明储量3万吨，探明含油面积0.13平方千米。

（孙春友 朱相羽）

【永38断块新增石油控制地质储量420万吨】 永38井是集团公司在高邮凹陷深凹带所钻探的一口风险探井，主要是探明戴南组含油气情况以及缓坡带砂岩上倾尖灭新类型油藏的成藏条件。该井完钻井深 3860 米,完钻层位戴一段。地质录井在戴南组见油气显示共 20 层 51.39 米。电测解释油层 10 层 45.1 米,油水同层 1 层 7.5 米,主要目的层干层 56 层 130.5 米。完井试油射开电测解释 3675～3723.1 米井段 57、61、62 号 3 层 12.5 米油层,压裂后抽汲日产油 9.4 立方米。试油射开电测解释 3319.9～3325.1 米井段 27 号 1 层 5.2 米油层,测试三开自溢日产油 5.5 立方米。该块新增控制储量 420 万吨,控制含油面积 4.75 平方千米,该井的勘探成功预示着永安南深凹地区具有较大的勘探场面。

(孙春友　郭海宁)

【联 38 断块新增石油控制地质储量 640 万吨、石油预测地质储量 609 万吨】 联 38 井位于联盟庄联东地区,目的是探索联东地区滩坝砂体的含油气情况。该井完钻井深 3951 米,地质录井在垛一段、戴南组多个层系见到良好油气显示合计 25 层 77.0 米。电测解释戴南组油层 10 层 32.0 米,油水同层 1 层 4.5 米,油干层 4 层 13.0 米。完井射孔对电测解释 3428.7～3449.4 米井段 109、112 号 2 层 10 米油层试油,抽汲日产油 10.89 立方米;对电测解释 2980.4～3004.8 米井段 51、53、54 号 3 层 8.3 米油层射孔试油,抽汲日产油 3.19 立方米。该块新增控制储量 640 万吨,控制含油面积 5.72 平方千米。同时对该控制含油面积的外围油层进行了预测,新增预测储量 609 万吨,预测含油面积 4.95 平方千米。

(孙春友　郭海宁)

【邵 20 断块新增石油预测地质储量 82 万吨】 为了评价邵深 1 块所发现的油层向高部位的变化情况,2011 年在该砂体的高部位钻探了评价井邵 20 井。该井地质录井在戴一段见油浸 1 层 1.69 米,油斑 3 层 4.14 米。电测解释戴一段油层 1 层 9.8 米。完井对该层进行试油,抽汲获日产油 15.51 吨。该块新增预测储量 82 万吨,预测含油面积 1.62 平方千米。

(孙春友　朱相羽)

【高集油田新增石油探明地质储量 124 万吨】 高集油田曾经于 1990、1996 年分别申报阜二段砂岩、灰岩探明储量。经过多年的滚动勘探开发,其砂岩油藏规模发生了较大变化,有 38 口井钻遇砂岩油层,经过试油、试采证实为油井,其中 12 口井超出原储量上报时的含油边界。2011 年对砂岩油藏规模进行了整体重新评价,净增石油探明地质储量 124 万吨,净增探明含油面积 1.05 平方千米。

(查乃权)

【秦 3 断块新增石油探明地质储量 140 万吨】 该块位于金湖凹陷汊涧次凹南部斜坡带上。秦 3 井经过钻探地质录井在阜宁组见到较好油气显示,完井对阜二段、阜三段试油,抽汲分别日产油 3.4 立方米和 4.05 立方米。为进一步落实秦 3 块储层、构造以及含油状况,分别实施钻探了油藏评价井秦 3－1 井和滚动评价井秦 3－2 井。秦 3－1 井抽汲日产原油 10.6 立方米,秦 3－2 井在阜二段获得油层 3 层 6.5 米,新增探明储量 140 万吨,探明含油面积 1.82 平方千米。

(查乃权)

【天 33－1 断块新增石油探明地质储量 105 万吨】 该块位于金湖凹陷铜城断裂带南部,先后钻探过多口探井,在阜四段、阜三段、阜二段获得工业油流,于 1993、2003、2009 年分别申报过阜四段(控制)、阜三段(控制)、阜二段(探明)的石油地质储量。为了落实该块储量规模,2011 年,在该块的低部位部署钻探评价井天 X33－1 井。该井在阜四段、阜三段和阜二段见到良好油气显示,电测综合解释油层 9 层 16.8 米。阜三段试油压裂后日产油 10.3 立方米;阜四段辉绿岩变质带进行试油,压后日产油 0.75 立方米,该块新增探明储量 105 万吨,探明含油面积 2.67 平方千米。

(查乃权)

【唐 11 断块新增预测储量 76 万吨】 该块位于金湖凹陷唐港构造带西侧。该井钻井地质录井在阜二段发现了较好油气显示,电测解释油层 7 层 15 米。完井对阜二段油层进行试油,压裂后抽汲日产油 2 立方米,原油密度 0.934 克/立方厘米,为重质原油。该块新增预测储量 76 万吨,预测含油面积 0.71 平方千米。

(查乃权)

【台 14－1 井钻探在泰一段发现新油层】 该井是台 14 块构造低部位的一口评价井,主要目的是落实台 14 块泰一段含油规模,实现储量升级。该井地质录井在泰一段见 4 层 7.92 米的油气显示,完井对电测解释 2682.3～2687.9 米井段 3 号层试油,抽汲日产油 6.21 立方米。

(杨　林)

【迈 10 断块新增石油预测地质储量 408 万吨】 徐闻 X3 井钻于迈陈凹陷迈 10 块构造高部位,地质录井在涠二段、涠三段见到 26 层 41 米气测异常,电测解释含气层 2 层 9.9 米,含气水层 1 层 3.5 米,储集层 16 层 85.5 米,干层 12 层 41.7 米。对 4467.47～4737.75 米井段涠三段中部 4 层气测异常段进行原钻机中途测试,分离计量日产气 3600 立方米。对 5045.1～5065.2 米井段涠三段下部 3 层进行完井试油,二开有产气显示,日产气量 194 立方米,获少量油气。该块新增预测储量 408 万吨,预测含油面积 7.1 平方千米。

(刘　磊)

开发方针与部署任务

【油田开发概述】 2011年,油田开发战线深入贯彻落实科学发展观,坚持走科学可持续发展的精细开发之路,坚持滚动勘探开发一体化和老区稳产是油田开发一号工程的理念不动摇,坚持以提高储量动用率和油田采收率为中心,以提高单井产能为抓手,优质高效建设新区,精雕细刻稳定老区,不但扭转了产量波动的不利局面,实现了原油产量平稳运行,而且主要开发指标稳中向好,开发水平不断提升。

(1)老区综合调整在精雕细刻、分类治理中不断深化。坚持老区稳产是油田开发一号工程的理念不动摇,着力在“驱”字上做文章,不断完善水驱、改善水驱、深化水驱,重点加强零散区块、微型砂体的注水工作,全年投转注水井71口,新增注水储量522万吨,老井产油量自然递减率、综合递减率分别控制在13.95%与7.46%,筑牢了稳产立体防线;着力在“稳”字上下功夫,积极推进主力断块细分层系开发,陈堡、沙埝、赤岸等主力油田连续12年保持稳产态势;着力在“升”字上见成效,积极开展开发模式重构、井网重建、层系重组,使得富民、黄珏、联盟庄等老油田产量大幅回升,尤其是富民油田近两年来年产油量从4万吨跃上8万吨台阶;着力在“变”字上求突破,剩余油挖潜由构造高部位向油水过渡带和低部位转移,范庄等油田的一批挖潜井取得成功,开启了油田精细调整挖潜的新思路。

(2)产能评价与建设工作在因势求变、克难制胜中不断推进。面对新区产能规模小、落实程度低、单井产量低的现状,强化跟踪反馈,及时优化调整,深入推进油藏评价与产能建设一体化,形成了“新区快速建产、老区滚动增储、致密储量有效动用”的产能建设新格局。真富、高杨两个产能建设项目分别建产能8万吨和6万吨。同时滚动评价取得重要进展,真许、大高集、大程庄连片格局初步形成,韦庄、永联新一轮产能建设项目顺利启动,形成了有序衔接、成功接力的良好局面。

(3)新技术新工艺在深化应用、探索创新中不断拓展。桥12-2井大型压裂成功实施,初期日产油15吨以上,桥7平1井长水平段钻井暨分段压裂项目的启动实施,吹响了开发动用致密砂岩油藏的号角,大量难动用储量转化为可动用储量设想见到了曙光;韦5-4、杨37等径向井喜获成功,增添了大幅度提高单井产能的新手段;水平井、侧钻井等技术应用领域、类型和规模不断扩大,全年共投产水平井29口,12月井口日产油能力265吨。三次采油从室内研究进入现场试验,沙7断块重大先导开始试注,真35断块聚合物驱进入注主段塞阶段,探索适合江苏油田特点的三采技术迈出坚实步伐。

截至2011年底,江苏油田累计探明油田36个,探明含油面积229.97平方千米,探明石油地质储量26652万吨,其中当年新增探明石油地质储量1059万吨。投入开发油田34个,动用含油面积175.11平方千米,动用地质储量22135万吨,占探明储量的83.1%。其中当年新增动用储量482万吨,占当年新增探明储量的45.5%。已探明未开发储量4517万吨,对其中1851万吨未动用储量进行了评价,油价等于或小于60美元/桶时可开发储量为154万吨,油价在60~90美元/桶时可开发储量为1274万吨,油价高于90美元/桶时可开发储量为1851万吨。待评价石油地质储量2413万吨,待核销储量253万吨。在现有井网、工艺和经济技术条件下,已开发动用石油地质储量对应的可采储量5494.0万吨,标定采收率24.8%(同比提高0.3个百分点)。全油田累计产油3631.60万吨,剩余可采储量1862.4万吨。已开发油田的开发方式以注水开发为主。目前已实施注水开发的油田30个(不包括安丰已停注油田),注水储量13578.8万吨(不包括安丰已停注储量54.6万吨)。注水开发油田平均水驱控制程度78.9%,平均水驱动用程度72.8%。其年产油量163.1万吨,占已开发油田总产油量(169.8万吨)的96.1%,标定采收率24.8%。

截至2011年12月,全油田共有油、水井3053口。其中油井2281口,开井1829口,油井利用率95.4%。核实日产油水平4689.5吨,平均单井核实日产油水平2.6吨(同比下降0.1吨)。见水井开井1701口,油田综合含水77.99%。全年生产原油171.02万吨。动用储量采油速度0.77%,剩余可采储量采油速度8.41%。累积产油3631.60万吨,动用储量采出程度16.41%,可采储量采出程度66.10%。老井产油量自然递减率13.95%,老井产油量综合递减率7.46%。全油田共有注水井772口(含污水回注井),开井625口(不含污水回注井),注水井利用率96.3%。日注水平18476立方米,平均单井日注水29.6立方米。年注水671.6万立方米(同比上升44.6万立方米),累计注水8244.68万立方米,月注采比0.77,累计注采比0.66。

2011年新建(增)原油年生产能力24.56万吨(其中新区新建原油年生产能力3.93万吨,同比下降5.17万吨。老区新增原油年生产能力20.63万吨,同比上升5.16万吨),核减原油年生产能力25.2万吨,2011年底核定年原油生产能力172.12万吨。油气单位现金操作成本 118 元/桶，较 2010 年上升了 14 元/桶，单位油气完全成本 2355 元/吨，较 2010 年上升了 298 元/吨，分公司实现收入 114.85 亿元，实现利润 22.18 亿元。

（梁楚勤）

【油气田开发方针】 以科学发展观为统领，用辩证唯物论认识和改造油田。依靠科技进步，深化油藏科学经营管理，高水平地开发油田，尽可能地延长油田的稳产高产期，达到高的最终经济采收率和经济效益。

（梁楚勤）

【开发部署指导思想】 坚持“储量、产量、投资、成本、效益”相统一的原则，以提高储量动用率、提高采收率和提高单井产能为中心，以改善水驱为重点，立足二次采油，探索三次采油，深化基础研究，加强滚动评价，优化储采结构，强化科技创新，推进精细管理，进一步提升油田开发水平，实现油田可持续稳定发展。

（梁楚勤）

【油气田开发任务】 2011 年，油田开发部署钻井 199 口，进尺 50.74 万米。投产油井 185 口，新投（转）注水井 70 口，新建原油年生产能力 24.14 万吨。年产原油 171 万吨（其中老井自然产油 146.8 万吨，老井措施年增油 10.80 万吨，新井年产油 13.4 万吨）。年注水 650 万立方米，年产液 715 万立方米。年底综合含水 78.10%，老井产油量自然递减率 13.88%，老井产油量综合递减率 7.54%。

（梁楚勤）

【油气田开发技术经济指标完成情况】 2011 年，江苏油田年钻开发井 230 口，进尺 54.83 万米，分别完成年部署的 115.6% 和 108.1%。新增探明地质储量 1059 万吨，新增动用储量 482 万吨，复算核减动用储量 71 万吨，净增动用储量 411 万吨。新增可采储量 183.6 万吨，复算核减可采储量 7.1 万吨，净增可采储量 176.5 万吨，年储采平衡系数 1.03。新增注水储量 522 万吨。投产新井 223 口，完成年部署的 120.5%。新井年产油 13.29 万吨，完成年计划的 99.2%。投（转）注水井 71 口，完成年部署的 101.4%。新建（增）原油年生产能力 24.56 万吨，完成年部署的 101.8%。其中新区新建产能 3.93 万吨（分布在高集油田 0.90 万吨，安乐油田 0.93 万吨，邵伯油田 0.3 万吨，石港油田 0.27 万吨，沙埝油田 1.53 万吨），老区增建产能 20.63 万吨（分布在真武油田 1.96 万吨，富民油田 4.82 万吨，陈堡油田 2.58 万吨，杨家坝油田 0.78 万吨，赤岸油田 1.47 万吨，高效调整井 9.02 万吨）。年产原油 171.02 万吨，完成年部署的 100.01%。老井增产措施 375 井次，有效 334 井次，措施有效率 89.1%，年增产原油 11.05 万吨。完成年部署的 102.3%。年注水 671.59 万立方米，完成年部署的 103.3%。年产液量 744.06 万吨，完成年部署的 104.1%。年底综合含水 77.99%，含水上升率 1.95%。老井产油量自然递减率 13.95%，比年部署下降 0.07 个百分点。老井产油量综合递减率 7.46%，比年部署下降 0.08 个百分点。

（梁楚勤）

【原油产量的增长及变化】 2011 年，江苏油田生产原油 171.02 万吨，完成年计划的 100.01%。与 2010 年持平。其中原油年产量上升 1000 吨以上的油田有 11 个，最高的是富民油田，上升 19641 吨。其他按产量上升值从多到少依次为黄珏、宋家垛、联盟庄、曹庄、杨家坝、邵伯、许庄、徐家庄、高集等油田。其主要原因：一是富民、高集、邵伯、杨家坝等油田的新老区产能建设使所在油田年产油量上升；二是黄珏、宋家垛、联盟庄、曹庄、许庄、徐家庄等老油田通过综合调整和治理挖潜，年产油量较上年都有不同程度的上升。原油年产量下降值在 1000 吨以上的油田有 12 个，下降量大小依次为陈堡（19412 吨）、瓦庄、新街、闵桥、永安、真武、码头庄、王龙庄、安丰、赤岸、李堡、崔庄等油田。其主要原因：一是油井含水快速上升导致日产油下降（如李堡、新街油田 2011 年含水上升率高达 14.32% 和 11.66%，码头庄和赤岸油田也高达 6% 以上）。这些油井主要分布在处于中、高含水开发阶段的油田，储层非均质性导致注入水纵向上单层突进、平面上单向舌进又未能实施有效分注的开发单元，油藏边缘和注采井组的一线位置。二是部分开发单元有效注采井网不完善，或者油层物性差，注入压力高，注水井无法完成地质配注任务，导致油层压力水平偏低、油井供液不足，产油量下降。三是油井套损增多，影响了开井率和生产综合时率，导致产油量下降。四是特殊岩性油藏能量的有效补充方式尚在探索中，部分零散区块由于投资与效益的矛盾，需要注水而目前未能注上水，油层压力水平低，油藏产液量和产油量随油层压力水平的下降而下滑，目前处于低速开发状态。

（梁楚勤）

【老区稳产措施及效益】 2011 年，老区综合调整治理增建产能及技术改造、提高采收率试验部署在真 11、真 12、真 69、富 5、富 18、陈 3、杨 1、韦 2、韦 5、韦 8 等断块，钻调整井 171 口（其中水平井 29 口），进尺 39.35 万米，年新增原油产能 19.04 万吨。实际在上述区块等钻调整井 172 口（其中水平井 28 口），进尺 39.95 万米，年新增原油产能 20.63 万吨。

主要工作：

（1）坚持“老区稳产是油田开发一号工程”的理念不动摇，根据油田开发阶段的特点研究制定老区稳产策略。①扎实开展老区油田再稳产研究,以改善水驱为重点,继续实施纵向上细分层注、采,平面上加密完善注采井网的开发调整,积极推进陈2、周43等主力断块的单层开发。针对部分油藏注采井网不完善,天然能量不足的问题,在沙18、沙19、沙23、沙25、沙36、沙53断块的阜三段,沙26断块阜二段,陈3断块泰一段腰部和北东井区,陈2断块中部阜三段,瓦6断块阜一段,韦2、韦5、韦8、杨1、崔6断块的阜宁组,黄8、黄88断块的戴一、戴二段等油藏投(转)注了一批注水井,不同程度地见到了注水效果;针对多层合采油井层间干扰严重的问题,在瓦6断块高部位实施了2口采油井(瓦7-37、瓦7-38井)的分采;针对发2-15等注水井纵向吸水不均,单层突进明显的问题,在沙埝、富民、许庄、黄珏、卞东、高集、赤岸、码头庄、杨家坝、南湖、闵桥等油田实施注水井分(重分)注措施,沙埝等主力老油田保持了较好的稳产态势,沙埝油田年产原油同比上升1.32万吨。②扎实开展老油田二次开发研究,以油藏精细描述为突破口,积极推进老区块开发模式的重构、井网重建、层系重组,使富民、黄珏、联盟庄等油田的年产油量有了较大幅度的回升。③开展不同类型油藏调整挖潜模式的研究,大胆尝试动用油水过渡带石油地质储量,挖掘构造低部位剩余油获得成功。如以挖掘构造低部位剩余油为钻探目的的范54井初期井口日产原油15吨,范庄油田的年产油量稳中有升。④开展油井增产措施研究,提高措施有效率和增油量。年老井增产措施375井次,有效334井次,有效率89.1%,年增油11.05万吨,同比上升0.55万吨。

(2)坚持滚动勘探开发建产一体化,积极推进老区增建产能工作。近年来,随着新建产能区块规模的变小和难度的增加,全油田新建(增)产能工作的中心逐步由新区向老区转移。老区滚动增储建产对老区乃至全油田的稳产作用日显突出。全年着重开展了真富、高杨两个产能建设项目,钻探了一批高效调整井,老区增建产能20.63万吨。同比增加5.16万吨,创历史新高。其主要做法:①做实做细老区调整方案,增强项目抗风险能力。②在项目实施过程中,加强跟踪反馈,根据钻探实际对原设计和工作量进行适当调整,确保建产工作的顺利完成。③应用了先进的物探、钻井、测井、录井、试油、采油等工艺技术,为建产保驾护航。

(3)坚持走二次采油为主导之路,聚精会神抓注水,夯实稳产根基。江苏油田的三次采油正在矿场试验中,二次采油的主导地位毋庸置疑。地层压力偏低是江苏油田大多数油藏开发的薄弱环节,而注水是目前提高油藏地层压力最经济有效的手段。2011年聚精会神抓老区注水,努力夯实稳产根基,主要做法:①以“该注水的断块都要注上水”为目标,大力提高零散区块注水开发程度,程6、桃4、梁10、马35等零散区块相继投入(继续投入)注水开发。②以“层层水驱”为目标,加大老区投(转)注工作力度,着力增加双向和多向水驱,年老区投(转)注水井58口,新增日注水能力1180立方米,进一步提高了老区水驱控制程度。③以降压增注为推手,着力恢复油田注水能力。开发区年实施老井酸化、调补层等增注措施49井次,全部有效,年增注水量11万立方米。

(4)发挥先进工艺技术在老区稳产中的支柱作用。①发挥水平井高产能的优势,不断拓展其应用空间。自1996年高6平1井成功实施以来,江苏油田不断加强水平井选井中油藏地质条件的研究,指导水平井优化设计,及时跟踪调整水平井的实钻轨迹,提高水平段油层钻遇率,水平井开发技术有了长足进步。分别以薄油层(剩余油条带)、微型油砂体为钻探目标的水平井开发技术,在2009~2010年实施成功的基础上,2011年继续扩大该技术在老区调整中的应用,又成功钻探、投产了富5断块垛一段第五砂层组的富5平1井(含油面积0.03平方千米,地质储量1.95万吨)、富43断块垛一段第七砂层组的富43平5井(含油面积0.02平方千米,地质储量2.80万吨)、富43断块戴二段第四砂层组的富43平4井(含油面积0.03平方千米,地质储量2.0万吨)、邵14断块垛一段第六砂层组的邵14平4井(含油面积0.07平方千米,地质储量4.0万吨)、陈2断块阜三段第一砂层组的陈2平3井(油层有效厚度仅1.5米,采出程度已达30%)。5口水平井投产初期井口日产原油能力75.5吨。平均单井井口日产原油能力15.1吨。同时水平井的应用规模继续扩大,开发效果保持在较高水平。全年老区完钻水平井28口(同比增加13口),占年老区完钻井总数(183口)的15.3%。投产新水平井29口,12月全油田水平井总数达到121口,开井数115口(占全油田油井开井数的6.3%),井口日产油水平871吨,占全油田井口日产油量的17.3%。水平井井口年产油28.57万吨,占全油田井口年产油量的15.6%。水平井平均单井井口日产油水平7.6吨,是全油田新井平均单井井口日产油水平(3.7吨)的2倍多。②继续发挥侧钻井的效益优势,年投产侧钻井22口,核实日产油水平92.2吨,平均单井核实日产油水平4.2吨,比全油田新井平均单井核实日产油水平(3.5吨)高0.7吨。其中为挖掘联30井区戴二段剩余油而钻的侧联X30井于10月投产,井口日产油近30吨,已稳产3个月。③积极探索特低渗透—致密砂岩油藏开发的有效途径,特低渗透—致密砂岩油层大型压裂首次在桥12-2井获得成功,初期井口日产原油能力13.7吨,采油强度1.85吨/(日·米),是邻断块同层系(乔6断块阜宁组)未大型压裂砂岩油层采油强度[0.42吨/(日·米)]的4.4倍。

(梁楚勤)

【**油田勘探、开发、工程技术座谈会**】 2011年3月30～4月1日,江苏油田2010年度勘探、开发、工程技术座谈会在扬州紫京饭店三楼紫京园召开。大会全面总结了油田"十一五"期间勘探、开发和工程技术方面取得的成果,认真分析了面临的形势和任务,明确提出了"十二五"的新思路、新目标和新举措。这次会议重点突出,科技含量高;成果丰硕,创新意识强;百家争鸣,学术氛围浓;新人辈出,精神状态好。会议开阔了思路、明确了目标、激发了干劲,同时也成为一次自觉加压、自我挑战、负重奋进的誓师会。会上56个报告(其中勘探系统技术报告18个、开发系统技术报告26个、工程技术系统报告12个)充分展现了勘探、开发和工程技术方面科技人员良好的精神风貌、扎实的技术素养和精细的工作作风。油田领导朱平、李东海、谈正鑫、毛凤鸣、陈网根、钟志国、肖国连等出席会议。开发系统共评出一等奖报告11篇,二等奖报告15篇。朱平总经理(局长)希望开发战线要不断解放思想,更新观念,要有"敢超"的精神,始终坚定"有路"的信念。牢固树立"地下储量都可动用"的理念,以超越过去、超越极限、超越自我的激情和勇气,积极探索破解开发难题的新路子。通过加强对沉积相的再认识、构造特征的再刻画、地质储量的再研究和剩余油分布的再落实,进一步巩固老区,提高油田采收率;提升技术,提高储量动用率;优化开发,提高产能贡献率;精细管理,控制自然递减率,实现"油路"、"水路"、"新路"路路畅通,努力把今天开发的极限变成明天工作的起点,不断夯实油田持续稳产的根基。要发扬"吃螃蟹"精神,在"显微镜"下挖潜力。按照"一藏一策、一块一策、一井一策"的工作思路,不断加强从地下到井筒到地面的全方位认识,用"显微镜"来放大目标、看清细节、找准潜力,通过精细研究、精细设计与精细施工,实现对老油田的精确挖潜、精确治理和精确调整。对地下,油藏研究要具体到每一个砂体,调整方案要具体到每一个单层;对井筒,要取全取准每一项数据,做准做细每一道工序;对地面,要摸清每一口井的运行特点、细化每一口井的管理措施,通过精雕细刻、细致入微的工作,不断提高油田开发水平和开发效果。

(梁楚勤)

【**油田开发工作会**】 2011年11月2日,油田在扬州紫京饭店三楼紫京园召开2011年油田开发工作会。这次会议集思广益,采取主要生产、科研单位重点发言与到会全体代表分组讨论的形式,系统总结了2011年油田开发工作所取得的成果和经验,科学分析了当前油田开发所面临的深层次问题,研究讨论了提高油田开发水平的新思想、新理论、新技术、新手段,并对后两个月及2012年油田开发工作进行了安排部署。地质科学研究院、工程技术研究院、勘察设计研究院、试采一厂、试采二厂、安徽采油厂等6个单位的7名代表分别就当年本单位油田开发工作所取得的成果及2012年工作部署进行了汇报。油田领导朱平、李东海、陈网根参加分组讨论并发表了讲话。最后,分公司副总经理钟志国作了题为《解放思想、坚定信心,努力夺取油田开发工作的全面胜利》的讲话。他在全面、系统地总结回顾2011年油田开发工作取得的成果、客观剖析油田开发面临的形势与任务,科学、周密地安排油田下步开发工作的基础上,指出2012年的油田开发工作仍以"稳定发展"为主,要努力稳定老区,积极拓展新区。切实改善水驱,发展三次采油。主攻致密油藏,备战页岩油气。

(梁楚勤)

采 油 工 艺

【**采油工艺概述**】 采油工程系统广大技术人员紧紧围绕油田开发生产的难点和热点,坚持"自主研发一批、引进消化推广一批、超前研发储备一批"的原则,做到"研究与应用、单项突破与集成配套、眼前与长远"三个结合,按照开发先导、技术攻关、引进推广三层次进行技术研究与攻关,逐步形成了一批具有本油田特色的采油工艺技术系列,为油田有效开发提供技术支撑。

(刘松林)

【**真35块聚合物驱先导试验**】 为了探索中低渗油藏三次采油可行性,为油田进入高含水阶段寻找一条有效提高采收率的途径,2008年在总部领导的大力关心支持下,江苏油田开展了真35断块聚合物驱方案研究;2009年8月,方案通过总部审查;2010年完成了方案配套工程建设;2010年10月27日,真35－6井开始进行试注,2011年2月28日完成试注工作,进入整体注入阶段,试验期间注入压力、注入物井口黏度与注入量均符合设计要求。2011年3月初,真35井、真35－6井和真145井进入聚合物前置段塞阶段,对应油井7口,开井7口,日产液154.2吨,日产油20.9吨,综合含水86.4%。从6月起含水有启稳的迹象。10月19日进入主体段塞注入阶段。截至12月底,累积注入聚合物溶液5.4987立方米,真35－7井产出液增加,综合含水稳定,真35－5井综合含水下降了11%,产液量稳定。

(刘松林)

【沙埝油田沙7断块提高采收率先导试验】 为了油田可持续发展,2010年股份公司批准"沙7断块综合调整加化学驱提高采收率"为重大先导项目。其目的是突破技术瓶颈,形成技术系列,探索低渗透油藏大幅度提高采收率的有效方法。2011年按照项目进度要求,完成沙7块东注采井网调整优化工作,部署注化学剂井5口,采油井6口;对沙7-35井进行了密闭取芯工作,共完成密闭取芯进尺37.44米,芯长36.73米;开展了低渗透油藏二元驱化学剂体系评价研究,筛选出主段塞聚合物浓度范围为1000~1200毫克/升,表活剂浓度范围为0.2%~0.3%;完成了沙7-33井试注地面工程配套及井筒相关准备工作。该井于2011年11月7日开始试注,配注18立方米/天,实际日注17.9立方米,井口压力由18兆帕上升至22.3兆~22.5兆帕,目前压力稳定。截至12月31日,沙7-33井累计注入聚合物—表面活性剂二元溶液966立方米,为中低渗透油藏实施二元驱提供了第一手资料,同时为该块二元驱正式注入奠定了基础。

(刘松林)

【低渗透油藏大型压裂工艺】 随着勘探、开发的不断深入,低渗、特低渗储量不断增加,提高这类油藏单井产能有效措施是大规模压裂。

为了实现"压开缝,加进砂、排出液"的目标,针对每口井的特点,通过分析测井曲线、相近区块压裂资料、目的层段物性资料、井身结构数据等,运用压裂模拟软件进行排量、砂比、加砂程序等压裂参数优化。加强施工前压裂液检测、现场破胶剂用量控制,在施工中根据施工监测数据变化及时调整方案,保证压裂施工顺利完成。

2011年共实施加砂量大于40立方米的大型压裂井5口井,工艺成功率达到100%。其中,桥12-2井于8月2日施工,最大施工排量达到5.4立方米/分,最高施工压力52.43兆帕,施工混砂液量449立方米,最终成功加砂60立方米,加砂强度6.3立方米/分,创造了江苏压裂的新纪录——单井加砂60立方米、加砂强度6.3立方米/分。达到了设计的裂缝参数要求。该井压后初期日产油达到15吨,目前稳定在3.5吨,累计增油1045.5吨。该井压裂施工的成功,为江苏油田大型压裂奠定了基础、增强了信心,为低渗、特低渗油藏的开发提供了一个新的技术思路。

(刘松林)

【水平井分流酸化工艺】 针对水平井酸化解堵时布酸难、返排困难等问题,开展了水平井分流酸化技术研究应用。通过在酸液体系中加入起泡剂和稳泡剂,形成以酸为连续相、气泡为分散相的泡沫体系,利用其遇水稳定、遇油消泡的特点,从而达到对油水层和高低渗层的双重分流酸化的目的。2011年该工艺在陈3平6、陈3平5、陈3平1井成功应用。其中,陈3平6井单井年增油达2591吨,3口井累计增油5040吨。

(刘松林)

【筛管完井水平井卡堵水技术】 针对富43平4井筛管尾端的裸眼井段强水层,投产后油井全水等问题,开展了筛管固井工艺的研究。通过开展室内实验,优选了固井封堵材料、优化了配方;通过开展水平段钻塞工艺及方案研究,优化了管柱设计、施工参数。该井于2011年11月投产后,日产油18吨,累计增油1340吨。

(刘松林)

【连续油管径向井钻井工艺技术】 该技术是利用高压水射流的水力破岩作用在油层中的不同方向上钻出多个直径达30~50毫米、长达100米左右的小井眼,是低渗透、稠油、老油田和边际油气挖潜的有效措施之一。油田首次应用该技术对韦5井实施挖潜,取得了较好的效果。2011年局将此技术列为重大专项,组织多部门、多专业进行调研,并与上海宏睿公司进行合作,对韦5-19、韦5-4等6口井进行径向井试验。其中:韦5-19井共实施4个分支,其中第1、3分支长度各100米,第2、4分支各30米;韦5-4井共实施3个分支,其中第1、2分支各100米,第3分支30米。目前韦5-19井、韦5-4井径向井施工已实施完毕。韦5-19井于9月13日开始生产,最高日产油2吨;目前日出液1.5立方米,日产油1.1吨,日增油1.1吨。韦5-4井于9月18日开始生产,10月5日开始见油,目前日产液10.6立方米,日产油1.1吨,日增油0.8吨。

(刘松林)

【注水井恒流配水技术】 通过研究把地面恒流配水、防返吐、洗井旁通、粗过滤等功能有机地结合为一体,满足了零散、边远区块注水井的配水要求,简化了配水流程,其对提高注水井的管理水平,实现油藏精细注水具有重要意义。经现场应用30口井,平均单井配注偏差为7.1%,最大工作压差达24.8兆帕,至2011年12月,最长有效期达到了14个月。简化了地面注水工艺流程,节约资金约101.5万元。

(刘松林)

油气田简介

【真武油田】　真武油田地理上位于江苏省扬州市江都区东北约 20 千米的真武镇境内。地处苏中平原，地面河流纵横，海拔 2 米左右。构造位置在高邮凹陷深凹带南侧、江都—吴堡博镇断裂带西端真 2 断层下降盘，其西面为邵伯次凹，北东临樊川次凹，南邻许庄油田，是一个在滚动背斜构造格局上被断层和岩性复杂化了的断块油田。含油层系为古近系垛一段、戴二段和戴一段。现探明真 11、真 12、真 16、真 24、真 35、真 84 等 11 个含油断块(其中真 11、真 12、真 35 断块为主力断块)。探明含油面积 8.3 平方千米，探明石油地质储量 2060 万吨，全部动用。注水储量 1577.6 万吨(2011 年在真 35 断块戴二段和戴一段新增注水储量 47.3 万吨)，可采储量 744.2 万吨(2011 年在真 16、真 24 断块新增可采储量 3 万吨)，采收率 36.1%(比 2010 年提高 0.1 个百分点)。真武油田于 1974 年 11 月在苏 58 井首获高产工业油流。自 1975 年开始详探，相继发现真 11、真 12 两个高产富集区块并先后投入试采，1977 年正式投入开发。1978 年 10 月起主力断块相继转入注水开发，1981 年开始层系调整。1986 年以后先后对主力断块真 11 断块、真 12 断块的垛一段、戴二段进行细分层开采和完善注采井网工作。1990 年进行“稳油控水”的综合调整。通过上述工作提高了油田的储量动用程度，有效地控制了含水上升速度，使真武油田保持了较长时间的稳产。1995 年以来结合真武油田稳产基础研究，继续深化主力单元综合治理和非主力单元注采调整，减缓了油田产油量递减速度。真武油田是一个有着 30 多年开发历史、曾经为江苏油田的崛起立下汗马功劳的功勋老油田。它大致历经详探试采上产，细分层系调整，加密调整、控水稳油，高含水期综合治理等四个开发阶段，现已处于高含水、高采出程度开发阶段。在 2005～2010 年实施《真武油田综合治理方案》见到明显成效的基础上，2011 年继续开展真武油田主力断块的综合调整。根据真 11 断块戴二段储量基础大，小层多，多层合采层间干扰大；真 35 断块东平面和纵向上零星出油井点多，含油井段长，钻遇率较高、滚动潜力大等实际，编制和实施了《真武油田产能建设方案》：(1)细分重组完善真 11 断块戴二段的开发井网，采用常规井、水平井、侧钻井相结合挖掘真 11 断块、真 12 断块、真 16 断块垛一段的剩余油。(2)滚动、加密完善真 1 断块、真 35 断块东戴一段、戴二段的注采井网。(3)评价真 34 断块戴一段的油藏规模，滚动完善其开发井网。年实际在真 1、真 11、真 12、真 16、真 34、真 35 断块完钻油藏评价井 1 口(真 34－1 井)、水平井 1 口(真 12 平 1 井)、常规采油井 11 口(真 1－2、真 11－4、真 11－5、真 11－6、真 11－7、真 12－2、真 35－16、真 35－18、真 35－19、真 35－20、真 35－21 井)，侧钻井 2 口(侧真 21A、侧真 107 井)，注水井 1 口(真 1－6 井)，投产油井 16 口(真 1－2、真 1－6、真 11－3、真 11－4、真 11－5、真 11－6、真 11－7、真 12－1、真 12－2、真 12 平 1、侧真 21A、真 35－15、真 35－16、真 35－18、真 35－20、真 35－21 井)，新井初期井口日产原油 81 吨，平均单井井口日产原油 5 吨。新井核实年产油 9202 吨。其中真 35－21 井井口日产原油能力 9.5 吨，真 1－2 井投产初期井口日产油能力 9.9 吨，展示了真 35 断块东、真 11 断块西滚动开发的良好前景。同时投(转)注水井 3 口(真 45、真 100、真 164 井)，进一步完善了真 100 等井区戴南组油藏的注采井网。(4)加大老井措施的力度，年老井补孔改层、下电泵、卡堵水、重复射孔、大修等增产措施 44 井次，有效 39 井次，年增产原油 7305 吨。其中真 11 断块垛一段生产井真 11 平 1 井下电泵生产，井口日产原油能力从 3.3 吨上升到 9.8 吨，日增产原油 6.5 吨。戴二段的真 26 井和真 139 井，分别补开垛一段第四砂层组第二油砂体的电测解释第 1、2 号层与第 3 号层，和戴二段合采。真 26 井井口日产原油能力从 1.9 吨上升到 10.3 吨，日增产原油 8.4 吨。真 139 井井口日产原油能力从 1.3 吨上升到 6.4 吨，日增产原油 5.1 吨。再次展示了真武高含水老区仍然具有进一步挖潜、提高采收率的潜力。(5)实施真 35－12、真 35－14 井的补层措施，进一步完善真 35 断块戴南组注聚合物的井网，自 3 月起全面进入前置段塞注入阶段。通过上述工作，真武油田开发效果继续改善，是年增加可采储量 3.0 万吨，增加注水储量 47.3 万吨。

截至 2011 年 12 月，真武油田共有采油井 139 口，开井 89 口，核实日产油水平 175.1 吨(同比上升 1.9 吨)。全年生产原油 64691 吨。采油速度 0.31%，累积产油 685.56 万吨，采出程度 33.28%。见水井开井 87 口，综合含水 92.04%。注水井 57 口，开井 37 口，日注水 3214 立方米，年注水 127.30 万立方米，累积注水 2665.23 万立方米，月注采比 1.07，累积注采比 0.76，同比提高 0.01。2011 年增建原油产能 1.96 万吨，老区核减原油产能 1.40 万吨，年底核定年原油生产能力 7.09 万吨。

(梁楚勤)

【曹庄油田】　曹庄油田地理上位于江苏省扬州市江都区三周乡境内。地处苏北里下河地区，地面沟河纵横，海拔 2 米左右。构造位置在高邮凹陷南侧江都—

吴堡博镇断裂带中部真2号断层下降盘。西以平缓鞍部与真武油田相接,南为许庄油田,北临樊川深凹,为一受断层切割和岩性影响的复杂断块油田。其圈闭为真2号断层下降盘的断鼻构造,构造内部发育的一条与真2号断层平行的北东东向主断层(曹1断层)将圈闭分割成曹南、曹北两个断块区。油田含油层系为古近系垛一段、戴二段和戴一段。现已探明曹7、曹10、曹11、曹13、曹32、曹62共6个含油断块。探明含油面积4.31平方千米,探明石油地质储量586万吨。动用含油面积3.90平方千米,动用石油地质储量526万吨。注水储量266.8万吨,可采储量120.1万吨(2011年新增1.5万吨),采收率22.8%(同比提高0.3个百分点)。曹庄油田于1976年发现,1981年1月投入试采,1983年投入开发。随着新井的不断投入,1987年产量达到高峰(5.27万吨)。1989~2003年着手实施《曹庄油田调整方案》,其间1999年在曹11断块完钻滚动井曹51井,投产戴一段油层,初期日产原油能力29.3吨。2001年完善曹13断块戴一段注采井网,转注曹59井,形成一注三采的格局,使油田开发形势朝着好的方向发展,年产油保持了稳中有升的态势。2002年老井侧钻效益显著,侧曹40井初期日产油能力28.6吨。2003年曹28井调采4号层初期日产油50.5吨。通过上述调整,基本实现了块间和层间的产量接替,产量虽有波动,但年产油一直保持在3万吨以上。从2004年开始,由于投入工作量不足,年产油降到3万吨以下。自2006年起降到2万吨以下。2008年通过加深对深断裂附近大断层两侧构造的认识,围绕深凹带内侧近次凹寻找断层,在进行老井复查、发现曹27断块有利构造的基础上,为评价曹27断块戴二段、戴一段高部位构造及含油气情况而钻探了油藏评价井曹62井。该井压裂投产戴一段的21~23号层,初期日产油5.1吨。曹62井所在断块年新增探明含油面积0.41平方千米,探明石油地质储量60万吨。2010年钻探评价井曹63井,评价落实曹1块戴二段第五砂层组和戴一段第二砂层组的构造及含油情况,该井钻遇油层1层1.5米,油水同层3层17.7米,试油未获工业油流。同时开展曹北断块的技术改造,挖掘其剩余油,钻探曹41井的更新井曹13-1井,该井投产后在戴二段井口日产原油能力6.3吨。曹7断块垛一段采油井侧曹19井实施电泵提液,井口日产油能力从4.3吨上升到10.3吨,日增产原油6.0吨。由于上述开发工作量的投入,油田年产油量有了一定幅度的提高(达到1.83万吨),但开发速度仍然偏低。2011年的主要工作:(1)采用常规井和侧钻井相结合,继续完善曹11断块、曹13断块东西两翼戴南组油藏的注采井网,挖掘构造高部位等的剩余油,年钻常规开发调整井5口(曹11-2、曹11-3、曹11-4、曹13-3、曹13-4井),侧钻井1口(侧曹40B井),投产油井6口(曹11-2、曹11-3、曹11-4、曹13-3、曹13-4、侧曹40B井),老井转注1口(曹57井)。其中曹11断块戴一段侧钻井侧曹40B井井口日产油能力8.9吨,证明开发28年的曹庄老区仍然具有较大的潜力。(2)加强开发动、静态研究,提高增产措施有效率。年实施老井调补层、压裂、下大泵增产措施9井次,有效7井次,年增产原油4132吨。通过上述工作,曹庄油田年产油量有了较大幅度的增长,自2006年以来首次年产油回升到2万吨以上。

截至2011年12月,曹庄油田共有采油井35口,开井21口,核实日产油水平70吨(同比上升18.8吨),年产油23169吨(同比上升4906吨),累积产油94.98万吨。动用储量采油速度0.44%(同比上升0.09个百分点),采出程度18.06%。见水井开井19口,综合含水87.21%。注水井10口,开井6口,日注水240立方米,年注水5.27万立方米,累积注水173.98万立方米。月注采比0.41,累积注采比0.44。2011年增建产能0.75万吨,年底核定年原油生产能力2.28万吨。

(梁楚勤)

【许庄油田】 许庄油田地理上位于江苏省扬州市江都区境内。油区内地势平坦,邻近有京沪高速公路和宁启铁路。构造位置在高邮凹陷南部,是由真1、真2两条大断层夹持的断阶带,北临高邮凹陷的樊川、邵伯次凹,南靠江都隆起,东邻曹庄油田,西望邵伯油田。其圈闭是被若干条北东(或近东西)、北西走向正断层切割而成的断鼻、断块构造。现已探明许4、许5-1、许19、许27、许33、许浅1、真18、真32、真43-2、真200共10个含油断块,许5-1、许浅1和许33断块是目前的主力含油断块。许庄油田含油层系为古近系垛一段、戴二段、戴一段、阜二段和阜一段。现探明含油面积4.42平方千米(2011年新增1.14平方千米),探明石油地质储量761万吨(2011年在真43-2断块和真200断块的戴一段分别新增27万吨和3万吨,在许33断块阜一段、阜二段新增113万吨)。其中主力含油断块许5-1、许浅1和许33断块的探明地质储量分别为189万吨、181万吨和113万吨。油田动用含油面积2.16平方千米(2011年新增0.27平方千米),动用石油地质储量486万吨(2011年新增55万吨)。注水储量346.4万吨(2011年在许27断块新增8.5万吨),可采储量81.2万吨(2011年在许27断块阜一段新增3.0万吨),采收率16.7%。许庄油田的勘探始于1977年,1979年2月真18井投入试采。由于初期没有形成规模产能,故只进行了较长期的零散井试采。到目前大致经历了试油和试采(1979年~2001年10月)、增储上产(2001年11月至目前)两个阶段。1977~1979年先后钻探了许1、真30等20多口探井,相继发现了真32、许4等6个含油断块的阜二段和阜一段油藏。2001年6月钻探预探井许浅1井,在垛一段试获日产8.8吨工业油流,从而发现了许浅1断块浅层垛一段油藏。2002~2003年开展了许浅1断块的产能建设,新建产能2.7万吨。同时通过对地震资料重新处理和老井复查,在老井许5井阜一段压裂后获日产5吨工业油流。于2003年钻探的许5-1井在阜一段获日产6.3吨工业油流,从而发现了许5-1含油断块。2005~2006年开展许5-1断块产能建设,新建产能1.5万吨。2008~2010年结合滚动扩边进一步完善许浅1断块、许5-1断块的注采井网。阶段钻开发井17口,投产油井13口,投(转)注水井8口。其中许浅1-21、许浅1-22井兼探许27断块阜一段均获成功。两井在许27断块阜一段钻遇油层分别为10层27米和7层23.8米,井口日产油能力分别为7.8吨和5.3吨,从而落实了许27断块阜一段油藏的含油面积(0.36平方千米)和地质储量(71万吨)。同时对机采井实施分类管理:如针对许浅1断块容易出砂的油井,除井下安装绕丝筛管、防气、防砂锚泵、采取复合防砂等技术外,还采用低冲次来减少地层激动出砂;对容易结蜡的油井则采取定期加药的方法,尽可能不洗井,防止地层出砂或造成地层污染;对许5断块原油黏度较大的油井,则采取电加热的方法进行开采。2011年许庄油田的主要工作:(1)在滚动中完善许27、许5-1断块的注采井网,钻采油井1口(许27-5井)、注水井2口(许27-1、许5-22井)、投(转)注水井2口(许27-1、许5-20井),其中许5-20井日注水量20~25立方米,完成地质配注任务,对应油井许5-7井等已见到了注水效果;而许27-1井泵压、油压、套压近于平衡,注不进水而完不成地质配注任务。(2)评价许9断块阜一段和泰一段、真43-2断块戴一段的油藏规模和油层分布状况,在许9断块和真43-2断块各钻油藏评价井1口(许9-1A和真43-3井),投产油井3口(许9-1A、真X43-2、真43-3井),真X43-2井投产戴一段井口日产油能力6.6吨,真43-2断块戴一段新增探明储量27万吨。(3)紧跟勘探步伐,在许33断块预探井许X33井试获工业油流后,及时将其投入试采,井口日产原油能力7.9吨。许33断块阜一、阜二段新增探明储量113万吨。

截至2011年底,该油田共有采油井41口,开井36口,核实日产油水平78.4吨(同比持平),核实年产油2.90万吨(同比上升0.21万吨),累积产油30.71万吨。动用储量采油速度0.60%,采出程度6.32%。见水井开井35口,综合含水50.12%,综合气油比90立方米/吨。注水井19口,开井19口,日注水256立方米,年注水11.72万立方米,累积注水69.22万立方米。月注采比0.93,累积注采比0.87。老井产油量自然递减率和综合递减率分别为3.17%和0.61%。年核减原油产能0.8万吨,年底核定年原油生产能力2.74万吨。

(梁楚勤)

【富民油田】 富民油田地理上位于江苏省扬州市江都区富民乡境内。地处里下河地区,地势平坦,地面海拔2米左右。构造位置在苏北盆地东台坳陷高邮凹陷深凹带中部,真2大断层和汉1大断层的下降盘。西接樊川次凹,东与刘五舍次凹相连。其圈闭是一个被断层和岩性复杂化了的向南倾的断鼻构造。含油层系为古近系垛一段、戴二段和戴一段。现探明含油面积4.36平方千米(2011年新增0.21平方千米),探明石油地质储量740万吨(2011年新增44万吨)。储量全部动用。注水储量388万吨(2011年新增34.6万吨),可采储量290.6万吨(2011年新增51.3万吨),采收率39.3%(同比上升0.5个百分点)。富民油田于1984年投入开发,由于新井的不断投入,原油产量持续增长,自1987年开始实施以主力断块细分层系开发、加密完善注采井网、改善注水开发效果为中心内容的综合调整。1993年实施主力断块富18断块的"控水稳油"综合治理和戴一段低渗储量整体水力压裂改造,成效显著。1994~1996年,在主力断块主力层系进入"三高"开发阶段后,通过调整井及滚动开发井的钻探,在富30断块戴一段开展低渗油藏小井距注水开发试验,在富48井戴一段开展单井二氧化碳吞吐采油试验,均取得较好的开发效果。1997~1999年开展二氧化碳单井吞吐和二氧化碳混相驱(富14断块)开发试验,见到了一定成效。但由于油水井井况日益严重,挖潜提液难度大,产量进一步递减。2002~2003年编制并实施《富民油田富18断块注采调整意见》,共完钻采油井4口、注水井1口,均获成功。2004~2008年陆续开展局部滚动开发、注采调整和综合治理,采用常规井、侧钻井和水平井相结合进一步挖掘剩余油,取得明显效果。2007年,钻水平井1口(富18平1井)、开发准备井1口(富43-1井),落实地质储量75万吨;2008年开展富43断块、富86断块、富30断块的滚动扩边和完善注采井网工作,完钻了富43-2井、侧富86井、富128、富129井。富43-2井投产初期日喷原油23吨,侧富86井投产初期日产原油10吨。同时以钻更新井为手段开展了富18断块的技术改造,实施更新井2口(富124、125井),均取得良好效果。富125井投产戴一段的72~73号层,初期日产原油13吨,富124井投产戴二段的92~93号层,初期日产原油9吨。但由于工作量投入偏小,油田产量没有较大增长。2009~2010年,在高精度三维地震资料的基础上,采用常规井和水平井、侧钻井相结合的方法,滚动落实富5断块、富5西断块、富43断块、富43北断块、富83断块、富86断块油藏的构造及含油规模,建立和完善其开发井网。阶段完钻评价井4口(富5-2、富43、富135、富86-1A井)、开发井11口,投产油井11口,投注1口(富43-5井)。其中以戴二段微型油砂体为钻探目标的富43平1井投产初期3毫米油嘴日喷无水原油23.8吨。同时进一步完善和重构富14断块、富18断块、富30断块、富35断块、富43断块、富46断块、富52断块、富126断块的注采井网,提高其储量动用程度,挖掘油藏剩余油。阶段完钻开发井21口,投产油井20口,投注4口(富35-2、富128、富132、富133井)。其中为挖掘富18断块戴二段第二砂层组第一油砂体高部位剩余油而钻的富18平3井钻遇油层厚(长)度143.4米,投产初期井口日产油能力15.2吨。2年富民油田共投产新井31口,新增核实日产油水平106吨。由于开发工作量的较大投入,富民油田年产油量连年大幅增长。2010年达到6.20万吨。

2011年的主要工作:(1)开展富南构造富5断块的滚动开发,继续采用常规井、水平井和侧钻井相结合的办法,进一步完善富5断块、富14断块、富30断块、富43断块、富83断块戴一段、戴二段、垛一段油藏的注采井网,挖掘微型油砂体等的剩余油,提高油藏整体储量动用程度和采收率。在富18断块戴二段油藏实施井网重组和细分层开发。年完钻开发井27口,其中水平井7口(富5平1、富14平2、富14平3、富18平5、富43平4、富43平5、富83平1井),侧钻井1口(侧富23井),常规开发井19口。投产油井20口(富5-4、富5-6、富5-7、富5平1、富14平2、富14平3、侧富23、富30-3、富43平4、富43平5、富71-2、富83-4、富83-5、富83平1、富137、富138、富144、富145、富146、富147井),其中为挖掘富43断块、富5断块垛一段微型油砂体(含油面积0.02~0.03平方千米,地质储量2万~2.8万吨)剩余油、提高采收率而钻的富43平5井、富5平1井,井口日产油能力都在20吨以上。富18断块戴一段西翼高部位的富83平1井,井口日产油能力也达19.8吨。富5-7井在构造东部的滚动扩边中钻遇戴一段第一砂层组油层1层5.9米,井口日产油能力16.3吨,富5断块新增探明地质储量20万吨。新投(转)注水井7口(富5-2、富5-5、富83-1、富83-6、富71-4、富142、富143井),新增日注水161立方米,新井年注水2.1万立方米,部分油井已见到了注水效果。(2)及时进行调补层、下大泵提液、卡堵水、大修等老井增产措施40井次(同比增加23井次),有效39井次,年措施增产原油14835吨(同比增产6836吨)。其中富14断块的侧富111A井补开强水淹油砂体(垛一段第五砂层组第九油砂体)顶部2.0米生产,日增产原油11吨,为富14断块垛一段下步调整提供了依据。注水井酸化、调补层增注措施3井次,全部有效,日增注水量42立方米,年增注水量3094立方米。开发调整工作量的投入,使富民油田年产油量连续3年上台阶。

截至2011年底,富民油田共有采油井103口,开井67口,核实日产油水平296.5吨(同比增产103.4吨),年产油8.16万吨(同比增产1.96万吨),累积产油210.57万吨。动用储量采油速度1.10(同比上升0.09个百分点),采出程度28.46%。见水井开井64口,综合含水84.13%。含水上升率为1.02。注水井32口,开井15口,日注水331立方米,年注水8.62万立方米,累积注水414.25万立方米。月注采比0.15,累积注采比0.47。2011年老区增建原油产能4.82万吨,核减原油产能0.8万吨,年底核定年原油生产能力10.97万吨。

(梁楚勤)

【周庄油田】 周庄油田即原来的周庄—宋家垛油田。它地理上位于江苏省扬州市江都区与兴化市交界处。构造位置在高邮凹陷东部吴堡—博镇断裂带中段吴①断层的下降盘(原周庄油田)与上升盘(原宋家垛油田)。含油层系为古近系垛一段、戴二段、戴一段、阜一段,上白垩系泰州组的泰一段、赤山组。周庄油田现探明含油面积5.25平方千米,探明地质储量943万吨,动用含油面积4.20平方千米,动用地质储量789万吨。可采储量226.9万吨(2011年新增可采储量8.5万吨),采收率28.8%(同比上升1.1个百分点)。

1979~1983年,通过周4、周20、周22、周15、新周6、周19等井的成功钻探,相继在下降盘戴一段获得工业油流,并利用天然能量投入开发,投产初期单井日产油9.2~27.3吨。1988~1991年该区作三维地震落实构造,其部署的周36井钻遇戴一段油层7层29.4米,投产初期日产油40.8吨。自1993年以后相继完钻了周36-1、周36-2等井,均在戴一段获得油层。2004~2005年选择周38断块、周20断块、周51断块和新周6断块作为周庄产能建设区块,完钻的10口开发井有9口钻遇油层。2006年周22井侧钻获得成功,初期日产油16.2吨。

上升盘泰一段油藏为屋脊式断块油藏,油层紧贴断层高部位呈条带状分布,低部位为水层。1991~1997年在该区三维地震资料基础上,相继探明周31、周41、周32-1、周44、周43共5个含油断块。由于不断滚动开发,产量不断上升,1997年产油达10.6万吨。1998~2001年由于没有发现新的含油区块,加上部分油藏原油性质较差,水线指进严重,老区调整挖潜措施工作量又少,导致产量递减。自2002年以来通过井网加密、滚动扩边和老井侧钻,年产油量逐年上升。2003年对周32-1断块进行井网加密,在周32断块进行滚动扩边,完钻常规开发井4口,均获成功。此外,老井侧钻效果显著,侧周41-4井初期日产油17.5吨。2003年全油田通过新井和侧钻井,比2002年多产油1.05万吨。从2004年第四季度开始,将周43断块的综合调整纳入周庄产能建设项目中,部署的3口常规开发井和3口水平井均获得成功。

2006~2010年,在周庄油田利用水平井、侧钻井和常规井相结合进行调整挖潜均获得较好效果。其中周

32 平 2 井井口日产油能力 14 吨，侧周 44、侧周 22、侧周 32－13A、侧周 22－4B、侧周 36－4、侧周 43－2 井单井井口日产油能力在 8.6～18 吨之间。周 44－3A、周 44－4、周 43－14 井单井井口日产油能力都在 10 吨以上。同时开展周 61 断块的开发建设和周 60 北断块的滚动评价，2 口探井（周 X60、周 X61 井）投产初期井口日产油能力都在 7 吨以上，在周 60 北断块完钻评价井 1 口（周 60－2B 井）、开发井 1 口（周 60－1 A 井）。

2011 年的主要工作：（1）继续采用水平井和侧钻井，挖掘周 43 断块、周 44 断块和周 32 断块泰一段油藏，周 36 断块和周 22 断块戴一段油藏的剩余油，提高其采收率。年钻水平井 6 口（周 43 平 4、周 43 平 5、周 43 平 6、周 43 平 7、周 43 平 8、周 43 平 9 井），钻侧钻井 5 口（侧周 22－2A、侧周 32－14A、侧周 32－16B、侧周 36－4A、侧周 44C 井），投产油井 10 口（周 43 平 4、周 43 平 5、周 43 平 6、周 43 平 8、侧周 22－2A、侧周 36－4 A、侧周 43－12A、侧周 32－14A、侧周 44C、周 43－15 A 井），周 43 断块泰一段油藏的 4 口水平井井口日产油能力在 12.1～17.9 吨之间。周 43 断块、周 44 断块泰一段油藏的侧钻井井口日产油能力都在 10 吨以上，周 36 断块戴一段油藏的侧钻井井口日产油能力 7.8 吨。新井年产油合计 16127 吨。（2）年进行老井调补层、卡堵水、防砂增产措施 14 井次，全部有效，年增产原油 5167 吨。

截至 2011 年底，该油田共有采油井 92 口，开井 43 口，核实日产油水平 133.2 吨，年产油 5.59 万吨（同比增长 0.69 万吨），累积产油 166.40 万吨。采油速度 0.71%（同比上升 0.09 个百分点），采出程度 21.09%。见水井开井 43 口，综合含水 88.02%。含水上升率 1.42。2011 年老区新增原油产能 0.84 万吨，核减原油产能 0.7 万吨，年底核定原油年生产能力 4.17 万吨。

（梁楚勤）

【联盟庄油田】 联盟庄油田地理上位于江苏省扬州市江都区西北约 20 千米的昭关乡境内。地处苏北里下河地区，地势平坦，地面海拔 2 米左右。构造位置在高邮凹陷深凹带北侧汉留断层下降盘，东邻真武油田，西接马家嘴油田。联盟庄油田以联 10 井为界分东、西两区（联西区和联东区）。目前已投入开发的是联西区，其圈闭是一个被断层和岩性复杂化的向东南倾没的断鼻构造，构造轴向为近东西向。联盟庄油田含油层系为古近系垛二段、垛一段、戴二段、戴一段和阜二段。现已探明含油面积 6.38 平方千米，探明石油地质储量 447 万吨。动用含油面积 2.88 平方千米，动用储量 298 万吨。可采储量 35.4 万吨（2011 年新增 2.6 万吨），采收率 11.9%（同比上升 0.9 个百分点）。注水储量 98 万吨。联西区主体部位于 1984 年 6 月投入试采，投产初期大多数油井均能自喷，产能较高，1985 年建产能 4 万吨。但由于天然能量不足，地层压力下降快，气油比上升，产量下降，油井一般试采半年后便不能自喷而转抽，因此 1987 年投入注水开发，见到了一定的注水效果，但由于油藏地质构造比较复杂，储层横向相变快，分层注水状况差，储量动用程度较低。由于当时认识上的偏差，1994 年底注水井全部停注，油田处于低速开采状态。联东区目前已完钻井 12 口，其中未下套管井 1 口，试油获工业油流井 6 口。自 1984 年 4 月联 2 井开始试采以来，先后投入试采井 5 口。该区断层发育，构造破碎，油层薄、分布零散，油藏天然能量差异较大，油井试油初期有一定产量，试采后地层压力下降、产量递减快，弹性产率低。2002 年为增加联 2 断块、联 4 断块的产量，设计并完钻联 2－1、联 4－1、联 4－1A 井。其中联 4－1A 井投产初期获日产 18.9 吨工业油流。2009 年针对联盟庄油田联西区戴南组油藏饱和压力高、1994 年停注后地层压力不断下降、长期处于有采无注的溶解气驱状态和开发效果差的实际，经反复论证，将停注 15 年之久的联西区恢复注水，重建注采井网。投（转）注了联 36、联 37、联 3－3 共 3 口注水井，使油层压力稳步回升。2010 年根据联西区戴南组油藏恢复注水后油藏压力逐步回升的实际，及时将关井 20 个月的对应油井联 24 井恢复生产，井口日产原油能力 8.1 吨。对联 32 井补层合采，井口日产油能力从 0.5 吨上升到 6.7 吨。

2011 年的主要工作：（1）紧跟勘探步伐，将获得低产工业油流的预探井联 X38 井投入试采，井口日产原油能力 5.5 吨，为联 38 断块后续勘探开发提供了依据。（2）以常规井为主，兼用侧钻井重构、完善联 6 断块、联 7 断块、联 30 井区戴南组戴一段、戴二段油藏的注采井网，开展联 38 断块油藏评价，落实其断层—岩性油藏的规模。年钻评价井 1 口（联 38－1 井），开发调整井 7 口（联 6－1、联 6－2、联 7－4、联 7－5、联 7－6、联 7－7、联 7－8 井），侧钻井 2 口（侧联 3、侧联 X30 井）。投产油井 6 口（侧联 3、联 6－1、联 6－2、联 7－4、联 7－8、侧联 X30 井）。其中侧联 X30 井井口日产原油能力 28.5 吨以上，并已稳产 3 个月。（3）年进行老井调补层增产措施 4 井次，有效 3 井次，年增产原油 1375 吨。

截至 2011 年 12 月，联盟庄油田共有采油井 22 口，开井 12 口，核实日产油水平 54.3 吨（同比上升 40.2 吨），年产油 1.10 万吨（同比上升 0.71 万吨），累积产油 30.58 万吨。动用储量采油速度 0.37%（同比上升 0.24 个百分点），采出程度 10.26%。见水井开井 9 口，综合含水 32.07%。综合气油比 60 立方米/吨。注水井 6 口，开井 1 口，年注水 7697 立方米，累积注水 43.76 万立方米。月注采比 0.01，累积注采比 0.49。累积亏空 44.85 万立方米。2011 年老区新增原油生产能力 0.63 万吨，年底核定年原油生产能力 1.0 万吨。

（梁楚勤）

【徐家庄油田】 徐家庄油田地理上位于江苏省扬州市江都区境内。构造位置在苏北盆地东台坳陷高邮凹陷深凹带东南侧,东北面为周庄油田,西面为肖刘庄油田,北与富民油田毗邻。其圈闭是真2号断层下降盘的一个断鼻和断背构造。含油层系为古近系垛一段、戴二段、戴一段和阜一段。现探明含油面积1.5平方千米,探明石油地质储量341万吨,动用含油面积1.3平方千米,动用石油地质储量273万吨。注水储量139万吨,可采储量81.5万吨(2011年新增1万吨),采收率29.9%(同比上升0.4个百分点)。1983年11月富11井戴一段首先投入试采。1987年在0.5千米×0.5千米二维地震测网的基础上,对徐家庄构造重新认识。经钻探的纪4、纪5、纪5-1井获得高产工业油流,发现了含油面积小、储量富集的垛一段与戴二段油藏。1991年完成三维地震并对富11断块戴一段低渗低产油层进行整体压裂改造动用和注采井网的完善工作。此后相继完钻的调整井徐20、徐20-1、徐24、徐25、徐25-1、徐26、徐28、侧纪4井都取得了较好的调整效果。由于主力层系高速开采,油田较早进入“三高”开发阶段,含水上升快,产量下降大。自1998年以来,实施单井二氧化碳吞吐,取得明显成效。2001年侧徐22井的钻探成功,展示了该区滚动增储的潜力。2002~2007年实施3口侧钻井和2口常规井挖掘井间剩余油,效果较好。2009~2010年在徐7断块构造高部位钻探了徐31井,在真2断层上升盘发现了阜一段油层,新增地质储量68万吨。为落实徐31断块阜一段油藏西部构造及含油情况,兼探控油断层外推情况,继而钻探了评价井徐31-1井,该井钻遇油层1层4.0米,油水同层6层39.5米。因在阜一段第9、10号层试油时产出二氧化碳气体而暂闭。同时进一步完善纪5断块垛一段油藏的注采井网,转注了徐11井。

2011年的主要工作:(1)采用水平井开发徐7断块南部高部位垛一段、戴二段油层,钻探水平井2口(徐7平1、徐7平2井),两口井井口日产原油能力都在7吨以上。(2)进行老井增产措施4井次,有效2井次,年增产原油674吨。

截至2011年底,全油田共有采油井18口,开井4口,核实日产油水平10.7吨,年产油4821吨(同比上升2035吨),累积产油71.57万吨。动用储量采油速度0.18%(同比上升0.08个百分点),采出程度26.22%。见水井开井4口,综合含水82.61%。注水井2口,年注水1499立方米,累积注水95.55万立方米,累积注采比0.29。2011年老区新增原油生产能力0.3万吨,年底核定年原油生产能力0.52万吨。

(梁楚勤)

【安丰油田】 安丰油田地理上位于江苏省东台市安丰镇境内。油区地势平坦,地面海拔2米左右。构造位置在苏北盆地东台坳陷海安凹陷富安次凹的西北坡,安曹断裂带的西南端。其圈闭为安丰大断层上升盘的一个屋脊状断鼻构造。含油层系为上白垩系泰州组的泰一段。现探明含油面积2.30平方千米,探明石油地质储量284万吨,全部动用。可采储量68.1万吨,采收率24.0%。安丰油田构造较完整,油层受构造和岩性双重因素控制,沿断层呈长条状分布。沿断层屋脊分布有两个高点,埋深均为-2270米。高部位油层发育,储量富集。但原油物性较差,具有“三高一低”(高含蜡、高凝固点、高黏度、低溶解气油比)的特点。安丰油田于1984年发现,1987年11月投入开发,共分2套开发层系,采用天然能量开发。各套层系虽有一定的边、底水能量,但由于原油黏度高,天然水驱波及系数低,水驱效果差,加上部分油层能量不足,故油田开发速度较低。自2000年以来,利用水平井及老井侧钻挖掘剩余油改善油田开发效果获得较大成功。其间的2002~2003年在开展安丰油田地质再认识及油藏工程评价的基础上,编制和实施《安丰油田开发调整方案》。安丰16井的钻探成功,扩大了该油田的含油面积。安丰平1井投产初期日产油53吨,使安丰油田年生产能力由0.7万吨恢复到2.7万吨。2005~2007年完钻并投产了7口侧钻井。其中2007年在构造东部泰一段油藏高部位完钻并投产的2口侧钻井(侧安丰15、侧安丰14B井),合计井口日产油能力13吨。2008年钻评价井1口(安丰18A井),滚动评价安丰油田东部泰一段第三砂层组油藏构造,同时钻调整井3口(安丰19、安丰20、安丰21井),进一步完善泰一段第一砂层组油藏的注采井网,挖掘构造高部位剩余油。投产油井3口(安丰18A、安丰20、安丰21井),初期井口日产油合计27吨,显示出较好的调整潜力。2009年进一步完善泰一段油藏注采井网,挖掘高部位的剩余油,完钻并投产油井4口(安丰22、安丰23、安丰24、安丰26A井)。

2011年的主要工作是加强生产管理,年进行老井调补层增产措施3井次,全部有效,年增油1616吨(同比增产1585吨)。

截至2011年底,该油田共有采油井30口,开井13口,核实日产油水平21.4吨(同比上升6吨),年产油0.73万吨,累积产油51.82万吨。动用储量采油速度0.26%,采出程度18.25%。见水井开井11口,综合含水92.07%。注水井2口,全部关井。累积注水10.11万立方米,累积注采比0.05。2011年底核定年原油生产能力0.72万吨。

(梁楚勤)

【邵伯油田】 邵伯油田地理上位于江苏省扬州市江都区邵伯镇境内,构造位置在高邮凹陷深凹带西南部的真2号断层下降盘。其圈闭为一个被断层复杂化的断鼻构造。现已探明邵8、邵9、邵14、邵16、邵17五个含油断块。共钻遇古近系垛一段、戴二段和戴一段3套含油层系。油藏类型为受断层和岩性控制的构造岩性油藏。1985年钻探邵8井,在戴一段发现油层2层7.4米,从而发现了邵伯油田。1989年钻探邵9井,垛一段测井综合解释油层1层2.6米,油水同层1层2.8米,并于1990年上报石油探明地质储量40万吨。2008年探明邵14断块戴二段油藏,增加探明含油面积0.73平方千米,探明石油地质储量126万吨。2009年钻预探井邵16井和油藏评价井邵17井,发现了邵16断块和邵17断块。截至2011年底,邵伯油田累计探明含油面积2.30平方千米(2011年新增0.87平方千米),探明石油地质储量259万吨(2011年在邵16断块和邵17断块戴二段油藏新增33万吨和60万吨)。动用含油面积1.56平方千米(2011年新增0.50平方千米),动用储量166万吨(2011年新增60万吨),标定可采储量47.9万吨(2011年邵9断块垛一段油藏新增可采储量1.1万吨,邵17断块戴二段油藏新增可采储量6.1万吨,合计年新增7.2万吨),采收率28.9%。注水储量43万吨。

2011年的主要工作:(1)滚动建立邵17断块戴二段的开发井网,钻探了滚动扩边井邵17-1、邵17-2A井。邵17-2A井钻遇油层2层12.5米,井口日产原油能力12.2吨。邵17-1井钻遇油层2层7.5米,井口日产原油能力3.6吨。(2)进一步完善邵14断块戴二段高部位的开发井网,钻探了邵14-7井,该井钻遇油层7层34.4米,井口日产原油能力11.7吨。采用水平井挖掘邵7断块垛一段高含水油层高部位剩余油,钻探了邵14平4井,该井钻遇油层3层厚(长)度172.0米,井口日产原油能力15.1吨。(3)在预探井邵X20井试获工业油流后,及时将其投入试采,井口日产油能力10.3吨。但地层供液不足,产能下降快,为评价邵20断块含油气情况提供了依据。(4)年进行老井调补层、卡堵水增产措施3井次,全部有效,年增油519吨。

截至2011年底,全油田共有采油井18口,开井18口,核实日产油水平110.2吨(同比上升15.6吨),年产油4.01万吨(同比上升0.25万吨),累积产油22.81万吨。动用储量采油速度2.42%,采出程度13.74%。见水井开井10口,综合含水68.16%。年新建(增)原油产能0.99万吨(其中新区0.3万吨,老区0.69万吨),老区核减原油产能0.5万吨。年底核定年原油生产能力4.11万吨。

(梁楚勤)

【邱家庄油田】 邱家庄油田地理上位于江苏省扬州市江都区樊川镇境内。构造位置在高邮凹陷深凹带南侧真2号断层下降盘,西临樊川次凹,东为刘五舍次凹,南为竹墩构造,北为谢家河构造。其圈闭为多条断层切割形成的微幅度小断块构造。含油层系为古近系垛一段、戴二段和阜一段。1988年邱1井钻探成功,在古近系垛一段试获工业油流并投入试采,从而发现了邱家庄油田。该油田现已探明邱1、富12、侧富12、纪2共4个含油断块,探明含油面积1.45平方千米,探明石油地质储量242万吨。动用含油面积0.30平方千米,动用石油地质储量73万吨。可采储量7.3万吨,采收率10%。1991年在三维地震构造解释的基础上,邱3井相继钻探成功,在古近系戴二段试获工业油流。油田在开发中表现天然能量不足,生产层含水上升较快。2002~2005年在深入进行剩余油分布规律研究的基础上,利用侧钻井挖掘剩余油潜力,侧钻了侧邱1、侧邱2、侧邱3井,单井日产原油2.7~2.9吨。

截至2011年底,该油田共有采油井3口,核实日产油水平4.0吨,年产油2205吨,累积产油6.09万吨。动用储量采油速度0.30%,采出程度8.34%,综合含水66.76%。

(梁楚勤)

【梁垛油田】 梁垛油田地理上位于江苏省东台市梁垛镇境内。构造位置在海安凹陷丰北次凹的北部,安曹断裂带的西端。其圈闭为一被断层切割复杂化的鼻状构造。含油层系为古近系阜一段、上白垩系泰州组的泰一段。现已探明安12、安11两个含油断块,含油面积1.02平方千米,探明石油地质储量84万吨。动用含油面积0.66平方千米,动用石油地质储量44万吨。可采储量5万吨,采收率11.4%。注水储量21万吨(2011年新增注水储量21万吨)。2011年主要工作是将安12断块泰一段第一砂层组投入注水开发,转注了梁10-4井,日注水量21立方米,对应油井已见到了注水效果。同时加强生产管理,维护油井正常生产。

截至2011年底,该油田共有采油井6口,开井2口,核实日产油水平5.4吨。年产油1883吨,累积产油3.51万吨。动用储量采油速度0.43%,采出程度7.98%。年底核定年原油生产能力0.27万吨。

(梁楚勤)

【沙埝油田】 沙埝油田地理上位于江苏省高邮市东面约20千米的二沟乡和三垛乡境内。东邻花庄油田和瓦庄油田,南部为永安油田和富民油田。地处苏北里下河地区,河流较多,地势平坦。构造位置在东台坳陷高邮凹陷北部斜坡带中部,东邻溱潼凹陷,西靠菱塘桥低凸起,南与通扬隆起以边界断层相接,北以缓坡与柘垛低凸起接壤。其圈闭是由多条北东(或近东西)走向的北倾反向正断层切割阜宁组地层而形成的断块群。沙埝油田于1959年开始油气勘探,地质部相继完钻14口探井,除苏3井外,其余井均见不同程度的油气显示,其中苏122井和苏156井分别在戴一段和阜三段试获工业油流。1980~1991年间,江苏石油勘探局共实施钻探沙1井等6口探井,均有不同程度的显示,但都未获工业油流。1994年完钻沙7井和沙11井,分别在阜三段试获日产34.9吨和26.4吨的工业油流。由此发现了沙7含油断块,揭示了阜三段是该区的主要含油层系之一。1996年6月在沙14断块构造高部位钻探的沙14井,在阜三段试获工业油流,由此发现了沙14含油断块。1998年上半年成功钻探沙19、沙20井两口探井,在阜三段油藏基础上首次发现阜二段、阜一段油藏,由此发现了沙19、沙20西两个含油断块。在1999~2004年间,沙21、沙22、沙23、、沙25、沙26等井连续获得成功,相继发现了沙20东、沙22、沙23、沙26等含油断块。2006年钻探沙49井试获工业油流,发现了沙49断块戴一段油藏。2007~2010年钻探沙52、沙53、沙59A、沙X61井,在阜三段油藏试获工业油流,发现了沙52、沙53、沙59、沙61含油断块。在高邮凹陷北斜坡带中部形成了大沙埝的滚动开发新局面。到2011年底已探明沙3、沙7、沙11-2、沙14、沙18、沙18-1、沙19、沙20西、沙20东、沙20北、沙22、沙23、沙25、沙26、沙30、沙32、沙33、沙36、沙40、沙42、沙49、沙52、沙53、沙54、沙59、沙61、发2、发6等含油断块。含油层系为古近系阜宁组的阜三段、阜二段、阜一段和戴南组的戴一段。探明含油面积24.28平方千米(2011年新增1.06平方千米),探明石油地质储量2477万吨(2011年沙54断块新增60万吨,沙59断块新增72万吨,合计新增132万吨),是江苏油田储量规模最大的油田。其动用含油面积18.70平方千米(2011年新增0.69平方千米),动用地质储量1962万吨(2011年沙18-1断块阜三段新增75万吨)。可采储量502.1万吨(2011年沙18-1断块阜三段新增可采储量16.2万吨),采收率25.6%。注水储量1514万吨(2011年沙18-1断块阜三段新增50万吨,沙26断块阜二段、阜一段新增5.9万吨,沙36断块阜三段新增10万吨,沙53断块阜三段新增10万吨,合计新增注水储量75.9万吨),是江苏油田主要产油区之一。

2011年沙埝油田主要工作:(1)完善沙7断块注聚合物驱的井网,钻探检查井1口(沙7-35井),进行密闭取芯检查阜三段油层的水淹状况。钻探沙7-6、沙7-8、沙7-12井的更新井共3口(沙7-36、沙7-37、沙7-38井)、注水井1口(沙7-39井)。沙7-33井已进入化学驱试注阶段,沙7-31、沙7-34、沙7-35井已进入注示踪剂阶段,部分对应监测井(沙7-3、沙7-36、沙7-38井)已见到示踪剂。(2)滚动落实沙18-1断块西部的构造和含油规模,完善该断块阜三段的开发井网,钻探采油井7口(沙18-5、沙18-6、沙18-7、沙18-8、沙18-9、沙18-10、沙18-12井),注水井1口(沙18-11井)。(3)在滚动中评价沙19断块西部、沙20断块东部、沙22断块、沙25-1断块、沙45断块高部位、沙61断块东翼油藏的构造和含油规模,建立和完善其开发井网。加密完善沙23断块北东部高部位、沙11-2断块、沙14断块阜宁组油藏的注采井网,挖掘其剩余油。全年完钻常规开发井(含评价井)13口(沙14-9、沙19-81、沙20-64、沙20-70、沙20-71、沙22-2、沙23-24、沙23-25、沙25-7A、沙25-8、沙25-9 A、沙25-10、沙61-1井),钻侧钻井3口(侧沙11-6、侧沙20-59、侧沙X22井),其中侧沙20-59井井口日产原油11吨。综上全年在上述区块投产油井21口,新井核实年产油8468吨。新投(转)注水井13口,开井12口,新增日注水平182立方米,新井年注水量4.64万立方米。其中沙25-1断块东翼的沙25-6井投注后,对应油井已见到注水效果。(4)加强对油藏开发动、静态资料的分析研究,提高老井措施有效率。年老井压裂、调补层、下大泵、卡堵水、大修增产措施39井次,有效36井次,有效率92.3%,年增产原油1.26万吨(同比上升0.04万吨)。其中根据硼中子测井资料,沙23断块阜三段采油井沙23-9井卡封主要出水层后,井口日产原油能力由2.9吨上升到8.0吨,含水从88%降到62.5%;沙26断块阜一段采油井沙26-24井补开弱水淹层后,井口日产原油能力由0.1吨上升到9.3吨。同时老井酸化、调补层增注措施5井次,全部有效,年增注水量1.81万立方米。由于措施得力,老井产油量综合递减率达到3.49%的较好水平。

截至2011年底,全油田共有采油井243口,开井199口,核实日产油水平535.4吨,年产油19.08万吨(同比上升1.32万吨),累积产油273.24万吨。动用储量采油速度0.97%,动用储量采出程度13.93%。见水井开井180口,综合含水71.00%。综合气油比29立方米/吨。注水井103口,开井87口,日注水2008立方米,年注水77.72万立方米(同比上升13.51万立方米),累积注水657.54万立方米。月注采比0.93,累积注采比1.02。2011年新建(增)年原油生产能力1.95万吨(其中新区1.53万吨,老区0.42万吨),老区核减年产能3.00万吨,年底核定年原油生产能力18.83万吨。

(梁楚勤)

【花庄油田】 花庄油田地理上位于江苏省扬州市江都区、高邮市及泰州市的兴化市境内,地处苏北里下河地区,地势低平、河汊众多。油区东侧连接盐淮连高速公路,西侧连接京沪高速公路。构造位置处于苏北盆地东台坳陷高邮凹陷北斜坡,南西面为富民油田,北西面与沙埝油田相望。其圈闭总体为一南倾宽缓鼻状构造,其内为被数条北东或近东西走向北掉反向弧形正断层与南倾地层切割形成的断鼻、断块群。含油层系为古近系戴南组戴一段和阜宁组阜三段。目前已探明的含油断块有花3、花6、花10、花12、花17、花24、花26

共七个含油断块(花3断块、花10断块、花24断块、花26断块分别位于江苏省扬州市江都区武坚乡、周西乡、黄思乡境内;花6断块、花17断块分别位于江苏省高邮市沙埝乡与汤庄乡境内;花12断块位于江苏省兴化市陈堡乡境内),探明含油面积11.03平方千米(2011年新增2.01平方千米),探明石油地质储量888万吨(2011年花26断块戴一段、阜三段新增216万吨)。动用含油面积2.25平方千米,动用石油地质储量275万吨。注水储量178万吨,可采储量63.9万吨,采收率23.2%。花庄油田于1995年发现,1997年投入开发。1965~1981年,地质部和江苏石油勘探开发会战指挥部在花庄地区相继钻探了苏8井、花1井等一批探井,分别在三垛组垛一段、戴南组、阜宁组地层录井见到油斑、油迹、荧光显示。1994年江苏石油勘探局在花庄地区完成三维地震勘探面积45平方千米,进一步落实了构造,并于1995~1996年先后钻探了花3、花3A、花4、花6井4口预探井。其中花3A、花6井分别在戴一段试获日产37.1立方米和28.2立方米工业油流,从而发现了花3断块、花6断块戴一段油藏。1996年5月花3A井率先投入戴一段试采,初期日产油35.7吨,同年实施“花庄油田花3断块开发概念设计”,先后投产了花3-1、花3-5A井,初期日产油35吨和20吨,1996年底花庄油田新建原油生产能力2.5万吨。1997年1月花6井投入试采,初期日产油17.5吨。花3、花6断块油井投产初期日产油水平较高,但由于地层压力下降大,生产井含水急剧上升,产量递减很快。到1999年11月,油田含水上升到83.67%,日产油水平也快速下降到5.6吨。1999年9月花6井不出油,关井停产。方案部署的未实施开发井也不再实施。1999年12月以后,只有花3-1井和花3A井在间抽生产,2002年11月花3A井关井停产。2004年2月侧钻井侧花6井投产,日产油5.6吨,日产水3.1立方米,含水35.9%,该井生产比较稳定,至2005年底还保持日产油4.2吨的水平。2006年钻探花X17井,在阜三段获日产7.3吨工业油流,发现了花17含油断块。在花6断块完钻开发井1口(花6-2井)。2007年开展花17断块新区产能建设,建立花17断块的开发基础井网,年完钻开发井21口,投产油井17口,投注注水井4口,新建产能3万吨。是年花庄油田核实日产油水平上升到73吨,年产油1.70万吨。2008年6月钻探花X24井,在戴一段获日产15.1吨工业油流,从而发现了花24含油断块。2009年开展花24断块新区产能建设,在滚动中建立其开发井网,年钻开发井3口(花24-3、花24-4A、花24-5井),投产油井5口(花24-1、花24-2、花24-3、花24-4A、花24-5井);同时继续完善花17断块的注采井网,投(转)注水井2口(花17-8、花17-36井)。利用侧钻井挖掘花3断块的剩余油潜力,完钻并投产侧钻井1口(侧花3-5A井)。年新增原油生产能力1.8万吨,核实日产油水平达到138吨,年产油上升到3.85万吨,动用储量采油速度1.40%。2010年采用水平井继续完善花24断块戴一段油藏高部位的开发井网,提高其储量动用程度。年完钻并投产水平采油井2口(花24平1、花24平2井)。花24平1井投产初期井口日产油能力14.9吨,花24平2井井口日产油能力稳定在25吨以上。同时加强老井增产措施,年增产原油2417吨。油田年产油上升到4.16万吨,动用储量采油速度提高到1.51%。

2011年的主要工作:(1)紧跟勘探节奏,在预探井花X26井、滚动评价井花X26-1井试油后,及时将其投入试采,井口日产油能力分别为3.9吨和9.7吨,为该断块的下步滚动提供了依据。(2)实施老井增产措施2井次,全部有效,年增产原油30吨。

截至2011年底,该油田共有采油井37口,开井29口,日产油水平91.1吨,年产油4.06万吨(同比下降0.1万吨),累积产油24.95万吨。动用储量采油速度1.48%,采出程度9.08%。见水井开井28口,综合含水59.20%。综合气油比10立方米/吨。注水井9口,开井7口,日注水平84立方米,年注水3.73万立方米。月注采比0.32,累积注采比0.33。年老区核减原油生产能力0.9万吨,年底核定年原油生产能力3.36万吨。

(梁楚勤)

【陈堡油田】 陈堡油田地理上位于江苏省兴化市陈堡乡、沈伦乡境内。地处苏北里下河腹部地区,地面水网密布。构造位置在高邮凹陷东部吴堡—博镇断裂带中段,吴①大断层上升盘。西南与周庄油田相连,西北临近刘陆次凹。目前已探明陈2、陈3、陈3-38三个含油断块。含油层系为古近系三垛组的垛一段、阜宁组的阜三段和阜一段、上白垩系泰州组泰一段和赤山组。现探明含油面积3.60平方千米,探明石油地质储量1612万吨,全部动用。注水储量901.3万吨(2011年陈3断块泰一段新增注水储量63.7万吨),可采储量626.9万吨(2011年陈2断块阜三段新增可采储量6.9万吨,陈3断块泰一段新增可采储量3.4万吨,合计新增可采储量10.3万吨),采收率38.9%(同比上升0.6个百分点)。陈堡油田的勘探始于1964年。1964~1974年,地质部在陈堡地区先后钻探了8口探井,其中有5口井在三垛组、戴南组、阜宁组地层见到油气显示。1975~1995年,江苏石油勘探局也在陈堡地区先后钻探了8口探井,其中有5口井在三垛组、戴南组、阜宁组、泰州组地层见到油气显示,但均未见工业油流。1995年在该区原有二维地震资料的基础上,进行了三维地震勘探,获得了品质较好的三维地震资料。1997年1月钻探了陈2井,在阜一段的电测解释第7号、8号层MFE测试获日产12吨工业油流,从而发现了陈2断块阜宁组油藏。1997年5月钻探了陈3井,在泰一段的电测解释第78号层与第76号层分别试获日产16.5吨与68.9吨的工业油流,从而发现了陈3断块泰州组油藏。1997年钻探陈3－1井,在陈3断块阜一段试获日产26.1吨的工业油流。1998年3月陈3－25井在陈3断块赤山组试获工业油流,同年4月陈2－6井在陈2断块阜三段试获工业油流。1998年底陈堡油田基本探明陈2断块和陈3断块的构造及含油层系,初步形成五套开发层系的基础井网并全面投入开发,投产油井50口,投(转)注水井2口,日产油802吨,当年建成30万吨年原油生产能力。1999年4月陈2断块阜一段第一砂层组投(转)注水井3口并实施早期分注,油层供液状况得到改善,当年陈2断块年产油达到12万吨的高峰。2001年陈3断块阜一段投入注水开发,同时对泰州组、赤山组油藏部分油井进行了适当提液。2003～2010年针对陈堡油田井网不够完善、储量动用不充分、部分油井含水上升快的情况,采用水平井和常规井相结合,注、采井别轮换等手段,在陈堡油田实施了以细分层开发,进一步完善各开发层系的注采井网,提高油田储量动用程度为主要内容的综合调整。同时通过钻更新井、侧钻井等手段,开展油田的技术改造,挖掘油藏的剩余油,取得了明显的开发调整效果。截至2008年已连续10年以约2%的采油速度年产原油30万吨以上,成为分公司年产油量规模最大的主力油田。自2009年起,由于陈3断块泰一段油藏、陈2断块、陈3断块阜一段油藏先后含水上升加快、套损井增多影响开井率等原因,年产油量开始下降到29万吨以下。

2011年陈堡油田的主要工作:(1)开展陈2断块阜三段细分层开发,继续采用水平井和常规井相结合完善陈3断块赤山组、泰一段的注采井网,挖掘微型油砂体等的剩余油,提高油藏整体储量动用程度。年钻开发调整井8口,其中水平井6口(陈2平3、陈2平4、陈2平5、陈2平6、陈3平13、陈3平16井),注水井1口(陈2－57井),常规采油井1口(陈2－56井)。侧钻井1口(侧陈2－30井)。投产油井8口,新井日产油水平69吨,年产油10859吨。其中为挖掘阜三段第一砂层组第七油砂体(有效厚度仅1.5米,石油地质储量4万吨,采出程度已达30%)而钻的陈2平3井钻遇油层4层,厚(长)度88.4米,井口日产原油能力9.3吨。投(转)注水井4口(陈2－6、陈2－57、陈3－23、陈3－94井),新井日注水平107立方米,年注水26096立方米。(2)实施老井酸化、调补层、下大泵、卡堵水等增产措施33井次,有效30井次,年增油1.37万吨。

截至2011年底,该油田共有采油井127口,开井115口,核实日产油水平639.1吨(同比下降42.4吨),年产油24.32万吨(同比下降1.94万吨),总递减7.4%。累积产油402.67万吨。动用储量采油速度1.51%,采出程度24.98%。见水井开井112口,综合含水66.22%。注水井49口,开井44口,日注水1045立方米,年注水46.87万立方米,累积注水307.22万立方米。月注采比0.50,累积注采比0.31。2011年老区新增原油生产能力2.58万吨,核减原油生产能力3.60万吨,年底核定年原油生产能力25.31万吨。

(梁楚勤)

【永安油田】 永安油田地理上位于江苏省扬州市江都区北东方向约22千米的永安镇境内,与高邮市接壤。地处苏北里下河地区,地势平坦,河流纵横。构造位置在苏北盆地东台坳陷高邮凹陷南部深凹带及北斜坡汉留大断层两侧。西为联盟庄油田,东为富民油田,南与曹庄、真武油田相望。其圈闭是一个被断层及岩性复杂化了的断块构造。含油层系为古近系的垛二段、垛一段、戴二段、戴一段。现已探明永2、永7、永7－15、永21、永22、永24、永25、永33、永35共9个含油断块。含油面积5.75平方千米,探明石油地质储量860万吨。动用含油面积3.61平方千米,动用石油地质储量565万吨。注水储量200.3万吨。可采储量185.7万吨(2011年在永33断块垛一段新增1.7万吨),采收率32.9%(同比上升0.3个百分点)。永安地区油气钻探工作始于1974年,1975年8月钻探永7井,在戴一段试获日产2.07万立方米工业天然气流,日产油2.6吨;同年11月钻探永9井,在戴一段试获日产油5.1吨低产工业油流;在垛一段试获日产32.8吨工业油流,从而发现了永7断块戴一段和垛一段油藏。1976年1月钻探永2－1井,在垛二段试获日产19.4吨工业油流,从而发现了永2断块垛二段油藏。1976年7月永2－1井率先投入垛一段试采,初期日产油14.8吨。1977年之后永2、永7、永9、永13井相继投入试采,试采初期均有一定的产能,但产量递减较快,一般在累积产油2000～3000吨后关井停产。1996年以后,永安地区的地震勘探技术和测井解释综合评价技术得到了提高,发现了一批低阻油层。永21井原解释为低阻储层的4号层,井口日产原油27.8吨。1997年钻探永24、永25井,分别在戴二段试获日产43.2吨和15.1吨的工业油流,从而发现了永24断块和永25断块戴南组的油藏。1997年永安油田投入开发,到年底投产油井10口,年产油上升到3.22万吨,当年建成年原油生产能力3万吨。1998年底永7断块投入注水开发。到1999年,油田投产油井18口,年产油5.78万吨。2000年编制实施《永安油田开发方案》,永21、永24、永25断块油藏边水能量较强,采取开发初期控制压差生产,中、高含水期提液稳产的开发方针;永7断块则采取人工注水和天然能量开发相结合的开发方式。自2000年起,永7断块戴一段第三砂层组投入全面注水开发,注采井网进一步完善。2002年油田进入高含水开发阶段后,对地层能量充足的高含水油井实施提液增产。2003年完钻了江苏油田首次自行设计和钻探的水平井永21平1井,初期日产油52.2吨。2004年完钻了永25平1井,初期日产油49.5吨。同时开始在永7断块采用进攻性措施改造储层,完善注采井网,改善储量动用状况和开发效果的综合调整。开发形势逐步得到好转。2005年底油井总数上升到35口,年原油生产能力达到9.2万吨。2006~2010年利用水平井、侧钻井与常规调整井相结合,进一步完善永7断块、永25等断块油藏的注采井网。挖掘永2断块、永21断块、永25等断块的剩余油,提高其储量动用程度。2007年钻探永X33井,在戴二段获日产18.8吨工业油流,发现了永33断块戴二段油藏。2008年开展永33断块的滚动评价,落实永33断块三垛组油藏的构造及储量规模。2009年钻探永X35井,在戴一段获日产6.3吨工业油流,发现了永35断块戴一段油藏。2010年开展永35断块、永36断块的滚动评价,落实其圈闭及含油性 ,在滚动中建立永35断块的开发井网,并将探井永X36井投入试采,井口日产原油能力9.6吨,为下步滚动评价提供了依据。

2011年永安油田的主要工作:(1)评价永7南断块垛一段、戴二段的含油性,年完钻并投产评价井1口(永40井),井口日产原油能力5.4吨,为永安油田垛一段油藏下步的滚动开发提供了依据。(2)利用水平井与常规调整井相结合挖掘永21断块、永7断块的剩余油。完钻水平井1口(永21平2井),常规调整井2口(永21-7、永7-26井),投产油井3口(永7-26、永21-7、永35-2井)。永35-2井投产初期井口日产油能力8.5吨。(3)在预探井永38井试获工业油流后,及时将其投入试采,初期井口日产油能力5.0吨,为永38断块进一步滚动评价提供依据。(4)年实施老井压裂、调补层、下大泵、卡堵水等增产措施20井次,有效15井次,有效率75%。年增产原油5406吨。

截至2011年底,该油田共有采油井80口,开井62口。日产油221.6吨,年产油8.57万吨,累积产油125.94万吨。动用储量采油速度1.52%,采出程度22.29%。见水井开井61口,综合含水85.71%。注水井12口,开井11口。日注水493立方米,年注水18.71万立方米,累积注水95.50万立方米。月注采比0.31,累积注采比0.18(同比上升0.02个百分点)。2011年老区增建产能0.18万吨,核减产能2.60万吨,年底核定年原油生产能力8.17万吨。

(梁楚勤)

【瓦庄油田】 瓦庄油田地理上位于江苏省兴化市刘陆乡,地处里下河地区,地势较低,构造位置在高邮凹陷北斜坡东部,东临陈堡油田,西为沙埝油田,是2002年发现的断块油田,2003年投入开发。瓦庄油田的油气勘探始于20世纪70年代初,国家计委地质局第五普查勘探大队先后钻探了东42井、东49井、苏128井等井,在阜宁组砂层地层中见到含油、油浸、荧光等不同级别的油气显示。1999~2000年江苏石油勘探局在该区部署了三维地震,满覆盖面积78平方千米,反射面元20米×20米,叠加次数30次。2002年经三维地震资料精细解释发现了瓦庄构造,同年10月钻探瓦X2井,经MFE测试折算日产油32.39立方米,从而发现了瓦2断块阜三段油藏。在瓦X2井钻探成功的基础上,2003年2月钻探了瓦X3井,试获日产19.9立方米工业油流,从而发现了瓦3断块阜三段油藏。2003年1月14日瓦X2井试采开始了瓦庄油田油气生产的历史。同年12月编制完成《瓦庄油田瓦2、瓦3断块开发初步方案》,方案采用“整体部署、重点控制、从已知井出发,按井组实施,及时调整完善”的开发原则,一套层系开发,注水开发补充地层能量。部署总井数21口,其中油井14口,注水井7口,设计新建原油生产能力4.62万吨。至2004年3月瓦庄油田完钻井16口,通过完钻井的砂层对比,发现瓦2断块高部位油层发育,阜三段第一砂层组和第二砂层组主体部位有效厚度分别达20米和25米,具备分层系开发条件。2004年4月编制完成《瓦2、瓦3断块开发初步方案调整意见》,共部署油井23口,注水井8口,设计新建原油生产能力7万吨。2004年8月钻探瓦X6井,经MFE测试折算获日产33.31立方米工业油流,发现了瓦6断块油藏。至2004年10月共投产油井28口,投(转)注水井9口,建成接转站1座、计量间5座、集输流程12.5千米、注水流程12千米、电力线路21千米、油区道路11.1千米,建成原油生产能力7万吨。2004年11月瓦6断块瓦6井投入试采。2005年5月编制完成《瓦庄油田瓦6断块初步开发方案》,瓦6断块油藏分阜一段和泰一段两套开发层系进行开发,投产油井13口,投(转)注水井1口,日产油92.7吨,建成原油生产能力3.14万吨。是年在瓦8断块、瓦10断块钻探瓦8井、瓦X10井,瓦8井在阜一段获日产3.5吨低产工业油流,瓦X10井在阜三段获日产5.3吨工业油流,从而发现韦8、韦10两个含油断块。2006年进一步建立和完善瓦6断块基础井网,年钻常规开发井14口,投产常规采油井17口,新投(转)注水井9口。在瓦6断块泰一段第二砂层组构造的高部位完钻了瓦6平1井,日产原油24.6吨,同时开展瓦10断块的滚动评价,在瓦10断块高部位钻开发准备井1口(瓦10-1A井)。2007~2008年采用水平井和常规井相结合进一步完善瓦2断块、瓦6断块的注采井网,着重补充瓦2断块水平井地层能量,提高油藏储量整体动用程度,阜三段第二砂层组水平井瓦2平1井投产初期井口日产原油能力10吨。瓦2平2井投产初期井口日产油14.5吨;投(转)注水井3口(瓦2-9、瓦2-26、瓦2-27井),瓦2-26、瓦2-27井对应的两口水平井(瓦2平1、瓦2平2井)已见注水效果;2009年开展以瓦2断块、瓦6断块细分层开发、完善注采井网为主要内容的综合调整和增建产能工作,年完钻调整井20口,投产油井15口,其中瓦6平3井投产初期井口日产油能力17吨。投(转)注水井5口,增建产能2.2万吨。同时在瓦18断块、瓦19断块分别完钻瓦X18、瓦X19两口预探井,分别在阜三段获得日产8.9吨和9.0吨工业油流。从而发现了瓦18、瓦19两个含油断块。同年开展瓦18、瓦19断块的滚动评价和新建产能工作,年完钻评价井4口,开发井2口,投产油井5口,新建产能0.7万吨。2010年开展以瓦2北、瓦2-12、瓦3、瓦6、瓦18断块细分层开发、完善注采井网为主要内容的综合调整和增建产能工作,在滚动中建立瓦19断块开发井网,年完钻常规开发井13口,水平开发井2口(瓦2平3、瓦19平1井),投产油井13口,投(转)注水井6口。增建年原油生产能力1.07万吨。至2011年底,瓦庄油田已探明瓦2、瓦2-12、瓦3、瓦6、瓦8、瓦10、瓦18、瓦19共8个含油断块。瓦2、瓦6断块是主力含油断块。含油层系为古近系阜宁组阜三段和阜一段,上白垩系泰州组泰一段。现探明含油面积6.60平方千米,探明石油地质储量802万吨。动用含油面积5.06平方千米,动用石油地质储量691万吨。注水储量547万吨(2011年瓦6断块阜一段新增注水储量4万吨),可采储量170.8万吨,采收率24.7%。

2011年主要开发工作:(1)实施瓦6断块阜一段第一砂层组细分层(上、下两套)开发,验证上套开发层系(第1到第4油砂体)边部油井产能,并完善其开发井网。年完钻常规开发井3口(瓦7-36、瓦7-37、瓦7-38井),投产油井2口(瓦7-37、瓦7-38井),两口井投产初期井口日产原油能力4.4~5.3吨。投(转)注水井2口(瓦X7、瓦7-36井)。(2)加强老井增产增注措施。年进行老井调补层、卡堵水、大修增产措施7井次,全部有效,年增产原油1522吨。注水井酸化等增注措施9井次,全部有效,年增注32853立方米。

截至2011年底,瓦庄油田共有采油井88口,开井78口。日产油水平167.5吨,年产油7.00万吨,累积产油64.20万吨。动用储量采油速度1.01%,采出程度9.29%。见水井开井74口,综合含水77.41%,综合气油比32立方米/吨。注水井39口,开井38口,日注水960立方米,年注水34.43万立方米,累计注水165.19万立方米。月注采比1.16,累积注采比1.00。2011年老区新增年原油生产能力0.3万吨,老区核减年原油生产能力2.00万吨,年底核定年原油生产能力6.86万吨。

(梁楚勤)

【新街油田】 新街油田地理上位于江苏省东台市境内。构造位置在海安凹陷新街次凹。2003年钻预探井台X5井,在泰一段获得日产6.1吨低产工业油流,从而发现了台5断块泰一段油藏。2004年在台5西块钻预探井台7井,在泰一段试获日产21.8吨工业油流,从而发现了台7断块泰一段油藏。目前发现的含油断块有台5断块、台7断块、安13断块。含油层系为上白垩系泰州组泰一段,储层岩性为砂岩。现探明含油面积2.97平方千米,探明石油地质储量200万吨。目前投入开发的台7断块,其圈闭是由南倾断层封挡而成的断鼻(阶)构造,系中、低孔中渗透层状砂岩油藏。其探明含油面积0.76平方千米,探明石油地质储量75万吨,全部动用。可采储量19.5万吨,采收率26.0%。注水储量67万吨。2006年在进一步落实台7断块构造的基础上,建立台7断块的开发基础井网,年钻开发井5口,全部投产。这标志着新街油田正式投入开发。2007年台7断块投入注水开发,投注了台7-2、台7-6两口注水井。2008年开展台7断块北部构造的滚动评价,进一步健全台7断块的注采井网。年钻评价井1口(台7-9井),钻开发井2口(台7-10、台7-12井)。投产油井1口(台7-9井),老井转注1口(台7-1井)。2009年实施台7断块的注采调整,年钻开发井1口(台7-13井),投产油井3口(台7-10、台7-12、台7-13井),投注1口(台7-11井),部分油井见到了较好的注水效果。2010年采用水平井和常规井相结合的办法,提高台7断块泰一段第二砂层组第一油砂体储量动用程度,完钻并投产常规开发井和水平井各1口。同时进一步评价落实台6断块阜一段油藏、泰一段油藏高部位含油气性,年钻评价井1口(台6-1井),该井未钻遇油层裸眼完井。

2011年新街油田的主要工作:(1)紧跟勘探步伐,及时将探井台14-1井投入试采,井口日产原油能力2.5吨,为下步滚动评价提供了依据。(2)年进行老井调补层、大修等增产措施3井次,有效2井次,年增产原油337吨。注水井增注措施2井次,全部有效,年增注水量3643立方米。

截至2011年12月,新街油田共有油井15口,开井10口,日产油水平17.5吨。见水井开井10口,综合含水77.27%。年产原油0.79万吨,采油速度1.05%。累积采油9.48万吨,采出程度12.64%。2011年核减原油产能0.6万吨,年底核定年原油生产能力0.77万吨。

(梁楚勤)

【李堡油田】 李堡油田地理位置位于江苏省海安县境内,构造位置位于苏北盆地东台坳陷海安凹陷海北次凹李堡构造带北部,北面与新街油田相望,是2006年发现、2008年新建产能并投入开发的油田。目前探明的含油断块为堡1断块。其圈闭是北倾地层与堡1断层遮挡形成的断鼻构造。油藏埋深2380~2520米,含油层系为上白垩系泰州组泰一段。储层岩性为三角洲前缘亚相沉积的砂岩,纵向上自下而上分为三个砂层组(泰一段第三砂层组、泰一段第二砂层组、泰一段第一砂层组)。自下而上砂层组沉积范围逐渐扩大,砂岩的粒度也由粗变细,单层厚度由厚到薄。为非统一油水界面的构造层状砂岩油藏。储层平均孔隙度21.2%,平均渗透率142.6毫达西。现探明含油面积1.15平方千米,探明石油地质储量190万吨,全部动用。注水储量57万吨,可采储量47.9万吨,采收率25.2%。2006年7月钻探预探井堡1井,在上白垩系泰州组泰一段MFE测试二开平均折算日产油25.19立方米,不含水。10月投产井口日产油能力11.5吨,含水6.6%。从而发现了堡1含油断块。2007年8月钻探开发准备井堡1-1井,同年10月投产泰一段电测解释第5~7号层,井口日产油能力10.9吨。2008年开展堡1断块新区产能建设,同年8月油田投入注水开发。到2008年12月,堡1断块共完钻井17口(其中采油井12口,注水井5口),投产采油井12口(其中常规采油井9口,水平采油井3口),投(转)注水井4口,新建产能3.6万吨。2010年继续完善堡1断块的注采井网,投产油井1口(侧堡1-2A井),井口日产油能力3.6吨。同时紧跟勘探的步伐,及时将探井堡5井投入试采,井口日产原油能力1.8吨。

2011年的主要工作是加强生产管理,年进行油井调补层增产措施1井次,年增产原油732吨。

截至2011年12月,李堡油田共有采油井15口,开井13口,核实日产油水平67吨,年产原油2.40万吨,采油速度1.26%。累积产油10.00万吨,采出程度5.26%。见水井开井13口,综合含水49.59%。注水井5口,开井5口,日注水110立方米,年注水4.74万立方米,累积注水13.09万立方米。月注采比0.74,累积注采比0.76。年老区核减原油生产能力0.60万吨,年底核定年原油生产能力2.20万吨。

(梁楚勤)

【朱家墩气田】 朱家墩气田地理上位于江苏省盐城市射阳县境内,构造上位于苏北盆地盐阜坳陷盐城凹陷南洋次凹深凹带,是江苏油田主要的天然气生产基地。其圈闭是由盐②、盐③两条北掉断层夹持所形成的南倾断鼻构造。该气田于1997年6月发现。现探明含气面积6.1平方千米,探明(国家储委审批为三级探明)天然气地质储量22.2亿立方米(其中待落实储量11.64亿立方米),动用天然气地质储量10.58亿立方米,标定可采储量7.62亿立方米,采收率72%。含气层系为古近系阜宁组阜一段和上白垩系泰州组泰二段。阜一段储层物性较好,平均孔隙度15.03%,平均渗透率111.8毫达西,属于中孔、中渗储层。泰二段储层平均孔隙度3.6%,平均渗透率0.135毫达西,属于致密储层。气藏地层压力36.87兆~40.24兆帕,地层压力系数0.94~1.03。地层温度119.8℃~136.02℃,地温梯度为3.22℃~3.58℃每百米,为正常的温度压力系统。天然气成分主要为甲烷,含量91.89%~96.12%,重烃含量低,为天然水驱次活跃受岩性影响的构造层状气藏。2003年5月第一口气井(盐城1-2井)投入试采。

2011年的主要开发工作:(1)根据市场需求,将气井轮流生产,保持油压,实现平稳供气。(2)做好现场数据采集和报表核实,扎实开展气田开发动态分析,及时调整和优化气井间开制度,结合气井泡沫排水采气,清除井筒积液,提高气层能量利用程度,延缓气井的产量递减速度,实行气田的科学合理开发。(3)强化"三基"工作,确保安全生产。从设备管理和人的主观因素两个方面入手,积极开展群众性的反"三违"活动。(4)建立健全规章制度,促进标准化管理,使职工养成了严谨的工作作风,推进团队整体素质的进一步提高。

截至2011年12月,该气藏共有天然气井4口,开井1口。日产气水平4.77万立方米,年产气3238万立方米,动用储量采气速度3.06%。累计采气2.3563亿立方米,动用储量采出程度22.27%。井口累计产油5582吨,累计产水2224立方米。2011年底核定年天然气生产能力0.5亿立方米。

(梁楚勤)

【黄珏油田】 黄珏油田地理上位于江苏省扬州市邗江区境内。构造位置在高邮凹陷西南部黄2断层下降盘,是一个被断层和岩性复杂化了的小断块油田。西北与马家嘴油田相邻,东与联盟庄油田隔湖相望,北东部面临邵伯次凹,南部为边界断层——黄2断层。含油层系为古近系三垛组垛一段、戴南组戴二段和戴一段、阜宁组阜一段和阜二段。现已探明黄3、黄6、黄8、黄53、黄76、黄88、方4、方5、方6、中港1共10个含油断块,探明含油面积12.38平方千米,探明石油地质储量1330万吨,全部动用。可采储量242.0万吨(2011年戴一段新增5.1万吨),采收率18.2%(同比上升0.4个百分点)。注水储量735.6万吨(2011年黄8断块戴一段新增30万吨、黄88断块戴一段新增43万吨,合计新增注水储量73万吨)。受沉积相控制,储层横向相变快,分布连续性差,油砂体钻遇率、注采连通率、水驱控制程度低,注水效果差成为制约黄珏油田注水开发效果的重要因素。自2001年以来,根据储层发育、分布特点,以缩小注采井距、加密注采井网为中心,辅以储层改造等多种技术措施,先后在黄8断块戴南组、黄53断块戴一段、黄3断块戴二段等油藏实施小井距注水开发试验,取得了良好的效果。2008~2009年开展黄88断块的滚动评价和新建产能工作,采用小井距(200米)、反七点法面积注采井网、早期注水补充油层能量的开发方式,将黄88断块主体部位投入开发,取得了明显的开发效果。2010年评价落实方4东断块、方4

西断块、方5断块、黄89断块、黄19断块的构造及含油气情况，在滚动中建立其开发井网。完善方4断块、黄88断块的注采井网。完成黄8断块戴一段，黄3断块垛一段、戴二段等油藏完善注采井网的后续工作，采用水平井挖掘黄8断块垛一段第六砂层组的剩余油。年钻评价井5口，开发井34口，投产油井36口，投(转)注水井8口。通过调整，黄8断块井口日产油水平由2009年12月的67.7吨上升到2010年12月的107.9吨。

2011年黄珏油田的主要工作:(1)在滚动中评价黄8断块黄13井区戴一段油藏的含油规模，完善其开发井网。年钻评价井1口(黄127井)，开发井1口(黄136井)。其中评价井黄127井钻遇油层1层，厚度5.2米。(2)采用水平井、侧钻井完善黄88断块戴一段第二砂层组油藏的开发井网，提高第一、三油砂体的储量动用程度;挖掘黄8断块垛一段第六砂层组微型油砂体顶部的剩余油，年钻探水平井3口(黄88平2、黄88平3、黄8平2井)，侧钻井1口(侧黄88-16井)。其中黄88平3井钻遇油层6层，厚(长)度244.5米。黄8平2井钻遇油层5层，厚(长)度181.8米。(3)开展黄8断块西北部的滚动开发，进一步完善黄8断块、黄88断块戴南组油藏的注采井网，年钻开发井7口(黄128、黄107、黄122、黄123、黄124、黄125、黄126井)。(4)全年在上述区块投产新井14口，新井年产油11495吨。其中评价井黄127井投产戴一段电测解释第11号层，井口日产油能力3.5吨。黄88平3井投产戴一段电测解释第9~11号层，井口日产油能力17.2吨。黄8平2井投产垛一段第六砂层组电测解释第13号层，为防地层出砂，控制压差生产，井口日产油能力7.4吨，含水39.9%。投转注水井6口(黄88-46、黄88-47A、黄88-48A、黄108、黄27-3、黄124井)。新井年注水2.18万立方米。(5)实施老井调补层、卡堵水、大修等增产措施19井次，有效16井次，年增产原油8151吨。老井补层增注措施1井次，年增注水量861立方米。

截至2011年底，黄珏油田共有采油井144口，开井122口，核实日产油水平288.4吨，年产油10.07万吨(同比上升1.01万吨)，累积产油114.85万吨。动用储量采油速度0.76%，采出程度8.63%。见水井开井91口，综合含水53.08%。注水井40口，开井31口，日注水602立方米，年注水20.92万立方米。月注采比0.81，累积注采比0.88。2011年老区新增年原油生产能力1.41万吨，老区核减年原油生产能力2.11万吨，年底核定年原油生产能力9.53万吨。

(梁楚勤)

【马家嘴油田】 马家嘴油田地理上位于江苏省扬州市邗江区公道桥乡境内。构造位置在高邮凹陷西南部、江都—吴堡—博镇断裂构造带的西南端，邵伯次凹西北斜坡上。其圈闭为一受构造及岩性控制的断鼻构造。构造东南紧临黄珏油田，东与联盟庄构造相邻，西靠赤岸油田，北临码头庄油田。含油层系主要为古近系戴南组戴二段和戴一段，次为古近系阜宁组阜二段、阜一段。现已探明马3、马8、马8-5、马8-9、马24、马31、马33、马35共8个含油断块，探明含油面积10.23平方千米，探明石油地质储量1000万吨。动用含油面积7.13平方千米，动用储量579万吨。可采储量118.9万吨，采收率20.5%。注水储量222.1万吨(2011年马35断块戴南组油藏新增注水储量22万吨)。马家嘴油田于1975年开始钻探，1981年6月钻探马3井在戴二段首次试获工业油流，1982年10月钻探马7、马8井成功，从而发现了马3、马8两个含油断块。1982年3月马3井首先投入试采，1989年马8断块、马3断块先后投入注水开发，见到了明显的注水效果。1992年年产油达到3.34万吨。此后由于勘探开发工作量投入相对不足，加上部分区块有效注采井网不完善，加速了老井产油量的递减。油田产油量总体呈下降态势，到2001年年产油降到1.25万吨。自2003年起逐步加大开发工作量投入，相继发现新的含油断块:2003年5月在马31断块钻探马31井，钻遇油层2层6.2米;2004年10月在马33断块钻评价井马33井，钻遇油层10层19.8米;2004年对马31断块实施滚动开发;2005年在马33南断块钻探马33-1井，钻遇油层4层10.6米;2006年在马35断块完钻评价井马35井，钻遇油层8层18.5米，以上井均试获工业油流。2006~2007年滚动开发马33断块、马35断块，实施马8断块加密完善注采井网。开发工作量的投入给油田注入了新活力，油田产油量连续6年稳中有升，2007年达到4.95万吨的高峰。2009年进一步完善马8、马3断块戴一段油藏注采井网，在马8断块戴一段油藏边部和内部完钻并投注注水井各1口(马8-19、马8-16井)，在马3断块戴一段油藏北西部老井转注1口(新马5-1井)。同时积极探索零散区块注水开发的有效途径，采用撬装移动式注水工艺，在马31断块戴二段第五砂层组腰部和边部投注注水井各1口(马31-3、马31-11井)，对应的马X31、马31-2井见到明显的注水效果。2010年继续完善马3断块、马31断块、马35断块戴南组油藏注采井网，首次将马35断块投入注水开发。年完钻开发井3口，投产油井2口(马35-7、马35-8井)，投产初期井口日产油能力分别为9.3吨和6.7吨。投(转)注水井4口。

2011年的主要工作:(1)利用侧钻井挖掘马31断块剩余油，投产油井1口(侧31-5井)。(2)进一步完善马35断块注采井网，老井转注1口(马35-6井)。(3)实施老井调补层等增产措施5井次，全部有效，年增油2016吨。

截至2011年底,该油田共有采油井60口,开井50口,日产油73.3吨,年产油2.86万吨,累积产油67.78万吨。动用储量采油速度0.49%,采出程度11.71%。见水井开井39口,综合含水73.2%。注水井23口,开井19口,日注水349立方米,年注水12.07万立方米。月注采比1.11,累积注采比0.77。2011年老区核减年原油生产能力0.35万吨,年底核定年原油生产能力2.77万吨。

(梁楚勤)

【码头庄油田】 码头庄油田位于江苏省高邮市西南方向的郭集乡境内,地处苏北里下河地区西缘。区域构造处于苏北盆地东台坳陷高邮凹陷北斜坡带西部,西为菱塘桥低凸起,东为车逻次凹,南临高邮凹陷深凹带,其圈闭系由一系列被断层切割的断鼻或断块组成。码头庄油田目前已发现庄2、庄5、庄13、庄14四个含油断块,庄2断块是主力断块。庄2断块位于码头庄断背构造南端,其圈闭为一被北东东向反向正断层切割而形成的较为平缓的长条形断鼻构造。码头庄油田含油层系为古近系阜宁组阜一段和阜二段。储集岩岩性为砂岩和碳酸盐岩两种。现探明含油面积4.51平方千米,探明石油地质储量654万吨。动用含油面积3.95平方千米,动用储量633万吨。注水储量612万吨(2011年庄13断块新增40万吨),可采储量153.9万吨(2011年庄13断块新增2.1万吨),采收率24.3%(同比提高0.3个百分点)。

码头庄地区的油气勘探始于上世纪70年代初。1975年江苏石油勘探开发会战指挥部开始在该地区开展石油勘探工作。1986年完成1000米×1000米的数字地震测网,1990年在构造北部钻探庄1井未获成功。1993年7月钻探预探井庄2井,在阜二段和阜一段发现了灰岩和砂岩油层,11月庄2井阜一段试获日产18.1吨工业油流。1994年1月在阜二段灰岩试获日产16.9吨工业油流,从而发现了庄2断块阜二段和阜一段油藏。1994年3月庄2井试采阜一段,初期日产油14.7吨。1994年10月编制完成《码头庄油田庄2断块布井意见》,开始了该油田的滚动开发和产能建设会战。至1995年底,共钻井42口,基本探明了庄2断块的构造及含油层系,上报探明含油面积2.5平方千米,探明石油地质储量491万吨,并形成三套开发层系的基础井网。投产油井32口,日产油210吨,年产油达到8.36万吨高峰,采油速度1.70%,建成了10万吨的原油生产能力。投(转)注水井5口,日注水252立方米,实现了该油田的早期注水开发。1996年3月编制完成《码头庄油田庄2断块开发方案》,1998年6月编制完成《码头庄油田庄2断块调整方案》,并予以实施。到1999年阶段投产油井29口,投(转)注水井9口,日产油198吨,日注水432立方米,年产油7.31万吨,采油速度1.49%。2000年10月庄2断块进行了第一次开发调整,编制和实施《码头庄油田庄2断块完善注采井网意见》,对主力层系阜一段第一砂层组和阜一段第二砂层组进行加密,并兼顾阜二段第三砂层组接替层系,井距由300~350米缩小到250~300米。2002年7月庄2断块进行了第二次开发调整,编制和实施《码头庄油田庄2断块调整效果评价及下步工作意见》,充分动用构造中部阜一段第一砂层组和阜一段第二砂层组的差油层,加强差油层的注水开发。2000~2005年间,庄2断块完钻新井22口,投产油井10口,投(转)注水井9口。日产油基本稳定在155吨以上水平,年产油保持在5.49万~6.38万吨。2007年实施庄2断块阜二段第三砂层组油藏中、西部的加密调整,进一步完善注采井网,完钻并投产油井3口(庄2-61、庄2-62、庄2-63井),投注1口(庄2-60井)。2008年进一步挖掘庄2断块阜一段第二砂层组构造中、低部位剩余油,进一步完善庄2断块阜二段第三砂层组的注采井网。完钻并投产油井1口(庄2-64井),老井转注1口(庄2-18井)。加强动态调配注水井(如庄2-17)分层注水量,使对应油井(庄2-47、庄2-34井)见到了控水增油的好效果。2009年开展庄13断块的油藏评价和新区产能建设,完钻评价井1口(庄13-2井),开发井9口,投产油井10口,新建产能1.6万吨。2010年在滚动中进一步落实庄13断块主控断层外推情况,建立和完善构造东部和高部位注采井网。年完钻并投产开发井5口,投(转)注水井4口。同时继续完善庄2断块阜宁组注采井网,补充阜二段第三砂层组油藏的地层能量,提高储量动用程度,落实构造腰部剩余油分布状况。年钻开发井7口,投产油井4口,投(转)注水井5口。

2011年码头庄油田的重点工作:(1)评价庄13断块南部构造及含油情况,年完钻并投产开发井2口(庄13-18、庄13-19井),都投产阜二段第三砂层组,庄13-18井井口日产原油5.1吨,含水38.6%;庄13-19井井口日产原油4.3吨,含水13.1%。(2)完善庄13断块的注采井网,老井转注1口(庄13-10井)。(3)实施老井压裂、调补层等增产措施15井次,有效13井次,年增产原油5570吨。

截至2011年底,全油田共有采油井59口,开井55口,日产油103.3吨,年产油4.24万吨,累积产油101.63万吨。动用储量采油速度0.67%,采出程度16.06%。见水井开井55口,综合含水82.06%。注水井29口,开井27口,日注水692立方米,年注水27.14万立方米。月注采比1.08,累积注采比1.18。2011年老区新增年原油生产能力0.21万吨,老区核减年原油生产能力0.8万吨,年底核定年原油生产能力4.01万吨。

(梁楚勤)

【卞东油田】 卞东油田位于江苏省金湖县境内淮河入江水道与高邮湖交汇处,1987年发现,1988年投入开发。该区地势平坦,地面海拔5~10米。构造位置处于苏北盆地东台坳陷金湖凹陷南部卞闵杨构造带中部。其圈闭为一北倾断鼻构造,内部被正断层切割分成卞1和卞13两个含油断块。含油层系为古近系阜宁组的阜二段和阜三段。现探明含油面积5.20平方千米,探明石油地质储量387万吨,全部动用。注水储量364万吨,可采储量53.1万吨(2011年阜二段新增1.7万吨),采收率13.7%(同比上升0.4个百分点)。

卞东油田的石油勘探始于1976年江苏石油勘探开发会战指挥部在该地区开展的区域地震勘探。1980年地质部在卞东构造的低部位钻探了地质普查井苏139井,在阜宁组发现油气显示。1987年5月江苏石油勘探局在卞东构造的高部位钻探定向预探井卞1井,在阜二段酸化后试获日产58.5吨工业油流,从而发现了卞东油田。1988年钻探卞13-1井,在阜二段试获日产30吨工业油流,发现了卞13含油断块。其后继续向构造东部滚动,共钻井7口,基本落实了该断块的含油面积和储量。1987年8月卞1井投入阜二段试采,初期日产油36.4吨,开始了卞东油田的油气生产史。1988年9月编制完成了《卞东油田初步开发方案》。1989年12月编写完成《卞东油田开发方案》。1988年9月注水井卞8井、卞9井试注,开始了油田早期注水开发试验,井组的生产井很快普遍见到注水效果,产油量上升。但由于大段笼统注水,开始暴露出阜二段低渗裂缝性油藏单层突进严重,含水上升较快的问题。到1990年6月,共投产油井33口,投(转)注水井9口,日产油225吨,日注水505立方米,采油速度2.12%,采出程度3.4%,综合含水30%。1991年5月全油田综合含水上升到50%左右,阶段含水上升率高达36.9%。为改善注水开发效果,相继开展了停注试验、脉冲注水试验、切割注水及调剖堵水等,但效果均不理想。油田产量依然大幅递减,1991~1993年油田的老井产油量自然递减率高达30%左右。1992年1月和3月相继完钻了密闭取芯检查井卞检1井和卞检2井。1993年与石油大学合作完成了《卞东油田开发调整方案》。将阜二段油层分为两个注水层系,形成四排切割注水井排,实施了4口注水井的分注,停注了2口注水井,转注了2口油井。油田产量快速递减的势头没有得到很好的抑制。自1996年起编制、实施《卞东油田综合治理方案》,在卞9井、卞12-3井采用聚丙烯酰胺—乌洛脱品—间苯二酚进行化学调剖堵水试验,效果不明显,加上大量的高含水井关井停产,没有改变产量递减的势头。在2000年后开始动用阜三段的储量,注水井卞7-2井转采阜三段,卞9-1井和卞9-3井对阜三段实施了补层措施,将卞4-2井转注,完善阜三段的注采井网。调整后阜三段日产油11吨左右,综合含水60%。同时实施了卞16井、卞17井2口常规调整井和开窗侧钻井侧卞13、侧卞6-4、侧卞13-6、侧卞14A、侧卞7-2井,挖掘油藏剩余油。同时实施了区块整体调剖,先后在卞8井、卞12-3井用钠土双液法堵剂进行调堵,油田开发的调整在一定程度上减缓了油田产油量的递减,但总体开发效果没能得到根本的改善,油田长期处于低速开发状态。

2011年卞东油田主要工作:(1)采用侧钻井挖掘卞7断块阜二段的剩余油,了解油层水淹状况。完钻并投产侧钻井1口(侧卞7井),日产油0.6吨,含水88.6%。(2)加强老井生产管理,实施老井调层补孔等增产措施2井次,有效2井次,年增产原油484吨。

截至2011年底,该油田共有采油井22口,开井13口,日产油17.2吨,年产油6384吨,累积产油43.95万吨。动用储量采油速度0.16%,采出程度11.36%。见水井开井13口,综合含水85.12%。注水井1口,日注水288立方米,年注水9.44万立方米。月注采比2.23,累积注采比1.00。2011年年底核定年原油生产能力0.71万吨。

(梁楚勤)

【杨家坝油田】 杨家坝油田地处江苏省金湖县境内的淮河入江水道与高邮湖交汇处。该区地势平坦,油田有三分之二的面积被高邮湖覆盖,地面施工条件差。区域构造处于苏北盆地东台坳陷金湖凹陷卞闵杨断裂构造带的中南部,其圈闭是被近东西向的杨1断层切割的北倾断鼻构造。含油层系为古近系阜宁组的阜二段和阜一段。已探明含油面积3.80平方千米,探明地质储量599万吨,全部动用。注水储量570.8万吨,可采储量149.5万吨(2011年阜一段、阜二段合计新增9.2万吨),采收率25.0%(同比上升1.6个百分点)。杨家坝油田的石油勘探始于1979年江苏石油勘探开发会战指挥部在闵桥、卞塘地区进行的模拟磁带地震勘探。1988年发现,同年10月投入开发。1987年5月在卞东油田以南的湖区、水陆过渡带和陆地作二维地震精查,发现了湖区的水下杨家坝断鼻构造。1988年6月在构造顶部的预探井杨1井完钻,在阜一段经酸化后试获日产13.3吨工业油流;随后在阜二段试获日产95吨工业油流,从而发现了阜二段和阜一段油藏。1988年的下半年又相继钻探了探井杨3井、杨4井和杨5井,基本落实了杨家坝油田的构造、储量规模和产能。1988年10月预探井杨1井投入阜二段油藏试采,初期日产油65.6吨,开始了杨家坝油田油气生产史。1990年实施《杨家坝油田开发方案》,分阜二段、阜一段两套开发层系,按照300~350米的三角形井网投入早期注水开发,到1990年底完钻各类井45口,投产油井29口,投(转)注水井10口,建成年生产能力7万吨。但由于阜二段储层裂缝发育,稳产期短,含水上升快,

1991年投入全面注水开发，1993年实施《杨家坝油田开发调整方案》，通过实施阜一段细分层系的综合调整和油井整体压裂改造措施，油田年产油在5万吨以上保持了4年，1995年产油最高达到5.79万吨。1997～2001年，杨家坝油田开发上暴露的矛盾日益突出：阜二段储层裂缝发育，全面注水开发后水窜严重，层系存水率低，对应油井含水上升过快，产量递减大；阜一段低渗储层吸水能力差，地层能量不断下降，油井压裂增产的有效期短；注水井多为大段合注，层间矛盾突出，储量动用程度低，且投入的钻井工作量少，只采取了少量的油层压裂改造和油井补层措施。全油田进入了产量快速递减阶段，日产油从128吨下降到94吨，2001年年产油下降到3.29万吨，年产油量综合递减率为11.76%。自2002年起编制并实施《杨家坝油田综合调整意见》，通过测陀螺测井找准关键井的实际地下位置。重点开展注采井网的调整完善和老井压裂、酸化、调补层、卡堵水、侧钻、分层注水等增产增注措施，不同程度地见到了调整效果。年产油从2001年的3.29万吨上升到2007年的4.94万吨，2006～2010年连续5年年产油保持在4万吨以上。

2011年的主要工作：(1)在阜二段第三砂层组油藏开展以提高非主力砂体动用程度为主要目的的开发调整，兼顾挖掘主力油砂体的井间剩余油；针对阜一段开发层系储层物性差、注水启动压力高等问题，实施缩小注采井距开发。年完钻常规调整井14口(杨48、杨48－2、杨48－3、杨50、杨50－1、杨50－2、杨50－3、杨51、杨51－1、杨51－2、杨51－3、杨52、杨52－2、杨52－3井)，侧钻井2口(侧杨3－3、侧杨4－1井)，投产油井13口，新井年产油3696吨。投(转)注3口(杨8－3、杨10－5、杨50井)，新增日注水平74立方米。实施结果证明阜二段第三砂层组油藏非主力油砂体水淹程度弱，地层压力低，产量下降快；而主力油砂体水淹程度、地层压力都较高，油井高含水，供液能力相对稳定。阜一段开发层系缩小注采井距开发效果待进一步观察。(2)年进行老井压裂、酸化、调补层等增产措施12井次，有效9井次，年增油3257吨。同时在杨10－3井实施交联聚合物凝胶调剖，效果待观察。

截至2011年底，全油田共有采油井64口，开井58口，日产油127.3吨，年产油4.74万吨(同比上升0.31万吨)，累积产油107.07万吨。动用储量采油速度0.79%，采出程度17.87%。见水井开井58口，综合含水79.17%。注水井29口，开井26口，日注水882立方米，年注水30.80万立方米。月注采比1.23，累积注采比1.23。老区新增年原油生产能力0.78万吨，年底核定年原油生产能力4.56万吨。

(梁楚勤)

【范庄油田】 范庄油田地理上位于江苏省盱眙县马坝镇境内，地处洪泽湖湖滨平原洼地，地势平坦，地面海拔20米左右。构造位置处于苏北盆地东台坳陷金湖凹陷西斜坡的泥沛—马坝构造带的北端。其圈闭为一被弧形断层切割形成的长条状单斜构造。含油层系为古近系阜宁组阜二段和阜一段。现探明范1断块、西1断块、戴三断块三个含油断块。探明含油面积4.2平方千米，探明石油地质储量516万吨，全部动用。注水储量314万吨，可采储量100.2万吨(2011年范1断块阜二段砂岩油藏新增可采储量5.3万吨)，采收率19.4%(同比上升1.0个百分点)。

范庄地区的石油勘探始于1976年4月地质部在范庄构造南端低部位钻探的苏77井。该井在阜二段底部生物灰岩和阜一段顶部砂岩的取芯和岩屑录井中见到良好的油气显示。1989年江苏石油勘探局采用二维地震发现了范庄、南湖断鼻构造。1990年12月在范庄构造钻探预探井范1井，在阜二段生物灰岩油层和砂岩油层分别试获日产7.9吨和8.65吨的工业油流，从而发现了范1断块阜二段油藏。1993年1月在范庄构造东北端钻探西1井，同年4月在生物灰岩油层MFE测试获日产10.39吨工业油流，发现了西1断块阜二段油藏。1998年4月在大程庄三维地震解释基础上钻探戴3井，同年6月试获日产5.17吨工业油流，发现了戴3断块阜二段油藏。1992年范1井、范3井、范4井、范5井、范9井等先后投入试采，开始了范庄油田油气生产史。到1992年11月共有试采井9口，日产油60.1吨。1992年12编制完成《范庄油田开发方案》，1993年范1断块全面投入开发。到1993年底，共有油水井20口，其中油井17口，年产油2.89万吨。建成年原油生产能力3.5万吨。1993年1月在范庄三维和崔庄三维工区结合部的探井西1井获得成功，同年4月阜二段生物灰岩试获日产10.39吨工业油流。1994年初编制《范庄油田西1断块滚动开发概念设计》，到年底，西1断块共投产油井7口，日产油35.7吨，年产油1.42万吨，建成年生产能力1.5万吨，基本达到方案指标要求。范庄油田共投产油井25口，投(转)注水井3口。年产油5.13万吨，建成年原油生产能力6万吨。1995～1997年范1断块基本实现了注采配套投入全面注水开发，注水井6口。范3、范17、范23三个井组的大多数采油井注水受效。1995年5月西1断块投注西11井。此阶段年产油稳定在4.5万吨左右。1996～1998年，西3井、范11井、范13井、范18井、范19井、范24井进行了微生物采油试验，1997年开展了注水提液试验。虽然取得一定效果，但由于油田平面和层间非均质性严重，注入水在纵向和平面上推进不均，造成部分油井高含水关井，加上基本没有投入钻井工作量，油田年产油量从1997年的4.4万吨下降到2000年的3.07万吨。2000～2002年编制和实施《范庄油田范1断块井网加密调整意见》、《范庄油田西1断块注采调整意见》,通过在断块高部位实施缩小井距加密调整,动用灰岩油层以提高储量动用程度,采用注水井分注或卡封以提高储量水驱动用程度;转注低部位高含水井以增加水驱方向;超声波解堵、优化抽油机工作参数以提高单井产能,通过上述综合措施提高了油田开发效果,2002年年产油上升到4.18万吨。在2003~2010年间,继续开展局部井网加密,范1断块西南翼范16、范3、范38井组注聚调剖试验、利用侧钻井挖掘井间剩余油、加强西1断块非主力砂体注水,改变水驱方向等。上述工作虽取得了一定效果,但仍然难以遏制油田含水上升、原油产量下降的势头。到2010年,油田含水上升到90.51%,原油产量下降到2.05万吨。

2011年范庄油田的主要工作:(1)继续挖掘阜二段砂岩油层的剩余油,提高灰岩油层的储量动用程度,取得了良好效果。年完钻水平采油井1口(范1平1井),常规井9口(范44、范45、范46、范47、范48、范49、范51、范54、范55井),投产油井9口,新井年产油2463吨。其中为挖掘阜二段构造低部位砂岩油层剩余油而钻的范54井,投产阜二段第三砂层组第1~2号油砂体,井口日产原油能力15吨,含水20%,说明该两油砂体水淹程度较弱,仍有较大潜力可挖。范46井在阜二段灰岩油层(电测解释第14号层)试获日产6.7吨无水工业油流,验证了灰岩油层的产能,为进一步提高灰岩油层的储量动用程度提供了依据。位于构造中部高部位的范45井投产阜二段第三砂层组第6号油砂体,井口日产原油能力4.3吨,含水10%,动液面接近油层中部,说明构造中部高部位非主力油砂体有一定潜力可挖,但油层能量不足。(2)加强生产管理,提高油水井生产时率,及时进行注采动态调配,控制含水上升速度。实施老井调补层增产措施3井次,有效2井次,年增油330吨。同时在范4井开展聚合物微球调剖试验,取得了良好效果。

截至2011年底,全油田共有采油井43口,开井41口,日产油64.4吨,年产油2.14万吨,累积产油65.93万吨。动用储量采油速度0.41%,采出程度12.78%。见水井开井40口,综合含水88.96%。注水井18口,开井17口,日注水628立方米,年注水24.07万立方米。月注采比0.93,累积注采比0.97。2011年老区新增原油生产能力1.38万吨,核减原油生产能力0.24万吨,年底核定年原油生产能力3.21万吨。

(梁楚勤)

【闵桥油田】 闵桥油田地理上位于江苏省金湖县闵桥镇境内,地处淮河下游、江苏省中部偏西地区。区域构造处于苏北盆地东台坳陷西部金湖凹陷下闵杨断裂构造带的东南部。其圈闭是被一系列北东向和近东西向断层切割而成的若干个断鼻和断块。自南而北以闵2断层、闵4断层为界划分为闵南、闵中、闵北三个断块区。目前探明的含油断块有闵35断块、闵8断块、闵31断块、苏93断块;闵4断块、闵4-1断块、闵7断块、闵16断块、闵16-3断块、闵19断块、闵19-3断块、闵21断块、闵22断块、闵23断块、闵24断块、闵24-1断块、闵24-2断块、闵24-14断块、闵28断块、闵33断块、闵38断块、闵40断块、闵40-19断块、苏85断块;闵15断块、闵17断块、闵18-10断块、闵20断块、闵20-17断块;塔1断块、塔5断块、塔7断块。含油层系为古近系阜宁组阜一段、阜二段和阜三段。储集岩岩性为砂岩和火山岩。现探明含油面积20.22平方千米,探明石油地质储量1762万吨,动用含油面积19.22平方千米,动用石油地质储量1691万吨(2011年核减动用储量71万吨)。注水储量756.9万吨,可采储量205.6万吨(2011年闵中断块区阜一段、阜二段新增可采储量3.6万吨,塔7断块阜三段核减可采储量7.1万吨,合计减少可采储量3.5万吨),采收率12.2%(同比提高0.3个百分点)。

闵桥构造的发现始于1974年国家地质总局的地震普查勘探。1975年国家地质总局在该构造西翼首钻预探井苏81井,在阜宁组阜二段生物灰岩油层试获日产24.7吨工业油流,从而发现了闵桥油田。到1978年国家地质总局在闵桥构造钻探的3口探井(苏85、苏93、苏106井)在阜三段砂岩储层中也相继试获工业油流。1978年10月江苏石油勘探开发会战指挥部在该构造进行钻探,至1979年10月初步探明了苏81、苏85、苏93、闵3、闵4等含油断块。到1988年卞东、杨家坝油田发现之前,闵桥油田的地质勘探没有大的突破。1989年江苏石油勘探局第二次上闵桥钻探,当年7月完钻了闵7井。该井在阜二段火山岩油藏获得日产33.8吨的高产工业油流。首次在苏北盆地发现阜二段火山岩高产油藏。1990年在闵南断块区、闵北断块区的闵14、闵15、闵16、闵18、闵19断块的钻探中也不断发现阜三段、阜二段、阜一段油层,从而证明阜三段、阜二段、阜一段油层是闵桥油田重要的含油层系。1991年4月江苏石油勘探局开展了以闵北为重点的勘探开发百日会战。1992年在闵28断块钻探的闵28井获得成功,该井在阜三段测试获日产15.4吨工业油流。自2000年以来,通过精细地层对比,并结合三维地震资料精细解释,重新落实了阜三段顶面构造,在闵中和闵北断块区陆续发现了闵21、闵24-1、闵24-2、闵18-10、塔1、闵16-3、闵40断块等一批阜三段含油断块,从而扩大了油田的规模,储量达到千万吨以上。闵桥油田的开发大致经过以下历程:1976年苏85井投入试采,日产油4吨。1979年闵4井、闵8井、苏106井先后投产,日产油7.4吨、7.8吨和2.4吨。1989年9月闵7井火山岩油藏投入试采,井口日产原油33.8吨,1991年开展以闵北为重点的勘探开发百日会战,到1991年底建成年原油生产能力9万吨。1992年闵28井投产后初期日产油33.7吨,证实了阜三段砂岩油层也是该区重要的含油层系。1992年编制实施《闵桥油田阜三段滚动开发概念设计》,对阜三段油藏实施了滚动开发。1992年闵桥油田年产油达到9.1万吨顶峰,基本探明闵中断块区砂岩和闵中、闵北断块区火山岩油藏的构造及含油规模,并形成两套开发层系的基础井网。1993年编制完成《闵桥油田火山岩油藏开发方案》。同年闵7断块阜二段火山岩油藏投入注水开发试验。由于阜二段火山岩油藏为裂缝油藏,注水开发后水窜严重,油井有效期短,随着注水前缘的突破后油井含水上升快,未投入注水开发的小断块因地层能量不足,产量递减快,多数油井因高含水关井或活动收油生产。1995年阜三段油藏投入注水开发,成效明显。闵28断块注水开发后闵28井日产油由8.1吨迅速上升到28.3吨,但含水上升快。1997年底编制实施《闵桥油田闵南断块区35断块阜三段布井意见》,在闵35断块钻探并投产了闵35-1井、闵35-3井和闵35-4井,3口井日产油10.4吨。但由于阜二段火山岩油藏油井递减幅度大,闵桥油田产油量呈递减趋势。2000年编制实施《闵桥油田闵中、闵北断块区滚动钻探目标研究》。2002年编制实施《塔1断块区开发概念设计》,在闵18、闵20和闵24断块开展产能建设,完钻油井35口,注水井12口,建成年原油生产能力4万吨。2004~2005年编制实施《闵杨产能建设油藏工程方案》,在闵40、闵35、闵4断块完钻油井22口,注水井7口,建成年原油生产能力1.7万吨。2006~2009年,在滚动落实闵24、闵35、闵40-19、闵42、闵44等断块的构造、储层和含油规模的同时,继续完善与建立闵4、闵18、闵20、闵23、闵23-3、闵28、闵35、闵40、闵40-19、塔7等断块的有效注采井网,实施注水井内移,缩小注采井距开发,提高储量动用程度;利用侧钻井挖掘闵4断块、闵15断块、闵18断块等的井间剩余油,见到了明显效果。平均年产油达到6万吨以上。

2011年,闵桥油田的主要工作:(1)开展塔5断块的油藏评价,落实其阜三段油藏的含油性,提高阜二段油藏储量动用程度。年钻评价井1口(塔5-2井)。(2)滚动落实闵8断块、苏93断块、闵25-1断块阜三段油藏的构造及含油性,完善闵40断块阜三段油藏的注采井网,提高其构造中、低部位的储量动用程度。采用侧钻井挖掘闵15、闵20、闵35断块油藏剩余油。年完钻常规调整井6口(闵8-3、闵8-4、闵25-5A、闵40-25、闵40-26、闵40-27井),侧钻井4口(侧闵15-9、侧闵20-11侧闵20-35A、侧闵35-3井)。投产油井8口(闵8-4、闵25-5A、闵40-25、闵40-26、闵40-27、侧闵15-9、侧闵20-35A、侧闵35-3井),新井年产油2883吨。老井转注1口(闵40井),新增日注水量20立方米。(3)年进行老井酸化、调补层增产措施8井次,有效8井次,年增产原油1192吨。老井增注措施2井次,日增注水量25立方米,年增注水量4681立方米。(4)开展套损原因和阜三段砂岩油藏注水开发油层出砂治理措施研究,并进入现场试验。

截至2011年底,全油田共有采油井141口,开井112口,日产油133吨,年产油4.61万吨,累积产油129.52万吨。动用储量采油速度0.27%,采出程度7.66%。见水井开井94口,综合含水78.38%。注水井48口,开井29口,日注水536立方米,年注水18.62万立方米。月注采比0.82,累积注采比0.52(同比提高0.02个百分点)。2011年老区新增年原油生产能力0.53万吨,核减年原油生产能力0.55万吨,年底核定年原油生产能力4.68万吨。

(梁楚勤)

【南湖油田】 南湖油田地理上位于江苏省盱眙县马坝镇境内。地处洪泽湖湖滨平原洼地,地势平坦,地面海拔20米左右。区域构造处于苏北盆地东台坳陷金湖凹陷西斜坡的泥沛—马坝构造带,西北为建湖隆起,东南临范庄油田,东为崔庄断背构造带。其圈闭为一个近北东走向、东南倾的长条状断鼻构造。含油层系为古近系阜宁组的阜二段和阜三段。现探明含油面积1.2平方千米,探明石油地质储量131万吨,全部动用。注水储量119.5万吨,可采储量23.5万吨,采收率17.9%。1988~1992年,在范庄—南湖地区作二维地震和高精度三维地震,落实了南湖断鼻构造。1992年4月在南湖断鼻构造的较高部位钻探了定向预探井南1井,同年9月MFE测试在阜三段电测解释第8、10、11号层试获日产25.3吨工业油流,在阜二段电测解释第18号层试获日产24.7吨工业油流,从而发现了南湖油田阜三段和阜二段油藏。1992年10月开始进行油藏早期描述工作,1993年3月完成《南湖油田布井意见》,随后开始滚动开发工作。1993年4月南1井开始阜三段油藏的试采,初期日产油10.1吨,开始了南湖油田油气生产史。1994年2月编制完成《金湖凹陷南湖油田开发方案》,到1994年底,投产油井9口,日产油29.1吨,建成年原油生产能力1万吨。1994年12月投入注水开发,投注南5井、南6井2口边部注水井,1995年8月投注南11井,地层压力下降趋势有所控制,油井动液面有所回升。此阶段初期油井陆续补开阜三段第四砂层组油层实施合层生产,日产油量逐步上升,1996年12月日产油达到33吨。但由于南湖油田主要采用边缘注水方式,注水量外溢大,水驱方向单一;并且油层存在不均质性,注入水水线推进不均,导致部分油井见水早,含水上升快,油藏整体存水率低。1999年9月,由于当时国际油价低迷影响了开发经济效益,注水井全面停注,加上没有新的工作量的投入,导致全油田地层压力、采油速度低,油田原油产量持续下降。2001~2002年针对这一特点编制实施《南湖油田注采井网调整方案》,进一步加密注采井网。在断块高部位投产加密调整井南13井、南14井,初期日产油分别为3.9吨和3.3吨。投注南15井,恢复南11井注水。2005～2009年加强对南湖条带状油藏剩余油分布规律研究,利用侧钻井挖掘南1、南3、南4井、南7井、南10井区的井间剩余油,取得了良好效果。侧南4井和侧南10井初期日产油分别为7吨和6.5吨。2010年完钻南5井(注水井)的更新井(南16井),实现注水井内移,完善构造南西翼的有效注采井网。

2011年的主要工作:(1)进一步完善构造南西翼和中部阜二段、阜三段油藏的注采井网,完钻并投产采油井2口(南21、南22井),钻探并投注注水井1口(南20井)。(2)加强生产管理,进行老井调补层等增产措施3次,有效2井次,年增产原油190吨。

截至2011年底,南湖油田共有采油井15口,开井13口,日产油14.3吨,年产油0.51万吨(同比上升0.1万吨),累积产油13.03万吨。动用储量采油速度0.39%,采出程度9.95%。见水井开井13口,综合含水85.74%。注水井5口,开井4口,日注水127立方米,年注水4.11万立方米,月注采比1.09,累积注采比1.24。2011年老区新增年原油生产能力0.09万吨,年底核定年原油生产能力0.58万吨。

(梁楚勤)

【**崔庄油田**】 崔庄油田地理上位于江苏省盱眙县与金湖县交界处。构造位置处于苏北盆地东台坳陷金湖凹陷西斜坡中部,西为南湖、范庄油田,北与刘庄—高集构造带相连,东邻三河次凹,南靠东阳次凹。其圈闭是受多期构造应力场作用形成的多断块构造。含油层系为古近系阜宁组阜三段、阜二段和阜一段。现已探明崔3、崔4、崔6、崔7、崔8、崔9、崔10、崔11、崔12、崔15、崔17、崔17－1、崔17－7、高13共14个含油断块,探明含油面积6.18平方千米,探明石油地质储量607万吨。动用含油面积6.04平方千米,动用石油地质储量600万吨。注水储量237.5万吨,可采储量98.8万吨,采收率16.5%。崔庄地区的石油勘探始于1973年地质部在崔庄地区实施的第一口预探井东39井。该井因钻探部位较低,未取得预期效果。1976年3月江苏石油勘探开发会战指挥部钻探了预探井崔1井,未试获工业油流。1986年钻探崔2井,在阜二段酸化后试获日产油29.2吨工业油流。1991年开始在崔庄地区部署三维地震。1993～1994年间,钻探预探井和评价井崔4井、崔5井、崔6井、崔7井、崔8井、崔9井、崔10井、崔11井、崔12井、崔13井和程1井,均获得工业油流。1993年3月钻探的崔6井获得较大成功,在阜三段、阜二段和阜一段试油,日产油分别为1.3吨、6吨和5.9吨。1993年6月成功钻探崔7井,电测解释阜二段和阜一段砂岩油层5层18.7米,试油射开阜二段和阜一段,日产油均为6.2吨,从而揭示了崔庄构造为具有三套含油层系的含油气构造。1995年5月完钻滚动开发井崔15井,在阜二段试获日产25立方米工业油流。1997年完钻高13井,2000～2002年为进一步落实构造,钻探了崔17、崔11－1和崔17－1井,在阜三段和阜二段均获工业油流。崔庄油田开发大致历程:1993年12月崔6井投入阜一段油藏的试采,初期日产油16.4吨。1994年年初崔7、崔7－1、崔6－3等井先后投入试采,对油田的储量分布、含油层系、生产特点和生产能力有了初步的了解。1994年2月编制完成《崔庄地区构造主体部位第一批井位部署意见》,1994年5月编制完成《崔庄油田滚动开发概念设计》,1994年10月以崔6断块为主体的崔庄油田产能建设会战建成年原油生产能力9万吨。1995年6月编制完成《崔庄油田开发方案》。1995年底,崔6断块主体注采井网基本形成,采用边内加边外注水方式分层系注水,共投产油井34口,投注注水井5口,对应油井开始见效,地层压力下降趋势得到控制,油井动液面有所回升,当年产油量达到6.15万吨的高峰。通过一年多注水开发,逐步暴露了砂岩储层非均质强、储量动用程度较差等问题,油田过早进入中含水阶段。为改善崔6断块注水开发效果,1997年编制完成《崔庄油田崔6断块调整意见》,对崔6断块阜二段、阜一段注采井网进行调整,钻探调整井1口,投(转)注水井4口,实施油井增产措施12口,减缓了产油量的递减速度。随着开发程度的深入,储层非均质性及裂缝的影响日益显现,崔6断块合采合注层间矛盾加剧、含水快速上升,产量递减加快,加上开发工作量投入少,1999～2001年,油田年产油从3.47万吨降到1.75万吨的低谷,2002～2004年徘徊在2万吨左右。2004年编制并实施《崔庄油田崔6断块调整方案》,到2005年底投产油井7口,转注注水井1口,实施油井增产措施5口。经过调整,崔6断块日产油从40吨上升到70吨左右,采油速度从0.78%上升到1.4%。同时对崔7、崔9断块进行了滚动完善,崔庄油田年产油从2001年的1.75万吨提高到2005年的3.26万吨,综合含水从68.7%下降到60.5%。2006～2009年,继续完善崔6、崔7、崔9断块的注采井网,加强对崔6断块阜一、阜二段油藏非主力层系的注水,缩小崔9断块的注采井距,进一步提高油藏的地层压力和储量动用程度。开展崔13断块的滚动和开发建设,将崔17、崔17－1断块投入注水开发。强化老井下大泵、调补层、酸化、卡堵水等增产措施,采用水平井挖掘崔6断块高部位剩余油,见到良好效果,年产油稳定在3万吨以上。2010年滚动完善崔9－8断块注采井网,落实其西部构造,完钻开发井1口(崔9－9井)。

2011年崔庄油田的主要工作:(1)评价崔17断块阜一段的含油性兼顾完善阜二段的开发井网。滚动完善崔 4 断块注采井网，落实其灰岩和砂岩油层的产量及储量规模，提高储量动用程度。利用侧钻井挖掘崔 9 断块崔 9 井至崔 9 - 1 井以西的剩余油。完钻常规开发调整井 4 口（崔 4 - 2、崔 4 - 3、崔 4 - 4、崔 17 - 10A 井），侧钻井 1 口（侧崔 9 - 9 井）。投产油井 4 口（崔 4 - 2、崔 4 - 4、侧崔 9 - 9、崔 17 - 10A 井）。(2)将卡层后注不进水的崔 6 - 23 井转采，井口日产原油能力 6.7 吨。(3)全年实施老井酸化、调补层、换大泵等增产措施 12 井次，有效 9 井次，年增产原油 1821 吨。

截至 2011 年底，全油田共有采油井 59 口，开井 51 口，日产油 72.5 吨，年产油 2.87 万吨，累积产油 59.85 万吨。动用储量采油速度 0.48%，采出程度 9.98%。见水井开井 51 口，综合含水 84.92%。注水井 18 口，开井 17 口，日注水 505 立方米，年注水 17.40 万立方米。月注采比 1.01，累积注采比 0.84（同比提高 0.01 个百分点）。2011 年老区新增年原油生产能力 0.14 万吨，核减年原油生产能力 0.45 万吨，年底核定年原油生产能力 2.62 万吨。

（梁楚勤）

【高集油田】 高集油田地理上位于江苏省金湖县陈桥乡—金北乡境内。构造位置处于苏北盆地东台坳陷西部金湖凹陷西斜坡中部，北临刘庄油气田，南接崔庄油田，东与三河次凹相连，西与建湖隆起相望。其圈闭为在斜坡构造背景上被断层切割形成的断鼻、断块群。含油层系为古近系阜宁组的阜二段和阜一段。储集岩岩性为砂岩和碳酸盐岩两种。现探明含油断块为高 1、高 5、高 6、高 7、高 11、高 14、高 15、高 20 共 8 个含油断块，主力含油断块为高 6、高 7 断块。油田探明含油面积 9.35 平方千米（2011 年新增 1.05 平方千米），探明石油地质储量 994 万吨（2011 年新增 124 万吨）。动用含油面积 8.35 平方千米（2011 年新增 1.05 平方千米），动用储量 949 万吨（2011 年新增 99 万吨）。注水储量 760 万吨（2011 年高 7、高 11、高 20 断块合计新增注水储量 47 万吨），可采储量 273.2 万吨（2011 年新增可采储量 19.3 万吨），采收率 28.8%。高集油田的石油勘探始于 1975 年钻探的东 66 井，该井在阜二段油藏获日产 17.6 吨工业油流。1984 年江苏石油勘探开发公司在该区开展了二维地震工作，并相继钻探了预探井高 1、高 2、高 3 井。高 1 井在阜二段 MFE 测试日产油 3.7 吨，从而发现了高 1 断块阜二段油藏。1990 ~ 1992 年完成三维地震 75.36 平方千米。在三维地震和圈闭评价的基础上，1995 年 2 月钻探预探井高 6 井，同年 5 月在阜一段 MFE 测试日产油 11 吨，从而发现了高 6 断块阜宁组油藏，使高集地区的油气勘探获得突破性进展，拉开了高集油田滚动开发的帷幕。同年 6 月在高 7 井阜二段 MFE 测试日产油 6.3 吨，从而发现了高 7 断块阜宁组油藏。1996 ~ 2001 年经过对高集地区三维地震资料的重新解释，又发现了高 11、高 14、高 15 等有利圈闭。1996 年 10 月钻探高 11 井，在阜二段试获日产油 18.5 吨。2001 年钻探高 14 井、高 15 井，分别在阜宁组油藏试获日产油 17.1 吨和 10.3 吨，从而发现了高 14 和高 15 两个含油断块。高集油田的开发，大致经历了以下历程：1995 年 6 月高 6 井、高 7 井先后投入阜一段试采，初期日产油 23 吨和 24.7 吨，开始了高集油田油气生产史。1995 年 9 月编制完成《高 6、高 7 断块开发概念设计》，高 6 断块采用二套层系 400 米井距开发，高 7 断块采用一套层系 380 米井距开发。到 1996 年 6 月，高集油田共投产油井 28 口，日产油 316.3 吨，采油速度 2.18%，建成年原油生产能力 12 万吨。由于油井依靠天然能量开采，地层能量不足，产量有所下降。1996 年 6 月第一口注水井高 6 - 8 井投入阜二段试注。1996 年 12 月高 6 断块有 8 口注水井相继投（转）注。1997 年 3 月编制完成《高集油田高 6、高 7 断块开发方案》，高 6、高 7 两个含油断块均采用内部点状结合边部注水方式全面投入早期注水开发，使地层压力有所恢复，油井注水受效后原油产量稳中有升。自 1999 年 9 月起编制、实施《高集油田高 6 断块稳产方案》，重点对高 6 断块阜一段第二砂层组层系进行注采井网调整，通过全面注水开发调整，较好地保持了地层压力，保证了高集油田持续稳产。2001 年编制和实施《高集油田高 6 断块注采调整意见》，进行细分层开发。2002 年上半年编制和实施《高集油田高 7 断块补充调整方案》，在高部位剩余油集中的井区加密井网，增加 3 口油井和 1 口注水井。方案实施后，高 7 断块日产油由 65 吨上升到 80 吨以上。2002 年底编制和实施《高集油田高 11、高 14 断块开发概念设计》，高 11 断块、高 14 断块采用一套层系井网开发，投产油井 7 口，投（转）注水井 3 口，建成年原油生产能力 2 万吨。2003 年编制和实施《高集油田高 6 断块细分层系及滚动调整综合研究》，把高 6 断块阜一段第二砂层组、阜二段第三砂层组油层的非主力油砂体和未动用的阜一段第一砂层组作为一套层系进行了整体井网部署。2006 ~ 2010 年开展高 1 断块、高 14 断块、高 15 断块、高 19 断块的油藏评价，采用钻水平井、侧钻井和常规井方式，结合注采井别轮换，进一步完善高 6 断块构造较低部位及构造东翼阜一段第二砂层组层系、非主力层系、高 7 断块、高 11 断块、高 15 块的注采井网，挖掘高 6 断块、高 7 断块局部的剩余油，在套损井区钻更新注水井重建阜一段第一砂层组非主力层系的注采井网。及时进行注水井的分注和动态调配。综上，经过多次的开发调整，高集油田在年产油 10 万吨水平上稳产 15 年。2004 年年产油达到 14.19 万吨最高峰。

2011 年的主要工作：(1)采用钻水平井和常规井相结合的方式，进一步完善高 6、高 7 断块阜二段、阜一段油藏的注采井网，挖掘其剩余油，提高高 6 断块油藏稠油带的储量动用程度。年钻开发井9口(高6-104、高6-105、高6-106、高6平6、高6平8、高7-27、高7-28、高7-29、高7-32井)。投产油井11口,老井转注2口(高7-17、高7-25井)。其中高7断块构造高部位的高7-28井,投产阜二段第三砂层组油层,井口日产原油能力7.7吨;而构造低部位的高7-31、高7-32井则因高含水,初期产油量在4~5吨。从高6断块北东部高部位的高6-105井投产情况看,高6断块阜二段第三砂层组层间动用差异较大,第五油砂体水淹较强,动用程度较高;第二、三、四油砂体则反之。(2)完善高11断块、高15断块、高20断块阜二段油藏东、西两翼的注采井网,年钻开发井16口(其中采油井10口:高11-14、高11-18、高11-19、高11-20、高15-6、高20-2、高20-3、高20-8、高20-9、高20-11井;注水井6口:高11-17、高11-21、高11-23、高15-7、高20-1A、高20-12井),投产油井10口。其中高11断块构造高部位的高11-12、高11-14井和高20断块西翼的高20-8、高20-9、高20-11井投产初期井口日产原油能力达到8吨以上;高11断块构造低部位的高11-18、高11-19井和高20断块东翼的高20-1A、高20-2井投产初期井口日产原油能力在4~6吨。新井投注6口(高11-17、高11-20、高11-21、高11-23、高20、高20-12井),其中高11-17井组的高11-7井已见到注水效果。高集油田合计新增日注水平138立方米,新井年注水2.14万立方米。(3)加大油、水井增产增注措施力度。年进行老井压裂、酸化、调补层、转抽、卡堵水等增产措施15井次,有效15井次,年增产原油3004吨。其中高6-81井对正韵律油层实施封堵炮眼后,重新射开上部油层生产,井口日产原油能力从1.3吨上升到3.8吨,含水从83.3%下降到26.3%。在高6-21、高6-39、新高6-51、高7-10等井进行纳米降压和调补层等增注措施,取得成功,年增注水量2885立方米。同时加强了注水井分层注水和注采动态调配,有效缓解了层间矛盾。

截至2011年底,全油田共有采油井137口,开井129口,日产油水平307.1吨,年产油10.96万吨(同比上升0.1万吨),累积产油181.44万吨。动用储量采油速度1.15%,采出程度19.12%。见水井开井116口,综合含水73.62%。注水井55口,开井52口,日注水1725立方米,年注水50.90万立方米。月注采比1.31,累积注采比1.06。2011年新增年原油生产能力2.0万吨(其中新区0.9万吨,老区1.1万吨),老区核减年原油生产能力1.70万吨,年底核定年原油生产能力10.85万吨。

(梁楚勤)

【赤岸油田】 赤岸油田地理上位于江苏省扬州市邗江区赤岸乡境内。距扬州市30千米,紧邻省道扬天公路,连接扬溧高速和京沪高速公路,交通便利。油田境内有邵伯湖和过境的京杭大运河。区域构造处于苏北盆地东台坳陷高邮凹陷北斜坡西部。其圈闭是受汉留断裂活动及区域古地貌双重因素所控制的断鼻、断块构造。赤岸油田主要含油层系为古近系阜宁组的阜二段和阜一段,次为古近系戴南组戴二段。储集岩类型为砂岩和碳酸盐岩。赤岸地区的石油勘探始于1993年江苏石油勘探局实施的地震勘探。1996年8月钻探韦2井获日产19.6吨工业油流,从而发现了韦2断块阜二段和阜一段油藏。1997~2001年期间,又相继钻探了韦5、韦6、韦8、韦9、韦10、韦11等井,发现韦5、韦6、韦8、韦9、韦10、韦11等多个含油断块。2002年4月完钻的韦15井在阜二段经压裂试获日产10.4吨的工业油流,从而发现了韦15含油断块 。2006年钻探韦15-16井,在阜宁组获日产7.3吨工业油流,从而发现了韦15-16含油断块 。截至2011年底,累计探明韦2、韦5、韦6、韦8、韦9、韦10、韦11、韦12、韦15、韦15-16共10个含油断块,含油面积10.73平方千米,探明石油地质储量1754万吨。动用含油面积10.26平方千米,动用储量1704万吨。注水储量1326万吨(2011年韦5、韦8断块新增注水储量35万吨),可采储量417.7万吨(2011年韦2断块、韦8断块新增可采储量18.6万吨),采收率24.5%(同比上升1.1个百分点)。韦2断块是赤岸油田的主力含油断块,其探明含油面积2.6平方千米,探明石油地质储量619万吨,全部动用。赤岸油田的开发大致经历如下历程:1996年10月韦2断块韦2井率先投入阜一段油藏试采,日产油19.6吨,含水9.9%;同年12月韦2-1井也投入试采,日产油8.7吨,含水3.9%,开始了赤岸油田油气生产史。1996年12月编制实施《赤岸油田韦2断块开发概念设计》,初步确定韦2断块先按一套层系部署,采用不规则三角形基础井网,井距300~350米,实施早期注水开发。截至1997年10月,韦2断块共投产油井31口,日产油321吨,建成年原油生产能力11万吨,实现了当年探明储量、当年动用开发、当年实现注采配套的目标。赤岸油田韦2断块是江苏油田第一个实现同步注水开发的油田,其低渗透油藏注水开发效果处在中石化同类油田开发的前列。1998年进一步加强韦2断块低渗透油藏注水开发的科学管理工作,1999年韦2断块重点开展了完善注采井网和分层注水工作,2000年编制实施《韦5、韦8断块布井意见》和《韦6断块布井意见》,共实施钻井30口,投产油井36口,日产油110吨,新建年原油生产能力4万吨。2001年编制实施《赤岸油田韦9、韦10、韦11断块开发概念设计》,当年共实施钻井14口,投产油井13口,投(转)注水井5口,增建年原油生产能力4.2万吨。2001~2002年间,进一步加强韦2断块的分层注水和油井酸化、压裂增产措施,进一步完善韦5断块注采井网,投(转)注水井4口(韦5-14、韦5-20、韦5-28、韦5-34井)。同时,开展了韦15断块的滚动开发工作，完钻韦 15 - 1 井和韦 15 - 2 井。2003 年底发现韦 8 断层外扩，该断块新增探明含油面积 0.7 平方千米，探明石油地质储量 248 万吨。2004 ~ 2005 年间，在开展韦 8 断块滚动开发的同时，进一步完善韦 2、韦 5、韦 11、韦 15 断块的注采井网。共钻开发井 42 口、油藏评价井 1 口，投产油井 34 口，投（转）注水井 14 口。2006 ~ 2008 年，开展韦 6 断块、韦 15 - 16 断块、韦 23 断块、韦 24 断块的滚动评价，建立、完善韦 6、韦 8、韦 15、韦 15 - 16、韦 23 断块阜宁组油藏的注采井网，采用常规调整井和水平井相结合加密完善韦 2 断块、韦 5 断块、韦 8 断块、韦 9 断块的注采井网。钻油藏评价井 9 口，开发井 43 口（其中水平井 4 口）。2009 年将韦 2 断块、韦 9 断块阜二段、阜一段开发层系细分为两套层系开发，以提高其储量动用程度。在构造高部位和腰部完钻开发井 14 口（其中水平井 2 口：韦 2 平 3、韦 2 平 4 井），继续完善韦 11 断块、韦 15 断块西部高部位的注采井网。2010 年采用水平井和常规井相结合，加密完善韦 5 断块、韦 6 断块、韦 8 断块的注采井网，完钻调整井 5 口。2006 ~ 2010 年间共投产油井 56 口，投（转）注水井 21 口。由于上述开发工作量的投入，使油田年产油量稳中有升，连续 6 年保持在 17 万吨以上。2008 年达到 18.64 万吨的历史最高峰。

2011 年赤岸油田的主要工作：（1）尝试动用韦 5 断块稠油油藏边部难动用储量，分别在油水过渡带钻探了 1 口水平井（韦 5 平 5）和两个试验井组，同时继续完善中部腰部、高部位和西翼的注采井网。钻常规调整井 8 口。高部位调整井韦 5 - 48 井钻遇油层 9 层 50 米，其中在原油水界面（1080 米）以下钻遇油层 3 层 11.2 米，发现了新的油层（阜一段电测解释第 12 ~ 15 号层），新增地质储量约 2 万吨。低部位的韦 5 - 42、韦 5 - 47、韦 5 平 5 井投产初期动液面都比较低，井口日产原油能力只有 1.5 ~ 3.1 吨。说明原油流度低，供液差。（2）针对韦 8 断块阜一段第三砂层组有采无注、韦 2 断块中低部位储量动用程度低等问题，进一步完善韦 2 断块、韦 8 断块阜宁组油藏的注采井网，增加注水方向，提高其储量动用程度。在开发调整策略上既着眼构造高部位剩余油挖潜，又注重构造低部位的储量动用。年钻开发调整井 12 口（其中油井 9 口，注水井 3 口）。位于韦 8 断块构造西部高部位的韦 8 - 41 井，压裂阜一段第三砂层组油层，井口日产原油能力 9.9 吨；韦 2 断块低部位的韦 2 - 84、韦 2 - 91 井，投产初期井口日产原油能力都在 4 吨以上。（3）钻探油藏评价井 1 口（韦 23 - 5A 井），评价韦 23 断块西部阜一段构造及含油规模，该井未钻遇油层裸眼完井。综上，全年投产油井 14 口，新井核实日产油水平 37.6 吨，年产油 8011 吨。投（转）注水井 9 口，新井日注水平 139 立方米，新井年注水 2.59 万立方米。其中韦 5 - 44 井组的韦 5 - 41 井已见到注水效果。（4）加大老井增产措施的工作力度，减缓老井产油量递减率。年实施老井压裂、酸化、调补层、卡堵水等增产措施 32 井次，有效 29 井次，年增产原油 8672 吨。同时加强了注水井分层注水、调剖和注采动态调配，有效缓解了层间矛盾，油层能量得到较好保持。油田老井产油量综合递减率与老井产油量自然递减率控制在 1.55% 与 6.62% 的较好水平。

截至 2011 年底，该油田共有采油井 187 口，开井 177 口，日产油水平 478.3 吨，年产油 17.65 万吨，累积产油 235.90 万吨。采油速度 1.04%，采出程度 13.84%。见水井开井 176 口，综合含水 67.01%。注水井 71 口，开井 64 口，日注水平 1938 立方米，年注水 64.54 万立方米。月注采比 1.21，累积注采比 1.10。2011 年老区新增年原油生产能力 1.47 万吨，核减年原油生产能力 0.80 万吨，年底核定年原油生产能力 17.66 万吨。

（梁楚勤）

【墩塘油田】 墩塘油田地理上位于江苏省金湖县卞塘乡境内。地处淮河入江水道与高邮湖交汇口，区内地势平坦，地面海拔 5 ~ 10 米。区域构造处于苏北盆地东台坳陷金湖凹陷卞、闵、杨断裂带的西南部，南侧为菱塘桥低凸起，西北紧靠龙岗次凹。其圈闭为一北倾的断鼻构造。含油层系为古近系的戴一段和阜二段。现探明含油面积 4.37 平方千米，探明石油地质储量 184 万吨，全部动用。注水储量 132 万吨，可采储量 37.5 万吨，采收率 20.4%。墩塘地区的石油勘探始于 1988 年江苏石油勘探局在该区进行的二维地震勘探。1988 年在墩 2 断块高部位钻探预探井墩 1 井，1989 年 3 月在阜二段酸化后试获日产 5.6 立方米工业油流。1990 年 6 月在墩 2 断块高部位钻探了开发井墩 2 井，因发生洪水试油工作被迫中断。1997 年 9 月在阜二段试获日产 3.45 吨工业油流，11 月投产井口日产油能力 10.1 吨，从而发现了墩 2 断块阜二段油藏。1998 年 9 月在对二维地震资料重新处理解释的基础上，在墩 2 断块高部位设计钻探了开发井墩 2 - 2 井，该井不仅在阜二段获得油层，并且在戴一段获得突破，测井解释戴一段油层 1 层 5 米，MFE 测试日产油 31.4 吨。射开该井油水同层 1 层 7.8 米，试油日产油 12 吨，日产水 34.5 立方米，从而发现墩 2 南断块戴一段油藏。墩塘油田的开发大致经历了以下历程：1997 年 11 月墩 2 井投入阜二段油藏试采，1998 年 12 月墩 2 - 2 井投入戴一段油藏试采，到 1999 年 10 月共投产油井 4 口。通过试油试采，对油藏特征、储量规模、油井产能等有了初步的研究和认识。1999 年 10 月编制完成《墩塘油田墩 2 断块开发概念设计》，到 2000 年 9 月共完钻开发井 18 口，完钻井成果表明油藏的含油面积和地质储量有所增加，2000 年 7 月又编制完成《墩塘油田墩 2 断块产能建设（扩建）概念设计》，到 2001 年 4 月，共完钻油、水井

26口，投产油井16口，日产油水平111吨，建成年原油生产能力4.4万吨，投(转)注水井5口，日注水89立方米。根据实钻反馈及闵南三维地震构造精细解释，认为墩2断块阜二段顶面构造图在构造的东部构造线基本平行于墩2断层，高点埋深为-1900米。2001年11月4日完钻的墩2-30井更进一步落实了墩2断块东区的构造面貌。2002年1月编制完成《墩塘油田墩2断块东区开发概念设计》，2001年5月~2002年6月相继成功实施了阜二段评价井墩2-30井和戴一段滚动开发井墩2-18井、墩2-28井，投(转)注水井3口，油井压裂改造3口，投产油井增加到20口，注水井增加到8口。新井投产、投(转)注及老井措施有力地保证了油田产量的稳定，年原油生产能力达到4.7万吨，采油速度保持在2.3%以上。由于阜二段油藏大多数油井进行了油层水力压裂改造，在明显提高了油井产能的同时，也造成注入水沿人工裂缝窜至生产井的不利影响，使油井产量随含水上升大幅度递减。而戴一段油藏含油面积较窄，靠天然能量开采，随着边水推进，日产油随含水上升呈下降趋势。2004年5月开始实施周期注水试验，阜二段油藏的周期注水和分层注水工作见到了较好的效果。2006年在墩2-24井进行了注水井调剖，共注入调剖剂816立方米，日注水40立方米，注水泵压由14兆帕上升到18.5兆帕，油压由12兆帕上升到18.3兆帕，套压由10.4兆帕上升到18.1兆帕。2009年关停高含水井墩2-13、墩2-25井，调节液流方向，使墩2-14井见到了增油降水的良好效果。

2011年墩塘油田的主要工作是完善阜二段油藏高部位的注采井网，提高采收率。年钻采油井1口(墩2-33A井)，井口日产原油能力2吨。同时加强注、采管理，提高油、水井利用率，维护油田正常生产，降液控水稳油。

截至2011年底，全油田共有采油井19口，开井17口，日产油水平26.9吨，年产油9661吨，累积产油26.67万吨。采油速度0.53%，采出程度14.50%。见水井开井17口，综合含水82.08%。注水井8口，开井8口，日注水165立方米，年注水5.71万立方米。月注采比0.94，累积注采比0.80(同比上升0.02个百分点)。2011年老区新增年原油生产能力0.06万吨，年底核定年原油生产能力1.06万吨。

(梁楚勤)

【石港油田】 石港油田地理上位于江苏省金湖县金沟镇境内。油田地处淮河入江水道与高邮湖交汇口，区内地势平坦，河流纵横，地面海拔5~10米。区域构造位于苏北盆地东台坳陷金湖凹陷中部石港断裂构造带，南起金南构造，北抵宝应斜坡西端，西连三河次凹，东邻范水次凹。其圈闭为紧靠主断层分布的断块、断鼻构造。石港地区的石油勘探始于1975年，国家地质总局首先在石港断裂构造带和唐港构造带分别钻探了预探井东70井和东67井，在阜一段、阜二段见油气显示，但未获工业油流。1984年3月江苏石油勘探开发公司在该区完钻探井桥3井，在阜二段酸化后试获日产9.1吨工业油流，不含水。从而首先发现了桥3断块阜二段油藏(2005年储量套改时划归华东油田分公司)。1992年9月完钻探井石2井，在戴一段试获日产13.3吨工业油流。在三维地震资料构造精细解释和圈闭评价基础上，于1994年8月完钻探井桥6井，在阜二段和阜三段分别试获日产9.3吨和7.7吨(酸化后)工业油流。1994年8月完钻探井石4井，在阜二段酸化后试获日产11.1吨工业油流。1995年5月完钻探井桥7井，在阜二段酸化后试获日产5.9吨低产工业油流，在戴一段地层测试二开日产油11.5吨，不含水。1995年5月完钻探井金2井，在阜二段酸化后试获日产8.9吨工业油流。1995年7月完钻探井石5井，在阜二段酸化后试获日产24.1吨工业油流。2009年钻探石X12井，在阜一段压裂后获日产3.7吨低产工业油流。从而先后发现了桥3、石2、桥6井、石4、桥7、金2、石5等含油断块。到2011年底，石港油田累计探明桥5、桥6、桥7、桥12、石2、石4、石5、石7、金2、金4、唐5、唐7共12个含油断块(桥3断块划归华东油田分公司除外)，含油面积10.25平方千米，探明石油地质储量586万吨。动用含油面积4.17平方千米，动用储量159万吨。注水储量141万吨，可采储量23.7万吨，采收率14.9%。石港油田的开发历程大致如下：1986年8月石港油田第一口油井桥3井投入阜二段试采，该井投产阜二段电测解释第14、15号层，初期生产不正常，不到10天即关井直至1990年4月。1995年5月封堵第15号层，单独生产第14号层，日产油7.3吨，1995年10月关井，2002年1月开始活动收油，到2011年12月该井井口累积产油0.34万吨。1993~1995年石2、石4、桥6、桥5、桥7、金2、石5井先后投入试采。通过试油、试采反映：阜宁组油藏埋藏深，储层物性、天然能量差，储量丰度、油井自然产能低，需采取酸化、压裂措施才能提高单井产量；戴南组油藏构造相对破碎，规模小，虽自然产能较高，但天然能量不足，产油量递减快，故该油田长期未得到整体开发动用。1997~1998年间，开展了石港油田未动用储量开发可行性研究，编写了《金湖凹陷石港—桥河口、唐港地区Ⅲ类储量开发可行性研究》的技术报告。2006年利用国际高油价的有利时机和股份公司的利好政策，首次将该油田列入低品位储量开发动用。当年实施石4断块初步开发方案，建立其基础井网，开展塔7、石5、石7、金4等断块的滚动评价，年钻评价井4口(石10、石11、李5、金5井)，钻开发井11口，投产新井15口(其中12口井经过压裂后投产)。2007年建立石4断块、石5断块、金4断块的注采井网，将其投入注水开发。年投(转)注水井5口(石4、石4-1、石5-4、石5-5、金X4井),新增注水储量141万吨。石4-2、石4-6、金4-3等井见到了注水效果,日产油量明显上升。2008~2009年开展石7、桥12断块的滚动评价,年完钻评价井2口(石7-1、桥12-1井)。继续建立石5断块、石7断块、金4断块的注采井网,年钻开发井8口,投产油井7口,老井转注2口(石5、石5-10井)。2008年年产油达到1.08万吨的高峰。

2011年该油田的主要工作:(1)开展桥12断块的滚动评价,钻探评价井1口(桥12-2井)。该井钻遇油层3层12.6米,8月经大型压裂后初期井口日产油能力13.7吨。但因能量不足,12月降到了3.7吨。(2)进一步完善金4断块的注采井网,老井转注1口(金4-3井)。

截至2011年底,该油田共有采油井20口,开井14口,核实日产油水平14.9吨,年产油5517吨,累积产油9.63万吨。采油速度0.35%,采出程度6.06%,见水井开井14口,综合含水67.97%。注水井8口,开井7口,日注水平111立方米,年注水3.61万立方米,累积注水16.88万立方米。月注采比1.97,累积注采比0.87。2011年新区新建年原油生产能力0.27万吨,年底核定年原油生产能力1.01万吨。

(梁楚勤)

【王龙庄油田】 王龙庄油田位于安徽省天长市境内,地处苏北—黄淮海平原,地势较为平坦,交通便利。区域构造处于苏北盆地金湖凹陷汊涧次凹内斜坡构造带上。含油层系为古近系阜宁组的阜二段、阜三段、阜四段和戴南组戴二段。王龙庄油田的发现始于1978年7月安徽石油勘探处在王龙庄构造上钻探的探井天深20井,该井在阜宁组油层测试获日产原油2.5立方米,从而发现王龙庄含油区块。1981年在陈家营构造钻探天深28井,在阜二段见到油气显示。1987年钻探王20井,在阜三段见到油层,发现了欧庄含油构造。1989~1990年在王龙庄地区部署了三维地震,1991年在欧北构造钻探探井天45井,在阜四段下部砂岩发现油层3层17.75米。1992年在王北构造钻探探井天47井,在阜四段下部发现油层2层3.6米。1994年新三维重新解释后,在张铺构造钻探张101井,在阜四段下部砂岩钻遇油层5层19.9米。1994年7月在湾塘构造钻探湾101井,在阜四段下部发现油层1层1米。2002年该区经完成三维地震79平方千米后,进一步证实了铜城构造高带的存在。2002年7月在断块高部位完钻天77井,在戴南组电测解释第3号层顶部2米试油,日产油3.6吨,日产水7.2立方米,结论为油水同层。2004年4月在天79断块高部位钻探天79井,在阜宁组压裂后试获日产14.6立方米工业油流。2005年4月在天83块钻探天83井,在阜宁组试获日产9.62立方米工业油流。2006年在天89断块钻探天89井,在阜二段试获4.4吨工业油流。2010年12月钻探秦3井,投产阜三段电测解释第14、16、20号层,井口日产原油能力2.4吨。2011年钻探天X33-1井,投产阜三、阜四段油层,井口日产原油能力3.7吨。截至2011年底,王龙庄油田累积探明王龙庄、欧庄、欧北、张铺、潘庄、王北、陈家营、湾塘、天77、天78、天81、天83、天79、天89、秦3、天33-1共16个含油断块,探明含油面积13.03平方千米,探明石油地质储量1135万吨(2011年秦3断块、天33-1断块新增245万吨)。动用含油面积7.30平方千米,动用储量817万吨。注水储量533万吨,可采储量133.0万吨,采收率16.3%。王龙庄油田的开发历程大致如下:1979年1月探井天20井投入试采,揭开了王龙庄油田的滚动勘探开发序幕。到1987年天20、王20、天16、天9、天28、天33井相继钻探后,发现了王龙庄、欧庄、潘庄、张铺、陈家营等含油断块,其中王龙庄、欧庄、潘庄断块按照三角形井网进行全面滚动评价,构造基本得到落实,1990年建成年原油生产能力2.5万吨。1985年编制实施《潘庄油田开发初步意见》,1989年编制实施《安徽省天长地区王龙庄油田(1989~1998)开发方案》,到1989年末,王龙庄油田共投产油井37口,年产原油1.73万吨。自1990年4月起王龙庄、欧庄断块相继采用边缘注水方式投入注水开发,并逐步内移注水井点。潘庄断块由于原油黏度较大,故进行了蒸汽吞吐、蒸汽驱试验和注水开发试验。1995年编制实施《安徽天长地区王龙庄油田欧北断块开发方案》,在欧北、王北、张铺断块实施了滚动开发。到1998年末,王龙庄油田共投产油井60口,开井43口,日产油94吨,年产油3.18万吨。投(转)注水井13口,年注水6.39万立方米,累积注水50.01万立方米。1999~2005年针对油田开发中暴露出的问题,先后编制实施《王龙庄断块开发调整方案》、《欧庄断块开发调整方案》、《欧北断块开发调整方案》,王龙庄、欧庄、欧北断块共实施调整井7口,转注水井8口,压裂改造12井次。通过调整,提高了王龙庄、欧庄断块的水驱控制程度。王龙庄油田老井年产油综合递减率由调整前的13.26%下降到5%左右,基本保持了油田的稳产。2006~2009年开展天79、天83、天89等断块的滚动评价和新区产能建设,开展欧北断块以完善注采井网、提高采收率为中心内容的综合调整,连续4年年产油保持在3万吨以上。2007年达到3.99万吨,仅次于1995年年产油4.18万吨的历史最高峰。2010年采用侧钻井挖掘王龙庄断块、欧庄断块的剩余油。进一步完善天79断块阜一段油藏的注采井网,实施老井转注1口(天79-4A井)。

王龙庄油田2011年的主要工作:(1)开展秦3断块油藏评价,年钻油藏评价井1口,进尺2650米。(2)进一步完善天83、天89、潘庄断块的注采井网,采用侧钻井挖掘王北断块、天81断块的剩余油。年完钻并投产侧钻井2口(侧王北4X1、侧天81井),同时将完钻多年未投产的遗留井潘1井投产,新井年产油372吨。老井转注2口(天83-11、天89-9井),新井日注水平30立方米,年注水4507立方米。(3)进行老井调补层、卡堵水增产措施6井次,有效5井次,年增油584吨。

截至2011年底,该油田共有采油井81口,开井65口。核实日产油58吨,年产油2.23万吨,累积产油84.89万吨。动用储量采油速度0.27%,采出程度10.39%。见水井开井65口,综合含水88.05%。注水井26口,开井18口。日注水平515立方米,年注水18.41万立方米。月注采比1.01,累积注采比0.73。2011年老区核减年原油生产能力0.20万吨,年底核定年原油生产能力2.10万吨。

(梁楚勤)

【安乐油田】 安乐油田地理上位于安徽省天长市和江苏省盱眙县境内。区域构造位置在苏北盆地东台坳陷金湖凹陷西斜坡带南部,东阳次凹内斜坡。北与范庄油田相邻。其圈闭为被断层切割而形成的断块、断鼻构造群。安乐油田的油气勘探工作从1992年开始,安徽石油勘探开发公司根据二维地震资料,发现了高庄阜宁组断背斜构造,部署了预探井天48井,在阜宁组阜四段火成岩中发现油气显示,试获低产油流。1994年对二维资料进行重新处理,发现了朱庄、沈庄、铜庄等阜宁组断块、断鼻构造。1994年12月在朱庄断鼻构造钻探天57井,在阜二段试油,日产原油4.66立方米,发现了朱庄含油断块阜宁组油层。1995年5月在沈庄构造钻预探井天59井,在阜二段生物灰岩油层试获日产24.5立方米工业油流,发现了沈庄含油断块。1995年8月在铜庄断块钻探天60井,在阜二段生物灰岩油层酸化后日喷原油60立方米,发现了铜庄含油断块。1998年在铜1断层以南的闵庄断块钻探评价井闵101井,在阜二段油层试获日产9.84立方米工业油流,发现了闵庄含油断块,使安乐油田范围向南扩展。此后随着勘探开发工作量的持续投入及阳1、阳2、阳3、阳5、阳6、阳7、程1、程2、程6、桃4、天62等含油断块的相继发现,使油田范围进一步扩大。到2011年底,累积探明朱庄、铜庄、沈庄、闵庄、天62、程1、程2、程6、阳1、阳2、阳3、阳5、阳6、阳7、桃4共15个含油断块。含油层系为古近系阜宁组的阜二段、阜三段、阜四段。探明含油面积10.47平方千米,探明石油地质储量858万吨。动用含油面积8.95平方千米(2011年新增0.80平方千米),动用储量655万吨(2011年在程2断块阜二段油藏新增37万吨)。注水储量410万吨(2011年在程6、桃4断块阜二段砂岩油藏新增注水储量50万吨),可采储量128.4万吨(2011年在程2断块阜四段和桃4断块阜二段砂岩油藏新增可采储量8.8万吨),采收率19.6%(同比上升0.2个百分点)。安乐油田的开发历程大致如下:1995年5月天57井投入试采,开始了安乐油田油气生产史。1996年10月编制和实施安乐油田开发概念设计,到1996年末全油田投产油井8口,年产油3.92万吨。1997年编制和实施《安乐油田滚动开发方案》,对构造落实程度较低的铜庄、朱庄断块加快滚动开发,同年7月起铜庄、朱庄、沈庄断块相继投入注水开发,油田日产油一度上升到191吨。但阜二段灰岩油藏初期产量高而递减快,通过不断放大生产压差、补层等措施来弥补产量的递减,措施年增油最高达8750吨。1997年油田年产油达到5.64万吨的历史高峰。针对安乐油田各断块注采井网不完善,地层能量亏空严重、产量递减较快等问题,1999年编制和实施《安乐油田铜庄断块开发调整方案》、《安乐油田朱庄断块开发调整方案》,在一定程度上减缓了油田产量的递减,保持了产量的基本稳定。2000年末,安乐油田共投产油井43口,开井33口,年产油4.57万吨。投(转)注水井6口,开井6口,年注水6.24万立方米。老井产油量自然递减率15.53%,老井产油量综合递减率12.3%。2001~2005年继续进行了铜庄、朱庄、花园等断块的开发调整。2004年开始编制实施《铜庄断块细分层调整方案》,针对铜庄断块大段合采纵向矛盾突出的问题,提出了按三套层系细分层开发的思路,并钻探了安35、安36等5口井,实施后总体效果较好。同时天62断块实施滚动开发,钻探了天62-1等6口井,转注了天62-3井。通过细分层开发调整和加强注水工作,有效地遏制了原油产量下降的势头,使安乐油田在年产油3.5万吨的水平上稳产5年。2006~2010年,开展阳1断块、阳2断块、阳6断块、关5断块、程1断块、程6断块、桃4断块的滚动评价和产能建设,在铜庄、朱庄和花园等区块开展加密完善注采井网、层系归位、细分层开采、堵水调剖、注聚调剖、不稳定注水试验为主要内容的综合治理,见到良好的效果。年产油从2005年的3.74万吨上升到2010年的4.40万吨。

2011年的主要工作:(1)开展天62断块、程2断块、阳3断块、桃4断块的油藏评价,落实其构造和含油气情况。年钻评价井4口(天62-7、程2-2A、阳3-1、桃4-9井),其中桃4-9井钻遇油层4层10.9米,投产阜二段油层,井口日产原油能力6.4吨。(2)完善桃4断块、程1断块、程2断块、程6断块的注采井网,年钻开发井7口(桃4-10、桃4-7、桃4-8、程1-3、程2-3、程6-4A、程6-5井)。综上全年投产油井8口,新井日产油水平18.9吨,年产油2259吨。投(转)注水井4口(阳2、程6-1、桃X4、桃4-8井),新井日注水平27立方米,年注水6369立方米。(3)年进行老井增产措施8井次,全部有效,年增产原油1346吨。

截至2011年底,该油田共有采油井72口,开井65口,核实日产油水平124吨,年产油4.46万吨(同比上升0.06万吨),累积产油66.65万吨。采油速度0.68%,采出程度10.18%。见水井开井63口,综合含水73.36%。注水井23口,开井23口,日注水407立方米,年注水15.82万立方米,累积注水126.80万立方米。月注采比0.83,累积注采比0.73。2011年新区新建年原油生产能力0.93万吨,老区核减年原油生产能力0.5万吨,年底核定年原油生产能力5.05万吨。

(梁楚勤)

【小关油田】 小关油田位于安徽省天长市境内。区域构造位置在苏北盆地东台坳陷金湖凹陷龙岗次凹。含油层系为古近系阜宁组的阜二段、阜三段,戴南组戴一段,现已探明关5、关7、天92共三个含油断块。探明含油面积2.94平方千米,探明石油地质储量244万吨。动用含油面积1.54平方千米,动用储量92万吨(2011年关7断块阜二段新增32万吨)。可采储量10.0万吨(2011年关7断块阜二段新增3.6万吨),采收率10.7%。油田2010年投入开发。

2011年主要工作:(1)开展关7断块油藏滚动开发,落实关7断块西部构造、储层发育及含油情况,完善天92等断块油藏的注采井网。年钻开发井3口(关7-4、关7-5、天92-4井),投产油井2口(关X7-3A、关7-4井),初期井口日产原油能力合计5.1吨。(2)进行老井压裂、调补层增产措施4井次,有效3井次,年增产原油2451吨。

截至2011年底,小关油田共有采油井12口,开井11口,核实日产油水平20吨,年产油8819吨,累积产油1.98万吨。采油速度0.96%,采出程度2.15%。见水井开井10口,综合含水46.70%。年底核定年原油生产能力1.06万吨。

(梁楚勤)

油藏动态监测

【油藏动态监测】 2011年继续从油田开发实际需要出发,把动态监测工作作为油田稳产的重要工作来抓。加强动态监测资料的录取、分析与应用,顺利完成全年动态监测工作任务:计划油井定点测压146口292井次,实际完成146口292井次,完成计划的100%;计划油井非定点测压137井次,实际完成156井次,完成计划任务的114%;计划注水井测压129井次,实际完成129井次,完成计划的100%;计划吸水剖面测井305井次,实际完成348井次,完成计划任务的114%;计划产液剖面测井60井次,实际完成60井次,完成计划的100%;计划工程测井62井次,实际完成68井次,完成计划任务的118%;计划产层参数测试42井次,实际完成39井次,完成计划任务的93%;计划注水井分层流量测试229井次,实际完成308井次,完成计划任务的134.5%;计划流体分析467个,实际完成483个,完成计划任务的103.0%;功图液面测试40000井次,实际完成49058井次,完成计划任务的123%。

(梁楚勤)

油田地面工程建设

【油田地面工程建设概述】 2011年,江苏油田地面工程建设紧紧围绕油田生产任务和各项经营指标,按照油田精细化管理的总体要求,紧跟滚动开发节奏,坚持储量、产量、工作量、投资、成本、效益“六统一”原则,深入开展增产增效、优化增效、降本增效、减费增效,精心配套完善油田地面工程系统。全年共建成原油生产能力24.56万吨,完成产能建设地面工程配套投资28572万元,其中高20、程2等新区建成原油生产能力2.4万吨,完成地面工程建设投资2243万元;富5、陈3、真12等老区建成原油生产能力20.63万吨,完成地面工程建设投资18506万元;沙59、沙25等低品位储量开发建成原油生产能力1.53万吨,完成地面工程建设投资3374万元;老油田调整和技术改造、三次采油试点区块等其他地面工程建设共完成投资4449万元。

(陈剑峰)

【油田新区产能建设】 2011年,油田在金湖、邵伯等油区的滚动扩边中有新发现,新区全年建成原油生产能力2.40万吨。程2新区产能建设:新建原油生产能力0.93万吨,新建油井9口,水井1口,各类单管集输油流程0.50千米,注水流程约0.35千米,10千伏电力线0.57千米,中频电缆0.60千米。合计完成地面项目投资738万元。

(陈剑峰)

【油田老区产能建设】 2011年,油田对富5、陈3、真12等老油田进行了调整,新增原油生产能力20.63万吨,为油田稳产打下了基础。

(1)富5、富18断块:新增原油生产能力4.44万吨,新投油井21口,水井2口,完成地面工程投资2678万元。

(2)陈3断块:新增原油生产能力2.58万吨,新投油井7口,完成地面工程投资838万元。

(3)真12、真11、真69断块:新增原油生产能力1.96万吨,新投油井13口,完成地面工程投资1570万元。

(4)老区高效调整井:新增原油生产能力9.40万吨,完成地面工程投资9720万元。

(陈剑峰)

【低品位储量开发】 2011年,油田在沙59、沙25、关7等低品位油藏区块建成原油生产能力1.53万吨。低品位储量开发合计新建油井14口,注水井2口,并配套完善了相关供热、电力系统和道路工程,完成地面工程投资3374万元。

(陈剑峰)

【老区地面技改项目】 2011年,股份公司下达江苏油田地面工程技改项目2项,分别为陈堡联合站污水处理系统改造工程和码头庄处理站及原油外输管线改造工程,总投资5736万元。通过近一年的工作,两项工程均已全部完工。其中陈堡联合站污水处理系统改造工程在陈堡油田新建了700立方米玻璃钢调节罐2座,生物污水处理装置1套,污油污泥回收装置1套,双滤料过滤器、精细过滤器及改性多功能罐各1套。项目投产后,解决了陈堡油田注水水质不达标的问题,有效地保证了陈堡油田的稳产和安全生产。码头庄处理站及原油外输管线改造工程新建输油管线10.8千米,其中湖底穿越1.3千米,更换了三相分离器2台,输油泵2台,200立方米玻璃钢调节罐2座,生物处理装置及膜处理系统1套,污油污泥回收装置1套。项目投产后,解决了码头庄油田注水水质不达标及码头庄接转站遭受水淹的问题,达到了改善水驱效果及增加水驱波及范围的效果。

(陈剑峰)

【油气田防护项目】 2011年,股份公司下达了油气田防护工程1个。淮河入江水道黄珏油田油气生产设施改造及水工防护工程:批复投资4546万元;新建5座岛及连接路护坡6.6千米,新建桥梁2座,砼道路2.65千米,10口单井封井,新建D89集油干线4.1千米,D76集油干线1.2千米,D76单井出油管线5.5千米,D60单井出油管线0.3千米,新建D48注水干线5.5千米,新建10千伏电力线路6.4千米,中频电缆6.4千米,变压器14台,电加热控制柜20台,新建功图计量及生产管理信息系统1套。

该项目建成后,在满足黄珏油田正常生产的同时,还达到了淮河入江水道整治工程正常实施的要求,为黄珏油田的平稳生产夯实了基础。

(陈剑峰)

钻井工程

【钻井工程概述】 2011年,钻井处坚持以打造石油工程铁军为目标,以提速提质提效为抓手,紧紧围绕油田勘探开发和外部市场需求,加强高难度定向井、水平井技术研究,强化老区调整井、深井和超深井技术管理,加快科研攻关和科技创新步伐,钻井技术水平实现了新提升,全年共完成进尺69.76万米,同比增加2.76万米,刷新17项油田钻井纪录,有3项钻井纪录达到集团公司先进水平。

(罗云东)

【钻井工程经济技术指标】 2011年,钻井处共开钻279口,完井278口,完成钻井进尺69.76万米;平均机械钻速8.21米/时,平均钻机月速度2353米/台,平均井深2626米,平均钻井周期26天18小时,平均建井周期35天23小时;完成井井身质量合格率100%;完成井固油层套管386口,固井质量合格率100%;取芯进尺1133.38米,平均取芯收获率98.41%;生产时效96.29%,其中纯钻时效39.80%;非生产时效3.71%,其中事故时效0.42%,复杂时效2.22%,组织停工0.92%,修理时效0.15%。共有9支钻井队年进尺超过2万米,6支钻井队年进尺超过3万米。

(罗云东)

表1 钻井处2011年主要经济技术指标与上年同期对比

序号	项 目	2011年	2010年	对比	备 注
1	开钻口数(口)	279	260	19	
2	完井口数(口)	278	264	14	
3	进尺(米)	697566	670017	27549	

续表

序号	项　目		2011 年	2010 年	对比	备　注
4	平均井深(米)		2626	2651	-25	
5	平均钻机月速度(米/台)		2353	2346	7	
6	平均机械钻速(米/时)		8.21	7.69	0.52	
7	平均钻井周期(天-小时)		26-18	27-7	0-13	
8	平均建井周期(天-小时)		35-23	35-22	0-1	
9	井身质量	合格率(%)	100	100	/	
		优质率(%)	98.21	96.71	1.5	油田内部
10	固井质量	合格率(%)	100	100	/	
		优质率(%)	94.63	94.29	0.34	油田内部
11	取芯收获率(%)		98.41	98.86	-0.45	
12	生产时效(%)		96.29	97.01	-0.72	
13	纯钻时效(%)		39.80	42.36	-2.56	
14	事故时效(%)		0.42	0.32	0.10	
15	复杂时效(%)		2.22	1.92	0.30	
16	组织停工时效(%)		0.92	0.68	0.24	
17	修理时效(%)		0.15	0.07	0.08	

（罗云东）

【产能建设项目技术管理】　2011 年,钻井处结合真富会战井网密布、防碰绕障难度大的特点,制定实施了《真富会战钻井技术要点》、《富民、永安油区钻井液配方优化》等技术方案,着力抓好以老区调整井防碰绕障、防喷防漏以及防塌防卡为重点的“三防”工作,强化工程设计、钻井参数及操作规程的执行,以富 14 平 5 为代表的多口高难度防碰绕障井实现了“防而不碰、碰而不破”的目标。2011 年,钻井处在真富产能建设项目中共开钻 47 口,完井 49 口,进尺 142886 米,安全优质高效地完成了产能建设项目钻井施工任务。

（罗云东）

【提速提质提效工作】　坚持把精细管理贯穿于生产技术全过程的做法,立足于提速提质提效,大力推进区块技术方案优化工作,细化并落实“一区块一方案、一口井一措施、一层位一对策”措施。继续强化实施“五个一”、“三个二”和“三个三”工程目标。2011 年,钻井处在韦 5-46 井等 5 口井中成功实现了“五个一”工程目标,在沙 18-5 井等 7 口井中成功实现“三个二”工程目标,在联 6-2 井等 7 口井中成功实现了“三个三”工程目标。沙埝地区开发定向井完井 32 口,平均井深比 2010 年(完井 45 口)增加了 14 米,机械钻速提高了 13.37%;真武油田开发定向井完井 14 口,平均井深与 2010 年相当的情况下,机械钻速提高了 20.17%;2011 年探井平均井深达到 3228 米,比 2010 年增加了 61 米,机械钻速提高了 12.27% 。域外项目提速提质提效工作也取得了新跨越,海南项目积极开展钻井、钻井液、固井技术的联合攻关,2011 年完井电测一次成功率达 100%,固井合格率 100%,机械钻速、钻机月速分别比前三年平均水平提高了 40.07%、31.33%。新疆项目积极抓好深井提速工作,2011 年平均机械钻速、钻机月速同比分别提高了 34.70%、29.30%。

（罗云东）

【新工具、新技术推广应用】　新型地质导向系统在水平井中的应用取得新成果,FEWD 仪器在邵 14 平 4、陈 2 平 5 等 4 口井推广应用,为油田复杂油藏水平井开发提供了有力的保障;柔性加压器在富 147 井、庆丰 21-1 井等多口井应用取得很好的效果,应用井段平均滑动钻进机械钻速提高了 70.29%。脉冲空化射流钻井技术在富 71-4 等 4 口井进行现场应用,机械钻速平均提高 14.61%;膨胀波纹管封隔技术在台 X17、沙 20-70 井成功运用,为处理井下复杂增添了利器。针对单弯双稳钻具组合复合钻进时井斜增加,需要滑动钻进来控制井斜,从而导致机械钻速降低的情况,对复合钻进专用稳定器进行改进,加工了直径 212 毫米、210 毫米、208 毫米三种尺寸的复合钻进专用稳定器,同时选用带小稳定器的单弯螺杆(螺杆自带稳定器直径212毫米改为小于210毫米),基本满足了长井段复合钻进的需要,在摩阻大、降斜井段及直井段推广使用无稳定器螺杆,这些新工具的研究应用为提高钻井速度奠定了基础。

(罗云东)

【定向井、水平井钻井技术】 2011年,钻井处共完成定向井225口、水平井34口,2项之和占完井总数的93.16%。通过优化井身剖面,强化井眼轨迹连续控制,老区调整井防碰绕障技术、小靶区多目标定向井钻井技术、微型油藏水平井钻井技术等一批特色技术取得了新进展,为油田稳产、增产提供了有力技术保障。水平井、水平连通井钻井技术进一步提升,70835JS钻井队施工的超深开窗侧钻短半径水平井TH12328CH井于2011年11月27日完钻,该井采用高温MWD随钻测量系统(APS)和Landmark软件精准控制轨迹,全井实现无事故无复杂,填补了江苏油田短半径水平井的空白,创江苏油田开窗侧钻点最深(6020米)及造斜率最高(最高造斜率为1.4度/米)两项最新钻井纪录。2011年应用RMRS电磁波测距技术完成7对水平井连通,无溶腔连通井一次对接成功率达到100%,近钻头电磁测距系统的应用使钻井处盐硝矿水平无溶腔连通技术达到了国内领先水平。

(罗云东)

表2 **钻井处2011年定向井、水平井指标与上年对比**

序号	项目		2011年	2010年	对比
1	定向井进尺(米)		548342	538889	9453
2	定向井平均井深(米)		2561.06	2706.71	-145.65
3	定向井平均机械钻速(米/时)		8.54	7.96	0.58
4	定向井平均井斜(度)		36.07	37.94	-1.87
5	定向井平均水平位移(米)		443.14	499.14	-56
6	完井口数(口)		225	216	9
	其中	水平井(口)	27	18	9
		水平连通井(口)	7	8	-1
		常规定向井井斜≥50度(口)	2	10	-8
		常规定向井40°≤井斜<50度口)	24	30	-6
		位移≥1000米(口)	6	11	-5
		多目标(口)	134	128	6
		小靶区(口)	202	178	24
7	完成井组数	五口井组	1	1	/
		四口井组	3	5	-2
		三口井组	14	13	1
		二口井组	33	12	21
8	中靶质量	合格率(%)	100	100	/
		优质率(%)	98.21	96.71	1.5
9	不扭方位率(%)		82.50	80.28	2.22

注:海外项目定向井、水平井指标未统计在内。

(罗云东)

【完井液及油层保护工艺技术】 2011年,钻井液技术服务公司继续加强体系优化、配方简化、措施细化、落实强化的"四化"工作,钻井液的"血液"功能日益突出。研发应用的有机胺钻井液体系、水基成膜钻井液技术,有效减少了中深井下部地层井壁失稳、钻头泥包等井下复杂情况;极优化堵漏技术方案,新疆长裸眼盐上地层先期承压堵漏技术日趋完善,应用新型的雷特超强堵漏技术和间歇式憋挤承压工艺,满足了盐下钻进、固井的要求;在陈X14井中试验使用化学凝胶堵漏,取得了阶段性成果。

(罗云东)

【固井技术】 2011年,油田内部共完成固表层套管164口,固技术套管99口,固油层套管139口,油层固井合格率100%,油层固井优质率91.87%;将封隔器+两凝水泥浆体系在老区调整井全面推广应用,使用振动固井技术提高顶替效率,保证了油田内部固井优质率在高位运行。采用紊流—塞流复合顶替技术,成功完成浙江项目吉 H1 井油层固井任务(该井完钻井深 3635.00 米,井段 1807～3635 米为直径 215.9 毫米井眼,甲方临时要求下入直径 177.8 毫米油层套管),甲方评定该井全井封隔质量为优质,该井成功固井,创江苏油田小间隙固井井深最深,封固段最长纪录。叙利亚固井项目通过优化高温热采井水泥浆配方,已经形成了常规、热采、抗盐 3 大水泥浆体系、7 种不同密度、30 种不同温度下的 700 多个配方,完全满足了甲方对固井质量的要求,为打造一流海外固井技术品牌奠定了基础。

(罗云东)

【井控管理】 2011 年,钻井处在油田内部共开钻 179 口,防喷器按设计安装 179 口,设计安装符合率 100%。加强井控知识培训,组织开展井控安全知识竞赛,"井控至上"的安全管理理念得到牢固树立;积极参加《江苏油田石油与天然气井控实施细则》修订工作,钻井处作为"钻井井控"部分修订的牵头单位,共提出修改意见 40 多条,按时完成了修改任务;强化深井、探井以及气井的管理,加大井控巡查力度,对井控设备实行定期强制检修,2011 年共巡查 313 井次,协调解决问题 600 多个,确保了现场井控安全。

(罗云东)

【科研攻关】 2011 年,钻井处承担或部分承担总公司级科研攻关项目 1 项、总公司先导项目 2 项,油田级科研攻关项目 7 个,按照钻井生产需求开展了 17 个处级科研攻关项目研究;全年共获市局级以上科技进步奖 4 项,油田工程技术奖 4 个,被受理专利 6 项,获国家专利 4 项,获得专利和被受理专利数为历年之最。

(罗云东)

【钻井工程新纪录】 2011 年,钻井处在完成生产任务过程中创新纪录 17 项。分别是:直井 3001～3500 米以下建井周期最短 29 天 13 小时;定向井 3001～3500 米以下建井周期最短 24 天 7 小时;水平井 3001～3500 米以下钻井周期最短 27 天 19 小时;定向井 3501～4000 米以下钻井周期最短 25 天 23 小时;定向井 3501～4000 米以下建井周期最短 35 天 18 小时;水平井斜深 2501～3000 米以下钻井周期最短 14 天 12 小时;水平井斜深 2501～3000 米以下建井周期最短 23 天;全年开钻口数最多 279 口;全年完井口数最多 278 口,全处年进尺最高 697566 米;全员实物劳动生产率最高 224 米/人;月度开钻口数最多 30 口;定向井井斜最大(水平井油井)98.9 度。

(罗云东)

【2011 年安徽公司经济技术指标完成情况】(见表 1)。

表 1 **安徽公司 2011 年经济技术指标与上年对比**

指标项目		单位	2011 年	2010 年	对比
开钻井口数		口	127	119	8
完成井口数		口	128	116	12
钻井进尺		米	276666	263699	12967
完成井钻井进尺		米	281066	260699	20367
平均井深		米	2118	2324	-206
钻机月速度		米/台	2756.46	2680.41	76.05
钻机工作量		台月	100.37	98.38	1.99
机械钻速		米/时	9.3	8.87	0.43
平均钻井周期		天-小时	23-21	25-21	-2-0
平均建井周期		天-小时	27-14	29-4	-1-14
井身质量	合格率	%	100	100	0
	优质率	%	88.89	89.57	-0.68
固井质量	合格率	%	100	100	0
	优质率	%	76.32	94.29	-17.97
取芯收获率		%	96.72	98.49	-1.77
生产时效		%	96.35	96.04	0.31
纯钻时效		%	41.15	42.23	-1.08
事故时效		%	1.49	1.35	0.14
复杂时效		%	1.05	1.66	-0.61

续表

指 标 项 目	单 位	2011 年	2010 年	对比
组织停工时效	%	0.74	0.68	-0.06
修理时效	%	0.04	0.07	-0.03

（洪进富）

【安徽公司技术管理】 2011 年,安徽公司将技术管理与技术服务分开,成立技术监督中心,进一步强化技术管理与监督职能。梳理与钻井有关技术标准,查出技术管理存在的薄弱环节,制定整改措施并督促落实。针对管理中存在的问题制定下发了钻具模板、坐岗记录模板等,恢复了指重表记录仪,开展了重点井钻具探伤等。修订和完善了《公司关于严格井位勘定及工程设计管理的若干规定》、《公司钻具采购及管理规定》等相关管理制度,规范技术管理。制定下发了《关于加强完井井口质量管理的通知》,并在正式交井前进行了内部预交井,保障交给甲方的为合格井。围绕"零伤害、零钻具事故、零相碰、零起套管、零电测遇阻、零井喷失控、零卡钻、零落物事故""八个零"开展技术管理工作,将技术管理与"比学赶帮超"和"达标创优"活动结合起来,每月进行评比挂牌并与月度考核结合起来。全年 3 支钻井队实现"八个零",6 支钻井队实现"七个零"目标。

（洪进富）

【安徽公司高杨产能建设项目】 2011 年,安徽公司在高杨产能建设项目中认真分析研究区块特征,针对防碰严重、地层压力异常、油侵和出水严重、井漏与油侵同存、泥浆密度窗口窄等技术难题,在总结以往施工井的基础上,运用随钻轨迹优化、优选高效 PDC 钻头、优化钻具组合、优化泥浆体系等成熟钻井技术,优质、高效地完成 62 口井、11.6 万米进尺的工作任务,为产能建设任务的完成作出了积极贡献,并创造了多项纪录。40415 钻井队夺得高杨产能建设第一面流动红旗;30157 钻井队施工的高 11 - 17 井以 8 天 5 小时的钻井周期完成井深 2096 米,创该区块最短钻井周期纪录,同时创造高集地区 5515.79 米/台的最快钻机月速度纪录;30201 钻井队在高杨产能建设的大舞台上,精准高效组织钻井生产,积极推广集成钻井技术,多口井实现了一只钻头、一根螺杆、一趟钻、电测一次成功目标,年度钻井进尺突破 4 万米,实现全年安全生产无事故。30157 钻井队施工的范 1 平 1 井以水平段 660 米创出了油田域内水平段最长、水平段灰岩最长两项纪录。

（洪进富）

【安徽公司成熟技术应用】 2011 年,安徽公司全面推广成熟技术,提速提质提效效果显著。在确保防碰和井身质量的前提下,运用钻井集成技术,16 井次实现一只钻头、一根螺杆、一趟钻复合钻进井段超过 1000 米直接完钻。2011 年,域内复合钻进进尺 144982.52 米,占总进尺的 63.85%。其中崔 4 - 3 井实现了一只钻头、一趟钻复合钻进井段 1056 米至完钻,机械钻速达 31.36 米/时。直井段采用 8 英寸钻铤 + 7 英寸钻铤、PDC 钻头 + 单弯螺杆 + 扶正器组合,采用高转速、大排量,实现快速保直钻井,苏 33 - 60H 井直井段 2890 米,最大井斜仅 1.50 度,为后续施工创造了有利条件。50760JS 队在苏 47 - 12 - 61H1 井的直井段施工中,运用该技术,在二开直径 241.3 毫米的井眼中创造了日进尺 1031 米的苏里格气田最高日进尺纪录。另 PDC 钻头 + 单弯螺杆已成功提升为处理井下复杂的快速有效手段,如墩 2 - 33 井找老井眼,高 11 - 23 井、闵 40 - 27 号井下复杂情况划眼等,取得了较好的效果。

（洪进富）

【安徽公司高难度定向井钻井技术】 2011 年,在域内施工的 109 口定向井中,有 10 口大井眼定向井,6 口水平井,水平位移超过 1000 米的有 4 口,井斜超过 40 度的有 6 口,通过加强与开发处、工程院、甲方、项目组的沟通,强化施工和技术组织,高难度定向施工取得新成效。其中墩 2 - 33 井完钻井深 3010 米,位垂比 1∶1,最大井斜 55.02 度,稳斜段长达 2300 米,水平位移达到了 2021.39 米,钻井周期 32 天 3 小时,平均机械钻速 8.31 米/时,创造了公司施工定向井位垂比最大纪录,接近油田纪录,实现了零井下复杂。

（洪进富）

【安徽公司防碰绕障技术】 2011 年,随着丛式井组和老区调整井的不断增多,防碰绕障要求越来越高。公司在施工中严格执行井眼轨迹控制管理规定和钻井施工及井眼防碰技术要求,利用 LWD、MWD 等仪器和 Landmark 钻井软件,实施井队技术负责—现场定向工程师—工程技术中心定向队三点实时监控,及时监测、及时优化,使得定向井、水平井轨迹控制越来越好,中靶精度越来越高。2011 年施工了 15 组丛式井组共 49 口井,水平井 7 口,防碰距离 5 米以下的 43 口井,成功实现了井眼零相碰。

（洪进富）

表 2 **安徽公司防碰井统计表** 单位:米

高杨区块	防碰井号	防碰距离	高杨区块	防碰井号	防碰距离
高7-27	高7-28	5	高6平8	高6-62	20.5
	高7-29	10		高6-105	32.52
高7-32	高7-31	6		高6-47	16.9
	高11-12	12		高6-51	17.19
高11-17	高11-14	5	高11-21	高11-19	4
高6-104	高6-43	25	高11-20	高11-21	5
	高6-105	5		高11-19	10
高11-18	高11-14	5	高20-2	高20-1	4
	高11-17	10	高6平6	高6平3	10
高6-106	高6-47	23		高6平2	26
杨51	杨8-5	28		高6-61	19
	杨8-1	25	高20-3	高20-2	4
杨48-2	杨48	2.5		高20-1	6
	杨45	25	杨52-2	杨14-1	12.18
	杨10-3	26		杨52	5
杨51-1	杨51	4		杨52-3	9
	杨39	17	高20-11	高20-9	5
杨50-1	杨50	5		高20-8	9
	杨50-2	9	高20-12	高20-11	3
高7-28	高7-28	5		高20-9	10
	高7-29	10		高20-8	14
高15-6	高15-7	4	高7-28	高7-29	5
高15-8	高15-7	5	黄88平2	黄88-8	22.91
	高15-6	4		黄88平1	24.78
高20-9	高20-8	4	杨52	杨52-3	4
墩2-33	墩2-33	30		杨27	4
杨48-3	杨10-3	18.79	杨52-3	杨27	15
	杨10-4	20.53	杨51-3	杨39	16
杨51-2	杨51-1	4		杨51-2	4
	杨51	9		杨51-1	9
	杨31-1	18		杨51	14
杨50-3	杨15-1	31			
2011年共施工127口井,其中62口井存在防碰,共122井段需防碰绕障					
小于5米	5~10米	10~15米		大于15米	
47井段	23井段	11井段		41井段	

(洪进富)

【安徽公司探井、评价井施工措施】 2011年,针对探井、评价井目的层埋藏深、多靶点、地质要求高等特点,认真总结探井成功施工经验,强化随钻优化设计,优化钻井施工方案,利用屏蔽暂堵技术、悬浮乳液钻井液技术,严格控制钻井液密度和无用固相含量,做好施工过程中的油气层保护。加强完井作业期间完井措施、固井作业等的协调沟通,按照设计要求取好每趟芯。2011年,探井、评价井施工安全顺利,未发生一起井下事故，实现了地质目标。其中，唐X11井阜二段见到良好油气显示，测井解释油层2层4.2米；天X33－1井共发现油气显示22层42.47米；秦3－1井共发现油气显示32层69.54米，为油田的进一步增储上产作出了贡献。

（洪进富）

表3　安徽公司2011年探井经济技术指标

井号	完井井深（米）	机械钻速（米/时）	台月速度（米）
秦3	2570	7.16	2141.67
桥X16	3100	8.73	2672.41
天X94	2980	6.73	2504.20
河X6	2878	5.22	1673.26
阳X8	1920	8.07	3000.00
唐X11	2990	6.32	1967.11
高X22	3200	6.02	1748.63
平　均	2805.43	6.65	2118.45

（洪进富）

【内蒙小井眼水平井施工技术】　根据苏里格气田地层埋藏特性和井眼结构特点，公司建立了全井段使用动力钻具的技术思路，强化钻具结构（PDC钻头＋大尺寸螺杆＋大钻铤）和优化钻进参数，采用大排量、高转速技术，钻井速度得到大幅提升。50761队水平井钻井周期由2010年的85天14小时缩短到2011年的66天6小时，再到施工的苏东46－78H井61天11小时，成为采气五厂四支水平井最快的施工队伍。强化直井段轨迹的优化。甲方设计入窗位移一般在400～450米，根据设计入靶垂深和螺杆复合增斜率规律，在直井段采用单弯螺杆不但可以快速钻进，还可以利用随钻测量监控直井段轨迹，在井斜不超标时产生负位移，增大斜井段入窗位移，增加斜井段的复合井段，从而缩短斜井段的钻井周期和提高机械钻速。由50761JS队承钻的苏东16－32H1井在直井段随钻设计施工产生39.8米反向的位移，斜井段机械钻速由以前的平均3.29米/时提高到4.08米/时。优选PDC钻头。针对不同井段和地层优选不同钻头，在上部易钻进地层选用短保径、大复合片的快速钻进钻头，中下部地层根据轨迹和地层需要选用长保径、低扭矩、中小复合片及带副齿的PDC钻头。通过优选PDC钻头，机械钻速得到了显著提高。

（洪进富）

表4　安徽公司2011年苏里格气田水平井经济技术指标与上年对比

年度	井号	机械钻速（米/时）	钻机月速度（米/台）	水平段长度（米）
2010	桃2－4－7H	4.89	1915	1522
	桃2－4－7HA	2.18	579	1541
	苏东13－65H2	4.93	1341	1400
2011	桃2－9－23H2	3.3	1039	400
	苏47－12－61H1	7.19	2942	1010
	苏东33－60H	4.5	1668	1020
	苏东46－78H	6.08	1651	1000
	苏东16－32H1	5.94	1867	965

（洪进富）

【安徽公司钻井液技术】　（1）推广环保型乳化石蜡钻井液技术。中石化先导项目“乳化石蜡钻井液技术在水平井应用”成功在9口水平井中实施，乳化石蜡代替原油作为润滑剂，其中高6平8井多处井段需要防碰绕障,井眼轨迹复杂,全井仅用6.2吨乳化石蜡完成了施工。2011年以石蜡作为润滑剂在水平井中应用技术取得新突破。针对性地进行石蜡在水平井应用技术攻关,在高6平6、黄88平3、范1平1井的应用中以较低消耗和实现井下安全,满足了水平井安全快速施工的需要,水平井钻井液技术又上了一个新台阶。

(2)完善老区调整井钻井液技术。为防泥岩地层缩径、垮塌,优化钻井液流变和造壁性能,配合合适的工程措施,采用较高密度钻井液技术满足了钻井和地质录井的需要。2011年施工井中钻井液密度≥1.30克/立方厘米的井有22口,钻井液密度≥1.40克/立方厘米的井有14口,钻井液密度≥1.50克/立方厘米的井有6口,其中高11-18井钻井液密度为1.56克/立方厘米,而2010年全年施工井钻井液密度≥1.50克/立方厘米仅1口。

(3)大位移井钻井液技术。受复杂地面条件的限制,实施较大位移井,其中墩2-33井在施工中存在造斜点高、造斜率大、造斜段地层胶结疏松、蒙脱石含量高、井壁裸露面积大等困难;尤其是斜井段钻屑经过反复研磨之后,水化分散到钻井液中,给钻井液的维护和处理带来极大的困难。现场施工中优化钻井液流变参数,增大泵排量,采取分段循环及段塞清扫等施工工艺,成功解决了311毫米大井眼钻屑携带困难、易形成岩屑床,摩阻、扭矩大,起下钻不畅等多项技术难点,确保了该井安全施工。

(4)聚胺钻井液技术。2011年,聚胺钻井液在高20-11井、高20-12井和唐11井应用,该体系抑制性、润滑性和清洁能力与常规聚合物钻井液体系相比有显著提高,对提高泥岩段的钻井效率具有重要意义。聚胺钻井液中的聚胺不仅抑制效果好,而且抑制作用平缓而长效,且加量少,钻井液性能易于维护。聚胺钻井液适合在江苏油田应用,可以减少江苏油田盐城组地层缩径、戴南组和阜宁组垮塌等复杂情况。

(5)内蒙复合盐无土相钻井液技术。复合盐无土相钻井液体系应用具有以下特点:一是该体系为固相含量较低的钻井液体系,有利于滑动钻进,可有效防止拖压、粘卡、钻头泥包;二是该体系具有较强抑制性,能有效抑制黏土分散,减少地层造浆,降低了钻井液中的有害固相含量;三是该体系具有较强的控水能力,通过降低失水,防止地层吸水膨胀、剥落或坍塌;四是该体系密度高,可以提高大井斜井段井眼的稳定性。目前复合盐无土相钻井液已在苏东13-65H2、苏东33-60H、苏东46-78H等5口水平井中成功应用。

(洪进富)

【安徽公司老区复杂调整井固井技术】 2011年,安徽公司在域内油层套管共固井施工100口井,其中水平井6口,使用封隔器38只,遇水膨胀封隔器8只,固井质量合格率100%。分析年初黄122井固井水泥胶结质量方面存在的问题,进一步完善优化固井技术方案。通过进行易漏地层承压实验并提高地层承压能力、注入分级密度钻井液和分级密度水泥浆、合理注入隔离液用量、地层高压区块使用封隔器、固完井后及时关闭封井器等措施,保障固井质量符合要求。在较高钻井液密度井固井中,采用低密度替浆,解决了人工井底偏高问题。在黄88平2井完井中,采用筛管完井工艺,提高采收率。天92区块地层承压能力低,天92-4井完井期间出现井下漏失复杂情况,采用双密度水泥浆体系,较好满足了主力油层的封固需要。

(洪进富)

【安徽公司科技攻关】 2011年完成局科技项目“小井眼长水平段水平井钻井技术研究与应用”完成项目立项开题论证汇报,并开展研究。局科技项目“表层套管钻井技术研究与应用”、中石化先导项目“乳化石蜡钻井液技术在水平井中的推广应用”以及“徐闻X3井提高钻速技术先导试验”通过中石化专家组的结题验收,顺利结题。公司项目“聚胺钻井液体系的研究与应用”、“复合盐钻井液技术研究与应用”、“LWD在江苏油田的应用”在公司钻井生产中均取得较好效果。

(洪进富)

【安徽公司英国进口LWD推广应用】 2011年公司成功引进英国进口的地质导向系统(LWD),克服现场培训时间短、应用经验缺乏等诸多困难,在5口水平井中成功应用,积累了LWD使用维护经验,进一步提升了公司实施定向井、水平井的技术水平。

(洪进富)

多元开发

矿业开发

【矿业开发综述】 2011年,油田矿业开发板块紧紧围绕"精细管理,做细低产井油藏开发,做好非烃类矿藏开发,做稳域内井下作业服务;开拓创新,做强西部多元化劳务市场,做活海外技术服务市场"的工作思路,克服了捞油井产量低、递减快、综合含水高、措施增油难度大、后备资源严重不足、生产成本紧张等困难,老井挖潜与滚动增储取得新成果,实现了产量和效益的同步增长。全年实现油田内、外部生产原油总量7.26万吨,劳务收入1.6亿元,创历史最好水平。其中江苏油区采捞油5.2万吨(含难采储量合作开发1.05万吨)完成年计划的104%;海外项目实现捞油产量2.06万吨,超额完成了年度计划。新疆市场完成各类劳务收入10073万元,同比增长18.73%;江苏油区作业劳务收入5945万元,同比增长38.68%。

(陈增顺)

【资产装备】 截至2011年底,矿业开发石油工程板块有实物设备资产6220万元,净值3732万元。有捞油(抽汲)、采油(机抽)、作业等主要设备180多台(套)。基本能满足各类低产井的捞油、抽汲排液、采油和低产井的挖潜增油作业需要。为了做好油水井的不压井作业工作,避免油层污染,2011年公司2套不同类型的带压作业装置实行双机队编制运行。第一套带压设备静密封压力为21兆帕,动密封压力为14兆帕,双列双作用液压油缸举升系统,多级安全保护型一体化带压专用作业设备。其优点是:液压动力源来自修井机自带液压源,搬迁、安装比较简单,对井口要求不高,相对适用于油井带压作业。第二套带压设备静密封压力为35兆帕,双列双作用液压油缸举升系统,多级安全保护型分体式带压作业设备。其优点是配伍的修井机操作装置与液控装置都在操作平台上,两个操作手能及时建立沟通,对井口情况能及时了解,平台与修井机井架分开,平台非常稳定;并且带压装置的所有液压源是独立的动力源提供,此设备的动密封压力为21兆帕,相对适用于高压水井带压作业。带压作业技术得到了进一步完善,基本满足本油田带压作业的需要。

(陈增顺)

【原油生产】 截至2011年底,矿业开发总公司共有油水井165口,平均日产油水平98.3吨,全年累计生产原油5.2万吨,完成局下达计划的104%。有注水井5口,平均日注水63立方米,全年累计注水2.11万,完成年计划的105.5%。

(1)捞油井:捞油井共有148口,平均日产油28.4吨,平均单井日捞油0.19吨。捞油井自然递减率约13%。

(2)老区采油井:共有采油井43口,2011年11月开井33口,井口日产液水平160.6吨,日产油水平83.1吨,见水井40口,综合含水48.3%,平均单井日产油1.93吨。老井自然递减率15.2%。

(3)难采合作开发:沙14、沙30块目前有采油井15口,开井13口,井口日产油水平28.8吨,平均单井日产油1.92吨,含水井15口,综合含水56.4%。有注水井4口,开井4口,日注水44.6立方米,年注水2.11万立方米,完成年配注的105.5%。

(陈增顺)

带压作业施工现场 (陈增顺 供稿)

【石油工程服务】 石油工程服务是公司的经济增长点，也是重要的效益来源，更是服务油气生产的重要保障。一年来，带压作业技术日趋成熟、新疆劳务市场日益优化、海外捞油服务取得突破，呈现出内外并举的良好局面。

(1)域内作业市场：在常规作业上，强化制度执行力，“两书一表”注重规范不留隐患；班前班后会注重效果不流形式；现场巡回检查注重环节不留死角；交接班注重细节不留尾巴，作业现场管理和施工质量进一步提高，作业一次成功率99.5%。在带压作业上，积极学习运用新技术、新方向、新工艺，带压技术水平进一步提升，刷新多项带压作业施工纪录：在永38井创带压冲砂井段最长纪录、带压施工井深最深纪录；在沙19－79井创油井带压施工压力最高纪录；首次实现带压填砂施工作业、带压挤灰封层作业、带压钻灰作业。创新防喷器的液路改造，取得明显效果，增强了带压施工安全系数。全年累计常规作业394井次，劳务收入4695万元，同比增长35.5%；带压作业39井次，劳务收入1250万元，同比增长68.92%，总作业井次占油田内部市场份额22.64%，成为服务油田的一支重要保障力量。

(2)新疆市场：克服了甲方压缩成本、员工流动性大、人工成本高、成本压力大等实际困难，稳固发展代运行服务市场、做精做强抽汲捞油市场、积极拓展外围市场，加大与甲方领导的沟通，加强市场开拓过程中的经济分析，争取到更多更好的劳务工作量。塔河三个采油厂、完井测试中心等成熟市场工作量稳中有升；雅克拉采气厂等新兴市场抽汲、检泵业务取得进展；玉北片区、塔中片区等塔河油田外围市场开拓迎来曙光；天然气压缩回收潜在市场进展顺利；及时撤出特车等亏损服务项目，及时与甲方各级领导沟通，争取各项服务及定额补差358.8万元，市场结构进一步优化。加强基础管理、完善“三式管理”、规范制度管理、严格降本增效、强化安全生产，在确保市场日益扩大的同时，使发展的地基更牢。全年完成各类劳务收入10073万元，同比增长18.73%，再创新疆市场新辉煌。

哈萨克斯坦：哈萨克斯坦项目克服了黄金施工时间短、恶劣天气频发、公共安全形势严峻、捞油井资源不足、合同价格下降等不利因素，认真执行甲方下达的任务目标，靠技术和信誉赢得了甲方的一致认可和高度评价，项目保持平稳运行。全年完成捞油产量2.06万吨，抽排清蜡145井次，项目回款915万元，创该项目9年历史新高。经过多方斡旋，顺利取得肯基亚克区块2012年捞油合同，为项目稳定运行奠定了基础。经过9年的艰苦努力，以捞油、抽排为特色的哈萨克斯坦项目在甲方赢得了良好信誉，为公司拓展市场提供了机遇。2011年10月中石油收购了中信能源持有的肯基亚克油田附近的KMK公司。经过初步协商、谈判，该公司决定将部分停产井交由公司进行捞油，2012年有望开始合作。

(陈增顺)

【老区措施增油】 (1)盘活储量资产，零散小断块滚动挖潜提高采收率。公司管辖的区块均为零散微型小断块，具有“小、碎、贫、散”的地质特征，开发难度大、采收率低。精细构造分析寻找老井储层构造高部位的剩余油，实施侧钻增油。(2)优化挖潜措施，继续加强低产井复查挖潜工作，精心挑选、优化实施了油水井措施，取得了一定的增油效果和一些新的认识。全年共实施措施增油17井次，增油8956吨。深化零散小断块剩余油研究工作，精益求精，优中选优，在花6、周4、许19等块通过钻井、侧钻取得新认识，获得了较好增油效果。对比发现花6块内部存在小断层，为花6块构造下一步的滚动开发积累了新的认识依据。

(陈增顺)

【难采地质储量合作开发】 难动用储量合作开发沙30块和沙14块，自2005年建产能投入开发以来，2011年是第七个年头。前五年在没有大的开发调整投入下，公司依靠精细注水使年产油量一直保持在1.10万吨以上。2010年对沙14块实施开发调整井沙14－8井，钻遇油层5层19.1米，油水同层4层15.0米，证实了沙14块存在东西两个微高点。为此，2010年末在西部高部位部署实施了沙14－9井，钻遇油层7层27.1米，油水同层2层5.8米，主力油层比沙14－7井高13.1米，西高点今后还有进一步调整的余地。2011年为了完善东部注采井网，部署沙14－10井，目前正在准备搬家钻进。

(1)沙30块：沙30断块区域构造属高邮凹陷北斜坡中段，西侧紧临沙19断块和沙20东区，北侧为沙26断块。2002年申报探明储量47万吨，含油面积1.0平方千米。沙30块油藏为层状构造油藏，一套油水系统，有部分边水驱动的弱弹性水压驱动油藏。2005年实施合作开发，2006年下半年投入注水开发，油井见到了较好的注水效果。2011年11月该块有采油井7口，开井7口，日产液40.9吨，日产油14.2吨，综合含水65.3%，采油速度1.10%，累计产油59118吨，采出程度12.58%。注水井2口，开井2口，日注水16.2立方米，月注采比0.37，累计注水57630立方米。

(2)沙14块：沙14断块位于沙7断块以南，属于受构造控制及岩性影响的薄层状特低渗砂岩油藏。叠合含油面积1.1平方千米，探明地质储量55万吨。2005年实施合作开发，2006年下半年投入注水开发，西部油井见到了较好的注水效果。2011年11月该块有采油井8口，开井7口，日产液25.2吨，日产油14.6吨，综合含水42.0%，采油速度0.97%，累计产油46625

吨,采出程度8.48%。有注水井2口,日注水28.4立方米,月注采比0.95,累计注水47099立方米。沙14和沙30块合作开发以来,至2011年底累计产油8.053万吨,取得了较好的开发经济效益。

(陈增顺)

【工艺技术】 公司坚持"成熟、先进、适用、配套"的原则,勇于攻坚克难,积极引进应用适用的先进技术。

(1)作业工艺:①带压作业施工队伍按标准常态化运行。2011年完成油水井带压施工35口井,其中油井8口,最高压力10兆帕;水井27口,最高压力21兆帕,均做到了安全有效施工。②自2009年购买了江苏油田首套带压作业设备以来,设备经过3次大的技术改造,工效提高70%,安全环保性能得到进一步保障,已基本能够满足江苏油田油水井不同工况下的带压作业要求。

装置名称	静压(兆帕)	动压(兆帕)	密封通径(毫米)	上顶力(吨)	下拉力(吨)
油管带压装置	35	21	48~186	60	50
抽油杆带压装置	21	14	0~62	20	10

③与生产厂家合作研制的油管定点内堵装置、带压作业抽油杆井控装置处于国内领先水平。2011年有4项专利已经获得授权。④购买了冲砂液(砂、油、水分离)处理车,能够将井筒返出的液体,通过旋流分离和重力分离,将固态物质收集到砂箱中,原油收集到储油箱中,而经过处理的洗井液则可重复循环使用,节约了大量清水,降低了运输成本和污水处理费用。⑤增加了半全封双闸板防喷器、单闸板防喷器、地面防喷器远程控制台等设备装置,确保了作业施工中的井控安全,提高了现场施工中的本质安全水平。

(2)捞油工艺:①根据不同的捞油井工况,设计使用了三种型号的环保井口装置,做到了防喷、防油水落地、防盗,满足了不同井况的需要,确保了清洁环保生产,获得国家专利(专利号:02281801.4)。②改进了捞油抽子。套管抽汲捞油抽子从国外引进,在使用过程中,针对存在的问题,进行了如下改进:快装连接绳帽,采用锲入原理,使原来需要4~5人、2~3小时才能连接,而今只需1人10多分钟即可完成,而且减少了熔铅汽油和铅的使用,保护了环境,节约了资源;钢丝绳防打扭设计,采用端面轴承和径向轴承相结合的方法,有效释放扭矩,避免了钢丝绳打扭卡断落井事故,减少了处理钢丝绳及抽子落井所消耗的人力和物力资源;防过载装置,通过定压阀,当抽子上液体重量超过负载时,能自动卸掉超载液体,避免了钢丝绳拉断落井;长寿命胶皮,通过抽汲胶皮配方的改进和胶皮密封长度的调整,使抽汲胶皮寿命延长5倍以上,减少了废旧胶皮的处理,降低了胶皮使用成本;变径井套管抽子,为了适应变径井抽汲捞油需要,充分挖掘地下原油资源,提高低产低压变径井的利用效率,通过技术攻关,成功研制了变径井套管抽汲抽子,该项目获得油田科技进步三等奖。

(3)采、输油工艺:①优化深抽井管杆结构技术。针对沙30-8、侧富26-4井结垢、偏磨较严重、检泵周期均不足100天的现状,2011年,公司对这2口井优化管杆结构,运用内衬油管、固塑抽杆、高效抽油泵配套技术,减缓了油管结垢和管杆偏磨的现象,同时提高泵效20%。自上述2口井使用该技术以来,其平均延长检泵周期60天,其中沙30-8井仍在正常生产。②发展了小套管采油配套技术。针对老井侧钻小井眼(直径88.9毫米)的特点,公司采用了小油管、小抽油泵、小抽油杆、小井下工具、小扶正器等,满足了小套管采油需要。通过深抽加大生产压差,改善层内和层间的出油剖面,提高低渗透油层的出油能力,同时也减少了气体对泵的影响,注重抽汲参数与油层供液能力相匹配,从而提高单井产量。③套管气的回收综合利用技术。由于公司所属油井均为边远零散井,不成规模,且大都为独立井站,原先部分有套管气或原油中含的气只能排向大气,既污染了环境,又浪费了资源。公司通过流程改造、加装分离器等措施,将零散套管气回收,用于井站热水炉代替原煤燃烧,既减少了原煤燃烧产生的废气排放,又节约了购煤费用。目前公司已对有套管气的沙14、沙30、肖7、联7、富13等5个井站热水炉进行了煤、气改造。对于气量较大的肖1、联3、黄5等井,则采购了天然气压缩机,成立了天然气分公司,将气压缩到25兆帕,通过CNG高压槽车运输销售给地方加气站或民用气站,既充分利用了天然气资源,又为总公司创造了经济效益,项目"江苏油田零星天然气收集、压缩和利用新技术的推广及应用"获油田科技进步三等奖。④井口电加热及中频解堵辅助单管流程技术。采用井口电加热及中频解堵辅助单管流程,并配套30立方米储油罐电加热,实现了夏、秋季节常温集输,春、冬两季根据井口回压情况,合理使用井口电加热和中频辅助单管运行。通过真33、联16、韦10等井站的应用,获得了节约能耗、方便操作的效果。井站电加热系统主要包括:储油罐温控电热棒加热,流程电缆缠绕中频加热,长距离管线井口高频涡流管道辅助加热等。⑤提高机采系统效率技术。推广

类型	加热方式	井站
三管流程	水高频加热	邱 1、沙 30 - 2 + 3、沙 30 - 8 + 9
单管流程	中频缠绕加热	联 16 - 1、真 33、台 5、台 9、塔 5、马 24、马 X32、黄 1 - 1、韦 23 - 2
储油罐	电热棒	联 16 - 1、真 33、台 9、塔 5、戴 3、马 24、马 X32、黄 1 - 1、韦 23 - 2 + 3
循环水罐	电热棒	韦 10

永磁电机和 SH11 型节能变压器。将原有的电机改造为调速电机，通过测抽油井的动液面、示功图和每天的量油资料，摸准油井的出油规律，在认真分析油井生产动态的基础上，对供液能力差的井实行合理的间抽作业，并优化间抽时间，或调小工作参数，既节能降耗，又改善了抽油杆功况，从而延长了油井免修期，起到了节能降耗增效的作用。

（陈增顺）

【盐硝生产】 矿业开发总公司现有芒硝生产井 10 口（组），其中水平井组 5 组，单井 5 口。为了保证元明粉厂建成投产资源需求和进一步改善硝水质量，2011 年新增钻井矿开 5、5 - 1、6、7、8、8 - 1、9、11、12 井，投产了矿开 5/5 - 1 井组、矿开 7 井，矿开 6、矿开 8/8 - 1 井组，矿开 9 井待投产。1 ~ 11 月，矿区累计注水 2027169 立方米，生产硝水 1989090 立方米，折算标准硝水为 443476 立方米，产出硫酸钠固体 46 万吨，产出氯化钠固体 17 万吨。

硝水生产区 （陈增顺 供稿）

100 万立方米硝水工程于 2009 年 3 月投产，但 6 月硝水质量迅速下降，造成生产经营被动局面。公司找准了制约生产的因素，于 2009 年 10 月组织专项会战，各项改造工程于 2009 年底完工，矿开 1、2、3、4 井钻井工程 2010 年初完成并相继开始建槽，水平连通井矿开 4 - 1、2 - 1 井 2010 年 7 月完成并投产。经过 2010 年的调整，硝水质量已经走出低谷，生产趋于主动。2011 年，在准备元明粉厂投产接替资源的过程中，精心准备每一口硝井的地质设计、轨迹控制、完井工艺、生产方式、配套流程、后期调整等系列工作，矿开井号硝井生产的硝水一直保持高质量水平，解决了生产过程中各种新问题，同时也取得了一些新认识，芒硝开发正逐步走向新阶段。

（1）矿藏分布有新认识。①矿区中部，矿开 9、矿开 12 井钻遇较好主产硝层，证实一类采硝区变化不大。②矿区向东方向，滚动开发井矿开 11 井钻遇主产硝层厚度 18.2 米，揭示主产硝层向东厚度变厚，一类采硝矿区面积加大，芒硝储量将会有所增加。③矿区西南方向，沿矿开 7、矿开 6 井一线主产硝层厚度变薄，原先部署的二类采硝区水平井需要进行调整。④硝层纵向、层内非均质性较大，但大的沉积旋回趋势不变，矿开 11 井取芯再次证明了这一点。

（2）配套工艺有新技术。①在地质、钻井工程设计上，按照总体部署优选采硝井，综合考虑地面井场、地下防碰、后期生产管理等因素，坚持打丛式井，优化钻井顺序、节约投资。②在硝井水平井钻井过程中，采用 RMRS（磁性导向钻井）精确定位技术，顺利完成了矿开 5 - 1 与矿开 5 井、矿开 8 - 1 与矿开 8 井的无溶腔对接，减少了直井建槽环节。③在钻井轨迹控制上，采用探底板后轨迹回收技术，保持钻井轨迹在硝层底部 0.5 米左右精确运行，避免了硝层相变与设计的误差。④在完井管柱结构上：一是将套管下入水平段 20 米，避免注入水流向对硝层底板的冲刷；二是针对修井中发现的采硝井底部管柱弯曲变形、脱落现象，将穿越硝层部分的套管、中心管分别焊接，减少生产过程中井下管柱的振动影响。⑤在生产方式上：一是采用油垫法采硝工艺，有效抑制上溶速度；二是根据不同井型设计不同的注水方向变换周期、流量、注油量等参数，并结合实际生产动态及时调整，保证地下溶腔均匀发展。

（3）提高采收率研究有新进展。①地下溶腔测试已经进入操作阶段，年底将进行矿开 1、矿开 4 井溶腔测试。②“芒硝开发提高采收率研究”课题完成研究工作量，目前正在编写课题研究报告。③根据硝井产出动态进行溶腔形态的初步预测，着手开展溶腔动态模拟预测技术软件研究工作。④老井侧钻再利用完成设计，矿开5-1井即将实施；同时芒硝井特修作业队正在组建中，将会对老井检修、提高硝井利用年限提供帮助。

（陈增顺）

主要企业简介

【扬州苏油江华贸易实业有限公司】 扬州苏油江华贸易实业有限公司于2007年10月改制成立。其前身为成立于1988年的江苏油田矿业开发总公司江华分公司，位于扬州市维扬路178号，注册资本由141万元增加到388万元，主营基建材料、煤炭、五交化产品、办公用品等以及超市商品的批发和零售等。公司奉行“质量第一、诚信为本、服务一流、顾客至上”的宗旨，立足油田多种经营业务。改制后的公司不断拓展经营范围，强化文明服务，推出质优物美的商品，深受广大消费者喜爱。2002年至今被江苏省扬州市行政管理局评为AAA级重合同、守信用单位，2004年和2006年先后荣获“江苏石油勘探局巾帼文明示范岗”、“扬州市巾帼创业示范岗”荣誉称号，2010年获扬州市食品安全放心消费单位称号，2011年获江苏省食品安全消费单位称号。公司以商贸为主，努力向产品型企业转变。2011年实现主营业务收入1500万元，其他业务收入209万元，各项费用压缩近10%，职工的薪金水平稳步提高。

（陈增顺）

【苏油油成商贸实业有限公司】 扬州苏油油成商贸实业有限公司成立于1992年，地处扬州东郊江都区邵伯镇。公司注册资金600万元，拥有固定资产300多万元。公司具有年5000多万元的业务生产能力。现有员工200多人。公司下设服装厂、石油特种设备修理厂、机电设备修理厂、石油机械配件厂、特种胶管厂、密封件厂、图文制作中心、物资经营部等。公司主要经营范围：服装、鞋帽、劳保用品生产，石油机械、橡胶制品制造加工，石油专用设备、机电设备维修，房屋基建，家电维修，石油井场工程维修，线路、管道设备安装，国内贸易，石油技术服务，图文制作，汽车租赁运输等。2011年共完成销售收入5827万元。服装厂在稳定内部市场、质量和服务上下功夫，不断开发安全、舒适、人性化的新产品。公司在发展经济的同时不断完善构建和谐稳定的企业氛围，关心员工的切身利益，坚持为员工办实事。

（陈增顺）

【机电分公司】 机电分公司成立于1993年3月，现有在册职工15人。主营机电产品、油田专用设备、工程机械、建筑材料等，兼营五金日用百货、汽车配件、机械配件、仪器仪表、电器电脑、办公用品等。分公司在稳定已有市场的基础上，进一步完善员工培训考核激励机制和单车核算制度，积极调整经营发展思路，加大内部市场开拓力度，同时紧盯外部市场，在机电产品代理销售，供应物资招标采购，车辆租赁服务方面经营业绩大幅提升，2011年共实现内外部营业收入5426万元，再创机电分公司历史最好水平。

（陈增顺）

【盐硝分公司】 盐硝分公司成立于2008年12月，主要从事无水芒硝矿开采业务，是江苏油田继淮安采输卤项目后又一个非烃类矿藏开发项目。主要分采硝、储输硝两大部分，设计采硝规模为年100万立方米。在安全生产方面，公司积极推行“3+3”的安全管理模式，全年累计发现并消除各类重大安全隐患18起。在科学开采方面，积极探索合理科学开采芒硝井，采取“多井少量”的芒硝井开采模式，保证了各井稳步开采，外输硝水浓度满足了外销的品质需要。在设备维护管理方面，积极开展修旧利废工作，切实降低生产成本，回收增压泵房阀门20多只，节约成本20多万元。仅注水泵高压回流装置改造一项，就节约生产成本近3万元，增加效益12万元。2011年，盐硝分公司全年累计生产硝水689757.73立方米，实现销售收入1768.61万元，资金回笼率达100%。QHSE管理、万元产值综合能耗、计划生育、科技进步、社会治安综合治理等其他各项指标，均达到考核要求。

（陈增顺）

【天然气分公司】 天然气分公司成立于2006年9月，现有员工18人。2011年共完成压缩天然气884万立方米，实现销售收入2618万元，全面完成各项指标任务，全年安全生产无事故。在QHSE管理体系的支持下，分公司编写了天然气压缩站的QHSE两书一表，要求严格执行。协助物流公司编制了《高压槽车QHSE》操作规程，并监督其执行。分公司被省石油公司指定为长期的供气单位。继给扬州、镇江、南京等5个加气站成功供气之后，又与省石油公司确立了南通、淮安及南京、扬州待投产加气站的供需气关系。选择了在南京龙潭加气站、仪征青山站增加购气量，经过多次磋商，目前基本以市场最低价购气。利用中石油在陈桥建刘庄储气库的契机，多次与西气东输管道公司上海站负责人接洽磋商，争取到了一定量的指标气。经过对金湖县城及周边地区用气情况的调研，下半年建立了刘庄加气母站，充分利用中国石油西气东输气源优势，逐步建立刘庄储气库母站压缩点营销网络，发展周边社会用气市场。

（陈增顺）

【扬州睿德石油机械有限公司】 扬州睿德石油机械有限公司前身为江苏油田石油工具厂，是专业为江苏油田生产石油工具的下属单位，于 2007 年改制而来。公司位于扬州市江都区邵伯镇，毗邻 328 国道、京杭大运河，紧靠溧海高速及扬州泰州机场，交通便利。自 1993 年以来，公司一直立足油田，充分发挥资源、技术、人才、资金、设备等方面的优势，不断拓展新的生产领域和新的市场。公司占地面积 30000 平方米，拥有先进的数控车床、万能立式铣床、镗床、磨床、刨床及油管、抽油杆修复等成套设备，具有年机械加工 5000 多万元的生产能力，是中石化、中石油一级网络成员单位。2011 年共完成销售收入 3680 多万元。

公司主要从事钻井、采油、修井等 7 个大类 100 多种井下工具的生产和销售。各类产品现已在全国各大油田广泛使用，受到广大用户的好评。公司积极拓展新的生产领域，上马了油管修复和抽油杆修复项目，成功地为江苏油田和华东采油厂维修近 10 万米油管和抽油杆。为油田主业单位制造维修野营房 30 余套，用良好的质量和快速服务得到了用户的认可。公司还和多家科研单位以多种形式紧密合作，成功开发出用于油藏伴生气的智能点火装置，用于岩芯模拟试验的泥浆堵漏仪及油田试验室专用的蜡球成型仪，同时致力于复杂油藏的分层合采及裸眼完井防砂等专业技术服务。同时在新产品的开发和研制上取得了可喜的成绩。

（1）研制出了带压作业阀、带压作业冲砂阀，并荣获国家实用新型专利。专利号为：ZL201120138774.2。解决了矿业部、井下作业处带压作业的问题。

（2）研制出了涡轮式固井振动器，提高了钻井处固井质量。专利号为：ZL201120076840.8。

（3）研制出了正反循环小件落物收集器。专利号为：ZL201120138780.3。

（4）研制出了双向防喷旋塞阀，简称油管旋塞阀。它的作用是在发生井喷时，防喷器并闭油套管环形空间，旋塞阀可迅速关闭油管通道，有效制止井喷事故的发生。专利号为：ZL201120140840.X。

（5）研制出了油管刮蜡器，获国家专利。专利号为：ZL201120138772.3。

另外，可调卡式地锚、静压潜体油管堵塞器、桥塞内打捞器、密闭井口定量恒流连续加药防腐防垢装置等发明专利正在等待专利局发证。公司所有专利产品全部转化为生产力，为公司创造了很好的经济效益，创造价值为 2000 万元。

（陈增顺）

【地热分公司】 2011 年，地热分公司完善地热供暖方案，改造地热水管线流程，使地热水的热能和热泵供热效率达到最大化。采出 80℃ 地热水，为真武油田北区近 18 万平方米的住宅及办公楼进行地热供暖，经过二级利用后将地热水资源回注地层，节能减排效果明显。供暖期共节约煤炭 5000 吨，减少排放二氧化碳 8900 吨、烟尘 15 吨、二氧化硫 32 吨，在取得经济效益的同时也取得了良好的社会效益。

（陈增顺）

【油脂油品厂】 扬州福力特油脂油品厂建于 1987 年，现有在册员工 156 人，其中残疾员工 121 人。企业由生产系统和残管中心两部分组成。主要生产销售工业润滑油、润滑脂、油田助剂、液体石蜡等产品，目前企业已逐步发展成为苏北地区规模最大的润滑油生产厂家之一。2011 年实现销售收入 6873 万元，账面利润 30 万元，创建厂以来最好经营业绩。

企业致力于现代化管理进程，2000 年顺利通过 ISO 9002质量体系认证，2002 年通过 ISO 2000—9001 质量体系认证，2010 年又通过 ISO 14000 环境、质量和 ISO 18000 职业健康安全的认证工作。企业获得“江苏市场信得过企业、产品、服务”荣誉称号，获中国质量检验协会颁发的“全国质量合格稳定产品”等多项质量管理奖。

在 2011 年的生产经营中，企业积极响应总公司号召，持续深入推进创先争优活动，积极开展“唱响主旋律，建功十二五”劳动竞赛活动，加快元明粉编织袋和 2 万吨干气制燃料油等新项目的开发速度，寻找新的经济增长点。加强与扬州石化、钻井处、物资供销处的合作关系，加大服务力度，有效扩大了油田内部市场份额。

企业的精神文明建设也取得了丰硕成果：在扶残助残方面，继续实施“1 + 1 亲情值班表”，为全厂残疾职工提供热心、周到的服务，迄今为止未发生一起治安事件和职工上访事件。继续保持矿业开发总公司双文明先进单位、优秀党支部、“先进职工小家”等荣誉称号，连续多年保持“江都市先进福利企业”称号，锅炉房连续九年保持局先进锅炉房称号等集体荣誉，为油田稳定和企业的发展作出了积极的贡献。

（陈增顺）

社会事业

生 活 服 务

【生活服务概述】 截至2011年底,油田职工居住小区有28个。其中,社会化管理小区3个,油田自主管理的小区25个。油田自主管理小区占地总面积141万平方米,绿化面积52.94万平方米,住宅楼1.41万套、建筑面积97.74万平方米,社区居委会11个,基层物业服务机构9个,物业服务总面积142万平方米,物业服务居民1.23万户,物业服务住宅面积79.19万平方米。社区供水居民1.23万户、年供水量113.57万立方米,供电1.23万户、年供电总量1542.98万千瓦·时,供气(瓶装液化气)6539户、年供气总量2097.58吨,社区供暖锅炉房5座、锅炉16台、供暖锅炉总吨位118吨,供暖9904户、居民供暖面积42.58万平方米。

(洪 英)

【文明和谐示范小区创建】 2011年,油田矿区服务系统继续贯彻落实集团公司工作会议精神,深化文明和谐示范小区创建工作,全面推进"比学赶帮超"活动常态运行,各矿区服务单位通过开展"家文化"系列活动、"党员服务站"、"计生人口家庭屋"、"信访接待室"、"爱心服务队"、"440服务热线"等方式,创新管理、真情服务,不断提升服务水平和服务质量,营造了舒适优美的生活环境、安定有序的治安环境、共建共享的和谐环境。

5月4日,油田文明和谐示范小区创建活动总结会在邵伯管理服务中心紫京会议中心召开,创建活动领导小组部分成员、相关创建单位负责人、居委会主任等参加了会议。会上,播放了江苏油田文明和谐示范小区创建活动专题片;邵管中心主任陈往才、社会化管理的扬州市石油山庄小区业主委员会主任周政发、真管中心和苑小区居委会主任杨光碧分别从三个不同层次作经验交流;局党委书记李东海出席会议并作了重要讲话。会上,对5个获得集团公司"文明和谐示范小区"荣誉的小区授牌,为6名获得集团公司"文明和谐示范小区先进个人"颁发荣誉证书。

12月12~13日,集团公司文明和谐示范小区复检组一行来油田,对扬州石油新村、邵伯石油新村、和苑小区、金采小区、扬州石油山庄等5个集团公司文明和谐示范小区一年来的各项创建成果进行复查,给予了充分肯定。

(洪 英)

【生活后勤系统"为民服务创先争优"现场会】 10月28日,油田在试采一厂召开生活后勤系统"为民服务创先争优"现场会,油田领导、机关处室和各厂处代表100余人参加了会议。与会代表参观了试采一厂采油二队生活点、永安农工商管理站、采油新苑食堂等。会上,有8个单位作了经验交流,勘探局局长、分公司总经理朱平出席会议并作了重要讲话。会议明确:基本的后勤服务有两条线,一是基层一线队(站),为一线职工服务,提供"两堂两室"及一线公寓服务;二是职工家属居住的各个生活小区,为广大居民服务,以"文明和谐示范小区"的创建活动为载体,推进管理与服务,不断提升水平。另外要坚持创新"服务理念、服务机制、服务方式",打造"优质服务、优美环境、优良秩序、优秀文化"品牌,以"三创四优"的工作要求,为油田发展发挥"铁后勤、铁保障、铁支撑"作用。

(洪 英)

【"两堂两室"建设】 2011年,油田继续加大了对"两堂两室"检查指导的工作力度,下发《关于开展饮食业、公共场所等从业人员健康体检工作的通知》公综〔2011〕1号文件,要求饮食业、公共场所等从业人员按相关规定,参加所在地卫生防疫部门的健康体检,做到持证上岗。6月28~29日组织了油田一线队(站)饮食安全卫生检查工作,重点抽查了12个单位的17个职工食堂;同时,对油田"两堂两室"建设情况进行督导,完善了全油田129个食堂、142个基层单井点的基础资料;及时与局、分公司领导及机关处室长生活联系点负责人按期沟通,督促其对所检查暴露出的问题进行整改落实;11月16日,召开了油田生活后勤工作服务管理规范研讨会,围绕"两堂两室"建设,对专业化服务、基地管理、营地建设、单井生活点等生活后勤服务标准进行了深入研讨，推进了“两堂两堂”建设标准化、制度化、常态化。

（洪　英）

房　产　管　理

【房产管理概述】　截至2011年底，江苏油田职工住房分为四部分：房改房、非正规住房、博士后公寓、集资房。其中：房改房593栋，1.49万套，110.01万平方米（含洪泽基地、金北基地搬迁腾空房）；非正规住房68栋（不含安徽矿区），1310套，6.32万平方米；博士后公寓13套，1459平方米（崇文苑1号楼3套；石油山庄10套，分布在集资房楼栋内）；集资房169栋，5337套，60.32万平方米。安徽矿区仍然居住使用非正规住房552间，13560平方米。

因工作需要留守洪泽矿区的职工集中居住有452户，地球物理勘探处1～13号楼236户，农工商公司的运输农场2栋48户，农工商公司直属农场4栋56户，钻井处农场2栋32户，职工培训处6栋80户。

（李　清）

【房改性质住房修缮】　2011年，油田筹措471.43万元，对各矿区房改房公用部位进行了修缮。其具体办法是由二级单位申报，公共事业处现场核对，拟定修缮的具体方案和资金计划，经相关职能处室会审后报油田领导审批，以局年度计划下达给相关管理的二级单位实施。由安徽石油勘探开发公司管理的住宅小区第一次纳入局大修计划管理，解决了该单位管理的住宅小区修缮资金来源问题。

（李　清）

家　属　管　理

【家属管理概述】　截至2011年底，油田劳动家属3509人（其中遗孀家属552人），年龄最大的91岁，最小的36岁，平均年龄64岁，主要集中分布在邵伯、真武、扬州、金湖、安徽等生活基地。

（洪　英）

【费用发放】　2011年，在费用发放中，油田认真组织各单位劳动家属管理部门开展工作，采取银行卡或现金方式，按时到家属集中居住地发放。全年共支付劳动家属费用1071.7万元。

（洪　英）

【劳动家属参保】　根据江苏省人力资源和社会保障厅相关文件精神，以及中石化集团公司有关要求，按照油田的统一部署，做好劳动家属参保实施的组织工作。8月24日油田召开劳动家属参保动员会议，劳动家属参保工作正式启动。组织对劳动家属的宣传工作，下发了宣传提纲；组织符合参保条件人员的个人申请工作，严格审核申请人的参保资格并公示；组织符合参保条件人员有关信息采集、填写工作；汇总劳动家属参保信息与各项资料、归集参保缴费资金；向江苏省人力资源和社会保障厅上缴参保资金、核定基本养老待遇、报批参保手续。建立了参保家属养老金发放数据库。到12月底有3289名参保家属陆续领取了养老金。

（洪　英）

【稳定工作】　2011年，局家属管理办公室全力协助相关部门做好家属队伍稳定工作。（1）热心接待来信来访家属，对家属的疑问进行耐心解释，做好家属集访过程中的疏导、劝解工作。（2）定期召开家属管理人员工作会议，了解家属思想动态，各单位建立家属参保工作联络员制度，定期沟通，主动靠前做好工作。对困难家属上门看望慰问，将领导关心关爱传达到每一名职工家属中。（3）分片区组织召开家属代表座谈会，与家属面对面地交流沟通，宣传家属参保政策，收集家属反映的问题，对每一条信息、每一份诉求、每一个意见都认真记录，及时反馈。要求家属不要信谣，更不要传谣，要依靠组织，相信领导，积极配合油田做好劳动家属参保工作，把好事办好，确保了家属队伍的基本稳定。

（洪　英）

幼 儿 教 育

【幼儿教育概述】 2011年,江苏油田江苏地区有6所幼儿园,在园幼儿962名,在职职工144名,其中正式职工119名、劳务用工25名。各幼儿园以科学发展观为指导,深入贯彻落实《幼儿园教育指导纲要》,以幼儿安全工作为主线,以精细管理为手段,以提高幼教质量为根本,以幼儿全面发展为目标,本着"安全第一,教育领先,精细管理,服务为本"的原则开展工作,取得了较为显著的成绩,油田一幼、二幼、一厂幼继续保持省级示范园、省级优质园称号;扬州基地幼儿园继续保持省级现代化园、市级优质园称号。

(翟立铭)

【幼儿园安全工作】 2011年,各幼儿园根据油田后勤系统保障生产、服务生活、维护稳定、促进和谐的工作要求,进一步提高幼教工作者的责任意识、使命意识、服务意识,将安全保卫工作放在重中之重的位置上,按勘探局苏油公〔2010〕133号文件精神进一步完善安全保卫制度,落实安全保卫工作的各项措施。油田幼教管理部门和油田公安分局领导一起认真传达了省公安厅"4·20"紧急视频会议精神,对各幼儿园的安全保卫工作进行了检查、指导,确保油田幼儿园安全工作标准化、制度化、常态化,确保油田幼儿园安全工作万无一失,确保全体幼儿和职工的人身安全。

(翟立铭)

【幼儿教育管理】 2011年,油田各幼儿园认真贯彻《幼儿园教育指导纲要》精神,在教育过程中注重教育目标的全面性、教育内容的生活性、教育过程的活动性、教育形式的游戏性、教育评价的多元性,充分关注教育主体的人本性、差异性,关注师幼关系的互动性,发展与家庭、社会的合作性。各幼儿园在深入开展"科学发展在油田,精细管理在岗位"活动中,细化流程,完善标准,严格考核。幼教管理部门的人员通过深入幼儿园观摩课堂活动、查看教案并教学资料、巡视园舍食堂等,提出指导性的意见;通过召开油田幼儿园园长工作会议总结、交流管理经验,不断提高幼儿园的管理水平。

(翟立铭)

【幼儿教师队伍建设】 2011年,各幼儿园在教师中继续广泛开展了提高"三项素质"、"八项技能"、"六项能力"活动。各幼儿园继续通过劳动竞赛、基本功训练、师徒结队、举办讲座、外出学习、公开教学、送教地方、技能比赛等活动促进教师师德、师能等综合素质的提高。2011年举办了幼儿园园长、骨干教师培训班,聘请南京、扬州幼儿教育专家、教授、特级教师来油田作针对性的辅导报告;组织幼儿园年轻教师成长现场观摩会,真管中心一厂幼儿园总结的青年教师队伍培养方面的经验得到推广。

(翟立铭)

【幼儿教育科研】 2011年,油田幼儿教育科研有1项省级课题顺利结题,有2项省级课题成功申报,有1项国家级课题在申报之中。油田幼儿教师参加省、市优秀教育论文评比,有2人获省级一等奖,3人获省级二等奖,10人获省级三等奖,9人获市级一等奖,14人获市级二等奖,19人获市级三等奖。油田一幼茹叶雯老师参加扬州市第六届幼儿教师优秀教育活动比赛获一等奖。油田二幼秦蕾老师对省内外400多名教师进行了公开教学展示活动。2011年江苏油田幼儿教师在省、市教学业务比赛中取得了历史最好成绩。

(翟立铭)

社 会 保 险

【社会保险概述】 2011年,油田社会保险工作以加强社会保险基金管理、夯实社会保险业务为重点,强化基础管理,以落实好社会保险待遇为目标,努力提高社会保险管理服务水平,继续保持了"江苏省基本养老保险业务管理先进单位"称号。

(王祖文)

【劳动家属参保】 劳动家属参保是油田推进民生建设的一项重要工作,油田领导带领劳资部门向总部和省人社厅进行多次专题汇报,积极争取政策、研究办法、制定方案、组织实施,如期完成油田劳动家属参保工作,一次性解决劳动家属参保的历史遗留问题。共有3623名劳动家属在省社保中心办理了参保手续,其中55岁以上有3289人,55岁以下有334人。在全省行业单位中江苏油田最先办理劳动家属参保手续,最早领取养老金待遇,全部实现省级参保最为有利的统筹层级。此举从根本上解决劳动家属"老有所养"的问题,既体现了油田领导对职工家属的关心、关怀和关爱,又更好地提高了劳动家属的生活保障水平，为稳定油田职工队伍，促进油田持续有效发展起到了积极的促进作用。

（王祖文）

【实施社会保险缴费内部稽核检查制度】 继续开展社会保险缴费内部稽核检查制度。深入基层各单位进一步宣传和贯彻《关于规范社会保险缴费基数有关问题的通知》（劳社险中心函〔2006〕60 号）等政策规定，对各单位的财务、劳资资料的核查，对工资总额、劳务费、工资收入登记台账、缴费等参保情况，以及劳务人员的参保情况进行了检查监督，及时解决存在的问题，内部稽核检查制度得到不断的完善。在核查的基础上，推进职工养老保险缴费基数日常登记与基层单位工资总额审核制度的结合，进一步完善社会保险缴费基数统计确认办法，向省社保中心据实申报工资总额和缴费基数，有效地推动和规范社会保险业务工作的开展。

（王祖文）

【保险费用的征收与管理】 各项基金征收做到与工资计划相结合，有计划、按步骤收取。完善网络化征缴服务，做到应收尽收，上缴省社会保险费按时足额率达100%。积极开展资金集中管理，坚持专款专存专用，进一步规范保险基金的管理。加强保险资金的年预算、月预算和日预算，提高了预算工作的准确性，促进了保险基金的高效运转。

（王祖文）

【个人账户管理】 按时做好个人年度缴费基数的调整，完成个人医疗账户的年度结算和记账工作。及时下发养老保险、医疗保险，以及企业年金个人账户对账单，完成个人账户记载信息的核对工作，接受参保人员的广泛监督。办理养老保险关系转移，及时清算转移接续人员的个人账户缴费情况，全年油田共接续养老保险关系 5 份，转出养老保险关系 65 份。

（王祖文）

【档案管理与退休审批】 进一步加强技能操作人员档案的规范化管理，加强退休人员档案审档工作，准确核定退休人员出生时间、工作时间、工作经历、缴费年限等重要信息，按属地划分退休管理单位，采集退休人员各类数据，准确计发养老保险待遇。全年办理退休审批 425 人，其中特殊工种退休 23 人。

（王祖文）

【养老金社会化发放】 截至 2011 年底，油田共有离退休职工 7773 人，全年累计发放养老金 29610.3 万元，其中省统筹 23066.2 万元，按时足额发放率 100%。完成 2011 年度省基本养老金 10% 幅度的调整工作，继续实行老工人、高级知识分子，以及年满 70 周岁以上退休人员进行适度增调政策，人均调整达 246 元。

（王祖文）

【离退休人员信息管理】 坚持老同志、离退休职工管理处、养老金发放银行、保险办和省社保中心“五位一体”的相互联系制度，及时反馈与更新离退休人员养老金社会化发放信息，确保养老金能够按时足额发放。通过社区证明、信函、户口调查等认证方式，对 7445 名离退休人员和 542 名供养直系亲属的待遇领取资格进行了年度认证。

（王祖文）

【落实工伤及丧抚待遇】 落实因病或非因工死亡待遇，全年办理死亡待遇手续 91 人，新增供养直系亲属 53 人。至年底，油田累计供养直系亲属 576 人。根据《工伤保险条例》及有关规定，完成劳动能力鉴定 15 人，核发 15 人工伤保险待遇。

（王祖文）

【医疗报销电子化】 全面实施医疗报销银行卡刷卡服务。2010 年，扬州保险所使用银行 POS 机进行医疗报销服务试点工作取得了良好的效果，2011 年在邵伯、真武保险所推广使用，使用工行银联卡，全面实施 POS 机报销服务，提升报销服务系统。同时制定了《单位银行卡管理制度》，加强业务管理，规范操作，防范风险。POS 机刷卡报销服务系统，做到报销费用实时到账，避免了大额资金不便携带、现金清点及找零等各种不便，既提高了工作效率和服务管理水平，又加强了资金的管理与安全，有效地推进了医疗报销服务电子化进程。

（王祖文）

【完善医保管理服务】 加强《医疗保险实用手册》的执行力度，按照规范就医、规范用药、规范管理的要求，坚持每月对定点医院执行医保政策的检查，通过季度医保协调会，研究和解决职工和离退休人员对医疗服务、转诊就医和医疗费审核报销等方面的建议和意见，增进医、患、保三方的沟通与联系，提高医保管理服务水平。根据国家、省和市医疗保险制度，完善油田基本药品目录及诊疗服务项目，确保广大参保人员应有医疗待遇的落实。

（王祖文）

【企业年金计划】 2011 年是油田实施企业年金业务的第一年，按照油田企业年金实施办法，平稳有序推进年金管理的各项工作。（1）根据《中国石化企业年金个人账户管理办法》，按计划收缴年金费用，调整公布缴费基数,通过企业客户端系统维护个人信息和账户记账工作。截至2011年底,油田共有16874人参加企业年金计划,全年单位缴纳年金费用4262万元,个人缴纳年金费用1705万元。(2)完成激励性年金年度记账工作。通过各单位收集和上报各类获奖证书等符合激励性年金记账的原始凭据资料,经整理公示,全年共有96人享受激励性年金,共计29.2万元。(3)完成年金待遇支付工作。截至年底,共有369人领取了年金待遇,共计1344万元。(4)指导江苏油田控股企业扬州石化有限责任公司企业年金计划的建立与实施,提高了江都方职工退休待遇,为稳定职工队伍、加快油田发展起到了积极的作用,同时也为油田改制企业建立企业年金制度提供了有益的探索思路。

(王祖文)

信 访 维 稳

【信访维稳概述】 2011年,油田信访坚持以邓小平理论和"三个代表"重要思想为指导,深入学习贯彻十七大精神,唱响"埋头苦干创精细管理之先,团结奋进争内涵发展之优"主旋律,认真落实"为民服务创先争优"要求,紧紧围绕油田党政各项中心工作,坚持以人为本,努力拓宽信访渠道,积极推进有序信访,及时妥善处理群众各类来信来访。全年油田共来信来访191件(其中来信41件,来访150件)253人次,同比减少13.2%,有效确保了两会、建党90周年等重大节日和劳动家属参加社会基本养老保险、职工工资调整等敏感特殊时期均不发生非正常上访、不发生集体赴省进京上访、不发生重大群体性事件,信访稳定形势好转,为维护企业稳定和促进油田和谐有效发展作出了应有的贡献。2011年,191件信访事项均得到了有效处置,处置率100%,重访率和重信率均下降了10%以上 。

(宋景远 刘高峰)

【八字服务承诺】 2011年,油田信访提炼了油田信访系统"诚心、公心、耐心、细心"八字服务承诺,并将承诺上墙,主动接受来访群众监督。诚心是指使信访群众有"信任感",把信访群众当"家人",真诚倾听信访群众的呼声,尽心竭力为信访群众排忧解难;公心是指使信访群众有"信服感",实事求是,依法依政策处理信访问题,对政策允许的要解决到位,超出政策范畴的要按照疏导与教育相结合的原则,化解到位;耐心是指对信访群众有"同情感",把信访事项当"家事",不厌其小,不觉其烦,尽心尽力地办实办好;细心是指对信访群众有"责任感",倾听诉求要细致,不漏要点,处置事项要认真,不留盲点,接访办信全过程一丝不苟。该服务承诺的提出,有效营造了油田信访系统团结向上的氛围,促使信访工作人员以更大的热情投入到信访事项处置中,更好地拉近了接访人和来访人的距离,提高了信访事项的处置效果。

(宋景远 刘高峰)

【创建文明来访接待室】 2011年,根据总部部署,油田全力开展"文明来访接待室"建设。(1)6月3日召开创建动员大会并印发《江苏油田创建"文明来访接待室"活动实施意见》,根据日常信访任务的轻重,把油田各二级单位分为A、B、C三类,从创建目标、范围、标准、验收等对江苏油田各二级单位"文明来访接待室"的创建进行了详细要求,同时制定《江苏油田"文明来访接待室"评分标准》,按照四大类27小项予以具体量化,使创建活动不走过场。(2)针对信访稳定重点单位开展创建督察,共督察A类单位8家,B类单位13家,有效地把创建活动推向了深入。年底,油田"文明来访接待室"创建活动初战告捷,各单位从干部、人员、场地到软硬件配置等都基本达到要求,接访场所宽敞明亮,资料台账整齐完整,人员队伍更加得力,信访渠道更加畅通,来访职工群众表示满意。

(宋景远 刘高峰)

【完善信访信息网络】 2011年,油田信访结合"文明来访接待室"创建活动,坚持队伍建设,不断充实信访人员数量,提高信访人员素质,全油田共有专兼职信访工作人员41人,信访队伍不断得到壮大和加强。同时在依托油区调解办公室和5个片区调解中心的基础上,把基层党支部书记、工会主席等基层干部、骨干员工纳入信访信息网络中,完善三级信访信息网络建设,加大情报信息收集力度,做到零报告制度与特事专报、大事急报制度相结合,确保"发现得了,控制得住,处理得好",及时化解了多起集体上访未遂事件,并在快速、有效处置集体上访事件中发挥了积极作用。

(宋景远 刘高峰)

【落实惠民政策】 2011年,油田信访围绕组织创先进、党员争优秀、服务上水平、群众得实惠的目标要求深入开展"为民服务创先争优"活动,郑重公开承诺,认真查找问题,强化群众评议,阳光服务、微笑服务、规范服务、高效服务、廉洁服务等蔚然成风,一大批民生工程不断展开推进。符合条件的城镇户籍劳动家属全部办理基本养老保险参保手续,企业年金工作稳步实施,职工房改补贴工作开始启动,“两堂两室”建设不断加强,出台《江苏油田帮扶救助金管理细则》,落实帮扶救困措施,离退休职工“两项待遇”、“六个老有”进一步落实和丰富,218名油田子女安置就业,天长科研生产基地、公道生产培训基地的顺利建设,扬州生产科研中心正式开工建设。这些实事和惠民政策的落实,从源头上促进了油田的和谐稳定。

(宋景远 刘高峰)

【推行领导干部下访制度】 领导干部下访是联系群众、深入群众、掌握群众,密切干群关系的有效途径。2011年,油田信访要求各级领导干部带着问题和感情,坚持下访常态化,坚持同职工群众开展面对面的最直接、最现实的沟通交流,使不稳群体和人员能有情得抒、有怨得抱,有惑得解,促使复杂问题简单化,疑难问题轻易化,暂时无法解决的问题也能较好地获得职工群众的理解,使事态得到缓解。6月上中旬,油田信访会同公共事业处就劳动家属参保和住房货币化改革两个热点问题组织下访活动。共深入油田真武、江都友谊花园、黄珏、江阳石油山庄、试采二厂5个生活矿区,召开5次座谈会,参加900余人次。在座谈会上通报了劳动家属参保和住房货币化改革工作开展情况,针对职工群众和劳动家属关心的问题进行了答疑,有效稳定了众人情绪,取得了良好效果。

(宋景远 刘高峰)

【信访制度建设】 2011年,为明确信访事项受理部门、单位责任,理顺信访事项受理关系,规范信访秩序,畅通信访渠道,推动信访工作重心下移、责任下移,保证职工群众上访反映的问题能够及时就地得到妥善解决,提高信访资源利用水平,油田信访结合油田实际,下发了《江苏油田信访事项分级受理工作细则》和《江苏油田信访事项复查(复核)工作细则》,重新修订了《江苏油田信访稳定工作考评暂行细则》,并编制各类申请表、审批表、考核表和接访受理流程图。这样既明确信访事项从初次受理、复查直至复核的责任部门和单位,又明确了各类矛盾常发群体如改制群体、协解群体、家属群体、劳务工群体、离退休职工群体等发生信访事项的第一责任单位,还明确了油田信访事项复查、复核的程序、内容、资格、要求等,使复查复核工作更加严谨,更明确了信访事项处置不力、失误等的处理办法和严重后果,从制度层面提高了信访工作效率和效果,促使和推动油田职工群众按规定程序逐级上访,各级单位部门分级受理,从而更有效地遏制重复访、越级访事件的发生。

(宋景远 刘高峰)

【完善应急预案及应急处置体系】 2011年,针对大型群访事件难得、小型集访事项易有、个人缠(闹)访常发的特点,信访办专门制定了《江苏油田处理局办公大楼个人缠(闹)访和10人左右小型集访事项工作预案》,详细规定了接访处置程序、相关单位部门责任、工作人员权限等,并把是否及时处置作为年底二级单位绩效考核的硬性指标,使油田信访稳定工作应急预案从面到点,由大至小全覆盖,无盲点,使之更有力度,更具针对性和有效性,真正确保了“稳得住、控得了”。

(宋景远 刘高峰)

【形成信访处置合力】 针对石油企业由于历史、资源等客观原因及单位驻地分散、社区分布广泛等因素,油田信访积极从两方面着手,一方面是增加内部各单位、各部门之间的相互协作,五根手指凝聚成拳,使信访事项处置效果更为突出。另一方面是根据油田企业维稳手段有限的特点,油田信访积极同地方政府加强沟通与联系,积极探索建立油地联动工作机制,借助地方行政、综治等手段,合力化解信访难题,做到信访信息联动,重点人稳控联动,异常情况处置联动,政策救助联动。

(宋景远 刘高峰)

综 合 治 理

【综合治理概述】 2011年,油田综治部门紧紧围绕油田工作大局,坚持“预防为主、单位负责、突出重点、保障安全”工作方针,大力唱响主旋律,以创建“平安油田”活动为载体,积极落实措施,强化基础工作,维护内部稳定,开展打防管控,确保了油区社会治安持续平稳,全年油田无影响大局稳定的政治事端和治安事件,无影响群众安全感的刑事案件,无较大火灾事故发生。4月18日,油田再次获得江苏省“平安企业”荣誉称号。

(徐增训 赵景明)

【综合治理】 (1)抓好工作部署。4月2日,油田召开信访综治工作会议,局长、分公司总经理朱平主持会议,局党委书记李东海讲话,局党委副书记谈正鑫宣读表彰决定,部门领导周育曙作综治工作报告。

(2)加强综治信息宣传工作,全年上报信息135条。

中石化片区灭火联防研讨会在油田召开 (金红隽 摄)

(徐增训 赵景明)

【维护稳定】 (1)加强社会矛盾纠纷调解工作。完善党政统一领导、油田公安分局参与、所在单位为主、有关部门各负其责、齐抓共管的矛盾纠纷“大调处”机制，在扬州、邵伯、真武、金湖、南京、合肥、老虎山等8个工作生活基地成立矛盾纠纷调解领导小组。全年共调解矛盾纠纷218起，妥善处置各类治安事件27起，完成各类安全保卫任务18批次。未发生因民事纠纷激化而引发的刑事案件、重大治安事件和群体性事件。

(2)强化反邪教防控措施。抓好“法轮功”重点对象的教育管理，广泛收集各类情报信息，对掌握的“法轮功”、“两劳”刑释解教等重点人员及时做好稳控工作，做到问题早发现、早处置，确保了油田“两节”、职代会、全国“两会”、“建党90周年”系列庆祝活动的安全和稳定。

(3)做好重点事项的稳定工作。配合劳资处、公共事业处做好家属参加养老保险的稳定工作，与相关二级单位一起，分析情况，研究对策，制定措施，确保了家属参保工作的顺利进行。

(徐增训 赵景明)

【平安建设】 (1)加强治安防范工作。和油田公安分局举办一次以防盗、防骗为主要内容的治安防范专题教育活动，有展板20块，规模大，效果好，深受职工家属的欢迎。3月1日，综治办下文聘任油田公安分局各派出所的7位社区民警为所辖区居委会副主任，参与社区管理，促进和谐社区、平安社区建设。根据发案形势，优化巡防布局，加大巡防力度，建立150多名职工参与的9支夜巡队，招募“红袖标”400余人。

(2)积极配合油田公安分局开展专项整治。各单位协助油田公安分局，对油区治安进行不间断的专项整治，清理油区废品收购点，加强对油品、运输车辆的稽查，加大巡查力度。

(3)依靠油田公安分局打击涉油违法犯罪活动。6月13日，集团公司安环局来油田调研指导工作，对油田的“平安创建”工作给予了充分肯定。

(徐增训 赵景明)

【消防工作】 (1)加强消防工作领导。根据集团公司要求，油田于10月成立了防火安全委员会，进一步强化了对消防工作的组织领导。在每季度HSE工作会议上，综治办报告消防工作情况。

(2)完善消防管理制度。8月，转发了集团公司《消防达标管理规定》和《大型公共场所消防安全管理规定》。12月，印发《江苏油田消防安全管理规定》、《江苏油田消防支队消防中队管理细则》。

(3)加强专职消防队伍建设。加大训练考核力度，坚持月抽查、季考核，做到体能锻炼不间断，技能训练100天。组织消防演习108次，出动火警92次，灭火59起，抢险救援30次，扑救成功率100%。6月8日，中石化第五片区消防联防研讨交流会在油田召开，油田消防队伍的管理做法受到与会者好评。6月23日，金湖消防中队在淮安市“多种形式消防队伍体技能竞赛”中荣获团体第一，其中取得5个单项第一、2个第二。12月1日，油田消防支队在扬州市多种形式消防队伍执勤岗位练兵业务竞赛中，获得团体第二名、灭火操项目第二名，在单项竞赛中获得第一名1项、第二名2项、第三名3项。黄珏消防中队队长潘建军被中石化评为安全生产先进职工。黄珏消防中队居林坤、吴冬冬等5名队员获扬州市见义勇为表彰奖励。油田消防支队被省公安消防总队授予“江苏省专职消防队伍执

举办消防体技能大赛 (金红隽 摄)

勤岗位练兵先进集体”称号。

（4）加强消防培训演练。4 月 14 ~ 18 日、5 月 24 ~ 28 日，举办了两期消防和综治管理干部培训班，29 个二级单位的 108 名消防安全人员参加学习。6 月 22 日，在试采一厂刘陆联合站组织了破坏性地震应急救援综合演练。10 月 17 日，与钻井处在 40767JS 钻井队联 7 – 6 井举行了“井喷失控应急预案演练”。11 月 9 日，联合试采二厂在杨家坝联合站举行了针对储油罐火灾的消防演练。

（5）开展隐患治理与消防安全监督检查。1 月，开展了为期 1 个月的火灾隐患排查与治理专项行动月活动，共查出火灾隐患 53 处、整改隐患 53 处。每季度，会同油田公安分局消防大队对油气集输站库、原油外输码头、宾馆饭店等重点防火单位或部位进行消防安全检查。全年共组织 1008 次消防检查，下发隐患整改通知书 19 份，整改隐患 480 处，新配灭火器 2303 具。

（6）做好建筑工程的消防备案、报审和验收工作。全年共办理消防备案 5 个、消防验收 4 个，行政许可设计备案 2 个、行政许可设计验收 1 个。

（7）把好工业生产用火安全关。配合生产单位制定消防重点部位生产用火方案 15 份，现场防火值班 46 车次 230 人次，确保杨家坝油气集输站等 12 个消防重点部位生产用火的安全。

（徐增训　赵景明）

【深化管理】　（1）抓好制度标准化改造工作。在第四季度，对油田综治、消防、平安创建、危险化学品管理等 11 项制度进行全面系统的标准化改造，为加强综合治理工作奠定了坚实的基础。

（2）强化对危爆物品的监管。及时掌握危险化学品的品种、用量、库存数量等情况。坚持对重点使用危险化学品的单位和储存场所进行检查，强化监管，查出问题 11 个，整改 11 个，杜绝了危险化学品被盗、丢失现象的发生。

（3）强化对危险化学品的安全保卫措施。强化“三防”措施，增加犬防，实行双人收发、双人保管、双人记账、双人双锁、双人使用“五双”管理制度，严格执行管理人员持证上岗制度，做到“账物清楚，去向准确”。

（4）开展严禁携带危险化学品乘坐交通车活动。8 月 22 日，开展了为期一周的严禁携带危险化学品乘坐交通车活动，各通勤车站悬挂宣传横幅，发放宣传材料。检查组到 5 个通勤车站，对乘客物品进行了安全检查。

（5）深化特殊人群的帮教工作。

（6）深化实有人口管理。抓好 7 个标准化社区警务室建设，完善“一区一警两保安”模式，满足信息化条件下社区管理工作的要求。加强流动人口管理，实现对“社会人”的有效管理和服务。

（7）加强禁毒宣传和易制毒化学品的管理，巩固创建无毒社区的成果。

（徐增训　赵景明）

人口和计划生育

【人口和计生工作概述】　2011 年，油田人口计生工作以邓小平理论和三个代表重要思想为指导，深入学习实践科学发展观，认真贯彻落实胡锦涛总书记关于人口问题的重要讲话精神，按照“高位起步、创新机制、率先发展”的总体要求，以稳定适度低生育水平为导向，以促进人口均衡发展为主题，以构建“大人口”工作体制机制为目标，推进新一轮婚育新风进万家、家庭健康促进、人口信息化建设、特殊人群服务管理均等化、优生优育优教和队伍建设等六项工程，全面完成了 2011 年目标任务：油田出生政策符合率 100%，独生子女领证率 100%，综合避孕节育措施落实率 100%，人口计生知识普及率 99%，特殊人群计划生育管理服务率 96%，育龄夫妇避孕节育随访服务率 98%，当年生育的夫妇避孕节育知情选择率 98%，信息准确率 96%，群众满意率达 99%，圆满完成了计划生育的各项目标任务。油田人口计生工作已连续 25 年保持了省、市、县“计划生育先进单位”荣誉称号，继续保持“全国计划生育协会先进单位”荣誉称号，为构建和谐油田创造了良好的人口环境。

（赵　彬）

【人口计生目标责任制】　油田各级领导以强化责任制为基础，将人口计生工作摆上重要位置，坚持党政一把手亲自抓、负总责，确保认识到位、责任到位、措施到位。上下齐抓共管，落实部门责任制，坚持实行人口计生工作“一票否决”制度，健全经费保障机制，确保了国家法律法规规定的各项计生奖励优惠政策的落实。物探处实行的“两会制度、协管制度和日常考核”等三项制度，强化了组织领导、健全了制度保障，全面落实了目标管理责任制。钻井处根据工作需要，及时调整“三级”计生领导小组成员，确保机构健全、措施有力。农工商公司与属地政府签订了《计划生育管理合同书》，规范了土地租赁行为中甲乙双方的权利与义务关系，防范了风险，堵塞了漏洞，有效地解决了历史遗留问题,促进了各单位目标责任制的有效落实。

(赵 彬)

【新型家庭人口文化建设】 新型家庭人口文化建设是"十二五"期间宣传教育和人口文化建设的工作重点。各单位采取了形式多样的宣教活动:(1)媒体宣传倡导。各单位利用互联网、报纸、电视以及宣教室、黑板报、橱窗等多种媒体,广泛宣传避孕节育、生殖保健、优生优育优教等新型婚育文化。物研院、矿业开发总公司和运输处等单位开设的幸福家园网站、计生微博和计生QQ群,涉及面广、资讯新鲜,得到育龄群众的一致好评。(2)活动搭建平台。局、处两级开展了形式多样的活动,丰富了新型家庭人口文化建设平台。局计生办举办了新型人口文化"进社区、进单位、进家庭"系列宣传倡导活动,分别在扬州、邵伯、真武和金湖等矿区组织了专家咨询、有奖问答、爱心捐书、免费避孕药具和宣教品发放等活动,吸引了员工群众踊跃参加。试采一厂组织的专家心理咨询、地研院的"和谐家庭故事征集"和地测处"关心下一代交流会"等活动,关注热点、喜闻乐见、效果显著。(3)载体深化发展。真管中心等单位建设"家庭人口文化园(站)",充分利用社区有利条件,把新型家庭人口文化送进社区、送进职工家庭、送进育龄群众的心坎。油田为相关基层队(站)配备了《计划生育电子工程手册》,为基层单位开展计生宣教活动提供了新的载体,提高了办事效率,提升了服务管理能力。

(赵 彬)

【特殊人群服务管理】 认真贯彻落实《流动人口计划生育工作条例》,根据油田实际,积极探索和创新特殊人群服务管理的理念、方法,建立了长效机制。(1)坚持特殊人群服务管理区域联动协作机制。全年共召集季度联系会议15次,现场办公、现场整改,共破解各种"疑难杂症"11件次,取得了事半功倍的效果。(2)坚持风险源排查制度。局、处两级制定周密方案,把排查的重点放在门面房、出租(出售)住房、公寓以及流出人员等方面。全年共排查风险源26处,清退外来"三无人员"31人,把风险源解决在萌芽状态,确保了"三个百分之百清楚",即特殊人群动向百分之百清楚、隶属关系百分之百清楚、婚育状况百分之百清楚。(3)推广先进经验。经过多年的努力,油田已形成了一整套特殊人群管理制度和先进经验,已跨入了全省的先进行列。油田建设处的"公寓化管理"、真管中心的"三色台账"和物研院的"一季两案三证模式"等经验受到了省人口计生委的充分肯定,并且在江苏人口计生委《健康生活》杂志上推广。

(赵 彬)

【人口计生信息化建设】 2011年,按照省人口计生委的决策部署,结合油田实际,采取了"三级联动、各有侧重"的工作步骤,即基层队(站)抓常态和动态信息的收集和整理、处级单位抓人员动态管理、局级抓网站平台建设和重点人群管理。年内组织了人口和计划生育综合信息平台建设会战,全系统工作人员和宣传员克服了时间紧、难度大、任务重等困难,放弃节假日休息,连续作战,保质保量地完成了上级布置的任务,基本完成了"全员人口信息系统"、"全员流动人口信息系统"和"育龄妇女信息系统"的建设任务,为全省人口综合信息库的并网升级,实现省市县乡村五级信息网络全覆盖奠定了坚实的基础。

(赵 彬)

【人口计生优质服务】 2011年,坚持以人为本,不断满足育龄群众需求,构建"大人口、大服务、大发展"的格局。试采二厂开展的"祝您好孕"服务,将《免费孕前优生服务卡》、《孕前优生健康检查指导手册》和一封慰问信送到计划怀孕夫妇的手中,保障了已婚夫妇孕育一个健康聪明的宝宝。地测处组织的"金秋助学"活动,丰富了家文化建设的内容,加大了对困难员工家庭的帮扶力度。邵管中心对特殊人群实施的"三预"工作法,即预排计划、预先告之、预约服务,确保了孕情服务全覆盖。油田各单位都根据自身实际情况,开展了形式多样的人性化服务,为打造优质服务品牌奠定了坚实的基础。

(赵 彬)

【人口计生队伍建设】 2011年,紧紧围绕"宣传人性化、执法规范化、管理信息化、服务优质化"的总目标,努力打造一支爱岗敬业、任劳任怨、乐于奉献的计生队伍。建立了"计生案例会诊月"制度,先后在合肥、真武、黄珏和邵伯等矿区,组织计生干部和宣传员参加案例分析会,共培训了300多人次,此类分析会既形象直观宣讲了政策,又提高了培训的效率,改变了以往简单、枯燥、硬性灌输等培训模式,提高了工作人员的业务知识和技能,效果显著。全年局处两级通过办班培训、以会代培和外出交流等形式,共培训计生干部、宣传员近600人次。

(赵 彬)

科学技术

综　述

【科学技术概述】 2011年,油田科技工作按照集团公司整体部署和局职代会提出的工作思路,重点围绕打好“两个主攻仗”和“四个攻坚仗”目标,以“达标创优”和“比学赶帮超”活动为平台,进一步深化精细管理和科技创新活动,充分调动创新主体的积极性,促进各项工作的开展。通过完善科技管理工作程序等,科技管理工作水平有了进一步提高。全面完成年度科技工作各项任务。

科技主要工作成果:

(1)全年计划项目112项。其中,集团公司项目11项,博士后项目7项,油田重大专项2项,子课题13项,科研及新技术推广项目81项。项目开题率100%,计划完成率97.3%。

(2)全年组织各级项目验收57项(包括3名博士后项目),其中优良项目44项,合格13项,验收合格率100%,优良率77.19%。

(3)全年共安排科技项目经费6054万元。其中:油田局级项目共安排经费2898万元(分公司2033万元,勘探局865万元);在站博士后项目安排经费262万元(分公司202万元,勘探局60万元);重大专项安排经费495万元(分公司470万元,勘探局25万元);中石化股份公司项目安排2019万元,集团公司项目安排380万元。

(4)全年有43项成果通过鉴定与评定,其中6项成果通过集团公司鉴定,1项达到国际领先水平,3项达到国际先进水平,2项国内领先。通过局级评定成果37项,14项为优秀,17项为良好,6项为通过。

(5)2011年,全油田有4项成果获得省部级以上科技进步奖励,其中:1项荣获2011年国家科技进步二等奖,1项获中石化集团公司2011年度技术发明一等奖。2项成果分别获中石化科技进步奖二、三等奖。3项成果获扬州市科技进步奖。

(6)全年组织申报专利45项(其中发明10项,实用新型35项),超额完成总公司下达的25项年度考核指标;授权专利28项(其中发明3项,实用新型25项)。目前全油田有效专利为76项。

(7)组织认定2010年度油田技术开发费额度2.22亿元(分公司1.64亿元,勘探局0.58亿元)。实际核定发生技术开发费1.75亿元(分公司1.24亿元,勘探局0.51亿元),抵扣年度企业所得税2183万元(分公司1361万元,勘探局635万元,扬州石化187万元)。经过6年的工作,实际抵扣企业所得税近亿元。

(8)全年为39项优秀成果发放科技进步奖奖金96万元;为77项科技项目(包括总公司项目5项、勘探先导7项、开发先导7项、工程先导4项)发放项目负责人津贴167.9万元;年度向股份公司申报科技成果工业应用效益兑现奖4项,发放上年度兑现奖2项80万元;专利申请和实施兑现奖酬金5.55万元。

(9)组织了重大专项中期检查汇报会,举办SPE著名演讲人讲学、三次采油技术交流等各类专业会议的技术交流;多次组织参加总公司、中国石油学会及各类专业会议、技术交流会议。

(10)编辑更新网上《石油情报》61期、《油气勘探开发科技信息》、《油气勘探开发综合信息》电子期刊各49期;全年期刊全文数据库的登录10.29万人次,检索论文51万余篇,下载论文近40万篇,较上年有大幅度提高。万方数据库登录3000人次,检索3万余次,下载全文1万余篇,书生科技图书访问量达22.9万人次。自建数据库新增科技档案37份,外文资料更新文献1000篇,科技电子图书29册,读者登录4300多次。

(11)《复杂油气藏》杂志顺利通过了期刊主管部门年检,建立了期刊采编自动化管理平台,编辑出版手段向数字化迈了一大步。全年出版杂志4期,刊载论文84篇。科技论文数量增加、质量大幅度提高。发行与传播范围扩大。

(张齐鸣)

【编制“十二五”非常规油气科技攻关规划】 根据集团公司和油田统一部署,科技处精心编写了“十二五”非常规油气科技攻关规划。规划重点围绕致密砂岩油气和泥页岩油气两大主力目标，提出：在勘探上，创新地质理论、发展特色技术，重视关键技术攻关和系列化研究，不断拓展非常规油气资源规模。在开发上，抓住非常规储油气的储集、赋存特征，依靠勘探、开发与工程的紧密结合，最大限度地获得经济产量。在工程技术上，充分满足非常规油气藏特殊地质要求，实现资源的有效经济开发。

在攻关项目安排中，按照整体规划、分步实施和适时调整的原则，结合非常规油气的技术现状和发展需求，以及油田生产科研实际，重点突破，以点带面，稳步推进。共提出26项近期重点开展的技术，11项中期攻关的技术，以及17项远期发展的技术。

确立致密砂岩油气研究主攻目标。以长水平段的钻井和分段压裂储层改造等工程技术为突破口，实现低孔—特低渗致密油藏储量的有效动用。页岩油气研究首先开展资源评价，夯实储量基础；通过富集区带和目标研究，确立页岩油气突破区、接替区和准备区。

（杨　鹏）

【2011年科技进步计划】　2011年是“十二五”规划开局之年。是年，科技攻关总体思路是：根据油田“十二五”及中、长期发展规划部署，坚持“自主创新、重点突破、应用集成、开放研究、完善体系、整体推进”的原则，积极推动科技攻关工作由偏重跟踪模仿向自主创新为主转变，由侧重单专业研究向跨专业联合攻关为主转变，加强具有自主知识产权的核心技术开发，加强应用基础研究，重点围绕油气资源接替、经济有效提高采收率和降本增效工程技术配套攻关与新技术推广，着力解决生产实际难题，为油田的增储、稳产提供技术支撑。计划内共安排各类项目113项。其中，油田级新增项目53项，包括新增科技重大专项1项(8项子题)，接转项目36项；集团公司项目新增3项，结转8项；博士后项目新增4项，结转3项；另外江苏省基础研究（自然科学基金）资助项目1项。全油田项目开题率100%。

(1)在油气勘探方面，紧紧围绕“老区硬稳定”和新区、新领域接替准备两大方向组织开展科技攻关。老区硬稳定方面，以夯实老区增储稳产基础工程为重点，稳步推进“重大专项”的联合攻关模式，安排一批稳产资源基础及圈闭精细描述技术研究；深化低孔低渗油气藏和隐蔽油气藏勘探技术配套；提升高精度三维地震资料的油气储层评价研究。在新区、新领域资源接替准备方面，加强资源接替潜力的地质基础研究，厘清苏北外围、阜阳、徐闻以及中、古等地区（领域）的地层、构造问题，展开新一轮的基础技术攻关研究。

(2)在油田开发方面，重点围绕老油田稳产、中高含水期油藏剩余油分布、难开采储量开发和普通稠油油藏提高采收率等经济有效提高采收率技术组织科技攻关。①围绕老油田稳产目标，拟设立开发“重大专项”，针对陈堡、沙埝、真武、富民等老油田长期水驱开采条件下储层参数及渗流规律变化的特点，准确描述剩余油分布，确定合理的开发政策，结合相关的配套技术，形成老油田改善水驱开发效果的技术系列。②开展中高含水期剩余油分布模式研究，安排水平井开发油藏中高含水期剩余油分布研究，进一步深化水平井技术，改善开发效果。③提高采收率技术探索研究，重点针对不同类型难开采储量油藏进行开发可行性评价，提出合理开发方式、低渗透油藏立体开发技术、普通稠油三次采油技术、非烃类矿藏提高采收率技术研究。

(3)在石油工程技术方面，重点围绕提高复杂结构井钻采技术配套、复杂区带钻采工艺技术进步和节能环保组织科技攻关。①继续开展复杂区带、复杂结构井的钻井工艺技术配套研究，尤其是加大近钻头地质导向钻井技术的引进和配套技术攻关，为难采储量的有效动用奠定基础；②继续开展复杂结构井采油、二次采油相关配套技术及储层改造技术研究，同时探索三次采油技术，最大限度地提高采收率；③搞好节能环保相关技术研究，同时开展腐蚀、结垢及套损的防治等相关技术研究。

（杨　鹏）

【油田科技重大专项】　2011年，为“十二五”期间主力油田保持持续稳产，为江苏油田的科学有效发展提供有力支持，科技处组织开发处、地研院、工程院、相关采油厂、地测处、井下作业处等相关单位围绕老油田稳产开展了认真摸底调研工作，从目标油田选择、研究内容以及技术、经济指标的确定等多方面进行多次的商讨、研究，再次设立以8个子课题形成的开发科技重大专项“主力油田再稳产综合技术研究”。该项目牢牢把握6大主力油田的攻关方向，密切结合油田生产的需求，通过各个子课题的深入研究，努力实现稳产增储的目标，为江苏油田“十二五”的期间的稳定发展作出贡献。

为保证科技重大专项保质保量的顺利实施，油田召开了科技重大专项检查汇报会。朱平、毛凤鸣、陈网根、钟志国、李浩等领导参加了会议。会议对“高邮凹陷南部断裂带阜宁—泰州组滚动勘探开发研究”等6个专题阶段成果进行中期检查，同时听取了“主力油田再稳产综合技术研究”总题的进展汇报。会议结合课题研究现状和存在的问题，进行分组讨论，提出下一步的研究工作建议。技术首席朱立华、副总师马欣本和HSE总监王掌洪先后向大会作分组总结发言。勘探局局长、分公司总经理朱平高度评价了科技人员的攻关热情和取得的阶段成果，充分肯定了科技重大专项这个平台对拓展资源、技术创新和培养人才的重要作用。对于今后的科技工作，朱局长作出4点明确指示。他在讲话中指出,油田发展的希望在资源,资源开发的希望在科技,科技创新的希望在人才。他勉励研究人员走在解放思想的最前列,走在科技攻关的最前列,走在创新发展的最前列,为中国石化建设世界一流能源化工公司作出新的更大贡献。

(杨　鹏)

【科技投入】 (1)油田投入:局级项目安排经费2898万元,其中分公司2033万元,勘探局865万元;在站博士后项目安排经费262万元,其中分公司202万元,勘探局60万元;重大专项安排经费495万元,其中分公司470万元,勘探局25万元;油田共投入科技项目经费3655万元。(2)总公司投入:股份公司科技项目安排经费2019万元,其中费用性1105万元,资本性914万元。集团公司科技项目安排经费380万元;中国石化共投入科技项目经费2399万元。

(王岸辉)

【项目负责人津贴】 全年为77项科技项目(包括局级科技项目54项,总公司项目5项,开发先导7项,勘探先导7项,工程先导4项)发放主要贡献人员奖励1678953元(其中分公司1225148元,勘探局453805元)。

(王岸辉)

【35项科技成果获江苏油田科技进步奖】 2011年,按照《江苏石油勘探局、江苏油田分公司科学技术进步奖励办法》,由各二级单位初选、推荐申报,经局科技处形式审查、网上公示、专业评审组评审,科委常务工作组复审,科委会审查批准,有35项优秀成果获得"江苏油田2011年度科技进步奖",其中"高邮凹陷阜宁组三段高精度沉积微相及控砂机制研究"等5项成果获一等奖,"江苏油田'十一五'勘探战略研究"等8项成果获二等奖,"带压修井工艺研究与应用"等22项成果获三等奖。

(丁建荣)

【3项科技成果获中国石化科技奖励】 2011年,江苏油田申报的"基于能耗最低机采系统设计方法的创新与应用"获中国石化集团公司技术发明一等奖,"复杂断块低渗透油藏改善开发效果技术"获中国石化集团公司科技进步二等奖,"岩样核磁共振分析及测录井评价技术综合应用研究"获中国石化集团公司科技进步三等奖。

(丁建荣)

【3项科技成果获扬州市科学技术奖励】 2011年,江苏油田申报的"苏北盆地泰州组油气成藏及勘探潜力研究"获扬州市科学技术一等奖,"岩样核磁共振分析及测录井资料综合评价技术"获扬州市科学技术二等奖,"低渗透油藏降压增注技术研究与应用"获扬州市科学技术三等奖。

(丁建荣)

【颁发科技进步奖奖金96万元】 2011年度共颁发科技奖金96万元。其中集团公司奖励2项,奖金25万元;油田科技进步奖励35项,奖金71万元。

(丁建荣)

【完善科技管理制度】 2011年,结合内控要求和油田科技管理实际,根据集团公司和油田安排,全面开展了科技管理制度标准化改造工作,制定和完善了10项制度,形成了规范完整的科技制度管理体系。其中,对外技术协作管理试行办法进一步明确了外协项目的基本原则、各类外协的归口管理部门及外协申请、审批手续。外协业务管理得到进一步加强。在此基础上,重新制定了油田科技管理工作细则。从科技立项、开题论证、项目中检、结题验收,到成果评审及项目后评估,细化了工作流程和各节点的管理要求,严格了各项考核指标。新制定的管理细则具有明确、规范、动态优化的特点,为科技管理人员开展业务提供了基础、规范的标准,为项目的顺利开展和精细化管理奠定了良好基础。

(徐　铭)

【建立完善科技专家库】 为充分发挥科技专家在科技管理中的作用,逐步形成江苏油田高水平的科技评审专家队伍,2011年,依据《中国石化科技专家库管理办法》,油田初步建立了本油田科技专家库,并制定了相关管理办法,推进了科技管理的科学化、程序化和标准化。

(张齐鸣)

科技研究及成果

【科技研究及成果概述】 2011年,油田共有43项成果通过各种鉴定与评定,其中6项成果通过集团公司鉴定(1项国际领先,3项国际先进,2项国内领先)。油田参与研究的"中国东部成熟探区新增17亿吨探明储量油气成藏新认识与勘探新技术”成果,荣获国家科技进步二等奖。3项成果获得省部级科技进步奖励,其中“基于能耗最低机采系统设计方法的创新与应用”成果获得中石化技术发明一等奖,2项成果分别获中石化科技进步奖二、三等奖。3项成果获得扬州市科技进步奖。37项成果通过局级评定。奖励35项成果,其中一等奖5项、二等奖8项、三等奖22项。2011年,油田共安排科技攻关项目112项。其中,集团公司项目11项,博士后项目7项,油田重大专项子课题13项,科研及新技术推广项目81项。项目开题率100%,计划完成率97.3%。2011年,油田设立了“主力油田再稳产综合技术研究”科技重大专项,并且启动了“江苏探区非常规油气资源评价和有效开发关键技术研究”科技重大专项的立项,为提高老油田开发效益和拓展资源基础,组织了联合攻关。2011年,油田科技工作根据油田“十二五”及长期发展规划,坚持“自主创新、重点突破、应用集成、开放研究、完善体系、整体推进”的原则,积极推动科技攻关由偏重跟踪模仿向自主创新为主转变,由单专业研究向多学科联合攻关为主转变,加强具有自主知识产权的核心技术开发,加强应用基础研究,着力解决生产实际难题,为油田的增储、稳产提供技术支撑。在油气勘探方面,紧紧围绕老区硬稳定和新区新领域接替准备两大方向组织科技攻关。高邮凹陷南部断裂带科技重大专项取得重要阶段成果,新增探明储量427万吨,新增控制储量102万吨,新增预测储量107万吨,累计产油14462.8吨。阜三段高精度沉积微相精细刻画水下分流河道研究,成为“十一五”期间高邮凹陷勘探四大关键技术之一,累计获得探明储量410万吨,控制储量317万吨,经济效益显著。苏北外围及非常规油气资源的研究进一步深化。油田开发方面,重点围绕老油田稳产和滚动开发、难开采储量开发和普通稠油油藏提高采收率等经济有效提高采收率组织科技攻关。实施“主力油田再稳产综合技术研究”科技重大专项取得初步成果,新增地质储量65.5万吨,新投产井年增油8720吨,措施增油1.8万吨。江苏低渗透油藏非线性渗流特征及立体开发技术的深入研究,明显提高了低渗透油藏的开发水平,通过细分层系,可以增加可采储量87.4万吨,提高采收率3.4%。通过加密与完善井网,可以增加可采储量144.4万吨,提高采收率4.1%。在石油工程技术方面,重点围绕提高复杂结构井钻采技术配套、复杂区带钻采工艺技术进步和节能环保相关技术,组织科技攻关。复杂井眼抽油井防偏磨技术的推广应用取得突出效果,在中石化所属油田推广应用的447井次中,检泵周期低于200天的油井平均延长检泵周期60天以上;检泵周期大于200天的油井平均延长检泵周期90天以上。油田生产信息无线监测与综合分析系统研究,利用无线传感器网络技术,结合江苏油田的区域特点与生产系统特点,研发了适应零散分散特点的各种无线太阳能自动监测、传输与控制系统,适应油井特点的分析、诊断、决策专家系统。完成了沙埝油田8个小断块及1座集中处理站自动化改造。

(徐　铭)

【43项科技成果通过中国石化成果鉴定和油田成果评定】 2011年度,有6项成果通过集团公司鉴定,其中“能耗最低机采系统设计方法的研究与应用”达到国际领先水平,“复杂断块低渗透油藏改善开发效果研究”等3项达到国际先进水平,“海安凹陷泰州组勘探突破关键技术攻关”等2项达到国内领先水平。油田有37项成果通过成果评定,其中14项为优秀,17项为良好,6项为合格。

(丁建荣)

【组织技术开发项目税前抵扣认定】 组织认定2010年度分公司技术开发费额度2.22亿元。实际核定发生技术开发费1.75亿元,抵扣年度企业所得税2183万元(分公司1361万元,勘探局635万元,扬州石化187万元)。同时,开展了2011年研究开发项目的认定工作。通过集成包装,共申报17大项222个专题,研究开发费计划经费2.06亿元(分公司15572万元,勘探局4995万元)。

(张齐鸣)

【高邮凹陷阜宁组三段高精度沉积微相及控砂机制研究】 为局级科研项目(JS09001),由地质科学研究院承担。研究时间:2009年1月~2010年12月。主要内容:(1)以砂层组为研究单元,将高邮凹陷阜三段精细地层划分为10个砂层组,建立了精细地层格架。(2)精细刻画了阜三段沉积微相及砂体展布特征,较为准确地预测了有利砂体的分布区域。(3)开展控砂机制分析研究,建立了高邮凹陷阜三段沉积的4种控砂机制,并总结出斜坡带和吴堡断裂带控制两种沉积及演化模式。(4)完成了阜三段储集岩的基本特点和变化过程的分析研究,以及储层主控因素的分析。(5)完成高邮凹陷阜三段砂岩储层预测,确定了储层有利发育区。

主要创新点:(1)采用精细化的研究思路和手段,以砂层组为研究单元,建立精细地层格架,系统刻画了阜三段沉积微相及砂体展布特征。(2)通过开展控砂机制分析研究,首次建立了高邮凹陷阜三段沉积的4种控砂机制。(3)采用微观分析方法,从沉积微相和成岩作用出发,较为准确地预测有利砂体的分布区域,拓展了勘探空间。项目运行期间,在公开期刊发表论文1篇。

在项目研究的2年时间里,将研究成果及时运用于勘探实践中，先后在南部低渗透领域钻探成功了沙X59A等探井，并在中坡带对多年难以动用的区块进行分析，成功钻探了沙X25－1、沙X25－2、沙X18－1A、沙X61、沙X33－1井等一批评价井。共钻探的8口井，成功试获工业油流6口，钻井成功率达75%，取得了较大的勘探效果，累计获得探明储量410万吨，控制储量317万吨，经济效益显著。同时，通过有利砂体预测，指明了高邮凹陷阜三段的勘探潜力和方向。该项目获2011年度江苏油田科技进步一等奖。

（夏　兰）

【基于叠前资料的储层评价研究】 为博士后科研项目（JD09002），由地质科学研究院承担。研究时间：2008年11月～2010年10月。主要内容：该项目根据江苏油田的实际，系统地开展了基于叠前资料的储层评价研究工作，包括：（1）研究得出了信噪比和分辨率对储层评价影响的有关结论；（2）提出了反演关键参数的控制方法；（3）完成了相关正演技术和叠前技术的软件开发；（4）完成了基于叠前正演的AVO属性分析，优选出对油气敏感的AVO属性；（5）提出了基于三步法的地震敏感属性优选方法；（6）建立了基于叠前资料的储层评价技术流程；（7）完成了叠前技术在油田10多个区块的应用，提出了12个有利油气圈闭及各个研究区块的砂体分布情况。

主要创新点：（1）研究提出较好反演的子波长度应介于[Lmin，2Lmin]，并可利用公式得到反子波长度。（2）研究提出了反推法添加模型噪声。（3）研究提出在江苏油田应综合正演技术指导、地震资料质量评价、圈闭识别、敏感属性分析、岩石物理分析、叠前反演等技术手段开展叠前储层评价研究。（4）研发了复杂二维地质建模系统和叠前叠后反演系统。项目运行期间，在国家核心期刊上发表论文3篇，其他正式刊物上发表2篇。

应用及效益情况：2009年，课题组对永安地区汉留断层下降盘戴一段进行了研究，指出了下降盘砂体相对发育情况，并结合油气运移规律指出4个有利位置，后来的永35、永6－1、永35－1、永37井钻到的砂体发育与预测结果基本一致，其中永37块预测储量314万吨，永35块新增探明储量84万吨。2010年，课题组对李堡地区泰一段利用叠前技术进行砂体预测和油气分布预测，预测了包括堡5井在内的7个可能的油气圈闭（堡5块预测储量296万吨），指出了白垩系泰一段第一砂层组砂体发育横向变化比较大，有的位置砂体发育，而有的位置砂体不发育，而白垩系泰一段第二砂层组砂体总体非常发育，如果在白垩系泰一段第二砂层组能形成好的油气圈闭，则储量是比较客观的。后续的钻井堡5－1井白垩系泰一段第二砂层组砂体不发育，与预测结果基本一致，证实了课题的研究成果。此外研究成果还在肖刘庄、花庄、周庄、墩塘、小关、三河、瓦庄、徐闸等地区进行砂体分布预测、油气检测、合成记录标定等应用工作。该项目获2011年度江苏油田科技进步一等奖。

（夏　兰）

【江苏低渗透油藏非线性渗流特征及立体开发技术研究】 由局级科研项目“低渗透油藏立体开发技术研究”（JS09020）和“低渗透油藏渗流特征与井网适应性研究”（JS08012）合并而成，研究时间分别为2009年1月～2010年12月、2008年1月～2010年6月，由地质科学研究院承担。主要内容：（1）低渗透油藏储层物性特征研究。（2）低渗透油藏非线性渗流特征及立体加密机理研究。（3）典型区块剩余油定量分布研究。（4）论证立体加密开发技术政策。（5）低渗透油藏立体加密技术应用前景分析。

主要创新点：（1）研究低渗储层微观孔隙结构特征，建立了微观孔隙结构、可动流体百分数、可动油饱和度与储层物性的关系。（2）利用流管积分法推导出不规则三角形井网动用系数计算公式，建立有效驱动压力体系。（3）针对江苏油田窄条状低渗透率薄互层油藏的特点，提高真实油藏数值模拟精度。（4）运用低渗透非线性渗流模型，采用正交设计方法，分析立体开发机理，形成层系及井网优化原则。项目运行期间，在国家核心期刊发表论文4篇，其他正式刊物上发表论文2篇，会议交流1篇。

应用及效益情况：在庄2断块改善开发效果调整目前实施了5口采油井，投转注5口，压裂9井次，酸化8井次，提液10井次，卡堵水3井次。有效改善了水驱效果，水驱动用程度从75.9%提高到82.1%，有效延缓了断块的递减，区块增加可采储量3万吨左右。沙26断块调整后油藏采收率大幅提高，由26%提高至32%，提高了6个百分点，增加可采储量8万吨。该项目获2011年度江苏油田科技进步一等奖。

（夏　兰）

【悬浮乳液钻井液技术研究与应用】 为局级科研项目（JS09038），由工程技术研究院、安徽石油勘探开发公司和钻井处共同承担。研究时间：2009年1月～2010年12月。主要内容：该项目优选了阳离子聚合物乳液SD301、石蜡乳液RHJ－1、有机硅醇DS－302等处理剂，形成了具有抑制防塌、保护储层、润滑防卡的环保型悬浮乳液钻井液体系；在闵桥、邵伯等油田试验推广应用92口井，其中水平井22口，取得了较大效果：（1）储层保护效果好，测试表皮系数为－0.09～－0.95。（2）荧光级别低，有利于及时发现油气层。（3）同时解决了水平井混原油的污染问题，应用井减少原油消耗约1960吨，取得了较为显著的经济效益和社会效益。

主要创新点:(1)开展了钻井液的环保性能与润滑防卡、防塌性能的协同研究,优选了阳离子聚合物乳液SD301、石蜡乳液RHJ－1、有机硅醇DS－302等处理剂,形成了环保型悬浮乳液钻井液体系。(2)水平井、定向井施工中应用悬浮乳液钻井液体系。(3)达到排放标准,减少了污染,实现了钻井液环境友好。

应用及效益情况:截至2011年7月31日,悬浮乳液钻井液技术已在闵桥、邵伯等19个油田32个断块成功试验和推广应用92口井,其中水平井22口,开发定向井56口,探井评价井14口,超额完成项目预定的研究任务。从统计的主要钻井指标可见:(1)与邻井平均指标相比,提高平均机械钻速9.54%,试验井累计缩短钻井周期206.97天,节约钻井综合成本1173.5万元。(2)试验井测试储层表皮系数为－0.09～－0.95,油气层处于超完善状态,储层保护效果显著。(3)现场钻井液生物毒性评价结果为无毒,与环境友好。据初步统计,试验井累计减少原油消耗1960吨、控制钻井液有害废弃物产生量3.6万立方米,达到良好的节能减排和保护环境的效果。解决了江苏油田13年来水平井钻井液使用原油润滑剂不能满足环保要求的技术瓶颈。该项目获2011年度江苏油田科技进步一等奖。

(夏 兰)

【套损井打通道、加固技术的研究与应用】 为局级科研项目(JS09030),由井下作业处承担。研究时间:2009年1月～2010年12月。主要内容:(1)该项目针对油田油水井套损的特点,进行了认真地分析与研究,开展了套损井找眼、胀管扩径、磨铣扩径、磨铣保径、通径检测、套管加固等工艺技术研究,初步形成了适应江苏油田不同状况下打通道修井工艺设计方案和修井操作规范。(2)通过引进、改进和开发,完善配套了套损井打通道系列配套修井工具,满足了复杂情况下修井要求。

主要创新点:(1)套铣打捞一体化控制工具,解决了常规打捞工具无法适应复杂多样的井下落物问题,获得国家实用新型专利,并在国家正式期刊上发表论文1篇。(2)对扣式倒扣打捞筒,解决了鱼顶为油管扣落物打捞倒扣问题,实现直接抓取落鱼丝扣进行打捞或倒扣,遇卡时并能安全退出,可有效解决套管出现缩径后落井油管的打捞倒扣,获得国家实用新型专利;小直径非标钻杆的研究应用,解决了侧钻、悬挂等小井眼中常规50钻杆易扭伤、断的问题,可有效解决套管变形通道较小情况下的修套难题,获得国家实用新型专利。

应用及效益情况:在项目研究的2年时间内,应用套损井打通道综合修井技术先后对陈3－21、庄2－50等4口注水井进行修复,成功率为100%,与常规修套工艺相比,平均每口井节约修井费用约15万元以上,共节约大修费用60万元,累计增注61050万立方米,对应油井见到了一定的增油效果。该项目获2011年度江苏油田科技进步一等奖。

(夏 兰)

【江苏油田"十一五"勘探战略研究】 为局级科研项目(JS04005),由地质科学研究院、物探技术研究院和地质测井处共同承担。研究时间:2004年1月～2005年12月。主要内容:(1)提出在"十五"期间,江苏油田油气勘探取得一个重要进展、两个重要发现和五个新发现,并在勘探理论与技术上取得新突破。(2)确定剩余资源量较大的高邮、金湖、海安凹陷作为"十一五"勘探的主攻凹陷,中、上含油气系统为重点层系,并优选出"十一五"重点增储有利区带。(3)开展储量增长趋势预测,提出"十一五"勘探指导思想,确定工作量、投资等重要指标。(4)通过风险评价优选,确定了"十一五"各项指标,以及两套方案的经济指标,并指出2011～2020年油气发展远景目标。(5)指导"十一五"油气勘探及年度计划编制。

主要创新点:(1)"十五"勘探成果总结较过去更系统、更完善;首次应用储量发现阶段模型,研究苏北盆地探明储量增长历史,提高了储量预测的准确性。(2)"十一五"勘探指导思想和部署原则,以及各项指标量测算结果,具有较强的预见性和可操作性。该项目获2011年度江苏油田科技进步二等奖。

(夏 兰)

【中低渗砂岩油藏调剖技术研究与应用】 为博士后科研项目(JD09003),由工程技术研究院和试采二厂共同承担。研究时间:2008年1月～2010年6月。主要内容:(1)根据fisher最优分割法原理和模糊综合评判准则建立了江苏中低渗砂岩油藏调剖潜力定量评价模型,开发了调剖潜力评价软件。(2)对油田常用的水玻璃—氯化钙体系、HPAM凝胶体系和预交联颗粒等三类堵剂体系配方进行了油藏适应性评价。(3)研制了新型乳酸铬交联剂JL－B2,研究了适合低温储层铬交联体系新配方JSGY－1、适合中高温储层的二次交联凝胶与预交联颗粒的复配体系配方。(4)采用长岩芯物模试验装置研究了交联聚合物在多孔介质中的动态成胶及运移规律,给调剖方案设计提供指导。开展了复合调剖体系注入工艺研究,对调剖过程中滤失伤害的各因素进行了研究,制定了相应技术对策。

主要创新点:(1)新研制了适合中低温油藏的交联剂JL－B2和凝胶JSGY－1,改进现有的适应65℃以上油藏的二次交联体系。(2)从段塞注入方式、裂缝堵剂降滤失方面对中低渗砂岩油藏低污染调剖工艺进行研究与优化。在国家正式期刊上发表论文1篇,并申请发明专利1项。

项目在研期间完成韦5-2、韦5-18两个井组调剖方案设计及现场试验，调剖后有效改善了两井吸水剖面，缓解了层间和层内矛盾，新启动主力砂体储量约50万吨，对应油井见效率75%，截至2011年6月底，降水1883.8立方米，增油2215.2吨。该项目获2011年度江苏油田科技进步二等奖。

（夏　兰）

【江苏油田井位设计网上协同应用研究与开发】　为局级科研项目（JS10014），由信息中心和地质科学研究院共同承担。研究时间：2010年1月~2010年12月。主要内容：建立了符合江苏油田实际生产研究工作需要的井位设计协同平台与基于江苏油田数据中心的井位管理共享机制，实现了油田的井位设计、审批、设计文档的共享应用。通过软件系统实现自动收集并统计相关资料，自动生成符合江苏油田标准的井位设计文档；实现了符合探井、开发井井位合格证、井位地质设计网上流转审批和井位设计文档的网上协同应用。

主要创新点：（1）综合运用Java、Strus、Hibernet、Ajax等先进的技术成功应用在井位设计中，使系统不仅在功能上完全满足需要，而且软件界面更加美观、实用。（2）项目中应用地层层位上下标及地层接触关系符号的文档自动生成技术，解决了系统自动生成各种格式的勘探开发井设计文档问题。（3）网上审批系统与短信通知技术的结合有效提高了系统的实效性和响应速度。（4）井位设计流程的集成化管理和井位设计文档的标准化。

应用情况：从2010年3月开始，项目中间成果和最终成果已在江苏油田勘探开发业务领域得到全面推广应用，截至2011年8月，利用该项目成果提交井位404口，设计并通过网上审批井位369口，取得了很好的应用效果。该项目获2011年度江苏油田科技进步二等奖。

（夏　兰）

【提高钻井速度配套技术的研究与应用】　为局级科研项目（JS09034），由钻井处和工程技术研究院共同承担。研究时间：2009年1月~2010年12月。主要内容：（1）优化钻井方案合理布井，优化钻井单井设计及轨道设计以利实施连续导向工艺。（2）在理论研究成果的指导下、结合实钻进行了总结分析，设计并应用了多套新型钻具组合，再根据地层、轨迹等的不同情况优选优配钻进参数，基本形成了适合苏北地区的新型直井防斜打快组合、连续导向钻具组合系列。（3）在地层可钻性等研究成果的指导下，初步形成了几个区块的PDC钻头系列的选型与应用技术。（4）研究试验了柔性加压器、脉冲空化射流接头等新型工具。（5）研究应用了新型防泥包处理剂RH4。

主要创新点：（1）通过对不同钻具组合力学性能的理论研究、结合大量实钻数据的总结分析、优配钻进参数，形成优快钻进新型钻具组合系列，即直螺杆钟摆、柔性加压器钟摆组合、反钟摆组合等新型直井防斜打快、定向井单弯双稳连续导向钻具组合系列。（2）设计并采用不同曲率剖面，以适应单弯单稳连续导向组合的施工，即对井斜角较大或造斜点较深的井，采用变增斜率剖面。（3）对井斜角较小或造斜点较浅的井，采用单一曲率剖面。（4）研究应用了新型防泥包处理剂RH4。项目运行期间，申请实用新型专利1项。

应用及效益情况：（1）2009~2010年实施井的平均机械钻速比前3年平均值提高了15.70%~52.01%。（2）2011年完成井平均机械钻速提高了12.38%。技术达到国内同类水平，研究成果对提高江苏油田的钻井速度具有指导意义和应用价值。该项目获2011年度江苏油田科技进步二等奖。

（夏　兰）

【复杂障碍区地震采集方法研究及应用】　为局级科研项目（JS09006），由地球物理勘探处承担。研究时间：2009年1月~2010年6月。主要内容：（1）项目根据江苏油田复杂障碍区采集现状，研究了施工前的基于“3S”技术（GPS定位技术、卫星遥感技术和地理信息系统）和针对地质目标的特殊观测系统设计技术。（2）研究了针对大规模养殖区和城镇等障碍区的观测系统动态设计技术，并在高精度三维采集中进行了应用。

主要创新点：（1）“3S”技术应用，实现了遥感影像图坐标配准及导入应用，地理信息标识，勘探物理点的自动识别。（2）基于地理信息的自动优化设计技术，自动实现跨障碍常规优化设计和变观优化设计，自动完成基于地理信息优化采集观测设计，根据给定的满覆盖区域坐标和地形图提交过城镇的勘探部署方案。（3）针对复杂障碍区的观测系统动态设计技术，采用“3S”技术与实地踏勘相结合进行炮点布设，基于目的层反射面元需求进行观测系统动态设计；实时进行观测系统动态优化及野外实时调整施工方案。项目运行期间，在国家核心期刊上发表论文1篇。

应用及效益情况：（1）在真武—联盟庄高精度三维渌洋湖养殖区地震采集施工中，通过该技术的实际运用，顺利完成了渌洋湖勘探“禁区”的地震采集，有效缓解了工农矛盾，节约了工农补偿费200万元。（2）在陈堡高精度三维陈堡养殖区地震采集施工中，通过该技术的实际运用，有效缓解了工农矛盾，节约了工农补偿费150万元。该项目获2011年度江苏油田科技进步二等奖。

（夏　兰）

【杨村断裂带成藏条件与勘探潜力研究】 为局级科研项目(JS09002),由地质科学研究院承担。研究时间:2009年1月~2010年12月。主要内容:(1)重新界定杨村断裂带阜二段和阜四段主力烃源岩生油门限,确定了成熟烃源岩分布范围。(2)整体解剖了杨村断裂带断裂特征及构造样式,认为该区发育4套断裂体系,落实了5个圈闭发育带。(3)通过细分层加强沉积体系和砂体展布研究,发现阜二段纵向上存在3个孔隙发育带。(4)深化成藏条件及勘探潜力研究,总结出3种类型的油气成藏模式。

主要创新点:(1)针对杨村断裂带低信噪比资料,总结出不同级别断层识别的针对性方法,利用多方法联合解释,较好地解决了杨村断裂带层位识别难题。(2)采用不同技术方法详细分析断裂的发育史,系统总结断裂带构造展布模式、圈闭类型及构造带展布规律。(3)重新界定杨村断裂带下降盘龙岗—汉涧次凹烃源岩生油门限,确定了成熟烃源岩沿杨村断层分布的范围。项目运行期间,在公开期刊发表论文2篇。

应用及效益情况:(1)提交探井井位6口,评价井位3口。(2)2009年至今,新增探明储量394万吨,预测储量434万吨,其中2011年发现的秦3块初步计算探明储量131万吨。该项目获2011年度江苏油田科技进步二等奖。

(夏 兰)

【中高含水期油藏水驱波及影响因素与对策】 为局级科研项目(JS08008),由地质科学研究院承担。研究时间:2008年1月~2010年6月。主要内容:(1)该项目利用油藏数值模拟结合室内实验研究了影响纵向、平面波及效率的主要因素并建立了复杂边界与不规则井网下的面积波及系数校正公式。(2)形成了不同井网形式下的面积波及效率计算图版。(3)提出减小非均质性的井网部署及调整原则。(4)分析评价了中高含水油藏扩大水驱波及体积的潜力,结合典型区块提出了改善水驱的具体对策,并指导了3个区块水驱调整。

创新点或主要特色:(1)提出利用流线数值模拟定量识别低效注水井和油井来水方向。(2)提出了描述复杂边界与不规则井网关系的数学方法,通过引用三个校正系数建立了复杂边界与不规则井网下的面积波及系数计算公式。(3)通过研究面积波及效率的影响规律,建立了不同井网形式下的面积波及效率计算图版。项目运行期间,在国家正式出版物上发表论文2篇。

应用及效益情况:在研究过程中,该成果已成功应用于高6、庄2及范1断块的调整,取得了显著的效果,提高采收率2个百分点以上。至2011年6月,高6等3个断块共投产、投注井29口,累积产油9.65万吨。该项目获2011年度江苏油田科技进步二等奖。

(夏 兰)

【疏松砂岩油藏调整挖潜技术研究】 为局级科研项目(JS09017),由试采一厂承担。研究时间:2009年1月~2010年12月。主要内容:系统研究了疏松砂岩出砂机理及主要影响因素,开展了疏松砂岩油藏防砂开发技术界限研究,开展了疏松砂岩油藏防砂工艺技术研究,应用数值模拟技术定量研究了周43、许浅1断块剩余油分布状况,完成了疏松砂岩油藏调整挖潜对策研究。

创新点或主要特色:(1)理论研究与室内实验相结合,明确了周43、许浅1断块出砂的主控因素,并得出了周43、许浅1断块临界出砂参数界限。(2)油藏工程和采油工艺技术相结合,初步形成了疏松砂岩油藏控防一体化的治砂、提高开发效益和提高采收率的新思路。

项目研究成果已在周43、许浅1等断块得到推广应用,效果明显:(1)2009~2010年疏松砂岩油藏调整挖潜已增油2.067万吨。(2)节约防砂成本245万元。(3)预测许浅1断块采收率提高11个百分点,周43断块采收率提高3.2个百分点。该项目获2011年度江苏油田科技进步二等奖。

(夏 兰)

新技术推广

【新技术推广概述】 2011年,新技术推广围绕技术配套和规模效益的目标,加强科研成果的应用,加强先进实用技术的引进。油田新增新技术推广项目6项。它们是“测录井新技术在高邮深层油气藏评价中的应用研究”、“陈堡地区开发测井新技术优选及应用”、“高压取样工艺技术研究与应用”、“小井眼井采油配套工艺研究与推广应用”、“ARGG技术改造研究”和“基于暂态行波原理的配电线路接地选线及故障测距的研究与应用”。2个项目通过验收。它们是“多核集群地震资料处理系统的集成与应用”和“近钻头电磁测距(RMRS)技术在盐硝矿开发中应用”。

(徐 铭)

【复杂井眼抽油井防偏磨技术推广应用】 该项目推广应用了基于实际井眼的有杆抽油井防偏磨设计方法、防偏磨工艺和防偏磨工具,并且研制改进了一些新型防偏磨工具。通过不断应用研究,这项技术更加成熟完善。两年来,该项目取得多项技术成果,形成两项国家专利,并出版了一本技术专著,在推广应用的447井次、308口井中,有196井次检泵周期得以延长,平均每井次延长96.7天。累计减少作业94井次,因减少作业而增油1974吨,新增利润375万元,节约作业费用1278万元。

(徐　铭)

【多核集群地震资料处理系统的集成与应用】 该项目通过分析研究多核高性能集群计算机系统体系结构,对硬件环境、系统软件、生产软件和用户环境进行配置与测试,建立起多核集群地震资料处理系统平台。通过并行文件和集群网络系统应用效果研究,提高了PANASAS和GPFS在地震资料处理应用中的效率。通过资源优化分析研究,总结了多核集群计算机系统管理及高效率的应用方式。结合生产开展了宏观下加速比研究和多核集群系统在地震资料处理作业方式方法研究,包括资料处理中作业安排,任务分解方法,节点和其他资源的配置,总结出高效率的资源利用方法,提高了资源的利用效率。

(徐　铭)

【近钻头电磁测距(RMRS)技术在盐硝矿开发中的应用】 该项目主要对盐硝矿水平连通井无溶腔目标井对接新技术进行了应用研究,通过引进RMRS仪器并配套应用,掌握了近钻头电磁测距技术,开展了井眼轨迹跟踪修正技术的应用研究,实现井眼轨迹的精确控制,完成了庆丰21-1、丰收19-2、丰收21、矿开5-1、矿开8-1、庆丰10-4等6对无溶腔连通井的施工,一次连通率100%,形成了适合江苏盐硝矿开发的近钻头电磁测距技术及无溶腔目标井一次连通技术。它的成功应用,促进了江苏油田盐硝矿的开采,进一步巩固了江苏钻井的市场地位。

(徐　铭)

【专利申请与授权】 2011年全年申请国家专利45项(发明10项,实用新型35项),其中勘探局12项,1项发明专利申请;分公司33项,9项发明专利(详见下表1)。全年获国家专利授权28项,其中勘探局10项,发明专利4项;分公司18项,均为实用新型专利(详见下表2)。

(朱达山)

表 1　江苏油田 2011 年专利申请状况统计表

序号	专利名称	类别	管理单位	发明人或设计人	专利申请日	专利号	专利权现状
1	防爆箱的操作机构	实用新型	中石化江苏石油勘探局油建处	林东胜 韩永胜 王金彪 曹成宝 吴海辉	2010.11.11	201020601549.3	授权
2	油嘴套加热装置	发明	中石化江苏石油勘探局油建处	林东胜 韩永胜 王金彪 曹成宝 吴海辉	2010.11.11	201010539710.3	审查
3	柴油机三滤喷油器保养装置	实用新型	中石化江苏石油勘探局钻井处	马士平 董云飞 李绪林 温　波 黄金林 邹晓华	2011.03.22	201120076864.3	审查
4	一种页岩膨胀测试仪	实用新型	中石化江苏石油勘探局钻井处	龚厚平 许春田 黄物星 王亚宁 张景阳 徐罗凤 贾丽君	2011.03.22	201120076869.6	审查
5	一种钢绳抽穿装置	实用新型	中石化江苏石油勘探局钻井处	余启勇 刘小霞 肖庆昆	2011.05.10	201120146354.9	审查
6	一种钻井用电位器操作机构	实用新型	中石化江苏石油勘探局油建处	陈海清 林东胜 韩永胜 王金彪 曹成宝	2011.05.31	201120179752.0	审查
7	一种油罐加热装置	实用新型	中石化江苏石油勘探局油建处	王金彪 林东胜 韩永胜 曹成宝 王　勇	2011.05.31	201120179737.6	审查
8	一种油管内堵塞器	实用新型	江苏油田矿业开发总公司	杜　红 丁曙东 缪　建	2011.07.06	201120236056.9	审查
9	一种浮动式接箍报警器	实用新型	江苏油田矿业开发总公司	缪　建 周达祥 丁曙东	2011.07.06	201120236038.0	审查
10	一种带压下管可反洗井底部球座	实用新型	江苏油田矿业开发总公司	丁曙东 杜　红 缪　建	2011.07.06	201120236036.1	审查
11	一种油井带压下泵完井球座	实用新型	江苏油田矿业开发总公司	周达祥 杜 红 胡相嵩	2011.07.06	201120236037.6	审查
12	一种井下振动固井装置	实用新型	中石化江苏石油勘探局钻井处	郝文进 王万超 盛广富 周　峻 于晓闯 林晓东 朱龙兵	2011.03.22	201120076840.8	审查
13	钻井小鼠洞钻具气动卡紧装置	实用新型	中石化江苏油田分公司工程院	丁建林 储明来 高大军 陈碧波	2010.11.02	201020587108.2	授权
14	一种起下钻具的悬挂方法及其装置	发明	中石化江苏油田分公司工程院	丁建林 刘　亚 储明来 郭建中 陈碧波 钱国全	2010.11.02	201010527773.7	审查

续表

序号	专利名称	类别	管理单位	发明人或设计人	专利申请日	专利号	专利权现状
15	一种井口多功能配水装置	实用新型	中石化江苏油田分公司工程院	石建设 朱一星 顾文滨 储明来 卫光明 周 毅	2010.11.02	201020586243.5	授权
16	一种多功能偏心分注封隔配水器	实用新型	中石化江苏油田分公司工程院	石建设 顾文滨 景步宏 朱一星 刘松林 吴 昭 龙远强	2010.11.02	201020586234.6	授权
17	一种钻具井口动力悬挂装置	实用新型	中石化江苏油田分公司工程院	丁建林 刘 亚 储明来 郭建中 陈碧波 钱国全	2010.11.02	201020586800.3	授权
18	气控密封抽汲防喷盒	实用新型	中石化江苏油田分公司井下作业处	田 明 叶 红 张建华	2011.03.04	201120055190.9	授权
19	滑套式取样装置	实用新型	中石化江苏油田分公司井下作业处	田 明	2011.03.04	201120055193.2	授权
20	智能测试器	发明	中石化江苏油田分公司井下作业处	魏 军	2011.07.04	201110185172.7	审查
21	压控取样器	实用新型	中石化江苏油田分公司井下作业处	魏 军	2011.07.04	201120232383.7	审查
22	高凝油试油电加热系统	实用新型	中石化江苏油田分公司井下作业处	陈广超 张国华 严玉华 吴国州 叶 红	2011.07.04	201120232388.X	审查
23	打压式套管倒扣器	实用新型	中石化江苏油田分公司井下作业处	张成江 张国华 陈广超 韩书将	2011.09.29	201120376256.4	审查
24	一种无线温度压力检测仪	实用新型	中石化江苏油田分公司试采一厂	汪祥林 吴利文 潘国辉	2011.01.20	20112001795.3	授权
25	便携式抽油机电参数检测仪	实用新型	中石化江苏油田分公司试采一厂	王明才 汪祥林 吴利文 潘国辉	2011.01.20	201120017954.5	授权
26	一种光杆密封器置换装置	实用新型	中石化江苏油田分公司试采一厂	白友国 汪祥林 廉 冬 李 兴 陆华飞	2011.01.20	201120017930.X	授权
27	抽油光杆密封盒	实用新型	中石化江苏油田分公司试采一厂	朱 平 郑 文 孙 健	2011.07.04	201120232375.2	审查
28	油井生产信息 WSN 接力通讯系统	实用新型	中石化江苏油田分公司试采一厂	杨海滨 王明才 汪祥林 吴利文 张晓峰	2011.09.29	201120376131.1	审查

续表

序号	专利名称	类别	管理单位	发明人或设计人	专利申请日	专利号	专利权现状
29	一种注聚泵阀座拔取装置	实用新型	中石化江苏油田分公司试采一厂	肖学培 厉昌峰	2011.09.29	201120376384.9	审查
30	抽油机机械效率同步检测仪	实用新型	中石化江苏油田分公司试采一厂	熊建华 汪祥林 吴利文 冯恩山 潘国辉	2011.10.27	201120416002.0	审查
31	一种盐类矿层快速建槽脉冲射流器	实用新型	中石化江苏油田分公司工程院	景步宏 苏德胜 苏如海 李汉周 陈碧涛 段志刚	2011.01.20	201120017505.0	授权
32	变螺距双螺旋气锚	发明	中石化江苏油田分公司工程院	杨海滨 李汉周 石建设 狄敏燕 张　格 刘松林 路　辉	2011.01.18	201110020136.5	审查
33	一种络合乳酸铬交联剂的制备方法	发明	中石化江苏油田分公司工程院	李科星 薛　芸 邓秀模 汤元春 徐卫华 钱志鸿	2011.01.18	201110020035.8	审查
34	一种井下过泵加重抽油装置	实用新型	中石化江苏油田分公司工程院	杨海滨 石建设 李汉周 刘松林 马建杰	2011.03.24	201120080728.1	审查
35	含油污水生化处理系统快速启动工艺	发明	中石化江苏油田分公司工程院	罗江涛 徐卫华 薛　芸 杨海滨 杨　帆 王　彪 庄建全	2011.03.15	201110061977.0	审查
36	一种模拟含油污水对储层伤害的评价实验装置	实用新型	中石化江苏油田分公司工程院	袁玉峰 时维才 王志明	2011.09.29	201120367389.5	审查
37	无动力油井井口分离取样器	实用新型	中石化江苏油田分公司工程院	郭　鹏 薛　芸 刘松林 姚　峰 纪艳娟 俞　力 王志明 苏德胜	2011.09.29	201120368213.1	审查
38	一种低渗透油田含油污水处理工艺方法	发明	中石化江苏油田分公司工程院	薛　芸 罗江涛 徐卫华 王　彪 杨　帆 庄建全 姚　峰 雷世华	2011.10.11	201110305325.7	审查
39	抽油机井经济运行指数测算方法	发明	中石化江苏油田分公司工程院	郑海金	2011.10.12	201110307816.5	审查
40	抽油机井节能潜力测算方法	发明	中石化江苏油田分公司工程院	郑海金	2011.10.12	201110307811.2	审查
41	一种防腐管道	实用新型	中石化江苏油田分公司安徽采油厂	周魁修 王光明 蒋学军 童倚勤 赵小玲 汤　燕	2011.03.16	201120068154.6	授权
42	一种油田集输管道内壁清洗及涂层防腐方法	发明	中石化江苏油田分公司安徽采油厂	周魁修 王光明 蒋学军 童倚勤 赵小玲	2011.03.16	20111006238.7	审查

续表

序号	专利名称	类别	管理单位	发明人或设计人	专利申请日	专利号	专利权现状
43	撬装式电动掺水加药箱	实用新型	中石化江苏油田分公司试采一厂	徐光林	2011.03.15	20112006765.9	审查
44	防卡式刮削器	实用新型	中石化江苏油田分公司试采二厂	赵智超 程宇辉 沈晓翔 陆华飞	2011.08.31	201120323722.2	审查
45	液压举升装置	实用新型	中石化江苏油田分公司试采二厂	陈国华 马欣本 程宇辉 李荣明	2011.08.31	201120323732.6	审查

表2　**江苏油田2011年专利授权状况统计表**

序号	专利名称	类别	管理单位	发明人或设计人	专利申请日	专利号	专利权现状	专利权现状
1	水平定向钻牙轮打捞筒	实用新型	中石化江苏石油勘探局油建处	刘兆明 张金宝 刘立波 宋建法	2010.03.18	2010.11.24	201020133872.2	授权
2	水平定向穿越导向装置	实用新型	中石化江苏石油勘探局油建处	刘兆明 张金宝 刘立波 宋建法	2010.03.18	2010.11.24	201020133859.7	授权
3	陡崖管道安装施工方法	发明	中石化江苏石油勘探局油建处	王　辉 孟　强 温　涛 陈海泉	2010.04.29	2011.08.24	201010159872.4	授权
4	U型隧道管道安装施工方法	发明	中石化江苏石油勘探局油建处	温　涛 孟　强 王　辉 陈海泉	2010.04.29	2011.09.07	201010159874.3	授权
5	电加热杆接线装置	发明	中石化江苏石油勘探局油建处	林东胜 韩永胜 王金彪 曹成宝 吴海辉	2010.06.25	2011.01.12	201020237542.8	授权
6	无水勘探人工钻	实用新型	中石化江苏石油勘探局物探处	张洪军 占德发 王建友 包俊杰 焦庆坤 李伯年 雷梦龙	2010.06.25	2011.01.12	201020237523.5	授权
7	防爆箱的操作机构	实用新型	中石化江苏石油勘探局油建处	林东胜 韩永胜 王金彪 曹成宝 吴海辉	2010.11.11	2011.06.01	201020601549.3	授权
8	一种泥页岩膨胀测试仪	实用新型	中石化江苏石油勘探局钻井处	龚厚平 许春田 黄物星 王亚宁 张景阳 徐罗凤 贾丽君	2011.03.22	2011.08.24	201120076869.6	授权
9	一种井下振动固井装置	实用新型	中石化江苏石油勘探局钻井处	吴　波 王治国 杨明合 夏宏南 吕志国 肖庆昆 王冰冰 张维波 刘小霞	2011.03.22	2011.08.24	201120076840.8	授权

续表

序号	专利名称	类别	管理单位	发明人或设计人	专利申请日	专利号	专利权现状	专利权现状
10	水平定向钻复合弯管道穿越施工方法	发明	中石化江苏石油勘探局油建处	刘立波 郑 俊 朱志鹏	2010.03.18	2011.10.19	201010126539.3	授权
11	一种油井超级抽子	实用新型	中石化江苏油田分公司井下作业处	魏 军 龚建萍	2010.09.29	2011.04.06	201020559117.0	授权
12	全通径放样阀	实用新型	中石化江苏油田分公司井下作业处	魏 军	2010.09.29	2011.05.18	201020559123.6	授权
13	一种非标修井小钻杆	实用新型	中石化江苏油田分公司井下作业处	陈广超 张国华 张成江 魏 军 刘海明	2010. 09. 29.	2011.04.06	201020559126.X	授权
14	气控密封抽汲防喷盒	实用新型	中石化江苏油田分公司井下作业处	田 明 叶 红 张建华	2011.03.04	2011.08.10	201120055190.9	授权
15	滑套式取样装置	实用新型	中石化江苏油田分公司井下作业处	田 明	2011.03.04	2011.08.24	201120055193.2	授权
16	钻井小鼠洞钻具气动卡紧装置	实用新型	中石化江苏油田分公司工程院	丁建林 储明来 高大军 陈碧波	2010.11.02	2011.05.11	201020587108.2	授权
17	一种钻具井口动力悬挂装置	实用新型	中石化江苏油田分公司工程院	丁建林 刘 亚 储明来 郭建中 陈碧波 钱国全	2010.11.02	2011.05.11	201020586800.3	授权
18	一种井口多功能配水装置	实用新型	中石化江苏油田分公司工程院	石建设 朱一星 顾文滨 储明来 卫光明 周 毅	2010.11.02	2011.06.22	201020586243.5	授权
19	一种多功能偏心分注封隔配水器	实用新型	中石化江苏油田分公司工程院	石建设 顾文滨 景步宏 朱一星 刘松林 吴 昭 龙远强	2010.11.02	2011.07.27	201020586234.6	授权
20	一种盐类矿层快速建槽脉冲射流器	实用新型	中石化江苏油田分公司工程院	景步宏 苏德胜 苏如海 李汉周 陈碧涛 段志刚	2011.01.20	2011.09.28	201120017505.0	授权
21	一种井下过泵加重抽油装置	实用新型	中石化江苏油田分公司工程院	杨海滨 石建设 李汉周 刘松林 马建杰	2011.03.24	2011.09.28	201120080728.1	授权
22	一种无线温度压力检测仪	实用新型	中石化江苏油田分公司试采一厂	汪祥林 吴利文 潘国辉	2011.01.20	2011.06.24	20112001795.3	授权
23	便携式抽油机电参数检测仪	实用新型	中石化江苏油田分公司试采一厂	王明才 汪祥林 吴利文 潘国辉	2011.01.20	2011.06.09	201120017954.5	授权

续表

序号	专利名称	类别	管理单位	发明人或设计人	专利申请日	专利号	专利权现状	专利权现状
24	一种光杆密封器置换装置	实用新型	中石化江苏油田分公司试采一厂	白友国 汪祥林 廉　冬 李　兴 陆华飞	2011.01.20	2011.05.16	201120017930.X	授权
25	撬装式电动掺水加药箱	实用新型	中石化江苏油田分公司试采一厂	徐光林	2011.03.15	2011.06.22	20112006765.9	授权
26	抽油机驴头操作安全防护带	实用新型	中石化江苏油田分公司试采一厂	厉昌峰 汪景林	2010.06.07	2011.01.12	201020230638.1	授权
27	原油太阳能电加热系统	实用新型	中石化江苏油田分公司安徽采油厂	周魁修 彭　中 蒋学军	2010.08.06	2011.02.09	201020288772.7	授权
28	一种防腐管道	实用新型	中石化江苏油田分公司安徽采油厂	周魁修 王光明 蒋学军 童倚勤 赵小玲 汤　燕	2011.03.16	2011.09.07	201120068154.6	授权

【科技成果转化效益奖】 2011年江苏油田科技成果转化效益奖项目的分配与申报，根据《中国石化技术贸易管理办法》要求，油田科技处对申报的科技成果工业推广应用效益项目，经中石化科技开发部审核并经总公司批准，对“江苏油田薄层低丰度低渗油藏开发技术推广”、“高精度地震反演技术在苏北盆地的应用”等2项新技术奖励80万元。根据中石化企〔2011〕142号《总经理奖励管理办法》文件精神，对参加申报推广应用单位、人员按贡献大小分发了奖金。该项工作激发了干部职工科技创新、推广应用新技术的积极性。

11月，科技处按照中石化总公司要求，组织油田石油工程技术研究院、地质研究院，物探技术研究院、试采一厂、试采二厂等单位，申报了近年来在油田已经推广应用且效益良好的项目，并从中精选出“三维井眼抽油杆系统力学检测分析研究与应用”、“中频感应加热技术在地面集输工艺中的研究与应用”、“阜宁组深层勘探技术在苏北盆地的应用”、“ 水平井、侧钻井卡堵水工艺研究与应用”等4项新技术申报中石化科技成果转化效益奖。

（朱达山）

科 技 活 动

【学术交流】 （1）举办SPE著名演讲人讲学活动。2月16日上午，SPE著名演讲人讲学在313会议室举行，来自工程院、地研院、钻井处、安徽公司、地测处的生产科研人员及机关有关处室技术管理人员共60余人参加了讲学活动。这次讲学活动是在SPE中国南方分部的组织下进行的，SPE著名演讲人卡尔加里大学工程学院Geir Hareland教授作了题为《钻井优化模拟技术降低钻井成本》的讲学。Geir Hareland教授详细介绍了钻井工艺优化模拟技术及现场应用情况。该技术主要根据邻井实钻数据、岩性特征和钻头资料，用模拟软件事前对钻井过程进行模拟分析，生成钻头可钻性与岩石强度的记录，最终确定最经济的钻头类型以及相应的钻井参数投入现场施工，在设计井的实钻过程中，将现场数据与预设计数据进行比对，实行实时更新与过程监控。在平均井深3000米的200多口井的应用中，表明钻井周期内的钻井投入显著下降并且每口井的钻井周期与经验曲线更加吻合，整个钻井周期内的投入在已钻10多口的老油区下降了15%～25%，在已钻井数少于5口的地区下降了40%～50%。该次讲学的重要目的就是让人知晓：钻井模拟技术已经在现实中被应用，并且可大幅降低钻井成本。与会人员通过讲学开阔了视野，拓展了思路，得到了收获。

（2）主办SPE著名演讲人讲学及学术研讨会。5月30～31日，油田在常州市所辖溧阳市天目湖组织召开了SPE著名演讲人讲学及学术研讨会。胜利、中原、江汉、西北等油田分公司，中石化工程院以及江苏油田的60余名代表参加会议。该次会议围绕地质导向钻井技术展开交流和研讨。地质导向钻井作为提高油田开发水平的高新技术，提升钻井队伍竞争实力的关键技术，近年来广泛应用于水平井钻探，尤其是薄油层水平井、大位移井、分支井和侧钻井等的钻探。会上，SPE著名演讲人、哈里伯顿钻井服务公司首席岩石物理学家罗兰·凯马利先生以生动的实例，介绍了目前国际上先进的地质导向技术。该技术主要包括：综合多套的实时测量数据和图像进行解释，得到理想的地质导向效果，当井眼轨迹偏离储层时，浅层井眼图像资料可以帮助人们识别地层，并确定精确重入储层的修正值。更为主动的方法是根据深层的电阻率测井和实时模拟资料来进行预测，避免钻出储层。近年来，更先进的方位电阻率测井法迅速获得认可，根据探测的深部地层方位电阻率的信息，在轨迹出储层之前就能很好地实时调整预测出最合理的调整方案，确保轨迹在储层里行进。在钻井过程中，地质家可通过交互软件用最新的资料信息修正地下模型。有的油藏也可根据其他一些资料，如原油黏度、孔隙压力和岩性特征来综合分析判断，进一步提高地质导向的准确性，提高油层钻遇率，满足油田开发的需求。另外10位代表作了大会发言，展现了中石化地质导向钻井技术的最新成果。

（王岸辉）

【科普工作】 组织“白垩纪火山岩野外地质调查”活动。11月15～19日组织了“白垩纪火山岩野外地质调查”活动，共有30名科研及科技管理人员参加，通过对浙江省乐清市雁荡山方洞、雁湖、大龙湫等地的野外地质考察，了解雁荡山破火山不同时期的地层分布，典型的岩石结构与构造特征等；通过对特殊的破火山构造形成的地形地貌特征考察，了解了在相当长的地质时代中构造运动、大气环境、水等外界条件对岩石地层的影响；通过对永嘉县白泉火山洼地剖面的考察，了解了白垩纪地层层序、火山岩喷发相与沉积相的地层接触关系及其形成的地貌特征等。通过此次活动，提高了科研人员的野外地质调查工作能力。

（王岸辉）

【科技期刊】 2011年，《复杂油气藏》出版工作坚持为油田科研、生产和领导决策服务，为基层服务的思想，

浙东南地区白垩纪火山岩地质特征专题讲座
（王岸辉 供稿）

立足江苏，面向全国，组织开展高效勘探开发复杂油气藏的理论研究工作，有力地促进了石油科学技术进步。

（1）坚持办刊宗旨，守法办刊。在办刊过程中，坚持总结复杂油气藏勘探开发经验，探索复杂油气藏高效勘探开发的新理论、新方法。坚持办刊内容不超出办刊宗旨；坚持一号一刊。《复杂油气藏》在2月一次性通过了上海市新闻出版局组织的2011年期刊年审，12月在新闻出版总署组织的关于加强报刊管理严肃查处违规出版活动中，没有被查出有任何违规出版行为。

（2）在刊物特色上下功夫。2011年是《复杂油气藏》栏目调整的第2年。刊物重点围绕油气勘探、油气开发、油气工程这3个栏目组织和刊发稿件。每期页码为88页；录用稿件坚持重点突出，有创新点，兼顾学术性、前瞻性、实用性、可读性。为扩大信息量，将每篇文章的篇幅限制在5页以内。《复杂油气藏》全年收到稿件285篇，其中基金项目54项、国家级基金32项、省部级基金12项、地市级基金10项。江苏油田外部来稿231篇，江苏油田内部来稿54篇。建立与中国石化科技文献数据库、中国科技期刊数据库、中国核心期刊（遴选）数据库、中国知网、中国期刊全文数据库和中国学术期刊综合评价数据库统计源期刊的收录关系。

（3）使用数字化编辑出版系统。期刊采编自动化处理平台暨《复杂油气藏》网站全面投入使用，实现了作者在线投稿、编辑在线采编、专家在线审稿，极大地提高了编辑出版工作效率，密切了编辑与作者、审稿专家之间的关系，提高了《复杂油气藏》数字化编辑出版水平。

（4）积极参加期刊评比。5月参加了上海市科技期刊综合质量考核。8月参加了中国石化集团公司第4届期刊质量考核与优秀期刊评比。参评前将这些活动作为提高编辑水平、提高刊物质量的契机，将评比考核材料的准备过程作为学习的过程、提高业务水平的过程，认真准备，积极参加。12月上海市科技期刊协会公布科技期刊综合质量考核结果，《复杂油气藏》被评为合格刊物。

（5）做好人员培训工作。按照国家新闻出版总署对新闻出版从业人员的要求，出版人员每人每年参加有关专业培训时间不少于72学时。2次组织人员参加了中国石化组织的编辑培训班，提高了参训人员的政策理论水平和编辑业务水平。为学习其他编辑部的成功经验，还组织了与《油气藏评价与开发》编辑部、《石油天然气地质》编辑部、《断块油气田》编辑部的业务交流，取得了较好的效果。

⑥做好出版保密工作。严格执行《中华人民共和国科技进步法》、《中华人民共和国保守秘密法》、《新闻出版保密法》等有关保密的规定及要求，严格执行国家、集团公司、油田的有关保密规定和《复杂油气藏论文发表保密守则》、《江苏油田科技处保密制度》。对所有录用稿件实行四级保密审查制度。由专业编辑初审，责任编辑二审，主编三审，局保密委员会终审。全年出版工作中没有出现泄密现象。

（王建年）

【图书馆】 2011年，图书馆围绕优化服务、拓展图书馆信息服务功能，从常规管理、特色服务、提高人员素质入手，为油田科研技术人员提供最快捷的信息服务。

（1）常规工作优质务实，力求高效创新。流通岗在对读者加强借阅制度宣传的同时，做到熟悉图书文献，熟悉读者，根据不同读者的不同需求进行区别服务。全年社科、科技两馆共借还图书8000人次，修补图书千余册，新书入库上架1000余册，较好地满足了读者的借阅需求。期刊阅览室共接待读者阅览、借阅29000余人次，上、下架报纸13000余份，全年编目期刊400余册，装订期刊600余册。剔除期刊380余册。征订2012年报纸52份、期刊198份。同时，图书馆还随时为读者提供报纸期刊的查询服务，累计为读者查找报纸50余次，期刊20余次，更新宣传橱窗9次。科技档案资料共采购资料299册，资料数据库3个，采集验收资料723册，期刊661册；分类整理资料718册、分类整理期刊661册；送达领导审阅资料52份；编目入库上架期刊383册；剔除过期刊283册。接待档案查询人员11人次，出借档案37件。

（2）完善专业图书、文献、信息资源建设，确保数字资源及时更新与维护。科技资料室继续采用电子期刊和纸质期刊互补的采购方式，合理分配采购经费。继续完善科技档案库工作，完成了2010年技术合同、2010年年底验收项目、2010年度科技进步奖获奖项目、2011年年中验收档案的入库工作。图书订购工作继续紧密结合油田生产需要，全年共订购专业图书3批次，编目入库图书960余种，1000余册。完成了中国期刊全文数据库的更新,拷贝数据光盘436张,908.36GB数据量;下载标引入库2011年美国石油工程师协会石油科技文献(SPE)1000篇;制作完成《石油情报》电子牌62期、编辑加工《油气勘探开发科技信息》、《油气勘探开发综合信息》电子版各50期,保证电子杂志每周更新;新增超星电子图书;修改图书总库历史遗留问题数据1853条。全年期刊全文数据库的登录人次达10.29万人次,检索论文51万余篇,下载论文40余万篇,受到广大科技人员一致好评;万方数据库的登录人次达3000余人次,检索3万余次,下载全文1万余篇;书生科技图书的访问量达22.9万人次;自建特色数据库新增科技档案37个、外文资料更新文献1000篇、制作科技电子图书29册,读者登录4300多次,检索1226次,下载文献3600余篇。《美国石油文摘(PA)》访问量3846次,下载4405篇;宇飞标准数据库检索达1.63万次,下载标准全文6132篇;外文电子期刊电子资料库登录440人次,检索459次,下载全文1181篇。2011年编辑完成了该馆第一部《江苏油田科技情报图书中心科技信息检索指南》,这部指南详细地介绍了图书馆的基本状况、资源种类及使用方法,是该馆首次编制的读者使用工具书,2012年3月印刷成册,面向全局各科研生产单位进行大范围宣传发放,提供咨询帮助。目前指南发放到2000多位读者手中,遍布20多家生产单位。

(3)加强业务学习,不断提高图书馆管理人员的素质。2011年有2人取得了大学本科文凭,1人获得了中级馆员的任职资格,2人参加了机关党委组织的入党积极分子培训班。同时还选派相关人员参加了局档案系统的业务培训。

(禹　梅)

对外合作

综　　述

【对外合作概述】 2011年，油田面对也门、叙利亚两大主力市场因安全形势被迫暂时撤出的困难局面，努力壮大厄瓜多尔、阿尔及利亚等市场，大力拓展沙特、肯尼亚等新市场，在低谷之年仍然完成了2亿美元的海外合同额，更是实现了3.25亿美元的新签合同额。面对西亚北非政局动荡，在占油田海外总收入98%的海外市场中，除阿尔及利亚公共安全风险为橙色外，其余均升级为红色等级。其中也门国内动荡，油田于2011年6月11日撤回了135名在也门的中方员工，全面暂停了在该国12支队伍的施工。受叙利亚安全形势的影响，2011年10月上旬，叙利亚的队伍也逐步撤回。至此，油田海外停待的工程队伍达26支，其中也门12支、叙利亚11支、阿尔及利亚2支、加蓬1支。海外停工队伍占队伍总量的72%，导致也门、叙利亚等多个项目新签合同无法执行。截至2011年底，油田在也门、阿尔及利亚、尼日利亚、厄瓜多尔、尼日尔、叙利亚、哈萨克斯坦、加蓬等9个国家共有36支工程技术服务队伍，其中钻修井20支、地面建设2支、物探5支、捞油服务2支、测录井服务7支。境外中方人员331人。截至2011年底，江苏油田海外累计完成合同总金额20033万美元，其中井筒业务5736.86万美元，物探4826.12万美元，地面工程9470万美元，较2010年同期下降近30%。2011年，新签各类合同15个，合同额32537万美元，是指标任务的两倍，其中厄瓜多尔钻井项目是安徽公司第一个走出去的海外项目。沙特SWCC管道项目新签合同额17300万美元，成为2011年最大的亮点，既保证了阿尔及利亚油建项目的顺利平稳接替，也为油田海外事业平稳发展提供了有力保障。

（徐伯林　桑雁岷）

【提升管理服务水平】 在2011年集团公司外事工作座谈会后，油田组织外事部门认真学习会议精神，在外事工作中进一步转换思想观念，正确处理好管理和服务的关系，坚持两手抓，两手都要硬的方针，努力做到“领导满意、基层满意和上级主管部门满意”。在实际工作中坚持原则，认真进行出国任务和人员初审，不合理的任务和人员不派，坚决把住出国教育关、护照签证关、出访总结关，执行关口检查通行制度，出国教育和出访总结等每个关口都有检查和签字。出国教育不止于形式，务求出国人员提高认识；出访总结不走过场，必要出国任务有实质性收获。在坚持原则的同时还注意工作的灵活性，体现机关工作的服务理念，对有违政策的事在拒绝的同时耐心解释，力求使对方理解。急事急办，对海外市场确需办理的急件在油田内部层面实行即到即办，在上级审批单位层面则由专人专门请示和催办，派专人往返北京办理急件，为海外市场开拓中抢抓机遇提供了优质服务。对一些海外市场刚起步的二级单位，则采取关口前移的做法，主动贴近基层，帮助他们学习相关政策和程序，提前预判形势，熟悉工作程序，给予工作指导，避免工作失误，保证了新项目的顺利开展。外事办公室通过网站发布油田外事和境外项目信息，公布外事办各部门的办公电话，提供各种申报文件的标准样式和说明，方便二级单位办事人员联系工作和咨询。对具体工作和任务，实行首办负责制，要求受理人员在规定的时限内及时完成工作。对二级单位需要协调解决的问题，做到件件有回复，事事有落实。

（徐伯林）

【强化沟通与联系】 油田外事办公室海外事业部加强与各有关单位、部门的对外协调与沟通联系，主动与集团公司外事局、国勘、国工等相关单位加强沟通，为市场开拓创造条件；积极与海关、外贸相关主管部门进行工作联系，协助各二级单位做好海外项目的人员外派、工程立项、设备出口、外汇核销等工作。2011年，为应对不利局面，加大海外市场的开拓力度，加强市场信息的收集和跟踪。全年组织30多个境外项目重点跟踪或投标，其中地面项目9个，除在传统西亚地区外，还向肯尼亚、乍得、加纳、阿根廷等非洲和南美国家拓展。多次组织二级单位与国际工程公司、国际勘探公司有关部门沟通交流,多方争取市场。经不懈努力,完成合同额达到当年指标外,新签合同额取得了丰收,奠定了海外事业可持续发展的基础。

(张贤英)

【深化创先争优与“比学赶帮超”活动】 各国际工程服务项目按照油田党委创先争优的要求,突出加强海外队伍的党建工作,海外的3个党总支和20多个党支部结合海外党建工作实际,认真抓好党员的思想教育工作,不断创新党建工作方式和工作内容,加强“三基”建设工作,取得了较好的效果。阿尔及利亚沙漠水管线项目有20人向党支部递交了入党申请书,8人光荣入党。叙利亚项目除建设项目网站外,还创办了《启航》报,交流经验,凝聚力量,激发干劲。积极开展文化体育活动,丰富了生活,加强了沟通,增进了友谊。以阿尔及利亚沙漠水管线项目为主的中石化篮球队连续2年获得中资企业篮球赛冠军,油田叙利亚分部多次与中国驻叙利亚大使馆、中资企业等开展乒乓球、篮球和排球友谊赛。阿尔及利亚沙漠水管线项目经过3年的运行,克服公共安全形势恶劣、合同变更内容多、成本控制压力大等重重困难,优质高效地完成项目任务,该项目已经累计完成合同额7.56亿美元,并于2011年4月5日由阿国总统亲自宣布通水启用。该项目还获中国驻阿尔及利亚大使馆颁发的“中阿合作杰出贡献奖”。该项目开发和运用了大口径管道整体下沟等6大项新技术,获得国家专利4项,50余篇论文在全国核心期刊上发表,出版了由张耀仓副总经理亲笔题写书名的反映项目运行的25万余字《非洲大漠铸丰碑》一书。结合机关工作特点,围绕创先争优和“比学赶帮超”的要求,海外事业部开展了“学理论,比素质,提高工作能力;学先进,比效率,提高服务质量”的“两学两比两提高”工作思路,学习服务型处室建设卓有成效。在2011年的油田外事工作会议中,对先进外事工作者进行了表彰。

(徐伯林)

【制度建设】 根据集团公司派驻海外工作人员薪酬福利实施办法,结合油田现状,劳资处、海外事业部、财务资产处等部门经反复测算调整,正式组织实施海外薪酬福利调整工作。2011年下半年,海外薪酬补发工作启动。海外事业部国外分部人员的人事关系得到理顺。分部人员的保险、公积金个人和年金账户转入海外事业部统一管理。海外事业部制定〔2011〕外字06号《关于完善国外项目外派员工薪酬及慰问奖发放工作的通知》,进一步夯实国外项目薪酬管理基础,规范工作程序,强化慰问奖发放审核工作。理顺海外项目国内支持人员的工资海外发放渠道。上述制度为稳定队伍激励广大海外工作人员工作积极性发挥了作用。

海外事业部对外事管理的相关制度进行了全面梳理和完善,修订了《江苏油田外事管理细则》、《江苏油田因公护照管理细则》、《江苏油田因公出国(境)管理细则》、《江苏油田国际石油工程技术服务项目管理细则》、《江苏油田境外办事处运作管理细则》、《江苏油田因公往来香港澳门特别行政区通行证管理细则》和《江苏油田国际石油工程承包及外部用工管理细则》等7个油田层面的制度和《海外财务人员轮岗管理办法》等20个外事办公室层面的制度,开始起草《海外工程投标管理办法》、《海外项目设备物资管理办法》、《海外项目合同管理办法》、《档案管理办法》、《涉外人员信息管理办法》和《中东公司接待及收费管理办法》等制度。

在管理实践上,(1)大力开展经济效益分析活动。通过经济效益分析,查找控本增效的重点、关键点和薄弱点,明确改进完善的着力点、着眼点和立足点。油田在叙利亚项目中,每季都由海外事业部叙利亚分部牵头召开一次经济效益分析会,以发现问题,研究解决问题。(2)狠抓材料和设备管理。一方面优化材料和设备采购,另一方面提高材料和设备的适配性,在保证项目运行的前提下,尽可能地降低库存,减少库存占用资金。叙利亚固井项目通过水泥采购当地化,仅此一项年降低成本近200万元。(3)加强当地雇员管理。随着用工当地化的全面推进,当地雇员数量的大幅增加导致诸多问题的出现。为此,通过完善当地雇员的激励机制、加大培训力度,增进其对中石化企业文化的认同等,增进和谐,调动其工作积极性,提高其业务水平。(4)做优合同变更和违约索赔工作。阿尔及利亚沙漠水管线项目注重合同变更的商务运作,强化违约索赔,通过多方努力共完成4批8个项目合同变更,累计增加合同额近2亿美元,累计索赔金额近100万美元。

(徐伯林)

【队伍建设】 着眼于大外事事业的可持续发展,油田注重外事人员的培训,继续举办了外事管理人员培训班,并请外事局以及安环局主管相关工作的处长来油田给学员授课。培训班对国内在岗涉外管理人员和在国内休假的海外项目管理人员进行了全面的培训,学习了集团公司新出台的管理办法,讨论了外事管理中的问题和不足,分析了海外市场形势对油田海外市场的影响,介绍了也门项目撤离过程中公共安全管理实例,学习了进出口方面的知识。油田以打造“海外石油工程铁军”为重点,坚持走“人才国际化,用工当地化”之路,人才队伍建设成效明显。现有境外中方员工400余人,当地雇员800余人;工程队近40支。自2010年以来,油田共选送60多人分别参加了集团公司组织的外语、法律、HSE管理等国际化人才培训。各项目在岗位训练上下功夫,举办了多期外籍雇员培训班,累计培训外籍雇员上千人次,阿尔及利亚管线项目培养和形

外事管理培训班 （张贤英 摄）

成了170余人的EPC项目管理团队，尼日利亚地震项目通过岗位实践培养了一批会阿语、善沟通、能组织的现场工作人员，叙利亚分部大力推进用工当地化，当地员工所占比例由60%左右提高到近80%，这不仅基本满足当地政府劳工法的要求，还有效地缓解了公共安全的压力，也明显地降低了成本，提高了效益。

（徐伯林）

【油田外事工作会议】 7月12日，油田在扬召开外事工作会议。会上，钻井处、油建处、物探处、地测处、井下作业处、也门分公司和叙利亚分部等7家单位代表分别介绍了外事工作经验。会议表彰了15名2010年度油田海外工作先进个人。会议明确提出了油田“十二五”海外事业的工作目标，即建设一支队伍，瞄准“双二十”目标，巩固三大支柱，拓展三个领域，提高四种能力。

外事工作会议 （张贤英 摄）

（张贤英）

【走访调研】 海外事业部坚持服务外事、服务海外项目、服务油田发展的理念，以“热心、细心、精心、耐心、诚心”五心为要求，做好外事管理和服务工作。4月，海外事业部有关科室人员由主管领导带队，到钻井处、物探处、地测处、井下作业处等单位调研，通报上级主管部门有关规定，交流海外市场形势，了解外事工作中存在的问题，听取各单位对外事工作的意见，寻求解决问题的方法和措施。通过走访和交流，加深了与有关单位的相互理解。

（张贤英）

【出入境机电商品检验检疫及公证书认证】 为更好理顺关系，油田外事办作为油田归口管理部门，全面负责对油田出入境机电商品检验检疫的协调管理工作。2011年，外事办为安徽公司出口新加坡设备包装熏蒸木头检验检疫工作，保证了设备出口工作的顺利进行。同时，按照扬州市海关的要求，积极做好《海关自理报关注册登记证明书》上报的年审工作。2011年，海外事业部赴扬州、南京、上海、北京等地办理前往也门、阿拉伯联合酋长国、厄瓜多尔、泰国、阿根廷等国的法人授权委托书、在职证明、营业执照、派遣函、招投标事宜等司法公证及认证书。

（张贤英）

【外汇核销业务管理】 2011年，油田按规定完成外汇核销业务企业法人资格的更新注册工作，发放外汇核销单21张，完成核销业务20笔，累计出口1713.83万美元。

（尹宏延）

【对外承包工程统计】 2011年，油田外事办公室认真做好各项统计工作。主要有：2010年度工程报表（包括合同金额、完成工作量、利润情况、存在问题等）的编制上报工作；2011年油田年度工程项目计划的编制，2011年可动迁海外钻修井设备的统计；上报年度海外工程统计，预测2012年海外石油工程工作；参与扬州年度外经贸大型海外工程统计；按月完成上报油田工程报表和海外人员情况的统计工作；按照扬州对外经济贸易合作局的要求，完成对外承包企业的电子钥匙更新，做好对外工程项目和人员的统计工作；完成企业原产地证会员资格年审等。

（尹宏延）

【服务基层】 在一系列涉外工作中，外事办公室突出服务意识，积极参与其中，把工作切入点前移，积极收集项目信息并跟踪情况变化，加大对项目的推进和指导力度。积极推动法国道达尔公司与江苏油田的合作意向,配合该公司于9月13~17日对油田及下属的钻井、物探、测井三家业务单位进行了资质评估;协助也门分公司做好也门工程项目复工的准备;协助二级单位做好阿尔及利亚索纳塔克公司钻修井项目、阿尔及利亚CNPC钻井项目、乍得台湾中油公司钻井大包项目、乍得GEI(加拿大)公司钻修井项目、延长石油公司泰国L31/50区块井筒、地震采集项目、阿尔及利亚物探项目的调研和投标工作;协助井下作业处做好厄瓜多尔修井项目的议标;协助安徽公司做好厄瓜多尔议标和设备动迁工作。

(尹宏延　张贤英)

【海外人力资源管理】 油田按照集团公司派驻海外工作人员薪酬福利管理办法精神和上半年人事部三次专题会议的要求,结合油田实际,经劳动工资处、海外事业部等部门测算调整并讨论修改,修订完善江苏油田派驻海外工作人员薪酬福利实施方案,苏油劳〔2011〕428号《江苏油田派驻海外工作人员薪酬福利实施方案》下发实施。

油田制定〔2011〕外字06号文件《关于完善国外项目外派员工薪酬及慰问奖发放工作的通知》,进一步扎实国外项目薪酬管理基础,规范工作程序,强化慰问奖发放审核工作,进一步规范慰问奖的发放标准、人员范围、发放审批程序和总量控制等。

成立厄瓜多尔分部。为了做强、做大南美洲石油工程服务市场,同时按照中石化国际工程公司厄瓜多尔分公司的要求和油田海外项目统一管理要求,根据〔2011〕劳组37号文件精神,成立江苏石油勘探局海外事业部厄瓜多尔分部,负责与中石化国际石油工程公司厄瓜多尔分公司工作配合、协调,做好江苏油田在厄瓜多尔为主的南美洲国家(地区)的信息收集、市场开拓工作以及法律合同、公共安全、财务核算、薪酬福利、经营考核“三规范”等项目管理工作。

(李高贵)

【海外项目财务管理】 海外事业部以“比学赶帮超”为载体,大力开展在所属海外分部间“海外财务管理年”活动,从资金管理、指标控制、财务监管、风险防范等方面入手,建立健全财务管理体系,加速推进财务工作“三个转型”,使海外财务管理进一步规范化。按照勘探局部署,全面执行《中石化会计手册》,梳理和规范财务核算和管理制度。有序推进中国石化会计集中核算系统上线,采取“集中、分散和跟班”学习3种方式加强新系统培训,实行会计凭证三级审核,实现和确保了会计集中核算系统顺利运行。构建了“一套标准,两个平台,相互链接,自动集成”的具有先进水平会计核算体系。针对也门和叙利亚两国局势恶化、项目先后停工、人员撤回的状况,精心布置,做实预案,在接到回撤指令后,按照工作预案有序开展资产实物入库封存和盘点造册、资金安排、费用清算等工作,保证项目资产安全。

(陈　康)

【境外安全与人员撤离】 (1)在公共安全管理职能移交给安全处后,外事办公室作为外事管理部门,没有因工作的移交推托境外公共安全管理的责任,而是积极配合安全职能部门做好境外公共安全制度建设,督促境外项目切实执行好油田境外公共安全管理办法,优化改进安全环保措施,做好应急预案演练,严格落实派出人员的公共安全培训,落实派出人员的境外人身保险,要求油田境外项目部加强与大使馆、中石化牵头单位、当地政府、项目代理和施工社区的多方联系,改善项目运营环境。规范有效的公共安全管理体系的建立保障了境外项目的安全平稳运行,为也门、叙利亚两个市场在公共安全危机中有效组织队伍撤离提供了有力的保障。

(2)按照国际惯例,各海外项目加强了HSE管理体系建设,积极开展“我要安全”活动,加大隐患排查和治理力度,严格执行作业许可证和安全分析会议制度,坚持安全喊话、安全早会、周会、月会等制度,加强生产现场的安全监督管理,狠抓交通安全管理,加强对当地司机的安全教育,深化“STOP”卡制度,大力开展“绿色地震勘探”活动。全面落实人身意外伤害保险保障,在海外工程量大、分布区域广、安全环保工作难度不断加大的情况下,保持了海外项目安全、健康、环保形势的总体稳定。

(3)自2011年年初以来,北非与中东地区政局持续动荡,给油田造成了极大的困难,海外三大稳定市场两个受到严重影响,海外停工队伍占到了队伍总量的72%。面对也门、叙利亚严峻的公共安全形势,外事办与各项目派出单位一道,积极应对,妥善处置,要求各项目提前规划公共安全措施,密切关注形势发展变化,积极依托使馆,冷静评估形势变化,认真进行沙盘演练,切实作好充分的准备,为后期顺利全面撤离打下了坚实的基础。整个过程按照境外公共安全预案展开工作,做到进退有序,没有出现恐慌失计的现象。随着公共安全形势的急剧恶化,也门项目135人从使馆启动二级响应到启动一级响应,全部按计划安全、有序地在2011年6月12日安全撤离回国。叙利亚项目按照集团公司的统一部署将员工全部撤离到安全区域,截至2011年12月6日,除了为国勘服务的3名紫京服务员外,江苏油田中方人员全部撤离回国。2个项目在撤离中不但保护了每个员工生命健康安全,而且还妥善托管了项目资产,为将来重启项目打下了基础。也门分公司在作好自己项目安全准备和组织的同时,还应使馆的要求为被流弹误炸了基地的中国也门医疗队的17名队员提供了临时避难场所，为此，得到了使馆的高度表扬。

（徐伯林）

对外合作与交流

【外事接待】 2011年，海外事业部先后接待来访团组共12批30多人次。2月，接待了中国驻叙利亚大使李华新等3人来油田访问；7月，接待了国际石油工程公司书记孟德成等3人、叙利亚子公司经理付元强、国工钻井部经理姚德辉等3人；9月，接待了法国道达尔公司5人，对钻井处、地测处、物探处等单位资格审查团组，以及阿尔及利亚索纳塔克公司钻修井项目、阿尔及利亚CNPC钻井项目、乍得台湾中油公司钻井大包项目、乍得GEI（加拿大）公司钻修井项目、延长石油公司泰国L31/50区块井筒、地震采集项目等访问团组。

（张贤英）

【荣誉称号】 2011年3月，集团公司在北京石化和园景逸大酒店会议中心召开了2011年外事工作座谈会，江苏石油勘探局被授予"集团公司2010年度外事管理先进集体"称号。

（张贤英）

【因公团组护照管理】 2011年，油田办理因公出国（境）团组113批1174人次。其中参加集团公司组织的出国任务35批52人次。派出国家包括美国、英国、德国、叙利亚等33个国家，主要从事劳务、培训、商务贸易、技术交流等任务。劳务团组主要在叙利亚、阿尔及利亚等国家从事地震采集、测井、钻井、修井服务、供水项目施工等工程施工任务。新办因公护照142本，为短期出国团组办理西班牙、英国、阿尔及利亚、叙利亚、阿联酋、美国等多国签证45份，办理出境证明27份。

（桑雁岷）

境外机构与项目简介

【江苏油田海外事业部——江苏油田中东公司】 2011年，江苏油田中东公司共接待过境人员22批47人次，较好地履行了作为油田驻外办事机构为外事工作人员中转提供便利的职责。同时还为部分海外项目运作提供资金服务，代收付款98万美元。为油田也门、叙利亚等工程项目提供采办支持，全年完成采办项目12项，营业收入14万美元。在市场开拓方面，充分利用迪拜区位优势和市场枢纽地位，积极准备参与中海油伊拉克项目、江汉油田阿联酋油库建设项目的物资供应等工作。

（张贤英）

【江苏油田海外事业部——叙利亚分部】 2011年，叙利亚有各类工程服务队伍9支，其中钻井2支，测井3支，固井4支。各类在叙中方员工146人，各类在叙外籍雇员105人。

在市场开发方面，新签钻井项目1个，合同期2年，合同额为853.78万美元。已投标2个钻井项目、1个录井、1个固井和1个定向井项目。捞油项目已经得到GPC正式书面批复，正在着手起草合同文本；运输机修项目已经完成前期调研，正在准备设备动迁；紫京后勤服务项目已经步入正轨，前线阿拉伯餐已经启动。在项目运行方面，截至9月底实现产值1365万美元。其中，固井项目实现产值270万美元，钻井项目实现产值550万美元，测井实现产值495万美元，紫京实现产值50万美元。2011年10月，按照叙利亚国勘、国工的要求逐步封存设备，在叙所有中方工作人员已全部撤回国内。

（张贤英）

【江苏油田海外事业部——江苏油田也门分公司】 2011年，修井项目共修井50口；钻井项目开钻9口，完井10口，总进尺13163米。截至2011年6月，也门分公司完成主营业务收入7170万元，完成全年计划收入的50%（其中钻井收入6716万元，修井收入454万元）。由于也门局势的变动，有些项目被迫停止于启动阶段。从2011年3月开始逐步停止施工并精简人员，以减少发生紧急事件后的遣散压力。2011年6月4日，中国驻也门大使馆启动了一级响应，也门分公司立即启动了一级响应预案，对设备、财产等委托当地有实力的公司进行保管，分批撤离在也门留守人员，到6月11日，也门分公司所有中方人员已全部撤离也门安全返回国内。

（张贤英）

【中石化阿尔及利亚沙漠水管线项目】 2011年，阿尔及利亚沙漠水管线项目部通过科学筹划、精心管理、精细施工,确保了项目竣工收尾工作的平稳有序运行,不仅提前实现了管道全线通水建设目标,而且很好地完成了全年的各项指标任务。2011 年 12 月,项目还被中国驻阿使馆推荐参加由阿中友好协会、阿尔及利亚中资企业协会和驻阿使馆联办的“中阿合作杰出贡献奖”的评选。截至 2011 年 11 月底,两个标段共完成合同额 6536 万美元,项目累计完成合同额 72718 万美元,新增合同额 2515 万美元。两个标段实现工程款 4221 万美元,累计实现收入 57915 万美元。全年完成利润 2362 万元(约 372 万美元)。同时,他们不断开拓海外市场,分别中标沙特 SWCC 管道项目和肯尼亚地热蒸汽管线项目,实现了海外市场新的接替。

(张贤英)

【油建苏丹项目】 2011 年,苏丹现场施工人员 42 人,在苏丹设立了 3/7 区区块项目部,主要负责 Palogue 地区井口、Moleeta 地区的井口及地管施工。Palouge 区块完成:21 条油管线施工约 29593 米,37 口油井施工,7 条 6 寸注水管线施工约 10756 米,13 口注水井施工。2011 年新签合同:3/7 区 587 FSF 项目土建、安装工程施工分包合同,该合同为单价合同。2011 年实现产值约 280 万美元,盈利 2 万美元。

(张贤英)

【物探地震采集项目】 2011 年,物探处境外人员为 73 人,其中:阿尔及利亚 37 人,尼日利亚 33 人,加蓬 3 人。2011 年,物探处新签海外市场地震采集项目 6 个,合同金额共约 8237 万美元。截至 2011 年 11 月,物探处海外市场实际完成产值约 4826 万美元。在继续巩固和拓展外部物探市场的同时,物探处境外公共安全管理做到组织落实、制度落实、措施落实,确保了境外人员生命和财产安全。

(张贤英)

【尼日利亚地震采集项目】 2011 年 3 月 16 日,尼日利亚 OPL280 项目全面完成覆盖面积 462 平方千米的勘探采集任务,实现产值 3600 万美元。2011 年 10 月 20 日圆满完成三维尼日利亚 OML114 项目满覆盖面积 93.9 平方千米、24286 炮的地震采集任务,实现产值近 2500 万美元。2011 年 8 月 10 日,物探处与尼日利亚东方石油公司成功签署了尼日利亚 OPL915 和 916 区块陆上三维地震资料采集处理解释一体化项目。该项目三维满覆盖 640 平方千米,总炮数 45576 炮,合同总金额 4001 万美元。该项目创造了物探处地震项目满覆盖面积和合同总额新的纪录。该项目于 12 月 11 日开炮,目前已生产 600 余炮。

(张贤英)

【也门地震采集项目】 2011 年 1 月,物探处成功中标 Kuwait Energy 公司也门 49 区块 3D 地震采集项目,3 月初与 KEC 公司签订正式合同,该合同金额约 694 万美元。然而在启动项目人员动迁计划,项目前期人员陆续抵达也门后,也门安全形势日益紧张,6 月初中方人员撤离工区现场经萨那返回国内。

(张贤英)

【加蓬地震采集项目】 2011 年,加蓬项目组无工作量,正积极寻找新项目。

(张贤英)

【阿尔及利亚地震采集项目】 2011 年,物探处阿尔及利亚项目组积极进行第 11 期 SIDI NADJI 2D 地震采集项目、第 12 期 Benguecha 2D 地震采集项目和第 13 期 Ain Beidha 2D 地震采集项目的施工。第 11 期 SIDI NADJI 2D 地震采集项目的开工于 2010 年 12 月 9 日签发,该项目历时 129 天,于 2011 年 4 月 18 日结束,共完成二维测线 19 条、707 千米、27519 炮。平均日放炮 212 炮,是甲方日定额 191 炮的 110.99%,超额完成甲方规定的指标。

5 月 15 日,阿尔及利亚国家石油公司 Sonatrach 与项目组签发了第十二期 Benguecha 2D 项目开工令,该项目历时 95 天,于 8 月 18 日结束,共放炮 22746 炮,完成甲方定额的 119%。第 13 期 Ain Beidha 2D 地震二维项目于 12 月 13 日开工,该项目共布设测线 27 条,合计 700 千米,设计 28027 炮,预计工期 6 个月。

(张贤英)

【厄瓜多尔修井项目】 厄瓜多尔项目部成立于 2006 年 12 月,现有 903 和 904 两支修井队伍,共有员工 88 人,其中,中方员工 26 人,外籍员工 62 人。903 队的甲方是 ANDES 公司(中资合资:股份中石油占 55%,中石化占 45%),2006 年底中标,2007 年 1 月 12 日正式开工运行,年产值 300 多万美元。904 队修井项目的甲方是 PPR(厄瓜多尔国家石油公司),是厄瓜多尔最大的油公司,江苏 904 队于 2008 年 11 月 18 日签约,合同期 4 年,2009 年 2 月 6 日正式开工,年产值 400 多万美元。2011 年,该项目部以“跨文化融合年”和“管理效益年”活动为主线,切实抓好“五个确保”,项目运行平稳有序。截至 2011 年 12 月,903 队修井 31 口,近 5 年累计修井 177 口;904 队大修小修 23 口井,近 3 年累计大修小修 48 口,全年实现劳务收入 4578 万元,取得了较好的经济效益和社会效益。

(张贤英)

【叙利亚测井项目】 2011 年 10 月,叙利亚测井项目共完成 5700 常规测井 66 井次,5700 成像测井 7 井次,

VDL 变密度测井 4 口，RBT 测井 52 口，射孔 13 口，测压和井温 45 口，四十臂井径 4 口，校深 6 井次，核磁测井 1 井次，XMAC 测井 1 井次，下桥塞 3 井次。成像资料解释 6 口，常规测井解释 47 口，核磁共振 1 口、XMAC 资料解释 1 口、VSP 资料交接 1 口。全年完成劳务收入近 742.98 万美元，解释共完成 42.29 万美元，实现劳务总共达 785.28 万美元。叙利亚当地时间 2011 年 10 月 9 日凌晨，SINOPEC218 井队生活营地遇袭击事件以后，项目部按照要求分批有序地撤离了中方人员。

（张贤英）

【尼日尔录井项目】 2011 年，尼日尔项目有中方工作人员 7 名，雇有巴基斯坦、苏丹以及当地人员 12 名。尼日尔录井项目的生产运作委托 CNLC 管理。2011 年 2 月，项目因尼日尔政局影响经过了短暂的停工待命期，随着尼日尔政局的稳定，该项目于 8 月全面复工。截至 2011 年 11 月底，实现劳务收入 390 万元人民币。

（张贤英）

【哈萨克斯坦、叙利亚捞油项目】 2011 年，矿业开发总公司运作的海外项目共有 2 个：哈萨克斯坦项目和叙利亚项目。哈萨克斯坦项目经过 10 年的苦心经营，已经成长为矿业开发总公司布局海外的经济效益和社会效益较为突出的盈利项目。2011 年，累计生产原油预计 20400 吨，全年无任何人身、设备、生产安全事故发生，实现回笼项目资金近 900 万元人民币。叙利亚项目作为 2010 年筹备组建、2011 年正式启动的项目，捞油试验初见成效。由于叙利亚政局动荡加剧，西方国家对叙利亚实施石油禁运等影响，导致各项工作中断，前期试验捞油工作量因局势影响无法完成最终结算。按照上级指示，叙利亚项目部制定周全的安置方案，统计上报项目设备物资并妥善集中封存。截至 2011 年 10 月底，矿业开发总公司叙利亚项目中方员工全部安全回国。

（张贤英）

【紫京旅游集团海外项目】 2011 年，紫京集团继续平稳运转中石化海外石油后勤服务项目。截至 2011 年 11 月底，紫京集团共有海外项目 46 个，分布在 15 个国家：沙特、也门、阿尔及利亚、委内瑞拉、伊朗、迪拜、加蓬、叙利亚、巴西、俄罗斯、厄瓜多尔、墨西哥、缅甸、特立尼达和多巴哥、安哥拉。其中自营分公司 3 个（沙特分公司，也门分公司，叙利亚分公司），拥有 21 个子项目。集团代管劳务输出性质拥有 25 个项目。紫京集团在海外工作的中方员工近 200 人，其中管理人员 15 人。

（张贤英）

【运输机械维修服务项目】 2011 年，运输处海外项目分为四个部分。一是配合油建水管道项目开展项目后期的设备整修，为设备的转场做好准备工作；二是承办运营中石化国工阿尔及利亚机械维修服务中心；三是叙利亚工程搬迁安装服务项目；四是跟踪开拓油建沙特管道配送项目。

（张贤英）

经 营 管 理

企业改革与管理

【组织绩效管理】 为有效发挥组织绩效考核激励约束作用,不断提高管理水平和经济运行质量,确保完成全年生产经营任务,根据《中国石化年度绩效考核管理办法》要求,制定了2011年《江苏油田组织绩效考核管理暂行办法》,并对组织绩效考核模式、指标体系进行了优化,切实完整体现各单位经营业绩。

三项工作会议 （汝志良 供稿）

（1）抓体系完善,充分发挥绩效考核管理的激励作用。根据各单位的生产经营特点和发展定位,确定成本任务型、经费包干型、自主经营自计盈亏型、自主经营自负盈亏型等4种不同的绩效考核模式。在指标设置上,将考核指标分为基本指标(产量、储量、效益)、分类指标(各专业部门考核指标)、约束性指标(安全、环保、质量)等三类,按照突出重点的原则调整挂钩考核权重。在基本指标的选择上,将年度效益指标分为基本目标、提升目标、奋斗目标三档,明确相应的考核兑现政策,由所属单位在三档目标中自行选择,进一步激发了各单位工作的积极性。

（2）抓指标落实,充分发挥绩效考核管理的组织作用。依据绩效考核指标责任相关性和可分解性原则,自上而下,层层分解,落实责任,逐级承包到班组和个人,有效传递经营风险和压力,促进组织绩效考核与职工薪酬的紧密结合,不断增强岗位职工的责任意识和执行力。

（3）抓日常考核,充分发挥绩效考核管理的监督作用。进一步强化组织绩效考核体系和工作程序,加强工作的统一领导和综合协调。坚持定期工作例会,通报运行情况,协调解决问题,研究下步工作,实现政策制定、指标测算、运行协调以及考核兑现的全过程、多部门共同参与。强化季度考核分析工作,规范年度考核兑现程序,严格控制年终认可项目,维护绩效考核的严肃性和公平性。

（汝志良）

【“比学赶帮超”工作】 以建标、对标、追标、创标为核心,精心组织,扎实工作,着力构建企业管理水平持续提升机制,积极开展形式多样、内容丰富的竞赛评比活动,有效调动干部职工创先争优的积极性,保证勘探开发目标的实现,有力促进了油田各项生产任务的圆满完成。全年获得总部红旗34面,红星33颗,刷新油田指标51项。

（1）完善工作机制,实现常态运行。组织召开了油田“比学赶帮超”等三项工作总结表彰暨动员部署大会,出台了油田关于三项工作的指导意见,对深化“比学赶帮超”工作进行了全面部署;严格落实例会制度、工作简报制度、信息反馈制度、跟踪检查制度和考核制度,及时掌握工作动态,加强过程控制;完善了各板块月通报、季排名、半年分析评价、年度全面考评的工作制度,并将考评结果与油田双文明评比挂钩;加强单位间的学习交流,先后组织各板块、各单位召开22次经验交流会、现场推进会,选树表彰先进,推进追标创标。

（2）开展竞赛评比,提升管理水平。制定下发了《江苏油田“比学赶帮超”工作评比考核办法》,优化调整评比指标和排名挂旗办法,建立覆盖油田5个专业

石油工程板块"比学赶帮超"交流会

（汝志良　供稿）

板块和各二级单位的"比学赶帮超"指标体系，保证各层面竞赛评比工作的顺利开展。从二季度开始，对采油、作业、钻井等9个纳入总部"金银牌基层队"和"五项劳动竞赛"评比范围的专业队种，采取单位月考核、板块季排名、油田年考评的方法，纳入油田层面统一组织的"比学赶帮超"评比排名，并对排名领先的基层队实施奖励，对排名靠后的基层队取消其油田优胜队申报资格。全年共评出红旗 233 面，红星 60 颗，黄旗 78 面，较好地起到了鼓励先进、鞭策后进的效果。

（3）彰显单位特色，务求工作成效。在日常工作中，鼓励各单位突出专业特点，创新自选动作，丰富竞赛内容，不断增强"比学赶帮超"活动的有效性。涌现出了"六比六赛"、"评先进、赛指标、树样板"、"采油精英"、"服务精英"以及"四比四赛四争创"、"提升短板创一流"等形式多样、生动活泼、行之有效的"比学赶帮超"先进典型做法和经验。石油工程单位以"比学赶帮超"工作为抓手，创新管理方法，保障能力持续加强。公用工程单位大力开展形式多样的劳动竞赛，激励和引导干部员工学技能、练本领。社区服务单位围绕"文化认同、邻里融洽、环境优美、和谐安定"的创建目标，精心组织，周密部署，提升了矿区服务与管理水平。

（陈　旭）

【"达标创优"工作】　紧密结合实际，充分发挥"达标创优"工作平台作用、基础作用和促进作用，有效推进基层基础管理水平的进一步提高，全面提升油田管理、效益和技术经济指标。

（1）健全考核标准，完善考评体系。按照集团公司"创建金银牌基层队"和股份公司"五项劳动竞赛"管理办法的要求，对未纳入总部评比的辅助生产、科研系统及后勤保障队种"达标创优"考评指标进行了全面的制（修）订工作。通过这次制（修）订，使"达标创优"检查评价标准更全面、更切合实际。油田统一制（修）订了28 个队种标准，二级单位制（修）订 21 个单一队种标准，并经逐级审查后颁布实施。同时，进一步完善了全油田基层队统一的参评资格、综合管理标准和包括分级制定的经济技术指标在内的三部分检查评价体系。

（2）强化过程管理，提升管理水平。扎实开展"定期量化考评，等级动态管理"工作，各单位坚持厂处半年查、基层月查、班组周查制度，对本单位的基层单位按照参评资格、综合管理、经济技术指标三个部分，认真进行量化考核，等级动态管理，并对检查结果进行ABC 等级排序公示，调动了基层单位创先争优积极性，全油田 A 类基层队达 90% 以上。

（3）以点带面，发挥典型引领作用。在工作中，注重典型的引领作用，广泛开展不同形式、不同层次的观摩交流活动，总结在"达标创优"工作中涌现出来的先进典型，以点带面，形成先进促后进，先进更先进的竞争创建氛围。组织 7 个基层管理典型在中石化报纸上报道，下发 8 期"达标创优"工作简报，宣传基层管理经验，使广大干部员工学有标准、赶有方向，有效促进了基层管理水平的不断上升。

（4）认真组织，开展基层管理自查。11 月中旬，油田所属各单位按照第九届"达标创优"检查评比的工作安排，严格对照考评标准，认真组织开展对标自查和问题整改工作，在对照中整改，在整改中提高。12 月下旬，为了检验一年来油田基层管理进展情况，油田组织了由局、分公司领导带队的 7 个检查组，对各单位申报的基层管理优胜队进行了全面抽查。检查组按照参评资格、综合管理、经济技术指标 3 个部分，采取听汇报、查现场、测试、座谈等形式，多角度、全方位对基层单位进行检查，共检查基层单位 87 个，发现问题 422 个，均全部整改完毕。

（汝志良）

【改善经营管理建议】　按照集团公司提出的"要建立改善经营管理长效机制，探索建立一套科学合理、严谨规范、运行高效的工作流程"的工作要求，积极开展工作，形成了具有油田特色的改善经营管理建议管理模式。全年共立项集团公司级 2 项、油田级 18 项、二级单位级 90 项，完成各级项目 57 个，实现效益 5000 万元。

（1）总结管理经验，不断完善长效机制。确立以建议人为主体，建议项目为主线，两级建议办公室和板块专家组为依托的工作模式，推进工作的常态化、动态化管控。加强对各单位改善建议工作的考核评价，突出主要建议人的贡献，坚持物质奖励和精神奖励并重原则，发挥奖励的引导、示范和激励作用。出台《江苏油田改善经营管理建议项目后评估管理办法（试行）》，跟踪掌握项目的持续改善情况，做好优秀建议项目的总结提炼、固化传承和推广运用工作。

（2）强化制度执行，规范建议项目运行。在项目实施环节，加强运行管理。油田级以上项目由主管领导亲自组织实施，板块专家组跟踪服务、指导，两级办公室抓好协调和跟催工作；在效益评估环节，项目完成后及时组织专家进行评估验收，财务部门按照"三种"、"五类"效益测算方法进行效益确认；在成果奖励环节，实行分级奖励，设置了提案奖、成果奖、优秀建议奖、组织奖等，根据项目级别分别进行奖励。

(3)注重建议实效，促进效益不断提升。各单位、各部门牢固树立"员工每一项建议都有价值"的理念，将改善建议工作的重心持续下移，注重发挥机关的主导作用、二级单位的主体作用、基层单位的主力军作用，保证了建议征集的质量，取得了良好的效果。在完成的油田级以上的建议项目中，属于技术工艺改进和应用的项目占70%，降本增效方面的项目占30%。这些建议项目的实施对油田经济技术水平提升起到了促进作用。

(陈　旭)

【制度标准化信息化工作】 根据《中国石化管理标准化、信息化总体方案》要求，系统谋划、周密组织、有序实施制度标准化改造，取得了阶段性成效，完成油田及二级单位层面共2112项制度的改造工作，为推进管理标准化信息化奠定了基础。

制度改造动员会　　(汝志良　供稿)

(1)加强统筹安排，完善工作制度。油田先后两次召开制度标准化信息化工作会议，对制度标准化改造工作进行安排部署；制定了《油田制度管理细则》、《油田制度标准化改造实施方案》，明确了实施计划和进度安排；举办了油田机关和二级单位两个层面的培训班，帮助和引导各部门、各单位学习制度管理理念、管理方法和机制建设要求，掌握油田制度标准化改造的实施方案。机关各部门、各单位均成立了制度改造工作组，充实工作人员，落实工作责任，加强协作配合，形成了纵横结合、上下联动、齐抓共管的工作局面。

(2)明确工作思路，规范改造方法。根据集团公司制度体系建设的工作方向，结合油田制度改造现状，明确了"编制目录，承接有序，上下验证，严把三关"的制度改造工作思路；将机关处室、二级单位的有效制度，根据承接对应关系进行全面梳理和甄别，严格按照《中国石化制度标准化信息化建设方案》的要求进行修订完善；坚持制度形式要件、管理要件与内容要件三统一，确保改造的制度标准化、规范化，做到制度之间不重复、不矛盾、不交叉；严把职责分工、格式文字、审核程序三道关口，坚持审核签名负责制，实现了"内容实、逻辑顺、要素全、模板准"的改造要求。

(3)加强协调沟通，有序推进改造。按照"把握进度、确保质量、有序推进"的工作要求，分阶段、分重点，落实制度改造计划；针对制度改造概念多、涉及部门多、不确定因素多等问题，采取电话、QQ群、现场指导等方式及时解疑释惑，加强沟通协调；遇有暂时把握不准的问题，随时召集相关人员进行研讨分析，统一答疑口径，确保制度改造的严密性、一致性；定期编制下发工作简报，通报各层面工作进展情况，分析存在问题，明确工作要求，确保改造工作有条不紊按计划推进。

(陈　旭)

【管理创新工作】 围绕塑造中国石化管理模式，将管理理论与具体的工作实践结合起来，注重企业管理理念、管理方法、管理工具和管理模式方面的改进，推动管理创新实践，取得实实在在的成效。

(1)瞄准方向，抓好立项。年初，根据集团公司的管理要求，将管理成果立项方向重点放在管理体制机制的创新、"三基"管理、基层建设、班组建设、制度管理、绩效考核、企业文化、节能减排等方面。在项目实施过程中，经常对实施项目进行跟踪。项目实施完成后，聘请11名专家从管理成果申报的范围、包含的内容和集团公司评审标准等方面，对钻井处、试采一厂等11家单位的管理成果进行了初审，提出了修改意见，这些管理成果经修改后上报集团公司参与第二十届现代化创新成果评审。

(2)认真实践，总结提炼。按照"以我为主、博采众长、融合提炼、自成一家"的方针，认真进行总结提炼，形成管理创新成果，指导管理工作。在集团公司第二十届管理现代化创新成果评审中，油田选送的11项管理创新成果全部获奖。其中，钻井处"基于提高组织绩效的过程管理控制"、试采二厂"基于成本责任流的全员成本目标管理"、井下作业处"全员绩效考核激励机制的实践"等3项成果获得一等奖，其余2项成果获得二等奖，6项成果获得三等奖，获奖数量和层次处于上游企业先进行列。

(3)深化研究,提高水平。为进一步贯彻落实集团公司工作会议和油田十一届一次职代会精神,加强企业管理研究,提升油田管理理论研究水平。经常定期或不定期召开由二级单位企管科室长、基层管理人员参加的专题研讨会,先后结合工作实际对绩效考核、标杆管理、精细化管理、制度改造、"三基"工作等进行了学习研讨,形成比较一致的观点和解决问题办法,并在日常工作中加以指导和应用,提高了工作效率和质量。

(陈 旭)

【四家改制企业经营者岗位激励股兑现】 根据集团公司改制企业经营者岗位激励股兑现指导意见,经扬州诚瑞会计师事务所有限公司对扬州瑞德石油机械有限公司、洪泽苏油宏大工贸有限公司、扬州苏油江华贸易实业有限公司、扬州苏油油成商贸实业有限公司四家企业改制后三年(2007年11月~2010年10月)的经营业绩和任期内资本保值增值率完成情况审计,审计结果显示四家企业的经营者在任期内的资本保值增值均超过了同期银行贷款利率。经油田领导会议研究决定,同意将睿德公司改制时设置的23.04万元、宏大公司改制时设置的11.47万元、江华公司改制时设置的21.42万元、油成公司改制时设置的37.27万元经营者岗位激励股兑现给上述四家改制企业的首届经营者,享有终极所有权。至此,油田从2003年以来进行改制分流的11家企业的岗位激励股兑现工作全部结束,反映出11家企业生产经营状况良好,标志历时8年的改制分流工作画上较为圆满的句号。

(陈 旭)

行 政 管 理

【行政管理概述】 2011年,局长(总经理)办公室认真学习贯彻党的十七届六中全会精神,以科学发展观为指导,在油田党政的正确领导下,在机关党委的大力支持和机关部门的协同配合下,紧紧围绕油田中心工作,全面履行管理、协调、服务职能,扎实开展"争创一流办公室"活动,唱响"埋头苦干创精细管理之先,团结奋进争内涵发展之优"主旋律,弘扬独具特色的"五四三二一"办公室文化,为油田科学有效和谐发展和两个文明建设作出了积极贡献。

(孟丹江)

【秘书工作】 秘书工作面对文字材料数量增、任务紧、要求高的压力,加班加点、精耕细作。全年上报集团公司信息120篇,完成计划的120%,信息被采用数量和分值再创历史新高;组织起草各类文字材料、讲话60篇以上,得到了广泛认可和好评;制作的各种多媒体汇报材料版面清新、设计合理、质量上乘、出手过硬。

在文案起草中,(1)突出特性、把握特点,对常规性讲话、汇报式材料、庆典类材料、专业型报告等实施分类研究,精心把好文字材料的起草关,并实行了秘书起草初稿、科室修改复核、处室领导验收的材料起草三级审核办法。(2)针对油田不同发展时期的工作特点,站在全局高度,深入研判思考,科学运用演绎、归纳、综合、分析、对比等方法,明确提出了"加快有效发展,构建和谐油田"发展主题、"精细管理、内涵发展"工作主线、"埋头苦干创精细管理之先,团结奋进争内涵发展之优"主旋律;总结推广了"勘探上精查细找、开发上精雕细刻、经营上精打细算、管理精益求精"管理模式。

(孟丹江)

【文书工作】 文书工作严细恒实地做好文件、报刊、信件的全过程管理。全年经办印发的文件格式和别字、文件运行和报刊信件发放、印信管理、集团公司网传公文处理实现了四个"零差错";文件、资料归档率100%。全年共办理中石化来文1500多件、油田内部文件(含局和分公司发文、会议纪要、二级单位请示)600多件、地方来文1500件,发放报纸、杂志、资料、信(函)180万份(件)。

在公文处理中,(1)健全制度,制定了油田文书工作规范、电子公文管理办法、文件处理工作规则等多项制度,努力实现公文处理的制度化、规范化、科学化。(2)严格执行《中国石化公文处理办法》,对公文制发常见的12个突出问题提出改进要求,整理编印针对性、可操作性强的公文处理资料,加强业务指导,严把文件质量关,严控发文数量。(3)明确公文办理的岗位职责,落实首问负责制,推行日常自查、定期抽查和年终综合考评的公文处理考核制度。此外,在集团公司公文管理创新试点工作中,坚持对下发文件进行逐日分析、逐件分析,认真做好对文件质量和数量的精细监测。

(孟丹江)

【综合事务】 综合事务面对事务繁多、管理繁杂、联络繁琐的高强度工作,实行了"白天8小时常班,晚上4小时排班,夜间12小时候班"的无缝值班值守,始终保持着"电话有人听、班上有人盯、事事有回音、件件有落实"的备战状态,及时稳妥地处理值班事务;严谨细致地做好经手会议和活动的组织筹划、沟通协调、通畅运转等工作,做到"无遗漏事项、无工作拖宕、无程序失控、无环节偏差”。

（孟丹江）

【接待工作】 接待工作面对工作量大、任务重、费用控制严等诸多困难，牢牢把握“又好又省”原则，切实履行周到接待和费用管控职能，顺利完成各项接待任务，实现了费用不超的目标。

（孟丹江）

【扬州招待所】 2011 年，扬州招待所圆满完成了重要接待任务和全局性会议、重大活动的服务工作，经营效益和服务质量实现了双提升。

（孟丹江）

【车队工作】 机关小车队努力克服人员少、任务重等不利因素，继续在“安全、服务、保障”3 个能力提升上做深做实文章，有效地促进了安全生产、基层建设、队伍管理和素质提升。全年累计安全行驶312 万千米，设备完好率98%，设备利用率达 130%。已连续 18 年被评为油田安全生产先进单位，连续 13 年被评为江苏油田标杆车队和扬州市示范车队，连续 12 年被评为局设备管理先进集体，多次获机关先进党支部等荣誉称号。

（孟丹江）

【北京联络处】 北京联络处积极为油田改革发展提供优质高效的内外部配套服务，有效地发挥了驻京联络协调的职能作用。

（孟丹江）

【精细管理】 （1）办好会议。接到办会任务后，迅速制定会务方案、统筹工作、细化任务、落实责任、明确要求。认真布置会场，落实预案，及时整理、撰写会议纪要和会议简报，督察会议精神贯彻情况。（2）落实督办制度。做好领导交办的政务或事务工作的具体督办工作，紧盯落实进度、及时反馈进展、加强协调管理。（3）细化工作流程。把繁杂的综合协调工作条理化、具体化，明确了各种事务办理程序，实施了表单化管理。坚持实行每天晨会制度，利用班前 5 分钟，通报各路工作情况，安排协调近期工作，及时解决工作中的问题。坚持编排油田半月重点工作运行表制度，狠抓主要工作的超前准备、统筹协调、组织落实。

（孟丹江）

【文化建设】 （1）依靠文化聚力。认真学习贯彻集团公司《员工守则》、《企业文化建设纲要》，坚持传承、弘扬、创新、提升，结合工作实际和具体实践，继续充实、丰富、深化办公室独具特色的“五四三二一”文化。其核心是：“以开展‘向书本学理论、向领导学思路、向实践学能力、向基层学经验、向处室学业务’五学、培育‘超前、精细、勤勉、和善’四种精神、强化‘责任、团结协作、廉洁从业’三种意识、保持‘表扬不张扬、批评不气馁’两种状态、追求‘正确完美’一个目标”的特色文化，并迅速在油田行政办公系统全体人员中得到贯彻，进一步提升了队伍的学习力、凝聚力、内动力、服务力，为持续打造高素质办公室团队、促进和谐建设提供了强大支撑。

（2）强化廉洁意识。办公室始终把党风廉政建设放到重要位置来抓，依靠管理坚持领导带头、率先垂范，坚持“按原则办理、依政策行事、用制度约束”，严格落实廉政建设责任制，进一步加强了办公室自身廉政建设；干部职工恪守廉洁从业准则，严格执行廉政建设、内控管理的各项制度规定和《办公室人员十不准》，积极参加廉政知识网上测试活动等教育活动，做到了风清气正、廉洁自律。坚持做好大宗大额物品采购采办、日常耗用品询价议价，降低了采购费用，保证了产品质量，形成了阳光操作的基本定式和工作程序，促进了办公室党风廉政建设责任制的落实。

（孟丹江）

规划计划管理

【规划计划管理概述】 2011 年，油田规划计划管理认真贯彻落实中国石化投资工作会议精神，根据“量入为出、控制总量，集中决策、调整结构，优化项目、增加回报”的投资方针，坚持“科学、规范、严谨”和“有市场、有效益、有竞争力、有资本金”的投资决策原则，按照“投资方向正确、投资决策科学、投资管理严肃”的工作要求，立足油气勘探开发主业发展，以市场为导向，突出效益为中心，积极实施走出去战略，努力培育新的经济增长点，不断提高投资质量，较好地完成了全年工作目标任务。全年生产原油 171.02 万吨，原油商品率 95.27%；生产天然气 5422 万立方米，天然气商品率 66.53%；新增石油预测储量 1175 万吨，新增石油控制储量 1215 万吨，新增石油探明储量 1059 万吨，新建原油生产能力 24.56 万吨。2011 年投资规模创历史新高，投资结构显著优化，全年累计完成投资 32.97 亿元，其中：分公司完成 26.64 亿元，勘探局完成 6.33 亿元。2011 年投资规模进一步有效增长，相比 2010 年增长 8.96%，实现了油田“十一五”发展成果与“十二五”发

民生工程顺利实施　（刘　勇　供稿）

展规划运行的有序衔接，为油田的勘探开发、石油工程、非烃类开发、外部市场开拓、安全生产、公用工程和矿区建设等作出了积极贡献。

（刘　勇）

【投资计划管理】　为适应IMPS上线要求，确保油田勘探开发、石油工程、非烃类开发、辅助配套项目等投资需求，在进一步强化项目前期研究的同时，不断完善投资计划管理流程，建立项目前期工作计划制度，以深化可行性研究报告为抓手，突出强化项目可研方案的可行性和项目投资规模预测的准确性。做到项目前期研究工作早计划、早安排、早论证，根据油田建设需要，切实做到实施一批、研究一批、储备一批，使投资计划更具长效性和系统性，投资质量和投资效益显著提高。

（刘　勇）

【勘探局重点项目】　按照集团公司和油田"十二五"整体发展规划部署，以提高投资效益为中心，立足保障油田增储上产、外部市场拓展、培育新的经济增长点、改善职工生产办公条件、强化矿区建设等需要，2011年勘探局在科学编制上报投资建议计划的基础上，进一步强化项目前期工作研究，先后完成并上报"钻机及其附属设备更新改造"、"定向井钻井设备购置"、"测录井设备更新改造"、"运输油建设备更新改造"、"物探设备更新购置改造"、"捞油设备更新购置"、"顶驱购置"、"石油工程软硬件及配套项目"、"黄珏物研院等基地基础设施改造"、"物探仪修站库及基层队点建设"、"邵伯富民油区变配电系统设施改造"、"生产科研中心建设"等12个重大装备和重点项目的可研报告，总部批复投资5.96亿元，重点建设项目和重大装备更新改造实施进展有序，为勘探局完成2011年各项投资建设任务提供了有力保障。

（刘　勇）

【分公司重点项目】　依据"储量、产量、工作量、投资、成本、效益"相统一的原则，立足油田勘探开发，进一步夯实稳产上产基础，在科学编制上报投资建议计划的基础上，进一步强化项目前期工作研究，编制上报股份公司审批的《江苏油田分公司2011年油气勘探开发专业软硬件及配套项目可行性研究报告》、《江苏油田分公司2011年限上勘探开发设备仪器购置项目可行性研究报告》、《地研院计算机房及配套设备更新改造工程可行性研究报告》、《淮河入江水道油区防护工程可行性研究报告》、《江苏油田水上油气生产设施隐患治理工程可行性研究报告》、《扬州石化有限责任公司生产运行安全及消除隐患治理工程可行性研究报告》、《陈堡联合站及站外管线改造工程可行性研究报告》、《码头庄处理站及原油外输管线改造工程可行性研究报告》、《欧北联合站储油罐增容工程可行性研究报告》、《曹庄油区配电系统升压改造工程可行性研究报告》、《吴堡—周庄油区供电系统优化改造工程》、《流变仪购置项目可行性研究报告》、《安徽采油厂管杆料场改造工程可行性研究报告》和《富民污水处理扩容及厂生产系统改造工程可行性研究报告》等一、二类重点项目可行性研究报告14个，总部批复投资2.41亿元。按照油田投资决策程序及管理要求，组织审批三类项目8个，批复投资2890万元。

（刘　勇）

【勘探局投资完成情况】　勘探局2011年投资规模保持稳定，投资结构显著优化。(1)本着"做精做特，做大做强"的指导思想，"十一五"期间石油工程装备投资规模有了较大增长，设备新度系数得到较大提升，装备和技术配套性得到加强。2011年装备投资重点倾向于提升石油工程主营业务技术先进性、外部市场新业务拓展、投资回报率高的装备，投资规模与2010年相比减少1.13亿元。在调整优化装备投资结构的同时，油田主营装备的整体技术水平得以进一步提升，装备适应油田勘探开发特点的技术性更强，开拓外部市场提升经济效益更具针对性。(2)培育油田新的经济增长点，提升辅助生产配套硬件水平，发挥公用工程、生活后勤"铁保障"作用，促进油田长期有效发展。2011年公用工程板块投资2.5亿元，所占投资比例与2010年相比提升20个百分点。26万吨元明粉项目建设工作量已完成80%，预计将在2012年5月投产运行；邵伯和富民油区变配电系统设施改造项目进入实质性施工准备阶段，预计2012年6月完成施工，将大大提升邵伯、富民油区的供电可靠性；物探处基层队点及仪修站库建设项目建设方案进入油田内部论证审查阶段；难采储量职工倒班点工程基础施工已完成;扬州生产科研中心建设项目正式开工建设;油建处防腐作业线改造工程已进入项目前期准备阶段。(3)在优化装备和公用工程投资结构、提升赢利和保障能力的同时,加大生活后勤项目和矿区改造工程建设的投入力度,重点民生工程项目得以顺利实施。续建的天长生产科研基地已顺利竣工投运、黄珏生产生活小区改造工程已进入收尾阶段、公道生产培训基地主体工程完工。为了进一步提升油田矿区服务功能,改善职工居住环境,2011年投资7700万元的"十个民生"重点工程项目正有序建设中,物研院小区、真武北区住宅点、供应小区、金采小区、油建及水电小区、安徽矿区和南京、黄山紫京的整体改造项目部分已施工结束,真武矿区和扬州基地部分供暖管网更换已投入正常供暖运行。

(刘 勇)

【分公司投资完成情况】 分公司投资规模持续有效增长,全年完成投资24.56亿元,其中:勘探投资6.50亿元,实施二维地震400千米,三维地震500.65平方千米,探井完井36口,进尺11.81万米;开发投资17.28亿元,开发井完井227口,进尺54.83万米;全年实际完成系统配套投资2.86亿元。勘探开发工作量与2010年相比有明显增长,其中:探井进尺增加0.72万米;开发井进尺增加4.6万米,有了投资计划与开发部署方案的高效匹配,高杨、真富产能项目建设告捷,超额完成了13.5万吨的产能建设目标,韦庄、永联产能项目会战顺利启动,掀起了新一轮夺油上产的热潮。按照"再创一个十年黄金发展期"的指示精神,油田投资计划着眼于加快非常规油气藏的勘探开发工作,强化相应装备论证研究,超前考虑非常规页岩油气资源评价研究及老井复查等投入,2011年非常规项目共安排投资5078万元,为油田再创一个十年黄金发展期作超前考虑。在确保勘探开发投资需求的前提下,进一步强化辅助生产配套建设。2011年重点技改项目投资9745万元,实施了陈堡、码头庄、铜庄联合站、黄珏大站和油库改造项目,对部分油区电力系统进行升级改造等,在提高安全防患能力的同时,提升了辅助生产硬件水平。

全国首套25万吨/年MCP催化装置和12万吨/年气分扩能改造项目在扬州石化一次开车成功,与之配套的8个辅助项目同步投产,为扬州石化产品结构调整和精细特色发展奠定了坚实的基础。

(刘 勇)

【项目责任管理】 为明确投资管理责任主体,调动建设单位对项目方案优化和投资过程管理的积极性,对重点建设项目继续实行项目管理。2011年勘探局签订邵伯和富民油区变配电系统设施改造工程、难采储量职工倒班点项目、真武北区住宅点基础设施改造项目、物研院小区基础设施改造项目、黄山紫京改造项目、南京紫京改造项目等6份投资承包责任书;分公司签订陈堡联合站污水处理系统改造工程、曹庄油区配电系统升压改造工程、试采一厂油管修复站改造工程、黄珏码头庄油田地面改造工程、欧北铜庄联合站改造工程等5份投资承包责任书。通过对重点工程项目实行严格的项目管理,有效地控制了投资总额,提高了投资效益,投资计划符合率达到100%。

(刘 勇)

【项目后评价】 2011年在完成总部要求的产能项目后评价工作的同时,为不断提升油田投资决策水平、投资效益提供更多的借鉴,将后评价范围拓展至非烃类开发、重大装备购置、节能和矿区建设等项目。为了规范项目后评价工作,提升项目后评价报告编制水平,在总部现行产能后评价模板的基础上,编制了江苏油田非安装设备、节能、非烃类开发项目后评价模板。通过基础数据对接、多次专题协调会、专家审查会和领导审定,完成"淮安钻遇芒硝矿藏开发利用"、"ZJ50D钻机"、"邵14产能项目"、"富民油田以污代清工程"、"太阳能及电加热在原油储运系统中的应用"等12个项目后评价研究和报告编制工作。通过项目后评价工作,一方面对投资计划执行情况进行监督,进一步验证了项目预期效益;另一方面总结了项目实施经验与有待进一步提高完善的方面,为进一步强化项目管理提供借鉴。

(刘 勇)

【生产计划管理】 按照集团公司及股份公司要求,组织编制上报了勘探局年度及季度生产经营计划,分公司油气产销年度、季度生产建议计划,并与总公司相关部门进行了对接。勘探局立足于服务上市公司,加快产业结构调整,积极开拓外部市场,打造石油工程铁军目标,通过统筹安排,科学部署,确保了总部下达的各项经营任务的完成;分公司根据股份公司下达的生产计划和油田全年开发工作部署及配产指标,将产量、商品量、自用量、损耗量等指标按单位进行分解,及时编制下达油气年度及月度生产运行计划,定期分析原油生产执行情况,生产计划执行符合率达到100%。

(刘 勇)

【统计工作】 以提高统计基础数据准确性为中心,突出信息数据服务及时性,不断完善统计报表和管理体系,坚守每一个数据都是承诺的态度,强化统计数据录取和汇总,及时、准确地完成了上级业务部门和地方政府要求的统计报表任务。2011 年荣获股份公司统计工作先进单位、集团公司投资统计报表先进单位、对外直接投资统计报表优胜单位等称号,获得总公司优秀统计分析报告一等奖 1 篇、二等奖 3 篇、优秀分析奖 2 篇。

(刘　勇)

【制度标准化改造】 按照《江苏油田制度审核工作暂行规定》(苏油企〔2011〕265 号)文件要求,开展新旧管理制度清理工作,根据管理新要求,结合工作实际,完成了 12 项管理制度承接和标准化改造工作。

(刘　勇)

【"十二五"发展规划编制】 根据中石化上游企业"十一五"工作总结暨"十二五"工作部署会议精神,按照油田领导"围绕集团公司建设世界一流能源化工公司的发展目标及全力打造上游长板的战略部署,细化、深化规划工作,突出规划的科学性、实用性,确保优化后的油田规划具有较强的指导性和可操作性"的要求,精心组织油田"十二五"发展规划优化和三年滚动计划的编制工作。在相关单位、部门的共同努力下,目前勘探、开发等专业规划已完成优化初稿,将在"十二五"发展规划研究优化成果的基础上,开展三年滚动发展规划编制工作。

(刘　勇)

定　额　管　理

【定额管理概述】 2011 年,油田概预算定额管理以科学发展观为指导,深入贯彻落实中石化股份公司 2011 年石油工程造价管理工作会议精神。以"加快有效发展,构建和谐油田"为主题,以"全面加强精细管理,扎实推进内涵发展"为主线,在进一步加强定额管理制度建设、强化石油工程预结算精细管理、健全造价信息统计分析、加强工程造价队伍建设等方面开展工作,持续推进石油工程造价全过程管理,不断提升石油工程管理水平,2011 年完成石油工程结算审查总额 25.97 亿元,有效节约成本、投资 2.76 亿元,圆满完成了全年各项工作任务,保障了油田投资目标的完成,为油田健康快速发展奠定了坚实基础。

(喻　峰)

【结算审查】 2011 年,概预算定额加强造价审核管理,通过"四审四防"、"三个确定"等多种形式,确保关联交易结算规范有序进行。全年共完成石油工程结算审查总额 25.97 亿元,节减投资 2.76 亿元。其中,钻井工程:结算 265 口,审定费用 13.08 亿元,核减额 13356 万元;测录井:结算 265 口,审定费用 1.35 亿元,核减额 350 万元;试油:结算 68 层,审定费用 0.84 亿元,核减额 997 万元;新井投产:结算 244 口,审定费用 1.24 亿元,核减额 1637 万元;井下工程:结算 1919 井次,审定费用 4.24 亿元,核减额 5708 万元;地面建设工程:审核结算 872 项,审定金额 5.22 亿元,核减额 5582 万元。

(喻　峰)

【定额基础工作】 2011 年,为了更好地适应油田造价管理工作发展的需要,结合制度标准化改造工作,一是梳理油田现行造价管理的各项制度,重点对《江苏油田工程造价管理实施办法》进行修订,进一步建立规范统一、层次清晰、运转有序的石油工程造价有效管理体制;二是对 2007 ~ 2010 年工程造价文件进行收集整理,逐项归纳、分类编排,形成比较系统的各级造价主管部门下发的政策性和业务性的文件,并于 6 月初汇编成册,下发油田各单位,方便各级造价管理人员工作查询使用;三是梳理建设项目,统筹结算安排,促进已完工程有序结算,4 月在深入调研的基础上,通过与油田 20 多家建设单位、施工单位的广泛交流并取得一致意见,下发《关于加强油田地面建设工程结算工作的通知》文件,明确工程项目的结算要求,对竣工项目做到完工一项、验收一项、结算一项,对工程竣工后编审结算不及时的,按文件规定对相关责任人或单位进行处罚。

(喻　峰)

【规范报表模板】 2011 年,编制完成投资审核通知单的自动生成程序,进行钻井相关程序的修改和完善工作,基本实现了钻井投资通知单的半自动生成。实现数据的自动转换和生成,提高了工作效率,避免手工输入的差错,在此基础上实现了各个专业数据的规范与统一,增强了报表数据的实用价值。

(喻　峰)

【加强过程控制】 2011 年,进一步强化精细管理,重点抓好项目前期方案论证和设计概算审查工作。(1)工作重心前移,重点抓好项目前期的造价管理工作。为确保淮安 26 万吨/年元明粉项目顺利实施,从标底编制依据、程序和方法三方面严格规范,完成了采硝和储输硝两个标段及元明粉项目综合楼工程编标任务，标底编制总金额为2001万元，通过施工招投标，共节省投资396万元。结合该项目特点，在调研掌握实际情况后组织召开了有关单位参加的造价管理座谈会，下发关于元明粉项目预(结)算管理的规定，提供更切合实际的造价管理依据。(2)在参与审查过程中从工程造价管理的角度提出修改意见与合理化建议，供计划部门和领导决策，确保设计概算控制在批准的投资估算范围内。为更好地发挥项目设计总承包的优势，配合计划部门完成公道生产培训基地的设计总承包项目的预算审核。原设计预算为4550万元，经审核后为4308万元，核减242万元。完成元明粉项目设计预算的审核，为合理确定投资总额打下基础。(3)协助计划部门，完成了扬州生产科研中心项目的概算审查。该项目初步设计由北京建筑设计研究院设计，为合理确定投资，对其设计概算进行了初步审查，从定额子目套用、部分工程量计算规则、材料价格及二类费用的计取等多方面提出了10多项意见，使概算调整更加准确、合理。

(喻 峰)

【细算账，积极争取总部特殊工作量的单独投资】 桥7平1井由总部单独投资，该井井深3610米，水平段长647米，施工难度较大，费用远高出常规水平井。为实事求是、客观公正地做好该井的投资测算，(1)在大的项目和工作量上充分考虑周全，确保不漏项和不少报，在算大账的同时兼顾细算账；(2)在一些特殊工作量的编制上提供可靠的依据，以取得上级对增加特殊工作量费用的认可；(3)在编制投资测算过程中，按正常项目、特殊工作量和外协工作量3个部分进行编制测算，在做好正常工作量对应定额项目精细测算的同时对特殊工作量和外协工作量提供真实资料进行辅佐说明，充分取得评审领导和专家的认可。该井投资测算方案在总部预算专题汇报时一次通过，赢得参评专家的肯定，认为预算编制依据充分、资料详实，为油田争取到了2448万元的单井投资。

(喻 峰)

【完成工程主材情况调研】 根据股份公司石油工程造价管理中心的部署和安排，完成了江苏油田主材相关情况调研工作。工程主材费用占工程直接材料费用的70%左右，占工程总费用的30%左右。将近年油田主材价格执行情况、供销处价格管理情况、油田工程劳务价格管理情况、工程主材预算价格管理中存在的问题与建议、对石油地质专用管及成品油预算价格管理的意见和建议、对扩大主材管理覆盖面的意见和建议进行了全面地收集、整理与总结，特别是对目前钻井工程、井下工程主材价格的执行情况和具体操作方法等情况向股份公司造价中心进行了专题汇报。

(喻 峰)

【完成开窗侧钻井定额编制工作】 2011年，股份公司石油工程造价管理中心组织开窗侧钻井定额编制工作，在资料收集过程中，各项资料收集指定专人负责保证资料真实性和准确性，通过资料收集组自查并验收合格后，上报资料验收组和领导审核批准；收集江苏油田2008~2010年共87口井的资料，补充了江苏油区没有侧钻区块的地层钻时、动力钻具、钻头等资料，按不同层位、位移共补充了18.3142万条数据。通过对资料进行分析对比，归纳整理，为定额编制提供了重要依据。在总部集中编制阶段，抽专人历时3个多月在股份公司造价中心工作，保证该项定额编制工作的顺利完成，至年底定额编制工作初步完成。

(喻 峰)

【获奖情况】 在2012年中国石化股份公司石油工程造价管理工作会议上，江苏油田分公司概预算定额站荣获“中国石化股份公司2011年度石油工程造价管理先进单位”称号，这是油田连续第10年获此荣誉。江苏油田分公司试采一厂预(结)算中心、江苏石油勘探局钻井处定额概预结算中心荣获“中国石化股份公司2011年度石油工程造价管理优秀基层单位”称号；申嘉莲、谭勇、赵青霞、盛永进、倪义明、章萍、徐志等7人荣获“中国石化股份公司2011年度石油工程造价管理先进工作者”称号。

江苏油田分公司概预算定额站获中国石化股份公司2011年度石油工程造价管理先进单位称号

(喻 峰 摄)

(喻 峰)

【从业资质培训】 2011年，为适应新形势和油田发展需求，定额管理积极创新学习培训内容、方法和机制，努力提高学习培训质量和实效。重点围绕国家工程造价方面政策理论导向以及专业业务知识，在培训中切实提高学习的针对性和实效性。全年油田有190人参加中石化和江苏省各类培训。针对井下作业处、矿业开发总公司及其他开发、勘探单位工作和实际需要,积极与总部联系在油田举办一期井下作业工程造价人员从业资质培训班。该班针对性强,授课老师按照培训教材授课,按照"缺什么补什么"的原则,解决工作中遇到的实际问题。该次考试合格率达85%,取得较好的效果。

(喻 峰)

【继续教育】 2011年下半年分别举办了"井下作业工程"、"钻测录物探工程"培训班。学习内容包括:石油钻井工程、石油生产测井工程、石油射孔工程、高压油水井带压作业工艺以及各专业定额业务知识。为了全面提高预结算人员的业务素质,使之适应油田新技术、新工艺在生产中普遍应用的实际,拓宽从业人员的知识面,更好地服务基层,也使定额结算更为合理,定额站聘请钻井、测录井、井下、物探等专业的技术专家,给石油工程造价人员开展了《江苏油田钻井技术现状与发展思路》、《地震勘探基础与新技术的发展》、《MAS快速录井仪组成、原理及应用效果》、《SONDEX牵引器在水平井测井中的应用》等专题讲座。另外,针对结算中10个方面40个常见的问题的处理方法,进行重申或进一步的约定明确,以减少钻井、井下等工程定额结算过程中的分歧,从而加快石油工程预结算的进度,保证石油工程预结算工作更加规范和有序进行。

(喻 峰)

【重点项目造价分析】 2011年,股份公司选定江苏油田,方4块产能建设项目开展重点项目造价分析活动。为做好项目造价分析,油田专门成立项目分析小组,并与计划处、开发处、试采二厂等部门和单位一起研究讨论,确定具体分析思路与口径,与工程技术等部门充分结合,收集大量资料做好论证,重点对钻井工程等进行分析。在股份公司2011年度石油工程重点项目造价分析评审会议上,方4块产能建设项目荣获一等奖。

(喻 峰)

【优秀造价管理项目】 2011年,油田选定范庄污水处理系统改造工程、邵14集油站建设项目、兴安产能建设项目3个造价管理项目参加评审,利用重点项目分析资料,总结造价管理先进经验。在股份公司2010年度石油工程造价管理优秀项目评审会议上,范庄污水处理系统改造工程荣获一等奖,邵14集油站建设项目、兴安产能建设项目荣获二等奖。

(喻 峰)

【造价分析报告评审】 2011年,开展优秀造价分析报告评选活动。2011年油田各单位高度重视、积极参与造价分析工作,从多角度、多方位深入剖析,共征集22篇分析报告,范围覆盖钻井、测井、井下、油田地面建安等各个专业,经初步评审,10篇分析报告参加会议交流。选送6篇分析报告参加总部评审,在股份公司2011年度石油工程造价分析评审会议上,5篇荣获一等奖,1篇荣获二等奖,16篇荣获三等奖。通过各种分析活动,扎实推进石油专业定额的理论探讨和实际运用,提高定额人员的分析水平,推进油田定额管理工作质量不断提高。

(喻 峰)

财务资产管理

【财务管理概述】 2011年,油田财务工作深入贯彻落实集团公司财务工作会议及油田十一届一次职代会精神,围绕中心,服务大局,迎接挑战,深化管理,全面实施会计集中核算,深入推进全员成本目标管理,继续强化预算监控,高效运作资金集中管理,积极推动内控一体化制度落实,有效整合管理机构,积极拓展信息系统功能,大力推进财会队伍建设,有力地保障了油田生产经营的顺利进行,较好地完成了总部下达的年度考核指标任务。勘探局全年实现营业收入49.36亿元,完成年度预算的133.69%;外部市场营业收入为23.58亿元,其中海外市场营业收入为8.81亿元;扣除认可因素后,完成集团公司下达的500万元年度效益指标任务;2011年末,总资产为52.61亿元。分公司全年合并报表经营收入为114.85亿元(未合并抵消),其中油田板块经营收入94.46亿元,炼油板块经营收入20.39亿元;实现利税51.24亿元,油气单位完全成本2352.4元/吨,吨油炼油完全费用667元,均控制在股份公司考核认可指标内;2011年末,资产总额130.49亿元。

(汪先迎)

【预算管理】 (1)持续推进全员成本目标管理工作。编制下发江苏油田2011年持续推进全员成本目标管理工作要点,结合"比学赶帮超"活动,以会计集中核算为契机,创新成本管理思路,按照"一个中心,两项机制,三个体系"的工作思路,即以降低成本、提高效益为工作中心,健全工作推进机制与考评奖励机制,划分域

油田开展石油工程关联交易结算自查 （汪先迎 摄）

内、域外、海外三个区域分别建立成本控制体系，突出重点，优化成本，进一步发挥系统优化配置资源和管理成本的作用，分层级落实重点业务和重点成本费用管控责任，分业务、分板块开展成本分析。通过确定要点、落实方案、建立指标、强化分析等一系列成本目标管理措施，促进全员成本目标管理工作常态化、制度化。(2)深入开展专题成本分析。整合勘探局与分公司经济活动分析模板，创新分析形式，由财务资产处业务科室、二级单位财务负责人、机关相关部门、财务资产处主管领导等对分析进行点评，明确分析主题，加强互动交流，做到问得准确、点得精当、评得中肯、答得到位，进一步揭示内部经营管理存在的问题，加强成本效益分析深度和成本运行监控能力，提高了分析成效。(3)大力夯实成本管理基础。加强各方协调，出台了进一步加强油田内部关联交易结算的通知，规范了结算工作中各节点的时间要求，明确了进度款的支付比例，进一步加快了资金周转速度，确保了油田生产建设资金需要。4月，财务资产处组织人员到试采二厂4个采油队调研基层单位近几年采油成本管理情况，了解采油厂生产经营运行现状，摸清基层成本管理动态，查找管理中存在的不足，明晰下步工作方向，进一步强化了预算管理工作的针对性。(4)做好川气东送工程项目审计自查工作。按照集团公司开展川气东送工程参建项目审计自查实施方案，积极参与以审计处牵头组织的油田审计自查工作，对油建处、地测处自项目开建3年以来财务收支确认、项目结算等情况进行全面检查。通过检查揭示财务结算中存在的问题，提出资金结算与往来挂账隐避性风险，挖掘影响项目效益的根源，进一步落实责任，提出建设性整改与解决方案，维护油田整体利益。(5)深化成本预算管理信息系统应用。积极推进“比学赶帮超”活动的深入开展，组织预算信息系统培训和应用，勘探局成功推广上线技术经济指标管理信息系统。在局层面应用完善的基础上，进一步在基层单位全面推广应用，至8月末，全局23个二级单位全部上线成功，完成了勘探局技术经济指标对标平台的建设工作。分公司上线了经营管理分析系统，整合预算、分析环节，为全面预算管理的实施提供了平台支撑，满足了从采油厂、分公司、事业部3个层级对经营管理数据的分析需求，实现集中管理、统一应用和成果共享，减轻了分析报表填报的工作量，提高了分析效率和分析水平。(6)深入基层开展经济活动分析。8月11日，财务资产处在运输处和试采一厂组织了两场基层单位经济活动分析，运输处运达公司、真管中心物业管理站、试采一厂采油四队、试采二厂黄珏作业区等单位作了经营分析汇报，机关相关业务处室、二级单位分别作了点评。通过分析，各单位相互学习，相互借鉴，取长补短，共同提高，集思广益找问题、找对策，开阔了控制成本的思路，明晰了提升效益的方向，进一步强化了基层队站“三基”工作。同时，其对机关业务部门改进管理、优化服务、加强指导有较大的促动作用，对深入推进油田全员成本目标管理活动，有效提升成本管控水平具有积极意义。(7)组织开展社区服务板块经济活动分析。7月6日，财务资产处组织真武、邵伯、扬州等3个管理服务中心召开上半年经济活动分析会，深入分析成本、费用等指标的完成情况，剖析社区管理中存在的突出问题，要求三家单位进一步精细、规范、统一核算，通过分析挖掘问题根源、提出改进建议；想方设法开源节流，强化管理，堵塞漏洞，调动各方面积极性，努力增收节支，扭转成本控制被动局面。

（汪先迎）

【会计集中核算】 2011年1月，勘探局被选为集团公司第一批会计集中核算系统推广上线单位。为高质量、高效率完成会计集中核算系统推广上线任务，财务系统广大干部职工放弃休假、加班加点，克服困难，做了大量艰苦细致的工作，先后完成了新系统培训、主数据导入、凭证集中录入、同期报表数据录入、新系统报表数据生成、新旧系统差异分析、新系统单轨试运行、单轨运行成功等8个阶段的工作，从5月开始实现会计集中核算信息系统的单轨运行，成为集团公司第一批成功实现单轨运行的单位，圆满完成会计集中核算系统推广上线任务，受到了集团公司的通报表扬。

（汪先迎）

【会计信息质量自查】 根据财政部驻江苏省财政监察专员办事处在南京召开的2011年会计信息质量检查自查工作会议部署，油田于2011年5月18日~6月3日，组织开展了会计信息质量自查工作。该次自查覆盖面达到100%，财务资产处组织3个工作组重点抽查了8家二级单位，巡查了3家二级单位。全油田共有589人次参与了自查工作，共检查凭证7068本120868份、账册114本、规章制度文件703个、其他各种资料7049份，共查出、整改问题94个，汇编自查资料3套共126册。6月3日，财务资产处专程到南京向专员办汇报了油田会计信息质量自查工作情况，总体工作受到了专员办领导的高度肯定，并将江苏油田列为2011年会计信息质量检查免检单位。

（汪先迎）

【会计基础资料展评和会计特色管理工作交流】 6月22日，油田举办了会计基础资料展评和会计特色管理工作交流活动，有32家单位共7483本会计基础资料进行了集中展示，共评选出获奖单位11家；收到会计特色管理工作交流材料27篇，有12篇在会上进行了交流，其中6篇获奖。此次活动进一步提高了油田会计基础工作水平，强化了会计工作规范，提高了财会人员素质，促进了财务管理绩效的提升。

（汪先迎）

【内控管理】 （1）召开年度内控工作会议。3月29日，油田在扬州召开了2011年度内控工作会议，油田总会计师肖国连出席会议并讲话，会议还邀请了集团公司内控处负责人方春生作了有关“中国企业内部控制规范体系”知识的培训。（2）精心编制2011版油田内部控制实施细则。坚持更严格、更具体、更全面的原则，依照以风险管理为导向、一体化、信息化的工作思路，统筹安排、周密部署、明确职责、通力协作，着力做好前期准备，营造工作氛围，细化编制步骤，克服时间紧、任务重、要求高、难度大、协调工作量大等诸多困难，有序高效地完成了2011版油田内控实施细则编制工作，经油田领导班子会议审议通过后自2011年6月1日起正式实施。（3）全面梳理油田内控配套制度。为进一步夯实内控工作基础，适应体制机制的变化和经营管理需要，在编制实施细则的同时，开展了配套制度清理工作。以集团公司内控手册中相关制度为基础，结合油田1998年以来下发的制度，从组织机构、职责权限、业务流程、工作标准以及信息系统等方面进行全面清理，共梳理制度2210项，其中增加油田层面控制制度66项，增加业务层面控制制度111项。（4）编制油田内部控制检查评价与考核暂行办法。为保证油田内部控制制度监督检查工作的顺利开展，规范内部控制制度监督检查工作程序，加强内部控制，提高管理水平，正确评价内部控制，依据集团公司《2011版内部控制手册实施细则》、《集团公司内部控制检查评价与考核暂行办法》，结合江苏油田实际，制定印发了《江苏油田内部控制检查评价与考核暂行办法》，以对内部控制设计和运行的有效性进行全面检查，认定内部控制缺陷，形成评价结论，持续改进内部控制。

（汪先迎）

【资金管理】 （1）抓清收，降低往来款项风险。从严制定资金考核指标，加大应收款项清理力度，分类别、分项目、分阶段制定清理目标和清理措施，建立催收责任制度和考评体系，始终保持清欠高压态势，不气馁，不松劲，使系统内部往来清账率提高到95%；采用勘探局、分公司联手委托第三方付款方式，成功收回地测处2008~2009年外揽工程劳务欠款568万元，全年共追回历史遗留“老大难”款项上千万元，加快了资金周转，降低了坏账风险。（2）抓筹措，保障多方资金需求。面对固定资产投资计划资金必须全部自筹的严峻形势，采用多种渠道、多种方式争取资金来源，着力化解资金短缺矛盾，紧急调度调剂资金，积极争取集团公司贷款，及时保障了天长科研生产基地、公道生产培训基地、扬州生产科研中心等重点惠民工程的建设，有力支持了企业年金、工资改革、住房分配货币化工作的顺利进行。利用阿尔及利亚管道项目盛骏公司美元贷款额度，部分用于置换财务公司周转贷款，节约财务费用1800万元。（3）抓协作，提高资金使用效率。协调油田内部资金运作，改关联交易月末结算为月初预结算、月底清账，前移节点资金上亿元，缓解了勘探局月初资金紧张的局面，很好地支持解决了两批3623名劳动家属参保的资金需求，呈现了油田资金整体运作的大效率和大效益。（4）抓对接，实现关联交易平台成功上线。加强资金集中管理，组织关联交易系统对账，狠抓系统内部往来清欠，于3月25日成功上线关联交易平台，实行所有关联交易业务均通过交易平台进行结算，成为股份公司第一家所有关联交易业务全面上线的企业。

（汪先迎）

【资产管理】 （1）完成固定资产折旧年限调整和相关账务处理工作。根据集团公司《关于统一固定资产折旧年限的通知》文件要求，制定周密工作方案，抓好程序演练、测试校验、方案培训、集中调整等环节，精细测算勘探局2010年固定资产折旧额，在集团公司内第一家上报调整结果、一次性通过验收，并完成了后续相关账务的处理。（2）深入资产现场，提高服务质量。深入到采输卤处、水电讯处、钻井处等6家单位，协调落实所有权与使用权不一致资产的管理办法，明确管理责任和使用行为，理顺了产权关系。深入重点工程项目和跨年度转资项目现场，指导细化项目构成，筹划转资方案,为后续资产管理打下坚实基础。(3)完成资产减值处理和安保基金上缴工作。组织中介机构现场勘察,完成文体活动中心等10多项资产的全额减值处理,提取减值准备1371.93万元,满足了财务决算需要。按照“指标受控,生产优先”原则,考虑资产规模、财产风险等因素,精细筹划、合理分配,调整完善安保基金归集上缴方案,完成安保基金报表编制和费用上缴工作。(4)完成离岸公司和个人代持境外国有股权情况清理。根据国资委《中央企业境外资产监督管理暂行办法》和《中央企业境外产权管理暂行办法》的要求,认真组织学习讨论,制定贯彻实施意见,及时向全局各单位转发文件;根据油田境外项目生产经营需要,完善相关管理制度,专题上报集团公司,建议继续保留油田4家个人代持境外国有股权企业。(5)强化资产管理基础工作。根据总部的统一部署,以莱德思科储量报告为依据,完成了分公司油气储量及油气资产折耗调整。对试油投资决算流程调整后执行情况进行跟踪,并加大检查和督促的力度,试油投资结算效率得到进一步提高。会同土地管理部门,完成了勘探局与分公司关联交易土地租赁情况的清查和相关税费的测算工作,并顺利通过总部的审核。精心组织,全面协调,积极配合股份公司财务部资产管理调研组在油田的调研工作。

(汪先迎)

【价税管理】 (1)完成油田年薪12万元以上人员的个人所得税申报工作。按照个人所得税法的规定,积极宣传相关政策,提高纳税意识,组织油田2010年度年薪12万元以上人员个人所得税申报工作,在劳资处及各二级单位劳资部门、财务部门积极配合下,完成200多人的申报工作,有效规避了涉税风险。(2)上线总部递延所得税系统。在顾问的支持下,组织3次研讨会,编制系统配置方案,完成系统配置传输、系统测试、角色权限设计、数据准备和数据转换工作,共计拆分油气资产和新建子资产21700项,拆分弃置费用金额54626万元,更新调整固定资产7319项,于2011年1月19日提前成功上线中石化递延所得税系统。(3)组织地方税费缴纳情况自查。根据扬州地方税务局稽查局税务事项通知书要求,油田成立地方税费自查领导小组,下设自查办公室,组织对油田2009~2010年地方税费缴纳情况进行自查。在领导小组的指导支持下,加强与稽查局的沟通协调,采取自查和抽查相结合的方式,较好地完成了自查工作,受到扬州市地税局的高度评价。(4)认真落实国家有关税法要求。及时应对个人所得税法新变化,调整完善个税申报系统,根据资源税改革后的变化,及时完成年末两个月的纳税工作,做到税款及时申报、及时入库,提升了油田依法纳税的形象。开展2008~2010年各项税赋分析,测算石油特别收益金、资源税调整影响,为申请税务减免提供依据;组织成品油使用情况调研和成品油退税业务研讨,加强退税工作领导和资料上报,做到不“跑冒滴漏”,颗粒归仓,成功争取到国家成品油退税资金9409万元。(5)完成企业所得税汇算清缴工作。精心组织,全力配合,加强沟通,注重协调,完成了2010年企业所得税汇算清缴申报工作,顺利通过扬州市国税局对江苏油田分公司2010年度企业所得税汇算清缴评估工作,实现企业所得税汇算清缴退税共计6943.74万元;勘探局获得了技术开发费5084万元可加计扣除50%,调减应纳所得税额2542万元;分回股息167万元享受免税,调减应纳税所得额167万元。

(汪先迎)

【境外财务业务管理】 (1)积极筹措资金,保障海外项目运行。主动应对阿尔及利亚管道项目临时性资金短缺矛盾,积极向总部汇报沟通,争取到新的贷款额度,与盛骏公司协调,及时在项目申请的时间节点前,再为项目争取到5000万美元贷款(其中勘探局4400万美元),为项目的正常运营提供了强有力的资金保障。(2)优化筹资结构,规避外汇风险。严格落实各项管理制度,进一步优化贷款结构,适当增加美元贷款额度,减少人民币贷款比例,利用美元和人民币之间的贷款利率差和美元的贬值规避风险,进一步压缩控制了财务费用,创造了可观的效益。(3)强化海外项目税务筹划支持,确保油田效益最大化。初步建立海外风险监控机制和协调机制,更加重视项目前期风险分析和预警工作,进一步强化对重点项目税务筹划的支持,加强与国工、国勘、国工阿子公司和国勘阿尔及利亚扎尔则地面项目的协调,同时联合勘探局所有在阿尔及利亚项目的统筹配合,确保了2011年中石化阿尔及利亚管道项目筹划方案的落实,实现了该重点项目税负的合理化。(4)制定海外财务应急预案,规避财务风险。针对油田部分海外项目所在国家政局动荡对海外资产安全造成较大影响的情况,制定多种预案和采取有效措施积极应对:①通知境外项目尽快回笼资金,压缩银行存款,确保资金安全和控制汇率风险;②对高风险国家实行国内主管单位暂时实行待报销制度,减轻现场的现金风险和提现压力;③盘点实物资产并及时入库,尽可能与当地团体签订财产保全协议,确保实物资产安全;④清理各种资料并造册,制定会计凭证、财务资料、合同和票据等实物的转移和保管措施;⑤加紧清理各项往来款项,避免往来款项风险。(5)深化境外资金集中,完成境内外资金业务整合试点工作。勘探局作为集团公司境内唯一资金管理系统整合提升试点上线单位,于6月13日开始正式启动试点工作。按照境外资金集中系统的功能设置,制定整合试点方案,整合境内外资金业务,顺利启动MT940监控系统,提高对境外项目资金收付的监控力度，增强境外资金支付的安全性，于6月22日完成各项测试工作，并根据测试方案，编制了完整的测试报告。

（汪先迎）

【举办油田第三届会计知识大赛】　9月16～21日，油田举办了第三届会计知识大赛。大赛分两个阶段进行：第一阶段为个人赛，102名选手分别在职工培训处和供销处的3个电教室参加计算机机考；第二阶段是团体赛，各单位组队或组织联队参赛，采用口试形式，共有22支代表队参加。经过笔试、口试预赛和决赛3个环节的角逐，物探处代表队获得一等奖，井下作业处、安徽公司等2支代表队获得二等奖，试采二厂、运输处、地质测井处等3支代表队获得三等奖，扬州石化有限责任公司等5支代表队获得优秀奖，谷其亮等31人获得优秀竞赛选手称号。通过该次竞赛，达到了相互学习、相互促进，发现人才、培养人才的目的，并从参赛选手中选拔48人组成了油田财会人才资源库。

（汪先迎）

【组织会计人员全员培训考核】　根据集团公司“严肃财经纪律、加强财务管理”专题教育活动的部署，为引导广大财务人员积极学习，贯彻新会计准则，熟悉财经法规和集团内部财务、内控等管理制度，全面提升业务

油田开展财务人员专题教育培训　（汪先迎　摄）

水平，7月，聘请天华会计事务所的5名专家，分4期对油田586名财务人员进行了会计准则、财经法规、审计、内控等知识的培训，进一步提高了财务人员的业务素质。

（汪先迎）

【举办油田第六届财务管理研讨会】　8月25日，油田举办了第六届财务管理研讨会，共收到论文150余篇，经过专家评审委员会的评审，共评出优秀论文一等奖8篇、二等奖15篇、三等奖30篇，评出优秀组织奖10个，有10篇论文在现场进行了交流，并分四个专题组就财务管理中的热点、难点和焦点问题进行了研讨，进一步活跃了理论研究氛围，推进了财会队伍建设。《中国石化财会》杂志总编黄苏农应邀参加了该次研讨会。

（汪先迎）

【住房资金管理】　2011年，住房资金管理工作紧紧围绕年初制定的工作目标，着力加强制度建设，提高风险防范意识，不断提升服务水平，主要完成了以下工作：(1)全年归集住房公积金23074万元，发放贷款10920万元，提取住房公积金15250万元，其中逐月、逐年还贷支取公积金2796万元。(2)2010年底至2011年初，住房公积金贷款政策多次调整，针对“二次贷款利率上浮10%”这一新政，及时与软件公司联系，提出详尽的书面需求，反复沟通、测试，确保了管理系统运行正常、政策及时执行到位。(3)根据央行年度内3次调整住房公积金存贷款利率的情况，适时在系统中进行利率调整，使职工销户支取应结利息准确，贷款发放不受影响，保证各项业务正常开展。(4)加强逾期贷款的管理，将事后管理转为事前预防，由次月月初催缴逾期贷款转变为第一次批扣后及时提醒还款。通过贷前严审，贷后跟踪的办法，经过住房中心、受托银行、二级单位的通力合作，将8户逾期贷款户全部催缴到位，实现零逾期贷款目标，有效地防范了贷款风险，确保了资金安全。(5)针对二级单位公积金协管员岗位变动频繁的情况，精心组织住房公积金业务培训，邀请省公积金监管办的专家和软件工程师前来授课，讲解国家住房公积金政策和形势及软件业务操作等知识，注重理论联系实际，达到了较好效果。(6)针对许多商贷职工提出“提取公积金逐月归还商业贷款”的新需求，本着住房公积金服务于民的宗旨，经过认真研究、广泛调查与征求意见，在原有的逐年归还商贷的基础上创新推出了逐月归还商贷业务，并制定了详细的操作流程。根据上年已还贷总额控制支取，实行先还贷后支取的方式，做到既符合政策，又解决实际问题，全年共有790名商贷职工受益，进一步提高了职工群众的满意度。(7)配合完成国家住建部镜像监管系统信息化技术资料上报工作，参加扬州市住房公积金中心组织的各类会议和业务研讨，按照扬州市统一部署开展了住房公积金使用情况自查与互查工作。

（汪先迎）

【ERP管理】 (1)开展物资储备优化提升项目建设。5~6月,ERP支持中心与物资供销处、扬州石化有限责任公司等关键用户集中在北京开展了物资储备优化提升工作,在物装模块现有功能的基础上,增加了特殊储备物资目录、调度调剂、积压物资价值处理、开发需求计划跟踪、质检、配送等功能,优化了框架协议采购流程,该项目于7月初正式切换上线运行。(2)开展IMPS项目建设。根据总部要求,分公司在5月份和6月份派人到总部集中建设IMPS系统,主要包括前期资料管理、投资计划管理和投资规模控制3个子功能,通过与企业ERP系统集成,改变过去总部计划和企业ERP系统PS模块预算控制相对独立、口径不一的现状,确保总部与企业投资管理分类一致、投资规模控制同步,实现总部对企业投资计划线上管控的目标,该项目于6月18日完成系统切换,6月20日正式实现上线运行。(3)开展井下作业信息系统建设工作。根据油田井下作业信息应用的需要,在调研分析的基础上,组织采油厂、井下作业处等单位开展专题讨论,详细分析项目的需求,理清了系统建设的思路和主要工作内容,设计了若干查询表单,将油田数据中心、ERP系统中有关井下作业的信息进行有效集成,为井下作业成本和工作量分析提供详细的分析资料,实现一体化信息管理,达到信息的高度集成与共享,满足井下作业精细化管理的要求,实现辅助决策目标。(4)做好ERP日常监控工作。根据总部开展ERP日常监控有关工作要求,ERP支持中心组织各模块关键用户对ERP系统中的主数据、业务数据按照规范标准开展了监控工作。通过监控,发现了会计科目设置错误、过期单据未及时清理、虚拟库未及时清理、凭证无摘要、业务类型错误、清账方式选择错误等问题,并及时进行了整改,保证了系统数据的准确性。(5)严格规范MDM主数据应用。针对ERP系统中手工录入客户、供应商、内部单位、物料编码主数据存在的问题,组织物资供销处、扬州石化有限责任公司有关业务人员对MDM(主数据管理平台)的应用情况进行了深入分析,找出了问题产生的原因,制定了更加严格的管理制度,避免手工录入主数据差错问题的发生。(6)深入开展系统数据质量自查。组织有关部门领导和关键用户召开专门会议,认真开展ERP系统数据质量自查工作,包括系统用户及权限检查、系统数据质量检查和功能应用检查。根据油田ERP应用的实际情况,在自查的基础上,筛选了各模块应用的重点并进行重点检查。通过自查,删除用户140人,删除调整用户权限1867条。(7)推进ERP重点业务监控系统建设。为加强内部管理,进一步规范ERP系统各模块的运行,提高操作的规范性,合作开发了油田ERP重点业务监控系统,以实现对ERP系统内业务的实时监控,提前预警,促进不规范业务的及时整改,进一步规范ERP相关业务操作,提高BW&BCS报表的及时性和准确性,同时为二级单位考核统计提供依据。

(汪先迎)

【合署办公】 2011年,按照苏油劳〔2010〕357号(2010年12月29日印发)文件精神,将江苏石油勘探局财务资产处、江苏油田分公司财务资产处合署办公,实行"统一管理,统一协调,分开运作,分开核算"。通过合署办公,加强统一领导,有效整合财务资源,进一步提高了管理效率和管理水平。

(汪先迎)

【承办中国石化固定资产分类标准转换启动会】 10月24~26日,中国石化固定资产分类标准转换启动会

油田承办中国石化固定资产分类标准转换启动会
(汪先迎 摄)

在扬州召开。会议由江苏油田承办,会期3天,参会代表近400人。会议由股份公司财务部资产处处长顾克荣主持,油田总会计师肖国连致欢迎辞,股份公司财务部副主任朱增清和信息系统管理部副主任齐学忠分别作了讲话。

(汪先迎)

【迎接总部石油工程结算审计】 3月14日~4月11日,根据2011年审计工作计划,总部审计局派出北京分局审计组一行10人,对江苏油田石油工程结算情况进行了专项审计,审计的范围是2010年江苏油田分公司与勘探局之间、江苏油田与中石化系统内其他油气田企业之间相互实施完成的石油工程项目,以及2010年以前年度江苏油田实施完成有挂账款项和应挂账未挂账的石油工程项目,对石油工程项目结算滞后的原因分析追溯到相关单位、以前年度或延伸至审计日。2011年3月11日,油田召开了关联交易结算自查动员会,在油田范围内部署开展石油工程结算情况自查。3月16日,江苏油田石油工程结算审计进点会在扬州召

开，肖国连总会计师汇报了相关方面的情况，朱平局长作表态发言，中石化审计局副局长、审计组负责人邱发森作了讲话。

（汪先迎）

财务结算管理

【财务结算管理概述】 2011年，资金监督服务中心紧紧围绕油田科学有效和谐发展中心，以精细管理、内涵发展为主线，开展“为民服务创先争优”活动，引导、激励职工大力唱响主旋律，以油田开展“比学赶帮超”活动为契机，把建设一流队伍、培育一流作风、创造一流业绩作为工作目标，切实抓好为民服务和资金监管以及会计集中核算工作，科学调度资金，确保油田生产建设资金的需求。全年安全对外结算付款资金达93.87亿元，未发生差错，圆满完成了全年工作任务。

（葛仲贤）

【会计集中核算】 自2011年1月1日会计集中核算系统正式上线以来，资金监督服务中心由原来独立会计核算主体变为和勘探局财务资产处同属一个会计核算主体，中心的许多工作都发生了较大的变化，为了适应在新环境下资金结算和管理工作的要求，中心做了大量的工作。（1）中心多次派业务骨干参加会计集中核算培训，了解最新业务知识。2月，在中心工作不能停止的情况下，抽调近10名职工分4个批次参加了集中培训，学习、掌握新会计集中核算系统业务流程和操作规则。（2）组织业务骨干编写了《会计集中核算系统上线新旧业务并行规范要求》和《有关资金流向选择的说明》材料，下发各办事处用于指导、规范新系统资金结算和管理工作。（3）撤销江苏石油勘探局资金监督服务中心银行分账户，并及时办理相关注销手续，理顺了TMS系统中年、月、日资金预算编制秩序，为顺利实施会计集中核算奠定了基础。（4）按财务资产处要求抽调业务骨干进行会计集中核算并行期间的会计凭证补录工作。由于中心的业务多，凭证量大，在新的系统中补录凭证的工作量也相应较大，且中心大部分是女职工，其照顾家庭的任务比较重。但大家都能以大局为重，克服困难，加班加点在规定时间内完成了凭证补录和在新旧系统里的对账工作，确保会计集中核算系统运行的平稳和通畅。通过5个多月的新旧系统并行，于6月初终于实现了平稳甩账、单轨运行。

（葛仲贤）

【完善考核促管理】 完善各项考核制度，扎实开展“比学赶帮超”活动。（1）认真总结2010年中心考核办法运行情况，分析存在的不合理、需要调整的事项，经上下多次讨论，进一步修订、完善了《会计凭证审核管理办法》、《资金监督服务中心考核办法》、《关于外付资金的有关奖罚规定》等，增加了量化和权重系数考核内容，使对基层单位的业绩考核更加公平、合理。（2）进一步明确了中心各项工作具体的工作标准、考核部门、考核时间、考核对象和方式等，通过按月量化打分对各科、办事处的工作进行排名，逐月累计，并及时将考核情况在中心网站上公布。11月中心领导又对各科、办事处一年的工作进行了综合考核，并将考核结果与评比先进、年终奖金兑现挂钩。（3）通过对基层单位的工作业绩实施严考核、硬兑现，促使大家在工作中找不足、明方向、抓整改，使中心的各项资金管理工作进一步得到规范，工作质量比以前有了明显提高，有效激发了员工工作热情和创造力，有力地促进了员工执行力的提升。

（葛仲贤）

【资金预算管理】 资金监督服务中心按照局、分公司下达的日货币资金预算指标，严格控制开户单位各项费用支出。对于勘探局上线单位的付款，中心根据资金集中管理系统（TMS系统）中各单位上报的预算和单位复核过的线上付款申请，执行并完成线上审批流程，进行付款；对于勘探局非上线单位的各项付款，中心严格按单位第一天上报中心的次日资金计划，付款时及时核对，认真管理，拒绝单位无预算、超预算付款。在分公司方面，自中石化股份公司执行资金集中管理以来，由于资金计划在TMS系统里上报，做账在ERP系统中，计划和做账为两个系统且脱节，给中心的管理带来一定难度，中心一方面要根据TMS系统中各单位上报的计划汇总数申请次日所需的结算资金，在付款时严格按TMS系统中单位上报的计划数进行付款；另一方面要在ERP系统中及时进行账务处理，实时与TMS系统中各单位计划数进行比对，确保各单位所有支出严格控制在预算指标之内。全年勘探局、分公司共下达外付货币资金预算指标108.76亿元，实际发生93.87亿元，综合预算执行率为86%。其中勘探局下达预算指标49.07亿元，实际发生36.65亿元，预算执行率为75%；分公司下达资金预算指标59.69亿元，实际发生57.22亿元，预算执行率为96%，开户单位基本无超预算付款现象，有效维护了预算执行的严肃性。

（葛仲贤）

【强化会计基础工作】 (1)严格按照《会计法》和《会计基础工作规范》要求做好票据填制、会计凭证制证及审核、编制会计报表、会计档案的整理归档工作。年初由于局会计集中核算系统的上线,一笔业务要在会计集中和浪潮两个系统中分别做账,制证人员在进行账务处理时,严格执行"现金流量"和"资金流向"规定,确保两套账无差异发生。凭证审核人员及时对当天的凭证进行审核,查看凭证与附件是否相符,有无串户现象,资金流向是否符合规定,签章是否齐全、清晰、整齐等。同时,把会计凭证基础工作纳为月度考核的重要内容之一,确保会计凭证质量,促使会计信息更加真实、可靠、完整。(2)加强对账基础工作,确保结算资金的安全和几套账务系统的平稳运行。一是中心严格要求各个办事处按照规定做好与商业银行的对账工作,并编制商业银行对账调节表,对于调节表中的每一笔未达账项都要进行分析查明原因,并作出相应的处理措施,保证了银行结算资金的安全。二是加强并行期间资金集中、会计集中和浪潮3套系统的对账工作,为早日实现单轨运行作好准备。三是加强与专项资金开户单位、财务公司的对账工作。尤其在财务公司收支户日记账对账中,由于上线单位的大部分对外付款业务都要求从财务公司支付,资金结算量大且笔数多,加上集团公司要求每日必须将此账目核对清楚,工作难度比较大,但从事对账的人员能克服困难,加班加点,不畏辛劳,做到逐日把账目核对清楚,为此得到了总部的通报表扬。四是加强银行卡的对账工作,中心要求持有银行卡的人员每日核对银行卡、会计集中系统、资金集中系统的余额,发现余额不一致时及时查明原因,并编制银行卡对账调节表。

(葛仲贤)

【资金监督管理】 加强资金管理情况检查,推进内控制度有效落实。(1)勘探局、分公司内控工作已经全面实施,中心根据货币资金管理有关规定,结合资金监督服务中心工作实际,对内控制度执行作了具体的规定和要求,并在工作中不断完善内控制度和各种基础资料,不定期到各办事处检查内控制度执行情况,形成内控检查、执行的长效机制。(2)根据油田审计处《关于开展银行账户清理及核销情况专项审计调查的通知》(苏油审通〔2011〕07号)的精神,中心领导高度重视,组织相关人员认真学习有关文件要求,指派专人于5月5~10日,对中心2010年度银行账户清理核销、开立、资金集中管理等执行情况进行自查并及时填写上报相关表格。2010年资金监督服务中心共撤销10个银行账户,保留17个银行账户。中心银行账户的清理、核销、保留、开立都按照集团公司资金集中管理的有关要求办理。(3)为了确保会计信息资料的真实性、完整性、合法性、合理性,中心于5月下旬进行了会计信息质量自查工作。自《关于开展江苏油田2011年会计信息质量检查自查工作的通知》(苏油财资〔2011〕156号)下发后,中心专门召开科室长会议,学习了有关文件内容,传达有关会议精神,落实了相关人员的责任,以2010年相关会计信息资料为主,对照会计基础工作、会计核算等7个方面的自查内容,开展自查工作,按规定上报有关自查报告和报表,对检查中发现的问题,及时采取措施进行了整改,并注重从制度上加以规范。(4)加强资金的监督管理,防范资金运行风险。中心一方面通过网络进行在线实时监控,另一方面更多地是做好柜台上日常结算的监督管理。要求每位职工认真贯彻执行国家的各项财经法规、油田财务制度及内部市场保护规定,付款时严格按程序和审批制度办事,拒付不符合规定的支出,并把此作为中心考核的一项重要内容来抓,促使审核人员严把资金支付的审核关。全年拒付违规违纪支出185笔,涉及金额2272.75万元,有效防止了油田利益的流失。

(葛仲贤)

【开展"为民服务创先争优"活动】 根据局和机关两级党委关于开展"为民服务创先争优"活动的部署和要求,中心领导高度重视,精心组织,深入推进,使该项活动取得了成效,有的做法得到了上级党委充分肯定并在油田电视台进行了专题报道。资金监督服务中心作为窗口服务单位,在"为民服务创先争优"活动中,着力为开户单位解决资金结算中存在的问题,更好地为基层单位提供优质、高效服务。(1)组织职工学习、贯彻集团公司印发的《中国石化机关员工文明礼仪行为规范》,对照规范要求,检查自身存在的不足和欠缺,及时提出改进措施,并把机关文明礼仪的基本要求、基本知识作为一项重要内容充实到中心的工作制度、岗位职责、道德规范、考核评比等规章制度之中,进一步提高了中心职工服务质量和服务水平。(2)为更好地给开户单位结算工作搭建服务平台,在中心网站上,增加了服务项目,扩充了服务栏目,提高了实用性,受到了基层单位的好评。(3)中心提出了"五心"服务要求,即结算工作要尽心,审核把关要细心,接待客户要热心,解答问题要耐心,征求意见要诚心,并在工作中切实加以贯彻落实,以进一步提升干部职工的精细服务水平。

(葛仲贤)

【职工队伍建设】 资金监督服务中心重视职工政治和业务素质的提高。(1)强化职工思想道德建设,采取多种形式对职工进行典型示范教育和案件警示教育。要求职工自觉遵守会计职业道德,在财务岗位上爱岗敬业、恪尽职守、清正廉洁、无私奉献,决不利用职务之便谋取任何私利,做到常在河边站,就是不湿鞋。(2)加强业务培训,提高工作水平。一是组织职工参加了会计集中系统上线前和交易平台中关联交易付款业务的培训，安排业务骨干编写相关业务知识，并以此作为中心工作人员重点学习内容和办理业务指南。二是利用繁忙工作间隙，组织中心职工采取网上远程教育和考试的形式，完成了每位财务人员不少于30个学时的后续教育任务，成绩优秀率达98%。三是组织职工参加财务资产处聘请天华会计事务所专家进行的会计准则、会计制度、财经法规、内控制度和内审外审等培训，提升财务人员依法依规理财的能力。四是推进会计核算和资金管理理论研究氛围。组织选送6篇论文参加油田第六届财务管理研讨会交流，其中2篇论文分获二、三等奖；有1人在《中国石化财会》杂志上发表了论文；有2人在《江苏油田财会》杂志上发表了文章。

（葛仲贤）

干部人事管理

【干部人事管理概述】 2011年，油田干部人事管理以党的十七大和十七届五中、六中全会精神为指导，认真贯彻落实科学发展观，紧紧围绕“加快有效发展、构建和谐油田”主题，以深化“四好”班子创建活动为载体，加强各级领导班子作风和能力建设，以拓展成长通道、强化业务培训为手段，加强干部和人才队伍素质建设，圆满完成了年初确定的各项目标任务。截至2011年底，油田在职干部总数6271人，其中女干部1822人。各类干部中，40岁以下2714人，占干部总数的43.3%，41岁至50岁2781人，占干部总数的44.3%；具有大学以上文化程度3798人（含硕士研究生以上198人），占干部总数的60.6%，大中专文化程度2274人，占干部总数的36.2%；具有高级专业技术职称1550人（含教授级专业技术职称61人），占干部总数的24.7%，具有中级专业技术职称2451人，占干部总数的39.1%，干部队伍结构进一步改善，整体素质进一步提升。

（贾筱蓉）

5月7日，中组部及集团公司领导来油田调研

（宋永根　摄）

【“四好”班子建设】 2011年，以加强领导班子思想作风和素质能力建设为重点，进一步深化“四好”班子创建活动。以“进一步唱响‘埋头苦干创精细管理之先，团结奋进争内涵发展之优’主旋律，切实加强和改进领导班子作风建设”为主题，突出领导干部党性修养和事业观、工作观、政绩观教育，按时召开油田、厂（处）两级领导班子民主生活会，领导班子的整体功能得到进一步加强。发挥培训班的主阵地作用，创新形式，优选课程，举办了6期处级干部培训班，处干轮训率达98%以上，选拔推荐23人次处级以上干部参加集团公司专业技术领军人才和拔尖人才培训。各级领导班子思想作风和素质能力得到进一步提升。

（贾筱蓉）

【干部培养与选拔】 2011年，在年度考核和职代会民主推荐的基础上，按照素质优先、方向明晰、群众公认的要求，及时调整充实后备力量，建立了一支280人左右的处级后备干部队伍。坚持提高素质、优化结构方针，共对16个二级单位、17个机关处室领导班子进行了考核调整，提拔处级干部10人（含副转正4人），交流处级干部27人，退出领导班子8人。截至2011年底，油田处级干部队伍中，40岁以下的占5.6%，41～50岁的占76.2%，51岁以上的占18.2%；具有大学以上文化程度的占96.8%。

（贾筱蓉）

【干部人事制度改革】 2011年，油田以提高选人用人公信度为目标，加强干部管理规范化建设，按照“双推双考”办法，全面推行处、科级干部选任民主推荐制度，严格执行干部考察预告、民主推荐、任前公示等程序，积极实施干部讨论“票决制”，科级干部任免讨论决定形式由以往“议决制”改为无记名“票决制”，进一步规范了干部选拔任用民主程序，健全完善干部选拔任用方式，逐步加大竞争性选拔任用工作力度，积极开展

油田党建工作信息系统启动仪式　　（蔡　刚　摄）

“差额考察”办法，共有22名“80”后年轻干部通过公开招聘、竞争上岗等形式走上科级领导岗位，干部队伍活力进一步增强。

（贾筱蓉）

【干部管理制度化建设】 2011年，结合制度标准化改造要求，修订完善了《江苏油田处、科级领导干部管理规程》、《江苏油田领导班子后备干部工作实施细则》、《江苏油田关于加强优秀年轻干部培养使用的实施办法》等11项制度，干部管理的制度化水平得到进一步提高。按照集团公司实施全员绩效考核的有关要求，结合油田实际，制定出台了《江苏油田全员绩效考核管理实施意见》，形成了比较客观公正、科学有效的干部考核、评价和激励机制，并首次采用绩效考核、领导考评与职工民主测评相结合的考核模式，组织实施了2011年度干部考核工作，广大干部的积极性、主动性和创造性得到进一步调动。

（贾筱蓉）

【干部培训】 2011年，以提高干部综合素质为目的，有重点、分层次抓好各类人才培训工作。结合油田HSE总监岗位职责要求，首次举办了油田HSE总监培训班，各二级单位HSE总监岗位责任意识和处理复杂问题的能力进一步得到提升。启动了油田第二轮科级干部培训工作，196名在职科级干部参训，科级干部的宗旨观念、创新意识和工作能力得到进一步的提高。以提高处理油田核心业务能力为目标，举办了物探、油田开发、钻井工程、井下作业、测录井等5个专业技术培训班。围绕油田海外发展目标，不断加强国际化经营人才培训工作，承办1期集团公司国际化人才培训班。油田还先后外送232名专业技术人员参加集团公司、高校等专业技术高级研修班学习，油田人才培训机制进一步健全，人才培训的针对性、系统性进一步增强。

（贾筱蓉）

【人才成长通道建设】 按照科学人才观要求，以提升职业能力为导向，以履行岗位职责为基础，以考核绩效贡献为依据，按照集团公司人才成长通道建设工作部署安排，通过人才现状摸底调研、方案思路研讨论证、相关部门方案对接、部分单位模拟试点等工作，经多次研讨、反复论证，制定形成了《江苏油田人才成长通道建设实施方案》及配套办法，建立完善了规范统一、科学合理的经营管理、专业技术人才队伍职位序列，选拔、聘任了420名专家、主任师，初步形成了各类人才“成长有通道、发展有空间”的良好局面，具有油田特色的选才、育才、用才、聚才工作机制初步建成。

（贾筱蓉）

【职称评审】 根据集团公司职称评审政策规定，油田修订完善了职称评审制度，并对职称评审材料进行统一规范。进一步严控职称晋升比例，通过适当紧缩晋升比例，更好地发挥了职称评审的导向作用、考评功能和激励效果。油田全年共有538人申报晋升高中初级专业技术职称，经油田评审，共有351人晋升或平转了专业技术职称，其中高级晋升113人，中级晋升164人，平转9人，初级晋升63人，平转2人。上半年，油田顺利组织完成了669人参加的高、中级职称外语考试。

（贾筱蓉）

【专业技术人才队伍建设】 按照《江苏油田青年专业技术人才培养“导师制”管理暂行规定》，油田第一批“导师制”期满考核结束，共有68名培养对象取得优秀等级。组织开展了第二批“导师制”选聘工作，通过双向竞聘选拔方式，又有437对师徒正式签订协议，结成对子。制定出台了《江苏油田首席专家选拔推荐实施细则》、《专业技术人员年度考核实施办法》，不断激发专业技术人才成长的积极性和创造性，不断优化专业技术人才成长的环境。

（贾筱蓉）

【博士后科研工作站】 2011年，博士后科研工作站紧紧围绕油田“四个复杂”难题，以健全考核激励机制为目标，狠抓进站和在站过程管理，建立了涵盖博士后全过程管理的规章制度，按照“按需设题、以题选人”思路，逐步完善了博士后课题选题机制，开通了博士后外部宣传网站，博士后培养和使用质量得到进一步提高。全年3名博士进站做博士后，3名博士后完成课题出站。目前油田站已累计引进培养博士后 20 人，出站 14 名，留用油田 10 名。3 项研究成果分获油田 2011 年度科技进步一、二、三等奖。

（贯筱蓉）

【组干系统自身建设】 2011 年，按照集团公司人事部统一部署，以"三比三先"活动为载体，进一步巩固"讲党性、重品行、做表率"活动成果，积极组织广大组工干部参加集团公司干部选拔任用制度知识竞赛，油田荣获知识竞赛"优胜奖"。继续深化向李林森学习活动，把宣传组织干部部门和组工干部在加强自身建设、服务科学发展等方面的先进经验、典型事迹作为加强组干部门自身建设的重要举措，激励组工干部在打造上游长板、建设世界一流能源化工公司的进程中创先争优。强化干部管理基础工作，继续深化应用人力资源管理信息系统，推进人力资源管理业务流程体系建设，形成标准化、信息化管理制度体系，同时切实加强干部档案管理、干部人事统计分析等工作，进一步提高人力资源管理信息化、制度化和科学化水平。2011 年底，油田干部劳资统计工作继续受到集团公司人事部表彰。

组干系统创新工作表彰会　（蔡　刚　摄）

（贯筱蓉）

劳动工资管理

【劳资工作概述】 2011 年，油田劳动工资工作紧紧围绕油田改革发展稳定中心工作，以改善民生建设为重点，在狠抓用工管理、完善薪酬分配、推进技能开发和夯实社保服务基础等方面扎实工作，奋力进取。在保生产、促发展，保和谐、促稳定，保效益、促增长等方面，积极唱响"埋头苦干创精细管理之先，团结奋进争内涵发展之优"主旋律，实现了家属参保、薪酬调整、技能开发等工作的重要突破。油田荣获"江苏省模范劳动关系和谐企业"称号。

人事劳资统计工作会议　（胡丰成　摄）

（岳大伟）

【薪酬激励方式】 继续实行多元化的薪酬激励分配方式，加大对业绩贡献大、工作能力强以及生产一线骨干奖励力度。（1）修订了工效挂钩考核办法和处级干部年薪制实施办法，密切了组织绩效与工资总量、个人绩效与薪酬收入的关系。（2）继续实施特薪制度和科技项目负责人津贴制度，做好勘探、开发、石油工程等专业专项奖励工作。（3）继续实行以技能贡献为导向的考核激励制度，分配向高技能人员倾斜、向一线艰苦岗位倾斜。

（李　波）

【完善薪酬分配制度】 按照集团公司统一部署，完善薪酬分配制度。（1）统一基本薪酬单元及标准，简化收入结构，职工薪酬收入由基本薪酬、津贴补贴和绩效奖金 3 个部分组成，不再执行岗位薪点工资制度。（2）新设高技术（技能）人才薪酬等级，提升专业技术和技能操作人员的薪酬晋升空间。（3）建立了基本薪酬正常增长机制，根据职工个人年度绩效考核结果每两年调整一次。（4）同步完善了劳务工、海外员工薪酬制度，同时提高了内退、全休、长期病伤（产）假等相关群体的生活费待遇。

（李　波）

【SAP－HR 系统建设】 在集团公司 SAP－HR 项目组指导下，进一步推进系统建设。（1）成立 SAP－HR 系统运行科，负责系统的运维和管理。建立协调人、联络人制度和系统应用考核办法等相关配套制度。（2）集中举办了两期系统培训交流活动，培训近 100 人次。强化应用考核，年底共评选出 10 个先进单位和 38 名先进个人。（3）加强用户权限监管，根据用户变化情况及时调整权限分配，确保各类用户合理授权和使用受控。

（李　波）

【职工培训】　2011年先后组织举办了江苏油田第十二届职业技能竞赛和集团公司2011年职业技能竞赛活动，各单位紧紧抓住参加油田竞赛和集团公司竞赛的机会，将岗位练兵与技术比武相结合，进一步掀起岗位练兵、比学赶帮超的热潮。（1）以职业技能竞赛为契机，推动基本功训练向纵深发展。训练中重点做到“三抓”：抓理论知识学习广度，抓实际操作规范程度，抓突发事件处理能力，使基本功训练范围更加广泛，形式更加丰富。（2）扎实开展全员培训，提升操作人员整体素质。年内共组织各类培训584期，参培人数15271人次。其中，油田层面培训131期，计7091人次，二级单位层面培训453期，计8180人次。

（胡丰成）

【职业技能鉴定】　技能鉴定是人才成长通道建设的重要组成部分，为适应油田人才成长通道建设和薪酬分配制度改革，让技能操作人员能够赶上方案改革的步伐，2011年超前安排、超前实施技能鉴定工作，2010年底就安排申报和培训，2011年二季度全部结束，保证了薪酬调整和职位对接的顺利实施。另外，鉴定工作在鉴定实施过程中积极创新。由于油田海外域外市场分布在20多个国家和国内10多个省市，技能操作人员分布点多面广战线长，给申报和参加鉴定带来困难，对此，培训部门拓宽思路，力求创新，对海外倒休回来人员实行分批申报，适时安排鉴定；对于在国内施工的外部项目人员，能够相对集中的就安排到现场鉴定，通过这两种方式全年共有41人完成了技能鉴定。对于海外施工项目，将向集团公司鉴定中心提建议，希望集团公司鉴定中心能组织一个海外鉴定小组，把各油田需要鉴定的人员组织一起鉴定。全年共完成102个工种2043人技能鉴定，1763人取得职业资格证书，鉴定合格率86%。

（胡丰成）

【高技能人才队伍建设】　（1）技师、高级技师选拔多措并举。按照“内部培养、送外培训、竞赛选拔、优秀推荐”的培养模式，全年考评产生技师62名，高级技师25名，操作人员队伍结构进一步优化。（2）拔尖人才工作思路初步形成。制定下发了《江苏油田拔尖技能人才选聘与管理规范》和《江苏油田高技能人才评价工作细则》，为下一步的主任技师、首席技师选聘工作开展作好准备。（3）高技能人才工作室建设稳步发展。截至年底大部分生产单位都建立了高技能人才工作室或高技能人才定期活动制度，通过多种形式多种途径让高技能人才充分发挥作用。如试采二厂通过组织技师开展“亮绝招”活动，让年轻职工学到了书本上学不到的知识和技能。各单位通过高技能人才工作室或定期活动工作制度，解决疑难问题12个，完成技术革新21项，有2项技术已被国家知识产权局受理国家实用新型专利。

（胡丰成）

【职业技能竞赛】　（1）江苏油田承办了集团公司上游板块的钻井液工、井下作业工两个工种的决赛和年度竞赛总闭幕式。在油田领导的高度重视下，各部门通力配合，形成合力，充分体现江苏油田精细管理特色。油田选手在比赛中不畏强手，团结拼搏，取得了四金两银一铜、钻井液工团体第一、井下作业工团体第二的历史最好成绩，为油田赢得了荣誉。（2）油田组织第十二届职业技能竞赛，列入油田决赛的20个工种，分布在油田主业、生产辅助、后勤服务、炼油化工及非烃类生产等所有领域，首次将采输卤工种纳入竞赛范围，20个工种有操作工人近8000人，占油田操作人员总数的65%左右。各单位在组织本单位竞赛选拔时，工种范围进一步拓展，二级单位比赛工种总数达到81个，操作人员近万人，有力地推进了油田上下创先争优和“比学赶帮超”活动的深入开展，达到了引导广大技能操作人员立足岗位、钻研技术，提高技能水平的目的。

油田第十二届职业技能竞赛闭幕式暨获奖选手表彰会

（胡丰成　摄）

（胡丰成）

【油田下属单位机构变动情况】　无变动。

（岳大伟）

【迎接劳动用工管理大检查】　根据集团公司劳动用工管理大检查工作要求，油田精心组织、狠抓落实、积极迎检，在抽查的单位中得分名列前茅。其中，核定用工总量与劳动效率挂钩的做法得到集团公司领导肯定，将在集团公司内部进行经验交流。

（刘晓强）

【推进全员绩效考核工作】 根据集团公司要求，制定了《江苏油田全员绩效考核管理实施意见》，并与干部处共同举办了“全员绩效考核管理业务培训班”，对所有二级单位干部、劳资部门的负责人和相关工作人员进行了为期一天的培训，有效地促进了油田全员绩效考核工作的深入开展。

（刘晓强）

【开展“三定”工作】 油田组织开展了定编、定岗、定员（简称“三定”）工作。在编制过程中坚持“三个结合”、“三个兼顾”，即：岗位设置与生产需要相结合，兼顾长远发展的需要；编制确定与管理现状相结合，兼顾管理效能的提高；用工核定与劳动定员标准相结合，兼顾用工存量的盘活，确保了编制方案更贴近生产实际。

（刘晓强）

【完善劳动规章制度】 结合油田实际，制定出台了《江苏油田用工总量管理细则》、《江苏油田年度用工计划管理细则》和《江苏油田劳动用工管理检查评比细则》等劳动规章制度，进一步完善了劳动用工管理基础工作。

（刘晓强）

就业用工管理

【就业用工管理概述】 2011 年，在“十二五”开局之年，就业工作以“加快有效发展，构建和谐油田”为主题，以“精细管理、内涵发展”为主线，深入学习实践科学发展观，按照油田人力资源规划总体目标和年初制定的工作思路，全面完成了各项工作任务，两个文明建设取得良好成绩。就业服务中心党支部连续 12 年被评为局机关先进党支部；引进石油主体专业和紧缺通用专业高校毕业生 148 人；为钻井、作业、采油、汽驾、消防等紧缺用人岗位配置劳务工 493 人；安置退伍兵 58 人；引导子女就业 218 人；指导油田技校招生 216 人；选拔 39 名一线优秀技能操作人员到石油高校进行专业理论知识培训；为 46 名符合用工结构调整条件的劳务工转为正式职工。

（王道勇）

【高校毕业生引进】 2011 年，在石油主体专业毕业生生源相对充足的情况下，毕业生引进工作的重点实现了由完成引进计划向提高毕业生引进质量的转变。严格按照集团公司《高校毕业生引进工作管理办法》中规定的条件招聘毕业生。对硕士研究生要求本科与硕士研究生阶段所学专业一致或相近，取得国家六级外语水平考试合格证书，并在充分听取用人单位领导、技术专家意见以及来现场面试的基础上再签约；本科毕业生必须通过国家四级外语水平考试。按照集团公司的统一部署，在毕业生招聘工作中，全过程运用中国石化毕业生招聘网站进行操作，实现了毕业生引进工作的科学化、标准化、规范化。全年引进接收高校毕业生 148 人，并通过双向选择的形式分配到油田最急需的岗位上。所签约的本科以上毕业生全部通过国家外语四、六级考试，党员毕业生占签约毕业生的 30% 以上，“211”院校毕业生占签约毕业生的 40% 以上，毕业生引进质量显著提高。

（王道勇）

【劳动力储备】 2011 年，该中心认真开展劳动力资源规划和储备规模的预测工作。全过程指导、参与技师学院的招生工作，共录取钻井、作业、采油、汽驾、电气安装、电工等 5 个专业学生计 216 人。完成了 246 名储备培训及技校毕业生入库资格审查工作。拓宽劳动力储备渠道，对钻井、采油、电工、车工、钻井井控等紧缺工种，在局内部来不及培训时，转而面向市场招聘，先后到华东石油技校等职业技术学校招聘了 162 名毕业生补充到上述岗位中。严格按照劳动力储备工作的有关规定和用工计划，做好储备人员的推荐上岗工作，全年推荐上岗 493 人，有效缓解了各类生产用人的需要，保证了油田生产的正常运行。

（王道勇）

【退伍兵安置】 2011 年，中心根据钻井内燃机和汽驾人员紧缺的现实，及时将 58 名子女退伍兵投向这两个岗位，其中内燃机工 34 名，汽驾 24 名。严把退伍兵岗前培训质量，所有子女退伍兵都进行了 3～4 个月的集中培训，培训合格并通过相应工种的初级工技能鉴定后再上岗，对因个人原因和培训不合格的退伍兵不予安置。积极与地方政府沟通联系，取得他们的支持，切实维护了油田的利益。

（王道勇）

【引导职工子女就业】 2011 年，在坚持双向选择、按需引导就业原则的基础上，积极引导 2011 届普通高校非石油主体专业本科毕业生回油田就业，将符合条件的 52 名毕业生全部落实到劳务工岗位上工作。在储备招生中，对适合女性工作的采油等工种实行了子女优先的原则，将 51 名子女招录到采油工专业中培训。根据局重点工程元明粉项目和试井工的需要，及时在待业子女中招聘了 31 名子女进行储备培训，培训合格后组织到上述岗位工作。同时继续对特殊困难家庭待业子女实行政策倾斜，确保局职代会提出的“做好职工待业子女培训和就业指导工作”落到实处。全年按照就业政策引进、安置、引导子女就业218人。

（王道勇）

【完善劳务工薪酬分配制度】 为进一步调动劳务工工作积极性，根据集团公司《关于完善劳务派遣工薪酬管理的指导意见》精神，在坚持规范管理、相同制度和绩效考核等原则基础上，精心制定薪酬分配方案。做到薪酬分配与劳务工绩效考核挂钩相结合；坚持向一线倾斜与逐步提高待遇相结合；完善配套制度与平稳实施相结合。调整后劳务工薪酬收入由基本薪酬、津贴补贴和绩效奖金3个部分组成，人均增资370元/月。达到了稳定劳务工队伍、激励劳务工素质提升、激发劳务工工作热情的目的。

（王道勇）

【劳务工基础管理】 （1）完善劳务工管理办法，要求各单位对劳务工班组长、技术员等关键岗位的使用、聘任必须按照局劳务工管理补充规定及各单位劳务工管理办法执行。建立了关键岗位申报备案制度，对担任用工单位班组长及以上职务的劳务工，由用工单位提出劳务工拟任职申请，报就业中心审核批准备案后方准予使用，对不符合劳务工管理办法规定的不予批准。（2）严格控制岗位变动，鼓励劳务工到一线生产岗位工作，严格控制劳务工倒流后勤岗位的现象，对用工单位因工作需要调整劳务工工作岗位的，必须在劳务工取得新岗位上岗证（或技能等级证）后，由用工单位提出劳务工岗位调整申请，报就业中心审批。（3）强化信息管理，完善劳务工基础资料。为确保劳务工信息的准确性、及时性和完整性，对3000多名劳务工的档案资料进行了编号、梳理，按照档案保存要求以及工作需要，对毕业院校、所学专业、工作岗位、技能等级、技术职称及取得时间、职务晋升、奖惩记录、海外工作时间等多项内容进行核对和规范，完善了电子文档库，充实了劳务工基础资料，为劳务工管理尤其是用工年限确认、薪酬结构调整和用工结构调整等工作提供了可靠依据。

（王道勇）

【用工结构调整】 2011年，中心对照用工结构调整政策，认真细致地做好年度劳务工用工结构调整工作，通过层层摸底、反复核查、逐级校对等程序，共有46名劳务工符合用工结构调整条件，被转为正式职工。此举进一步激发了劳务工爱岗敬业热情，为构建劳务工成长通道及创建和谐用工环境提供了有力的支撑。

（王道勇）

【选送优秀操作人员培训】 2011年，油田继续选拔了39名一线优秀技能操作人员到重庆科技学院、长江大学进行为期半年或一年的专业理论知识培训。截至年底，油田共有176名培训合格人员返回到一线生产岗位工作，部分人员走上了钻井、采油、作业等基层实习技术员、技术负责和基层领导岗位。培训效果显现，基层一线管理和技术力量得到进一步加强。

（王道勇）

油气经销

【原油经销概述】 2011年，面对国际原油价格高扬、成品油价格调整不到位、炼油企业接油积极性不高等状况，经营销售处认真学习党的十七届六中全会精神、扎实开展“为民服务创先争优”活动，围绕“加快有效发展，构建和谐油田”工作主题，把握“精细管理、内涵发展”工作主线，进一步唱响“埋头苦干创精细管理之先，团结奋进争内涵发展之优”主旋律，克服了高温、洪水、台风带来的不利因素，正确研判复杂严峻的市场形势，全面完成年度各项目标任务，有力保障了油田销路畅通和经济效益的最大化。全年完成原油商品量162.93万吨，原油销售商品率95.27%，均完成中石化股份公司和油田下达的考核任务。实现天然气商品量3607万立方米，完成股份公司年度计划的120%，其中供盐城民用气3053.3万立方米。销售凝析油及烷烃产品2000吨，液化气1914.38吨。当年油款回笼率100%，气款回笼率100%，完成中石化股份公司和油田下达的考核任务。油气销售收入95.57亿元（含税），比上年增长33%，销售收入创历史新高。各类报表上报及时率、准确率均为100%。

（严 波）

【星级站库管理】 2011年，油气集输站库按照中石化“五项劳动竞赛”考核细则，对照“严、细、实、恒”的要求，结合油田创先争优活动，加大储运设施检维修力度，不断完善站库硬件条件，使储运站库的运行、管理和信息沟通水平得到了进一步提高。年内，结合储运站库生产运行特点，筛选了13个储运零星项目予以实施，保证了油气站库平安运行。

（朱 宏）

四季度油气产销衔接会　（严　波　摄）

【交接计量】　油田原油交接计量仍采用动态、静态两种方法。全油田有 12 个正规外销站库。其中，试采一厂、试采二厂 8 个正规外销点采用 16 台双转子流量计，安徽采油厂 4 个正规外销点采用 2 台地磅称重进行静态交接计量，油田两个天然气站采用孔板流量计进行天然气交接计量。

（朱　宏）

【储运设施建设】　油田有 14 座联合站和油库、11 个正规外销点。原油外销总库容 15.73 万立方米，外销安全总库容量 13.37 万立方米。在主要产油区，有正规原油码头 9 座，其中，联盟庄码头可停靠 600 吨以下的油驳，黄珏码头可停靠 1200 吨以下的油驳，沙埝码头可停靠 600 吨以下的油驳，刘陆码头可停靠 550 吨以下的油驳，崔庄码头可停靠 300 吨以下的油驳，杨家坝码头可停靠 250 吨以下油驳，富民、周 41 站、真武码头可停靠 150 吨以下的油驳。花 3、铜庄、欧北、王龙庄、天 83 五个外销点为车运。

（许栋良）

【原油外运】　2011 年，受国际油价高位震荡的影响，一些小炼厂纷纷减产、停产检修，甚至不惜舍弃配置计划，以应对居高不下的油价的影响。同时，炼厂成品油销售不畅，接油积极性不高；站库储罐检修、改造，库容吃紧；年初，高邮湖、洪泽湖航道出现大面积的冰冻，船队航行困难。6 月，洪泽湖、高邮湖水位持续下降，多处浅滩成为油船通行的“拦路虎”；7 ~ 8 月间洪水、台风不断；年末大雾、低温天气频繁；富民区块产量快速增长，原油库容与生产极不配套；其他区块产销矛盾突出，原油产量不到位、库存跌入低谷；个别站库原油处理出现异常以及黄珏码头老百姓阻挠船队装油秩序等问题，均不同程度地影响着原油的正常生产和外运。为确保原油销售平稳运行、油田原油正常生产，销售人员积极应对各种挑战，迎难而上，千方百计力保销售畅通，超前安排，上下协调，精心组织，科学合理调派运力，圆满完成了原油外销任务，全年没有因为外销问题而发生关井停产事故。

（许栋良）

【价格与销量】　原油销售价格仍然执行国际接轨价。由国家发改委根据上一月国际原油市场平均价格制定当月国内对应油种的原油基准价格，中石化股份公司财务部按月下文执行。年内，国际原油价格呈高位振荡走势。江苏原油年销售均价为 5850 元/吨，最低价为 1 月 4949 元/吨（86.757 美元/桶），最高价为 5 月 6544 元/吨（116.828 美元/桶），震幅度达 1595 元/吨。

原油外输安全工作座谈会　（严　波　摄）

针对油价高位振荡的局面，为取得最佳经济效益，原油经销部门以国家定价为基础，加强市场分析，超前预测价格走势，适时调整外销节奏，力争高价多销，低价少销。在油价相对高位的 4 月和 5 月，克服困难，努力工作，尽量多销售商品量，销售商品率分别达 96.20% 和 95.17%，而在油价相对低位的 1 月和 2 月，销售商品率分别是 95.06% 和 95.10%。全年实现原油销售收入 95.056 亿元（含税），较上年增长 33%，创历史新高。

2011 年中石化股份公司下达的原油销售价格文件，将江苏油田原油划分为江苏油、安徽油、周 43 油 3 类，单井油比照江苏油价格浮动确定。

天然气价格根据国家发改委和中石化有关文件精神执行，工业用气价格为 1.771 元/立方米，民用气价格为 1.26 元/立方米。

（严　波）

【油款回笼】 年内江苏原油销售均价5850元/吨，比上年高1475元/吨，同比提高33.71%。油价相对2010年波动较大，差价高达1595元/吨。为确保资金及时到位，经销部门严格执行中石化股份公司内控制度的有关规定，针对用户的经济实力、信用程度、到款情况，建立用户信用等级档案，对中石化集团外的地方炼油企业，采取款到发油的做法，控制欠款上升。同时继续采取电话催收、上门催要、调节供油点、扣减配置计划等措施催收油款。由于措施得力，全年油款回笼率100%，完成油田下达的考核任务。

（黄　锦）

【销售网点】 原油销售由中石化股份公司下达配置计划，定向、定量销售给中石化集团公司和中石化股份公司内部6个炼油厂：中石化金陵分公司、中石化安庆分公司（1～11月）、淮安清江石油化工有限责任公司、扬州石化有限责任公司（原扬州石油化工厂）、泰州石油化工有限责任公司（原江苏陵光股份有限公司）和杭州石化有限责任公司（原杭州炼油厂），以及其他两个炼油企业：无锡蓝星石油化工有限责任公司（原无锡石油化工总厂）、盐城联孚石化有限公司。

天然气销售流向：蓝星新材料盐城有限公司、江苏晶辉耐火材料有限公司、江苏永和耐火材料有限公司、江苏晶鑫高温材料有限公司。

（严　波）

【生产自用油协调】 根据国家政策和油田生产用油实际需求，及时了解自用成品油消耗和库存情况，并根据实际需求及时与股份公司有关部门协商调整品种计划，力争在保证生产用油的基础上，使物资供销处保持合理库存，减少流动资金占用，以降低油田成本，提高效益。全年共申报、落实生产自用油计划41000吨，实际提运40510吨，同比增加2938吨，确保了油田生产用油。同时，积极做好自用成品油的退税工作，全年成品油退税9400多万元。

（黄　锦）

【烷烃销售】 在维持原定价机制的基础上，继续实行月度定价办法，并根据市场行情，适时调整销售价格，力争效益最大化。全年销售轻烃产品2040吨，实现销售收入1250万元，高于原油均价230元/吨，取得了较好的经济效益。

（黄　锦）

【天然气销售】 2011年，继续将重点放在保平稳安全供气上来，由于中石化调整了天然气销售的管理部门，按照中石化天然气分公司管理要求，做到精心组织编制天然气销售计划，加强市场动态分析和需求预测，加强市场开发和客户管理，做到天然气销售工作有计划、有步骤、有条不紊地运行，确保信息准确、上报及时、安排适当、措施有力，确保把总部的各项任务要求落到实处，并做到继续严格执行中石化股份公司有关加强天然气产销管理的规定和内控制度的要求，高度重视天然气供气工作。严格按照“保稳定、保民用、保重点”的供气原则，采取切实有效措施，加强自用管理和内部计量，努力提高天然气商品率。全年销售天然气3650万立方米，为中石化下达年度计划的121.67%，天然气销售收入4836.9万元，气款回笼率100%。

（黄　锦）

【内控管理】 2011年是内控一体化的开局之年，各项内控工作以风险管理为导向，坚持一体化和信息化，新版内控手册将ERP原油销售模块与内控制度真正实现了有机结合。销售系统新增了“原油配置、运输业务”流程，按照“授权有度，权责对等”的原则，全面清理ERP系统原油销售模块权限，进一步落实不相容岗位原则，弥补了ERP权限设计与制度的不足，实现了内部控制的信息化。对现行管理制度中不够健全、不够规范处，结合2011年新版《内部控制手册》和制度改造要求及ERP系统理念进行了必要的修改和完善。重新制定下发了《江苏油田分公司原油销售管理规定》、《江苏油田分公司落地原油回收与销售管理规定》、《江苏油田分公司轻烃销售管理规定》、《江苏油田生产自用成品油管理规定》和《江苏油田分公司原油调运管理规定》等。同时，进一步细化了业务流程和控制点，统一了内控工作标准和要求，并继续以穿行测试为手段，改进完善工作方法，强化过程控制，加强对日常工作的监督和管理，定期进行内控测试与自查，促进了外销管理水平的提升。

（黄　锦）

2011年原油分月价格及配置量

指标 / 数量 / 月份	单价（元/吨）			销售量（吨）			
	江苏油	安徽油	周43油	合计	江苏油	安徽油	周43油
1	4949	4808	4279	137795.455	129536.624	6235.696	2023.135
2	5204	5056	4510	124499.977	116810.980	5641.061	2047.936

续表

指标/数量/月份	单价(元/吨)			销售量(吨)			
	江苏油	安徽油	周43油	合计	江苏油	安徽油	周43油
3	5541	5383	4830	137498.907	129279.240	6185.072	2034.595
4	6106	5932	5375	134993.285	126881.566	6022.056	2089.663
5	6544	6358	5788	138009.901	129228.574	6231.786	2549.541
6	6151	5975	5492	133846.089	125367.364	5901.446	2577.279
7	6020	5848	5343	138195.873	128927.203	6235.185	3033.485
8	6143	5967	5506	138001.798	129673.830	6232.251	2095.717
9	5999	5828	5371	134004.090	124883.073	6002.991	3118.026
10	5869	5701	5201	138001.813	128673.431	6223.117	3105.265
11	5664	5503	5070	133929.500	124851.718	6013.737	3064.045
12	6010	5838	5469	138116.224	129913.699	6137.352	2065.173
合计	5850	5683.08	5186.17	1626892.912	1524027.302	73061.750	29803.860

2010~2011年江苏油价格变化 单位:元/吨

数量/年份	1	2	3	4	5	6	7	8	9	10	11	12
2010年	4258	4451	4130	4306	4710	4557	4217	4224	4259	4213	4522	4652
2011年	4949	5204	5541	6106	6544	6151	6020	6143	5999	5869	5664	6010

装备管理

【装备管理概述】 2011年,油田设备管理工作紧紧围绕"加快有效发展,构建和谐油田"主题,以"精细管理、内涵发展"为主线,进一步解放思想,创新工作思路,细化设备"六精六化"管理,不断提高设备管理水平,为油田各项目标任务的圆满完成提供了可靠的装备保障。截至年底,油田拥有各类主要生产设备9899台(套),设备资产原值36.86亿元,净值20.00亿元,新度系数0.54。其中,勘探局主要生产设备4924台(套),设备资产原值25.27亿元,净值14.48亿元,新度系数0.57。分公司主要生产设备4975台(套),设备资产原值11.59亿元,净值5.52亿元,新度系数0.48。设备综合完好率达99.29%,主要设备利用率85.60%,未发生重大设备责任事故。

(吴耀明)

【现场设备管理】 结合制度标准化改造工作,进一步推进设备管理规范化。对照集团公司设备检查细则及相关管理制度要求,对《江苏油田设备管理办法》、《江苏油田设备采购管理实施细则》等现行设备管理制度进行了修订完善,并制定了《江苏油田石油钻机设备管理规范》、《江苏油田仪表设备管理规范》等17项专业设备管理制度,完善了从设备选型、购置、使用、维护保养、设备送修到报废的全过程管理制度。结合近年来新增设备情况,对油田主要专业设备的使用制度(操作规程、保养规程、巡回检查规程、润滑图表)进行了进一步补充和完善,使设备操作、维护、管理、检查等各项工作有章可循,促使标准规程适应性跟上设备发展的步伐。

继续抓好半年一次的逾龄设备技术鉴定工作,对鉴定出的问题进行恢复性修理,确保逾龄设备关键部位的完好,对影响安全生产的逾龄设备坚决禁止使用。全年共组织逾龄设备技术鉴定811台次,强制报废停用了18台技术鉴定不合格的老旧设备,确保安全生产。

积极开展状态监测,推行现代化预知维修。对车辆类设备运用不解体监测技术和发动机、变速箱故障解码技术等进行关键部位的检测和诊断,形成技术性能检测报告。对修井机、钻采特车、钻井柴油机、发电机组以及泥浆泵等关键设备的油品进行跟踪检测,全年完成在用油跟踪监测1680台次,检测项目10080项目次,及时发现润滑隐患126起。同时利用设备综合诊断仪、润滑油分析仪、振动仪等现场分析仪器对注水泵、抽油机、离心泵等设备开展监测和故障预测分析。全年监测注水泵振动状态1154台次,监测覆盖率100%,及时发现异常73台次;化验抽油机减速箱齿轮油5178台次,消除隐患365台次。

(吴耀明)

【装备更新配置】 2011年,油田装备总投入达到3.29亿元,其中勘探局2.61亿元,分公司0.68亿元,为油田勘探开发和开拓市场提供了有力的装备支撑。

钻井装备更新配套:投资1.2亿元,重点更新改造2台70LDB钻机、配备了顶驱3台、MWD无线随钻测量仪2套、钻机平移装置1套、单机单泵水泥车2台以及柴油机、泥浆泵、固控设备、发电机组、挖掘机、推土机等钻井配套辅助设备64台(套)。

物探设备更新配套:投资4258万元,重点配套了国际先进物探设备428XL地震仪扩道5000道,配置了卫星定位仪12套、小折射仪2台、现场处理设备1套以及磁带机、检波器测试仪、定向罗经、仪器车等设备40台(套)。

测井设备更新配套:投资5079万元重点配备了5700成像测井井下仪器6支、过套管电阻率测井仪1套、剩余油饱和度监测仪1套、快速测井平台1套、生产测井套损监测仪1套,综合录井仪2台以及测井工程车、测井绞车、快速录井仪等设备14台(套),有力地提高了测录井装备技术水平。

投资2911.5万元配备运输70吨吊车1台、更新原油罐车20台、成品油罐车15台、天然气运输车3台、重型卡车8台以及半挂车、送班车辆等,有效地满足了油田生产发展的需求。

分公司投资6834万元,购置主要生产设备344台(套),重点配置了连续油管作业机1台、XJ250修井机2台、700型水泥车2台、履带式通井机2台、水井洗井车1台、清蜡车3台、水罐车6台、背罐车3台、砂罐车3台以及1000千瓦发电机组等其他生产辅助设备174台套。配置了变频试井车、高压试井车、低压试井车、流变仪、分散稳定性测量仪等油气藏动态监测设备和科研仪器,满足了原油生产和科研需要。

(吴耀明)

【设备技术改造】 进一步做好网电钻机的推广应用。2011年共投入使用各类网电拖动装置15台(套),成功完成72口井的施工,合计使用时间达76.6个钻机月,直接节约燃油费用1000多万元,加上由此减少的人工成本、发电机组维修保养等费用,经济效益更为明显。同时使用网电拖动装置后,大大降低了井场的噪声和柴油机废气排放,节能减排效果显著。随着油区电网的不断改造、增容,网电拖动装置的应用前景将越来越好,也将取得更大的经济和社会效益。

组织进行了压裂机组控制系统兼容技术改造,实现了两套压裂车组相互联动控制作业,提升了整套压裂机组施工能力,满足了大型压裂施工的需要。

抓好钻机快速移动装置的现场应用工作,成功为安徽公司一台70D钻机加装了平移装置,该技术的应用节省了钻机移动时间,满足了丛式井施工工艺要求,填补了油田钻井装备方面的一项空白。

组织开展了逾龄钻机、钻采特车、吊车、物探及测录井仪器等设备的升级和技术改造,改善了现有装备技术水平,提高了生产效率和设备可靠性,并节约了投资,提高了综合经济效益。

(吴耀明)

【设备维修管理】 加强设备维修费用流程的内控管理和考核,从规范各种资料着手,制定和完善了江苏油田内控手册中《3.4固定资产维修管理业务流程》的各项制度和操作程序。继续加强设备大修理管理,各单位根据本单位的实际情况合理制定年度、季度和月度设备大修理计划,对超过10万元的修理项目均由二级单位先上报修理技术方案,组织专家审核同意后方可实施,达到了预期的效果。

继续加强油田机修、机加工市场管理,开展了内外部机修机加工厂商的资质认证工作,促进设备修理和产品制造质量的提升,增强了机修系统自立生存和外闯市场的能力,提升了为油田主业发展的服务水平。

引入竞争机制,扩大设备修理招标比重。通过公开招标,创造公平竞争的市场环境,促进各维修企业间的公平竞争,提高维修水平和质量,节约维修费用。2011年审批实施设备大修理项目423项779台(套),对650多万元修理设备进行了招标,取得了较好的效果。

(吴耀明)

【设备培训交流】 组织了由各二级单位设备主管领导、设备科长、基层单位设备管理员,以及机修厂站负责人等共75人参加的设备管理培训班,重点学习润滑管理与油液监测技术、设备可靠性管理等课程,加快推进和应用现代化设备管理理念、管理方法及技术手段,提高各级设备管理人员水平。

组织开展了设备典型故障分析征集活动，共征集钻井设备、注采设备等 11 大类专业案例分析 90 篇，通过对典型故障的深入分析，提高基层操作、修理人员的故障判断、分析能力，不断提高油田现场设备管理水平。

不断深化装备系统“比学赶帮超”活动，由装备处组织先后在供销处和井下作业处召开了设备管理现场经验交流会，各单位通过查阅资料、现场观摩、对接交流等方式，相互借鉴经验，在创新管理方法、革新设备技术等方面大胆实践，进一步深化设备精细管理。

（吴耀明）

【设备挖潜增效】 充分利用设备信息网络，及时掌握二级单位设备动态，对闲置设备进行合理调剂，同时开展老旧抽油机、试油井架等设备的修复利用，盘活设备存量，减少重复购置，提高了设备利用率和综合经济效益。

加强闲置封存及报废设备的入库管理，坚持采用“三公开”和招标拍卖的方式进行报废设备的对外处置工作。全年共组织公开处置招议标近 20 次，处置闲置报废资产设备收益近 716 万元，实现了设备变现价值的最大化。

（吴耀明）

生 产 管 理

【生产管理概述】 2011 年，油田勘探资源接替矛盾突出，油田开发稳产难度大，生产系统紧紧围绕油田勘探开发工作目标，以“加快有效发展，构建和谐油田”为主题，以“精细管理、内涵发展”为主线，充分发挥“组织、指挥、协调、监控、服务”的职能作用，按照“运行有方、协调有力、监控到位、反应灵敏”的要求，认真履行职责，积极开展工作，大力唱响“埋头苦干创精细管理之先，团结奋进争内涵发展之优”主旋律。在生产部署上，着力抓好勘探开发工作重点，细化优化运行方案；在生产运行上，着力抓好监督监控，保证重点工作准点到位；在生产协调上，着力抓好衔接配合，科学合理组织油田生产。面对严峻的生产形势和繁重的勘探开发任务，油田生产系统克服雨雪冰冻和高温、洪水、台风、降雨等各种恶劣天气对生产运行的影响和钻井、井下作业等施工力量不足的矛盾，实现了安全、优质、高效运行，为油田储量、产量、效益任务的完成作出了应有的贡献。

（杨祥锋）

【生产运行】 围绕生产运行的主线——原油产量，突出抓好生产平稳、高效、快节奏运行。一是优化运行方案，按照重点项目优先原则，抓好水平井、高效井运行，做到早部署、早实施、早投产，最大可能提高新井当年产量。二是优化生产组织，减少队伍大范围搬迁，合理钻机布局，做到勘探开发统筹兼顾。三是加快生产运行节奏，抓好各部门和单位之间在生产各环节中的协作与配合，减少施工队伍等待时间。突出抓好从钻井井位到油井投产全过程每个生产环节的高效衔接，新井交接和试油投产节奏加快，保证了新井当年生产时间的增加。全年召开调度电话会 300 多次，组织生产会、生产分析会和生产运行计划会共 35 次，布置重点工作 100 余项，安排、检查和考核生产任务 600 多条，完成率 97% 以上。

（杨祥锋）

【生产协调】 以坚持大局、加强协作、相互支持为基础，坚持单位间的协商制度，做到“大事讲原则、小事讲风格”。以规范运作、按章办事为原则，抓制度建设和规范协调，完善油田内部生产协调制度。以局部利益服从整体利益为导向，加强以油田生产会对生产中重大问题进行决策的仲裁制度。坚持一般问题通过调度电话会解决，重点问题通过专题协调会解决，难点问题通过现场协调会解决。针对生产单位存在的井位、设计、交井、搬迁运力、供电、供水、废旧油管以及油管排留用等大量问题，及时协调解决，保证了全油田生产运行的顺畅。攻坚克难，组织好物探生产，使得兴化—陈堡三维、金湖三维、盐阜二维均圆满完成采集任务。在金湖三维采集过程中，多次组织协调方案设计单位、物探施工单位、采油厂及机关部门等加强工作配合，反复论证、优化采集施工方案，克服了水上施工和城区施工带来的工农关系异常突出、安全风险众多等困难，安全优质高效地完成了地震资料的采集任务。

（杨祥锋）

【生产监控】 围绕增储上产目标，把从井位踏勘到新井投产等生产运行的全过程作为监控对象，把运行中的重点工作、关键环节和单位间的结合部作为监控的重点，把运输、水电讯、物资供应、机修加工等生产后勤保障工作作为监控的必要内容。通过生产管理信息系统、深入现场等形式及时掌握生产运行情况。坚持 24 小时生产值班制度、每天生产汇报制度、日调度电话会制度和早会制度，确保生产信息及时反馈，安排工作及时落实，为生产监控提供了制度上的保障。加强生产保障，协调好钻井固井、完井电测、搬迁运力等后勤保障，提高系统效率。

（杨祥锋）

【优化运行方案】 按照“探井、评价井优先和保产能建设、保高效井”的原则，突出探井、评价井和高效调整井的运行，不断优化钻机运行方案，确保了油田勘探开发重点工作顺利开展。按照早部署、早安排、早实施的工作思路，年初组织了全年钻井工作量摸底、调查、交底，明确全年进尺目标，安排布置钻机保障原则，使得钻机运行始终跟紧勘探开发运行节奏，满足了油田勘探开发的大局需要。坚持抓好月度生产运行方案的优化和调整，每月下旬组织机关部门对下月重点生产任务进行对接，结合当前勘探开发需要和施工力量状况，制定下月生产运行计划；每月初，经过充分结合，对月度生产任务指标进行分解和安排；在运行过程中，随时掌握现场生产动态，与勘探开发保持密切联系，及时根据工作需要调整部署，使得生产运行紧紧围绕油田重点工作开展。

（杨祥锋）

【防洪防汛】 根据集团公司有关文件精神，结合江苏油田实际情况，对防洪防汛工作进行超前部署和整体安排，下发《关于做好二〇一一年防洪防汛工作的通知》，成立组织机构，明确工作要求。各单位加强组织领导，落实防汛责任；超前部署安排，落实防汛措施；搞好专项检查，排查安全隐患；加强汛期值班，确保信息畅通。汛前，油田组织开展了防洪防汛专项检查，做好防洪防汛准备工作，确保组织、人员、材料、预案落实到位。同时，做好湖区油水井的强制检泵、维护保养等工作，尽最大努力把洪水对产量造成的影响降至最低限度。汛期，认真落实各项防洪防汛措施，认真落实雨季安全生产管理措施，搞好生产预测分析，把确保人身安全放在首位，确保了安全度汛。汛后，及时组织湖区油水井扶躺会战，通过试采二厂、井下作业处等单位的共同努力，在半个多月的时间内使因洪水影响停产的油水井全部恢复生产。

（杨祥锋）

【干部值查】 坚持领导干部值查制度，对油田生产作业场所、关键要害部位和岗位进行夜间安全生产检查，了解生产运行动态及生活、安全、环保等情况，查找安全隐患，对基层安全生产及管理工作起到了较好的促进作用。夜间值查实行油田领导干部带班制度，各单位每月排好领导干部夜间值查表，提前落实夜间值查人员。夜间领导干部值查实行报岗制度，油田机关部门夜间值查领导直接到生产协调处生产值班室报岗，各二级单位夜间值查领导通过电话向生产协调处生产值班室报岗，各基层单位夜间值查领导通过电话向二级单位生产管理（调度或综合）部门报岗。在江苏油田信息门户网开辟值查网专题网站，及时发布油田领导和二级单位领导每月值查安排表，并将领导干部夜间值查报岗情况、值查情况和查出问题（隐患）整改反馈情况等信息给予网上通报。

（杨祥锋）

【应急管理】 切实做好应急管理工作，强化组织领导，落实各项责任，强化防范措施，抓好检查落实。突出抓好特殊时期、特殊作业、特殊气候条件下的安全生产，做到领导到位、责任到位、措施到位、人员到位。针对突发的雷电、台风、大雾等恶劣天气，做到时刻关注天气状况，及时发布紧急通知或调度令，防抗结合，以防为主，做好生产运行的本质安全工作，成功抵御了突发事件对油田安全生产的侵袭。

（杨祥锋）

【生产管理信息系统】 2011 年 12 月 1 日，基于勘探开发一体化数据中心的油田生产运行管理系统上线运行，实现了油田生产运行调度信息和一线生产信息一体化，生产运行调度信息全油田共享及各类生产信息报表的快速统计、汇总、上报，提升了现场实时动态掌控能力。

（杨祥锋）

土 地 公 关

【土地管理概述】 截至 2011 年底，勘探局占用土地 1800 宗计 15452051.53 平方米，按土地取得方式划分：划拨土地 372 宗计 8201566.737 平方米，出让土地 7 宗计 388885.15 平方米，授权经营土地 1421 宗计 6861599.64 平方米；分公司占用土地 984 宗计 3469704.015 平方米，土地取得方式均为划拨，用途均为工业仓储，另租赁勘探局授权经营土地 1390 宗计 6566799.77 平方米。

（张兆利）

【新增建设用地】 2011 年，油田新增用地 120 宗计 378668.56 平方米，其中，江都地区：181334.24 平方米，金湖地区：63333.65 平方米，盱眙地区：53333.6 平方米，东台地区：52666.93 平方米，仪征地区：28000.14 平方米。

（张兆利）

【临时用地】 对临时用地实行严格的跟踪管理，限期征退，将转征面积以外的临时用地及无工业开采价值的井场临时用地及时复垦还田，及时有效地控制临时用地总量，

获中石化土地管理先进单位称号　　（张兆利　摄）

确保临时用地的良性循环，提高企业经济效益、降低生产成本。2011 年建立健全一整套临时用地的管理规定，严格控制钻井井场面积，依据市场粮食和经济作物的价格标准，结合各地区的粮食收购指导价格，及时调整临时用地补偿标准，严格区分临时用地的有青和无青赔青费用标准。同时制定严格的跟踪管理制度，实行从使用临时用地的初始起，建立跟踪台账，详细记录该宗土地的面积、四界、赔青标准、时限、赔付费用及其他相关补偿费用等，并随临时用地一并交接，直至该宗临时用地征退完成为止。

（张兆利）

【待用土地清查】　根据中国石化集团公司《关于开展中国石化待用土地调研的通知》精神要求，土地公关处下发了〔2011〕生协 1 号文件，成立待用土地清查小组，坚持实事求是原则，对每宗土地都做到现场录取详细资料，做好待用土地清查登记工作，并对待用土地作了全面分析和规划上报集团公司土地处。

（张兆利）

【青苗赔青】　为顺应市场粮食价格行情，进一步规范局赔青补偿工作，根据《江苏省政府关于调整征地补偿标准的通知》（苏政发〔2011〕40 号）、《市政府关于调整征地补偿标准的通知》（淮政发〔2011〕104 号）文件精神，结合油田赔青补偿工作的实际情况，下发《关于调整赔青补偿标准的通知》（苏油生〔2011〕325 号），对油田赔青补偿标准进行统一调整。

（张兆利）

【土地监督】　加强对全局 2784 宗土地跟踪管理，对需要改（扩）建的土地及时办理土地变更，完善合法用地手续，杜绝违法用地；盘活闲置土地，提高土地效益；做好保护耕地的宣传工作，集约用地，合法用地。

（张兆利）

【土地管理信息系统】　土地管理信息系统覆盖全局各二级单位的所有土地信息资料，及时更新维护、准确录入数据，确保油田土地资料完整，为全局土地公关工作提供准确的数据和翔实资料。

（张兆利）

【土地税费管理】　认真执行省级以上颁布的各项行政事业性收费标准，严把各项税、费的审核关。按《中国石油化工集团公司土地管理办法》和《江苏油田土地管理办法》规范征（退）地协议、青苗赔青及道路赔偿的补偿费用。针对部分油区的不合理要求予以抵制，并做好解释工作，争取得到地方政府的理解支持，确保油田生产的顺利进行，降低企业生产运营成本。

（张兆利）

【公关协调】　2011 年土地公关工作采取以采油厂为主体的区域管理模式，实行统一管理、分级负责。坚持“四个统一”：统一思想、统一标准、统一政策、统一行动。急生产所急、想生产所想，始终坚持生产第一的原则，规范油田土地管理工作行为，建立油田土地管理工作联防制度，定期召开油田土地管理工作联席会。针对油田土地使用在不同时期所面临的新形势，（1）加强内部信息沟通，超前预测、超前安排、超前介入，把土地使用中可能发生的各类矛盾消除在萌芽状态。（2）坚持“四到现场”：探井、新井协调矛盾到现场，重点项目协调矛盾到现场，普遍问题、难点问题协调矛盾到现场，二级单位需要公关处解决的矛盾协调到现场。深入现场着重解决土地管理工作中存在的热点、难点问题，以确保油田生产建设各项工作的顺利开展。年内主要协调了局元明粉项目及钻井处、安徽公司、井下作业处等单位在生产中的工农矛盾，确保油田正常生产。

协调问题到基层　　（张兆利　摄）

（张兆利）

石油工程技术管理

【工程技术管理概述】 2011年,石油工程各专业围绕勘探开发需要,大力推广成熟技术,攻关瓶颈技术,储备前沿技术,技术管理取得显著进步。石油工程各专业主要生产指标均达到或超过考核要求,多项指标超过2010年,多项工作量创历史新高。

石油工程工作部署会 (蔡晓明 摄)

(1)在复杂结构井和深井增多的情况下,钻井机械钻速达到8.51米/时,为近年来最高纪录;钻井总进尺超97万米,创历史新高。

(2)石油工程系统各专业结合自身的特点,充分发挥特色优势,强化全员技术管理理念,充分发挥技术支撑和引领作用,大力开展提速提质提效活动,技术管理工作水平得到进一步提高。①物探处首次成功实施金西三维金湖城区和尼日利亚OML114海陆过渡带复杂地表地区地震采集项目,城区及海陆过渡带施工能力得到了新突破。提前15天完成金西三维项目,各项质量指标均超过设计指标,创下了“四个第一”,实现了物探处地震采集领域的一大突破,填补了该地区地震勘探资料的空白。②钻井处以“五个一”、“三个二”和“三个三”的工程目标为抓手,提速提质提效。全年有18口井实现“五个一”、“三个二”和“三个三”提速目标。完成了江苏油田第一口超深开窗侧钻短半径水平井TH12328CH的施工;70833JS钻井队承钻的TH10122井,实现月进尺5270米,打破了油田单井月进尺最高纪录,同时创下单只钻头进尺最高纪录;推广RMRS电磁波测距技术,有6口水平连通井成功实现无溶腔精确对接;50768JS钻井队在海南3次刷新了该地区的钻井纪录;实施了江苏油田首口低渗致密砂岩长水平段水平井桥7平1井的施工。③地质测井处测录井技术升级换代,油气发现步入创新天地。第三代电缆地层测试仪器EFET全年完井19口,为满足采油厂了解地层压力情况和评价区块油气发挥了重要作用;射采联作射孔技术通过改进后在沙7-37井得到成功应用;在真95井的大跨度夹层射孔作业中,采用多次增压起爆技术,一次性射开6个大跨度油层,创下了油田射孔多级起爆新纪录。④井下作业处优质高效地完成了永X35井压裂施工任务,并创造了两项油田内部压裂施工新纪录,完成了徐闻X3井35-37号层的钻灰施工,创下了两项油田施工新纪录。

(陈 波)

【工作量指标】 物探共完成二维地震测线4084.66千米,同比增加917.77千米;三维776.79平方千米,同比减少39.79平方千米。钻井共开钻406口,完井406口,进尺974232米,同比进尺增加40516米。机械钻速8.52米/时,同比增快5.71%;钻机月速度2459米/台,同比增加0.33%。测录井共完成地质录井350口,同比增加11口;测井1800井次,同比减少18井次;射孔930井次,同比减少79井次。井下作业完成作业工作量2367井次,同比增加194井次;地层测试35层,同比减少2层;酸化(压裂)100井次,同比减少12井次。

(陈 波)

【质量考核指标】 物探原始单炮记录合格率100%、现场处理剖面合格率100%。钻井井身质量合格率100%,优质率88.55%,同比提高0.27个百分点;固井质量合格率100%,优质率87.30%,同比降低2.39个百分点;取芯收获率98.48%,同比减少0.86个百分点。完成井合格率99.54%,同比减少0.06个百分点;钻井井控设计措施落实率100%。测录井开发井解释符合率88.38%,同比减少0.51个百分点,探井解释成功率78.9%,同比提高0.81个百分点,测录井资料合格率100%。井下作业一次成功率99.27%,同比提高0.63个百分点。

(陈 波)

【集团公司考核指标】 钻机利用率:考核指标80%,实际完成87.66%,高出7.66个百分点。钻井生产时效:考核指标94.60%,实际完成96.35%,高出1.75个百分点。物探平均队年效率:考核指标10074/(队·年),实际完成23404张/队年,增加13330张/(队·年)。

(陈 波)

【井控管理】 2011年,石油工程紧紧围绕油田“一个实现,四个确保”井控工作目标,严格执行集团公司《石油与天然气井井控管理规定》、《2011年油田井控工作要点》,切实抓好油田井控领导小组会议精神的落实,有计划、有步骤、分层次地开展井控工作，通过上下齐努力，层层抓检查、抓落实，确保了安全生产形势的总体稳定，顺利完成年度井控工作。

（1）推进学习宣贯，井控意识进一步增强。着力推进新颁布的集团公司井控管理规定和细则的学习、贯彻和落实；着力推进井控专项检查文件精神的学习，以迎接上级机关井控专项检查为抓手促进自查自改工作；着力推进新发布的《江苏油田石油与天然气井井控实施细则》的学习和落实。

（2）推进培训取证，培训效果进一步向好。编制培训计划，组织有效实施。强化师资建设，提高教学水平。注重结合实践，提升培训质量。突出过程管理，确保培训效果。加大硬件投入，提高培训满意度。2011年共举办井控防硫化氢培训班101期，培训4809人次，培训合格率99%，较2010年上升1.2个百分点。

（3）推进井控演练，实战能力进一步提升。10月17日，在联7-6井成功组织了油田级井喷失控应急演练。该次演练设置了二层台逃生、硫化氢防护（呼吸器佩戴）、井口控制、受伤人员抢救等科目，油田井控应急处置能力得到进一步提高。

（4）推进检查督促，管理水平进一步提高。组织两次井控安全专项检查，因检查对象不同确定了不同的检查重点，采取不同的检查方式，严格按标准、按规范逐项检查。4月上旬组织开展了上半年井控专项检查和外协队伍HSE检查，油田域外各项目部也积极开展迎接集团公司井控专项检查工作。9月下旬，省安监局下发了《关于印发〈全省陆上石油与天然气防井喷失控防硫化氢中毒专项检查工作方案〉的通知》，井控综合管理办公室以政府部门专项检查为突破点，指导相关单位做好井控工作。10月下旬，顺利通过了省市安监部门组织的井控专项检查。

（陈　波）

【队伍管理】　（1）坚持打造铁军不放松。各专业队伍在打造铁军过程中提炼形成了许多宝贵的经验和做法，特别是注重充分发挥“物探尖兵”和“水乡铁军”等先进典型的示范引领作用，培育和打造石油工程各专业标杆队伍和先进典型。按照“着力打造高精度的物探技术、高速度的钻井技术、高质量的油气藏识别技术、高水平的储层改造技术和高效率的地面工艺技术”的要求，通过推动技术进步和加强队伍建设，展示了江苏油田石油工程队伍冲得上、顶得住、拿得下的铁军风采，为勘探开发任务的完成和外部市场开拓提供了有力保障。

（2）“比学赶帮超”活动成绩突出。工程技术管理处作为石油工程板块牵头单位，率先建立了石油工程板块13项“比学赶帮超”指标，物探、钻井、测录井等5类基层队的“比学赶帮超”考评体系，出台了考核说明，搭建了“比学赶帮超”评比活动平台，建立了较完善的跟踪评价机制，落实季排名通报、半年分析评价、年度全面考评制度，在一年的活动开展中收到了良好效果，活动氛围不断浓厚，总结提炼出一批先进经验和做法。9月16日，油田在钻井处召开石油工程板块“比学赶帮超”工作经验交流会。2011年石油工程板块各单位紧紧围绕油田“比学赶帮超”工作各项安排和部署，立足于生产经营实际，着眼于油田发展的新要求，以“比学赶帮超”活动作为重要抓手和有效平台，进一步夯实管理基础、创新管理思路、提升管理水平，“比学赶帮超”工作不断向纵深推进，实现了“比学赶帮超”工作由前线向后勤、基层向班组、内部向外部的“三个延伸”，充分激发广大干部工人发扬“见红旗就扛，有第一就争”的“亮剑”精神，扎实推进建标、对标、追标、创标工作，进一步提升油田整体管理水平和综合实力，推动油田加快科学有效和谐发展。

（3）圆满完成了专业队伍资质认证工作。2011年，工程技术管理处加强与集团公司和各相关二级单位的沟通，圆满完成油田石油工程队伍资质申报工作。完成了井下作业处27支队伍和矿业开发8支队伍资质评审的校对、反馈和确认等相关工作。申报了3支测井队伍临时资质及5支钻井队伍临时资质的按期转正申请。组织47支测井、钻井服务队和井下作业设计队（所）资质申报及现场迎检相关工作，5支系统外队伍资质的审查和确认及证书发放工作，参加制定了《江苏油田石油工程外协队伍管理实施细则》。受集团公司委托，在12月中旬对油田石油工程队伍进行资质年审，涉及队伍主要有物探、钻井、测井、录井、井下作业等142支专业队伍。收集、整理和申报2010年石油工程新纪录，共有4项被评为集团公司新纪录，27项被评为油田新纪录。

（陈　波）

【市场开拓】　2011年，油田石油工程按照“突出特色，强化品牌，拓展市场谋跨越”的要求，坚持“走出去”战略不动摇，突出重点，抢抓机遇，团结奋斗，大力开拓外部市场。

（1）域外市场不断巩固拓展。物探处先后完成东北、延长、南方、新疆等地震采集项目，中标东北油气分公司的松南新区甘旗卡、东大坝、茫汉二维地震项目和塔里木盆地巴楚隆起西段二维（一标段）地震勘探采集项目，积极开拓非烃类勘探市场，签订了淮安市杨槐块段盐类矿床勘探合同。钻井牢牢站稳新疆、海南、内蒙、淮阴盐井等主要市场。钻井处新疆钻井市场有4部70钻机，工作量平稳；在盐井项目上，他们将从也门项目撤回的人员组建成3支钻井队，为淮安非烃类市场的多个甲方服务。安徽公司华东、内蒙钻井项目平稳运行；地测处在做稳陕北、浙江、海南市场的同时，开始介入地热井的测井和海上的套损测井;井下作业处进一步拓宽华东分公司、浙江油田的服务领域,淮北煤层气施工取得良好开端。

(2)国外市场逆势而上。在中东、北非局势动荡、国际经济低迷等困难面前,实现了国外项目安全平稳运行,并在市场开发等方面取得可喜成果。物探处保持了海外市场的稳步发展,2011 年新签了 5 个项目,其中阿尔及利亚 2 个、尼日利亚 2 个、也门 1 个。安徽公司中标了厄瓜多尔钻井市场。井下作业处修井项目以良好的业绩在厄瓜多尔创树了品牌形象。

(3)市场美誉度不断提升。石油工程外部市场服务始终坚持"质量第一,诚信为本,共赢发展"的合作方针,以优质服务占领市场,以恪守承诺赢得信任,打造了江苏油田工程队伍良好的品牌形象。物探处东北松南新区彰武地区二维地震采集项目获得"优秀工程"奖,钻井处 70835JS 钻井队两次荣获西北油田分公司"红旗钻井队"称号,70833JS 钻井队于 12 月首夺西北油田分公司"红旗钻井队"称号,安徽公司 4019JS 钻井队在华东分公司开展的"比学赶帮超"活动中荣获第三名,井下作业处厄瓜多尔修井项目 RIG903 和 RIG904 双双被评为 2011 年一季度 HSE 成绩最好的队,受到甲方的好评。油田新疆队伍在疆征战 10 年,已成为塔河油田增储上产的生力军。

(陈 波)

【创新创效】 石油工程各单位高度重视创新创效、特别是新纪录的创、破工作,做到有计划、有培育、有督促。通过优化技术方案,完善技术措施,强化安全管理,各施工队伍奋勇争先,形成了"比学赶帮超"的良好氛围。2011 年在域内外市场先后有 27 项与钻井、测井、试油、作业、地面建设等专业有关的油田石油工程纪录被打破。另外,水平井队年进尺最高和连通井井口间距最长、带压施工压力最高创集团公司 2011 年度石油工程新纪录。

(陈 波)

【科技管理】 按照集团公司要求,为加快石油工程瓶颈技术攻关,形成新的工程配套技术,完善技术支撑体系,保障重点勘探开发工程的顺利实施和促进油气田采收率提高,按照"贴近市场、突出重点、超前储备、力求创新"的原则,石油工程系统积极做好油田石油工程技术导向项目的筛选、论证和申报工作。2011 年申报的项目一方面符合石油工程技术的发展趋势,另一方面着重解决江苏地区工程技术难题,以达到环保节能和降本增效的目的。经集团公司统一审查,在油田上报的项目中,"叠前成像技术在徐闻资料处理中的应用研究"等 6 个项目顺利通过审查并立项,涉及专业有物探、钻井、测录井等。

(陈 波)

【非常规油气勘探开发】 在油田非常规油气勘探开发启动后,石油工程系统积极响应,开展了非常规知识的学习和调研工作,借鉴和学习国内兄弟油田非常规油气资源的成功做法和先进经验,推动江苏油田非常规油气资源技术发展。11 月,工程处组织勘探开发及有关石油工程单位技术人员赴胜利、吉林、江汉等油田开展非常规油气勘探开发工程技术调研,油田非常规油气开采工程技术研究攻关工作全面启动。油田首口低渗致密砂岩长水平段水平井桥 7 平 1 井的施工,标志着油田向低渗致密油气藏进军迈出了实质性的步伐,拉开了非常规油气勘探开发的大幕。

(陈 波)

【信息管理】 根据中国石化总部要求,工程技术管理处每月按时编制上报集团公司和股份公司石油工程报表以及队伍动态实时更新,涉及包括物探、钻井、测井、录井、井下作业、油建、水电等 7 个石油工程专业。江苏油田资料上报的及时性和准确率始终保持在所有单位前列,多次获得总部有关部门领导的好评。为了及时反映油田石油工程整体概况和工作进展情况,为各级领导和管理部门提供最新的第一手石油工程信息资料,工程技术管理处设计编制了油田石油工程月报。月报涵盖石油工程物探、钻井、测井、录井、井下作业等五大专业,内容分为生产情况、队伍情况、井控工作、主要工作成果与技术创新、石油工程系统大事记等五部分,成为全面了解石油工程板块状况的重要参考资料。

(陈 波)

安全监察

【安全监察概述】 2011 年,油田以集团公司安全工作会议精神为指导,以科学发展观统领 HSE 工作,认真贯彻执行国家安全生产、环境保护和职业卫生法律法规;进一步深化"我要安全"主题活动,牢固树立"四不"安全理念,认真查找 HSE 工作薄弱点,强"三基",除"四害",推进安全、环境文化建设;坚持安全发展、清洁发展,深入开展污染减排活动,持续构建平安油田、绿色油田、和谐油田。2011 年安全生产工作主要目标:实现

"五杜绝"(杜绝井喷失控事故,杜绝从业人员死亡事故,杜绝特别重大交通事故,杜绝放射性物品、民用爆炸物品、剧毒化学品失控事件,杜绝境外从业人员死亡事故);从业人员事故重伤率不超过0.15‰;集团公司隐患治理项目完成率100%。职业健康主要目标:在岗职工职业病发病率控制在0.1‰以下;接触职业危害因素职工上岗前、在岗期间和离岗时的职业健康检查率达到100%;从事放射工作个人剂量监测率达到100%;职业危害因素监测覆盖率80%,监测点合格率95%;高毒物品岗位每月进行一次职业中毒危害因素检测。围绕安全与职业健康工作主要目标,结合"突出一个理念,抓好三个重点,削减六大风险"的HSE工作要点,油田根据集团公司安全工作要求,积极推行"七想七不干"工作,持续深化"我要安全"主题活动,加大直接作业环节监管力度,开展要害部位安全环保监督检查,认真落实"三特"领导带班工作,加强安全环保教育和操作技能培训,不断夯实HSE管理基础,确保了HSE形势的总体稳定。

(李志斌)

【安全检查】 (1)做好集团公司安全检查及省、市安监部门执法检查迎检工作。年内共迎接集团公司安全检查3次,省、市安监等部门检查7次。对各级检查过程中提出的具体问题,油田立即组织整改工作,对不能立即整改的问题及时落实防范措施,同时针对发现的问题,举一反三,加大隐患整改工作力度,进一步提升油田的安全管理水平。

(2)组织油田HSE大检查。2月、7月分别由油田领导班子带队,HSE委员会全体委员参加,先后开展了HSE大检查。共检查了27个二级单位的161个基层队站和作业现场,发现不符合项610个,整改575个,35个问题在采取防范措施基础上,被纳入2012年安全技术措施计划进行整改。

(3)继续开展安全隐患排查工作。全年共排查隐患9044个,年内整改8789个,整改率97.18%,对不能立即整改的问题均落实了防控措施。

(4)加大专项安全检查力度。机关处室按照"谁主管,谁负责"的原则,履行监督检查职责,先后组织了井控管理、设备安全、防洪防汛、冬防保温、承包商管理等一系列专项检查,帮助基层查找和整改隐患。综治办定期到重点防火单位开展防火检查,全年下发隐患整改书19起,隐患整改复查全部合格,指导各二级单位开展消防安全检查1080次,查出并整改隐患602处。1月开展了为期1个月的火灾隐患排查与治理专项行动月活动,重点对油气集输站库、原油外输码头、宾馆饭店等重点防火单位的消防疏散通道、火灾自动报警和自动灭火等消防设施进行了消防安全检查。安全监察处组织真富、高杨产能建设项目及钻井、作业、油建等施工现场安全检查、域外项目安全督察、井控安全督察等专项检查,通过检查查找、消除各类事故隐患。

(5)强化对HSE联系(承包)点的检查。年内油田HSE委员会成员到HSE联系(承包)点检查指导179次,提出376个问题和要求,各有关单位对查出的问题进行了认真整改,对提出的要求予以逐项落实,进一步加强了对重点要害部位的安全管理。

(6)强化领导值查、夜查及"三特"领导带班工作,实现领导值查和夜查制度的常态化。年内油田领导带队值查95次,"三特"领导带班189次,各单位对提出的要求逐项落实,对查出的问题逐条整改,做到了闭环管理。

(李志斌)

【安全教育培训】 年内油田共举办HSE、硫化氢、井控等各类培训班226期,累计培训12190人。根据安全动态、季节安全工作特点,利用手机短信平台,及时给各单位安全管理人员、基层车队干部、关键重点岗位人员发送安全提醒短信9000条,指导各单位有针对性地开展安全教育、安全检查和风险控制等工作。通过不同形式的教育培训,进一步提高了全员安全意识和安全技能,增强岗位员工处理突发事件和自我保护的能力。

(李志斌)

【安全活动】 油田组织开展深化"我要安全"主题活动,各二级单位结合自身专业特点和本单位实际,开展了有针对性的活动。局团委组织开展了安全文化沙龙活动,钻井处开展了全员"三谈三反一提高"活动。3~7月,油田开展查找身边"十大薄弱环节"活动,管理部门以"查管理、找短板、堵塞漏洞"为重点,基层单位以"查执行、找缺陷、狠抓落实"为重点,班组和员工以"查隐患、找违章、削减风险"为重点,查找"十大薄弱环节",进一步提升了管理水平。在6月"安全生产月"活动期间,围绕"安全责任,重在落实"的活动主题,开展了6项具体活动。8~12月在油田开展以"学规章,抓执行,辨风险,保平安"为主要内容的车(船)队HSE管理主题活动。年内在油田生产现场推行"七想七不干安全提示卡"做法,将安全管理"关口前移"、"重心下移"、"标准上移"。通过各项活动的有效开展,提升了广大员工安全意识和自主管理素质,增强了油田干部职工的安全责任意识,促进了各项安全措施的落实,进一步夯实了安全管理工作基础。

(李志斌)

【HSE体系建设】 大力宣传油田长期积淀形成的安全文化理念,提升广大员工安全意识和自主管理素质,油田安全部门制作3000本《安全文化台历》发放到广大员工手中，进一步提升油田安全文化建设水平。年内完善了《二级单位领导带班制度》、《关于在一线生产单位选聘安全监督员的指导意见》等制度，组织实施了安全制度标准化信息化改造工作，完成《江苏油田安全事故管理规范》、《江苏油田安全生产考核奖惩规定》等40个制度的改造工作。以"两书"的执行为抓手，强化HSE管理体系的实施工作，对13家二级单位的29个基层队站开展了"两书"实施效果检查，现场指导基层单位进一步完善"两书"内容，提高执行效果，促进HSE管理体系在基层的规范实施。对两家重点帮扶单位开展了HSE管理体系审核诊断。

（李志斌）

【应急管理】 油田加强应急管理工作，在冰雪、洪汛、高温等特殊恶劣气象条件下，及时启动应急预案，采取有效应急措施。2月，两场风雪接连袭击百里油区，8月，"梅花"台风及洪水来袭，局处两级领导班子带头深入一线协调指挥，深入基层看望慰问职工，深入现场排忧解难。年内完成地方政府、集团公司组织的《突发事件应急预案》评审、备案工作，开展主要生产单位应急预案修订及审查。组织应急演练，6月在刘陆联合站组织了破坏性地震应急救援综合演练，10月在联7-6井开展了井喷及硫化氢逸散井控演练。通过应急演练，油田各级领导及员工的应急管理意识得到提升，部门与专业队伍的协调作战能力得到提升，油田应急处置的实战能力得到提升。年内油田积极应对境外公共安全事件，针对公共安全形势，多次组织召开专题分析会，下发了《关于加强域外境外安全工作的通知》。针对也门政局不稳的情况，油田果断决策，启动撤离应急预案，使中方工作人员全部安全回国，并做好了设备财产保全等工作。针对叙利亚面临的紧急情况，按照集团公司的统一部署，启动预案后及时撤离。

（李志斌）

【安全技术措施】 结合油田实际，针对存在的事故隐患，按照轻重缓急的原则，编制了《2011年安全技术措施计划》，计划共173项1938.9万元。经各单位、各部门共同努力，2011年安全技术措施计划资金到位率和项目完成率均为100%。安全技术措施计划的有效实施，增强了职工的安全意识与操作技能，提高了本质安全水平，改善了劳动安全与职业健康环境，保障了职工的健康与安全。

（李志斌）

【隐患治理项目】 经油田申报，集团公司和股份公司共下达给油田隐患治理项目9项，投入资金2107万元。油田认真执行《事故隐患治理项目管理规定》要求，全面完成了试采二厂泄洪道内供电线路隐患治理（续建），锅炉熄火保护燃烧器配置；试采一厂盐城天然气处理站增设火灾报警系统及长输管道隐患治理，真武天然气集中处理站轻烃储罐高低液位报警仪更换及稳定系统安全隐患治理；水电讯处变电所35千伏设备构架改造（续建）；物探处沙漠危险品运输车购置；扬州石化35千伏总降及分降开关柜隐患治理，催化装置ESD系统升级改造，瓦斯紧急排放系统及气柜、火炬隐患治理项目改造等9个项目。落实总部"2·14"海（水）上隐患治理专题协调会议要求，核查并落实江苏油田水上油气生产装置（设施）隐患项目2项计5312万元，其中湖区高架抽油机改建1932万元，穿越水体输油管线重建3380万元，共分3年实施。

（李志斌）

【安全考核】 油田HSE管理委员会根据《江苏油田安全生产考核奖惩制度》和各单位安全生产情况进行了季度安全生产考核挂牌及年度安全生产评比。年底评出年度安全生产先进单位、安全生产合格单位。

（李志斌）

2011年度安全生产考核评比统计表

序号	单　位	季度考核挂牌				年度评比
		一季度	二季度	三季度	四季度	
1	地球物理勘探处	黄	红	红	红	合格
2	钻井处	黑	红	红	红	不合格
3	试采一厂	红	红	红	红	先进
4	试采二厂	黄	黄	红	红	合格
5	安徽石油勘探开发公司	红	红	红	红	先进
6	安徽采油厂	红	红	红	红	先进
7	地质测井处	红	红	红	红	合格
8	井下作业处	红	黄	红	红	合格

续表

序号	单　　位	季度考核挂牌				年度评比
		一季度	二季度	三季度	四季度	
9	采输卤管理处	红	红	红	红	先进
10	扬州石化有限责任公司	红	红	红	红	合格
11	油田建设处	红	红	红	红	先进
12	水电讯处	红	红	红	红	先进
13	运输处	红	黄	红	红	合格
14	物资供销处	红	红	红	红	先进
15	农工商公司	红	红	红	红	合格
16	邵伯管理服务中心	红	红	红	红	合格
17	真武管理服务中心	红	红	红	红	先进
18	扬州管理服务中心	红	红	红	红	合格
19	地质科学研究院	红	红	红	红	合格
20	物探技术研究院	红	红	红	红	合格
21	勘察设计研究院	红	红	红	红	合格
22	石油工程技术研究院	红	红	红	红	合格
23	职工培训处	红	红	红	红	合格
24	新闻中心	红	红	红	红	合格
25	紫京旅游集团	红	红	红	红	合格
26	离退休职工管理处	红	红	红	红	合格
27	矿业开发总公司	红	红	红	红	合格
28	局机关小车队	红	红	红	红	先进

（李志斌）

基　建　管　理

【基建管理概述】　2011年，油田基建管理面对复杂多变的外部形势和繁重的生产经营任务，紧紧围绕油田总体工作目标，在工程建设中坚持走精细管理、内涵发展道路，工程质量和安全管理得到加强，工程建设水平得到提升，在保油上产和民生工程建设上取得了较好成绩，圆满地完成了油田各项工程建设任务。一批新建、改造、检（维）修、系统配套项目相继建成投用，在建工程正按计划有条不紊地运行推进，实现了全年工作目标。高杨、真富产能建设工程全面完成，为油田持续稳产奠定了良好的基础；高集油田采输系统优化工程、崔庄联合站长输管道更新工程、杨家坝联合站储油罐更新工程、泄洪道高架平台更新工程、真武油田真35断块聚合物驱试验、陈堡污水处理改造工程、铜庄联合站改扩建工程等完工投产；码头庄处理站及原油外输管线改造工程、黄四联合站油气处理及供热系统改造工程、黄珏油库储油罐更新、陈堡联合站及站外管线改造工程、曹庄油区配电系统升压改造等一批油田重点建设工程按计划正常运行；淮安年产26万吨元明粉重点工程，各项工作正常有序、稳步推进，土建主体工作量已经完成，热电和盐硝车间设备已经安装就位，即将进入调试阶段；扬州石化催化装置消除安全隐患及节能降耗技术改造工程（MCP）、气分节能改造项目已经投运，进入生产考核阶段。天长科研生产基地顺利落成，成为“十二五”期间率先建成的油田重点民生工程，井下作业处瓦庄基层队点工程、黄珏采油生产区调整等工程也相继建成投用。

2011年新增合同核备工作量3.17亿元，实施项目1055项，全年完成工作量5.19亿元。实现了工程安全

淮安年产26万吨元明粉项目施工现场 （韩久荣 摄）

施工无事故，质量合格率100%，50万元以上工程质量监督率100%，200万元以上工程监理率100%，计划投资项目和10万元以上成本项目合同覆盖率100%，合同履约率100%，内部市场综合占有率94.38%。

（陆锡庆）

【基建市场管理】 在对工程建设市场的管理上，油田本着“有效管理，规范运作，适度竞争，保护内部”的原则，严格外部施工企业准入，油田施工队伍占领大部分油田内部市场份额；同时，按照集团公司对规范外协队伍管理的要求，加强了对外协队伍的清理工作，清理外协队伍8家。从已备案的合同数据统计，2011年共发生外协合同总金额1798.73万元，主要是油田内部企业资质未能覆盖的水文、桩基及设备维保等专业工程。同时加强了对内部施工企业的规范管理，强化引导，在项目的实施过程中加强监控和动态考核，对发现存在问题的单位，进行了通报批评，规范了市场参与者的行为。在配（限）额管理上，严格执行油田内部有关管理规定，当达到规定的配（限）额时，建设单位应停止直接发包，并明确超出部分列入下一年度年配（限）额。

（陆锡庆）

【基建制度建设】 结合中国石化集团公司开展的制度标准化、信息化改造工作，通过深入调查，在广泛征求意见和讨论的基础上，认真总结、反复研究，针对建设项目管理工作的各个环节，对现有规章制度加以整合、承接，对不适应油田建设工作的制度进行修订或废止，制定符合油田工程建设实际情况、具有较强针对性又便于操作的措施和制度。承接改造并印发了《江苏油田建设工程监理管理实施细则》、《江苏油田开工报告制度》、《江苏油田优质工程管理实施细则》、《江苏油田建设项目竣工验收管理实施细则》等四项管理制度，对强化建设项目投资、进度、质量、HSE管理、合同控制，加强监理管理工作的考核与评价，严格建设工程项目的验收程序，提高工程建设管理水平和投资效益将起到重要作用。在完善制度的同时，强调严格执行制度，做到制度面前人人平等，照章办事。

（陆锡庆）

【现场检查协调】 在工程建设管理中，切实加强对“五大控制”的管理，强化工程建设协调，以现场管理、召开现场协调会等多种形式加大工程建设协调力度，保证建设工程的顺利推进。2011年，油田重点建设工程点多、面广，为使工程各工序间无缝连接、平滑过渡，对重点工程进行重点协调。一般工程采用不定期巡查、现场处理的原则，通过定期召开工程施工现场协调会、不定期的现场巡查、电话、电子邮件等多种协调沟通方式，使协调工作真正起到了在工程建设各参建主体之间的桥梁和纽带作用。先后在高杨及真富产能建设工程、陈堡油田污水处理改造工程、试采一厂油管场改扩建工程、淮安元明粉工程、扬州石化技改工程、黄珏基地改造、黄珏油田地面改造等工程多次召开了由建设各方参加的现场协调会，主要就设计图纸、物资到货、现场施工、工程进度、工农关系、现场安全等方面的工作进行了协调，理顺各方关系，明确各方的职责，推进了工程建设顺利实施。

（陆锡庆）

【基建合同管理】 用合同备案管理规范参与者市场秩序。由于油田建设工程和上产急需项目的特点，有些工程出现了先开工后签合同的现象，合同签订后不及时送备案的比例仍不在少数。为此建设单位如要委托施工单位办理备案手续时，事先应由建设单位将工程的有关信息以电子文档形式提前上报，使得在合同备案前及时掌握工程的实际情况，努力完善建设工程施工合同备案的管理工作。2011年已备案合同1055份，合同工作量为5.19亿元。

（陆锡庆）

【工程招投标管理】 积极发挥招标投标在油田建设工程中的作用。采用招标投标的办法，把各投标单位放在公平竞争的平台上；实现“四个公开”，全面打造实施招标投标项目的“阳光工程”；建立了由土建、安装、经济等专业组成的评标专家库（隶属中国石化集团公司评标专家库），实行动态管理，开标前在局纪委监察处的监督下随机抽取评标专家,同时在招标过程中公开监督,由局纪委、审计、计划、定额、招标办等组成监督小组进行全过程的监督,真正建立了公开透明的监督机制,确保招标投标程序的合法有效,形成了相互监督、相互制约的有效防控体系,为公平有序的市场竞争创造了条件。全年完成招标项目 14 个,标的额 3786 万元,节省资金 516 万元。

(陆锡庆)

【建设工程安全管理】 油田两级基建管理部门在每个工程项目上始终把好开工安全第一关,严格执行工程开工前安全检查制度,对施工人员入场培训考核、工程施工组织设计、专项安全措施和安全管理制度的编制情况、安全管理网络的建立、安全交底记录、施工临时用电、用火、破土、高处作业等各项票证的办理、现场警示标识的设置、施工机械的运转状况、现场消防设施的配置、进入施工现场人员劳保的穿戴等方面内容进行严格的检查。在施工过程中,通过对照施工组织设计,专项施工方案执行情况、安全保证体系的运行情况进行严格的过程控制。在工程完工时,通过检查、验收等手段验证安全工作是否渗透到每一个环节,使安全管理的意识深入到每一位建设参与者的行动中。

扬州石化技改项目施工现场

(杨京春 摄)

(陆锡庆)

【工程承包商管理】 按照《中国石化集团公司工程建设项目分包发包管理规定》、《进一步规范江苏油田内部工程建设市场的若干规定(试行)》以及《江苏油田建设工程施工劳务分包管理规定(试行)》等文件的要求,加强了对油田内部工程建设市场的准入、分包发包、现场管理等方面的工作,并明确了具体要求,加强了分包行为的监督管理,对存在违法分包和有问题的分包单位进行了清出处理,并明确施工单位在投标文件或签订承包合同时,必须明确分包项目,并提出分包方案,经建设单位同意后方可进行分包,同时在工程实施中不断加强对分包队伍的监督检查,促使总包单位不断加强执行制度的自觉性,确保了在建工程的质量和安全,也使总(分)包队伍自身管理水平不断提高。

(陆锡庆)

【工程建设资源库管理】 江苏油田现有 5 家企业具有中石化 A 级资源库成员资格,6 家企业具有 B 级资源库成员资格,按照《中国石化工程建设市场资源库管理规定》的要求,加强了油田建设市场管理,促使各资源库成员能够抓住发展机遇,提高自身的竞争能力。10 月首次组织召开了中石化(江苏油田)B 级资源库年审对接会,对资源库成立以来各成员单位在油田建设工程施工、管理等方面所做的工作给予了充分肯定,同时对资源库在运行过程出现的问题,有针对性地提出了措施和建议,为资源库规范、有效管理完善了相应办法。

(陆锡庆)

【质量监督与监察管理】 2011 年,质量监督贯彻落实《建设工程质量管理条例》和中国石化工程部要求的“每道工序都是承诺”的质量理念,严格执行《石化工程质量监督工作程序》,紧紧围绕质量工作目标,进一步完善监督制度建设、找准监督工作定位,理顺监督工作关系、严格监督工作程序,注重专业知识更新、提升质量监督工作水平,强化工程质量的监督管理,重点在质量隐患预防和质量通病治理上下功夫,确保了建设工程质量以及各项基础资料的齐全、准确。全年承担江苏油田工程质量监督项目 55 项,编制监督大纲 1 份、监督计划书 57 份,进行工程质量监督交底 57 次,召开质量专题会 8 次,实施停监点监查 49 次,巡监 275 次。共发出停工单 1 份,工程质量问题整改通知单 18 份,涉及各类质量问题 96 项;发出监督工作联系单 14 份;组织综合性监督检查 1 次,涉及油区 14 个工程,查出各类质量问题 91 项;组织专项检查 5 次,查出各类质量问题 118 项。对查出的质量问题,质量监督站严格责任单位进行整改,为提高油田工程建设质量起到了积极的作用。

(陆锡庆)

【岗位培训与继续教育】 为适应新形势发展的需要及油田建设新任务的要求,积极改革创新学习培训内容、方法和机制,努力提高学习培训的质量和实效。重点围绕国家建设管理方面政策法规以及专业业务知识开展培训,切实提高了学习的针对性。年内油田有40人参加了中国石化2011年工程质量监察宣贯培训,有6人参加了国家质检总局委托中国特检院举办的压力管道鉴定评审员考核培训,有5人参加了质监总站组织的工程质量监督业务考试,有2人参加了石油天然气工业的管道输送系统相关研讨学习;有100多人参加了油建处组织专家对工业金属管道工程施工及验收标准的系统宣贯。同时根据扬州石化、试采一厂、试采二厂、工程监理部、元明粉项目等单位工作和现场管理的需要,有针对性地进行了旨在提高工程质量管理水平的培训学习,参培人员230多人,培训人员涉及油田所属各建设、设计、施工、监理、检测单位及油田职能管理部门、油田改制企业从事工程管理、质量管理的人员。

(陆锡庆)

【抗震减灾工作】 油田防震减灾工作始终坚持“预防为主,平震结合,常抓不懈”的防震减灾工作方针,切实按照国家、省、集团公司防震减灾管理规定开展工作。(1)充分利用“5·12”防震减灾日开展防震减灾的科普宣传活动,大力普及防震减灾知识。6月22日由基建办、安全处联合组织,试采一厂承办,在试采一厂刘陆联合站举行了首次江苏油田破坏性地震应急救援综合演练,其对提高油田应对各类突发事件和险情的应急救援处置能力具有现实意义和指导意义。(2)强化对在建工程的抗震设防检查,不断巩固抗震设防工作。对新建工程淮安年产26万吨元明粉项目、公道生产培训基地等工程进行了抗震设防、施工质量的复核性抽查。(3)根据国家和集团公司的要求,积极做好地震安全性评价工作。对集团公司的限上项目都及时进行了地震安全性评价,为工程设计、工程抗震设防、抗震减灾提供了有力的依据。(4)继续完善油田建设项目抗震减灾的“三同时”工作,重视对抗震减灾设防的检查和监督。(5)对油田存在的抗震隐患地区,采取改造、加固等措施消除隐患。

(陆锡庆)

工 程 监 理

【工程监理概述】 2011年,工程监理累计完成监理工作量13亿元,同比增长17%。其中:油田域外项目51项,完成监理工作量9.5亿元;油田内部项目46项,完成监理工作量3.5亿元。全年实现监理业务收入突破2050万元,其中:油田外部监理业务收入突破1000万元;账面盈利22万元,合同履约率100%,监理工程质量合格率100%,监理工程质量事故率为零。

(徐 晖)

扬州石化催化装置监理项目 (徐 晖 摄)

【域内外监理市场】 2011年,在全力保证油田内部各重点产能项目及油田矿区建设监理任务全面实施的前提下,全力巩固中石化、中石油等石油化工市场和太仓、扬州地区的房屋建筑市场。同时积极拓展了中海油市场和中石化地下储气库市场,为企业长期稳定发展奠定了坚实基础。2011年共签订监理合同64项,合同额3085万元。

(1)域内外监理合同的订立:油田内部合同32项,合同额965万元,占总合同额的31%;主要有真富、高杨2个会战项目,局科研中心以及产能建设项目20项,矿区建设项目9项。油田外部合同32项,合同额2120万元,占总合同额的69%。主要有:扬州名仕花园二期、太仓恒通佳苑公寓房;中石化苏南成品油管道补充合同、南方公司钻前项目以及江西成品油管道项目、华东石油局地面工程等;中石油加油站新建与改造项目;中海油常州涂料项目等。

(2)监理合同专业类别:化工石油工程共48项,合同额2154万元,占69.8%;房屋建筑工程共16项,合同额931万元,占30.2%。

(3)监理合同业主归属:中石化行业内项目(含油田项目)共50项,合同额2077万元,约占63.2%;中石油项目合同额200万元,占6%;中海油项目合同额209万元,占6.4%;外资、上市及民营企业项目11项,合同额799

万元,占24.3%。

(4)监理项目中标:通过监理投标,共有9个项目中标,中标价合计为1667万元。其中标价超过100万元的项目有5个,总监理费用1613万元。中标项目中油田内部项目1个,其余8项为外部项目。

(徐 晖)

【重点监理项目】 2011年,在全体监理人员的辛勤劳动和努力拼搏下,所承担的监理项目按合同约定往前推进,并严格按"四控两管一协调"的原则开展监理工作,呈现出以下特点:

(1)域内重点项目坚持高效优质的原则,严格管理出成果:①真富、高杨产能建设项目全面建成投产。②天长科研生产基地项目竣工移交。③扬州石化改造项目建成投产。④元明粉项目进入设备安装阶段。⑤陈堡联合站污水系统改造工程等项目的质量、工期、安全在监理人员的管理下得到有效保证。⑥扬州科研生产中心项目已按计划完成了维护桩施工。

(2)域外重点项目坚持信誉至上的原则,搞好服务出成果:①镇江康士伯项目于9月交付使用。②吉林农安油库于10月15日进油投运。③盐城—大丰天然气管线项目已于11月19日投产。④名仕花园一期、太仓城北花园、恒通花园等16万平方米住宅小区项目已经完工,其中城北花园七期三标段的32号、34号和35号住宅还被评为太仓市2011年度上半年优质结构工程,总监向能武也受到了好评。⑤名仕花园二期、太仓农民安置房各18万平方米住宅实现主体封顶。⑥中海油常州涂料项目(年产5万吨绿色环保新材料高技术产业化示范基地项目),截至年底,大型设备已安装完成,进入调试阶段。⑦南通欧区爱铸造材料(中国)有限公司项目(一期)进展顺利,天和树脂年产4.8万吨不饱和树脂项目(二期)设备安装工作基本结束。⑧勘探南方分公司钻前工程已交付30口。

(3)坚持质量第一创优质取得新成果。2011年,现场监理人员严格执行国家工程建设法律、法规、标准、规范等,牢固树立"质量第一"的思想,自觉履行监理质量责任,发现问题及时与参建各方积极沟通,实行动态管理,利用专业技能、工作经验及时解决问题,树立监理威信,保证工程质量始终处于受控状态。三季度,结合勘探局建设工程质量安全综合大检查,及时落实大检查讲评会精神,要求各现场监理组严格按照《建设工程质量管理条例》针对在大检查中发现的问题及时督促施工单位整改,将质量通病消除在萌芽状态,杜绝了质量事故。鲁皖二期成品油管道工程又获得中国石化集团公司2010年度优质工程奖;扬州友好医院项目获得江苏省、扬州市多项专业奖项。

(4)坚持"安全第一"的思想不动摇取得新成果。2011年,按照油田统一部署开展了两次安全检查活动,

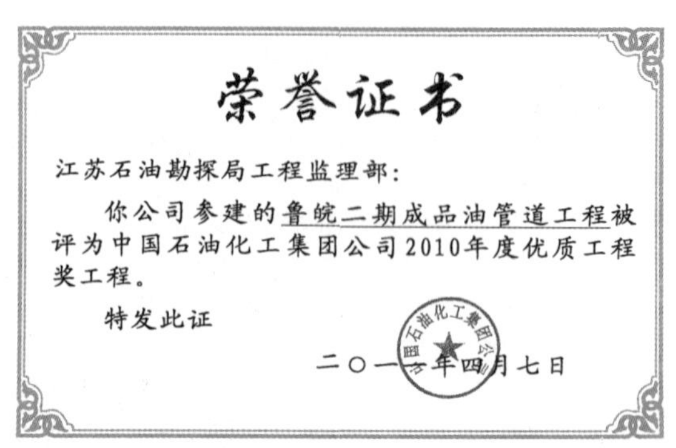

荣誉证书

江苏石油勘探局工程监理部:

你公司参建的鲁皖二期成品油管道工程被评为中国石油化工集团公司2010年度优质工程奖工程。

特发此证

二〇一一年四月七日

鲁皖二期成品油管道项目获优质工程奖

(胡勤飞 摄)

年初下发了《进一步加强安全生产工作的通知》,要求在现场监理工作中贯彻落实《建设工程安全生产管理条例》和《江苏油田企业安全生产禁令》,成立了安全生产领导机构,落实安全生产责任。在检查过程中做到查找问题、发现问题、解决问题,抓好落实,持续开展"我要安全"主题活动,推进监理安全生产理念和行为,组织全员安全教育培训,实现安全监理,监理安全。全年未发生安全事故。

(徐 晖)

【监理队伍建设】 项目管理中,工程监理工作可反映人的专业技术水平,因此,提高员工整体素质就显得尤为重要,主要做了以下工作:

(1)建立有效考核机制。2011年,监理部对所有现场监理人员按季度分层次进行"德、能、勤、绩"等全面考核。由总监理工程师对监理组人员进行考核,主要从工作态度、工作能力、专业技能等方面进行考核;在总监考核的基础上,部领导对所有人员的职业道德等方面进行考核。考核与奖金发放挂钩,考核与评优挂钩。朱明被评为2010年度中国石化工程建设先进个人,陈亮获得2010年度扬州市优秀总监理工程师称号,李海被评为油田工程建设先进个人。通过考核,清退了8名不合格劳务工。

(2)建立广阔的人才成长空间。对在监理岗位已满1年的4名大学生,按照扬州市人才市场的有关规定对其进行转正定级,还按照勘探局的要求为他们组织了转正、定级、答辩、考核等一系列工作。其中有3名本科生取得了助理工程师职称。他们的工作受到了总监的肯定,有的已能在单项工程上承担高职位的工作。

(3)建立、完善分配制度。监理部专门下发了《关于调整差旅费报销标准的通知》、《工程监理部劳务(聘用人员)奖金发放标准》等文件,根据人员岗位、项目等级、所在地区、贡献大小、能力高低等因素,制定了切实可行的标准,充分体现了报酬与员工的能力,水平、项

目结合，调动了员工的工作积极性。

(4)加强培训工作。为了及时更新工程建设方面的标准、规范等知识，工程监理部加大了对监理人员的培训、教育力度，全年共有92人次参加了由勘探局、扬州市、江苏省及中石化举办的管道焊接知识、安全管理、中石化监理工程师、见证取样员、建筑节能、分户验收等相关专业的培训，有4人参加了中石化工程部举办的《石油化工安装工程施工质量验收统一标准》的宣贯活动。

(徐 晖)

镇江挪威康士伯船电工程监理项目

(王 俊 摄)

【精细管理】 2011年，监理部按照“精细管理、内涵发展”的总要求，深化内部管理，从体系认证、财务管理等方面下功夫，打下坚实的精细管理基础。调整充实了“全员成本目标管理领导小组”，从加强组织领导上为进一步开展精细管理提供有力保证，同时落实成员责任，做到“人人心中有本账，人人手中会算账”；其次，管理人员深入基层，针对成本中较高的现场交通、通信、办公、住宿等费用进行调研，通过调研，制定了现场监理人员交通、通信、住宿、办公等各项费用控制指标；第三，加强各项会计工作的监督检查，把好复核审核关，发现问题及时解决。为保证精细管理的深入落实，三季度，监理部进行了QHSE三位一体认证，对原有体系中未考虑的“重大危险源和环境因素”进行修改、补充和完善。

(徐 晖)

【精神文明建设】 监理部在机关党委的组织、安排下，积极开展各项纪念建党90周年活动：组织党员、入党积极分子收看胡锦涛总书记的“七一”重要讲话；号召党员和入党积极分子为扬州市培智学校的学生踊跃捐款；组织了“‘七一’延安红色之旅”；在高温季节，部领导带领工会人员到各监理现场进行慰问；参加了局机关第十届“服务满意杯”排球赛；工会安排2010年度的15名优秀劳务工到黄山疗养。监理部呈现出领导带头讲和谐，员工自觉促和谐，上下齐心创和谐的浓厚氛围。

(徐 晖)

信息管理

【信息管理概述】 2011年，油田信息化管理工作认真总结“十一五”经验，规划“十二五”发展愿景，在深化勘探开发一体化数据中心大型综合业务应用、数据中心后续建设管理、网络系统优化、信息安全保密管理、信息门户建设管理、制度标准化信息化、信息工程管理、信息技术培训、中国石化信息化推广项目等方面取得了喜人成果：在工信部和石化工业联合会共同举办的“2011中国石油和化工行业两化融合推进大会”上，江苏油田荣获信息化融合创新奖；在中国石化企业信息化水平评定中，江苏油田连续第二年被中国石化评定为信息化水平A级企业；在中国石化2011年度信息化工作会议上，江苏油田荣获“中国石化‘十一五’信息化先进单位”称号，江苏油田钻井处、地测处、试采二厂荣获中国石化信息化先进基层单位称号。

(夏加斌)

【油田“十一五”信息化工作暨数据中心建设总结表彰会】 5月31日，油田组织召开了“十一五”信息化工作暨数据中心建设总结表彰会，会议全面总结了油田“十一五”信息化各项工作，重点总结了几年来倾力实施的勘探开发一体化数据中心建设情况，部署了“十二五”和2011年信息化建设的目标任务。13个二级单位和64名个人受到了表彰，6个先进单位代表进行了交流发言。

“十一五”期间，油田建成了勘探开发一体化数据中心及业务协同平台，实现了勘探、开发、工程一体化数据的跨专业、跨部门、跨单位自动流转和信息资源共享，实现了勘探开发工程业务在同一大平台下的一体化协同，这在油田信息化发展史上具有里程碑意义；引进、升级、完善了地震资料采集、处理、解释等一批专业软硬件系统；完成了油田核心主干网络全面升级换代，初步构架了万兆高速交换网络；积极推进ERP深化应用，集输注水生产优化系统、SAP－HR系统等一大批中石化推广项目建成上线，进一步提升了油田生产经营管理水平。

（夏加斌）

【数据中心建设维护管理】 （1）在数据中心系统建设与维护方面，勘探开发工程业务实现了网上一体化协同，业务数据已达8.6亿条，支撑全油田2700多用户的勘探开发生产业务工作；数据中心物探专业上线成功，物探处2163小队圆满完成陈堡高精度三维采集项目的数据录入应用工作；数据中心地质研究专业上线成功，启用了基于一体化数据中心的分析化验流程管理系统。

（2）在系统维护方面，①抓源头，保证数据中心源头数据录入落实到位；通过交流回访，了解数据录入中存在的问题；组织各专业业务培训。确保2011年套管侧钻井录井资料的全面录入，不再产生新的历史资料；统一由数据中心出钻井井史和钻井班报，减少基层工作量，简化工作流程；实现了勘探处试油测试任务书的网上协同编制、流转。②结合现场实际，不断完善数据中心软件系统。增加了对角色权限的显示功能，保证系统的安全性。增加了数据中心综合信息展示，便于数据中心各级管理人员对相关信息及时了解。提升采油专业模块，完成试采一厂、试采二厂、安徽采油厂所有小层信息、单井生产层数据的迁移导入；自动生成钻井专业生产日报。为地质研究专业增加了岩芯库“录井入库查询”，并增加了“追加化验分析项目”模块。③主动做好系统维护和现场技术服务。做好日常信息交流和技术反馈，确保进入系统的资料规范准确。系统管理员每天对数据中心入库数据进行备份，保障数据及系统的安全。做好服务工作，及时处理、回复用户各种意见和要求。

（3）在基于勘探开发一体化数据中心的应用建设方面，①油田生产运行管理系统正式上线运行。2011年12月1日，油田召开了基于勘探开发一体化数据中心的生产运行管理系统上线启动会。会议就系统上线运行相关工作作出安排、部署和要求。会上，来自钻井处、井下作业处、试采一厂以及生产协调处生产运行管理岗位的业务人员，演示了应用系统功能完成本单位本部门生产运行管理的业务过程。②基于数据中心的地理信息系统应用技术研究项目按计划顺利实施。截至12月，以勘探开发一体化数据中心为基础，以基础地理数据（全球1:400万矢量、全国1:100万矢量、江苏江都扬州地区高清影像）为补充，将数据中心业务数据和地理空间数据结合，完成了GIS应用系统库的建设、GIS应用系统环境的搭建。通过物化视图实现GIS库与油田勘探开发一体化数据中心数据的实时传递与同步。通过数据服务平台将业务数据进行整合并发布，实现了测井应用的单井信息展示，实现了录井应用的录井主题图、录井进度专题图、探井开发井专题图等。③完成了基于数据中心&ERP的井下作业财务分析系统开发。从10月开始，项目组完成了财务分析系统需求分析、财务算法整理、用例分析、系统开发和测试工作，系统将于2012年初实现上线运行。④实现了井下作业所有施工现场资料、报表的全油田资料格式。自7月起，井下作业处取消了所有现场资料报表的纸质存档，相应作业队、试油队、大修队、地层测试队的现场资料报表全部基于勘探开发一体化数据中心提取、流转、打印。

（夏加斌）

【网络系统优化建设管理】 （1）将扬州油田机关至金湖、合肥、天长的主干网通道全部扩充至100MB，保证了三地三个主要生产单位的网络应用需求。（2）优化汉涧网络线路路由，减少传输转接路径，同时将网络带宽由8MB提升到20MB，有效缓解网络拥堵问题。（3）对油田VPDN网络服务器系统升级和扩容，较好地满足了基层小队的勘探开发一体化应用的网络需求。将Ku卫星下载速度由5KB提升到330KB，提高了网络上传下载的速率。（4）对中石化主干网进行扩容，扩容后的电路为主用20MB，备用8MB，保证了油田ERP系统、资金集中管理系统、总部视频会议系统等关键业务的运行。

（夏加斌）

【信息安全管理】 （1）信息中心与局党委保密办联合开展信息安全保密检查，检查的重点是各单位网络建设测评和接入审批、网站发布信息的审核、移动存储介质的管理、网络的安全审计、访问控制和边界管理等。共抽查了6个二级单位，对各单位存在的问题现场进行了反馈，提高这些单位对信息安全保密工作的认识。（2）协助总部完成企业信息安全评估模板的建立工作。油田于6月中旬和11月下旬协助总部信息系统管理部开展了信息安全评估模板建立工作，模板建立小组从管理层面和技术层面对油田信息安全工作进行了评估，建立了油田企业信息安全评估模板并征求了油田对模板的意见。

（夏加斌）

【信息门户管理】 （1）加强对信息门户的管理，在油田信息门户上发布相关信息，严格按“内控制度”相关审核规定执行。油田信息门户全年共发布公告信息136条；完成主页每日生产数据、国际油价更新350次；油田新闻1186条，其中文字新闻840条，图片新闻346条。另外，加强对信息门户服务器的运行维护，定期备份重要数据。（2）组织开展油田第五届WWW网站评比。通过网站完善、网上投票、专家评审、总结表彰等四个阶段的工作，共评选出25个优秀WWW网站，大大促进了各单位、各部门的网站建设。

（夏加斌）

【技术培训】 (1)加强基层一线源点数据业务岗位培训,确保数据录入及时准确。根据数据中心的建设进度及各专业数据录入要求,数据中心各专业负责人认真准备,共培训岗位业务人员26次计350人次:其中,物探专业培训6次计20人次,钻井专业培训6次计80人次,录井专业培训2次计20人次,地质研究专业培训3次计100人次,采油专业培训2次计75人次,井下作业专业培训2次计60人次。(2)组织开展油田信息安全管理培训,提高油田信息安全管理人员的信息安全管理水平和业务能力。油田于9月下旬举办了油田信息安全管理培训班。培训内容包括信息安全技术,油田数据中心建设与安全管理、运维相关要求,网络安全与运维管理相关要求,网络安全准入系统、桌面安全系统、防病毒系统、邮件系统和油田视频会议系统运行和管理等。油田各二级单位的信息安全管理人员近50人参加了培训。

(夏加斌)

【中国石化推广项目】 (1)集输注水项目实现总体验收。通过引进国际先进的流程模拟技术,建立江苏油田试采一厂、试采二厂、安徽采油厂集输和注水生产优化模型。完成集输与注水系统优化项目在油田3个采油厂推广应用。1月,受总部委托,油田组织测试专家组完成了现场测试。3月底,中国石化总部组织相关部门和有关油田进行了现场总体验收。(2)中石化远程教育系统顺利实施,使各类人员岗位资格培训和岗位适应性培训时与课堂集中相衔接,延伸了培训过程,提高了培训实效。年内,系统完成服务器上架、联网,并激活测试、投入运行。(3)其他推广系统建设。2011年,中国石化合同管理信息系统、改善经营管理信息系统、中石化制度管理信息系统也先后在油田推广、试点、实施,提高了油田经营管理信息化水平,进一步规范和优化了各管理领域的业务流程。

(夏加斌)

审 计 监 督

【油田审计概述】 2011年全年油田审计计划项目32项,实际完成38项,超额6项。财务审计资产总额85.4亿元,工程及固定资产投资审计金额4.1亿元,审计查出问题金额7795万元,促进增收节支2560万元,提出94条审计意见和建议。全年油田审计工作呈现出"三多四新"、"四坚持一突出"的特点。三多:总部安排的专项审计调查多、二级单位领导干部离任经济责任审计多、跟踪和决算审计项目多。四新:首次对油田"三大成本"之一的采油成本开展管理效益审计,首次对油田合同管理开展风险审计,首次对油田参股单位——扬州石化开展整体管理效益审计,首次对残障基金2009~2010年使用情况进行审计。四坚持:一是继续坚持开展工程预结算审计等常规审计。二是继续坚持对油田分公司2010年度内控进行独立审计评价。三是继续坚持开展住房、职工帮扶和社保"三大基金"的财务收支审计。四是继续坚持对油田所属26家二级单位开展内部经营责任制考核兑现审计。一突出:突出了管理效益审计。重点完成了油田领导安排的"十一五"勘探局、分公司节能效果审计以及重大设备投资效益审计等6个大的审计项目。通过绩效考核审计和内部控制审计评价等审计项目的实施,对油田所属单位进行普遍性监督检查,通过经济责任审计和整体管理效益审计方式对7个二级单位进行重点和全面深度审计,重点审计面占全年审计任务的27%。

(王 欣)

【审计业务】 (1)经济责任审计力度进一步加大。全年完成了油田组织部(干部处)委托的农工商公司、安徽采油厂、试采二厂等6家二级单位原主要行政领导干部的离任经济责任审计工作,并首次对油建处党委书记开展受托期间经济责任审计,经济责任审计领域不断拓展。经济责任审计按照总部新的经济责任审计业务规范,在重点关注企业经营业绩和经营成果等8个方面的真实性审计内容的基础上,充分运用油田对所属26家二级单位开展的年度内部经营责任制考核兑现审计成果,将审计考核工作作为领导干部离任和任中审计的重要内容加以落实。同时将任期内单位存在的潜在问题和影响可持续发展因素等作为重点关注内容纳入审计,充分做到全面、科学的评价离任领导干部。

(2)财务收支审计内容进一步强化。一是首次对2009~2010年油田残疾人保障基金使用情况进行审计。二是继续坚持开展住房、职工帮扶和社保"三大基金"的财务收支审计,落实局领导"基金存续年必审"的要求。重点关注专项资金在提取、投保使用管理中的相关政策的执行与落实情况,进一步规范了基金的运作,确保了资金安全。

(3)工程投资审计领域进一步拓展。2011年,油田工程审计坚持围绕油田生产的重点和热点开展工作,及时把投资大、要求高的油田产能建设项目和重点工程纳入到审计监督的范围,一是重点开展了油田真富产能建设项目和26万吨元明粉项目在建跟踪审计。

进点会　（王　欣　供稿）

二是重点开展高集油田集输系统优化工程、油田分公司急需科研装备引进配套工程等2个竣工决算审计。三是继续抓好工程预结算项目"必审"工作，严格执行"不经审计财务不予结算"的规定。全年完成审计工程预结算书1553份，审计金额4.1亿元，审减工程造价557万元。

（4）内控评审水平进一步提高。继续开展2010年分公司内控评审，同时完成《内部审计流程》2010年11月~2011年6月和2011年7月~2011年9月期间的穿行测试并报告分公司内控办，促进了内控管理水平的不断提升。完成总部授权的油田分公司2011年1~8月内控评审，评审直接从分公司机关全面展开，促进了内控制度的有效执行。

（5）管理效益审计进一步突出。2011年，管理效益审计创新思路，拓展领域。首次对油田"三大成本"之一的采油成本开展管理效益审计，揭示了管理中存在的问题，总结了油田原油生产管理中"降本增效"的经验，提出了挖潜增效的建议和意见，审计报告得到了局领导的认可。首次对油田控股单位——扬州石化开展整体管理效益审计，进一步探索了开展管理效益审计的方法和途径，为拓展管理效益审计的领域积累了经验。首次对油田分公司、勘探局合同管理开展风险审计，就合同管理中的风险防范与法律保护意识等方面提出建设性的建议和意见。此外，完成了油田领导安排的"十一五"勘探局、分公司节能效果审计以及重大设备投资效益审计项目。全面总结、分析和反映了"十一五"期间油田节能降耗取得的效果、经验和存在的不足以及重大设备投资管理效率、潜力和不足，为推进油田节能降耗和投资管理工作提出了措施和建议。

（6）专项审计调查力度进一步加大。重点完成了总部统一组织的企业银行账户清理及核销情况、油田企业外委（协）作业队伍清退情况、企业科协技协收支和管理情况等专项审计调查，以及总部委托油田开展的川气东送油田参建项目审计自查等工作，及时上报审计结果。同时，积极与油田内控、ERP（TMS）、法律事务和效能监察等管理部门进行有效联动，积极配合局纪委等其他部门的协查工作。扩大了审计影响，促进了审计成果的有效转化和应用，发挥了"五把锁"在油田生产经营管理中的功能。

（王　欣）

【审计荣誉】　2011年，油田审计首次获得国家审计署授予的2008~2010年全国内部审计先进集体荣誉；审计处再次荣获江苏省内审协会理论与实务研讨优秀组

全国内审先进表彰会　（王　欣　供稿）

织奖；在中石化审计系统审计业务"大比武"活动中，江苏油田审计荣获团体铜牌，个人获三等奖；审计处党支部被评为局机关先进党支部，审计处被评为局机关双文明处室；在总部开展的项目评选中，审计处有3个审计项目入围总部优秀审计项目的评选，其中荣获优秀审计项目二等奖1项。油田产能建设项目跟踪审计的做法在总部2011年第18期《审计简讯》上进行了通报表扬。

（王　欣）

【审计理论研讨】　2011年，审计处积极开展理论研讨活动。该处有90%的审计人员参加油田、中石化和江苏省的理论研讨。在全国内审协会的理论与实务研讨中，江苏油田审计撰写的课题荣获三等奖；在江苏省经济责任审计理论与实务理论研讨中，江苏油田审计参评的论文分别荣获二等奖1项、三等奖1项、鼓励奖2项；审计处党支部提交的论文在油田机关2010~2011年度思想政治研讨工作中荣获政研成果二等奖。处党支部在局机关双文明表彰会上进行了《创建"学习型"处室、打造高素质队伍》的经验交流。

（王　欣）

【培训与人才培养】　审计处始终将审计人员的培训和后续教育作为素质培养和提升能力的首要任务来

全省经济责任审计理论研讨优秀组织奖领奖现场 （王 欣 供稿）

抓，积极推进人才成长。全年油田内部举办各类专业集中培训 3 期，培训 95 人次，外送总部审计局、中内协会和江苏省内审协会等单位举办的培训 33 人次。先后选送 8 人次参加国家审计署和中石化审计局等组织的审计项目工作，外送人员的工作水平得到了充分肯定和表扬。在对外交流方面，组织和参加江苏省内审协会的各种学习和交流活动，审计处作为江苏省的央企唯一代表单位参加了江苏省与重庆市审计工作的研讨，并作了经验介绍。

在人才培养方面，油田领导十分关心审计干部队伍建设，2011 年新提拔任用正科级干部 1 人，副科级干部 4 人，引进具有中、高级专业职称和专业特长的审计人才 4 人，审计队伍结构得到优化和充实，为油田审计工作的开展提供了重要保障。

（王 欣）

【审计配合】 2011 年，油田审计高度重视总部审计项目的迎审配合工作。一是重点配合审计局北京分局对油田开展的“石油工程结算专项审计”，成立迎检工作领导小组，周密安排配合工作，对审计组提出的问题，认真、及时、迅速地进行整改并反馈整改落实结果，确保审计任务顺利完成。二是积极开展“小金库”专项治理自查自纠、复查核实和迎接总部大检查准备工作。三是按上级通知要求全力做好国家审计署对原中石化总经理苏树林开展离任审计的迎审准备工作。

（王 欣）

【审计基础工作】 2011 年，油田审计根据总部审计工作部署和油田生产实际，在满足总部、油田领导、油田生产经营和审计监督 4 个方面需要的基础上，一是严细计划管理，科学、合理安排年度审计项目。统筹兼顾，实现总部审计项目与油田审计项目的协调配置，专项审计与常规审计的有效结合，审计项目覆盖了油田生产经营的重要领域和重点环节，使审计监督不出现大的盲区。二是科学组织审计计划实施。坚持落实月初重点工作计划安排、月末工作总结，以及季度工作动态反馈制度，实行动态管理。三是优化组织方式，积极开展以主题审计为主、多项审计联合进行的审计方式，有效地整合了审计资源，减少了对被审计单位的出入频次，加快了审计工作节奏，提高了工作效率；积极推行开放透明审计，强化问题现场沟通、意见现场交换，提高了审计时效。按照总部审计工作全过程信息化管理的要求，全面推行审计项目在总部集成管理系统上办公，实行审计项目全过程监督管理。大力开发应用审计处内部网络办公系统，基本实现了办公自动化的要求。

（王 欣）

【审计质量管理】 2011 年，根据总部、油田制度标准化改造要求和油田审计工作的需要，按照精细化、标准化、规范化和信息化要求，先后制定、修订、转发《江苏油田审计工作规定》等 20 多项审计业务和管理制度，进一步完善了制度管理体系。进一步落实审计质量的三级审理，严格执行组长和主审负责制，强化对审计方案的审前调研和审计现场督导，规范审计操作行为，促进了审计质量的提高。

进一步完善审计业务工作考核。结合员工绩效考核要求，修订了审计处审计工作考核办法，明确要求所有审计项目必须以优秀审计项目的标准组织实施；所有审计项目的重要环节均必须纳入项目质量考核；所有审计项目取得的审计成果和创新效果均必须纳入项目年终绩效考核；所有考核结果必须与个人、科室的全年绩效、评先评优和职称晋级挂钩。通过审计业务项目评分、职工民主评议与处领导评价相结合，定期考核与年终考核相结合，定性分析与定量分析相结合的方式，对审计人员的业务质量和综合能力及素质进行考核评价，通过积极的质量控制和严格的工作考核，有效促进了审计质量的提升。

（王 欣）

【作风建设】 审计处始终将提高审计人员的思想政治和职业道德素质作为审计队伍建设的重要工作常抓不懈。始终坚持廉政建设“四坚持一考核”机制，即：坚持执行审计任务前处领导与审计组廉洁谈话制度，坚持审计期间“一书一表”的监督和反馈制度，坚持审计组长负责项目审计与廉洁审计“一岗双责”制，坚持审计回访制。严格执行廉洁从审与年度的干部考核和绩效考核挂钩制度。审计的执行力和公信力得到了进一步的增强，树立了审计形象新标杆。2011 年，审计处还扎实开展了以“五比五看”为主要内容的“比学赶帮超”、创先争优等活动，认真落实油田审计“五个一”比学目标，组织开展“责任、潜力、方法”大讨论，全力打造一支高度负责任、高度受尊敬的审计队伍。通过各种活动的有效开展,进一步促进了队伍作风的转变,审计队伍的战斗力进一步增强。

(王　欣)

技术监督

【技术监督概述】 2011年,油田技术监督工作深入贯彻科学发展观,紧紧围绕"加快有效发展,构建和谐油田"主题,牢牢把握"精细管理、内涵发展"主线,以创先争优和"比学赶帮超"活动为抓手,"强三基、除四害",为油田勘探开发和生产建设提供技术保障,在节能、环保、水务、质量、标准、计量和特种设备检测7个系统中取得成效,完成主要考核指标。油田荣获"十一五"全国石油和化工行业节能减排先进单位、环境保护先进单位称号;江苏油田环保管理位列集团公司上游企业之首,连续7年荣获集团公司环保先进单位称号,水务工作荣获集团公司专业竞赛污水处理三等奖;分公司获江苏省质量管理小组活动先进企业称号,油田获得江苏省能源计量先进单位、扬州市节能先进单位称号。技术监督中心荣获局机关2011年度双文明先进处室和先进党支部称号。在局机关排球赛中,中心不畏强手,敢于拼搏,夺得局机关排球比赛冠军称号。10月,处组织了"低碳出行,阳光健康"徒步瓜州活动,以实际行动践行节能、环保的生活方式,经过3个多小时17千米的行走,有31人走到目的地,锻炼了身体、彰显了技术监督团队活力。

(黄永生)

【技术论文交流】 技术监督中心分别按节能、环保、质量标准和特检综合4个组进行了技术论文交流活动。每位职工结合岗位特点,密切联系基层,围绕解决生产实际问题,开动脑筋,认真撰写,技术交流畅所欲言,从不同角度剖析技术主题,围绕中心提出中肯建议。经评选,评出了12篇优秀论文,有11篇在专业期刊上发表,理论水平和业务能力得到进一步提升。

(黄永生)

【节能荣誉】 油田获得"十一五"全国石油和化工行业节能减排先进单位称号。分公司获得中石化股份公司节能达标企业荣誉;扬州石化获得炼油专业保标单位称号;试采一厂、试采二厂和安徽采油厂获得采油厂达标竞赛奖;钻井处和水电讯处获得工程单位达标竞赛优胜单位称号;15个基层单位获得达标竞赛优胜队(站)称号。

(王云岭)

【能源消耗】 2011年,油田能源消耗总量292828.82吨标煤,同比增加4249.94吨标煤,其中工业生产消耗254719.71吨标煤,非工业生产消耗38109.11吨标煤。分公司能源消耗总量177611.38吨标煤,比上年同期增加4312.16吨标煤,增幅2.49%。勘探局能源消耗总量115217.44吨标煤,比上年同期减少62.22吨标煤,降幅0.05%。

(王云岭)

【节能指标】 分公司2011年工业万元产值(2010年不变价)综合能耗0.281吨标煤,同比上升2.45%,比股份公司的考核指标低0.002吨标煤;勘探局2011年工业万元产值(2010年不变价)综合能耗0.423吨标煤,同比下降1.86%,比集团公司的考核指标低0.003吨标煤,实现考核节能量1479吨标煤。扬州石化的万元产值综合能耗为0.383吨标煤,比股份公司考核指标低0.001吨标煤,实际完成节能量170吨标煤。

(王云岭)

【节能目标责任制】 依据中国石化能源管理办法和节能与达标目标责任评价考核办法,油田与各单位签订了节能目标任务,将节能指标的考核纳入年度油田组织绩效的考核中。各单位一把手负总责,将节能指标层层分解,落实到队站、班组和岗位,实现了油田、厂(处)、基层单位三级节能管理体系,实行严格的"问责制"和"一票否决制"。

(王云岭)

【节能例会】 3月召开了2010年度暨"十一五"节能工作总结表彰会议,全面总结"十一五"期间油田节能工作取得的成绩,表彰了2010年节能先进单位、节能先进工作者。8月召开2011年季度节能工作例行会议,传达了集团公司2011年节能达标工作会议精神,通报了上半年节能指标考核结果,上半年节能监测和产能建设项目节能评价结果。节能例会阶段性总结油田节能工作,分析了形势,交流了经验,部署了工作。

(王云岭)

【节能宣传周活动】 根据国家发改委等14个部委联合下发的《关于2011年全国节能宣传周活动安排意见的通知》(发改环资〔2011〕911号)精神,部署了2011年节能宣传周活动:一是认真做好节能减排的宣传;二是开展节能减排合理化建议活动；三是开展新建产能项目节能监察专项行动。节能宣传周期间，开展了“节能我行动，低碳新生活”的知识答题活动。以《江苏石油报》增刊的形式发放知识答题试卷，油田分管领导、机关处室长带头答题，技术监督处全体职工参与答题；二级单位处级领导、科室长、节能管理人员、基层队领导和班组长参与答题。节能部门按10%的比例，对部分二级单位进行了现场抽查考试，对答题的效果进行考评。

（王云岭）

【节能减排合理化建议】 6～9月，在油田范围内组织开展了节能减排合理化建议活动。经二级单位层层筛选和优中选优，共收到来自试采一厂等18家二级单位推荐的合理化建议77条。依据合理化建议的技术水平，可实施运用范围等，预计可能产生的经济效益、节能减排的效果等，经组织评审和多次论证，共评选出一等奖2条、二等奖5条、三等奖9条和优秀奖19条。2011年获奖的合理化建议，部分已经得到落实。6月15日，节能减排合理化建议成果现场交流活动在试采二厂采油十队举行，共有24名来自试采一厂、钻井处等16个单位节能部门的科室长和管理人员参加了现场交流活动。采油十队作了节能减排合理化建议成果多媒体汇报，会议代表现场参观了韦8中转站和韦8－12井井场节能减排合理化建议落实情况。据统计，在2010年获得一、二、三等奖的20条合理化建议中，有16条得到落实，落实率达80%；获得优秀奖的40条合理化建议中有20条得到落实，落实率达50%，实现年节约3510吨标煤。

（王云岭）

【能源审计】 油田成立了以主要领导为组长的节能减排专项审计工作领导小组，对“十一五”期间油田能源管理、能源计量和统计、实物能耗、能源消费结构、能源成本、节能量、节能技改项目及节能指标完成情况等开展了节能效果专项审计，并形成审计报告。通过节能审计，分析油田能源利用状况，评价油田“十一五”节能效果，提出切实可行的节能措施和建议，促进油田能源管理和利用水平的提高。

（王云岭）

【企业节能标准】 2011年制定了企业节能3项标准，即太阳能—电加热装置能效测定、固定资产投资项目节能评价技术规范和输油管道穿心电加热装置技术规定等。

（王云岭）

【节能培训】 9月，油田举办了节能管理培训班，主管节能的厂（处）长、各单位节能部门负责人、节能管理人员共65人参加培训。培训内容以油田机采系统节电技术及测试评价、提高油田集输与注水系统效率等为重点。试采一厂、试采二厂、钻井处、地测处等单位具体讲解了报表资料的收集填报和分析过程中的经验和特色等。11月，有5人参加了由油田事业部举办、节能监测中心承办的节能监测培训班，并全部通过考核，取得证书。

（王云岭）

【节能达标指标评比】 根据中国石化油田企业达标管理要求，结合油田工作实际，制定并实施了《江苏油田基层队（站）节能达标指标评比方案（试行）》，要求基层队（站）每月上报节能达标月度指标，经二级单位主管节能部门审核后，上报油田节能部门。节能部门按月公布不同队（站）的节能达标月度指标评比排名结果。8月，节能部门组织了基层单位节能达标指标数据质量调研工作，对6个单位的11个基层队的节能达标上报数据进行了溯源。自活动开展以来，有力地调动了基层队（站）参与节能与达标工作的积极性。

油田节能工作汇报 （黄永生 供稿）

（王云岭）

【节能项目和科研】 全年油田在用主要节能“四新”技术项目42项，累计节约能源折合标准煤2.81万吨（其中：油田分公司21936.6吨标准煤；勘探局4820.41吨标准煤；扬州石化1341.4吨标准煤）。节约实物量分别为原油4152吨、电力4663万千瓦·时、原煤1941吨、汽油57吨、柴油2620吨，节约能源消费资金8778万元，为有效遏制能耗增长幅度，降低企业生产成本，全面完成中石化集团公司下达的各项节能指标任务提供了有力保障。积极开展节能科研，组织对钻井处32651JS、32015JS钻井队钻机网电装置供电品质和70200JS钻井队交流变频钻机供电品质进行了测试和评价，测试的主要参数为回路电压、电流波形、回路功率因数、回路电压谐波含量、回路电流谐波含量、回路谐波分布等。分析用电设备对供电系统的影响因素，减少各种谐波对用电设备的影响，提高系统供电质量，有效地提高了能源利用效率。

（王云岭　孙立庆）

【节能监测】 节能监测坚持为管理服务、为基层服务，高标准超额完成任务。全年共测试主要耗能设备532台次，其中：机械采油系统测试380台次，完成年计划任务的122%，注水系统测试57台次，完成年计划任务的139%，输油系统测试37台次，完成年计划任务的115%，锅炉、加热炉测试58台次，完成年计划任务的120%。油田机采井和锅炉、加热炉效率在集团公司名列前茅；完成兴瓦等6个固定资产投资项目节能评价工作，积极协助中国石化对油田100口机采井等节能测试，及时公布了节能监测数据，逐一分析能耗增减原因，及时提出针对性措施，对节能“四新”技术进行评估，有效提高了重点耗能设备（系统）的运行效率。继续坚持请进来、走出去的做法，加深了与兄弟油田节能监测的交流和互动，拓展了节能监测的新领域，节能监测水平稳步提高。

（孙立庆）

【系统效率检测】 全年共抽测油田机采系统370井次（不含矿业开发总公司10井次），平均系统效率为30.17%，同比提高0.32个百分点；输油泵37台，平均系统效率为43.10%，同比降低0.6个百分点；注水泵59台次，平均系统效率为50.50%，同比降低2.4个百分点；锅炉29台，平均热效率83.2%，同比提高0.6个百分点；加热炉29台，平均热效率86.6%，同比提高3.6个百分点。

（孙立庆）

【节能监测实验室考核】 加强实验室管理，对质量体系进行了换版学习。11月27～28日通过了江苏省质量技术监督局实验室资质认定复评审；12月25～26日通过了中国合格评定国家认可委员会的监督评审。

（孙立庆）

【环境保护管理】 油田环境保护工作通过强化环保制度的建设，使各级各岗位环保责任得到有效落实，加大了污染隐患治理力度，使水体环境风险防范能力得到加强。落实了监督管理措施，施工作业现场环境面貌逐步改观。实施了源头控制，清洁生产工作持续推进。全面完成了集团公司下达的环保节水经济技术考核指标任务，全油田未发生上报环境污染事故，油田被评为“十一五”全国石油和化工行业环境保护先进单位，连续7年被中国石油化工集团公司评为环境保护先进单位。

（丁忠健）

【环保管理措施】 （1）落实环保工作会议精神，做好重点工作部署。对照考核指标，细化工作任务，以油田1号文下发了年度《江苏油田2011年HSE工作要点》；召开了年度HSE工作会议，总结经验，表彰先进，部署工作，油田领导与机关相关部门、主要二级单位签订了HSE目标责任书，分解落实年度考核指标。（2）规范环境风险防控，提升水体风险防控能力。制定下发了《江苏油田重点环境风险源防控规定》、《江苏油田重要环境风险点承包规范》、《江苏油田油码头环境保护管理规范》等相关制度，主要生产单位结合定期的“三标”检查、“一类井站”评比、污染物分级考核和企业管理考核等形式将水体污染防控落到了实处；通过全面调查，提出了水体污染防控4个方面21项要求，绘制《江苏油田重要环境风险源分布图》和《江苏油田污染治理设施分布图》，建立了油田重要环境风险源信息管理系统；5月在沙埝输油码头组织召开了溢油应急演练观摩会，8月在高集油区与地方海事系统联合开展了环保应急演练，为主要环境风险源点配备围油栏3360米。（3）加强环保制度建设，夯实环保基础。开展了环保制度标准化制（修）订工作，对原有制度进行了认真的梳理，本着以制度规范行为的原则，制定下发了《江苏油田所属单位党政正职环保责任制管理规范》、《江苏油田环境保护工作管理办法》、《江苏油田放射防护管理规定》等13项制度；完善油田组织绩效考核办法，强化了环保考核。整体推动HSE管理体系的运行，不断完善环境管理内容，对HSE检查中发现的问题进行归类分析，召开专题会议，开展问题整改回访等，使施工作业现场环境面貌整体得到改观；巩固了环保检查、整改通知书、季度工作通报和污染物转移四联单制度，环保日常管理工作进一步加强。

（丁忠健）

【污染治理】 全年完成集团公司下达的6项共1229万元的环保隐患治理项目，涉及钻井作业废液处理、基层站点生活污水处理、环境监测仪器配置和站库噪声治理以及应急物资配备等；油田自筹资金558万元，建设了10套钻井队生活污水处理装置、污水处理及清洗装置工程、在线监测改造工程、邵伯污水处理站调节池等4个项目，二级单位自筹资金87.5万元，对油泥油砂等进行了治理。全面总结了“十一五”以来环保隐患治理工作，所有21个项目已全部完成，都达到了设计要求，设施运行正常。

（丁忠健）

【建设项目环保管理】 油田建设项目环境影响评价实施率和“三同时”执行率均达到100%。兴安产能建设项目通过江苏省环保厅试生产批复，黄珏产能建设项目通过省环保厅验收；高－杨产能建设项目、矿业开发总公司干气回收项目委托开展了环评报告书编制工作；组织协调地测处38枚中子源回迁工作，中子源库项目顺利通过省环保厅现场验收；完成了扬州基地科研楼、赤岸培训基地、试采一厂油管厂扩建项目的环评报批手续；落实政府环保主管部门要求，对油田新建项目在国家能源局办理了项目备案手续。

（丁忠健）

【环保宣传教育】 积极开展丰富多彩的环保宣传教育活动，“6·5”环境日期间，发布了油田“十一五”环境质量公报，主管领导在《江苏石油报》上发表了环保专题文章，相关媒体对油田清洁生产工作进行了集中报道，《中国石化新闻》对沙埝输油码头溢油应急演练情况作了报道，为企业环境文化建设营造了氛围。

（丁忠健）

【清洁生产】 2011年下发了《油田清洁生产工作计划》，对两年的清洁生产工作作了周密安排，形成了清洁生产工作季度例会制度。对油建处、矿业开发总公司及安徽公司进行了清洁生产培训，有48名学员取得油田清洁生产审核员资质，钻井处、油建处、矿业开发总公司和扬州石化等4个二级单位通过了集团公司审核验收，共实施无低费方案226个，中高费方案54个，综合能耗明显下降，减排能力得到提高。油田已有10个二级单位通过验收，整体基本达到了验收条件。为了更好地总结“十一五”以来清洁生产成果，油田开展了清洁生产技术评选活动，收集70多个具有江苏油田特色的清洁生产技术报告，有16个清洁生产技术报告获得奖励，《带压作业技术在油田的应用》、《绿色环保泥浆在油田环境敏感地区的使用》及《作业循环罐的研制与应用》获得一等奖。起草了《集团公司油气田企业清洁生产验收细则》和《油气田二级单位持续清洁生产验收标准》，组织编制了中国石化企业标准《油气田清洁生产规范》。

（丁忠健）

【环境监测】 环境监测坚持为管理服务、为生产服务的宗旨，监督监测覆盖率100%。全年完成了152个固定污染源点、69个流动污染源点的监测，发出监测报告283份，获得监测数据1452个，完成了23个段面的地表水、31个地下水、1个点的环境噪声的监测，发出监测报告57份，获得监测数据2223个。验收监测了218口钻后治理井、8套生活污水处理装置和4个联合（中转）站噪声治理项目，把住了污染治理项目的质量关口；跟踪监测了纪四等3个作业污水处理设施的处理效果，确保了有效运行。

（丁忠健）

【水务管理】 2011年，油田认真贯彻落实集团公司水务专业工作会议精神，围绕创建资源节约型绿色油田目标，以节水型企业建设、水务专业考核竞赛活动为载体，以用水总量控制、节水减排、提高水资源利用效率和效益为重点，以提高水务管理能力和水平为突破口，建立高效、协调的水务管理体制，完善水务基础管理，落实节水减排措施，规范水务管理工作，取得了成效，年降低水损耗68万吨，各项考核指标优于集团公司下达的指标，获得集团公司水务专业竞赛污水处理系统单项三等奖。

集团公司水务现场检查汇报会　　（黄永生　供稿）

（1）落实工作计划，规范水务行为。制定下发了《2011年水务管理工作要点》，建立了油田水务考核指标体系，实行季度考核、年终总评。制定下发了《江苏油田水务管理规定》，明确相关部门的职责，对建设项目用水管理、用水基础管理、新鲜水管理、循环水管理、化学水管理和污水处理管理以及考核奖惩作了明确规定，做到有章可循。按照集团公司水务专业报表要求，下发了《江苏油田水务专业报表》，并对水务统计工作作了具体规定，对油田《能源、水消耗统计与分析方法》中涉及水的相关内容进行了修订完善。（2）开展水务调查，把握工作重点。首次组织开展水务现状调查工作，通过基础管理数据的收集整理、现场的核查、必要的水平衡测试，摸清油田水务基本现状，查找水务工作的主要问题和薄弱环节，对照集团公司水务专业达标竞赛标准，完善基层管理制度，建立各类水务台账，夯实基础管理，编制了水务调查报告和《十二五节水规划》，科学指导油田水务工作。（3）围绕水务对标竞赛，夯实基础。以国家节水型社会和集团公司水务达标竞赛活动为平台，依据检查考核评定标准，开展水务专业“比学赶帮超”活动；各二级单位逐步配备新鲜水系统、循环水系统、化学水系统和污水处理系统的计量仪器仪表,建立计量器具台账和校验、维修记录;规范工艺、设备管理,加强水处理药剂使用管理;细化成本管理单元,降低运行成本。油田积极筹措资金,安排在线监控和计量仪器设备的配置,落实了邵管中心、真管中心污水处理站COD、总磷、氨氮在线监测仪和邵管中心供热站5台电磁流量计的配备计划;试采一厂配齐了一级计量仪表;试采二厂落实解决了部分重点生产部位热水、蒸汽计量问题。(4)开展宣传活动,提高水资源意识。在3月22日第十九届"世界水日"和3月22~28日第二十三届"中国水周"期间,油田领导在《江苏石油报》上发表《落实最严格水资源管理制度,建设节水型油田》的主题文章,在《江苏石油报》、局域网上发布了节水倡议书,利用电视、报纸、各种会议等形式,广泛宣传、大力提倡节水意识。举办了一期水务管理培训班,21家二级单位的水务主管科室负责人、水务管理人员和财务人员共56人参加了培训,提升了油田水务管理人员业务素质。

(丁忠健)

【节水减排】 试采一厂供水站通过优化清水池调节功能管理,强化对澄清池排泥系统、滤池反冲洗系统的操作优化,减少排泥和反冲洗自用水量,供水自耗由每月的10万立方米降至3万立方米左右。物探处通过开展查漏、堵漏活动,减少新鲜水损耗26万立方米,年节约用电42157.5千瓦·时。

(丁忠健)

【节水技术】 油田实施蒸汽冷凝水回收装置8套,已形成年节水14万立方米的能力;2011年,试采一厂回收冷凝水近3万立方米,节约原油169吨;扬州石化对蒸汽管网进行优化,先后建立了3套凝结水回收系统,凝结水回用率达到60%。试采二厂在夹沟、墩塘油区开展无塔变频供水在油区水源井的推广运用,年节电达5万千瓦·时。

(丁忠健)

【质量管理】 2011年,油田质量管理以"质优量足,客户满意"为目标,按照"上道工序为下道工序提供产品"的要求,全面落实质量责任制,进一步完善主管部门牵头、职能部门配合、二级单位为重点、突出抓基层的质量工作机制,通过持续开展全面质量管理活动,不断推进质量承诺制度,重点抓量化质量目标完成情况监督考核和质量事故管理,制定实施质量指标考核和质量事故扣分细则,全面完成年度质量工作指标。注重各类质量信息采集工作,分类建立施工作业、产品、采购物资和后勤保障等服务质量档案,按时上报集团公司和股份公司所需各类质量信息;完善质量跟踪、溯源体系,形成质量分析、报告制度,不断开展质量分析和改进活动。

(辜新业)

【质量日和质量月活动】 组织开展"3·15"消费者权益保护日活动,对邵管中心液化石油气和石油工具厂抽油杆接箍质量问题进行了调查和处理,同时对重点产品实施监督抽查检验制度;组织对邵伯、真武地区部分职工食堂进行质量安全卫生检查。在运输处、水电讯处等二级单位组织服务质量用户满意活动,开展用户座谈和质量回访。在集团公司"质量日"期间,组织开展质量知识答题活动,各单位积极参与,共有10007名干部职工参加答题,既营造了浓厚的质量氛围,又宣传普及了质量知识,效果明显。

积极开展"质量月"活动。一是组织开展主题宣传活动;二是组织学习质量知识和质量法律、法规知识,并在部分二级单位进行抽查考试,检查学习效果;三是开展"七查一访"活动,查质量水平、质量责任、质量体系、标准执行、计量检测、现场管理、质量损失,访问用户;四是开展专项监督检查,组织对永磁电机进行专项抽检,对黄夹克管质量进行专题调查,对钻井液化学剂进行专项标准水平确认和质量抽检,对井下工具、劳保鞋、劳保服装进行专项抽检。按照油田《内控手册》产品质量业务流程要求,组织开展每季度的产品质量内控穿行测试,重点对扬州石化、供销处等单位的产品和采购物资质量控制的各环节监督检查。油田QC小组活动突出应用、突出创新主题,解决实际问题,广泛开展技术、质量攻关活动,提升技术、质量、经济指标,成效明显。全年注册活动课题210个,2100人直接参加各种质量改进、攻关和创新活动,创可计算经济效益1600余万元,共取得成果167项,其中局级优秀成果45项,省、部级优秀成果5项,国优小组2个。

(辜新业)

【质量荣誉】 江苏油田分公司荣获2011年江苏省质量管理小组活动优秀企业称号,扬州石化炼油分厂QC小组、水电讯处网络技术中心自动化QC小组获江苏省优秀QC小组称号,试采一厂采油五队节能降耗QC小组活动成果获江苏省"节能减排"专题QC小组活动成果三等奖,地测处生产测井中心JS303套管测井队获江苏省质量信得过班组称号,物研院王勇获江苏省QC小组活动卓越领导者称号;井下作业处成果"提高地层测试电子压力计的完好率"、试采一厂成果"降低瓦陈长输管线输油压力"获石油工业QC小组活动成果二等奖,物探处成果"浅层微测井激发方式的创新"获石油工业QC小组活动成果三等奖,钻井处获石油工业QC小组活动优秀企业称号,物探处2163地震队测量组获石油工业质量信得过班组称号,井下作业处王青获石

获奖QC成果发布会 （黄永生 供稿）

油工业QC小组活动卓越领导者称号，试采二厂技术监督中心刘英获石油工业QC小组活动优秀推进者称号；试采二厂维修队铆焊班获石油工业用户满意服务班组称号，真管中心张振坤获石油工业用户满意杰出管理者称号，水电讯处王云萍获石油工业用户满意服务明星称号。物研院许志强、技术监督处邹文涛各有1篇论文在石油工业质量论坛获奖。

（辜新业）

【质量监督与考核】 油田重大质量事故报告处理率100%，全年未发生质量事故，质量信息上报及时率100%。

（1）进一步完善质量指标体系和考核运行机制，制定质量指标考核扣分细则，组织开展对钻井处、安徽公司、井下作业处、地测处、物探处、矿业开发总公司等6个单位进行施工作业量化质量指标监督考核，促进施工作业工程质量有效提升；同时组织对供销处采购物资、矿业开发总公司、扬州石化、油建处等单位产品质量指标的监督考核及8个生产保障和后勤服务单位质量指标监督考核，各项指标保持稳定增长；配合油田"比学赶帮超"活动，不断完善各板块单位质量指标，建立完善考核标准。加强和规范质量事故管理，严格执行质量事故报告、调查、处理、分析和改进的规定，突出在落实责任上下功夫，在防控风险上下功夫，在治理隐患上下功夫。

（2）编制年度产品质量监督抽检计划并认真组织实施，以局级质检站为技术支撑，借助中国石化集团公司和地方政府质量监督抽检机制，有效推进油田产品质量和采购物资质量监督工作，产品质量整体水平和监督抽查合格率进一步提高。突出入库检验抓"覆盖"，监督抽检抓"重点"，全年组织对37个生产厂10大类32种产品开展监督抽查，监督抽查合格率97.63%。配合中国石化集团公司监督抽查6批次，组织征集17项集团公司一级企标修改意见；开展采油和钻井液52项标准水平确认；组织油田质量检验人员与集团公司检验机构开展技术交流、学习，通过开展实验室认证认可、计量认证和认证复评审、数据比对等活动，不断提升检验人员业务素质和检验机构技术水平。

（3）石油工程施工作业质量指标考核：钻井处井身质量合格率100%，优质率88.34%；固井质量合格率100%，优质率92.26%；取芯收获率99.43%；完成井合格率99.83%。安徽公司井身质量合格率100%，优质率88.89%；固井质量合格率100%，优质率76.31%；取芯收获率96.86%；完成井合格率99.06%。地测处开发井解释符合率88.38%，探井解释成功率78.90%，油气漏失率零，测录井资料合格率100%。井下作业处井下作业施工一次合格率99.05%。物探处原始单炮记录合格率100%。

（4）产品及采购物资质量指标考核：全年组织对37个生产厂10大类32种产品开展监督抽查，抽检887批次，合格866批次，监督抽查合格率97.63%。其中，3个采油厂外输原油抽检合格率100%，扬州石化汽、柴油抽检合格率100%，矿业开发总公司产品质量抽检合格率100%。下达不合格整改通知单7份，停止1家供应商供货资质。配合中国石化集团公司监督抽查6批次，35个样品，组织整改复查2次，化学剂筛选检验3次。

（5）生产保障和后勤服务质量：供销处、水电讯处、运输处、安徽公司后勤、邵伯管理服务中心、真武管理服务中心、扬州管理服务中心、紫京旅游集团等8个服务单位服务满意度年平均分值82.8分。

（辜新业）

【质量认证】 进一步推进和规范质量体系认证，通过完善认证工作体系和评价体系，不断提高体系运行和认证的有效性，强化体系的动态改进，同时开展对认证机构的监督和评价。获证单位按时接受监督审核，认证资格保持率100%。严格产品质量认可证管理，做好证书年审、日常监管、突击抽查等证后管理，以生产许可、强制认证、监督抽查等监管数据为重点，完善以企业产品说明、产品标准、质量承诺等公开明示内容与实物质量和服务内容一致性为基础的产品质量监管模式。加强实验室认证认可工作，全年有5家实验室通过国家实验室认可、计量认证审核或复评审。

（辜新业）

【质量培训】 开展新一轮全面质量管理知识教育培训，结合"先进质量方法推广年"活动，在7个二级单位培训460余人，326人参加并通过全国统考；选送QC小组骨干7人次参加全国质协系统QC小组活动诊断师培训；组织9人次参加中国石化集团公司组织的化学剂检验标准宣贯学习。油田有 11 人次参加质量管理体系审核、星级现场评价等培训学习。

（辜新业）

【标准制（修）订】 重视科技成果转化，突出安全环保、能源节约、井控、质量管理等领域的技术标准的立项工作。在深入开展调查研究的基础上，有针对性地帮助和指导建立标准化工作网络及其运行，切实提升标准化基础工作相对薄弱单位的标准化工作水平。全年共完成 3 项石油行业标准和 3 项中石化一级企业标准制修订工作，24 项油田企业标准制定，发布 37 项油田企业标准，充实和完善了江苏油田标准体系，根据生产实际需要，及时增补了《油套管验收技术规范》标准项目，实现技术标准覆盖率 90.7%。

（陈鹤建）

【标准信息服务】 全年共配置国家标准 3031 册，行业标准 935 册，部门企业标准 80 册，中国石化企业标准 1010 册，行业标准电子版 5 套，江苏油田荣获石油天然气行业标准宣贯配备优秀单位称号。依据《钻井用化学剂标准问题协调会会议纪要》精神，组织牵头工程技术管理处、工程院、钻井处、安徽公司、供销处等单位 12 位专家召开了钻井用化学剂标准水平确认审查会。对所有在用 33 种钻井用化学剂提出了 4 类备案意见。同时对标准备案工作做了进一步强调：采购标准以备案后标准要求执行，未完成标准备案工作的产品视作无标产品处理，有效地推动了油田标准化工作的规范运行。组织开展采油助剂的产品采购标准调研工作，确认了采油助剂的采购现状，对采油助剂产品标准的制修订和备案工作进行了初步规划，为全面实现各种采购物资标准化管理作好准备。

（陈鹤建）

【优秀标准项目评选】 在完成日常标准化工作的同时，不断对日常标准化工作进行总结和提高，2011 年在《中国标准化》刊物上发表 4 篇论文，其中 1 篇获论文奖，江苏油田同时荣获江苏省标准化协会“2011 年江苏省标准化学术论文征集”优秀组织奖称号。

（陈鹤建）

【原油天然气贸易计量】 根据集团公司制度标准化改造的要求，10 月修订了《江苏油田原油贸易计量实施细则》。4 月和 11 月，配合中国石化流量检定站对全油田 8 个原油外输点 18 台流量计进行检定。计量部门积极与原油销售处、试采一厂、试采二厂协调检定时间、检定设备和检定人员，确保流量计检定工作的顺利进行。

江苏油田 3 个采油厂的各外输点，认真执行《原油贸易计量与油量计算》企业标准，实施外输计量数据的三级认证制度，使油田的原油外输计量管理工作在计量器具配备与管理、标准的执行和人员业务素质等方面都得到了加强。

（陈秉桦）

【计量保证确认】 充分利用现有计量人力资源，从二级单位抽调 10 名已通过测量管理体系内审考核计量管理人员，组成 2011 年油田计量保证确认内审工作组，对试采一厂、钻井处、供销处、水电讯处和扬州石化等 5 个二级单位的计量保证确认进行了体系内审。通过精心内审，共发现不符合项 14 个，逐一发出不符合项报告，提出明确整改要求，明确整改期限，保证了江苏油田计量体系持续有效运行。同时通过单位间互审的方式，促使各单位计量管理人员在内审期间，能学习更多的计量管理方法和管理经验，为江苏油田计量管理水平整体提高提供保障。

（陈秉桦）

【计量基础管理】 （1）2011 年，中国石化首次组织计量工作大检查，油田根据实际情况，确定检查重点，制定了严格的迎检工作计划运行表，通过自查、抽查、迎检 3 个阶段全面检查，累计发现 8 类 379 个问题。各单位均根据问题的性质，制定了相应整改计划和措施。通过举一反三，达到了计量工作全面促进和提高的目的。通过中国石化计量大检查，对江苏油田计量工作提出建议，加强计量器具检测过程控制，油田计量管理部门及时组织了实验比对，取得了良好效果。

（2）为有效稳定计量队伍，提升计量工作水平，落实《油田企业计量管理与考核办法》，首次在全油田范围内进行评优选先。依据《油田企业计量管理与考核办法》及考核细则，通过对江苏油田各单位的计量工作全面评估，对 3 个先进单位、6 个先进科室、2 个先进站库、2 个先进实验室以及 23 名先进个人进行了表彰。通过评优选先工作的开展，既充分肯定了有关单位和个人的工作成果，也为计量管理制度的落实提供了保证，实现江苏油田计量工作的持续有效发展。

（3）强化计量技术服务质量，提升计量工作水平。对全局计量技术人员的计量数据质量进行有效控制，通过对 5 个实验室开展的原油分析比对实验，密度分析实验室间误差控制在 0.8% 以内，有效地保证了局原油外销商品量的准确性。

（4）在强化计量器具依法运行的同时，对贸易结算用计量器具进行了重点管理，结合油田物资采购流转现状，制定了贸易结算计量器具管理补充规定，有效地保证了贸易结算计量器具的采购质量和计量数据的合法性。

（陈秉桦）

【计量人员培训】 在对计量管理和技术人员进行考核的同时,加强了对局计量岗位人员的培训工作。全年油田内部累计举办7期计量培训班,对135名原油、天然气计量人员、70名仪器和测量人员、37名测井仪器校验员累计242名计量技术岗位人员进行了持证上岗培训,对22名计量管理人员进行了政策及管理方法培训,使局计量人员的素质和持证上岗率得到进一步提高。在充分利用内部资源开展教育培训的同时,为掌握高层次计量知识和前沿知识,外派18名计量管理人员参加测量管理体系内审员培训,4名计量技术人员参加中石化测量仪器和检定技术培训班,为计量整体工作的持续有效发展奠定了坚实基础。

(陈秉桦)

【特种设备定期检验】 全年检验压力容器355台,定期检验率100%,检测数据23000多个,其中被判废4台,降压使用8台;检验压力管道122根21.96千米,其中被判废5根174.2米,获得检测数据12200多个,定期检验率100%;协调并组织检验起重机械110台,场(厂)内专用机动车辆9台,定期检验率100%;投产前验收新压力容器14台,发现质量安全问题42个,整改率100%;完成首办责任事件16件,办结率100%;检验安全事故为零,检验质量责任事故为零,检验报告合格率100%,客户满意度100%,确保了油田特种设备安全、高效运行。

(凌富银)

【特检所实验室资质认定】 5月9~10日,江苏省质量技术监督局实验室资质认定(计量认证)评审组对油田特种设备检验检测所的组织管理、固定场所环境、仪器设备、量值溯源、人员素质、质量管理体系运行等方面进行了现场评审,油田特种设备检验检测所取得《实验室资质认定证书》,在原有获得压力容器、压力管道检验资格的基础上,新增了常压储罐检验和厚度、硬度、射线检测、超声检测、磁粉检测和渗透检测等6个参数的检测资质,检验服务领域进一步拓展,检测数据实现社会互认。

(凌富银)

【非特种设备检验】 在认真完成政府特种设备法定检验任务的同时,积极开展非特种设备检验,为油田安全生产经营和生活后勤保障提供技术支撑。先后完成13台原油储罐、成品油储罐、水泥储存罐等常压设备和65个洗井车高压管汇管件的检测任务,提供数据5000多个,为设备安全使用和修理改造提供技术保障。

(凌富银)

【技术交流】 组织特种设备检验技术论文交流2次,交流论文16篇,其中有3篇公开发表,2篇被评为优秀论文,人员参与率100%。全年共公开发表论文4篇,同时负责完成了油田企业标准《X射线探伤操作规程》的修订。

(凌富银)

【培训取证】 组织14人次参加国家、省质量技术监督部门举办的各种取证培训,获得资格证书14张,其中压力容器检验师证4张,无损检测高级证4张,无损检测中级证3张,技术/质量负责人合格证2张,内审员证1张。人员取证一次通过率100%,继续保持历史最好水平。

(凌富银)

法律事务

【法律事务概述】 2011年,油田法律事务处紧密围绕油田中心工作,持续深化法律事务业务管理,突出做好法律风险防控工作,全面启动"六五"法制宣传教育活动,认真落实法律事务工作"两个根本转变",为油田科学有效和谐发展提供坚实的法律保障。全年共签订合同10898份,金额102.9亿元;依法办理授权委托书491份;处理诉讼纠纷9起,在已经结案的8件中,共避免和减少经济损失117.2万元。油田获得"2006~2010全省法制宣传教育先进单位"、"江苏省'五五'普法工作先进企业"、国务院国资委"2006~2010中央企业'五五'普法先进单位"等荣誉称号,勘探局继续保持"江苏省AAA级重合同守信用企业"称号,法律事务处被授予"2006~2010年省级机关法制宣传教育先进办公室"称号。由油田申报的普法工作理论研究成果"江苏油田法治文化建设的探索与实践"获得集团公司管理现代化创新成果三等奖。

(余静云)

【法律顾问制度建设】 法律顾问制度建设成果和成效不断巩固,2011年实行总法律顾问制度的单位又有2家配备了专职法律部门负责人。法律顾问队伍建设进一步加强,2011年又有1名法律人员通过全国企业法律顾问执业资格考试,现在岗专职法律人员取得法律顾问执业资格的有30人,其他在岗兼职法律事务人员和经营管理人员取得法律顾问执业资格的有38人。继续开展法律顾问再教育培训和注册工作,全年油田共有49人参加了江苏省法律顾问再教育培训,49人办理了到期注册手续。

(余静云)

【召开法制工作会】 3月17日下午,油田在扬召开法制工作会,传达集团公司2011年法制工作会议精神并安排油田2011年法制工作任务。会上,试采二厂等4个单位作为第二届学法用法优秀创新成果获奖单位,进行了学法用法创新成果发布及经验交流。会议对在“五五”普法工作中表现突出的10个先进单位和40名先进个人、14项学法用法优秀创新成果给予了表彰奖励。

(余静云)

油田法制工作会 (施徐生 摄)

【“六五”普法启动】 油田在8月底专门召开法制宣传教育领导小组会议,对油田“六五”普法规划草案进行充分讨论,确定了油田“学法用法促发展,守法诚信增效益”的“六五”普法工作主题,明确了“六五”普法工作目标、主要任务和实施步骤,调整充实了油田法制宣传教育领导小组成员,会后正式印发、上报了《江苏油田开展法制宣传教育第六个五年规划》,油田“六五”普法工作正式启动。

(余静云)

【法律事务管理制度修订】 修订出台了《江苏油田合同(信用)管理细则》,根据制度标准化和信息系统上线运行现实需求,对合同管理制度进行了标准化改造;修订出台了《江苏油田授权委托管理细则》,按照有利生产、控制风险、严格审批程序的原则选择授权方式,完善授权内容;修订了《江苏油田工商事务管理细则》,对油田设立分支机构、法人及工商年检等经营行为作出明确规定;修订了《江苏油田商标管理细则》,明确商标管理基本要求、管理部门和任务职责等具体内容,为油田商标管理提供制度依据;修订了《江苏油田法律纠纷管理细则》,制定了《江苏油田法律中介机构管理细则》,切实提高生产经营法律风险防控能力;修订了《江苏油田学法用法创新成果评审细则》,制定了《江苏油田法制宣传教育工作管理细则》,进一步规范了普法工作的日常运行,落实了普法工作责任。

(余静云)

【法律事务检查考核】 定期组织法律事务工作检查。6月组织开展上半年合同管理规范率考核:共抽查合同122份,发放合同管理制度调查问卷116份,下发整改通知单4份,提出整改意见16条;12月开展年度法律事务工作检查考核,严格对照考核标准,逐项考评打分,督促检查整改,确保验收考核有实效。同时着力加强法律事务工作日常督查。通过工程结算专项审计、川气东送工程江苏油田参建项目审计、效能监察、业务公开网上巡视、合同管理业务流程穿行测试等形式进行合同管理制度落实情况检查,堵塞合同管理漏洞,降低合同法律风险。

(余静云)

【重大合同审查】 全年共审查重大、重要合同970份,金额18.69亿元。通过对重大合同的前期参与和审查工作,严格把好合同签订、履行、结算等各环节法律关口,有效地降低了合同运行风险。

(余静云)

【合同标准文本建设】 把好合同文本质量关。完善、发布海洋运输代理等18个油田常用合同标准文本;及时更新合同标准文本库,将总部发布的96个标准合同文本纳入油田合同文本库中;提高合同标准文本使用率,在合同管理业务流程中嵌入合同标准文本使用要求,油田合同标准文本使用率达到90%以上。组织法律、技术人员研讨钻前、侧钻、酸化、压裂等石油工程合同标准文本,提出修改完善意见20余条,完成16个合同标准文本的升级改造工作。

(余静云)

【合同管理信息系统上线运行】 中国石化合同信息管理系统在油田成功上线运行。认真抓好前期准备,组织开展数据采集培训,迅速高效完成各项资料的编制工作,初期共建立系统用户2057个,发起部门593个。严格标准,规范流程配置,共配置合同管理流程2468个,测试业务流程2468个。精心组织,强化用户培训,下发《系统初始化及测试存在问题调查表》等3项调查表,先后举办专题讲座18场次,培训最终用户800多名。2011年10月28日,江苏油田合同管理信息系统按照总部确定的时间节点正式上线运行。

(余静云)

【对外重大项目管理】 加大重大涉外项目法律管理力度。积极配合油田阿根廷项目的前期调研工作，派专人与国勘、国工法律部就项目法律问题进行接触沟通，详细了解阿根廷当地法律环境及相关法律法规政策，为油田阿根廷项目决策进行法律把关；积极参与油田涉外项目投标前的论证分析、国外项目负责人回国工作报告等会议，并提出法律意见；认真组织涉外合同法律审查，及时为涉外项目提供相关法律服务，保障涉外项目顺利实施，对存在重大法律风险的合资项目提出否决建议。

（余静云）

【工商事务管理】 及时完成勘探局、分公司工商年检，督促、指导下属分支机构办理年检工作，确保合法合规经营；对新星日用化工厂进行调查清理，并督促、指导有关单位办理工商注销登记，同时协调农工商公司新设企业注册登记工作，并对进一步规范管理提出建议；认真做好企业证照的出借、使用和登记等各项日常管理工作，有效规避企业证照对外使用风险，全年共办理企业证照使用事项190余次。对全局经营单位展开工商登记调查，圆满完成勘探局32家经营机构、分公司2家经营机构的工商信息调查工作。在总部企业基本信息系统中建立了油田经营单位组织机构图，完成工商信息基本情况表，完善了油田企业工商基本信息系统。

（余静云）

【法律风险管理】 加强法律风险研究。开展案例警示教育活动，举办"再看旧案得与失，评估防范新风险——企业法律风险防范"研讨活动、开展"风险就在身边，法律护卫左右——让我们与法同行"讲案例送法律活动，评审通报"我身边的法律风险及防范"合理化建议等活动，组织编写了《江苏油田法律风险管理报告》，编制完成了《地震勘探法律风险防范手册》。做好产能建设、涉外项目、科研中心等油田重点项目的法律风险防控工作。

（余静云）

【纠纷处理】 2011年，油田共处理诉讼案件9起，在已经结案的8件中，共避免和减少经济损失117.2万元。对油田近几年来发生过的诉讼或非诉法律纠纷进行收集、整理与分析工作，重新评估新法律环境下的法律风险，将有关典型案例汇编下发，增强了油田生产经营法律风险防范意识和控制能力。

（余静云）

【法律专家小组活动】 根据总部境外石油工程法律专家小组会议和2011年度《国别投资与贸易法律指南》编写启动会的要求，参与总部涉外工程合同文本研讨，按时完成测井、录井、固井涉外工程合同文本开发建设工作，为涉外工程服务提供参考；参加厄瓜多尔、英国、阿尔及利亚等国别法律环境研究，广泛收集资料，安排项目人员在当地开展学习调研，基本完成厄瓜多尔等国别法律研究相关贸易领域的编写工作。同时积极参与总部《涉外及外派人员应注意的法律问题》培训和课件的研讨工作，为开展涉外法律培训工作作好准备。

（余静云）

【规章制度和重要决策法律审核】 做好规章制度法律审查，保证规章制度法律审查率100%。全年共审核油田各类工作制度324项。积极参与油田产能建设、重大投资项目、外部经营项目等重大、重要决策前期可行性论证分析、文件审核把关等工作，依法保障重大经营决策预期目标顺利实现；加强重要决策实施过程中的法律风险控制，通过参加会议、专项督查、文件会签等方式，对企地关系、效能监察、资产报废处置、应收账款清欠等工作过程进行法律风险识别、分析和控制，依法保障油田重大、重要决策的顺利实施。

（余静云）

【法律人员持证资格培训】 开展合同经办人资格复审注册工作，对293名符合条件要求的人员以文件形式予以确认。落实法律事务人员持证上岗要求，安排6名法律事务人员参加中石化企业法律顾问知识考前培训班学习。

（余静云）

【法律业务学习研讨】 举办"新法律法规培训班"，确保法律人员知识及时更新，提高法律业务技能。举办"六五"普法骨干培训班与普法课件研讨班，对新开发的

油田举办法律知识讲座　（余静云　摄）

10多个普法课件进行了研讨、交流和试讲。积极参加总部业务培训，先后组织4人参加总部法律事务部举办的普法骨干人员培训班、第五期海外工程项目法律事务与

合同管理培训班、第一期法律人员国际化知识培训班以及中国石化区域法律资源共享互助工作推进会。

（余静云）

【“12·4”法制宣传日系列活动】 油田以“12·4”全国法制宣传日为契机，围绕“深入学习宣传宪法，大力弘扬法治精神”主题，11月中旬至12月底在油田范围内开展了“12·4”法制宣传日系列法制宣传教育活动。组织员工参加司法部、国家互联网信息办公室、全国普法办公室联合举办的全国百家网站中国特色社会主义法律体系知识竞赛；组织员工参加江苏省首届省级机关法治文化作品展，共征集书法、美术等法治文化作品44件，择优向组委会报送33件，其中2幅书法作品分获二等奖和优秀奖，油田获得优秀组织奖。

（余静云）

【送法到基层活动】 深入开展送法到基层活动。以《边学边练》读本和新颁布实施的法律法规为重点，扎实开展“每季一讲”专题讲座和“每月一课”送法到基层活动。全年油田为基层干部职工送去《维权普法教育100讲》、《干部法律知识学习问答》、《企业法律知识学习问答》等各类普法教材10种6240多本，设计印发法制宣传教育卡片3000张，发放法制宣传图片570套。

（余静云）

【“每月一课”及“每季一讲”活动】 2011年油田继续开展“每月一课到基层”活动。组织《侵权责任法》、《经营管理人员法律风险防范》、《合同信息系统的使用与维护》等送法到基层活动近20次。同时，继续开展“每季一讲到机关”法制专题讲座活动。全年共举办《江苏油田新“合同管理制度与流程”》、《中国特色社会主义法律体系的形成与完善》等4次专题法制讲座，参加人数近300人次。

（余静云）

【“每季学法测试”活动】 2011年前三季度共开展了3次“每季学法测试”活动，共有5652人次参加，四季度组织员工参与全国百家网站中国特色社会主义法律体系知识竞赛。

（余静云）

档案管理

【档案管理概述】 2011年，油田共有大型企业档案馆1个，二级厂（处）单位档案室28个。截至12月底有专职档案人员64人，其中，副高级职称3人、中级职称23人、助理级职称18人、员级职称8人。馆（室）藏档案共有全宗32个，保存档案按卷保管的72262卷、排架长度3091米；按件保管的档案1013909件、排架长度11296米；磁带151319盘；照片9768张；底图184910张；磁盘2494盘；光盘16370张。保存资料179893册。档案编目案卷目录577本、全引目录363本、归档文件目录193本、专题目录59本、卡片107345张。机读目录案卷级4.04万条、文件级83.05万条。全油田共有档案馆（室）用房8709平方米，其中档案库房6065平方米。档案设备中服务器6台、微机78台、分散式空调机58台、去湿机42台、消毒设备3台。

（陈 新）

【档案资料的收集、整理、归档、借阅工作】 截至2011年底，全油田共收集接收整理归档档案以卷为保管单位的2661卷、以件为保管单位的64862件；底图13971张；照片34张；磁带1045盘；光盘4737张。全年接待档案利用13714人次，利用档案5824卷、39860件，其中利用档案编史修志373卷次、803件次；工作查考4196卷次、24591件次；学术研究427卷次、4197件次；经济建设330卷次、9448件次；宣传教育105卷次、142件次；其他利用393卷次、679件次。全年利用资料683人次，5133件次。全年复制档案资料52542张。编研档案资料公开出版1种78万字、内部参考8种8万字。档案资料的利用为油田的建设发展、和谐创建发挥了重要作用。

（陈 新）

【完成2011年全油田档案统计工作、编制地质资料工作年报】 1～3月按中石化办公厅和资料中心的要求，组织了全油田的2010年档案统计工作并编制了江苏油田地质资料工作年报；结合江苏油田2010年度档案统计工作和地质资料工作年报编制存在的问题召开专门业务会进行具体部署。按时完成2011年度档案统计和中国石化地质资料年报编制工作地质资料年报的编制工作在地质资料工作年会上受到总部资料中心的表扬。

（陈 新）

【完成2011年度地质资料上交工作】 根据《中国石油化工股份有限公司地质资料上交管理办法（试行）》的要求，2009年江苏油田应上报的地质资料共有综合研究报告70个，单井地质资料57口井、367份，光盘

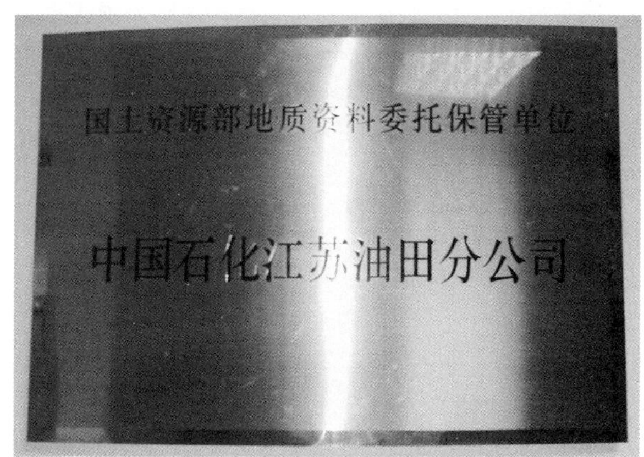

国土资源部地质资料托管单位 （陈 新 摄）

233 张。全年地质资料上交工作由原来集中上交改变为即时上交，资料质量合格，上交一次通过，上交准确率100%，按期完成了年度上交任务，受到中石化地质资料中心的表扬。

（陈 新）

【推进档案网络利用、建立电子档案阅览室】 随着油田档案和地质资料管理信息化系统推广应用的深入及档案的电子化利用工作的开展，在油田领导的支持下，9 月完成油田档案馆电子阅览室的建立工作，形成了可同时供 8 人进行电子阅览的条件。该室成为中国石化直属企业中第一个专门的电子阅览室，为油田档案管理水平的提高创造了良好的条件。

（陈 新）

【档案管理标准颁布和贯标培训】 档案的标准化管理，是提高档案管理工作水平的重要手段，油田档案馆通过多年的努力，于 10 月顺利地完成了《江苏油田档案管理实施细则》、《江苏油田档案馆室业务工作规范》、《江苏油田各类档案管理规定》、《江苏油田档案库房管理规定》、《江苏油田档案征集管理办法》、《江苏油田实物档案管理规定》等 6 项标准编制和发布。11 月 17 ~ 20 日组织了全局 27 个二级单位 35 个机关处室共计 80 人进行贯标培训，通过培训提升了油田档案人员对标准的认识，标准化管理提升了油田的档案工作水平。

（陈 新）

【积极开展原始和实物地质资料的清理工作】 原始和实物地质资料清理是 2011 年度中石化地质资料管理的一项重要工作。根据总部的统一安排，油田档案部门积极开展原始和实物地质资料的清理工作，年底油田已完成全部原始地质资料的清理工作，建立了油田档案目录中心。分公司地质资料馆原始地质资料清理数据情况如下：

序号	类 别	案卷(卷)	文件(件)
1	单井	46154	253862
2	测绘	1970	3326
3	物化探	906	14946
4	地质勘探	2110	10228
5	油气开发	4000	5976
6	科学研究	1534	1534
7	综合	133	1650
总计		56807	291522

目前实物地质资料的清理工作正按进度进行，全部工作将于 2012 年底完成。

（陈 新）

【档案工作评价进一步开展】 继 2010 年总部开展档案工作评价以来，油田档案部门积极努力开展工作，针对油田上年度评价所提出的问题积极整改，以江苏油田精细管理为目标，细化档案管理制度和工作目标，强化油田档案工作的标准化管理，围绕主业的档案资源建设和开发利用服务。完成了《江苏油田档案地质资料管理制度选编》、《江苏油田大事记》等。按照《中石化档案评价体系指标细则》的要求做好对标迎检工作。通过大量细致的工作，于 10 月 31 日接受了中国石化档案评价工作组的年度检查，顺利地通过了总部对油田档案工作的评价。

（陈 新）

【完成中国石化地质资料工作会的办会任务】 中国石化地质资料工作会是由中国石化油田部组织的关于地质资料管理最高规格的地质资料工作会议，这次会议在油田领导支持，局办、勘探处等部门的共同配合下完成的，充分体现江苏油田精细化管理特色。会议于 3 月 28 日 ~ 4 月 2 日在合肥梅山饭店召开，圆满完成了办会任务，得到了中国石化油田部领导和与会代表的高度评价。

（陈 新）

【地质资料国家委托检查】 国家委托保管工作是油田地质资料走向社会、开放地质资料利用、提高油田地质资料工作水平的一个重要途径。经过几年间的努力，通过对照国土资源部《石油天然气原始和实物地质资料委托保管检查自检评分表》自我检查，油田有针对性地改进和推进江苏油田的国家委托保管石油天然气原始和实物地质资料管理工作。11 月 24 日,在国土资源部组织的委托资源检查中地质资料馆综合评分为 91.5 分,达到了国家委托保管资质条件的要求。2012 年 3 月 30 日,国土资源部在北京裕龙国际大酒店举行授牌仪式,江苏油田分公司和其他 12 家企业被授予第一批国家地质资料委托保管单位称号。

(陈　新)

企 业 志 鉴

【油田年鉴(2011 卷)出版发行】 2011 年 3 月 22 日,油田下发〔苏油办〕92 号《关于做好〈江苏油田年鉴〉(2011)编纂工作的通知》,要求各单位在撰稿中全面反映 2010 年生产、经营、科研和管理等方面的大事、新事;加强稿件的审查工作,注意保守企业的商业秘密和技术秘密。11 月 21 日,由中国石化出版社出版的《江苏油田年鉴》2011 卷发行。该卷为江苏油田逐年编辑、连续出版的第 17 卷年鉴。该卷年鉴共分 18 个类目,分设 119 个栏目,刊载 1100 个条目、43 篇文件(报告)、265 条大事记、39 张统计表、186 幅彩色和黑白随文图片,共 82.1 万字。该卷年鉴在突出年度特色和油田特色的同时,还新增了信访维稳、幼教管理、保密·机要、新任领导简介、油田党政主要领导在全局性会议上的讲话题录、第三届学术带头人名录、本世纪以来评聘高级技师名录、社会媒体报道江苏油田题录、江苏油田"十一五"改革发展成就回顾专文、油田附属单位通联名录等 10 个新栏目。

(黄俊良)

【二轮省志编撰】 6 月 14 日,二轮《江苏省志·石油志(1978~2008)》编委会副主任、主编、华东石油局、华东石油分公司副总经理俞凯,《江苏省志·石油志》副主编郭大兴,《江苏省志·石油志》编辑室主任、华东石油局局长(总经理)办公室主任韩华林、副主任徐光明一行来油田,向油田通报二轮省志·石油志编撰情况,并与油田对接下步编纂工作。8 月 15 日,局办在 615 会议室召开省志·石油志提纲编写工作会议,地研院、勘探处、开发处、工程技术管理处、科技处、企管处、海外事业部、劳资处、干部处等代表、办公室主任、综合科长参加了会议。9 月 6 日,省志·石油志江苏油田承编提纲(草案)经批准送总纂(牵头)单位华东石油局审定。11 月 8 日,华东局郭大兴一行 6 人来访,进一步加强了联系、沟通与交流,推动了《江苏省志·石油志》编撰工作的开展,华东石油局省志·石油志编写小组代表还通报了提纲修改情况,并就有关章节设计思路交换了意见。12 月 16 日,在中石化管道储运公司机关所在地徐州,由二轮省志·石油志总纂单位华东石油局牵头组织承编单位江苏油田和管道储运公司等召开了《江苏省志·石油志(1978~2008)》提纲合成及编纂工作方案研讨会。

(黄俊良)

【二轮市志编撰】 7 月 18 日下午,扬州市地方志办公室姚震副主任、方志编纂处刘扣林处长、市原经贸委黄主任一行 3 人到油田史志办公室,检查和商讨江苏油田承编二轮《扬州史志(1988~2005)》相关情况。黄主任作为工业篇的分纂,就江苏油田原交付资料的基础上就如何进一步细化和补充提纲事宜提出了 8 条书面建议。

(黄俊良)

【省石油志编委会人员调整】 11 月 1 日,江苏油田上报二轮《江苏省志·石油志》编委会新调整人员名单,顾问:朱平。编纂委员会副主任:毛凤鸣。委员:周方喜、邱旭明、臧庆莹。主编:毛凤鸣。副主编:张建。编辑室副主任:黄俊良。

(黄俊良)

【工作交流】 8 月 10 日,年鉴编辑部唐富华、杨国松、黄俊良参加了邵、真地区油田年鉴撰稿人座谈会,座谈中就如何提高年鉴质量、做好培训交流工作等进行了探讨。参加人员有油建处、钻井处、水电讯处、邵管中心、职工医院、试采一厂、井下作业处等单位的代表。

(黄俊良)

【获奖情况】 9 月 19 日,接中国出版工作者协会年鉴工作会员会中版协鉴通字〔2011〕第 008 号《关于第五届全国年鉴编校质量检查评比结果的通知》,在中国出版工作者协会年鉴工作委员会主办的第五届全国年鉴编校质量评比活动中,《江苏油田年鉴(2010 年卷)》获三等奖。

(黄俊良)

党群工作

综述

【党群工作概述】 2011年,是油田创新开局、开拓奋进、铿锵前行的一年。是年,面对勘探开发的繁重任务、海外市场的严峻形势、经营管理的重重压力,油田广大干部员工在中国石化集团公司党组和江苏省委的正确领导下,紧紧围绕“加快有效发展、构建和谐油田”工作主题,牢牢把握“精细管理、内涵发展”工作主线,大力唱响“埋头苦干创精细管理之先,团结奋进争内涵发展之优”主旋律,开拓进取,真抓实干,攻坚克难,各项工作稳步推进,取得了显著成效。

(才宝金)

【创先争优活动】 (1)大力唱响主旋律。局党委动员全体干部员工大力唱响“埋头苦干创精细管理之先,团结奋进争内涵发展之优”主旋律。油田领导班子成员深入基层,对唱响主旋律的重要意义、具体要求进行广泛宣传发动,引导各单位把唱响主旋律与油田的增储上产、市场开拓、安全环保、经营管理等工作有机结合,用量化的指标明确任务,用具体的措施推动工作。在唱响主旋律活动中,通过积极选树先进典型、组织典型事迹宣讲、现场观摩、对口交流、经验研讨等形式,宣传推广先进典型的事迹和经验。(2)开展大讨论。组织开展了“责任、潜力、办法”大讨论,引导干部职工牢记经济责任、政治责任、社会责任,寻找增储上产、拓展市场的办法。(3)抓好承诺践诺。在“为民服务创先争优”活动中,油田党政向职工群众作出“履行央企三大责任、保护职工身心健康、促进员工实现价值、改善工作生活环境、落实帮扶救困措施、完善薪酬增长机制”等6项承诺。(4)开展“比学赶帮超”活动。实行季排名通报、半年分析评价和年度综合考评制度,全年共评出红旗230面。2011年,创先争优活动有力推动了发展,油田连续16年新增探明储量超过1000万吨,连续18年原油产量稳中有升,继续保持全国思想政治工作优秀企业、江苏省文明单位标兵等荣誉称号。

(才宝金)

【领导班子建设】 (1)加强理论武装。充分发挥局、处党委理论中心组学习主阵地作用,建立健全了学习考勤、学习档案、学习通报等制度,采取了集中发言、专家辅导、观看录像、专题研讨等学习方式,重点学习了党的十七届五中、六中全会,胡锦涛总书记在庆祝中国共产党成立90周年大会上重要讲话,集团公司领导干部座谈会等精神。(2)加强能力建设。举办了6期处级干部培训班,组织学员到延安参观学习。(3)优化班子结构。提拔处级干部10人,交流处级干部29人,退出领导班子8人。(4)强化团结协作。认真贯彻民主集中制原则,坚持“三重一大”等事项集体决策制度,召开了局、处两级领导班子民主生活会。

(才宝金)

【基层组织建设】 深化党支部目标管理,将党支部工作目标与生产经营、安全环保等重点工作相结合,油田98%的党支部都按时签订了工作目标责任书。组织开展了基层党组织书记加强社会管理培训示范班,培训基层党支部书记131名。自主开发的“江苏油田基层党组织工作信息管理系统”于6月14日正式上线运行。推进党员自主管理工作,参与自主管理的党员人数达到10222人,占油田党员总数的98.2%。做好党员发展工作,油田有党员班组比例和党员班组长比例稳步提高,分别达到了78.2%和51.1%。中宣部领导、中组部调研组领导对江苏油田基层党建工作给予了高度评价。

(才宝金)

【思想政治工作】 局党委对思想政治工作提出了“跟得上、贴得紧、拿得下”的要求。实行了每半月一次党群工作例会、每季一次思想动态分析、每半年一次思想状况调研、每年一次思想政治工作会“四个一”工作机制。加强企业文化建设,印发了《江苏油田企业文化实施纲要》。

(才宝金)

【党风廉政建设】 (1)开展党风廉政教育。组织了党纪知识问答、廉政书画展等活动。(2)深化廉洁自律承诺。全年共有1466名重点领域和关键岗位人员参加了承诺活动。(3)开展预防职务犯罪警示教育。组织召开了油区内的扬州、江都、高邮、金湖、洪泽等检察机关共同预防职务犯罪工作联席会,组织13批560多名党员干部参观了扬州预防职务犯罪警示教育基地。(4)开展效能监察工作。开展了真富、高杨2个产能建设、扬州生产科研中心建设、陈堡联合站污水处理系统改造工程等项目的效能监察。通过效能监察,避免经济损失1079.9万元,节约资金1428.6万元,增加经济收益263.41万元。(5)组织开展党委巡视。成立了2个党委巡视工作小组,对6家二级单位进行了巡视。(6)推进业务公开工作。全年,在集团公司重点业务信息公开系统中公开信息9105条,涉及金额144670.1万元。

(才宝金)

【和谐油田建设】 开展送温暖活动,油田和各二级单位节日期间共走访慰问困难职工2600多人次,送去救助金、慰问金、慰问品共118万元。完成了3047名劳动家属参保工作。

(才宝金)

【党对群众组织的领导】 切实加强对工会、共青团、女工委等群众组织的领导。工会组织大力开展"五比五赛"专项立功竞赛、"五型"班组竞赛、"工人先锋号"、"两法"命名、群众性经济技术创新等活动,扎实做好职工代表值班、职工劳动保护、职工文化生活等工作。女工组织开展了"巾帼示范岗"创建、素质提升工程、"巾帼大课堂"等活动。共青团组织开展了青年岗位能手评选、青年油水井工况分析赛、青年网络拉力赛等系列素质提升活动。

(才宝金)

【局党委常委扩大会】 2011年,局党委召开常委扩大会9次。其中,1月6日,讨论局党委2011年工作要点;2月18日,讨论局双文明标杆单位、双文明先进单位、双文明标杆队、劳动模范建议名单;5月5日,讨论干部问题;6月21日,研究"七一"评比表彰活动安排;9月5日,讨论干部问题;9月13日,研究油田"为民服务创先争优"活动实施方案;11月13日,研究讨论江苏油田2011年思想政治工作会工作报告;12月12日,研究双文明总结评比、十一届二次职代会的筹备工作;12月13日,讨论干部问题。

(才宝金)

【"七一"表彰会】 6月30日,油田在扬州基地隆重召开庆祝中国共产党成立90周年大会,表彰了38个先进党支部、41名优秀共产党员、23名优秀党支部书记。会上,局党委书记李东海回顾总结了一年来油田党建工作取得的重要成果,并就下步工作提出具体要求。

(才宝金)

【党务工作座谈会】 7月28日,局党委在扬州基地召开了党务工作座谈会,9家二级单位党委书记对上半年党建思想政治工作进行了汇报交流。

(才宝金)

【信息工作】 2011年,编发《党群工作简讯》15期(含会议纪要2期)。其中,第1期介绍油田各单位学习贯彻局十一届一次职代会精神的经验和做法;第3、4、5、6期介绍试采一厂、供销处、邵管中心、安徽公司开展唱响主旋律工作的经验和做法;第7期介绍安徽采油厂认真学习贯彻胡锦涛总书记"七一"讲话精神的经验和做法;第8期介绍运输处认真贯彻落实油田年中工作会议精神的经验和做法;第10、11期介绍试采二厂、井下作业处开展"责任、潜力、办法"大讨论活动的经验和做法;第12、13、14、15期介绍钻井处、油建处、设计院、井下作业处加强党建思想政治工作的经验和做法。

(才宝金)

党 的 建 设

【党建概述】 2011年,在局党委的正确领导下,油田各级党组织积极贯彻落实党的十七届五中、六中全会精神,以科学发展观为指导,按照集团公司党组提出的充分发挥"五个作用"、实现"六个转化"的总体目标,坚持"跟得上、贴得紧、拿得下"的工作要求,紧紧围绕油田发展主题,牢牢把握主线,大力唱响主旋律,积极改进工作思路,创新工作方法,以党支部目标管理为重点不断加强组织建设,以自主管理为抓手持续加强党员教育管理,着力探索推行党建信息化建设,深入开展创先争优活动,油田基层党组织的战斗力和广大党员的先进性不断增强。油田基层党组织建设工作得到中组部调研组领导的高度评价,党建信息化建设工作得到中宣部调研组领导的充分肯定。试采一厂党委、地研院勘探一室党支部、矿业开发总公司新疆分部党总支等3个党组织荣获中石化集团公司先进基层党组织称号,物探处2163地震队队长孙永强、安徽公司40418钻井队队长杨家岭、油建处阿尔及利亚项目技术部经理张昌伟、试采二厂采油十一队党支部书记朱玫等4人被评为中石化集团公司优秀共产党员，局副总经济师、离退休职工管理处党委书记、处长陈烈明，局副总政工师、钻井处党委书记全宏研等2人荣获中石化集团公司优秀党务工作者称号。

（李书瑜）

【党组织状况】 截至2011年底，江苏石油勘探局党委下设二级党委27个（含局机关党委）、直属党总支3个，共有基层党总支46个、基层党支部636个。油田党员人数10417人，其中在职党员6755人，非在职党员3662人，非在职人员党员中，离退休人员党员3317人，"协解"、家属等其他非在职人员党员345人。正式党员10143人，预备党员274人，少数民族党员69人，女党员2103人。党员队伍年龄结构：35岁及以下1549人，占14.9%；36～45岁2926名，占28.1%；46～54岁1852人，占17.7%；55～59岁970人，占9.3%；60岁以上3120人，占30%。党员队伍文化结构：研究生189人，占1.8%；大学本科2750人，占26.4%；大专2010人，占19.3%；中专1291人，占12.4%；高中1452人，占13.9%；初中及以下2725人，占26.2%。2011年，发展新党员271人，其中，女党员86人，占31.7%；少数民族党员4人，占1.5%；35岁及以下党员160人，占59%；36～59岁党员111人，占41%；生产、科研等工作一线党员215人，占发展新党员总数的79.3%。通过组织发展和调配，油田有党员班组比例和党员班组长比例分别达到78.2%和51.1%。

（李书瑜）

【基层党组织建设】 2011年，紧紧围绕中心工作，按照"推动发展、服务群众、凝聚人心、促进和谐"的目标要求，不断扩大组织覆盖面，强化目标管理，推进学习型党组织建设，加强基层党支部书记配备，基层党组织的战斗力、凝聚力、创造力进一步增强。

（1）积极深化党支部目标管理工作。油田各单位按照党支部工作目标管理实施办法要求，将党支部工作目标与生产经营任务、安全生产、节能减排、队伍建设、构建和谐等重点工作紧密结合，在抓好目标分解、责任落实的基础上，广泛开展流动红旗、百日竞赛、效益奖杯、青年突击队、合理化建议、技术创新比武等活动，同时，不断强化监督检查，认真开展月度、季度、年度考核评比，加大奖惩力度，不断推动油田各项任务目标的有效落实。2011年，油田有98%的党支部都按时签订了工作目标责任书，积极参与到党支部目标管理工作中。

（2）不断加强基层支部书记队伍建设。坚持以素质和能力建设为重点，着力打造政治强、业务精、作风好的基层党支部书记队伍。按照配齐配强的要求，油田各单位根据工作实际，及时对党支部书记队伍进行了充实调整。全年油田共调整交流党支部书记192人，新选拔配备了118人，党支部书记队伍年龄结构、知识结构进一步得到优化。着眼于提升党支部书记队伍素质和能力，积极组织开展了党支部书记岗位培训工作。全年举办党支部书记培训班37期，培训基层党组织书记953人次，约占总数的75%。其中油田举办新任、优秀党支部书记培训班各1期，内部培训新任党支部书记29人、外送培训优秀党支部书记23人，党支部书记队伍整体素质和能力得到进一步提升。积极贯彻落实中央和集团公司要求，着力提升基层党组织书记加强和创新社会管理能力，油田分别组织开展了社区、骨干、非在职基层党组织书记加强社会管理培训示范班，培训基层党支部书记131名，同时，油田合计为700多个包括党委、党总支、党支部配发了社会管理培训教材，各级党组织书记社会管理能力得到有效提升。

（3）不断扩大基层党组织覆盖面。围绕市场开拓和产能建设布局调整，按照"哪里有党员，哪里就有党组织"、"项目建到哪里，党组织就设置到哪里"的要求，扎实做好党组织设置工作，确保党组织工作全覆盖。2011年，油田新建党总支2个，新建党支部30个，油田党建基础进一步夯实。

（4）认真加强制度建设。以制度标准化改造为契机，油田对党支部工作条例、党支部目标管理、党员自主管理等5项制度进行了进一步的改进和完善。各二级单位累计制定完善了19项制度，油田党建工作规范化、制度化进程进一步推进。

（李书瑜）

【党员教育管理】 按照"三个高于"基本要求，以增强党员党性意识、提高党员素质为目标，深入推进党员自主管理工作。着力抓好自主承诺和集体评议两个关键环节，突出承诺公开，强化评议测评，有效地促进了油田党员队伍素质的整体提升。2011年，主动参与党员自主管理的党员人数达到10222人，占油田党员总数的98.2%。党员自主管理工作已经成为油田特色党建工作的重要内容。积极做好党员教育培训工作，全年举办党员教育培训班84期，累计培训党员4568人次。扎实抓好党员日常教育工作，充分发挥党建信息系统、党刊、党报等媒体作用，利用"三会一课"、职工大会等形式做好政策传达、形势任务教育等工作，促进党员思想政治素质与时俱进、不断提升。

（李书瑜）

【信息化建设】 认真落实十七届四中全会精神和省委要求，大胆探索，努力创新，积极推进基层党组织工作信息化建设。在全面总结梳理油田党建工作基础上，组织油田科研力量，在半年的紧张筹建中，积极克服业务面广、信息量大、工作任务比较重的实际困难，自主开发了江苏油田基层党组织工作信息管理系统，经过试行后于6月14日正式上线运行。在运行过程中，注重做好业务指导，层层落实对基层党组织书记以及相关管理人员的培训工作，确保党建信息系统在全油田各基层党支部中用得起、用得好。油田90%以上在职职工党支部都能够较好地运用系统，能够将本支部开展工作的信息及时上传，油田党建信息系统已经成为油田党建工作的重要载体，成为油田基层党组织展示和交流党建工作的重要窗口。系统的成功运行，标志着油田基层党建工作向规范化、标准化、信息化建设迈出了重要一步，为油田特色党建工作模式增添了新的内容。

（李书瑜）

【创先争优】 2011年，油田各级党组织积极贯彻上级决策部署，紧紧围绕油田"科学发展站排头、精细管理当标兵"主题，大力推进创先争优两个阶段工作。在活动第一阶段，突出推进"比学赶帮超"、"强基除害"和"打造活力党建"3项重点工作，油田各级党组织积极将单位的生产经营、精细管理、"比学赶帮超"、"达标创优"、"我要安全"等主题活动纳入创先争优活动中，积极创新，扎实推进，加强考核，不断促进创先争优活动的深入开展，有力地推动了油田各项生产经营任务的有序推进。9月以来，按照集团公司党组要求，全面部署开展了"为民服务创先争优"活动。油田各级党组织和广大党员紧紧围绕组织创先进、党员争优秀、服务上水平、群众得实惠的目标要求，坚持以群众为本、基层为重、服务为先的工作理念，突出重点，分层落实，着力推进领导干部作风转变、机关干部强化服务、专业技术人员加强科研、岗位工人提升素质等工作，强化阳光服务、微笑服务、规范服务、高效服务、廉洁服务，以正面激励和选树典型为抓手，不断推动活动在广大党员中有序、有效、深入开展。各级党组织着重围绕油田6项承诺内容，细化分解，创新举措，稳步推进，把油田关心职工身心健康、成长成才、改善工作生活环境、帮扶救困、薪酬增长等员工最关心、最直接、最现实的利益问题逐项加以落实，有力地推动了油田的和谐建设。在"七一"期间，油田选树表彰了38个先进党支部、41名优秀共产党员、23名优秀党支部书记。各二级单位累计对172个先进党支部、774名优秀共产党员、117名优秀党务工作者进行了表彰。大力加强先进典型宣传工作，油田学先进、赶先进、当先进的氛围进一步浓厚。

（李书瑜）

【庆祝建党90周年系列活动】 紧紧围绕"永远跟党走"主题，局党委着力组织开展了"忆传统、唱红歌、学先进、当表率"系列活动，大力唱响共产党好、社会主义好、改革开放好、伟大祖国好、江苏油田好的主旋律，引导各级党组织和广大干部职工以更加饱满的热情投入到油田的科学有效和谐发展的生动实践中来。油田专门组织召开了"七一"座谈会、文艺晚会、庆祝大会，开展了建党90周年系列宣传活动、红色影视展播活动。各二级单位也积极行动起来，以丰富多彩的形式庆祝建党90周年，"颂歌献给党"红歌会、"光辉的历程伟大的成就"党史图片展、"爱国爱党爱厂爱岗"知识竞赛、"我的红色情怀"征文活动等系列活动接连开展，在隆重的庆祝活动中，广大党员和干部职工全面接受了党的丰功伟绩、光荣传统和优良作风教育，使爱国爱党爱岗敬业的积极性进一步得到激发、投入油田科学有效和谐发展建设的热情持续高涨。

（李书瑜）

【党建工作创新】 为系统总结两年来油田党建工作取得的理论新认识、实践新成果，认真研究分析新形势、新发展对党建工作提出的新要求、新挑战，组织开展了党建学组政研成果研讨交流，共收到各二级单位交流成果52篇，评选出优秀成果23篇，其中一等奖5篇，二等奖8篇，三等奖10篇。通过研讨，进一步增强了油田党建工作的针对性和实效性，有效提升了油田党建工作的理论水平和实践经验。12月30日，油田召开组干系统年度创新工作评比交流会，有26家二级单位提交了创新成果，经参会人员集体投票评比，钻井处、物探处、试采一厂、安徽公司、试采二厂、水电讯处、物研院、安徽采油厂、井下作业处、地研院等10家单位的创新成果被评为优秀创新奖。创新成果交流活动进一步激发了组干系统的创新热情，对持续提升油田组干工作质量起到了积极的推动作用。在部分单位工作创新基础上，油田总结提出的"推行兴趣党课，创新党员教育"的做法，被评为2011年度江苏省部属企业党建十大创新工作。

（李书瑜）

纪 检 监 察

【纪检监察概述】 2011年，油田纪检监察工作按照集团公司纪检监察工作会议精神和油田党委扩大会的部署开展工作，全系统共受理群众来信来访来电55件次。其中，属于检举控告类40件次，其他15件次。在检举控告类中反映处级干部15件次，科级干部13件次，其他人员12件次，初步核实（核查）违纪线索15件，立案查处11件，其中违反财经纪律1件，失职渎职案件10件；受党纪处分2人，政纪处分9人。全年共立效能监察项目37项，其中，新增立项30项，跨年项目7项。通过效能监察，避免经济损失1079.9万元，节约资金1428.6万元，增加经济效益263.41万元，挽回经济损失278.91万元，提出监察建议298条，下发监察建议书61份。

（王伟中）

【惩治和预防腐败体系建设】 重新修订了《江苏油田贯彻落实〈建立健全惩治和预防腐败体系2008～2012年工作规划〉实施细则》。年初，油田召开党委扩大会，专题安排部署年度贯彻落实《工作规划》任务，明确任务目标，召开了油田惩防体系建设联席会，将年度33项具体工作细化落实到22个牵头部门和单位，各牵头部门和单位按照任务分工的要求，充分发挥组织协调作用。

（王伟中）

【学习贯彻五项制度】 自中央印发的《中国共产党党员领导干部廉洁从业若干准则》、《关于实行党风廉政建设责任制的规定》、《国有企业领导人员廉洁从业若干规定》、《关于进一步推进国有企业贯彻落实"三重一大"决策制度的意见》和《关于加强和改进中央企业和中央金融机构纪检监察组织建设的若干意见》等重要制度文件下发后，油田党政高度重视，油田两级党委中心组组织了专题学习，通过培训班、党课、专题讲座等多种形式，组织党员干部特别是党员领导干部学习。油田纪委结合实际制定完善了《江苏油田党风廉政建设责任制实施细则》、《江苏油田领导人员问责办法》等制度，两级纪检监察部门对照制度要求，开展了监督检查，确保制度的贯彻执行。

（王伟中）

【党性党风党纪教育】 油田两级纪检监察部门切实履行协助党委抓好党风建设的职责。2011年，局党委理论中心组进行了6次反腐倡廉专题学习，把加强党性党风党纪教育作为处级干部培训的必修课，充分利用政治学习、廉政党课、支部大会等途径，组织党员干部认真学习贯彻党的十七届六中全会和中纪委七次全会精神；结合庆祝建党90周年，开展"党的意识、宗旨意识、执政意识、大局意识、责任意识"教育；加强以人为本、执政为民教育，进一步完善了领导干部深入基层调查研究制度，认真落实党建联系点、民情联系点、生活联系点、安全承包点制度。油田两级纪检监察部门针对两级机关和领导干部作风状况开展了监督检查，对个别党员干部工作作风等方面的不良倾向及时给予了提醒、批评、制止。

（王伟中）

【廉洁从业教育】 深化廉洁自律承诺活动，将承诺范围拓展到重点领域和关键岗位人员中，油田共有1466名重点领域和关键岗位人员参加了承诺活动。5月，组织油田处级及以上领导人员对廉洁自律承诺执行情况进行对照检查；通过开展廉政党课下基层，组织党纪知识问答，举办廉政书画展，播放《焦裕禄》、《溃穴》教育片等多种形式，抓好基层职工岗位廉洁、职业道德和法纪条规教育，进一步提升了基层职工遵章守纪和廉洁从业的自觉性；通过开展组织谈心、廉政谈话、专题辅导等方式，扎实推进域外、境外项目人员的廉洁从业教育。

（王伟中）

【廉洁文化建设】 组织向集团公司廉洁从业优秀领导人员先进典型学习活动，组织油田1500余名党员干部收看了集团公司廉洁从业优秀领导人员先进典型事迹报告视频会，并通过政治学习日、党支部大会、党小组会等形式，深入学习陈鸿亭等15名集团公司廉洁从业优秀领导人员先进典型事迹，营造学廉、思廉、助廉的浓厚氛围。扎实推进廉洁文化"六进"工程，以领导班子和干部队伍建设为重点，进一步培育和树立廉洁文化理念；以机关科室和基层队站为重点，积极培育、制定具有自身特点的岗位廉洁规范；以廉政书画展、廉政标语、廉政橱窗等为载体，进一步丰富油田社区廉洁文化建设。2011年，各单位组织开展廉洁文化建设活动433次。

（王伟中）

【党委巡视工作】 重新修订完善了《江苏石油勘探局党委巡视工作办法》。2011年，成立2个党委巡视工作小组，对6家二级单位就遵守党的政治纪律、落实科学发展观、执行民主集中制等情况开展了巡视，切实帮助指导所巡视单位加强党建和领导班子建设，针对存在的问题，提出整改建议46条。组织开展巡视回访工作，制定了党委巡视回访工作制度。通过对巡视组所提问题整改情况和所提建议落实情况进行监督检查，督促被巡视单位进一步加强和改进工作，有效地巩固和扩大了巡视工作成效。

（王伟中）

【党风廉政建设责任制】 按照细化、量化、个性化要求，重新修订了局、处两级领导人员《党风廉政建设责任书》，重新划分责任区，并组织了签订工作。2011年，油田各单位层层签订党风廉政建设责任书共1756份。

对29个二级单位领导班子2010年度执行党风廉政建设责任制情况进行检查考核，向局党委报送了《关于2010年度党风廉政建设责任制检查考核情况报告》。

（王伟中）

【规范信访举报案件办理程序】 组织纪检监察干部认真学习中纪委《关于进一步加强纪检监察信访举报案件办理工作的意见》和集团公司纪检监察信访举报案件办理工作座谈会精神，两级纪检监察部门进一步明确了今后一个时期油田信访举报案件办理的工作思路、工作方向和工作重点。完善了《江苏油田纪检监察信访举报工作细则》、《江苏油田纪检监察案件检查工作实施细则》，规范了信访举报案件办理工作程序，有效地促进了油田信访举报案件办理工作的开展。

（王伟中）

【统一立项效能监察】 根据集团公司统一部署，组织开展规范外协单位（队伍）管理统一立项项目效能监察工作。制定了《江苏油田规范外协单位（队伍）管理效能监察实施方案》，成立了由油田行政主要领导任组长的领导小组，7月12日，油田召开清理外协队伍效能监察工作启动会，进行专项部署。通过摸底调查、汇总分析，对8个单位外协管理工作情况进行了重点检查解剖，召开了领导小组会，提出清理意见，明确清理措施，落实清理责任，向15个单位（部门）下发《效能监察建议书》15份，提出建议44条。2011年，油田共清理工程建设外协队伍6支，物流运输外协队伍4支，科技合作外协队伍11支，解除了41家连续两年与江苏油田无交易的供应商使用关系，通过提高内部队伍的工作量，减少外协费用1522.22万元。组织了对石油工程技术服务市场外协队伍管理情况"回头看"，检查表明，已被清理的4支石油工程技术服务队伍未发现重新进入的现象。建立完善《外协（侧钻、大修）工作小组管理办法》、《井下作业施工及技术服务外协管理制度（试行）》等8项制度，初步形成了规范外协单位（队伍）管理的长效机制。

（王伟中）

【油田自选项目效能监察】 2011年，油田重点开展了真富、高杨两个产能建设、扬州生产科研中心建设、陈堡联合站污水处理系统改造工程等项目的效能监察。在项目管理中，坚持做到效能监察与工程建设同步开展、廉洁从业责任书与工程建设合同同步签订、监督巡查与抓好整改同步实施，确保项目有序推进。修订完善了《外部项目（国内部分）业务监督规程》、《内部市场准入管理业务监督规程》等制度。

（王伟中）

【业务公开工作】 按照集团公司党组提出的"把业务公开工作与治本抓源头结合起来，通过整改一个问题，努力做到固化一条措施，完善一项制度，出台一套方法，治理一个领域"的工作要求，不断深化油田业务公开工作。2011年，在集团公司重点业务公开信息系统中公开信息11914条，涉及金额18.56亿元；在油田业务公开信息系统中公开信息1136条，涉及金额8.01亿元。通过网上巡视，发现问题27个，澄清6个，整改21个。积极开展网上巡视工作，通过巡视员月度工作会议、开展重点业务巡视培训班、组织专题讲座等方式，对油田聘用的17名巡视员进行专题辅导，促进了巡视工作水平的提升。

（王伟中）

【效能监察项目评选】 根据《江苏油田效能监察优秀项目评审细则》，2011年，油田效能监察项目评审组对2011年申报的效能监察项目进行了考核评审。对《规范外协单位（队伍）管理项目》、《非标产品采购项目》、《高集油田集输系统优化工程项目》等15个效能监察项目进行了表彰。

（王伟中）

【煤炭采购专项督察】 按照集团公司和油田领导要求，在油田范围内组织开展了对《中国石化煤炭采购业务监督规程》执行情况的专项督察，8月进行了调查摸底和自查自纠工作，9月重点对供销处、扬州石化等4个单位进行了现场检查，共发现在煤炭采购供应管理体制、供应商管理、价格管理、质量控制等6个方面的问题，及时向相关单位发放效能监察整改通知书4份，督促有关单位或部门进行落实整改，建立完善有关制度，保证了油田煤炭采购管理的规范性。

（王伟中）

【预防职务犯罪】 2011年，油田坚持与油区检察机关共同开展预防职务犯罪工作，召开了扬州、淮安等6个检察院参加的预防职务犯罪工作联系会，与油区内的市（区）、县人民检察院通过友好协商，达成了共同开展职务犯罪预防活动的意见，形成了预防职务犯罪信息共享和交流合作机制。2011年，组织14批610余名党员干部和油田党委理论学习中心组成员参观扬州警示教育基地，进一步筑牢拒腐防变的思想道德防线。

（王伟中）

【工程建设领域专项治理】 按照《江苏油田开展工程建设领域突出问题专项治理工作实施方案》，2011年，认真抓好工程建设领域突出问题整改落实工作，重点对油田26万吨元明粉项目等6个重点产能建设和重大工程建设项目进行实地督察、现场检查，达到了治理的效果。

修订完善《油建处工程分包管理规定》、《施工现场安全文明施工考核细则》、《基建工程项目验收程序》等制度规定，促进了工程项目建设市场管理更加有序化。

（王伟中）

【纪检监察队伍建设】 根据集团公司加强纪检监察组织建设和队伍建设的要求，局党委对局纪委委员、常务委员进行了调整，对局纪委监察处内设机构进行了调整，成立了5个室，明确了职责划分。开展教育培训和理论研讨，培训纪检监察干部79人次，完成调研论文35篇，有25篇在油田政研会和纪检学组政研会上获奖，《注重应用信访案件办理成果，发挥办案治本功能》、《拓展工作思路，改进工作方法，着力增强企业效能监察成效》等3篇经验材料在集团公司有关会议上交流。

（王伟中）

宣传教育

【宣传教育概述】 2011年，油田宣传思想工作以科学发展观为指导，紧紧围绕“加快有效发展，构建和谐油田”主题，牢牢把握“精细管理、内涵发展”主线，大力唱响“埋头苦干创精细管理之先，团结奋进争内涵发展之优”主旋律，按照“跟得上、贴得紧、拿得下”的要求，不断创新宣传思想工作内容和形式，增强了宣传思想工作的活力，为油田科学精细创新发展提供了有力的思想保证、精神动力和文化支撑。

（汪　萌）

【党委理论中心组学习】 局、处两级党委理论中心组坚持从落实学习制度、丰富学习内容、改进方式方法、注重成果转化等方面入手，扎实推进促进学习、保障学习的机制建设，不断拓展学习的广度和深度，着力增强学习的吸引力和实效性，切实做到了学以致用、用以促学。在坚持抓好邓小平理论、“三个代表”重要思想和科学发展观等中国特色社会主义理论体系学习的同时，紧跟党的理论创新步伐，重点学习了党的十七届五中、六中全会精神以及胡锦涛总书记在庆祝中国共产党成立90周年大会上的重要讲话。局党委理论中心组围绕中心工作，突出重大主题，以纪念建党90周年、深化创先争优活动为契机，加强了党建理论及知识的学习。组织学习了中央经济工作会、集团公司工作会和集团公司领导干部座谈会精神。紧扣业务工作，认真学习了现代经济、科技、法律和企业管理等方面的知识。

（汪　萌）

【形势与任务教育】 深入开展以学习、宣传、贯彻、落实油田职代会、集团公司工作会议和领导干部座谈会精神为主要内容的形势任务教育。广泛开展了“打造高度负责任、高度受尊敬企业”员工大讨论，以“五靠”全力打造高度负责任、高度受尊敬企业。学习宣传新华社播发的《国家栋梁负重致远——中央企业“十一五”时期改革发展纪实》长篇通讯。大力宣贯集团公司工作会议精神，引导干部职工弄清集团公司“十二五”发展的总体思路目标和“八个工作着力点”，结合自身实际，创造性地开展工作。组织编写《形势任务教育宣传材料》，开展了“辉煌‘十一五’，奋进‘十二五’”系列报道，积极宣贯油田十一届一次职代会精神。编印《集团公司领导干部座谈会精神学习提纲》，下发至基层班组，采取党委中心组学习、座谈讨论、交流研讨等多种形式，组织各级领导干部、职工群众深入学习领会会议精神。《江苏石油报》、油田电视台、局域网也在重要时段、重要版面、醒目位置开设专栏专题，宣传解读会议精神，及时反映各单位学习贯彻情况。

（汪　萌）

【深化唱响主旋律工作】 深化唱响“埋头苦干创精细管理之先，团结奋进争内涵发展之优”主旋律。利用报纸、电视、橱窗、板报、局域网等工具，对唱响主旋律进行全方位、多角度宣传报道，营造了“唱响主旋律，我参与、我奉献、我受益”的浓厚氛围。在“比学赶帮超”和创先争优活动中，突出宣传重点，强化舆论引导，共编发《创先争优活动简报》85期、《“比学赶帮超”工作简报》16期，油田创先争优活动专题网、“比学赶帮超”专栏共报道活动消息1200多条；集团公司《创先争优活动简报》、《“比学赶帮超”工作简报》、创先争优活动专题网、《中国石化报》、石化电视新闻多次报道油田创先争优活动和“比学赶帮超”工作开展情况。集团公司创先争优活动简报第173期专题报道了油田《创精细管理之先，争内涵发展之优，江苏油田大力唱响创先争优主旋律》特色做法。

（汪　萌）

【精心组织庆祝建党90周年系列宣传活动】 以庆祝中国共产党成立90周年为契机，组织全体党员和广大职工“忆传统、唱红歌、学先进、当表率”，掀起了创先争优活动热潮。采取党委理论中心组、专题党课、参观革命传统教育基地等多种方式，开展党史党情、革命传统、石油石化行业优良传统教育。《江苏石油报》开设了《精彩"十一五"》专栏和《红船杯》专栏。油田电视台开设了迎接建党90周年专栏，开展了红色影视展播活动。以"永远跟党走"为主题，广泛开展了征文比赛、诗歌朗诵、歌咏比赛和书法、美术、摄影等活动。组织党员干部和职工群众认真收听收看庆祝中国共产党成立90周年大会，组织收看了中央政策研究室副主任施芝鸿所作的《建党90周年伟大成就和宝贵经验的科学总结，奋力推进伟大事业和伟大工程的行动纲领》视频辅导报告。

（汪　萌）

【党的十七届六中全会精神学习宣传】 党的十七届六中全会召开后，局党委按照集团公司党组的部署，对学习贯彻全会精神进行及时安排，精心组织，分层次抓好落实。局、处两级领导干部以党委理论学习中心组和干部培训班为主阵地，通过研读原文、学习辅导、中心发言、专题研讨等形式，认真学习领会《中共中央关于深化文化体制改革、推动社会主义文化大发展大繁荣若干重大问题的决定》和胡锦涛总书记的重要讲话。还通过集中办班、上党课、专题研讨、辅导讲座、座谈交流等多种形式，组织好广大党员和职工群众的学习。油田报纸、电视、局域网、橱窗等宣传阵地，及时反映各单位学习贯彻全会精神的情况。深入宣贯集团公司、油田《企业文化建设纲要》。围绕社会主义核心价值体系建设，深入开展企业价值理念教育、理想信念教育、形势任务教育、石油石化优良传统教育。

（汪　萌）

【日常思想政治工作】 2011年，按照"跟得上、贴得紧、拿得下"的要求，不断把日常思想政治工作渗透到油田生产经营的全过程。以会战工委为依托，积极做好在真富、高杨产能建设会战、域外境外施工项目等重点工程中的思想政治工作。注重人文关怀和心理疏导，完善信息网络，积极组织开展活动，重视域外境外职工心理健康教育，探索了域外境外项目中开展思想政治工作的有效方法。开展基层一线员工思想状况调研，与基层一线员工近距离接触、零距离沟通，了解他们的所思所想所盼，有针对性地做好一人一事的思想工作。对双文明劳动模范进行大张旗鼓的宣传，对局党委表彰的先进基层党组织、优秀共产党员和优秀党务工作者进行集中宣传报道，对获得集团公司职业技能竞赛金牌选手以及在油田职业技能竞赛涌现出的各专业组冠军进行了专题报道。集中宣传了油田上下唱响主旋律、再创十年黄金发展期的新举措、新成效、新经验。2011年，油田在《中国石化报》、《江苏工人报》、中国石化门户网站发表稿件260多篇，在中石化电视新闻播出120多篇稿件，扩大了油田的知名度、美誉度，提升了油田形象。

（汪　萌）

思想政治工作研究

【思想政治工作研究概述】 2011年，油田政研工作围绕"加快有效发展，构建和谐油田"主题，"精细管理、内涵发展"主线，唱响"埋头苦干创精细管理之先，团结奋进争内涵发展之优"主旋律，确立物探处"'油'字当头当好主人，'优'字引领铸造'尖兵'"、安徽公司"'井字当头'当先锋，'钻字创优'创一流"、试采一厂"唱响主旋律，做好油文章"等29个课题为2011年度油田政工研究课题。29个油田级课题当年全部结题。

（曹永海）

【召开思想政治工作会】 2011年11月21日，油田2011年思想政治工作会在扬州招待所紫京园隆重召开。局、分公司党政领导，机关处室长，各二级单位党政主要负责人及基层单位代表150余人出席会议。上午的大会由党委宣传部部长陶仁俊主持，下午勘探局局长、分公司总经理朱平主持了会议。局党委副书记、局纪委书记、局工会主席李浩向大会作了题为《认真学习贯彻党的十七届六中全会精神，切实加强和改进新形势下思想政治工作，持续推进油田科学有效和谐发展》的工作报告。他在报告中回顾了过去两年的思想政治工作成果，对油田2012年的思想政治工作作了全面部署。9个单位在大会上交流了思想政治工作经验和研究成果。赵斌等37名优秀思想政治工作者受到局党委表彰。物探处等9个单位的政研会和纪检监察学组等2个优秀政研分会（学组）受到油田政研会表彰。会议还表彰了优秀政研成果。2011年，各二级单位政研会及政研分会（学组）共提供政研成果70个，经组织评审，共表彰一等奖8个、二等奖12个、三等奖15个、优秀奖15个。

（曹永海）

【政研会理事会换届】 自2007年换届改选以来，油田政研会第八届理事会已届满4年。根据政研会章程，11月4日，政研会召开八届三次常务理事会，选举产生了第九届理事会，李浩任会长，吴玖任常务副会长，陶仁俊、高和兴、常小明等任副会长，高和兴任秘书长（兼），曹永海任副秘书长。

（曹永海）

【优秀成果受上级政研会表彰】 油田政研会承担了集团公司政研课题“在文化融合中建设具有国际竞争力的企业文化”，提交的政研成果荣获集团公司2010年度优秀政研成果一等奖。

（曹永海）

【承担上级政研会研究课题】 2011年，油田政研会申报的政研课题“在科学发展中创先争优的实践与探索”被集团公司政研会确立为2011年度重点课题，并被推荐为国务院国资委党建政研会2011～2012年度重点课题。

（曹永海）

【承办思想政治工作汇报座谈会】 2011年9月2日至4日，中宣部副部长、中国思想政治工作研究会常务副会长申维辰，中国思想政治工作研究会秘书长王学勤一行来江苏，就贯彻落实中央办公厅、国务院办公厅转发的《中央宣传部、国务院国资委关于加强和改进新形势下国有及国有控股企业思想政治工作的意见》情况进行考察调研。9月3日在扬州召开调研座谈会并参观考察。油田承办了此次思想政治工作汇报座谈会，并作了汇报发言。与会领导考察了地研院、新闻中心、离退休管理处等单位，对江苏油田思想政治工作“跟得上、贴得紧、抓得实、拿得下”“四步走”的做法给予了好评。

（曹永海）

【编发《江苏油田通讯》】 2011年，《江苏油田通讯》共出刊3期，累计已出刊140期。《江苏油田通讯》立足“围绕中心，服务大局”，积极宣传“埋头苦干创精细管理之先，团结奋进争内涵发展之优”主旋律，共编发各类体会文章10多篇。还与局纪委合作，继续开办了《清廉广苑》专栏。《江苏油田通讯》从年初起和水电讯处合办《中心组学习体会》征文，全年共选发局处两级党委学习中心组成员的体会文章7篇，起到了较好的引导示范作用。同时，继续在《处干班心得》栏目中刊登处级干部培训班学员文章，大兴学习之风。

（曹永海）

精神文明建设

【精神文明建设概述】 2011年，油田精神文明建设紧紧围绕“加快有效发展，构建和谐油田”主题和“精细管理、内涵发展”主线，大力唱响“埋头苦干创精细管理之先，团结奋进争内涵发展之优”主旋律，紧贴油田实际，围绕中心工作，广泛开展群众性的精神文明创建活动，积极推进和谐油田建设，进一步提高了企业文明程度和职工职业道德水平。

（汪　萌）

【文明创建宣传】 2011年，精神文明创建坚持正面宣传，着力铸就共同理想，培育文明风尚，营造和谐氛围。一是抓实道德观念和文明理念教育，积极开展主题教育，深入推进思想道德建设，大力弘扬以爱国主义为核心的民族精神和以改革创新为核心的时代精神，引导干部职工自觉践行社会主义荣辱观，并利用报纸、电视、局域网、宣传栏等舆论工具，开展社会主义核心价值体系论坛、征文、宣讲等活动，把社会主义核心价值体系学习教育落到实处。二是大力宣传道德模范的先进事迹，通过公民道德宣传月、“讲理想、比贡献”读书征文、演讲比赛等活动，广泛宣传社会主义道德规范。组织开展爱心助残、捐资助学、青年志愿者等实践活动，引导职工群众践行道德规范，大力宣传各类道德楷模、先进典型、新人新事，在全油田形成了崇尚先进、学习先进、争当先进的良好风气。

（汪　萌）

【文明单位创建】 2011年，油田文明单位创建工作扎实推进。江苏油田继续保持“江苏省文明单位标兵”称号，油田钻井处、试采一厂、试采二厂、油建处等单位继续保持“江苏省文明单位”称号，扬州石油新村、邵伯石油新村等社区继续保持“江苏省文明社区”称号。2011年，江苏油田及下属的钻井处、试采一厂、物探处、地测处、地研院、设计院、油建处、扬州友好医院等单位继续保持“扬州市文明单位”称号，扬州石油新村、邵伯石油新村、邵伯运输处小区、邵伯甘棠小区、真武和苑小区、真武慧苑小区、试采一厂二号院小区等社区继续保持“扬州市文明社区”称号。

（汪　萌）

【文明创建活动】 2011年，继续开展文明创建活动，深入开展了文明单位、文明班组、文明社区、文明家庭创建活动，推动群众性精神文明创建工作向更宽领域、更深层次、更高境界迈进。在两级机关主要以打造“学习型、服务型、创新型、廉洁型、节约型”机关为重点，以“三高三优三满意”为标准，进一步加强和改进机关作风建设。积极宣贯《中国石化机关员工文明礼仪行为规范》，教育引导员工树立形象意识和素质意识，规范言行，讲究礼仪，使机关员工成为素质优良、文明敬业的表率。把创建文明企业作为提升干部职工素质的重要途径，坚持把精神文明创建活动作为群众进行自我教育的有效形式，引导干部职工广泛参与，在生产文明、环境文明、服务文明上下功夫，通过文明创建活动，使公共基础设施建设不断加强，人居环境不断改善，也使干部职工受到了教育，实现了共建共享。

（汪　萌）

【基层文明创建工作】 2011 年，基层队站文明创建主要以强化“三基”为重点，以“达标创优”为载体，开展文明队站创建活动。将“达标创优”植根于“加快有效发展，构建和谐油田”的生动实践中，使生产经营的重点，成为“达标创优”的着力点；生产经营的难点，成为“达标创优”的突破点；生产经营的薄弱点，成为“达标创优”的加强点，进一步增强了基层文明创建工作的针对性和有效性。结合“达标创优”和金银牌、星级站库评比，把“着眼技术进步，提高工作质量，注重经济效益”的思想融入到基层文明队站创建工作中，进一步促进了基层管理水平的提升。

（汪　萌）

【文明社区创建工作】 2011 年，各社区通过宣传栏、公开信、简报等形式开展文明社区创建宣教工作，使文化知识、卫生知识、科普知识、法律法规进入千家万户。充分发挥居委会作用，继续推进居民自治，健全完善文明家庭—文明楼幢—文明小区—文明社区推进体系，共同创造整洁优美、文明和谐的生活环境，积极倡导健康文明的生活方式。开展丰富多彩的文体活动和广场娱乐活动，组织的排球、篮球比赛和居民打太极拳、跳舞等健身娱乐已成为生活小区一道亮丽的风景。各小区注重服务理念，体现人文关爱，寓管理于服务之中，使社区管理人员与居民之间关系更加和谐。开展居民自治和文明家庭评比活动，共建平安祥和的美好家园，争创文明和谐社区活动出现了新的气象。

（汪　萌）

统　一　战　线

【统战工作概述】 2011 年，油田统战工作紧紧围绕“加快有效发展、构建和谐油田”主题，在“精细管理、内涵发展”主线的基础上，进一步将“埋头苦干创精细管理之先，团结奋进争内涵发展之优”作为全年统战工作的主旋律，充分发挥统战工作的职能作用，服务大局，齐心协力，不断树立大统战工作意识，广泛凝聚人心，增强团结，汇集力量，为油田的建设持续发展作出积极贡献。

（许茂春）

【统战工作对象】 2011 年油田统战工作对象 1337 人。其中党外高级知识分子 298 人，中级知识分子 912 人，少数民族人员 89 人，侨胞眷属 14 人。民主党派 21 人（九三学社 20 人、民革 1 人）。扬州市政协委员 2 人。全国人民代表大会代表 1 人。

（许茂春）

【统战工作】 2011 年统战工作，一是夯实统一战线成员思想政治基础。以中国共产党成立 90 周年为契机，组织引导统一战线成员参加所在单位庆祝活动和学习座谈会，开展学习和践行社会主义核心价值体系教育活动，回顾多党合作历史、改革开放历程和油田发展成就，引导和激励统一战线成员继承优良传统，增强接受中国共产党领导，走中国特色社会主义道路的自觉性和坚定性。二是贯彻“争取人心，凝聚力量”的方针，坚持服务企业发展，更加注重贴近统战工作，融入生产经营，把广大统战成员的思想进一步统一到油田党政各项决策部署上来，全面完成“十二五”开局之年的各项目标任务。加强与统战人士联系和沟通，及时通报有关工作情况，听取他们的意见建议，进一步加深统战人士与企业的感情。以建言献策为切入点，通过提合理化建议、科技攻关、劳动竞赛等多种方式引导统战人士立足岗位，为油田的改革发展稳定贡献自己的聪明才智。三是加强民主党派基层组织建设，做好油田民主党派“九三学社”的换届工作，把搞好政治交接作为换届工作的首要任务，突出“同心”思想教育，引导民主党派成员始终与企业党组织思想上同心同德、目标上同心同向、行动上同心同行。进一步加强民主党派的自身建设，不断提高参与油田产能建设的能力。

（许茂春）

【统战活动】 2011 年，油田统战工作继续深化“爱油田、献良策、作贡献”主题活动，广泛开展“永远跟党走、献计‘十二五’”为主题的合理化建议活动，为油田的勘探开发建睿智之言、献务实之策，进一步把统一战线成员思想和认识统一到油田发展目标中来，把力量和智慧汇聚到油田发展实践中来。按照江苏省委统战部要求，在油田召开了统战工作分片会议。加强和做好民间信仰管理，了解掌握各单位宗教信仰人数和动态，协调解决宗教工作中的问题，维护油区的和谐稳定。

（许茂春）

工 会

【工会组织概述】 2011 年,全油田共有工会会员 20761 人。局工会第七届委员会共有委员 35 人,常委会由 11 人组成。局工会内设组织民管部、生产保障部、文化宣传部、女工部、财务部、办公室,共有工作人员 14 人。局文化艺术者联合会、体协、局劳动争议委员会办公室挂靠局工会。

(谷永德)

【局十一届一次职代会】 2011 年 2 月 24～26 日,局十一届一次职代会在扬州花园国际大酒店召开。会议听取并审议了勘探局局长、分公司总经理朱平所作的《全面提升精细管理,持续深化内涵发展,为开创“十二五”工作新局面而努力奋斗》的行政工作报告。听取了《江苏油田 2010 年度业务招待费管理使用情况的报告》,审议了《江苏油田厂务公开工作报告》、《江苏油田 2010 年财务工作情况和 2011 年财务预算安排的报告》、《江苏油田 2010 年职工福利费使用情况及 2011 年预算安排的报告》、《江苏油田 2010 年安全技术措施计划执行情况及 2011 年安全技术措施计划编制情况的报告》等。民主评议、测评了油田领导班子及班子成员,进行了选人用人工作满意度测评,民主推荐了优秀年轻干部。

(谷永德)

【局十一届一次职代会职工代表名录】 局十一届一次职代会代表为 284 人。

地球物理勘探处(21 名):潘仰明、王俊平、包俊杰、任文军、徐凯雄、谢 涛、李妮莉、郭平才、彭永琴、吕荣梅、陈东辉、黄金生、周 峰、吕长胜、杜 涛、孙永强、李国平、宋冠柏、胡善江、刘 飞、刘世辉

钻井处(31 名):吴叶成、全宏研、叶礼平、叶志群、唐晓燕、王 辉、黄志安、吴建国、项田中、商 亮、夏寿荣、江昌元、史卫东、李士龙、汤少亮、朱爱来、梁宪民、黄立新、姜冬生、闫 诚、司 雷、刘向前、郑 舟、陆 华、邹晓华、孙天荣、高月秀、周福根、文 平、嵇绍贵、徐宏彬

安徽石油勘探开发公司(13 名):王士斌、顾培城、王文接、季素华、仲 正、许 飞、李立新、李玉枝、邓好蓉、樊 英、宣以松、胡远招、王玉忠

试采一厂(27 名):熊建华、李东方、陈 华、王学余、张志海、孙建明、李建图、李明军、黄云激、张 军、何晓龙、周宇成、冯恩山、刘玉平、梅 洋、曹琴华、杨 莲、李静、陈国虎、杨永利、杜振红、郑春丽、张 娟、齐代良、曹月琴、童 君、高 健

试采二厂(28 名):马欣本、黄 伟、龚玉梅、丁在民、陈晓斌、张晓燕、徐峥焕、赵 杰、易济麟、张丽娟、李 静、张国荣、胡建业、徐小琴、戴士角、周秋霞、姜 丽、刘永全、张艳中、王 鸿、徐爱兵、孙芳丽、戴德先、江 芳、杨栋祥、陈洪才、沈晓翔、张文康

安徽采油厂(8 名):任志庚、刘炳官、唐玉峰、刘才琴、万 明、刘 红、韩亚飞、成维义

地质测井处(9 名):施振飞、牟 荣、张 鑫、于剑金、王万超、盛广富、孙建军、史敏兰、冯 浪

井下作业处(16 名):徐 建、曹祥生、何如夏、王加明、刘向军、殷红伟、刘 杰、苏 建、马建桥、严永言、孙中伟、佘建淮、谢小军、邵得华、周 劲、黄小勤

油田建设处(12 名):路 焰、陈其耐、陈建新、宋建民、戴国莲、陈富昌、周 铨、汪宏辉、郭凤霞、黄胜泉、胡琪忠、袁 亮

运输处(9 名):陈 荣、沈 闽、邱贵荣、刘 民、张 军、苑 强、韩传灵、杨黎萍、卞光荣

水电讯处(6 名):蒋学军、毛文俊、储祥明、刘世军、柏广德、吴江吟

物资供销处(6 名):谷 峰、钱义长、秦以江、孔晓华、何 玲、李世伟

地质科学研究院(6 名):李亚辉、梁 兵、刘启东、熊焰、蒋阿明、张 进

物探技术研究院(4 名):王 勇、陈进军、陈习峰、廖文婷

石油工程技术研究院(2 名):彭 中、刘子龙

勘察设计研究院(2 名):刘正意、王厚安

职工培训处(3 名):姚 成、张 懿、王 宏

矿业开发总公司(6 名):周达祥、孙智星、王维华、缪 建、王 兰、胡相嵩

采输卤管理处(2 名):严苏宁、陈 兵

扬州石化有限责任公司(4 名):孙银高、季成林、朱风雷、刘鸿英

紫京集团(2 名):周天乔、姜长钺

农工商公司(2 名):李 强、胡 伟

扬州管理服务中心(2 名):吴 鹏、宋春兰

邵伯管理服务中心(5 名):陈往才、钱平官、赵晓霞、邵爱华、谢 军

真武管理服务中心(4 名):孙光喜、毛振光、谢炳华、秦 蕾

新闻中心(1 名):董培根

离退休职工管理处(2 名):陈烈明、吴 坚

局机关(51 名):朱 平、周恒友、谈正鑫、毛凤鸣、李东海、陈网根、钟志国、肖国连、李 萍、程广祥、陶仁俊、田 阳、戎卫林、王 健、李 浩、何有国、吴 勇、吴月红、徐成伟、张忠银、唐建伟、邱旭明、臧庆莹、鲁西杰、袁 静、

朱立华、刘 亚、朱国华、邓政丰、朱 宏、袁玉柱、杨海滨、张 华、尹军强、添维立、石 健、李学慧、张波莲、刘良顺、陈 辉、王掌洪、周方喜、唐建东、熊太炎、张登庆、李跃军、刘喜荣、沈文范、刘 纲、王 瑾、刘 波

（谷永德）

【工会全委会议】 2011年1月16日，局工会召开七届五次全委（扩大）会。会上，局工会副主席吴勇代表局工会常委会作了题为《服务科学发展，服务职工群众，团结动员广大职工为实现“十二五”良好开局建功立业》的工作报告。会议全面总结了2010年工作，研究部署了2011年工会工作任务。局党委副书记、工会主席谈正鑫在会上要求，各级工会组织和工会干部要围绕“六抓”，全面落实2011年工会工作部署：抓教育做好思想工作，切实抓好科学理论、形势任务和职业技能教育，明确方向、坚定信心、增强能力；抓重点带动一般工作，围绕学习贯彻党的十七届五中全会精神、“唱响主旋律，建功‘十二五’”活动、规范职代会程序、确保集体合同履行、建党90周年庆祝活动、能力作风建设等重点工作，带动其他工作；抓基础优化群众工作，倾听职工群众呼声、维护职工合法权益、做好职工群众教育引导工作；抓典型打造特色工作，积极开展工会工作创新和特色工作评比，做好先进典型人物的发现、培养、选树、表彰；抓状态做好本职工作，以良好的精神状态、强烈的事业心、责任感，服务油田发展、服务职工群众；抓落实推进各项工作，根据全年工作部署，细化措施，落实责任，狠抓落实，确保工会工作再上新台阶。

（谷永德）

【劳动竞赛活动】 举行江苏油田“唱响主旋律，建功‘十二五’”劳动竞赛启动仪式，总结交流“十一五”油田开展劳动竞赛活动的经验，全面安排部署“十二五”期间劳动竞赛工作。紧贴产量提升、储量增长、市场拓展等影响和制约油田发展的重要领域、重点项目，先后在真富、高杨、韦庄等重点产能建设中开展了以“安全、优质、快速、高效”为主要目标，以比团结、赛作风，比安全、赛效益，比技术、赛创新，比精细、赛管理，比速度、赛质量为主要内容的“五比五赛”专项立功竞赛活动，引导参战将士大胆实践、勇于创新，拼搏进取、争创佳绩，促进了产能建设项目顺利实施。扎实开展“创新、创业、创效”立功竞赛活动，通过每月立功赛、每季流动红旗赛、年度夺杯赛等多种形式，将劳动竞赛覆盖到油田生产经营管理各个方面。油田获得“十一五”时期全国劳动竞赛先进单位称号。

（谷永德）

【职工素质工程】 围绕推进油田全员素质培训工程，充分发挥工会“大学校”作用，不断提高职工思想道德、科学文化、技术技能、身心健康素质。局工会不断完善群众性经济技术创新成果考核评比表彰机制，采取年初申报、年中评估、年末评审的形式，完善管理办法，注重过程管理，加强帮扶指导，进一步加大“两法”的培育、总结、命名力度。2010～2011年度各单位在年初申报118项“两法”和创新成果的基础上，年末通过修订、完善、提炼，申报创新成果及“两法”87项。各级工会积极组织动员广大职工广泛开展技术比武、技能竞赛、技术革新、技术交流、技术协作等活动，充分激发职工的创新潜能和创造活力。

（谷永德）

【“五型”班组竞赛】 从“抓素质、抓班长、抓机制、抓文化、抓典型”五项基本任务入手，以创建“工人先锋号”为载体，广泛开展了创建创新型、学习型、安全型、清洁型、和谐型为主要内容的“五型”活动。各单位坚持抓队伍从班组入手，以健全班组管理目标体系、责任体系和考核评价体系为目标，以完成任务好、基础管理好、业务技能好、攻关创新好、守纪安全好、团结文明好等为主要内容，组织开展争创最佳班组、争当最佳班组长和优秀职工的班组建设竞赛。定期举办班组长培训班，有效提升了基层管理水平。井下作业处作业一大队压裂队被授予全国能源化学系统“工人先锋号”称号，试采一厂输油二队沙埝联合站被命名为“江苏省企事业先进班组”，钻井处40416JS钻井队李文被命名为“江苏省优秀班组长”，扬州友好医院内二科等基层班组被命名为扬州市工人先锋号。

（谷永德）

【和谐劳动关系建设】 继续深入开展“安康杯”竞赛，持续推进“我要安全”主题活动，着力促进安全生产各项措施和安全生产禁令全面落实。强化职工安全生产知识培训，积极开展群众性安全生产监督检查，提高了事故隐患报告率、查处率和有效监督整改率。油田连续5年被评为“安康杯”竞赛优胜企业。组织767名职工参加了健康疗养，160名职业病、工伤、非传染性疾病等患者参加了康复疗养。学习贯彻胡锦涛总书记关于群众工作的重要讲话精神，理解树立群众观点、坚定群众立场、把握群众工作方法的重要性，把实现好、维护好、发展好职工群众的利益作为工会一切工作的出发点和落脚点。全年共处理并接待来电、来信、来访12次，担负起了工会“第一知情人、第一报告人、第一帮助人”的职责。坚持“促进企业发展、维护职工权益”的企业工会工作原则，协助党政做好维护稳定工作，引导职工与企业同呼吸、共命运，依法理性表达利益诉求，共促企业发展、共享发展成果。油田被评为江苏省和谐劳动关系模范企业。

（谷永德）

【劳动模范培养管理】 修订完善《江苏油田劳动模范和先进集体评选表彰管理实施细则》，坚持组织开展万人投票选劳模活动，投票选举产生了16名2010年度油田劳动模范。开展劳模宣传月活动，组织先进事迹宣讲团巡回演讲，营造尊重劳模、学习劳模、赶超劳模的浓厚氛围；组建"劳模创新工作室"，开展劳模带徒活动，扩大劳模效应。劳模田明的创新成果荣获江苏省"十大创新成果"奖，荣获江苏省"五一"劳动奖章。

（谷永德）

【民主管理工作】 （1）组织了局十一届职代会换届工作。认真做好职代会提案征集和落实工作，局十一届职代会征集提案原案24件，立案17件。职代会结束后，局提案审查委员会召开了专门会议，转交相关职能部门，并制定初步处理方案，落实责任人，明确了落实限期。

（2）开展职工代表巡视值班活动。对油田职工代表巡视值班工作进行了专题调研，进一步摸清了各个层面对局职工代表巡视值班工作的要求和更好地发挥职工代表作用的建议。组织了局59期职工代表值班活动，对7个二级单位和4个基层单位2011年度集体合同（协议）的履行情况和全年生产经营主要指标完成情况、"为民服务创先争优"活动开展情况、油田十一届一次职代会提案落实情况以及对职工普遍反映的热点难点问题进行收集，听取了8个机关部门对相关提案处理落实情况的汇报。

（3）发挥职代会联席会作用。在职代会闭会期间，对涉及职工切身利益的重要问题，组织两次职代会联席会，审议通过了《江苏石油勘探局、江苏油田分公司完善薪酬分配制度实施办法》、《江苏石油勘探局、江苏油田分公司派驻海外工作人员薪酬福利实施办法》、《江苏油田进一步深化住房制度改革实施住房分配货币化实施方案》，通报了《人才成长通道建设实施办法》，此举强化了民主管理，促进了民主决策，有效实现了促进企业发展与维护职工合法权益的和谐统一。

（谷永德）

【扶贫帮困工作】 修订完善《江苏油田困难职工帮扶救助办法》，对帮扶救助对象进行了明确界定，进一步统一了帮扶救助标准，明确了帮扶救助范围。按照制度规定，切实为职工办实事、做好事、解难事，全年帮扶困难职工141人次，为其发放困难救助金121万元，为3名"协解"和移交人员发放爱心救助金6万元，为6户低保户发放定期生活补助3万元，发放互助金6万元，为587户困难户和遗属减免水、电、气费52万元。积极开展"金秋助学"活动，确保了困难职工生活有着落、大病有救助、孩子有学上。广泛开展送温暖活动，对节假日、高温、洪水、冰雪期间坚守生产岗位的一线职工广泛开展慰问活动，仅节日期间，油田和各二级单位走访慰问困难职工就达2600多人次，发放救助金、慰问金、慰问品共118万元。

（谷永德）

【女职工工作】 总结了"十一五"女职工素质提升工程取得的成效，表彰一批先进集体和个人；以"油田建设中的半边天"图片展等形式，展现了广大女职工在油田科学有效和谐发展中的积极作为。经过调研和筹划，及时启动了"十二五"提升素质建功立业工程。组织开展纪念"三八"国际劳动妇女节101周年系列活动，组织女职工特色工作交流、举办女工主任培训班、开展理论研讨和工作务虚等多种举措，进一步增强了女职工组织引领、服务女职工的能力。组织女职工积极投身和谐油田各项创建活动中，使女职工在促进和谐建设中的特殊作用、特有优势得到了发挥。女职工合法权益和特殊权益的保护维护更为有效、措施落实更加有力。

（谷永德）

【文化体育活动】 围绕庆祝建党90周年等，广泛开展"忆传统、唱红歌、学先进、当表率"活动，先后举办了迎新春茶话会及"红色交响"文艺晚会、"光荣·绽放"中国石化职业技能竞赛颁奖晚会、"咱们工人有力量"高杨产能战地文艺演出、四大片区"红歌会"职工文化广场等活动，承办了江苏油田庆祝中国共产党成立90周年晚会，引导广大职工以饱满的政治热情唱响共产党好、社会主义好、改革开放好、伟大祖国好、江苏油田好的主旋律。

（谷永德）

【加强自身建设】 坚持党建带工建、工建服务党建的方向，把创先争优活动与加强工会自身建设紧密结合起来，引导各级工会组织和广大工会干部积极投身创先争优活动。坚持将新任工会主席选送到全总、省总、集团公司培训，使其取证上岗；举办了专职工会干部培训班，不断提高工会干部研究新情况、解决新问题、探索新思路的能力。结合油田改革发展和工会工作实际，组织开展了工会学组政研成果征集评比、工会信息发布评比、工会经审论文评比等。坚持"建家就是建企业、建家就是建和谐"的理念，深入开展建设职工之家和会员评家活动。指导二级工会做好换届选举工作。积极做好劳务工入会工作，努力发挥劳务工会员作用，增强了工会的吸引力、凝聚力。积极做好工会信息工作，工会信息工作走在集团公司先进行列。2011年，局工会被评为全国能源化学系统先进工会、江苏省"十佳基层工会"。

（谷永德）

共　青　团

【共青团工作概述】　共青团江苏石油勘探局第七届委员会由 15 人组成，常委会由 7 人组成，直属专、兼职

团省委城工部部长郑海龙为青年突击队授旗　（郭　涛　摄）

团干部 36 人，团委办公室由 3 人组成，下辖 18 个基层团委、7 个直属团总支，1 个直属团支部，1 个直属青年工作支部，285 个基层团青支部。截至 2011 年底，油田共有 35 岁以下青年 6847 人，其中团员 2698 人。油田各级共青团组织在局党委和团省委的领导下，以科学发展观为指导，紧扣主题、围绕主线、大力唱响主旋律，大力开展青年素质提升活动、青春建功行动和共青团家园建设，不断提升“引领服务、参与融合、固本强基”的能力。

2011 年，江苏油田共青团系统获得的主要荣誉有：钻井处 40416JS 钻井队、地测处生产测井中心被评为 2010 年度中石化青年文明号；钻井处 70461JS 钻井队、安徽公司 50761JS 钻井队、井下作业处作业一大队大修二队被评为江苏省青年文明号；试采二厂团委被评为江苏省五四红旗团委；安徽公司团委、地质测井处团委被列为江苏省五四红旗团委创建单位；局团委“细分媒介特征，发掘新型阵地”获江苏共青团运用新媒体引导青年创新案例一等奖；“360 度考核机制构建团组织评价模型”被评为 2010 年度全省共青团工作创新创优成果二等奖；“志愿服务‘站点联动’工程”被评为江苏省优秀志愿服务项目；油田青年志愿者协会获江苏省青年志愿服务行动组织奖；谈正鑫获江苏省青年志愿服务事业贡献奖；王强被评为中央企业优秀共青团干部；彭涛、杨莲、李玉枝、夏露林、张勤友、徐焕友、王韶华、季小海被评为 2010 年度中国石化青年岗位能手；徐焕友被评为 2010 年度江苏省青年岗位能手；徐焕友、温涛被评为江苏省百名好青年；张洪被评为江苏省优秀青年志愿者；黄永生的《读读〈活法〉》被评为江苏省主题读书活动优秀征文；曹美丽获江苏省青年演讲比赛二等奖；郑春锋、侯成涛两家庭被评为江苏省青年读书之家。

（屈　宇）

【青年志愿者活动】　2011 年，局团委坚持“对外展示形象，对内普及理念”的思路，创新开展青年志愿者活动。对外以青年志愿者结对联系点为抓手，在“3 · 5”学雷锋日前后，赴 14 个联系点开展“两当两送”服务；以团省委组织的市及县团委共建结对活动为抓手，为高邮、兴化市的 100 个基层团委募集《中国青年报》。对内以“学习郭明义、争做新雷锋”为主题，组织扬州、真武、邵伯等地的 13 个青年志愿者服务站百余名青年志愿者开展了 60 多项便民服务；联合宣传部、文明办发动职工群众开展“寻找身边雷锋”活动。此外，面对团员青年的困难诉求，先后为油田 2 名困难青年捐款 8 万余元。

（屈　宇）

【青年微博论坛】　2011 年，局团委开通“江苏油田共青团”青年微博论坛，组织青年开展“责任、潜力、办法”大讨论：组织勘探板块的团员青年围绕勘探发现和油气储量开展讨论；组织开发板块的团员青年围绕保持老区稳定开展讨论；组织工程板块的团员青年围绕打造石油工程铁军开展讨论；组织科研板块的团员青年围绕科技创新开展讨论；组织矿区服务板块的团员青年围绕深化文明和谐示范小区创建开展讨论；组织团干部围绕提升团建科学化水平开展讨论，形成各类文本化提案 185 个。

（屈　宇）

【“五四”表彰】　在“五四”青年节期间，局团委评选表彰了一批先进单位：授予物探处团委、钻井处团委、试采一厂团委、试采二厂团委 、安徽公司团委、安徽采油厂团委、井下作业处团委、地测处团委、油田建设处团委、水电讯处团总支、地研院团委、矿业开发总公司团委、真武管理服务中心团总支等 13 家单位为 2010 ~ 2011 年度油田红旗团（青年）组织称号。同时表彰了 30 个红旗团（青年）支部和 40 名优秀共青团员。

（屈　宇）

【“三比三赛三学”活动】 结合2011年度共青团重点工作安排，以“三比三赛三学”活动为载体，引领团员青年“学先进、比素质、赛贡献”，组织团干部“学业务、比作风、赛形象”，推动基层团支部“学党建、比创新、赛活力”。

（屈 宇）

【召开青年政研分会会议】 局团委组织召开了2011年度青年政研分会会议，收集二级单位青团组织和基层青团支部政研成果27个，评选出一等奖5个，二等奖7个，三等奖8个。在2011年度油田政研成果评比中，由青年政研分会推荐的《运用精细管理开展分类引导青年的思考与实践》获三等奖，《提升青年素质的探索与实践》获优秀奖。

（屈 宇）

【青年突击队活动】 局团委先后在真富、高杨、韦庄、永联4个产能建设项目中开展了“高效钻井”、“抢投快上”、“精品建设”、“优质作业”、“满意服务”优胜青年突击队竞赛，先后涌现出14支优胜青年突击队，30名优秀青年突击手。

（屈 宇）

【青年文明号创建】 组织开展青年文明号创建活动，经油田青年文明号活动组委会评审，新命名物探处246地震队等10个青年集体为局级青年文明号，授予钻井处70461JS钻井队等16个青年集体为“创建青年文明号活动先进集体”称号。

（屈 宇）

【青年安全活动】 在安全生产月期间，局团委组织开展“呵护青春的翅膀”安全沙龙系列活动，举办“安全相对论”现场辩论会，邀请局HSE总监与青年面对面，共同探讨安全话题；组织“呵护青春的翅膀”文艺表演，以情景剧、小品、相声等形式宣传安全生产中的先进人物和特色做法；组织团员青年flash爱好者，以典型事故为素材，制作40余个安全教育视频短片发放到基层，增强青工的安全意识和技能。

（屈 宇）

【青年岗位能手评选】 2011年，局团委组织开展青年岗位能手评选活动，经过宣传发动、推荐申报、审核评比等环节，葛丰、付英露、严晓理、姜华、刘彬、廖显涛、周斌、纪永梅、许阳华、兰文明、卓知明、刘铭强、张立平、季金龙、胡冰、付民、朱艳、余健华、仇永峰、王洪艳、张新芬、王彪、杜红、茹叶雯、秦蕾、李兵、刘秀琴等27人当选为2011年度油田青年岗位能手。同时，授予集团公司2011年度职业技能竞赛中获奖的蔡巍、郑和、成鹏、李松文、马林等5人为2011年度“油田青年岗位能手”称号。

（屈 宇）

油田“青春讲坛”开讲 （董训流 摄）

【青年素质提升活动】 2011年，局团委组织开展第二届青年职业素质提升系列活动。举办了青年油水井工况分析论坛、青年PPT制作大赛、青年网络拉力赛等系列活动；创立了青春讲坛，邀请钻井、采油、作业等领域专家作专场讲座8场，组建青春导师团1个，聘用青春辅导员4名；开通了青年职业素质提升专题网，录入12个工种27486道职业技能鉴定试题，开发答题练兵、全员竞赛、在线答疑、学习园地等模块，实现学习娱乐一体化。

（屈 宇）

【共青团基层组织建设】 以共青家园建设为抓手，全面加强共青团组织建设。按照氛围营造、人员安排、保障支持、内容安排、考核执行“五个到位”的工作方针，组织101名青年开展共青团工作见习；举办第十七期团干培训班，组织团干部聆听《论共产党员的修养》等红色专题讲座。承办了江苏省省部属企业、科研院所共青团工作座谈会。指导成立了青年足球联盟“飘”队和“驴行天下”等青年自组织，开通油田共青团海外团建网，建立“心心相印”青年网络交友平台，延伸了共青团组织手臂。

（屈 宇）

局机关党群工作

【局机关党群工作概述】 2011年底，江苏油田机关共设置31个职能处室，7个挂靠单位，10个附属单位，共有职工800名，其中党员510名，建有党总支1个、党支部32个。2011年，机关党委以唱响主旋律为重心，以服务发展为目标，以凝心聚力为目的，紧紧围绕主题、主线，引导机关党员干部以埋头苦干、团结奋进的精神状态大力唱响主旋律、打好主动战，大力开展“为民服务创先争优”活动，进一步加强了机关党的建设和职工思想政治工作，提高了机关办事效率和工作水平，机关两个文明建设取得长足进步。

（赵景明）

【唱响主旋律】 2011年，机关党委紧紧围绕油田新一届党政领导班子的决策部署，在油田机关大力唱响主旋律。(1)抓好学习。油田领导班子确定工作主旋律后，机关党委高度重视，在第一时间向各党支部提出学习贯彻要求，迅速传达油田领导在第一期处干班上的讲话，在认识上、态度上与油田党政唱响主旋律的工作部署保持一致，与埋头苦干、团结奋进的工作要求保持一致，把行动统一到油田“六个打造、六个升级”和“再创十年黄金发展期”的目标任务中来，在唱响主旋律中发挥示范作用。(2)抓好“责任、潜力、办法” 大讨论。围绕局党委的8个主要议题，按照领导、部门、岗位3个层次，引导机关干部职工认真开展讨论交流，增强了将创精细管理之先、争内涵发展之优的理念、意识贯穿到机关工作始终的自觉性和主动性。(3)抓好落实促发展。督促各支部在干部职工献计献策、广泛参与的基础上，对新思路、新方法、新举措进行汇总提炼，并抓好大讨论成果的实施，形成在唱响主旋律中推动工作的良好局面。

（赵景明）

【机关党的建设】 2011年，机关党的建设主要抓了4个方面的工作：(1)强化党的组织建设。适应管理新格局，及时组建工程监理部党总支和局党办等3个党支部，对12个党支部进行了换届改选，确保了支部工作的顺利开展。将党建工作与处室业务工作结合，制定完善党建目标责任书，责任书签订面达100%。(2)开展庆祝建党90周年活动。举办书美影作品展，观看红色电影《建党伟业》，开展党史知识竞赛和唱红歌活动，精心组织了70人参加的机关合唱队，参加扬州片区的红歌大赛获银奖。工程技术处、审计处、规划计划处、法律事务处等党支部还通过开展小区卫生清理、与基层结对子心连心、排球友谊赛、送法到基层等形式，开展各具特色的党员义务奉献活动，受到基层群众的欢迎。(3)推进党员自主管理工作。坚持以支部为主体签订党员年度目标任务书，充分发挥党员的自觉性和主动性。坚持以集体评议和个人自主对格相结合的办法，认真开展评议党员活动，在机关510名党员中，定格优秀的90名。(4)认真做好组织发展工作。4月举办了入党积极分子培训班。严格发展程序，坚持标准，保证质量，全年共发展新党员17人，预备党员转正13人。

党支部委员培训班　（赵景明　摄）

（赵景明）

【机关党风廉政建设】 2011年，局机关党风廉政建设主要抓了4项工作：(1)加强廉政教育。以支部为单位组织党员干部学习廉洁从业制度规定、参观扬州警示教育基地、收看《廉政准则讲座》录像、开展网上党纪条规答题测试。(2)开展廉洁从业风险管理宣传教育工作。引导党员干部树立廉洁风险理念，积极参与风险管理工作，认真查找廉洁风险，制定防控措施，增强机关干部参与廉洁从业风险管理工作的积极性。(3)加强监督考核。督促机关党风廉政监督员认真履行职

参观警示教育基地　（赵景明　摄）

责,做好节日期间廉洁从业制度规定落实情况的收集和反馈;对处级干部年度的党风廉政建设责任制落实情况进行认真考核定格。(4)抓惩处。协助局纪委开展了1人挪用公款案件的调查,完成了对其开除党籍处分的相关工作。

(赵景明)

【机关作风建设】 2011年,机关作风建设主要开展两方面工作:(1)强化机关效能建设。按照作风建设"三高三优三满意"工作目标,举办以治庸、治懒、治散为主要内容的提升机关干部能力素质培训班,开展以查职责履行、查工作态度、查执行力、查工作效率、查服务质量为主要内容的"五查五找"活动,各处室查清不足,明确措施,在提升执行力上下功夫,在机关文风和会风上着力改进,在办事程序上倾力优化,完善以岗位目标责任为基础的绩效考核管理办法,促进了机关办事效率和工作效能的全面提速提质提效。(2)强化制度标准化改造。各处室按照集团公司的工作部署和《油田制度标准化改造实施方案》的要求,成立工作组,配备联络员,落实责任,加强协调,把握进度,注重质量,严格把关,有序推进,确保制度标准化改造工作的顺利实施,为油田加强精细管理奠定了坚实的基础。

(赵景明)

【机关"为民服务创先争优"活动】 2011年,机关党委按照局党委部署,精心组织,狠抓落实,认真开展"为民服务创先争优"活动。(1)加强领导,提高思想认识。在网站和《机关工作简讯》上开设专栏,及时宣传活动中涌现出的好经验、好做法,掀起了"为民服务创先争优"活动高潮。各党支部加大学习宣传力度,引导全体党员深刻领会活动的重要意义,把握要求,制定方案,细化任务,扎实推进活动开展。(2)突出重点,注重示范引领。突出活动示范窗口品牌打造、践行为民承诺两项重点,打造群众满意、基层满意工程,各项考核指标均创历史最好水平。(3)结合实际,突出争创特色。各党支部精心设计活动载体,丰富内容,创新方式。

(赵景明)

【机关思想政治工作】 2011年,机关思想政治工作主要抓了3项工作:(1)抓好宣传教育工作。开展形势任务教育,每季度编制、更新《油田机关政治理论学习主要内容安排表》。学习宣传局十一届一次职代会精神,营造出"唱响主旋律,我参与、我奉献、我受益"的浓厚氛围。组织参加局普法专题报告会和学法考试,增强职工的法制意识。编印《机关工作简讯》12期,及时更新"机关党委网站"信息,加强动态报道。认真做好通讯报道工作,全年在油田内外媒体上用稿360篇,头条26条,超额完成任务,连续21年被评为局通讯报道先进单位。(2)扎实开展机关政工研究。按照局党委思想政治工作"跟得上、贴得紧、拿得下"的要求,紧紧围绕油田工作的主题、主线、主旋律,大力开展政工研究,各党支部撰写了35篇既有理论价值,又有实践价值的研究成果。其中,6篇研究成果获局优秀研究成果表彰。(3)加强和谐机关建设。机关处室定期分析职工的思想状况,认真做好一人一事的思想政治工作,落实维稳工作责任制。

(赵景明)

【机关工会工作】 2011年,机关工会主要从3个方面开展工作:(1)坚持在服从服务中彰显特色。广泛开展"当好主力军,建功'十二五'"立功竞赛活动,先后有3个集体、4名个人荣立二等功,3个集体、14名个人荣立三等功。积极开展"特色建家"活动,对5个到届的基层工会进行换届改选,划拨专项经费给基层工会开展各类活动,引导基层积极营造富有本部门特点的"家"文化氛围。协助行政落实职工年休假,全年共组织33名职工健康疗养和7名职工病疗。(2)坚持在继承完善中深化特色。深化"七必到"送温暖、送清凉活动,重点抓好元旦春节慰问、高温慰问、生日慰问工作。落实好帮困解难工作,重点走访困难家庭、单亲家庭、职工遗属、生病住院职工等,全年发生费用30.3万元。重视职工劳动保护工作,协调有关单位做好劳保服装的选购、发放工作。大力开展丰富多彩的文体活动。(3)坚持在借鉴交流中打造特色。10月下旬,召开2010~2011年特色工作总结暨研讨会,19家基层工会作了交流发言,评选7个"职工小家"为机关特色工作先进单位。

(赵景明)

【机关女工工作】 2011年,机关女职工委员会主要抓了6项工作:(1)全面启动巾帼建功立业实践活动。3月召开巾帼建功立业实践活动专题研讨会,围绕"建功'十二五',巾帼争奉献"主题,鼓舞士气、安排部署。(2)持续深化"巾帼文明示范岗"创建活动。对照局基本条件,完善了争创单位层级档案,有4个集体在不同层级开展争创活动。(3)实施女职工素质提升工程。围绕机关效能建设重点,通过巾帼大课堂等载体,提高女职工履职能力。(4)开展和谐家庭创建活动。3月8日,召开"和谐家庭故事会",表彰先进,分享"学习之家"、"敬业之家"、"低碳之家"、"和美之家"、"幸福之家"5个不同家庭创建的历程和感悟。(5)真情为女职工办实事。搞好妇科检查,关心女职工的单亲家庭、体弱多病人员和域外施工人员家庭,全年走访慰问16人次,发放了价值16020元的卫生用品,为每位女职工送上了生日祝福和"三八"节礼物。(6)积极维护女职工权益。了解需求,畅通诉求渠道,创造条件为女工排忧解难。

(赵景明)

【机关共青团工作】 2011 年,机关团委主要开展了 3 项工作:(1)加强思想武装,强化创先争优意识。开展“红色理论宣讲周”活动和“责任、潜力、办法”大讨论,激励青年立足岗位创新创造。开展企业文化宣教,开辟网络专栏,引领青年当好企业文化的传播者。(2)提升青工素质,投身建功实践。组织“五四”评比、“岗位能手”评选等,带动青年瞄准榜样奋勇争先。开展岗位练兵、技能比武等,在局财务技能大赛中获得第一、第二、第六的优异成绩,在局青年幻灯制作比赛中有两名青年荣获三等奖。(3)延伸组织臂膀,推进工作创新。强化对 2 个团支部和 4 个青年工作部的工作指导,建立标准化电子团务台账,开展小型多样的活动。

(赵景明)

【机关计划生育工作】 2011 年,机关计划生育委员会主要抓好 5 项工作:(1)认真落实目标管理责任制。年初与各党支部签订人口与计划生育目标管理责任书。(2)加强宣传教育。组织职工认真学习“一法三规一条例”,及时发放计划生育宣传画、科普小册子和各类书报杂志,积极推进家庭读书活动。(3)开展计生活动。在“六一”儿童节前夕为机关少年儿童发放图书卡。(4)开展优质服务。按时完成了计划生育信息系统数据统计和上报工作。做好药具保管和发放工作。加强特殊人群治理,每月清理一次流动人口,落实“四定”措施,对临时用工较多的招待所、工程监理部等单位加强检查。(5)加强信息化建设。收集信息资料,建立全员人口管理信息平台、流动人口管理信息平台和人口与计划生育综合信息平台。

(赵景明)

人民武装

【人民武装概述】 2011 年,全局人武工作圆满完成了上级军事机关和局下达的各项任务,取得了较好的成绩。征兵工作被扬州市政府、扬州军分区评为先进单位。全局共有专、兼职人武干部 12 人,其中局人武部 3 人。在各二级单位中,凡千人以上单位都设有人武部,千人以下的设人武兼职干部岗。

(吴巧虎)

【民兵预备役政治教育和全民国防教育】 (1)抓好民兵预备役队伍的政治教育。把由总政、总参统一编发的四课教育内容挂在人武部国防教育网站上,利用网站进行刊授和函授教育,各单位采取“一课一考”、座谈、交流学习体会等形式,建立登记考核制度,使“四课”落到实处。

(2)开展军事日和庆“七一”、“八一”活动。在庆祝中国共产党成立 90 周年之际,钻井处组织 12 名复转军人党员代表前往扬州国防园参观江苏陆军预备役高射炮兵第二师,并召开了“坚定信念跟党走,创先争优作表率”军人党员专题座谈会。局人武部安排系列活动庆“八一”:与扬州军分区,预备役高炮二师,江都、扬州开发区等人武部开展联谊活动;按扬州市政府安排参与“百台电脑送军营”慰问活动;给油田籍现役军人和全油田的残疾、转业、复员、退伍军人,军烈属发慰问信,并要求各单位结合自身实际开展有针对性、有特色的纪念活动。

(3)结合当前国际国内的热点问题开展国防教育讲座。4 月 25 日上午,局人武部在邵伯紫京饭店二楼报告厅举办了“江苏油田纪念建党 90 周年暨红军长征胜利 70 周年民兵预备役国防形势报告会”,特邀请南京海军指挥学院博士生导师、海军战略问题研究著名学者冯梁教授作题为《我国海上形势及应对之策》报告。全油田人武干部,邵真地区部分民兵预备役人员,共 150 多人参加了讲座。

(4)举办人武系统业务培训班。2011 年 4 月下旬,局人武部在邵伯紫京饭店举办了为期 5 天的人武系统业务培训班,共有 20 个二级单位专(兼)人武干部近 50 人参加培训。请部队教授、职培处老师及业务专业人员授(讲)课,分别进行了国防形势及干部的执行力教育,民兵预备役的教育、整组、训练以及兵役、双拥等业务知识讲座。同时,赴句容茅山革命根据地、南京总统府等地,瞻仰革命烈士纪念碑、纪念馆,缅怀革命先烈,接受革命传统教育。

(5)深入基层搞调研,开展赠书活动。局人武部分别前往试采一厂采油一队女子民兵排、井下作业处作业一大队预备役班、试采二厂综合大队民兵排、运输处交战办等单位走访慰问、调查座谈。与民兵预备役人员、交战队员分别畅谈了参加民兵预备役、交战队伍的感想,大家决心继续保持本色,勇于完成急难险重任务,充分发挥“三兵”作用,以实际行动为油田增储上产作贡献。每到一个单位都赠送了书籍,勉励他们加强学习,发挥民兵本色,为夺油上产贡献力量。

(吴巧虎)

【预备役连队军训和军事日活动】 2011 年,油田在试采一厂、井下作业处、钻井处等单位选送 5 名预备役战士,参加由师装备部组织的、为期 7 天的营修理骨干训练。由于在抽调人员时注意参训人员的政治质量和军事素质，在集训中取得了较好的成绩，受到了预备役师机关同志的一致好评。同时，局人武部和试采一厂3次分别组织部分领导过“军事一日”活动，进行了冲锋枪和手枪第一练习实弹射击训练。

（吴巧虎）

【民兵预备役整组】 2011年，根据扬州军分区有关基干民兵调整的文件精神，局下发了《关于调整基干民兵兵种及兵员的通知》文件，油田基干民兵由民兵应急维稳分队、救援防化分队、工程连、重点储备类等共343人组成。调整后，全局在10个二级单位编有基干民兵、预备役组织。现编有1个民兵应急维稳分队应急排、2个救援防化分队、1个工程连、重点储备类人员50人。1个预备役连队87人。在调整过程中，各单位严格按照政治、年龄、文化等条件做好基干民兵和预备役人员的出入转队工作，配强配齐民兵预备役干部队伍，建立“三表三册”，下发民兵干部调整文件，确保了民兵预备役组织建设的落实。

（吴巧虎）

【兵员征集】 2011年，全油田共在江都、扬州开发区、金湖、安徽等地区选送54名新兵光荣入伍，100%完成上级下达的征兵工作任务；高中以上文化程度达100%，待业青年达100%，新兵合格率100%。一是做好适龄青年的兵役登记。对125名符合条件的技校生、职高生和待业青年进行了摸底登记。二是加强对征集工作的领导。局和各二级单位分别召开征兵工作会议，根据适龄应征待业青年较多的特点，各级领导有针对性地做好预征对象的思想工作，帮助他们端正入伍动机。三是坚持以质量为核心。在整个征兵过程中各单位抓住了目测、初检、政审关，保证了新兵质量。四是在征兵中按照“厂务公开”的要求，先期制定下发了《江苏油田兵员量化考核暂行规定》，规定中充分考虑局特困户、零就业和医疗帮扶救助困难家庭，独生子女，局级以上（含局级）劳模、优秀党员子女等优先等因素。在具体操作中按照此规定严格实行“三公开”，接受职工群众监督。征兵工作得到了二级单位领导的大力支持和相关处室部门的通力协作。

（吴巧虎）

【拥军优属】 （1）继续开展当好“故乡指导员”活动。在“八一”前夕，在油田人武部领导率领下，会同安徽公司、供销处的相关领导，有针对性地选择了条件艰苦的40军坦克旅、16军装甲师以及空军某飞机场等部队走访慰问油田籍子弟兵活动，并向子弟兵赠送了《钢铁是怎样炼成的》、《汉语大词典》等书籍和学习用品。全局各二级单位人武部共和义务兵通信190多封；电话联系80多次，及时掌握了他们的思想动态，协助部队共同做好思想工作。

（2）开展“军人家庭服务中心”活动。坚持为军属办好事、办实事。局人武部协助局就业中心对2010年退伍的56名战士进行了妥善安置。平时只要军属有困难各单位都能帮助解决，全年共为优抚对象解决实际问题30多件。

（3）会同相关部门落实好退伍军人党组织关系的转接工作，并按规定过好组织生活会，局人武部党支部专门前往培训处洪泽基地，集中退伍兵党员学习两次。

（4）及时办理发放义务兵优待金。各二级单位在春节前将优待金兑现到义务兵手中。2011年全局共办理发放优待金140人、31.15万元，给予优秀士兵奖励1.29万元。

（5）搞好走访慰问工作。春节期间和军属住院期间，各单位都组织对军属进行走访慰问，把组织的关怀送到军属家中。

（6）搞好军民共建活动。为巩固和发扬军民共建的良好氛围，春节期间局人武部分别对分区和预备役师进行了慰问。

（7）大力宣传退伍军人的先进事迹。充分利用局域网站对立功、优秀士兵、加入党组织的退伍兵进行大力宣传，鼓励义务兵在部队安心服役，多立功、多受奖、争取加入党组织。

（吴巧虎）

【交通战备】 2011年，扬州市交通战备办公室主任刘增强一行3人，来油田运输处检查指导油田交通战备工作。刘增强主任在认真听取汇报和查看资料的基础上，对油田的交通战备工作给予了充分的肯定，认为油田的交通战备工作基础扎实，队伍编制合理，人员、装备、后勤保障等落实到位，能结合生产实际发挥好交战队伍的作用，活动开展得有声有色，工作名列扬州地区前茅。

（吴巧虎）

【武器装备管理】 2011年，全油田民兵武器装备共百余件。采取集中在军分区武器仓库代储代管、日常训练和执勤武器由局集中管理、专人看守等措施，并坚持定期检查、年度保养，多年来确保了武器装备无事故。

（吴巧虎）

保密 · 机要

【保密工作概述】 2011 年,油田保密工作始终围绕生产经营、助力科学发展、服务和谐稳定大局,各级保密委员会认真贯彻胡锦涛总书记对保密工作重要批示、落实中央关于进一步加强保密工作的决定和一系列保密法律法规,按照集团公司和省委保密委部署,结合油田实际,开拓进取,扎实工作,为油田改革发展提供保障和服务,受到上级好评。油田保密宣传教育工作在省和集团公司相关保密工作会上作专题发言,保守企业商业秘密经验在省级机关单位保密会议上作交流,设计院涉密地形图保密管理做法受到江苏省保密部门肯定和推广。

(余友智)

【保密工作责任制】 油田党政领导高度重视保密工作,亲自听取保密工作汇报,对保密工作提出要求和指示。各级党委理论学习中心组进行保密法律法规专题学习。各级保密委员会定期召开例会,制定保密工作计划,研究保密工作新情况,及时解决新问题。

(余友智)

【保密宣传教育】 全年先后安排 12 人次参加总部、省及市保密工作培训学习;油田党办主任培训班专门安排保密形势教育和保密基础知识培训;分 3 个片区对各单位保密干部进行信息化保密常识和保密理论教育;发放保密知识学习材料 350 份,资料及宣传卡片 120 份;部分重点单位举办涉密人员培训班,参培人数达到 258 人;保密办深入有关单位进行保密形势讲座;组织部分处级领导及重点涉密人员参观全国泄密窃密案件警示教育展览。

(余友智)

【国家秘密管理】 组织和指导涉密文件和资料的集中销毁工作,开展涉密载体管理情况的调研,规范进行对外涉密地质资料的保密审查;从严控制秘级文件知悉范围,规范涉密文件的接收、传阅和归档等环节;及时收集、清退中央密级文件 1489 份。

(余友智)

【商业秘密保护】 及时对生产、科研单位进行保守商业秘密提醒工作;加强对各单位和相关要害部门、部位保密工作指导服务,保证油田商业秘密的安全。

(余友智)

【保密工作督察】 2011 年,组织开展了油田境外单位和机构保密管理情况专项抽查、重点涉密单位计算机及移动存储介质保密管理情况专项检查和保密工作随访等工作,实现了全年无泄密窃密事件发生。

(余友智)

【涉密测绘成果保密检查】 2011 年 8 ~ 9 月,油田开展了涉密测绘成果保密检查,形成书面报告,上报省保密局和省测绘局。

(余友智)

【编发《保密工作信息》】 2011 年全年编发油田《保密工作信息》6 期,交流各单位保密工作的经验和做法,报道各单位开展各项保密活动动态,展示基层保密干部和涉密人员精神风貌,宣传和传递江苏油田和兄弟企业保密工作最新信息。

(余友智)

【机要工作】 收发、登记、传阅、归档上级机要文件 3850 份,制发文件、资料 14780 份,办理机要、挂号、内部电传 438 件,按时段清理涉密文件资料,做好中央、省级涉密文件上交、退回和存档工作;从严控制各类秘级文件知悉范围;规范涉密文件的接收、传阅和归档等环节;清退中央密级文件 1489 份,做到零差错;重要文件、资料归档率 100%;严格党委、党办印章管理。

(余友智)

文联 · 体协

【举办"红色交响"文艺晚会】 "七一"前夕,局文联举办"红色交响"文艺晚会,庆祝中国共产党成立 90 周年。晚会由"日出东方"、"中流砥柱"、"石油先锋"、"永远跟党走"4 个篇章构成。由独唱、合唱、舞蹈、朗诵、快板舞等多种艺术形式构成的 17 个节目相互辉映,充分展示了中国共产党 90 年的光辉历程和丰功伟绩,抒发了石油儿女在党旗指引下,团结一心,跨越争先,科学发展的豪迈情怀。

(朱武彬)

【举办红色电影专场】 7月中旬,在各油区组织举办了40余场爱国主义红色电影专场,观众达3万人次。开展"下基层、进社区红歌会"活动,四大片区"红歌会"有2000名职工参加演出,观众万余人。

(朱武彬)

【筹办技能竞赛颁奖晚会】 筹办了10月15日2011年度中国石化职业技能竞赛闭幕式及颁奖晚会"光荣·绽放",备受好评。

(朱武彬)

【组织参加"中国石化第五届职工文艺录像调演"】 11月初,组织参加了"中国石化第五届职工文艺录像调演",油田获一等奖1个,二等奖3个。油田报送的文艺晚会和演出节目得到了专家评委的一致好评。其中舞蹈《前进!进——》获舞蹈类表演一等奖和创作三等奖;《"红色交响"——江苏油田庆祝建党九十周年文艺晚会》获专题晚会类二等奖和晚会策划、导演奖;《满怀深情望北京》获声乐类表演二等奖;诗朗诵《可爱的中国》获综合类二等奖。

(朱武彬)

【潘月斌、张勇获首届中石化"朝阳"文学艺术奖】 5月初,油田井下作业处职工潘月斌撰写的《气龙飞跃历史的天空》以报告文学的形式,用纪实的手法,全景式展现了新一代石油儿女为了调整苏北地区的能源产业结构,实现"油气并举"这一梦想,成功地开发建设盐城天然气气田的这一历史过程,有力弘扬了江苏石油人艰苦创业、攻坚啃硬、坚忍不拔、勇往直前的铁军精神,荣获了首届中国石化"朝阳"文学艺术奖文学类艺术奖。

安徽采油厂职工张勇被称为是"从职工中走出来的书法家",自2004年至今先后10余次入展中国书法家协会举办的展览,作品多次在中国石化、江苏省和安徽省等书协举办的展览中入展和获奖。其另有20多件作品被勒石刻碑或艺术馆收藏。其近百幅书法、篆刻作品发表于《书法导报》、《书法报》等报纸杂志上,出版有《张勇书法作品集》,作者系中国书法家协会会员,荣获首届中国石化"朝阳"文学艺术奖书法类艺术奖。

(朱武彬)

【编辑出版《群英谱》画册】 12月,油田工会编辑出版了江苏油田《群英谱》,为全国劳动模范、全国技术能手设立"劳模工作室",激发了劳模荣誉感、自豪感,使先进典型的影响力更具普遍性、持久性,在全油田形成了人人学先进、赶先进,千帆竞发、万众争先的生动局面初步形成。

(朱武彬)

【组织战地文艺演出】 年初,组织了"咱们工人有力量"高杨产能战地文艺演出和局迎新春茶话会。油田"新春茶话会"本着以人为本、人文关怀具体化、措施化、常态化思想,以关爱职工和家属的身心健康为出发点,重视队伍建设,保护和发挥好干部职工的积极性和创造性;以大力弘扬社会公德和家庭美德为创作素材,油田文艺工作者和来自一线基层单位的业余演员创编了以舞蹈、诗朗诵、快板书、歌曲和舞台剧等形式的各类节目,为油田职工、家属献上了丰富多彩的文化大餐。

(朱武彬)

【举办"供销杯"羽毛球赛】 10月份,举办了"供销杯"羽毛球赛,来自油田20个代表队的160余名运动员参加了比赛。作为中国石化羽毛球协会的所在单位,2011年,油田对羽毛球协会的组织机构、人员配备等进行了调研梳理,健全了协会的各项机制,提高了协会在管理方面的能力,进一步完善了协会的组织机构、工作机制和规章制度,明确了协会的职责和权利,使中石化羽毛球协会的管理工作进一步走上了正轨。

(朱武彬)

单位概览

试 采 一 厂

【试采一厂概况】 江苏油田分公司试采一厂(简称一厂)成立于1975年,位于扬州市江都区真武镇。主要业务范围是采油、注水、输油、天然气处理等。投入开发真武、曹庄、富民、徐家庄、联盟庄、邵伯、周庄、宋家垛、邱家庄、许庄、沙埝、花庄、陈堡、永安、安丰、瓦庄、梁垛、新街、李堡等19个油田和永安、肖刘庄、周庄、盐城等4个气田。累计探明含油面积97.91平方千米,探明石油地质储量13860万吨,动用储量11109万吨;探明含气面积7.5平方千米,探明气田地质储量25.61亿立方米;油气资产原值98.79亿元、净值49.21亿元,固定资产原值3.20亿元、净值1.54亿元。年底,共有职工1914人,其中干部503人,干部中高级职称99人,中级职称191人,初级职称183人。设机关科室15个,中心、所、站10个,基层单位24个,其中,采油(注水)队12个,输油(气)队4个,生产辅助单位8个。采油井1115口,日产油水平2720吨,综合含水79.6%,动用储量采油速度1.01%,动用储量采出程度22.19%;注水井365口,日注水8965立方米,月注采比0.58,累积注采比0.53。

(朱 祥 黄颖锋)

【生产任务和经济技术指标】 2011年,该厂生产任务和经济技术指标完成情况如下:单位完全成本计划1369元/吨,实际完成1369元/吨;原油产量计划99.3万吨,实际完成99.3078万吨;原油商品量计划94.58万吨,实际完成94.5874万吨;天然气商品量计划3000万立方米,实际完成3607万立方米;滚动新增探明储量计划100万吨,实际完成105万吨;投资计划执行率100%,实际为100%;财务管理达标率计划100%,实际为100%;开发综合指标完成率计划100%,实际为153.05%;注水综合指标完成率计划100%,实际为102.5%;油水井利用率计划95%,实际为95%;市场准入执行率计划100%,实际为100%;科技外协审批合格率计划100%,实际为100%;注采设备利用率计划75%,实际为82.02%;用工效率计划2.91人/口井,实际为2.39人/口井;合同管理规范率计划100%,实际为100%;物资供应综合管理达标率计划90%,实际为95.3%;综合能耗计划为0.363吨标煤/万元,实际为0.281吨标煤/万元;季度安全挂牌计划红牌,实际为红牌;环保综合达标计划合格,实际为合格;外输原油质量监督综合合格率计划100%,实际为100%;饮用水质量抽查合格率计划100%,实际为100%;稳定指标为达标,质量指标为达标。

详见试采一厂2007~2011年度主要生产任务和经济指标完成情况统计表。

(朱 祥 黄颖锋)

【滚动评价】 不断拓展高邮凹陷隐蔽性油气藏滚动勘探领域,连续在永38、联38和邵深1取得新发现;利用高精度三维地震资料和不同时期地震资料分析对比,相继在北斜坡花26、南断阶许33取得新进展;深化老井复查,在富5、联30、沙20滚动扩边取得多点突破。全年新增探明储量690万吨、控制储量1215万吨、预测储量691万吨,新建产能17.96万吨。

(朱 祥 黄颖锋)

【真富产能建设】 共投产油井44口,新建产能8.2万吨,新增年注水能力5.9万立方米,完成投资4.19亿元,打造出了老区深度开发的样板工程。

(朱 祥 黄颖锋)

【老区稳产】 以油藏精细描述为抓手,积极推进富18、联6区块的模式重构、井网重建、层系重组,富民、联盟庄油田产量大幅回升。以改善水驱为重点,进一步实施层系细分,积极推进陈2、周43等主力断块的单层开发,陈堡、周西油田产量保持稳定。以块注水为目标,加大零散区块注水工作力度,梁10断块已实现注水开发。全年投(转)注水井33口,完成注水量346.56万立方米,老井自然递减率、综合递减率、综合含水分别稳定在14.99%、7.84%和79.6%。此外,天然气产销工作顺利开展,全年生产天然气5322万立方米,外销3607万立方米。

(朱 祥 黄颖锋)

【科技创新】 科研管理取得新成果，全年投入经费867.5万元，组织开展各类科研项目56项，共有6项科研成果获局科技进步奖，4项科研成果获得实用新型专利授权，均创历史较好水平。三次采油取得新进展，真35块化学驱顺利进入主段塞注入阶段，已累计注入聚合物溶液5.4万立方米；沙7断块中低渗油藏井网调整加化学驱提高采收率重大先导试验已完成前期油藏、井筒、地面准备工作，正在进行试注。

（朱 祥 黄颖锋）

【工艺技术】 水平井应用空间不断拓展，周43块高含水油藏短半径水平井应用、陈2块多层油藏水平井单层开采、富5、富43、富83微型砂体水平井开发等，均取得较好效果，全年共投产水平井21口，增油3.5万吨。侧钻井产量、效益再上新水平，全年共投产侧钻井13口，增油1.59万吨，增加可采储量27万吨。

用好水平井技术挖潜剩余油 （王庆辉 摄）

（朱 祥 黄颖锋）

【企业管理】 “达标创优”工作覆盖面进一步扩大，7个生产辅助单位被纳入创建范围，全面实施ABC动态管理，进一步调动了各单位开展“达标创优”工作的积极性，目前A级队比例已达到79%。“比学赶帮超”工作以“评先进、赛指标、树样板”为载体，通过典型引领和示范带动，各项经济技术指标得到不断优化，在油气生产板块中排名保持上升势头。“改善经营管理建议”工作通过建立专家库，加大专业审查力度，全年确立集团公司级、油田级、厂级建议19个。“制度标准化改造”工作在做好梳理、分类的基础上，对56项管理制度进行了改造，切实提高了制度的规范性和可操作性。

（朱 祥 黄颖锋）

【经营管理】 加强建设项目实施过程中的管理和控制，全年完成投资3.29亿元，确保了富43块集油系统改造工程、陈堡联合站污水处理系统改造工程等重点项目顺利开展。加大全员成本目标管理工作力度，建立健全成本管理网络，积极开展基层成本调研和经济效益分析活动，形成了全员积极参与的成本管理氛围。发挥内控、ERP、预结算、法律事务、效能监察等管理和监督作用，生产经营风险得到有效防范和控制。

（朱 祥 黄颖锋）

【HSE管理】 将“我要安全”主题活动贯穿全年，积极组织开展风险查找摆改、“十大薄弱环节”查找和“七想七不干”安全提示等工作，有效遏制了“三违”行为，全年查改隐患127个，查出薄弱环节1588个。认真落实《试采一厂领导带班制度》，选聘了厂HSE总监及5个基层单位专职安全监督员，使现场直接作业环节的监管力度得到进一步加强。狠抓环境污染防范和整治，新建了真武、沙埝作业废水回收站和洗井车反洗处理站，完成了780千米运行管线的在线检测，组织了水上溢油应急预案演练，有效地降低了环境污染风险。

应急救援综合演练 （郭 涛 摄）

（朱 祥 黄颖锋）

【队伍建设】 以人才成长通道建设为契机，着力加强经营管理队伍建设，选派了75人次参加高层次、复合型人才培训教育，各级领导干部政治意识、责任意识以及经营管理能力有了新的提升。切实加强专业技术队伍建设，在职称评审中有32人晋升高一级职称，并对78对导师和培养对象开展首次“导师制”考核，技术人才队伍结构更趋合理，专业素质不断提高。大力加强技能操作队伍建设，认真开展“人人都是讲解员”培训、岗位练兵以及青年职业素质提升活动，职工技能素质得到普遍提升，全年新聘任高级技师3人、技师5人；在油田第十二届职业技能竞赛中，获得了三金四银三铜的优异成绩。

（朱 祥 黄颖锋）

人人都是讲解员　（郭　涛　摄）

【党建思想政治工作】　以纪念建党90周年为契机，围绕油田大力唱响主旋律要求，广泛开展"责任、潜力、办法"大讨论，着力在担责任、挖潜力、想办法上营造为油大干的新氛围，充分调动了干部职工的工作积极性。围绕"爱岗敬业、金牌服务"主题，深入开展"为民服务创先争优"活动，着力在机关服务基层、干部服务职工、后勤服务前线上塑造为民服务的新形象，进一步密切了党群、干群关系。围绕党员自主管理目标，积极开展基层党组织信息管理系统推广应用等工作，着力在制度规范化、管理有序化上探索基层党建的新途径，有效发挥了党支部的战斗堡垒作用和党员的先锋模范作用，并首次获得了中国石化"先进基层党组织"荣誉称号。围绕党风廉政建设目标，扎实开展廉洁从业风险管理工作，切实增强了党员干部的廉洁从业意识。

（朱　祥　黄颖锋）

【和谐建设】　以油田召开生活后勤系统"为民服务创先争优"现场会为契机，加大后勤服务保障力度，相继投入使用周西、富民、盐城等一批生活基地，基层单位全部实现城镇化居住、公寓化管理。扎实开展"三定"工作，认真推进薪酬分配改革，稳步实施企业年金计划，切实加强绩效考核管理，职工的收入和利益得到维护和保障。同时，工会、共青团、女工等群众性组织的桥梁纽带作用得到充分发挥，家属参保工作圆满完成，离退休老同志待遇得到认真落实，油区治安秩序得到进一步强化，计划生育工作继续走在油田前列，和谐稳定的局面得到进一步巩固。

（朱　祥　黄颖锋）

试采一厂2007～2011年度主要生产任务和经济指标完成情况统计表

指标名称＼年度	2011	2010	2009	2008	2007
原油产量（吨）	993078	993088	992058	990036	980009
原油销售商品量（吨）	945874	945893	944946	942229	932354
单位完全成本（元/吨）	1369	1272	1090	966.60	764.39
液化气产量（吨）	1898	2009	1777	1745	1632
注水量（立方米）	3465629	3226000	3033300	2869599	2619248
试油工作量（层）	123	49	71	92	90

（朱　祥　黄颖锋）

试　采　二　厂

【试采二厂概况】　江苏油田分公司试采二厂（简称二厂）成立于1976年，厂部位于江苏省金湖县，主要业务范围是采油、注水、集输、油气水处理、试井、维修安装、运输等。二厂辖区包括金湖凹陷和高邮凹陷西南端，地处大运河以西地区，分属扬州市的高邮、仪征、邗江及淮安市的金湖、洪泽、盱眙共6个县（市、区）、24个乡镇，面积近4000平方千米。管辖油（气）田13个（卞东、杨家坝、石港、墩塘、闵桥、范庄、崔庄、南湖、高集、黄珏、马家嘴、码头庄、赤岸），试采区7个（李庄、乔河口、唐港、尖1、庄5、庄9、庄14），探明含油面积105.62平方千米，地质储量10555万吨，动用含油面积90.27平方千米，动用储量9462万吨，注水储量6291.4万吨。在已探明储量中，以Ⅲ类低渗储量为主，占全厂地质储量的86.7%。

截至2011年底，二厂固定资产原值69.07亿元，净值33.65亿元，其中油气资产原值66.33亿元，净值

受上游持续泄洪的影响，二厂员工与肆虐的洪水展开了一场夺时间、保生产、防污染的激战　（金　健　摄）

32.10亿元。拥有联合站3座，污水处理站7座，注水站30座，计量站117座，中转站14座，单井拉油点15个。拥有主要专业设备1506台（套），设备原值2.79亿元，净值1.42亿元，新度系数0.51。全厂在册职工1993人，其中女职工837人，干部441人，工人1552人，平均年龄39岁。具有高级以上职称的105人，高级技师9人、技师98人，具有大学本科以上学历的331人。厂设机关科室21个，辖有大队级单位9个，基层单位26个。全厂有油水井1330口，其中采油井977口，开井856口，注水井353口，开井302口。井口日产油水平1835.1吨，核实日产油水平1727吨，平均单井井口日产油水平2.1吨，平均单井核实日产油2吨；平均日注水8548立方米，油田综合含水74.69%，核实累积产油1170.8359万吨，动用储量采油速度0.67%，采出程度12.41%，可采储量采油速度3.42%，采出程度63.64%。

（胡继军　宋子军）

【生产任务和经济技术指标完成情况】　2011年，二厂生产任务和经济技术指标完成情况：原油产量年计划63万吨，实际完成63.0026万吨；原油计划销售商品量60.01万吨，实际完成60.0132万吨；注水量计划277万立方米，实际完成289.3133万立方米，完成计划的104.4%；单位计划完全成本1406元/吨，实际吨油完全成本1597.28元；计划钻开发井76口，进尺17.56万米，实际完成95口，进尺18.15万米，分别完成计划的125.0%、103.4%；产能建设计划7.85万吨，实际完成8.33万吨，完成计划的106.1%；计划投产油井67口，实际投产93口，完成计划的138.8%；计划投转注水井32口，实际完成32口，完成计划的100%；油田自然递减率计划12.44%，实际全厂12.57%；综合递减率计划6.24%，实际全厂7.01%；含水上升率计划小于3.5%，实际3.46%；设备综合管理合格率计划大于90%，实际为95.11%；外输原油含水率计划小于0.5%，实际为0.16%。

详见试采二厂2007～2011年度主要生产任务和经济技术指标完成情况表。

（胡继军　宋子军）

【油田开发】　老区综合调整。一年来，高集、赤岸、范庄、杨家坝等一批老油田通过注采调整完善，呈现稳中有升的开发态势。韦2、范1、闵40、韦5等窄条状油藏油水过渡带剩余油认识取得新进展，挖潜获得良好效果。全年自然递减、综合递减、含水上升率均控制在局下达的计划指标内，开发综合指标完成率100%。

老区滚动评价。高20块从东西两翼追砂找油，获得成功，高15块油水边界进一步外推，大高集大连片格局初步形成。黄珏北部滚动取得成功，闵南、马家嘴地区发现有利目标，崔4块含油面积进一步扩大，为下步滚动完善开辟了新的战场。全年预计新增地质储量185万吨，新建产能8.2万吨。

注水基础工作。全年投转注水井32口，新增分注井21口，重新分注27口，新增注水储量194万吨，新增双、多向注水储量217万吨，分注率、层段合格率均有所上升。应用纳米降压增注技术，治理欠注井15口；通过配伍试验，方4站实行清污混注，注水井专项治理成效明显，日增加注水量283立方米。先后对高Ⅱ联、范庄、韦2、黄4等污水处理站处理装置升级和改造，水质管理不断强化，水质达标率上升了2个百分点。

（胡继军　宋子军）

【经营管理】　2011年，二厂扎实开展基础管理工作，不断提升经营管理水平。以开展“精细管理巩固年”为契机，坚持精细管理同“比学赶帮超”、“五项劳动竞赛”、“达标创优”相结合，不断丰富完善精细管理内涵。申报集团公司金牌采油队3个、银牌采油队3个、五星级站库1个；改善经营管理建议工作全面展开，全年共组织实施厂级建议12个、油田级建议7个、集团公司级1个；持续推进“制度标准化信息化”工作，梳理改造制度228项，其中转发总部或油田执行类制度148项，厂各项基础工作不断向标准化、信息化、精细化方向迈进。“基于成本责任流的全员成本目标管理”成果获得2011年度中石化现代化创新成果一等奖，并入选集团公司“十二五”企业管理培训教材。

加强投资计划全口径、全过程监控。全年共完成投资1.33亿元，局、厂投资计划工程246项，保障了“码头庄处理站及原油外输管线改造工程”、“高集油田集输系统优化”等重点项目顺利实施；积极推进零基预算管理，大力实施全员成本目标管理，成本指标得到有效控制；围绕生产经营的重点、难点和薄弱点，积极开展降本增效合理化建议活动，共征集降本增效合理化建议316条，实施295条，为有效降低成本压力发挥了积极作用；充分发挥“五把锁”功能，持续深化ERP应用，全面加强内控监管，着力推进管理效益审计，有效防范经营法律风险，进一步规范经营行为，促进增收节支工作。全年开展预算执行情况、内控评价等专项审计7次，“高集油田集输系统优化效能监察项目”荣获油田一等奖。

（胡继军 宋子军）

【HSE管理】 2011年，二厂安全工作深入推进，污染防治和环境保护有效开展。(1)强化安全意识，持续深化“我要安全”主题活动，“四不”安全理念更加深入人心。(2)强化教育培训，进一步提高了人的本质安全水平。(3)强化制度执行力，领导带队值查195次，开展“三特”情况下带班制度执行，促进了安全生产责任制的落实。(4)强化体系建设，推行“七想七不干”安全提示卡，开展“两书”实施效果检查，促进了HSE管理体系的规范实施。(5)强化隐患治理，做好“身边薄弱环节”查找和关键环节的监管，全年共查改安全隐患1089个，完成淮河入江水道内供电线路隐患治理和湖区高架油井平台结构改造，本质安全状况得到改善。(6)强化职业健康监护，对全厂员工进行了职业健康体检。

全年共固化处理井场泥浆池92个，崔庄油泥油砂处理站正式投用，完成了15个站点的噪声治理，对12个基层队点污水进行无害化处理，污水外排达标率达100%，基本实现了绿色环保生产。

（胡继军 宋子军）

【科技攻关】 2011年，二厂科技攻关效益明显，支撑作用日益凸显。水平井技术得到进一步拓展应用。全年投产水平井10口，最高日产油水平110吨，年产油1.043万吨。其中黄88平2井、黄88平3井，日产油分别达到15吨和19吨。在范庄油田薄层灰岩油藏实施的395米长井段水平井范1平1井，尾部55.4米油层射开20米酸化投产，目前日产油23吨。

致密油藏大型压裂技术取得重大突破。实施全局第一口大型压裂井桥12－2井，初期日产油15吨，累积产油近千吨。径向井试验得到推广应用。全年实施径向井6口，为有效动用低渗油层提供了新手段。中高含水油藏调驱技术试验得到推广应用。在墩2－7井开展污泥调剖，使水窜严重层位得到有效封堵；范4井采用纳米微球调剖工艺，对应油井见效明显；对杨10－3井进行交联聚合物凝胶调剖，注入压力明显上升。生产自动化技术应用进一步扩大，继方4、码头庄油田自动化技术成熟应用后，又在高集湖区继续推广，实现了油水井的远程监控、故障报警、示功图诊断和自动化计量等，降低了员工的劳动强度，方便了汛期油水井管理。

全年完成科技项目总投入452万元，共承担局、厂级科研项目54项，申请中石化实用新型专利2项，2个局项目分获二、三等奖，全年科技增油2.8万吨。

（胡继军 宋子军）

【队伍建设】 2011年，二厂加强干部思想作风和能力建设，积极推行后备干部培养制度，新提拔科级干部6人。举办基层管理干部培训班和各类业务培训，全年举办各类培训班21期，培训人员664人次，增强了领导干部综合能力。

在职称评审中，新晋升高级工程师9人、工程师14人。对50对导师和培养对象首次开展“导师制”考核。选拔推荐299人次参加各类专业技术研修和培训。开展了专业技术职位中的主任师（二级）职位竞聘、考核和聘任工作，有23人参加竞聘。组织参加了油田第十二届职业技能竞赛，获得局技能大赛优胜单位称号，夺得两项第一，两项第二的优异成绩。承办了油田青年油水井工况分析论坛暨青年职业素质提升网启动活动，获得采油工组、采油技术员组两个一等奖。新建采油工训练场正式投入使用。全年晋升高级技师4人、技师11人。

（胡继军 宋子军）

【和谐油田建设】 2011年，二厂深入开展“为民服务创先争优”活动，紧紧围绕“一手抓发展，一手抓和谐”这个大局，充分调动广大干部职工的积极性和创造性，把干部职工的思想和行动统一到跨越争先、和谐发展上来，不断增强企业的凝聚力。

油田“永远跟党走”金湖片区红歌会暨试采二厂庆“七一”晚会 （金 健 摄）

厂党委坚持“抓生产从思想入手，抓思想从生产出发”的原则，着力破解原油生产的发展难题。加强对职工的形势任务教育，先后提出抓好“半吨油”工程和斤油必争的“百斤油”工程。以“讲责任、讲落实、讲效益，送观念、送技术、送服务、送文化”为主题，深入开展“为民服务创先争优”活动，继续加强干部作风建设和廉政建设。进一步推进“五五党建”工作，发起了“聚焦‘十二五’，谋取新业绩，我该怎么做”与“责任、潜力、办法”大讨论活动，组织开展“辉煌‘十一五’、奋进‘十二五’”系列宣传教育。在建党90周年金湖片区“永远跟党走”红歌会上，该厂勇拔头筹。

和谐油田建设积极推进。（1）顺利完成252名劳动家属参保工作，让广大劳动家属真正实现老有所养，安享晚年。（2）江苏油田《人才成长通道建设实施方案》、《完善薪酬分配制度实施办法》在厂得到顺利实施，职工收入有较大幅度提升。（3）农副业生产喜获丰收，生产规模不断扩大，职工家属的“米袋子”、前线食堂的“菜篮子”不断丰富。（4）职工生产、生活条件不断改善。投资960万元对黄珏后勤生产区进行系统改造，整个小区面貌焕然一新；崔庄、杨家坝等一线公寓初步改造完成，金采小区路灯亮化已经完成，中心广场改造正在实施，办公区域自行车棚投入使用，公寓房改建工程已经完成，厂职工食堂就餐范围逐步放开。金采小区顺利通过复评估，继续保持集团公司文明和谐示范小区称号。（5）全面启动业务公开工作，继续推行厂务公开民主管理，持续开展群众性经济技术创新和合理化建议活动，完善矿区帮扶救助机制，全年慰问一线职工6800余人次，给52户职工遗属、困难户办理社区费用减免事项。（6）加强公民道德教育和社区文化建设，积极开展健康向上的文体活动，进一步激发职工的主人翁精神和集体荣誉感。工会、共青团、女工等群众组织的桥梁纽带作用得到充分发挥，油区治安秩序得到进一步巩固，计划生育工作继续走在油田前列。

（胡继军　宋子军）

试采二厂2007～2011年度主要生产任务和经济技术指标完成情况统计表

指标名称＼年度	2011	2010	2009	2008	2007
原油产量（吨）	630026	630008	629826	628018	625009
原油商品量（吨）	600132	600639	599878	598579	595169
注水量（立方米）	2893111	2689100	2581900	2355766	2113277
吨油综合成本（元）	1597	1423	1311	1162	1129
试油工作量（层）	126	87	85	72	72

（胡继军　宋子军）

安徽采油厂

【安徽采油厂概况】　江苏油田分公司安徽采油厂（简称安徽采油厂）位于安徽省天长市同心路，组建于1999年12月，生产区域分布在4个县（市）7个乡镇内，管辖着王龙庄、安乐、小关3个油田和关1、吴庄、陈家墩、天33－1、秦3等5个试采区块。截至2011年底，累计探明含油面积26.44平方千米，累计探明地质储量2237万吨，动用含油面积17.79平方千米，动用地质储量1564万吨，储量动用率69.9%，标定采收率17.4%，可采储量271.4万吨。全厂有油气集输站4座，多井拉油点4座，中转站1座，单井拉油点57座，污水处理站4座，计量房8座，注水站11座，配水间6座。截至2011年底，全厂共有油水井223口，其中，油井174口，开井146口，核实日产液1053吨，日产油215吨，平均单井日产油1.4吨，年产油77028吨，累积产油161万吨。地质储量采油速度0.52%，采出程度10.36%；可采储量采油速度2.97%，采出程度59.78%；剩余可采储量采油速度6.94%。注水井49口，开井41口，注采井数比1∶3.6，日注水922立方米，月注采比0.84，年注水34.23万立方米，累积注水350.6万立方米，累积注采比0.71。全厂共有主要专业设备273台（套），其中，测井特种设备3台，运输车辆61台，注采设备188台，动力设备21台。设备新度系数0.49，设备综合完好率99.76%，利用率78.67%。全厂固定资产原值52650万元，净值25230万元。全厂有在岗职工564人（含女职工213人），其中，劳务工39人。在册职工520人，其中，男职工326人，女职工194人；干部127人，工人393人；在干部中，教授级职称1人，副高级职称36人，中级职称51人，初级职称35人。在工人中，高级技师2人，技师28人,高级工261人,中级工84人,初级工17人。下设机关科室13个,机关附属单位3个,基层单位9个。有基层党支部15个,党员214人。全厂操作人员428人,占在岗职工总数的75.9%,共33个工种,56个生产班组。

(袁家科)

【生产任务和经济技术指标完成情况】 2011年,全厂吨油成本计划2653元,实际2652.64元;生产原油计划7.7万吨,实际7.7万吨;销售商品量计划7.325万吨,实际7.327万吨;注水量计划34万立方米,实际34.2万立方米;滚动新增探明储量计划50万吨,实际245万吨;投资计划执行率、财务管理达标率、注水综合指标完成率、市场准入执行率、科技外协审批利用率、合同管理规范率、外输原油质量监督综合合格率等,计划均100%,实际均100%;开发综合指标完成率计划100%,实际完成170.54%,超70.54个百分点;油水井利用率计划95%,实际完成97.85%,超2.85个百分点;注采设备利用率计划75%,实际完成83.48%,超8.48个百分点;用工效率3.81综合用人/口井,实际是3.42综合用人/口井,节约0.39综合用人/口井;物资供应综合管理达标率计划90%,实际97%,超7个百分点;综合能耗计划0.352吨标煤/万元,实际完成0.351吨标煤/万元;环保综合达标计划合格,考核结果合格,季度安全挂牌计划红牌,实际红牌。

详见安徽采油厂2007~2011年主要生产任务和经济指标完成情况统计表。

(袁家科)

【勘探和滚动评价】 2011年,安徽采油厂在"勘探开发一体化"思路指导下,进一步深化地质认识,加强滚动研究,勘探和滚动评价不断取得突破,汊涧次凹秦营地区勘探获得新发现,探井秦3井、评价井秦3-1井都钻遇较好油层,秦3-1井日产油11吨。秦3块呈现叠合连片含油格局,阜宁组阜二段、阜三段合并申报探明含油面积1.82平方千米,探明地质储量140万吨。铜城断裂带天33块致密低渗油藏勘探评价取得新进展,评价井天33-1井测井解释油层3层8.3米,初期日产油5吨左右,新增探明含油面积2.6平方千米,新增探明地质储量105万吨。程庄和东阳地区立体评价、龙岗次凹内斜坡滚动建设都取得了新的成果,构造和产能得到进一步落实。全年新增探明地质储量245万吨,超出考核指标195万吨。

(袁家科)

【提高单井产能战略】 2011年,安徽采油厂大力实施提高单井产能战略,成立了提高单井产能工作小组,积极探索小井网注水、小油藏开发等有效模式,不断优化措施结构。全年新区投产油井11口,投注水井3口,老区调整井5口,配套转注3口,新增注水储量75万吨。引进撬装式注水工艺,有效推进零散区块注水,注水储量比率逐步提高,全厂水驱控制程度达到82%,动用程度达到76.8%。全年实施措施井20井次,增油4775吨,王北4侧钻成功,打破了持续多年侧钻不增油的沉闷局面;低产井、长关井活动收油1500吨以上,不断优化油井生产参数,初期日增油8.1吨。全年已开发油田新增可采储量12.4万吨,储量替代率161%。

提高单井产能启动会　(钱云霞　摄)

(袁家科)

【油水井分片承包管理】 2011年,安徽采油厂参照土地大包干做法,实行油水井分片承包管理。针对开发过程中暴露出的问题和矛盾,生产管理人员、采油队领导、技术人员根据专业特长和对区块、井组的熟悉程度,分片承包,责任到人,所承包油水井产量的变化与奖金挂钩,每天落实油水井生产动态,每周召开碰头会,对产量波动大于20%的井迅速拿出解决办法,3日内确保措施落实到位,把个人责任心与集体智慧结合起来,使不正常井得到及时治理,油水井利用率达到97.85%,油井平均检泵周期669.2天,老井初期平均日增油0.3吨。

(袁家科)

【空气源热泵试用取得成功】 2011年,安徽采油厂在桃4-7井把空气源热泵试用于原油集输加热,空气源热泵以制冷剂为媒介,通过自然能(空气蓄热)获取低温热源,经系统高效集热,整合为高温热源,通过换热制取热水,极大地提高了热效率。经桃4-7井现场应用后,空气源热泵相对于电加热棒,平均年节约费用1.4万元以上,该工艺的成功应用为零散区块集输系统节能降耗拓展了新的空间。

(袁家科)

【铜庄站改扩建工程竣工】 2011年,安徽采油厂铜庄站分前后2期进行工程改造,历时9个月。在原油处理系统方面,新建了2座卧式三相分离器和1座1000立方米储油罐;在污水处理系统方面,新建了1座压力除油器、2座100立方米玻璃钢注水罐;在供热系统方面,新建了2座4吨/时常压燃油加热炉,替代了原来的2座2吨/时燃煤锅炉;在消防系统方面,新建了1座1000立方米玻璃钢罐,替代了原来的200立方米钢罐,增加了配套的消防泵和流程;此外,还完善并优化了站库运行自动监控系统。铜庄站改扩建后极大地提高了原油吞吐处理能力。

(袁家科)

【天长科研生产基地投用】 2011年9月28日上午,江苏油田天长科研生产基地落成,在天长市经济开发区隆重举行落成典礼。油田领导朱平、李东海、毛凤鸣、陈网根、钟志国、李浩,天长市委领导杨东坡、范迪斌、卢金堂等出席落成典礼。参加典礼的还有天长市经济开发区管委会、汊涧镇党委政府领导,油田HSE总监、首席专家、部分副总师、局机关有关负责人、相关二级单位领导、安徽采油厂及安徽公司领导、部分劳模、知识分子和职工代表,勘探设计院、项目组及紫京旅游集团相关人员。局党委书记李东海主持落成典礼。在落成典礼上,科研基地总承包方代表、使用方代表、管理服务方代表、天长市委领导先后发言、致辞。在喜庆的锣鼓声中,局长、分公司总经理朱平,天长市委书记杨东坡为基地揭牌。

(袁家科)

【完善HSE监督管理体系】 2011年,安徽采油厂为了强化HSE监督管理,设立了HSE副总监岗位,在采油队、安装维修队、运输队等主要生产单位设立了HSE监督员,制定了HSE副总监和HSE监督员工作职责,完善了HSE领导岗位设置,明确了工作要求。

(袁家科)

【增强自发电能力】 面对天长地方迎峰度夏拉闸限电的常态化,2011年,安徽采油厂把强化发电能力作为头号配套工作来抓,经多方呼吁,积极筹措资金,改善生产条件,完善了单井撬装电源系统和天83供电系统,全年新增沃尔沃发电机6台,使关7、秦3等边远单井都具备了自发电能力,全厂现有各种规格发电机19台,发电保产能力大大增强。

(袁家科)

【样板井选树】 2011年,安徽采油厂针对基础管理现状,把油水井现场管理作为推动基础管理的杠杆,以样板井建设和选树为突破口,修订完善了《安徽采油厂油水井标准化现场规范》。通过基层队推荐、机关部门检查评比,筛选出了王43、王6、关7-1、欧北15等一批油水井现场管理样板,各队对照样板,找差距、定措施、抓落实,认真整改,并带动其他班组积极推进标准井建设,2011年,一类井增加了11口,达标率提高到100%。

(袁家科)

【"导师制"常态化】 2011年,安徽采油厂完成了第一批13名"导师制"培养对象和导师考核答辩工作,根据考核结果,兑现了导师津贴和培养对象奖励。从考核答辩情况看,培养对象业务能力有了明显提升,导师与培养对象的学习热情有了明显增强。第二批"导师制"培养工作已经启动,遴选确定了11名导师和12名培养对象,确定了培养方向与课题,签订了培养协议。

(袁家科)

【井下作业质量分析会】 10月11日,安徽采油厂首次召开了井下作业质量分析讨论会,邀请油田HSE总监王掌洪以及井下作业处、矿业开发总公司、供销处等相关单位领导、专家,就井下作业质量问题现场"会诊"。会上,工艺技术研究所分析了该厂2011年井下作业情况,基层单位对作业过程中出现的问题进行了沟通交流,对下步工作中需要协调解决的事项进行了探讨。与会领导、专家就作业过程中容易出现问题的环节、关键点进行了分析,提出了针对性意见和建议。厂长刘炳官就进一步提高井下作业质量对厂技术人员和基层单位提出了要求,油田HSE总监王掌洪对该厂作业质量分析讨论会的召开给予了肯定,他从3个方面对提高作业质量提出了要求。

(袁家科)

【集体廉政谈话】 2011年,安徽采油厂把干部廉政建

厂领导与新提拔干部集体廉政谈话

(钱云霞 摄)

设作为作风建设的重点工作来抓,12月7日,该厂对新提拔的科级干部以及基层单位正、副职进行集体廉政

谈话。厂党委书记任志庚,厂长刘炳官,纪委书记、工会主席唐玉峰以及组织干部科、纪检监察科负责人,对10名新提拔人员提出了廉政要求。

（袁家科）

【民生工程】 2011年,安徽采油厂继续坚持用心用情用力为职工群众办实事、做好事、解难事的原则,使10件实事得以落实:天长科研生产基地建成投用,厂直属单位和辅助生产单位喜迁新居;边远井组职工饮用水、倒班点职工洗澡、电器更新、大型联合作业和远距离施工作业就餐、老旧值班房遮阳棚搭建、锅炉房值班室防噪处理等厂四届三次职代会承诺的办实事工程全部完成;146名劳动家属参保工作顺利结束,广大劳动家属真正实现了“老有所养”的愿望;住房分配货币化工作有序推进;完善薪酬分配制度稳妥实施,职工收入在油田发展的前提下稳定增长。

（袁家科）

【精神文明建设】 2011年,安徽采油厂围绕“打造精致安采、共建和谐家园”主题,牢牢把握“深化精细管理、创新内涵发展”主线,大力唱响“埋头苦干创精细管理之先,团结奋进争内涵发展之优”主旋律,深入开展“打造精致安采创出新业绩,共建和谐家园展现新气象”大讨论、“为民服务创先争优”和廉洁从业风险点查找、岗位廉洁从业承诺活动,深化家园文化建设,使思想政治工作的引领作用、企业文化的导向作用、和谐建设的保障作用得到了充分发挥,形成了上下一心、干群一致、众志成城共谋发展、共建和谐、共享幸福的美好画卷。在油田庆祝建党90周年金湖片区“永远跟党走”红歌会激情演唱会上,安徽采油厂夺得了金奖,厂歌《平安·天长》唱出了安徽石油人的心声。全年授予“六杯”集体58次,“六星”个人94人次,获得油田季度流动红旗2次,荣立局二等功集体4次,二等功个人10人次,郑超被评为油田双文明劳动模范,安徽采油厂获得局双文明先进单位荣誉,采油三队荣获局双文明标杆队称号。

（袁家科）

安徽采油厂2007~2011年主要生产任务和经济指标完成情况统计表

指标名称＼年度	2011	2010	2009	2008	2007
原油产量(吨)	77028	77006	77208	77016	78008
原油商品量(吨)	73279	73266	73448	73716	74602
吨油综合成本(元)	2652.64	2412.26	2207.65	2012.72	1530.73
注水量(立方米)	342286	337443	329916	295411	262218
试油(层)	3	3	2	4	7

（袁家科）

地质科学研究院

【地研院概况】 地质科学研究院(简称地研院)是中国石油化工股份有限公司江苏油田分公司下属的科研单位,主要从事苏皖及外围探区石油与天然气的勘探、开发地质科研工作。

截至2011年底,地研院在岗职工总数380人。工程师以上职称专业人员284人(教授级高工6人,高工162人,工程师116人),占在岗职工总数的75%;具有本科以上学历的293人(本科242人,硕士41人,博士10人),占在岗职工总数的77%;江苏省“333工程”培养对象2人,中石化集团公司级学术带头人1人,闵恩泽青年科技人才奖获得者1人,局级学术带头人21人。院下设10个机关职能科室、14个科研和技术服务科室。固定资产原值6541.92万元,净值3350.46万元。

地研院现拥有计算机大型工作站及UNIX服务器48台(套),PC工作站75台,32节点PC集群1套,各类大中型专业软件22套,实验用大型扫描电子显微镜系统1套,全谱直读等离子光谱仪1台,实验中心继续保持国家计量认证和实验室认可2项资质;计算机制图、软件开发、系统维护水平等均取得较大进步;档案工作目标管理继续保持国家一级水平。

（杨从杰　闵　路）

【油气勘探】 2011年,地研院广大勘探工作者按照“稳定老区、突破新区、油气并举、提高效益”的指导思想,着力打好立体勘探、精细勘探、二次勘探进攻仗,全年新增探明石油地质储量1059万吨,控制储量1215万吨、预测储量1175万吨、创造了探明储量连续16年超过1000万吨的新业绩。

（1）高邮隐蔽油气藏勘探实现新跨越。持续加强地质建模、储层预测和圈闭评价工作，在加强高邮西部滚动勘探，实施邵X20井获得成功的同时，全力推进勘探战线向新地区、新类型延伸，先后钻探永38、联X38井取得重要突破，全年隐蔽油气藏领域新增三级储量1850万吨，不仅撑起了储量任务圆满完成的“半壁江山”，更为深凹带隐蔽油气藏勘探向东拓展指明了前进方向，朝着实现满凹含油迈出了坚实步伐。

（2）南部断阶带拓展勘探获得新发现。依托高精度三维地震资料，加大方巷、许庄、竹墩等地区正向构造单元结合部勘探力度，部署许X34井和许X21-1评价井全部得手，许X33井向构造翼部外甩获得重要发现，电测解释油层12层36米，并试获工业油流，展现了南部断裂带油气勘探的良好前景。

（3）北斜坡精细挖潜取得新进展。以沙埝、花庄地区为阵地，强化主体部位滚动挖潜，加快探索低渗领域和新层系，部署钻探沙X39-2井和沙X63井见到良好油气显示，花X26井探索低渗领域取得突破，新增探明储量216万吨，对下步深层低渗领域和复合油藏勘探工作具有重要的指导意义。

（4）金湖外甩勘探形成新场面。在汉涧斜坡向南拓展勘探，重点开展油源及油气运移条件研究和精细三维地震解释，优选秦3井钻探获得成功，新增探明储量140万吨，证实了汉涧斜坡南部具备有利的成藏条件。在勘探程度较低的唐港地区钻探唐X11井，在环龙岗地区钻探天X33-1评价井均见到良好油气显示，进一步拓宽了金湖凹陷的勘探空间。

（5）外围新区勘探收获新成果。苏北外围立足生油凹陷，强化油藏评价和砂体展布研究，钻探富安1-1井发现泰州组新油层。徐闻X3井油气显示丰富，实施大型压裂取得成功，进一步提升了徐闻探区地质规律认识，坚定了勘探信心。阜阳、盐阜、南通—如皋等地区启动新一轮评价工作，并发现一批有利构造，为实现资源良性接替提供了后续战场。同时，页岩油气勘探工作顺利起步，按照“一年上手、两年突破、三年建产能”的奋斗目标，各项前期研究工作进展良好。

（杨从杰　闵　路）

【油田开发】　2011年，地研院广大开发工作者紧紧围绕储量、产量核心任务，以提高储量动用率和油气采收率为工作主线，坚持“二次开发、精细开发、科学开发”，深化油藏精细描述等基础研究，精心编制方案，优选优化措施，圆满完成了全年生产任务。

（1）油田稳产基础持续巩固。以改善水驱为重点，积极推进陈2、周43等主力断块单层开发，陈堡、赤岸等主力油田再稳产研究工作扎实有效；强化油藏精细描述，着力开展模式重构、井网重建、层系重组，富民、黄珏、联盟庄等老油田二次开发成效显著；深入开展不同类型油藏调整挖潜模式研究，大力实施范庄、南湖等中渗油藏油水过渡带储量挖潜动用；进一步深化油井增产措施研究，实现增油11万吨。

（2）产能建设优质高效。2011年产建项目以老油田二次开发为主，针对层内、层间、平面上矛盾加剧，剩余油分布复杂的局面，加强跟踪反馈，及时优化调整，真富产建项目投产油井47口，建成产能8万吨；高杨产建项目投产油井62口，建成产能6万吨，圆满完成了产能建设目标。同时，韦庄、永联等新一轮产建项目按计划顺利启动，吹响了产能建设“接力赛”的号角。

（3）项目滚动评价亮点频现。按照“潜力区带，综合研究；重点区带，重点评价；有利圈闭，优先实施”的滚动思想，开展阶梯式滚动评价工作，不断扩大产建成果，真许、大高集、大程庄等连片格局逐步明朗。积极开展关7、富安X1、秦3、沙61块、联38块待建产能潜力评价工作，为2012年产建项目的顺利启动打下了基础。

（4）三次采油积极推进。三次采油工作以“真35断块聚合物驱提高采收率现场试验”、“沙7断块低渗油藏油藏化学驱先导试验”这两个全局重点项目为抓手，积极开展方案实施跟踪和效果评价，其中真35块项目生产现场进展顺利，筛选的聚合物配方体系适应性好，对应油井初见效果。真35-5井含水下降了10多个百分点。沙7项目由室内至现场工作正在稳步推进中，二元驱驱剂配方的研究和试注方案已完成，目前注入井沙7-33井注入能力良好，与方案设计相符合。

（杨从杰　闵　路）

【科技创新】　2011年，地研院始终遵循“先进、实用、集成、配套、创新”科研方针，坚持科研与生产、创新与集成、研究与推广紧密结合，围绕储量、产量中心工作，大打科技攻关仗，企业发展的核心竞争力进一步增强。

2011年度科技成果评定　（王　珊　摄）

科技攻关取得新成绩。2011年，全院共组织开展科研及先导项目81项，取得各级科技进步奖励48项，2项科研成果经鉴定达到国际先进水平。其中，复杂小断块油藏勘探、断层控藏作用综合研究、复杂断块圈闭精细识别等技术进一步创新发展，为加快提交优质储量提供了有力支撑；井网综合调整、低渗透油藏立体开发、复杂断块油藏细分层开发等技术进一步配套完善，为精细挖潜保稳产提供了有效手段。特别是“苏北盆地泥页岩油气形成条件与富集区带研究”等4项科研课题和桥7平1水平井分段压裂重大现场试验正式启动，拉开了非常规资源勘探开发攻关的大幕。

（杨从杰　闵　路）

【基础管理】　2011年，地研院高举“精细管理、内涵发展”大旗，突出重点领域，抓住关键环节，加强规范运作，努力打好精细管理主动仗，丰富完善了具有江苏油田特色的管理模式，为企业发展注入了强劲动力。

（1）完善制度体系建设。以制度标准化、信息化梳理改造为抓手，全年清理规章制度93项，进一步理顺了决策指挥、生产科研、经营管理、监督制约等领域的制度体系和工作流程，建立健全了“用制度管权、按制度办事、靠制度管人”的管理运行机制，有效地提升了规范运作和信息化水平。

（2）强化科研管理机制。围绕推进自主创新、提供科技支撑的目标，强化各级科研项目管理和现场试验，健全完善动态管理模式，严把科技外协立项关，开展科研项目效能监察，加强专利、专有技术的开发和自主知识产权的管理。为统筹规划好院“十二五”科研攻关工作，先后组织召开院科委会、技术服务科室年度工作会、物探工作务虚会等，确保各项科研工作的持续发展。

（3）加强人才队伍建设。在经营管理队伍建设上，以创建“四好”班子为抓手，积极组织两级领导干部80多人次参加各类研修班、培训班，使得谋发展、带队伍和驾驭复杂局面的能力显著提高。在科技人才队伍建设上，注重培养领军型、专家型、复合型技术人才，广泛开展“油藏动态分析大赛”、“青年科技成果交流”等岗位练兵活动，组织600多人次参加“青春课堂”、勘探开发技术讲座等院内外各类业务技能培训，积极做好42名“导师制”培养对象终期成果考核评定及第二批师徒选拔培养工作，科研人员的业务水平明显提升。同时，认真贯彻落实油田人才工作会议精神，有序推进人才成长通道建设，努力为拓宽各类人才的发展空间创造条件、搭建舞台。

（4）建立安全长效机制。深入贯彻落实集团公司工作会议和HSE视频会议精神，注重强化体系建设，大力推行“七想七不干”安全工作法，颁布实施了HSE管理手册和程序文件，促进了管理体系的规范运行；扎实开展“我要安全”主题教育活动，以查找身边“十大薄弱环节”活动为载体，狠抓重点区域、关键环节的隐患排查与治理；持续开展“安全生产月”活动，组织安全知识讲座和网上答题，强化安全规章制度的落实；重点做好硫化氢和HSE取证培训，从源头上保证井控设计的安全；周密细致地部署邵伯老岩芯库、会议室和中心机房的维修改造工作；坚持值查、夜查制度，保障了生产生活的平稳运行。

（杨从杰　闵　路）

【精神文明建设】　坚持围绕中心、服务大局的方针，全面加强党建思想政治工作，为推动科学发展提供了强有力的政治保证，院两个文明建设走在油田前列，并一举摘得油田首次设立的“双文明标杆单位”荣誉称号。

（1）主题实践活动助推发展。深入开展“为民服务创先争优”、“比学赶帮超”、“责任、潜力、办法”大讨论等主题活动，进一步激发了干部职工为油大干的创业情怀，为油拼搏的工作激情，为油奉献的责任意识。全面推进党员自主管理，认真落实基层党组织信息管理系统上线运行，使党建工作信息化、科学化水平迈上新台阶。扎实开展“辉煌‘十一五’、奋进‘十二五’”系列宣传教育活动，牢记“为科学发展鼓劲，为和谐建设加油”宗旨，始终坚持正确的导向，不断增强宣传思想工作的亲和力、吸引力和感召力。

（2）思想政治素质持续提升。进一步加强作风建设，引导干部职工讲政治、讲大局、讲责任、讲奉献，为推动各项事业发展提供了精神动力。持续推进反腐倡廉体系建设，坚持从正面抓、从上面抓、从源头抓，深入开展党性、党纪、党规教育和廉洁从业教育，进一步加强了对事权、财权、物权和人事权的管理监督，增强了广大党员干部拒腐防变的能力。

（3）庆祝纪念活动影响深远。围绕“永远跟党走”主题，组织全体党员和广大职工“忆传统、唱红歌、学先进、当表率”，先后召开庆祝中国共产党成立90周年大会和纪念建党90周年座谈会、文艺汇演、党史知识竞赛、书画摄影展等活动，奏响了一曲广大干部职工心向祖国、情系油田的时代乐章。

（杨从杰　闵　路）

物探技术研究院

【物研院概况】　物探技术研究院（简称物研院），坐落于南京市栖霞区尧化街道。物研院是江苏油田重要的勘探研究单位之一，主要担负着油田的地震采集方法设计、地震资料处理、解释；地质综合评价研究、勘探井位论证及三级储量研究;物探新技术开发研究、计算机技术发展等方面的生产和科研任务,为油田增储上产、勘探发展服务。

2011年底,全院下设19个科室,其中,机关科室8个:党政办公室、组织干部科、劳动工资科、生产管理办公室、科技管理办公室、经营管理科、财务资产科、工会办公室;主要生产科研部门10个:解释研究一部、解释研究二部、解释研究三部、资料处理一部、资料处理二部、资料处理三部、物探方法软件室、计算机服务部、技术服务部、信息档案室;后勤生产服务部门1个:生产保障部。全院正式职工总数261人,其中干部203人,工人58人。博士3人,硕士16人,大学128人,大专59人,中专学历17人。干部中具有教授级职称2人,高级职称56人,中级职称84人,助理级48人,高校实习生3人,形成了一支具有合理梯次的科研团队。

2011年底,物研院拥有多套PC集群地震资料处理系统,计1072个节点,2144个CPU,5472个核;拥有SUN Fire 4800 、Sun - Enterprise M4000等多套解释系统服务器及HP8400、DLL690等高档图形工作系统50多台(套)。主要处理软件Omega2.8/Omega2010、Geocluster4100/5100、View7.03等。解释软件有GeoFrame4.4/GeoFrame4.5、OpenWorks2003及各类高精度反演、地震属性分析、油气检测和地质综合评价研究软件等。

(龙 锋)

【生产任务完成情况】 油气勘探工作按照油田整体部署和要求,以资源接替为第一战略,坚持"立体勘探、精细勘探、二次勘探"的工作原则,按照"战略展开、战略突破、战略准备"3个层次,大打勘探进攻仗,在主力凹陷深化挖潜、在"三新"领域和外围新区努力寻找突破和发现,油气勘探呈现出强劲的发展势头。高邮凹陷在环主力生烃次凹,开展多类型、多层系精查细找,积极评价阜宁组构造和戴南组岩性圈闭目标;在金湖凹陷,通过调整思路、深挖老区、外甩新区等,发现和落实一批新的增储目标;在外围地区,不断深化地质认识、细化解释挖潜,积极寻找近源有利目标。全年勘探工作呈现出勘探思路清晰、重点区带攻关得力、圈闭目标层次分明的特点。在勘探技术上,加大了复杂地表区、小断块构造区和中古生界地震采集方法的研究力度,针对6个不同地区的特点完成了地震采集方法论证和采集方案设计。在储层研究上,深入开展高精度层序地层划分、沉积微相分析、叠前叠后地震反演等研究,增强了隐蔽圈闭的研究能力。全年提交井位30口(预探井17口,评价井13口)。超额完成三级储量任务,完成探明储量1059万吨,为年计划的132.4%,控制储量1215万吨,为年计划的151.9%,预测储量1175万吨,为年计划的117.5%。实现探明储量连续16年超千万吨。在资料处理上,完善高精度三维资料处理,深化叠前偏移处理,细化常规资料处理,不断提高复杂构造成像能力,有效提升了新老地震资料品质,取得了良好的成效。2011年,完成二维资料处理3473.79千米。完成三维地震资料处理15块,总计满覆盖面积4857.6平方千米。其中叠前时间偏移处理13块,满覆盖面积4322.6平方千米,占总工作量的89%。根据勘探研究需要,完成AVO特殊处理6块,满覆盖面积1059.6平方千米。地震剖面验收合格率均为100%。计算机工作继续优化系统,合理调配、整合计算机资源,提高了系统的性能和稳定性。全年及时解决处理、解释应用和计算机软、硬件方面的问题千余个,完成输入、输出作业5万余个,装卸磁带4万余盘,解编原始磁带1万余盘,绘制剖面近20万米,绘制各种解释图件5000多米,确保了各种新老系统稳定、高效运行,为生产科研任务的完成提供了保证。

详见物研院2007~2011年度主要生产任务和工作量完成情况统计表。

(曾海东)

【科技工作】 2011年承担局级及以上科研项目19项,其中集团公司级项目1项,先导项目4项,博士后科研项目1项,局重大专项2项,局级科研项目11项。全年科技工作紧紧围绕现阶段油气勘探面临的突出问题,遵循"先进、实用、配套、集成"的原则,统筹设备、技术和人才资源,充分发挥产学研一体化攻关优势,积极推进基础、应用、集成配套研究及新技术推广,着力提高原始创新、集成创新、引进消化吸收再创新的能力,不断提升科技成果对增储上产、降本增效的贡献率。科研项目管理措施日趋完善,责任制进一步落实,科技成果取得新成绩:(1)"高精度地震反演技术在苏北盆地的应用"获中国石化首次实施新技术奖。(2)5项成果获油田年度科技进步奖,其中一等奖1项,二等奖3项,三等奖1项。全年共有7项局级以上科研项目完成研究任务并通过验收,验收通过率100%。(3)积极参加油田勘探技术座谈会,提交的7个报告获2个一等奖、2个二等奖、3个三等奖。(4)大力开展技术培训,先后组织实施8场专题技术交流,开展Omega、Jason 、RTM等多项软件技术培训,有效提高了科研人员的综合素质。(5)进一步完善《物探技术研究院科研项目运行管理办法》及《关于加强院学术技术带头人和专家队伍建设的实施办法》等相关配套政策,强化科技日常管理,不断推进科技管理工作制度化、规范化、程序化。(6)在复杂断阶带构造特征体系研究,隐蔽圈闭识别技术目标评价,复杂断块圈闭精细描述、处理解释联合攻关、高密度新型处理集群的集成与应用等方面取得成效。(7)开展非常规油气勘探方法技术的研究,并及时开展非常规勘探项目的开题立项工作。

(曾海东)

【计算机工作】 2011年,新增2套集群系统,装备能力得到进一步提升。以提高计算机装备能力和应用水平为重点,全力开展5项工作。(1)完成JS等集群系统近900个核的大规模资源整合,完善了系统监控管理,实现了集群集中管理新模式,提高了系统维护管理效率。(2)完成了Omega、GeoFrame等多套软件的升级改造,解决了升级期间数据一致性问题,确保了各种系统的高可用性,实现培训工作实时录像制度化。(3)开展了图形处理器与计算处理器等技术学习,加快高性能计算研究应用步伐,安装测试了基于GPU的逆时偏移处理运算模块,并取得了良好的应用效果。(4)加大硬件平台的资源优化与调配,适时开展机器用电载荷分析,进一步提升了计算机系统和场地维保综合应用水平。(5)积极开展万兆网络技术、高密度集成计算、高性能存储研究与应用等。

(曾海东)

【管理工作】 2011年,物研院牢固树立精细管理理念,持续深化精细管理,强化内控管理,管理基础进一步夯实,管理水平进一步提升。(1)紧密结合生产形势,准确按照规范要求,强化资金使用计划、预算工作,做好经费执行情况分析总结,突出决算工作组织保障、信息质量要求和效能作用充分发挥,持续提升成本费用控制能力、资金优化运营能力和财务风险防范能力,经营管理取得新成果。在油田年度财务工作评比中再获财务管理先进单位荣誉。(2)严格按照油田制度标准化实施方案要求,扎实开展启动工作,认真组织宣贯培训,重点抓好执行、承接、自主制定三大类制度的分析与梳理,严把职责分工关、体式文字关、审核程序关,着力突出体系建设中工作目标和改造方法,确保制度标准化改造工作的顺利实施,共有16项制度得到进一步改进完善,有力促进了精细化管理模式的推进。(3)生产、质量、档案信息等基础管理持续深化,成效明显。生产管理全面发挥组织协调作用,科学组织生产调度,及时督促任务完成,严格检查成果质量,有力保障了全年生产任务的顺利完成。管理理论建设进一步增强,《科研型企业质量管理体系建立与实践》获得石油工业质量学术论坛优秀论文三等奖,《QC小组活动与企业品牌文化构建》获得江苏省质量管理协会优秀奖,《创建两型科研院所,提高科技创新能力》获得集团公司表彰;信息档案管理更加规范,资料借阅流程更趋科学,服务质量持续提升,资料使用效率明显提高,继续保持省四星级档案工作标准。(4)大力开展信息管理系统应用学习。通过CMIS成功上线,促进合同管理与生产经营活动紧密融合,增强了合同准备、订立、履行、终结的全过程管理,有效提升生产经营管理的规范化、精细化水平,不断增强预防和控制法律风险的能力,院普法工作取得新成效,获得“五五”普法先进单位称号。在SAP-HR系统应用中,强化组织管理、人事管理、薪酬管理等模块研究使用,提升了系统统计分析能力,促进了人力资源管理的科学化水平提升。

(曾海东)

【人才队伍建设】 2011年,努力抓好队伍建设,着力打造高素质的专业技术、经营管理、操作技能三支人才队伍,加速建立培养三支人才队伍的通道,高度重视人才队伍的稳定,为人才的成长和脱颖而出创造良好的发展空间和发展环境。(1)加强学术技术带头人和专家队伍建设,完善奖励考核办法,加大了对科研重大贡献者、科研重要突破的奖励力度。(2)完善特薪人员、专业技术人员、经营管理人员管理工作办法。特薪工作严格控制特薪范围,加强工作业绩考核,本着可进可出原则,实施动态管理,每年重新评定特薪人员。对专业技术人员、经营管理人员的考核进行量化,使考核工作更加规范、科学、公平、公正。(3)积极搭建成长平台。针对物研院实际情况,2011年举办了青年剖面处理大赛、井位论证大赛,论文大赛等,召开了院苏北盆地油气勘探研讨会、资料处理研讨会等,培养了员工勇于挑战自我、敢于“亮剑”、不断进取的精神。大力选拔业务骨干外送学习培训和技术交流,全年各类专业技术、经营管理、操作人员外出学习培训达百人次,近300人次参加内部培训和业务交流。此外,还开设了名师讲堂,聘请国内外知名专家来院讲学,举办理论、技术专题讲座。科研人员不断学习先进的技术和知识,更新知识结构。在着重理论技术学习培训的同时,更强调工作的开拓与创新,使科研队伍的素质与水平在勘探实践中得到明显的提升。(4)大力选树典型,在全院营造了“比学赶帮超”的良好氛围。

(龙 锋)

【双文明建设】 2011年,以创先争优、“比学赶帮超”和“构建活力党建”等活动为契机,两个文明建设有效推进。(1)在季度局双文明考核评比中,两次获得流动红旗,在年度双文明考核评比中,院再获双文明先进单位荣誉,充分展现了干部职工“有排头就站、有第一就争、有红旗就扛”的精神风貌。(2)认真学习《中国石化机关员工文明礼仪行为规范》,努力规范员工的行为,改进作风树立形象;贯彻落实《江苏油田企业文化建设实施纲要》,精细文化、内涵发展理念深入人心。(3)认真细致地开展好劳动家属的参保工作。对供水、供暖管线、阀门等设备开展冬季检查维保,东大门改造工程项目有效实施。(4)扎实推进矿区改造工作,已完成设计、审批等前期各项准备工作。(5)加强矿区社会安全综合治理,确保矿区的治安稳定。

(龙 锋)

【党建工作】 围绕“四优”党员工作目标，深化党员自主管理工作，加强入党积极分子队伍建设。(1)将基层支部工作目标与党员自主管理相融合，开展了2010年党员自主管理考核评价工作，进一步完善了党员自主管理考评体系；推行2011年党员个人自主承诺在各支部主要工作场所公布，公开接受群众的评价与监督，促进党员不断自我加压，增强党性意识。(2)积极探索新形势下入党积极分子队伍建设工作，举办入党积极分子培训班，做好入党积极分子队伍摸底调查等，努力加强入党积极分子队伍建设。(3)将党员自主管理工作与“活力党建”工作相结合，围绕储量任务目标，丰富基层党建工作内容，促进生产科研任务完成。(4)围绕创先争优、“比学赶帮超”、精细管理等主题，组织开展党支部书记讲党课评比交流活动，丰富了组织生活，加强了基层党组织建设和党支部书记队伍建设。

(曾海东)

物研院2007～2011年度主要生产任务和工作量完成情况统计表

指标名称＼年度	2011	2010	2009	2008	2007
探明储量(万吨)	1059	1063	1067	1056	1047
控制储量(万吨)	1215	1057	1030	1252	1116
预测储量(万吨)	1175	1051	1290	1183	1706
三维资料处理(平方千米)	4857.60 其中叠前偏 4322.60	4751.00 其中叠前偏 3573.00	5126.02 其中叠前偏 3762.02	4717.28 其中叠前偏 3031.89	4594.5 其中叠前偏 2078.7
二维资料处理(千米)	3473.79	4595.00	1704.06	2494.30	2917.00

(曾海东)

石油工程技术研究院

【工程院概况】 石油工程技术研究院(简称工程院)位于江苏省扬州市，是江苏油田主要科研单位之一。其主要承担油田钻井、采油技术研究攻关，新工艺、新技术推广应用，日常生产技术保障，为油田专业工程中长期发展规划提供技术咨询和服务以及石油工程监督等工作。院下设石油工程监督中心、钻井工艺研究室、采油工艺研究室、油田化学研究室、压裂酸化研究室、钻采工具研究室等5个专业研究科室，另设有院党政办公室、科研生产办公室、企管科、财务科等4个机关管理科室，江苏油田分公司石油工程监督中心挂靠工程院。截至2011年底，共有职工143人，其中干部134人，工人4人，另有劳务工2人，借调2人，在站博士后1人；职工平均年龄39岁；具有大专以上学历的134人，其中博士研究生5人，硕士研究生26人，本科生93人，大专生10人；有各类专业技术人员129人，其中教授级高级工程师4人，高级职称52人，中级职称47人，高、中级职称占职工总数的73%。

(张 伟)

【科研生产及经营指标完成情况】 全年共开展科研生产项目81项，大型压裂、侧钻径向井、化学驱等多项技术取得突破；有8项局以上科研项目通过验收；负责和参加的3项科技成果通过中石化专家组技术鉴定，项目整体技术分别达到国际领先、国际先进和国内领先水平；获局以上奖励18项；新申请国家专利15项、获得授权7项。全年实现措施增油3.5万吨。

(张 伟)

【服务生产】 (1)产能建设方案编制：研究编制了韦马、永联等2个产能建设项目的钻采工程方案和沙26、邵14等4个区块的钻采后评估报告。强化井眼轨迹的精细控制，针对性推广应用新工艺新技术，为打造节能高效产能建设区块提供了技术支持。

(2)储层保护技术：推广应用悬浮乳液保护油气层钻井液、超低渗透钻井液保护储层技术、理想充填暂堵剂优选技术和羧甲基羟丙基胍胶低伤害压裂液220余井次。优选了徐闻X3高温黏土稳定剂，完成了闵桥油田防膨抑砂剂和径向井喷射液筛选。

(3)钻采工程设计：完成各类钻井设计335井次，工作量创历史新高，设计水平井段长、井底最大位移创历史纪录。防偏磨技术现场应用了204口井，平均延长检泵周期97天。完成了重点井完井试油设计45口，平均单井日产油8.7吨。

(4)储层改造技术：完成压裂技术服务86井次，施工成功率 94.7%，增油 2.75 万吨。其中探井压裂 18 井次，6 口井获工业油流；成功实施大型压裂措施 6 井次，其中桥 12－2 井已累计增油 1000 吨以上，徐闻 X3 井创下压裂井深最深、井温最高、施工压力最高 3 项纪录。完成酸化技术服务 10 井次，增油 0.3 万吨，增注 0.5 万立方米。

(5)注水工艺技术：围绕零散区块注水，开展了桃 4、程 6 等 7 个区块的注入水配伍方案研究。完成了欧北站、真 35 站等 4 座污水处理站的水处理药剂筛选及投加技术方案的编制工作。完成了 97 个污水网点和 44 个清水网点的水质监测工作。

(6)石油工程技术监督：完成产能建设项目 131 口井的现场监督，62 井次的巡井监督检查。组织了 29 口水平井的技术交底和 56 口重点井的钻开油层验收。完成了 244 口井的钻井工程结算书审核，核减费用 1100 余万元。

(张　伟)

【科技创新】　(1)复杂结构井技术研究：开展了侧钻径向井技术的研究、引进和应用工作，在韦 5－19、韦 5－4 等 6 口井中成功应用并取得明显成效。水力脉冲空化射流技术下井试验 10 井次，机械钻速平均提高 14.61%。开展了近钻头地质导向钻井技术适用性研究，成功试验 1 口井。PEG 强抑制润滑封堵钻井液研究开展了室内试验，已筛选出浊点温度合适且具有良好抑制性的系列处理剂。

石油工程发展规划研讨会　　(张　伟　摄)

(2)机械采油工艺技术研究：开展了 17 口井的套管破漏原因分析及预防治理技术研究，并成功治理修复了 4 口井。水平井射孔参数优化技术现场应用了 12 口井，含水上升速度得到有效控制。定向井提高泵效技术改进后现场应用了 11 口井，泵效平均提高 7%。射采联作工艺现场应用 7 口井，单井平均缩短作业时间 34 小时。

(3)储层改造技术研究：水平井分段限流压裂顺利在陈 2 平 5、瓦 19 平 1 等 3 口井完成施工。研究形成了羧甲基羟丙基胍胶低伤害压裂液系列体系；清洁压裂液研究确定了合成主剂方案；稠化酸主剂已通过中试并在范 1 平 1 井等投入现场应用。

(4)注水技术研究：含油污水生化处理技术在工艺、配方研究和试验装置方面取得突破，出口水质达到了 A2 级标准，设计方案已通过审查。细分层偏心集成分层注水技术研制了耐高压集成配水封隔器，配套完善了细分测试技术。注水储层保护研究建立了由水质伤害确定水质指标的新水质评价方法，开发了水质伤害预测与水质指标决策评价系统。

(5)防腐防垢技术研究：开展了油田腐蚀结垢现状调查与分析，初步确定了腐蚀防治的基本思路。开展了注采系统 SRB、硫化物和腐蚀的关系研究，并针对油井腐蚀开展了 SRB 生物防治技术的研究和应用，建立了油水井井下垢样快速检测标准并分离培养了一株自养反硝化细菌。

(6)提高采收率技术研究：真 35 聚合物驱已进入主段塞阶段，注入 5.12 万立方米，聚驱配套技术研究初步完成。沙 7 表活剂驱采出液检测获得突破，工业级低吸附表活剂投入沙 7－33 井试注。层内生气完成了关 5－2 井吞吐施工，初步见到增油效果。调剖堵水延时胶囊交联体系现场实施 5 口井，增油 4000 吨以上。

(7)非常规油藏钻采技术研究：通过广泛调研，了解了国内外技术现状，结合江苏油田特点，明确了非常规工作的方向、重点。坚持边引进、边应用，边学习、边攻关，边总结、边提高的方针，开展了致密砂岩小井眼水平井优快钻井、泥页岩水平段安全钻井、完井、分段压裂改造等关键技术的研究、引进与应用。完成了油田首口非常规致密砂岩油藏桥 7 平 1 井的钻井、完井及分段压裂设计方案，编写了富深 X1 井和黄 20 井的试油、压裂工艺方案等。

(8)非烃类资源开发技术研究：完成了盐硝井钻井工程设计 12 口井、注采井组设计 1 对、注采工艺设计 3 口井和元明粉项目新增芒硝井注采方案，芒硝采出数量和质量保持在较高水平。开展了盐穴储气库钻、完井关键技术研究，完成储气库井身结构设计初步方案，初步确定堵漏配方、方案和泥浆体系配方，优选了完井方式。

(张　伟)

【科研生产管理】　组织制定了“十二五”发展规划，明确了“十二五”期间整体发展和钻采工程技术研究的主要攻关方向等。建立了院科研生产管理信息系统并上线运行，有效提高了工作效率和管理水平。加强项目立项管理和结题验收，立项成功率 58%，局项目优良率达到 100%。强化与上级部门、生产单位的沟通，油田首次下拨了科研现场试验专项经费，生产单位对现场施工提供了支持。强化注水工作职能,成立了注水工艺研究组。

(张 伟)

【人力资源管理】 建立了多渠道引才机制,先后引进博士1名、技术骨干2名和高校毕业生5名。完善了各类人才的育才机制,选送10人参加集团公司层面的高级培训班,各类专业技术培训超过300人次;以导师制、生产一线挂职锻炼、细化实习计划为抓手,加强了青年专业人才队伍建设;推行了量才施用的用才机制,认真执行"双推双选"制度,调整、聘用了科级干部8名;认真做好专业技术职称推荐、评审工作,有19名专业技术人员晋升了高一级职称。

(张 伟)

【经营管理】 继续深化"比学赶帮超、达标创优"工作,在科研板块"比学赶帮超"年度排名中获得红旗10面、红星2个。积极开展改善经营管理建议活动,3个立项项目年度净效益合计约3000万元。不断推进制度标准化、信息化工作,初步完成了院级制度配套改造工作。加强合同管理,全年未发生一起法律纠纷。完善资金预算管理、资产管理和内控管理,财务管理水平得到有效提升。

(张 伟)

【HSE管理】 扎实开展"我要安全"主题活动,开展了查找身边"十大薄弱环节"活动,在室内试验和现场施工环节积极推行"七想七不干"工作法。做细做实方案设计,坚持"大井控"理念,规范钻采设计中HSE和井控专篇的编写。完善了院突发事件应急预案,完成安全措施计划项目2项。开展了HSE全员培训和井控、硫化氢防护专项培训,职工安全意识进一步增强。

(张 伟)

【精神文明建设】 进一步加强基层党组织建设,明确了院基层党建方针。编制《石油工程技术研究院基层党建工作标准》,促进了党建工作的规范运行。加强党支部书记队伍建设,狠抓党员教育管理,增强了党员队伍的活力。以科研生产工作为着力点,扎实开展"为民服务创先争优"活动,党的先进性建设得到进一步加强。组织"责任、潜力、办法"大讨论,激发了广大干部职工的工作热情。以庆祝建党90周年为契机,组织开展了"五个一"活动,营造了团结奋进、奋发有为、昂扬向上的浓厚氛围。对一线职工坚持冬送温暖、夏送清凉制度,坚持节日慰问走访退休老同志和军属,及时慰问生病住院职工,对部分家庭生活困难的职工及时援手、给予救助。定期开展形式多样的文体活动,丰富了职工的业余文化生活,有效提升了职工"以院为家、爱院如家"的归属感和认同感。

(张 伟)

物资供销处

【供销处概况】 江苏油田分公司物资供销处(简称供销处)隶属于中国石油化工股份有限公司江苏油田分公司,处机关位于江苏省扬州市开发区,其主要职责是承担江苏油田勘探开发、生产建设所需物资的采购及供应,行使江苏油田物资供应管理职能。

2011年底,供销处在岗职工423人,其中女职工210人,干部155人(干部中具有高级职称的23人,中级职称72人)。处设机关职能科室14个,业务科室4个,下设大宗物资储备检测中心1个,区域性供销科3个,物资总库1个,成品油库1座,加油站5座。全处拥有固定资产原值8626.12万元,净值4382.69万元。

(李佑炜)

【主要经济指标完成情况】 全年管理费支出6195.96万元,投资计划执行率100%,财务管理达标率100%,库存6956万元,库存周转14.7天,积压物资降低率71.9%,设备综合完好率99.77%;合同管理规范率100%,用工总量444人,综合能耗239.5吨标煤,季度安全挂牌为红牌,环保综合达标为合格,采购物资质量监督抽查合格率97.46%。全面完成了各项主要经济指标和局下达的承包任务。

详见2007~2011年供销处主要承包任务和经济指标完成情况表。

(李佑炜)

【物资供应管理体制和机制】 按照2011年全油田煤炭需求,实施集中采购,物资供应管理体制得到进一步巩固。通过举办物资供应管理知识培训班和季度物资供应工作例会,宣贯中石化物资供应理念、体制和机制,在全油田形成了物资供应"一盘棋"思想。修订、完善油田层面物资供应规章制度,健全物资供应制度体系。优化油田物资需求计划提报系统,加大监督考核力度,提高了需求计划提报的准确性和及时性。升级改造了刷卡加油系统,通过网络在线对成品油消耗实时监控,成品油管理迈上精细化管理的新台阶。开展了全油田物资供应大检查,建立了物资管理绩效考核体系，强化了物资供应监管职能。框架协议采购、供应商动态量化考核、专业化分工流程化操作、物资供应过程控制以及库存资金占用责任主体调整等传统业务改造工作持续推进，物资供应管理体制和机制进一步得到巩固和完善。

（李佑炜）

【物资供应】 2011年，按照油田年度生产建设部署，在油田组织的日常生产、工程建设及域外（海外）市场开拓等物资保障中，全力以赴保生产、想方设法保会战，以高效的执行力和优质的服务，安全、及时、经济地保障油田生产建设物资供应。全年组织供应物资17.1亿元。

调度人员在火车站清点套管到货数量 （王定宏 摄）

（1）深入一线，贴近生产，主动服务保供应。一是强化物资供应人员提前介入需求计划的形成过程，积极与相关部门和使用单位沟通，及早了解需求信息，落实货源。二是坚持定期召开物资供需协调会，加强对石油地质专用管、油田化学剂等油田生产建设核心业务所需物资的供需对接，确保供应。三是积极开展防洪防汛、冬防保温等物资的特殊储备，建立防洪防汛物资实时上报制度，充分保证季节性物资供应。四是坚持物资供应回访制度，深入使用单位，了解现场需求、质量和服务等情况，及时协调、解决物资供应过程中出现的问题。

（2）深入现场，贴近项目，高效服务保供应。在油田元明粉、真富、高杨、扬州生产科研中心等重点工程项目建设中，及时成立物资供应项目组，组织相关人员根据项目进度，实行现场跟踪服务。积极参加项目生产协调会，掌握工程项目进度，及时组织货源、协调物流运输、现场安装调试等工作。主动与项目组协调好大宗物资进场时间点，确保物资安全及时进入场地，严格控制供货风险，全力以赴确保重点项目所需物资。

（3）深入域外，贴近外事，快捷服务保供应。外事项目物资供应呈现出地域分布广、临时计划多、物资品种杂等特点，供销处始终坚持“急事快办、特事速办”的保供原则，积极与用户单位联系，提前确定项目生产所需物资，提前锁定资源市场，及时、快捷完成外事项目所需物资的订货、催交及装运工作。全年为新疆、海南、厄瓜多尔等域外、海外项目供应物资1.1亿元。

（李佑炜）

【物资采购】 2011年的物资采购工作，以编制年度采购策略为基础，以框架协议采购为主导，以过程控制为抓手，全面开展需求、价格、成本分析和采购后评估工作，显著提升了物资采购水平。全年采购物资17.3亿元，通过各种采购方式节约采购资金8652万元。

（1）强化采购策略研究，推进框架协议采购。全年分析消耗物料25261项，确定框架协议采购品种21556项，年度采购策略金额16.58亿元。全年审核通过框架协议采购方案216份，实施框架协议采购10.1亿元，涉及43个大类的物资，框架协议采购率达到78%，与总部要求目标提高了18个百分点。全年钻具授权集中采购中心共签订框架协议93份，完成采购金额4.59亿元，节约采购资金2200万元。

（2）推行业绩引导订货，努力践行阳光采购。完善了以供应商ABC分级管理为抓手的业绩引导订货机制，发布了关键及重要物资供应商定级结果，在物资采购活动中，大力

油田召开物探设备采购招标会 （王定宏 摄）

推进供应商动态量化考核和业绩引导订货机制，扭转了以往过分注重供应商一次性报价、忽视其历史业绩的传统方式。对技术含量高的专用设备，充分发挥技术专家优势，切实将采购由普通业务操作变成专家采购，全年共邀请技术专家234人次，完成采购金额

27920 万元。

(3)加大过程控制力度,增强供应风险控制。成立了物资供应过程控制办公室,负责对采购进度、物流业务进行重点控制;设置了"未到货、未结账"考核指标,强化了进度控制;对关键设备实施现场工艺监造和出厂验收,强化了质量控制。以上措施显著增强了物资供应风险的控制能力。

(4)开展物资采购分析,助推采购水平提升。积极推进物资需求分析和市场价格分析,全年完成需求分析报告 138 份,市场价格分析报告 186 份,提高物资需求的预测和把握能力,增强了市场行情的分析和掌控能力。通过产品成本构成及全生命周期成本分析,有效降低采购成本,全年完成对化学剂等 34 个大类 2360 项物资成本构成分析。推进采购业务后评估,对业务规范性和采购效果进行科学、客观的评价,积极推广优秀采购业务后评估成果,促进采购水平进一步提高。

(李佑炜)

【供应商管理】 全年新入网供应商 10 家,解除了 30 家 2 年内无交易供应商的使用关系及 1315 项供应商准供产品目录,暂停了 2 家违反商业道德供应商的交易资格,通报批评了 5 家供应商。完成了对 513 家供应商整体实力评分,合同评分率 100%。目前建立使用关系供应商 609 家,其中生产商 515 家,中间商 94 家,中间商比例控制在 15% 以内,供应商结构更趋合理。

(李佑炜)

【质量管理】 配合上级部门做好产品质量标准的制定和修改,加大了对合同引用产品质量标准的监督审查力度,加强采购物资入库验收检测,严把质量关,全年完成 11 类重要物资 1192 批次的质量检测,有效杜绝了不合格产品流入油田的现象。

(李佑炜)

【安全管理】 以深化 HSE 管理为主线,深入开展"我要安全"主题活动,认真执行安全检查制度,全年组织 HSE 检查 8 次,迎接上级 HSE 检查 4 次。通过开展"查找十大薄弱环节"、"安全生产月"等活动,有力推进隐患排查制度的执行。全年完成安技项目 10 项,共计 53 万元,有效解决了生产现场存在的安全隐患。强化了扬州库房、真武库房施工过程现场安全监管,大力推行"七想七不干"安全提示卡,规范日常安全作业行为。通过组织应急预案演练,强化一线操作人员的应急能力,检验应急预案的可操作性,全年组织应急预案演练 8 次,涉及物体打击、人员急救、车辆火灾扑救等。

(李佑炜)

【仓储管理】 建立完善科学有效的储备管理模式,全年分析物料 17687 项,确定常耗物资 4044 项,应储备物资 2358 项。通过设定安全储备和最高储备,有效控制了储备规模,优化了储备结构,提高了油田物资的保供能力。结合油田生产建设的特点,以落实库存资金占用责任主体为抓手,深入挖掘新增积压产生的主要矛盾和突出问题,通过调度调剂、改代利用,推行标准化采购、开展风险评估、建立预警机制和规范需求计划提报与考核等一系列措施,使新增积压物资得到有效控制。截至 2011 年底,积压物资降至 191 万元,较年初 679 万元下降了 71.9%。

(李佑炜)

【基础管理】 (1)着力推进制度标准化改造,全年共计承接改造总部制度 15 个,油田制度 31 个;积极完善"达标创优"机制,制定了 40 个岗位标准体系;开展"星级库站"创建评比活动,在 71 个基层站库中评选出 3 个"五星级库房"和 2 个"五星级加油站"作为仓储保管的标准样板,处综合车队成为油田树立的精细化、规范化的车队管理样板;全年共征集改善经营管理建议提案 12 个。

(2)充分发挥内控、审计、ERP、法律事务、效能监察等"五把锁"功能和监督作用,有效防范和控制经营风险。大力实施全员成本目标管理,强化成本预算控制和考核,缓解成本指标压力。积极做好穿行测试工作,确保各项生产经营活动受控运行。以油田内、外部审计机构开展的内部控制执行、经济合同、绩效指标完成情况等各项审计为契机,发现问题及时整改,不断提高经营管理水平。SAP - HR 系统成功上线运行,物装 ERP 系统操作和监控功能进一步完善,网上采购达标率 99.8%。法律事务工作紧密结合生产经营活动有效开展,合同管理人员全面参与采购金额在 10 万以上的合同商务谈判、招标、审核、签订、履行、结算及争议处理等事务,实现了合同的全过程跟踪管理。妥善处理了局元明粉项目汽轮机延期交货事件,避免经济损失 10 多万元。效能监察工作取得实效,配合油田相关部门,完成了清理油田物资采购供应商、规范外协单位(队伍)管理、油田化学剂和煤炭采购等专项效能监察,自主开展了非标产品采购和重点基建工程项目效能监察工作,其中非标产品采购项目获得油田优秀效能监察一等奖。

(3)汉涧供销科搬迁天长项目、业务大厅改造工程顺利完成,真武供销科库房改扩建工程也已竣工,新增仓储面积 3000 平方米、办公用房 1200 平方米。全年完成大修理计划项目 28 个,仓库机械化作业水平进一步提高,仓储基础设施和办公条件得到有效改善。

(李佑炜)

【精神文明建设】 广泛深入开展"比学赶帮超"和"为

民服务创先争优”活动,积极开展“四争创、四争当”劳动竞赛,营造了“有第一就争、有红旗就扛、有排头就站”的浓厚氛围。通过征集廉政格言、开展“双向”廉政党课、剖析案例等形式,组织党员干部和业务人员认真学习相关廉政建设规定,引导干部职工树立“阳光采购,安全保供”的廉洁从业理念。全年共查找出各类风险495条,制定防控措施591项,筑牢了廉洁从业的“防火墙”,廉洁风险防控工作得到了集团公司调研组的好评。积极开展庆祝建党90周年系列活动,成功举办了庆“三八”红歌演唱会、“铁保障”杯排球赛、“党旗飘飘”、“七一”文艺汇演等文体活动;积极参加油田“永远跟党走”红歌演唱会,并获得扬州片区金奖;成功承办了江苏油田“供销杯”羽毛球比赛,并取得女双冠亚军的好成绩。全年共向《江苏石油报》投稿330篇,被刊用133篇,在油田电视台播出新闻61条,处网页刊发稿件1021条。

建党90周年“永远跟党走”歌咏比赛　　(陈国华　摄)

2011年供销处再度被评为油田双文明先进单位,徐华兴当选为油田劳动模范。物资供应管理绩效考核排名集团公司油田板块A类企业,物资储备管理工作受到总部通报表扬,江苏油田已连续7年获得集团公司物资供应工作先进单位称号。

2011年,供销处安全生产、质量管理、效能监察、“五五”普法、统计分析、SAP－HR系统建设和应用等工作均获油田先进称号。同时被评为局双文明标杆队1个,局先进党支部1个,局红旗团支部1个,局“达标创优”基层管理优胜单位1个,局优秀团员1名。4个季度均获得油田流动红旗优胜单位,处工会被评为油田“模范职工之家”。在集团公司及油田“比学赶帮超”活动考核评比中共夺得11面红旗。“油田企业物资库存结构优化和动态化管理”荣获中国石化第二十届管理现代化创新成果二等奖,2项政研成果和1篇财务论文获油田一等奖。

(李佑炜)

供销处2007~2011年度主要生产任务和经济指标完成情况统计表

指标名称 \ 年度	2011	2010	2009	2008	2007
管理费(万元)	6195.96	5514.59	5260.27	4950.58	4568.39
投资计划执行率(%)	100	/	/	/	/
财务管理达标率(%)	100	/	/	/	/
库存(万元)	6956	/	/	/	/
库存周转(天)	14.7	14.2	14.1	22	22.9
积压物资降低率(%)	71.9	/	/	/	/
设备综合完好率(%)	99.77	99.7	99.9	98	97.1
合同管理规范率(%)	100	100	100	100	100
用工总量(人)	444	/	/	/	/
综合能耗(吨标煤)	239.5	229.85	212.31	214.4	194.97
季度安全挂牌	红牌	红牌	红牌	红牌	红牌
环保综合达标	合格	/	/	/	/
采购物资质量监督抽查合格率(%)	97.46	98	98.28	98.13	99.75
投资规模(万元)	/	979.8	181.6	64.87	148.51
采购局内产品(万元)	/	2725	27167	6612.59	5752
招标订货(万元)	/	17800	14966	14499.7	6542
物资计划供货执行率(%)	/	>90	>90	>90	>90
内控制度执行率(%)	/	100	100	100	100
规范用工管理执行率(%)	/	100	100	100	/

(李佑炜)

井下作业处

【井下作业处概况】 江苏油田分公司井下作业处位于扬州市江都区真武镇,主要承担油田勘探开发试油、试气、地层测试、油水井大修、侧钻、压裂、酸化、措施作业和维护性作业施工任务,是一支综合性的井下作业技术服务与施工队伍。有真武、金湖等5个生产基地,工作区域分布在江苏、安徽两省的江都、金湖等区(县)。同时,施工区域还拓展到了国内的华东地区和海外的厄瓜多尔。截至2011年底,有固定资产868项,原值3.9亿元,净值2.1亿元。各类主要生产设备361台套,设备资产占总资产的85.6%。

(汪海洲)

【机构人员】 处机关设13个职能科室,5个机关附属单位。基层单位共有4个大队、33个基层队(不含海外2支修井队)。其中一线生产单位25个,包括18支修井作业队,5支试油队,1支测试队,1支压裂队。2011年底恢复作业一大队作业四队编制,成立作业一大队作业八队,成立连续油管作业队,隶属试油测试大队管理。截至2011年底,全处用工总量1416人,其中在册职工1045人,劳务用工266人,非全日制用工66人,“4045”人员39人;有干部300人,技能操作人员1116人;大学本科及以上学历226人;教授级职称2人、高级职称46人、中级职称97人;有技能大师1人、高级技师5人、技师53人、高级工451人。

(汪海洲)

【生产施工】 2011年,井下作业处根据油田勘探开发整体部署和生产形势,紧紧围绕老区稳产和真富、高杨产能建设项目,及时组织开展了春季保油上产、夏季夺油上产、探井试油会战,科学有效安排各项工作,积极合理组织生产运行,生产施工保持了良好的运行态势。通过推动方案设计、沟通协调、施工跟踪、现场督查、质量分析、质量回访“六项机制”建设,强化了质量运行体系,提升了质量管理水平。2011年,施工工序一次成功率99.3%,同比提高1个百分点。全年完成施工作业1913井次,试油75口96层,工作量与2010年同比大幅增长,其中:试油工作量增长29.7%;措施作业746井次,增长13.55%;新井投产247口,增长15.5%;侧钻井11口,增长37.5%。完成压裂施工147口,其中内部100口,外部47口。全年共刷新32项施工纪录。

(汪海洲)

【经营管理】 2011年,井下作业处深入推进全员成本目标管理,持续优化预算管理。通过推进技术进步、提高作业质量、优化施工运行、强化成本预警等,有效控制了作业成本。积极推广试油作业系统、车辆运行系统的特色成本管理经验,建立不同业务系统标杆。强化单井单车成本数据的分析工作,形成了单井单车成本分析制度。加强计划审批和消耗控制,确保油材料消耗在指标线内运行。在油田会计大赛中获团体二等奖。2011年,再次荣获油田“财务管理先进单位”称号,1人获得总公司财务管理先进个人荣誉。

(汪海洲)

【HSE管理】 2011年,井下作业处持续深化“我要安全”主题活动,引导职工树立“四不”安全理念,通过建立HSE观察卡,推行“七想七不干”安全提示卡、查找HSE工作薄弱点等活动,及时贯彻落实上级有关要求,完成了HSE岗位指导书和HSE计划书编制工作,并在基层单位全面推行。严格执行“三特”期间领导带(跟)班制度、值查夜查制度、安全承包点制度,加强作业环节的现场监管,使体系运行更加规范。对大修侧钻、试油测试、带压作业、措施作业和日常维护井施工的井控安全进行分类管理。在真104井开展了处级井控应急预案演练。第一套井控检测装置安装调试成功,填补了井控设备在维修后没有检测手段的空白,达到行业先进水平。2011年,获江苏省“安全生产先进单位”称号。环境保护工作持续推进,连续第七年获油田“清洁生产先进单位”称号。

在真104井场举办井控应急预案演练

(杜南洋 摄)

(汪海洲)

【企业管理】 2011年,井下作业处开展了基层综合管理、组织绩效管理、“达标创优”、“比学赶帮超”、改善经营管理建议、制度标准化改造、管理创新等工作。对34项制度进行了标准化信息化改造。参加油田油气生产板块“比学赶帮超”工作现场推进会，获得油田领导和兄弟单位好评。“达标创优”事迹材料在《中国石化报》上作了经验介绍。在完善“五位一体”管理制度的基础上，建立了《基层综合管理标准》评价体系。制定了《井下作业处组织绩效考核细则》和《井下作业处全员绩效考核管理实施细则》。《全员绩效考核激励机制的实践》成果获得2011年中石化管理现代化创新成果一等奖，并编入集团公司管理经验案例中。

（汪海洲）

【工艺技术】 2011年，井下作业处针对制约增储上产的技术瓶颈，加大科技攻关力度，科技创新的支撑和引领作用进一步发挥。自主研制的智能测试技术在许X34等两口井试验成功，成为行业内自主研发成功的首家单位；套损井打通道加固技术通过攻关研究，获局科技进步一等奖；连续油管径向钻井技术通过引进创新，在韦5-19等6口井成功应用，为低渗、薄层开发提供了新手段。2011年，有7项成果获国家专利，2项成果待专利授权。针对油田勘探开发低、深、隐、难和“三复杂三提高”对井下作业的要求，加大试油测试、大修、侧钻、带压作业、水平井堵水、压裂改造等关键技术的应用，在徐闻X3井压裂施工中，创造了大斜度高温深井施工井深5065米、井温166℃、施工压力96.5兆帕3项压裂施工新纪录。

（汪海洲）

【外部市场】 2011年，井下作业处巩固了浙江油田和华东分公司市场，成功开拓了淮北煤层气市场。全年共完成了浙江油田和华东分公司压裂45井次，加拿大英发能源有限公司淮北煤层气2井次先导试验的测试和压裂总承包服务，域外市场创劳务收入1076万元。海外市场，厄瓜多尔修井项目完成修井54井次，创劳务收入4578万元，持续保持HSE问题零记录，在竞争激烈的南美市场上打响了“江苏井下”品牌。作为对903修井队工作的肯定，2011年12月底，903修井队成为安第斯油田首个续签两年合同的修井队。同时，积极参与厄瓜多尔公司XJ650修井机议标工作，并依托厄瓜多尔修井品牌，成功带动安徽公司进入南美钻井市场。

（汪海洲）

【队伍建设】 2011年，井下作业处开展了“打造高度负责任、高度受尊敬企业”和“责任、潜力、办法”大讨论活动，采取学习培训、轮岗锻炼等方式，扎实推进“四好”领导班子建设。完善干部选拔任用机制，首次聘任了处HSE总监、大队安全监督员，在80后大学生中进行了副科级岗位公开竞聘。深入实施“人才强企”战略，推行全员绩效管理，充分调动全体干部职工的工作激情和创造活力。召开“全国技术能手”田明事迹报告会，举办了高技能人才工作交流会。开展青年技术人才培养“导师制”考核工作，对35名培养对象进行了考核。高水平承办集团公司2011年职业技能大赛，精心组织赛场准备、参赛选手的选拔与集训工作。在集团公司井下作业工技能大赛中，处参赛选手朱贵山、成鹏、马林等获得个人第一、团体第二好成绩，斩获两金一铜，实现了金牌数和奖牌数最多的历史性突破。

（汪海洲）

参加中国石化2011年职业技能竞赛选手

（杜南洋 摄）

【精神文明建设】 2011年，井下作业处深入开展创先争优活动，推动党员立足岗位践诺争优、强基除害。认真学习贯彻集团公司和油田“为民服务创先争优”活动动员会精神，采取工作调研、职工代表值班等多种形式，反复征求职工群众意见，在此基础上，作出处“为民服务创先争优”承诺。加强和改进新形势下的思想政治工作，始终坚持在“跟得上、贴得紧、拿得下”上出思路、下功夫、见成效。“构建‘三维’教育模式，推进作业铁军建设”获得局政研成果一等奖，处政研会被评为局优秀政研会。明确“两堂两室”文明共建实施办法，提升了“两堂两室”建设成效。2011年，先后为一线施工队伍配备40栋值班房、工具房，有效改善了施工现场工作条件。对闵桥基地进行了改造，新建瓦庄作业基地，使作业队伍布局更加合理。群众组织作用有效发挥。章东海被评为2011年度油田劳动模范，田明获得江苏省“五一”劳动奖章，综合大队压裂队获“全国能源化学系统工人先锋号”称号。召开处第二次工代会，选举产生了井下作业处新一届工会委员会。张勤友被评为中石化“青年岗位能手”，刘铭强、张立平被评为油田2011年度“青年岗位能手”，范毅被评为油田“学雷锋先进个人”，大修二队被评为江苏省青年文明号。女职委开展了“温暖之旅”活动，推进女职工素质提升，吉小敏被评为油田“女职工学习成才标兵”。2011 年,处获得油田季度流动红旗3次,连续6年被评为油田双文明先进单位。

(汪海洲)

扬州石化有限责任公司

【扬州石化概况】 扬州石化有限责任公司(简称扬州石化)前身是扬州石油化工厂。扬州石化于1989年由江苏油田和江都区政府按59:41比例共同出资兴建,1993年7月建成投产。2006~2007年归中国石化资产经营管理公司管理。2008年初,扬州石化59%的股权由中国石化股份有限公司收购,并授权江苏油田分公司管理。2008年11月28日,按中石化要求,完成了公司制改建工作。同时,完成了三益工贸总公司清理整顿,注销其法人资格,设立三益工贸分公司。2008年12月12日,扬州石化有限责任公司正式揭牌。公司改建后经营范围不变、股权不变、员工身份不变。

扬州石化现有40万吨/年常压装置、25万吨/年MCP催化装置、20万吨/年ARGG装置、12万吨/年气分、3万吨/年MTBE、3万吨/年改质装置、4万吨/年聚丙烯、1万吨/年化纤、3000千瓦热电联供等10套主要装置。其主要产品有11大类27个品种:汽油、柴油、溶剂油、化工轻油、液蜡原料油、液化气、丙烷、MTBE、聚丙烯、复合纤维、燃料油等。

扬州石化占地25.85万平方米,其中,生产经营用地21.21万平方米,生活用地4.64万平方米。截至2011年底,资产总额3.78亿元,资产负债率51.12%。

扬州石化实行董事会领导下的总经理负责制。现任董事会成员由江苏油田和江都区政府相关人员共9人组成,江苏石油勘探局局长、分公司总经理为董事长,江都区区长为副董事长。公司领导班子成员9人,由江苏油田和江都区双方共同派员组成。企业内部实行公司到分厂(车间)两级管理。机关部门及下属单位共22个,其中机关部室7个,分厂3个,辅助生产单位6个,经营单位2个,服务单位3个。2011年底,员工总数885人,其中油田身份职工288人,地方职工525人,其他用工72人。

(戴秋华)

【主要经济技术指标】 2011年,扬州石化加工原(料)油32.2万吨,生产聚丙烯10437吨,化纤产量5184吨,成品油批发零售量29035吨。实现销售收入20.36亿元,在中石化炼油板块大幅亏损的情况下,实现利润-2478万元。加工吨油增加值列中石化33家炼油企业第1位,产品售价列第2位,利润总额列第5位,同比提升19位。上缴税费金2.26亿元,其中:国税1.96亿元,地税0.3亿元。

详见扬州石化2007~2011年度主要生产任务和经济指标完成情况统计表。

(戴秋华)

【装置运行】 老装置旧设备运行质态良好,催化装置连续安全运行1110天,首次实现三年一修目标,达到同行业先进水平。2011年6月10日全厂停工,实施装置大检修和技改对接工作。多措并举,实现了装置稳定运行。针对设备老化、操作弹性小状况,一方面,通过控制装置运行负荷,降低反应深度,保持平稳操作等措施,解决因设备老化造成的生产波动问题,保持装置正常运行;另一方面,提高操作人员的责任心,开展了“查隐患,保安全”竞赛,提高巡回检查频次,强化关键设备维护,确保装置时刻处于受控状态。全年,共组织各项检查30次,检查并提出整改项228条,及时查出并处理二再外旋泄漏、脱硫塔渗漏等多起重大事故隐患。老装置运行质态保持良好。

突出重点,保证装置优质检修。超前准备检修和技改对接施工方案。专门成立检修技改指挥部,完成了炼油、化工、储运等7个系统24个单元检修工作。检修过程中参战人员加班加点,抓住重点、找准难点、盯牢关键点,科学检修、文明施工,严格质量控制,认真检查隐蔽项目,对大机组、锅炉、塔器等关键设备实行联合验收制度。认真组织对检维修项目的危害识别与风险评估,落实风险控制措施,强化了检修施工现场的监管,按期优质完成了大检修任务,实现新老装置顺利对接。

(戴秋华)

【转型发展】 7月30日,全国首套25万吨/年MCP催化装置一次开车成功。8月23日,12万吨/年气分扩能改造装置顺利投产;与之相配套的聚丙烯设备更新改造、电气隐患治理等10个辅助项目同步投运。公司特色炼油能力跃上40万吨/年新台阶,低碳烯烃收率大幅提高,转型升级取得重要成果。

(1)集思广益,降低风险。组织人员多次到石科院、经研院、中国石化工程公司、抚顺院等科研单位咨询、考察、调研,听取专家的意见,先后邀请中国工程院院士杨启业等专家对工艺设计方案进行了评审,提出了两器的结构形式、旋风连接方式、新催化剂开发等40多项建议,规避技术风险,提高工艺先进性和方案的合理性。

(2)合理布局,持续改进。根据现场实际,调整优化平面布局,催化装置采取就近移位改造,充分利旧,为ARGG装置再利用创造条件。气分装置实现模块化布局,就近先行建成新脱硫醇装置,在旧脱硫醇区域布置新气分装置,做到流程顺畅紧凑。抓好技改图纸审查,提出了65项整改建议,优化新装置开工流程,方便操作,保障安全。

(3)强化施工安全管理。严格承包商准入、监督、考核制度,认真组织技改项目的危害识别与风险评估。针对12个技改项目500多人同时深度交叉作业这一安全风险大难题,加强了外来人员安全教育和门禁管理,全年安全教育施工人员1080人次。及时出台了特殊时期“保安全运行,抓技改建设”的相关规定,在建设期间,公司中层干部和相关管理人员暂停节假日休假,与施工单位同步作息,及时做好监管和保障。组织了项目部、安环部、消防经警队、退居二线干部和生产车间多个层次督察,每天不间断地对施工现场进行巡查,全年安全用火1650次,制止违规作业32起,终止工作7人次。违章施工现象得到及时、有效控制,实现了各工程安全施工。

(4)严格工程质量控制。一是所有工程物资均为甲供。认真把好主材进厂质量关,招标优选诚信供应商。严格材料入厂手续,加强材料质量检查,通过抽样检测和验证等多种手段,有效控制材料质量,发现质量问题及时处置,满足工程建设需要。二是靠前控制,把好关键设备制造质量关。先后安排专业技术人员40多人次去大型机组、主要塔器厂家,现场监造关键工序,及时协调解决质量与进度矛盾。三是抓好施工过程质量。充分发挥监理、职能部门和项目部质量管理作用,每天跟踪监督施工过程,主要工序一次焊接合格率保持在98%以上。

(5)发动操作人员参加编写操作规程、试运方案和开车方案。借鉴同行类似装置先进经验,反复修订完善。通过岗位培训、模拟操作、现场考核、预案演练等手段,全方位提高人员素质。

(6)MCP装置开工前,组织了纵向到顶,横向到边的拉网式检查,将装置区域划分成块包干到班组,责任落实到个人。开工期间,严格执行工艺纪律,实行双人操作,技术干部确认,做到循序渐进,稳打稳扎,保证了开工阶段各项工作准确到位,环环相扣,步步可控,实现了安全有序、一次开车成功。

MCP催化装置投产后,高附加值产品比例明显提高。丙烯和MTBE日产量同比增长50%,催化汽油辛烷值高达94.5。

(戴秋华)

【经营管理】 在技改项目多,建设时间紧,批复投资少,资金缺口大的情况下,开源节流,多渠道筹措资金,优化内部管理,处处精打细算,把每一分钱都花在刀刃上。

(1)积极争取上级政策支持,适时向总部申请追加安全生产费和修理费。全年完成投资3421万元,使用修理费3820万元,安全生产费1636万元,合计投入资金8000多万元。完成了催化技改、气体脱硫改造等10个技改项目建设。

(2)招标优选供应商,组织开标会近100期,在保证质量情况下,降低采购成本600多万元。

(3)加强现场材料监管,及时回收余料,平衡利用各类物资80多万元。检修车间主动完成了两大机组、126台机泵安装调试、部分防腐等工作,创收134万元。电仪车间自主完成了两大机组PLC仪表、5套新装置DCS仪表安装组态调试、电气隐患治理和7台变压器更新等施工任务,创收221万元。

(4)精心组织化纤生产,加强与客户的沟通,多产高附加值特色产品。通过技改和加强管理降低设备故障率,提升产品质量稳定性,实现内部利润235万元,连续3年保持效益化运行。

(5)采销部门跟踪市场趋势,抓住停工检修机会,通过提前调运和借用原油等措施,节约原油采购成本1107万元。积极开拓市场,及时销售MTBE、丙烯和原料气等高附加值产品。提升超短纤维订单比例,自销产品平均售价在周边市场保持领先水平。三益分公司发挥加油站隐患改造面貌一新优势,提升服务,扩大零售,抢抓燃料油市场机遇。全年完成油气批零量2.9万吨,实现销售收入2.09亿元,同比增长20.1%。实现油气增加值1625万元,增幅为24.5%。零售业务成为经营增效主力军。

(戴秋华)

【职工技能培训】 多次邀请石科院、中国石化工程公司等单位专家举办技改新技术讲座,安排近百名技术管理人员到青岛炼化、海南炼化等装置考察学习,提高职工对新技术的认识。选派了5名选手代表江苏油田参加总部催化裂化装置操作工、水质检验工等3个工种的竞赛。新增技师5名,高级工78名。主要生产单位实现了班班有党员、有技师、有安全员、有实习技术员的目标。

(戴秋华)

【精神文明建设】 (1)紧紧围绕生产经营和技改建设两大重点工作,以人为本,开展“为民服务创先争优”活动,以正面引导、激励为主,调动职工投身技改建设的主动性、积极性,大力倡导“快乐工作、健康生活”理念,构建了和谐稳定的发展环境。

(2)总结经验鼓舞士气。通过《中国石化报》、《江苏石油报》、局域网等多种媒介,大力宣传公司技改发展、生产经营和两个文明建设的成果,展示扬州石化人求真务实、精益求精、无私奉献、舍家为厂的精神风貌,提升公司形象。组织技改检修工作总结表彰会、全国首套MCP催化装置开车成功祝捷大会、技改工作座谈会等活动,及时表彰先进,引导职工团结拼搏,建功立业。

(3)发展成果惠及员工。在技改发展的同时,改造了炼油、化工、给排水等生产岗位值班室,改建了8间更衣室,对化纤环境风系统进行了技改,环境温度明显下降,职工工作条件得到进一步改善。努力办好职工食堂,增加伙食补贴。积极争取,认真落实惠民政策,参照油田标准,办理了江都方职工企业年金,规范了江都方退休职工的生活补贴,实施了薪酬分配结构调整,职工收入明显增加。

(4)党建思想政治工作不断加强。按照"跟得上、贴得紧、拿得下"的要求,努力当好技改和生产经营的帮手、政策与部署宣传的旗手和和谐稳定的多面手,党建思想政治工作科学化水平不断提升。以庆祝建党90周年为契机,组织了"红歌赛"、"演讲会"、"图片展"等群众喜闻乐见的活动,营造了心齐、气顺、风正、劲足的浓厚氛围。坚持做好各种慰问和困难职工帮扶工作,及时送上企业的关心,合理安排员工年休、疗养,组织有毒有害岗位职工定期体检,为职工办理团体意外伤害保险,企业凝聚力进一步增强。

(戴秋华)

扬州石化2007~2011年度主要生产任务和经济指标完成情况统计表

指标 \ 年份	2011	2010	2009	2008	2007
生产天数(天)	319	359	359	318	365
加工原油(万吨)	31.65	31.7	31.19	23.95	28.74
轻质油收率(%)	86.72	87.34	87.19	87.13	86.63
综合商品率(%)	91.02	90.54	89.10	89.26	89.41
年销售量(万吨)	29.45	28.82	28.59	24.15	27.8
销售收入(亿元)	20.36	17.02	14.43	14.40	13.79
利税(万元)	20120	40418	43300	-1219	6528

(戴秋华)

地球物理勘探处

【物探处概况】 地球物理勘探处(简称物探处)是2004年1月由江苏石油勘探局下属的安徽勘探处和江苏地调处专业化重组后成立的,处机关设在扬州市区,分扬州、合肥、洪泽等3个主要基地。2011年,全处共有在职职工1389人,其中女职工390人,干部443人;在在岗各类专业技术干部中,高级职称74人,中级职称229人;操作、服务岗位人员946人,其中高级技师10人,技师71人。

2011年度,全处有资质的地震队9支,拥有在南方水网地区,平原地区二维、三维和水陆过渡带地区,沙漠、山地等地域进行三维高分辨率地震勘探工作的技术和经验。

物探处现有各类采集设备45000多道,检波器11万余串,可控震源11台(含长期租用国工6台),并正式装备了具有国际一流水平的"苏油号"气枪船,装备水平跃上新台阶。2011年,物探处年末设备原值4.3491亿元,净值2.3586亿元,新度系数为0.48,设备完好率99.55%,设备利用率95.43%,重特大事故率为零,大修理计划完成率为100%,非安装设备购置完成率100%,设备故障停机率为零,均完成了局规定的各项经济技术考核指标。

2011年,物探处全年国内外共开工项目12个,完成项目15个,累计完成二维地震采集4085千米,三维地震采集777平方千米。首次成功实施金湖城区地震采集和尼日利亚海陆过渡带项目,采集能力取得了新突破。实现产值5.725亿元,同比增长13.85%,上缴利润660万元,同比增长10%,创历史最好水平。

(陈 炎)

【地震生产】 2011年,物探处深入贯彻落实科学发展观,紧紧围绕集团公司"打造上游长板"、"塑造特色管理模式"、"打造石油工程铁军"等一系列决策部署,以

破冰放线　（朱　刚　摄）

“加快有效发展，构建和谐物探”为主题，以“精细管理、内涵发展”为主线，以“为民服务创先争优”和“比学赶帮超”活动为抓手，大力唱响“埋头苦干创精细管理之先，团结奋进争内涵发展之优”主旋律，全面完成了局下达的各项任务指标，取得了可喜的成绩，连续 3 年荣获局双文明先进单位和扬州市文明单位称号。

物探处始终把进一步提高地震采集资料品质作为服务油田的根本举措，致力于服务油田增储上产，当好油田精细勘探、立体勘探、二次勘探的主力军和先行军。通过技术论证、项目攻关、现场动态设计等措施，高质量完成了域内 4 个地震采集项目，为油田新增三级储量连续 10 年超过 3 个 1000 万吨，新增探明储量连续 16 年超过 1000 万吨，确保油田多年稳产上产作出了贡献。2011 年下半年，域内颜集、花瓦、盐阜、坝田等项目先后开工，施工进展顺利，资料品质受到油田领导的好评。全年，物探处完成油田二维工作量 514 千米，三维工作量 500 平方千米，其中高精度三维 207 平方千米，实现产值 1.9637 亿元，各项技术指标均达到设计要求。

（陈　炎）

【外部市场】　2011 年，物探处牢固树立“越是形势严峻，越要坚定不移地实施‘走出去’战略”的信念，强化市场意识，优化市场策略，细化市场举措，想方设法开拓市场，域外、海外市场齐头并进，外部市场合同额创历史新高。全年新签域外项目合同额 1.287 亿元，新签海外项目合同额 8385 万美元，海外中标待签项目合同额 1911 万美元。组织实施了尼日利亚 OPL280 - C、OML114 海陆过渡带、OPL915/916 和阿尔及利亚第十一、十二、十三期等 6 个海外项目，实现产值 2.4197 亿元。

在域外市场，坚持“干一项工程、出一项精品、树一方信誉、赢一方市场”的理念，严格施工组织，以良好的品牌信誉度站稳市场。2011 年，物探处先后完成了彰武、长茂滩、黔南、跃参、甘旗卡、巴楚和淮安盐矿等 7 个域外项目，实现产值 1.3416 亿元；其中，完成的彰武二维项目为东北油气分公司新增石油地质储量 5053 万吨作出了重大贡献，该项目目前正在申报集团公司“石油工程重大发现奖”。

在尼日利亚 OML114 项目施工中，项目组 20 多位中方员工面对 OML114 项目极其错综复杂的社区环境、反季节施工带来的多变气候环境、多样的地表条件和恶劣的交通运输后勤保障情况以及气枪设备老化、陆上设备改海上设备困难、严峻的公共安全形势等不利因素，坚定信心、迎难而上、边干边学、优化生产组织，通过对 BARGE 气枪的合理改造、精心维护和保养，使已投产使用了 20 多年的 BARGE 气枪发挥了新活力，在 OML114 项目的施工中顺利生产 16067 气枪炮，圆满完成首个海陆过渡带项目。项目人员从提高服务质量和自身经营效益的角度出发向甲方提出了进一步改进资料质量的合理化建议，将项目最终结算价从签订时的 2293 万美元提高到 2495 万美元，增加收入 202 万美元。阿尔及利亚项目在设备管理上“比精细，强保养”，推行震源设备定期强制保养制度，6 台震源车 6 年无故障运行 1 万小时，经法国 Sercel 仪器装备公司技术服务指导组专家检查后，表示赞赏；于 2002 年投产的老设备 Aries 仪器，在项目施工人员的精细管理下，已在阿尔及利亚项目累计完成生产 283387 炮。

（陈　炎）

【经营管理】　2011 年，物探处按照“精细管理、内涵发展”的要求，以效益评估为先导，以制度落实为保障，以项目管理为重点，不断优化，克服了国内 CPI 持续上升、人民币汇率升值所带来的巨大压力，经营效益再创新高，内涵发展水平不断提升。

物探处做好项目评估和投标工作，不断优化项目资源配置、施工设计和技术措施，科学合理地组织每个项目的生产经营，从根本上保证了项目实施效益；严格执行和落实内控制度，进一步细化和完善内控流程，把关键程序都纳入体系，所有指标都纳入考核，内控能力得到切实加强；严格执行月度资金全面预算制度，切实抓好年度、季度、月度财务预算和经济活动分析，确保了生产经营和开拓市场需要；深入推进全员成本目标管理，围绕项目成本管理这一重点，紧抓“预测、决策、计划、核算、控制、分析、考核、总结”八大环节，形成了“点线面体”的成本控制体系，取得了良好的效果。在集团公司举办的全员成本目标管理经验交流会上，物探处作为唯一物探企业作了专题的经验介绍，并获得集团公司二等奖；按照“塑造中国石化特色管理模式”的总体部署，着力打造具有该处自身特色的管理模式，不断深化了“用工当地化、人才国际化”、“合作共赢”等管理模式，确保海外项目的高效运行；通过各项工作的有效开展，逐步形成了“三超三动”、“四前四定”、“四精四优”等一批基层特色工作法，在项目实施中发挥了提速提质提效的作用；强化设备管理工作，着力在设备现场管理和优化配置上做文章，实现了设备利用率的大幅提升；深入推进了“比学赶帮超”、“改善经营管理建议”、“制度标准化信息化”工作，刷新了5项新纪录，获得油田红旗11面、红星4颗；实施完成改善经营管理建议8项、制度改造31项，“三基”工作得到不断夯实。

（陈　炎）

【HSE管理】　2011年，物探处把HSE管理工作当成“天字号”工程来抓，围绕“五杜绝、一保证”的HSE管理目标，以风险管理为核心，以制度执行为抓手，扎实抓好HSE“天字号”工程，全年地震采集生产累计实现680万安全人力时，获得局环保先进单位荣誉。

深入开展“我要安全”、“查找身边十大隐患”、典型事故案例教育和“三违”图片展览等活动，营造了“我要安全”浓厚氛围。全年累计收到HSE观察卡732张，发现不安全行为2400次，不安全状况1325次，未遂事件6起，推荐安全行为295次；持续开展形式多样的安全教育培训，提高员工安全意识和安全技能，组织涉爆人员、驾驶员等各类岗位安全教育培训33班次、1242课时，培训人员896人次，做到了“我要安全”、“我会安全”、“我能安全”。加大隐患治理和安技措项目的投入力度，安全技术措施计划全部如期完成，本质安全水平得到进一步提升。推行“七想七不干”安全提示卡制度，坚持在地震队实施“两书一表”，促进了HSE管理体系在基层的规范实施；加强安全生产的现场监督和检查，落实异体监督和HSE挂牌考核，重点抓住84#、85#管理，水陆交通管理，承包商、临时用工管理和公共安全管理等关键点，及时纠正各种不安全行为，强化了安全制度的执行力；认真执行安全“三项制度”和“三特”情况下的领导带班制度，层层落实安全责任制，提升了安全生产责任意识。

（陈　炎）

【科技创新】　2011年，物探处围绕油田2011~2012年度勘探部署项目及外部项目，积极开展火成岩干扰的地震采集攻关研究，获得一定成效；开展表层吸收衰减、整体数据质量控制和油田动力干扰压制等多方面的方法研究，进一步提高高精度三维的表层调查精度，提高采集数据质量；深化野外采集质量控制与分析技术的应用研究，不断提升复杂地区特殊施工方法的精

地震气枪船“苏油”号首航　（朱　刚　摄）

度和设计能力；密切关注油田勘探领域接替战场的形势，全面开展技术攻关，大力支持技术创新，积极探索非常规油气勘探技术，形成技术储备，为油田再创十年发展黄金期作出了贡献。同时，开展浅海及海陆过渡带的施工方法、生产组织和生产技术研究，“苏油”号气枪船正常投入生产运营。

（陈　炎）

【“三支队伍”建设】　2011年，物探处以打造石油工程铁军为目标，实施“人才强企”战略，以“人才通道”建设为契机，推进“三支队伍”建设。坚持抓基层、抓基础、抓素质，不断提升队伍的核心竞争力。

党支部工作交流汇报会　（朱　刚　摄）

（1）持续推进队伍的规范化、制度化建设。结合地震生产特点，在队伍休整期间，加强职工的教育培训，开展多种形式的文化体育活动，不断增强职工的集体荣誉感、忠诚度和归属感；推进三支人才队伍建设，进一步优化基层领导班子的年龄结构和知识结构。在地震队班子中全面实施党政正职交叉任职计划。同时，大力强化队伍文化建设，用“事事领先一步、层层追求优秀”的企业文化、“国际化江苏油田物探”的发展目标引领和激励职工，大力弘扬埋头苦干、团结奋进的精神，大力推进“大漠雄鹰”、“水乡蛟龙”、“丛林先锋”等

一批品牌队伍建设，大力构建攻坚啃硬、敢打敢拼的"尖兵"团队，不断扩大"江苏油田物探"的品牌影响力，进一步增强了队伍的凝聚力和战斗力，队伍士气高昂，"尖兵"精神充分展现：在金西三维项目施工中，面对油田第一个全覆盖县城的三维项目，承担施工的2180队针对"攻城、攻坚、攻关"的巨大挑战和困难，迎难而上，优化施工，科学组织，精细管理，圆满完成了施工任务，受到了局领导的高度赞誉；尼日利亚OML114项目施工的高质量、高效率受到了甲方MoniPulo公司非常高的评价，并意向将他们另一个区块OML231的采集合同授标。队伍建设的成果有效促进了项目成功实施，创树了江苏物探品牌，为进一步扩大市场空间奠定了坚实的基础。

优化人才队伍培养。扎实推进重点人才、关键岗位、全员素质三大培训工程。组织选派5人参加集团公司国际化经营管理人才培训班学习，选派29人次参加油田优秀年轻干部培训班、科级干部培训班和基层党支部书记培训班学习，外送培训人员48人次，提升经营管理人员的综合水平。推进青年专业技术人才培养"导师制"工作，开展专业技术序列主任师职位竞聘工作，初步建立考核评价和动态管理制度。建立健全高技能人才库和海外人才储备库，认真组织做好基本功训练、职业技能鉴定、高技能人才评价等工作，承办了油田第十二届职业技能大赛测量工、勘探工比赛，全年组织各类培训班88班次，培训人员1340人次，3人被授予技师资格，1人获得高级技师资格，1人被授予技能大师，高技能人才比例得到了进一步提高。

（陈　炎）

【和谐物探建设】 2011年，物探处坚持围绕中心、服务大局，充分发挥党组织战斗堡垒作用和党员先锋模范作用，努力把政治优势转化为竞争优势和发展优势。围绕和谐物探建设，针对职工的所想、所盼、所求，不断创新和改进党建思想政治工作方法，全面开展"为民服务创先争优"活动，认真落实党建联系点、民情联系点、安全承包点和生活联系点制度，畅通民主渠道，融洽党群、干群关系。

建党90周年系列活动　（朱　刚　摄）

按照"带着责任做工作，带着感情做工作，带着方法做工作"的要求，做好各项民生工作。圆满完成了507名劳动家属的参保工作，帮助广大职工家属实现了"老有所养"愿望；薪酬分配制度、人才成长通道建设、基地改造等与职工生产生活密切相关的工作顺利实施；同时还启动了公道基地项目。

大力加强党风廉政建设，强化党员干部的党性修养，自觉接受群众监督，严格执行党风廉政责任制，积极推行党务公开，全面推进业务公开，营造了风清气正、干事创业的良好氛围。充分发挥工会、共青团、女职委等群众组织的作用，结合实际，深入开展了各种形式、各个层面的劳动立功竞赛，广泛开展了"工人先锋号"、"青年文明号"、"巾帼文明示范岗"等创建活动，充分调动了职工群众的积极性、主动性和创造性。广大干部职工、离退休老同志和家属关心、关注、支持物探处发展的氛围进一步浓厚，呈现了和谐发展的良好局面。

（陈　炎）

物探处2007～2011年度主要生产任务和经济指标完成情况统计表

指标名称 \ 年度	2011	2010	2009	2008	2007
二维地震测线（千米）	4084.66	3211.79	3247.97	700	482.78
三维地震测线（平方千米）	776.79	816.58	562.61	235.61	516
上缴盈余（万元）	752	626	1200	0	400
基本建设投资总额（万元）	6046.16	4960.34	8589.7	8172.05	3323
野外采集合格品率（%）	100	99.996	100	100	100
设备综合管理合格率（%）	96.5	96.6	96.5	96	96

（陈　炎）

钻 井 处

【钻井处概况】 江苏石油勘探局钻井处(简称钻井处)成立于1975年,位于扬州市江都区邵伯镇,主要承担江苏油田石油勘探开发所需的钻前工程、钻井工程、钻井液工程及固井工程的施工任务,同时为国际、国内各油公司(油田)的石油天然气勘探开发提供钻(修)井、固井、钻井液、定向井等相关技术服务。

钻井处实行处(机关)、基层队(站)二级管理体制。机关设14科室5部3中心及2个附属单位,基层单位包括38支钻(修)井队和10个后勤单位。钻井队伍中有5个金牌队、3个银牌队;具有国际资质8个,甲级队资质7个,乙级队资质11个,达标队4个;技术服务队伍中有1个金牌队。截至2011年底,员工总人数3109人,平均年龄36岁;其中管理及专业技术人员585人(教授级高级工程师2人,高级职称76人,中级职称204人),岗位操作人员2524人(油田技能大师3人,高级技师25人,技师130人)。

(罗云东)

【设备状况】 该处有固定资产原值12.06亿元,净值7.86亿元,新度系数0.65。现有钻机43部,其中江苏境内24部(大庆型钻机7部、大庆型改造钻机1部、30DB钻机1部、30LDB钻机3部、40L钻机3部、40LDB钻机5部、"45"钻机1部、50LDB钻机3部)、新疆4部(70L钻机3部、70D钻机1部)、海南2部(40L钻机、50L钻机各1部)、阿尔及利亚1部(70D钻机)、叙利亚3部(50D钻机2部、40LDB钻机1部)、也门9部(40L钻机、50LDB钻机、70D钻机各1部,50D钻机2部,车载钻机4部)。PTD-500AC顶驱4套;FEWD测量系统1套,LWD测量系统2套,MWD测量系统10套;100-30水泥车6台,40-17水泥车10台,哈里伯顿水泥车1台,灰罐车16台。

(罗云东)

【主要经济技术指标完成情况】 2011年,钻井处紧紧围绕全年任务目标,深入开展"为民服务创先争优"、"三谈三反一提高"大反思和"比学赶帮超"活动,精诚团结,砥砺进取,克服年初低温多雨、年中高温洪涝带来的诸多困难,经受住公共安全危机、海外市场萎缩带来的严峻考验,圆满完成了全年各项工作任务。全年内外部市场累计开钻279口,完井276口,修井65口,进尺69.76万米,同比增加2.75万米;实现主营业务收入15.64亿元,同比增长11.08%;共刷新17项油田钻井纪录。

详见钻井处2007~2011年主要生产任务和经济技术指标完成情况统计表。

(罗云东)

【内部市场】 该处以服务好油田勘探开发为己任,以"三个超前、三个不等、三个当天"为目标,围绕真富产能建设项目等油田重点工程,克服高温洪涝、低温多雨、人员紧张等困难,精细生产组织,优化钻机运行,全力保障了油田探井、评价井和产能建设项目施工进度;持续改进和完善生产组织,认真开展"比、树、争"劳动竞赛活动和提速提质提效工作,依靠管理提速、安全提速、科技提速、团结协作提速的方针,确保了内部市场月月超额完成计划,有11个月进尺超过3.5万米。全年内部市场共开钻179口,完井172口,进尺44.11万米;在老区调整井增多、施工难度加大、整拖井减少的情况下,同比增加0.4万米;搬迁安装速度进一步加快,钻井周期同比缩短16小时;全处共有6支钻井队年进尺超过3万米,9支钻井队超过2万米。

(罗云东)

【外部市场】 2011年,该处针对中东北非政局动荡,并给海外市场造成巨大冲击的形势,统筹整合市场资源,及时组织回国人员成立4支钻井队进入油田内部及周边市场施工,既保证了海外员工人身安全,又最大限度地弥补了损失、稳定了队伍。全年外部市场累计开钻100口,完井106口,进尺25.64万米;新签合同总额6.45亿元,实现营业收入5.98亿元,同比增长5.84%。国外市场:也门由于公共安全形势持续恶化,全体员工在接到上级撤离指令后有序开展紧急处置、撤离人员、财产保全等工作,于6月11日人员全部撤回;叙利亚钻井项目在立足于服务OPC公司的同时,拓展新市场,成为道达尔和LOON公司的合作伙伴;在该国10月发生恐怖袭击事件后,中方迅速撤离人员,规避了公共安全风险。域外市场:新疆项目全年完成进尺5.79万米,2支井队先后3次获得西北油田分公司"红旗钻井队"称号,70733JS钻井队在TH10122井刷新塔河油田直径250.88毫米井眼单只PDC钻头进尺3605米的最高纪录;70835JS钻井队施工的TP12井获得集团公司"重大油气发现奖"。海南项目全年完成进尺4.48万米,电测成功率100%,均创历史新高;平均机械钻速7.9米/时,同比提高19.16%,共创下6项福山油田钻井纪录。盐井项目在与多个甲方保持良好合作的同时,全年又新增2个甲方,年完成进尺6.37万米;浙江项目全年共开钻7口,完井9口,进尺2.11万米。

(罗云东)

【安全环保】 以开展“三谈三反一提高”大反思活动为抓手,强化“学习标准、执行标准,强化培训、严格监督,强化管理、严格考核”的安全理念,重点改进在安全理念、安全意识、教育培训、受控管理上的薄弱环节和缺陷,在全处上下形成了自我诊断、完善提升的反思理念和工作习惯;加强HSE管理体系建设,完善了QHSE管理程序、岗位作业指导书、突发事件应急预案及员工安全手册,促进了生产流程的规范控制;推行“HSE观察卡”和“七想七不干安全提示卡”制度,明确9项处级、65项生产辅助单位领导带班作业内容,试行HSE监督派出制,全年开展值查夜查219次、巡查督察153次、专项检查11次、场查路查139次,查改问题5570个;狠抓隐患治理,投入153万元落实安全技术措施项目10项,使井场电路改造、防爆改造等隐患治理项目顺利完成,进一步提高了本质安全水平;注重员工身心健康和环境保护,开展职业健康监护和有毒有害岗位监测工作,安排全处3015名员工进行健康体检;认真落实清洁生产工艺,在生产现场推广生活污水处理装置,钻井处整体通过集团公司清洁生产验收。

(罗云东)

【技术管理】 按照“推广应用一批,攻关研究一批,储备引进一批”的思路,充分发挥科技支撑和引领作用,提速提质提效工作成效显著。油田内部在中深井增多的情况下,机械钻速8.88米/时,同比提高3.62%;全年共有19口井实现“五个一、三个二、三个三”工程目标,同比增加6口井;真武、沙埝区块在防碰绕障难度加大的情况下,机械钻速同比提高20.17%和13.37%;采用全井连续导向钻进技术施工35口井,平均机械钻速13.25米/时。水平井、水平连通井钻井技术进一步提升,全年完成水平井53口,实施了江苏油田首口低渗致密砂岩长水平段水平井——桥7平1井;应用RMRS电磁波测距技术完成7对水平连通井,均实现无溶腔一次性精确对接。深井、超深井钻井技术迈上新台阶,全年完成超深井4口、深井5口、中深井66口,顺利完成了江苏油田第一口超深开窗侧钻短半径水平井——TH12328CH井。科研攻关成果丰硕,获得局科技进步奖4项、工程技术奖4项,“一种页岩膨胀测试仪”等4个创新成果获得国家专利,其研发的胺基钻井液和泥包快速解除剂,在富安1-1、邵X20等井应用中取得了较好的效果;水力脉冲空化射流钻井技术在富71-4等4口井中应用,机械钻速平均提高14.61%;膨胀波纹管封隔技术在台X17、沙20-70井成功运用,为处理井下复杂增添了利器。

(罗云东)

【经营管理】 实施全员绩效考核,制定了《钻井处组织绩效考核实施细则》,形成了上下联动的责任保证体系;注重个人绩效考核,在内部市场设立井队领导单井兑现个人账户,实施“盈亏账户”管理,促进了个人绩效的提升;加强过程控制,推行单井成本预算管理,坚持跟踪分析效益指标,促进了各项指标受控运行;严格考核兑现,缩短考核周期,加强指标对接,提高了干部员工先算账、勤算账、细算账的意识;强化财务管理和过程监督,推进全员成本目标管理、全面预算管理、资金集中管理和会计集中核算工作,进一步完善《钻井处内部控制实施细则》,开展基建项目效能监察及“回头看”工作,降低了经营风险。

(罗云东)

【基础工作】 深化“比学赶帮超”活动,建立对标、追标、创标的运行机制,组织召开“五型班组建设观摩会”和“特色管理经验交流会”,促进了现场管理水平的提升,钻井处被集团公司评为油田存续企业工程单位达标竞赛优胜单位;坚持开展QHSE月度检查考核工作,实行外部项目QHSE检查常态化,加大对重复问题的考核力度,全年开展QHSE月度检查401队次,查改问题4416个,协助基层单位解决问题226个;扎实开展制度标准化信息化改造和改善经营管理建议工作,共梳理制度190项、改造制度58项,收集改善经营管理提案138项,有8项油田级提案、4项处级提案已立项实施;强化节能降耗,加大网电装置的应用力度,探索使用太阳能、天然气等清洁能源,进一步改善能耗结构,全处万元产值综合能耗0.37吨标煤,同比降低13.35%。

(罗云东)

【队伍建设】 树立科学的人才观,强化教育培训、实践锻炼和激励考核等工作,使“三支队伍”建设得到切实加强。抓全员培训工作,开展每月一讲12期、基层领导、科室长培训3期,培训干部870人次;对“导师制”工作进行量化考核,提高了专业技术人员业务水平;深化“岗位技校”的创建工作,开展职工轮训和季度巡考,组织并承办了钻井处、油田以及集团公司3个层面的职业技能竞赛,为发现人才、培养人才搭建了平台,在集团公司钻井液技能竞赛中,钻井处获得两金一银、团体第一的优异成绩。抓激励机制创新,深化干部人事制度改革,推行民主推荐科级干部做法,对部分岗位人员试行公开竞聘、竞争上岗,加大优秀生产骨干见习基层副职的选拔力度,全年调整交流干部87人次、挂职锻炼100人次,对44名井队正职进行了星级评比考核。抓用工效率管理,开展“三定”工作,强化用工总量管理基础,促进了岗位人员的优化配置,提高了组织运行效能;规范新员工的管理,创新入厂安全教育模式,对105名新员工进行了“必知必会”和“应知应会”培训;强化持证上岗工作,改进服务方式,建立预警机制,全处持证符合率100%。

(罗云东)

【精神文明建设】 深入开展“为民服务创先争优”活动，突出活动主题。(1)将活动同深化活力党建相结合，引导各级党组织和党员争创“四优”、争做“四强”，促进了政治核心作用、战斗堡垒作用和先锋模范作用的发挥。(2)与建党90周年庆祝活动相结合，开展“忆传统、唱红歌、学先进、当表率”系列活动，有效激发了干部员工埋头苦干、团结奋进的热情。加强和改进党建工作，按照建设“四好”班子的要求，加强形势任务教育，分层分类开展业务技能培训，提高了各级干部履职争先、攻坚破难的能力；强化干部作风转变，组织机关干部深入基层、深入员工中开展大调研，充分发挥了带头作用和服务职能；加强党风廉政建设和普法工作，定期开展学法测试，组织预防职务犯罪警示教育，提高了各级干部的法制观念和拒腐防变能力。(3)深化厂务公开、民主管理工作，落实年休、轮休、疗养等制度，保障了员工合法权益；发挥工会、共青团、女职委等组织作用，开展排球赛、青年演讲比赛等活动，调动了员工群众投身钻井事业的积极性；深化文明和谐示范小区创建工作，抓好“两堂两室”建设和公寓改造，建成盐井项目生活基地，生产生活条件明显改善；积极稳妥地做好薪酬结构调整、用工结构调整和家属参保工作，组织“亲情之旅”进新疆、赴海南，开展困难帮扶、走访慰问等活动，全年共发放帮扶金、慰问金43万余元，进一步巩固了和谐稳定的局面。2011年，钻井处首次获得“江苏省文明单位”称号。

庆祝建党90周年系列活动　（王继东　摄）

（罗云东）

钻井处2007～2011年度主要生产任务和经济技术指标完成情况统计表

指标名称＼年度	2011	2010	2009	2008	2007
完井（口）	278	264	217	195	177
钻井进尺（米）	697566	670017	552549	511859	459660
全员劳动生产率（米/人）	224	216	186	185	179
机械钻速（米/时）	8.21	7.69	7.60	7.11	7.28
井身质量合格率（%）	100	100	100	100	100
固井质量合格率（%）	100	100	100	100	100
钻井生产时效（%）	96.29	97.01	94.28	93.95	93.67
事故损失时效（%）	0.42	0.32	1.76	0.89	0.98
千人死亡率（‰）	0.3	0	0	0	0
设备完好率（%）	98.48	98.67	98.20	98.10	98.91
设备综合管理合格率（%）	95	95.50	95.60	95	95.50
钻井总成本（亿元）	15.64	13.67	12.66	11.91	10.26

（罗云东）

地质测井处

【地测处概况】 江苏石油勘探局地质测井处（简称地测处）位于扬州市老虎山路22号，是集录井、测井、射孔、井壁取芯、资料解释为一体的测录研综合井筒技术服务单位。截至2011年底，全处共有员工980余人，各类专业技术人员239人，其中教授级高工3人，高级职称66人，中级职称150人。全处有录井小队36支，裸眼井测井队14支，套管井测井队5支，数控射孔队7支，有63支基层队获得了中石化队伍番号，其中集团公司金牌队4支，银牌队5支；有36支录井、裸眼井测井、套管井测井、射孔队分别取得中石化油田工程技术服务队伍甲、乙级装备资质。全处有测录井仪器设备45台(套)，下井仪器50多个系列600多只。在用主要装备有5700成像测井系统4套、SDZ-3000快速测井平台8套、进口组装综合录井仪16套、CS400C套管井测井系统1套及SUNE6500工作站等先进设备等，设备新度系数为0.69。

（李继春）

【生产经营情况】 2011年，地测处高唱“埋头苦干创精细管理之先，团结奋进争内涵发展之优”主旋律，全面完成了各项生产经营任务。全年共完成地质录井、综合录井340口，裸眼井完井测井352口，取芯217井次，射孔748井次，各类套管井测井821井次，合计解释验收各类资料324井次，工作量与2010年相比稳中有升。全年共实现劳务收入28635.14万元，比2010年增长4.15%。

详见地测处2007～2011年度生产任务完成情况统计表。

（李继春）

【域内市场新贡献】 全处员工紧紧围绕真富、高杨产能建设会战，努力提速提质提效，有力地推动了油田的产能建设和勘探开发，为油田发展作出了积极贡献。全年地质录井共捕获富安X1-1、台14-1等17个含油气断块，发现油气显示3887层22634.17米，同比增加272层1362.75米。有27口井建议提前完钻，合计节约钻井进尺1887米；有6口井建议加深钻探，合计加深508米，其中许X33井、富83-7井在加深井段中共发现油气显示25层81.19米。裸眼井测井解释发现油层、气层共793层7235米，发现油水同层、油气同层共364层2745.4米，与2010年相比，合计增加了1599.5米。

（李继春）

【域外市场新步伐】 继续优化市场格局，优选服务项目，降低市场风险，保证资金安全。在客户方面，主要以浙江油田、延长油田股份公司等资信度较高的企业为主。在服务项目方面，由传统的常规测井、射孔向技术含量和附加值高的项目延伸，全年的水平井测井、四十臂井径测井、资料解释等项目，均比以往有较大幅度的增长。在陕北市场，5700测井仪等新装备所创劳务收入已超过了常规测井项目，达到总劳务收入的54%。2011年，域外市场共完成地质录井47口，数控测井444井次，变密度测井467井次，陀螺测井、四十臂井径等其他测井项目65井次，射孔381井次，测井资料解释700余口，增幅明显。

（李继春）

【海外市场新希望】 叙利亚项目由于受当地政局的影响，于10月暂时停工，全年海外共完成5700仪器测井在内的各类测井202井次，射孔13井次，各类资料解释55口。尼日尔录井项目于5月复工，继续履行3+2合同。12月，地测处在泰国测井项目竞标中以第一名的成绩中标，首次挺进东南亚测井市场。此外，该处还一直努力寻求海外市场更大的发展，9月，派员赴乍得考察测录井项目；9月下旬，参与了全球四大石油化工企业之一的道达尔公司组织的服务商资格预审，同时积极跟踪也门、阿尔及利亚、阿根廷等国家的市场信息，进一步寻找新的商机。

（李继春）

【基础工作】 深入开展“比学赶帮超”活动，通过修订完善一线小队的“比学赶帮超”指标完成表，对服务油田内部的测录井小队实行常态化管理和动态化考评，有效地提高了一线小队的基础工作水平，全年有10个小队在油田季度“比学赶帮超”评比中被评为先进基层队。扎实加强制度建设，按照集团公司和油田关于制度标准化、信息化的部署，累计改造各类制度121个，有力地促进了制度的标准化和规范化建设。积极加强合同管理，推广与应用标准文本，完善与规范控制流程，细化与明确合同审批职责，使合同签订和执行的风险进一步降低。积极优化定额结算工作，与相关单位就EFET测井、PLS快速录井、盐井测录井定额达成了共识，维护了自身的合法权益。

季度综合大检查　（李继春　摄）

（李继春）

【财务管理】 会计集中核算系统正式运行，成立核算机构，优化核算流程，规范核算程序，搭建信息平台，实现了会计集中核算体系的单轨运行。全面预算管理工作得到强化,定期进行指标的分解与完成情况的差异分析,增强了预算的准确性、适用性、约束性和科学性。全员成本目标管理持续加强,进一步完善和建立了统一、规范、科学的成本管理体系、业务流程和考核办法,建立起了全员、全过程、全方位的成本目标控制体系。资产清查工作取得实效,全年共清查实物资产 937 项,进一步核实了实物资产信息,做到了账实相符。

(李继春)

【HSE 管理】 不断推进“我要安全”系列活动,广泛发动和组织员工积极开展“七想七不干”和查找身边的“十大薄弱环节”等活动,有效地增强了员工的安全意识和安全责任。积极组织基层单位按月开展隐患自检自查活动,全年共查出并整改各类隐患 103 项,进一步提高了安全生产系数。强化境外安全管理,针对海外项目所在地区的政治动荡局面,及时制定了相应的应急预案并有序实施,保证了海外人员和资产的安全。危险品保管更加规范,位于永安农场的新建射孔器材库于 7 月正式投入使用,放射源也于同时安全地迁回了真武源库,困扰多年的放射源与火工品同库存放的隐患得到根治。

(李继春)

【科研与技术】 在科研领域,由地测处承担的“岩样核磁共振分析及测录井评价技术综合应用研究”等两个集团公司科研项目,先后在京通过验收和鉴定;“高邮凹陷薄层储层测井评价方法研究”等 5 项成果分别获 2011 年度局科技进步二、三等奖;全年申报集团公司工程技术先导和应用项目 2 项;申报局级项目 7 项,处级项目 19 项。在应用技术领域,采用多级增压起爆技术,在真 95 井的大跨度夹层射孔作业中,一次性射开 6 个分段油层,创下了油田射孔多级起爆新纪录;在煤气田射孔中成功运用浅井复合射孔联作技术,开创了地测处浅井复合射孔测试联作施工的先河;在永 25 平 1 井,采用水力驱动法首次完成了 PNN、PND 和钆中子组合测井,为水平井剩余油的解释与评价提供了有效途径。

(李继春)

精心做好油气发现工作 (李继春 摄)

【油气发现能力】 地测处强调用提升自身实力和油气发现能力赢得市场的肯定。在自身实力提升方面,复合射孔马笼头改造成功,解决了复合射孔瞬间产生巨大冲击力对设备的影响;积极引进示踪流量测井方法,有效地提高了测井成功率;加大了爬行器的应用力度,测井时效显著提高;应用 PLS 录井仪,在真 11 - 7 井取得了良好效果,为地质录井在 PDC 钻头钻井过程中准确发现油气层提供了有效手段。在服务油田勘探开发方面,针对以往同位素粘污影响测井质量的难题,研制成功新型同位素,有效地提高了测井成效;针对水淹层评价难题,采取地化及定量荧光分析与测井解释相结合的方式,较好地完成了韦 5 - 42、杨 50 等重点井的取样和分析,为准确评价水淹层提供了新的视角与评价手段;通过钻时放大法和加密岩样录取分析等方法,在评价井富安 1 - 1 井发现油气显示 8 层 53.2 米,是继许 X33 井后的又一重大发现。

(李继春)

【技能人才队伍建设】 通过组织开展规模不一、形式多样的培训工作,不断扩大技能人才的数量和提高质量。由局组织部主办,地测处承办的“江苏油田 2011 年测井技术培训班”,组织学员系统学习了 5700 测井技术、复杂砂岩储层测井评价等测录井知识,取得了较好效果;以参加局技能竞赛为契机,选拔了测井、录井、射孔取芯等专业的 30 余名技术骨干进行赛前集训,努力提高他们的理论水平和操作技能,为今后更好地开展工作奠定了基础;开展了全处性的“三学习三提高”活动,激发了员工的学习热情,有效地提升了员工的工作技能。2011 年,共有 10 人被油田聘为技师,有 2 人被聘为高级技师。

(李继春)

【劳务工队伍建设】 积极推进劳务工用工结构调整,相继出台了劳务工岗位变动和班组长选拔规定,为劳务工成长成才搭建了平台,全年又有 5 名劳务工达到用工结构调整条件,及时为他们办理了转正申报手续。制定了劳务工的奖金发放额度与办法,从劳务工的实际出发,对劳务工奖金采取“先预支,后考核兑现”的办法,按照相应的比例和规定给劳务工发放了奖金。与长江大学合作办班,专门组织 20 名劳务工脱产参加测井专业培训班,对他们进行了为期 3 个多月的测井技术强化培训。通过这一系列的举措,使劳务工队伍技术水平不断提升，劳务工工作热情不断高涨。2011 年，全处共有 19 名劳务工参加了油田技能大赛，其中 2 人获得第一名，被聘为工人技师，有 4 人分获二、三名。

（李继春）

【活力党建】 广泛开展庆祝建党 90 周年系列活动，积极推进“为民服务创先争优”、党员自主承诺等工作，着力打造“标杆党支部、标杆科室、标杆党员”，激发党组织活力，激励党员做表率、鼓舞职工群众建功立业；开展了“领导带头讲党课”活动，加强理论教育，交流工作经验，使得党建和思想政治工作的针对性和实效性在相互借鉴与交融中得到了提高；加强党风廉政建设，举办了“加强自身修养，提高拒腐防变能力”专题党课，组织了以“敬廉崇洁，诚信做人”为主题的廉政板报展，对于坚定党员的理想信念，端正干部的工作、生活态度起到了较好的促进作用；在广大员工中开展了庆祝建党 90 周年红歌训练和比赛活动，进一步增强了员工对党的热爱之情，增强了党员为党旗增辉的决心，在油田庆祝中国共产党成立 90 周年“永远跟党走”歌咏比赛中，地测处夺得扬州赛区金奖。2011 年，有 1 个党支部被评为局级先进党支部，3 名党员分别被评为局优秀党支部书记和局优秀共产党员。另有 7 个党支部、54 名党员分别被评为处级先进党支部、优秀党支部书记和优秀共产党员。

（李继春）

【“家文化”活动】 在全年各类节日期间，地测处慰问困难户、军属、坚守岗位的员工共计 570 余人次。加大对特困人员的关注力度，有针对性地加大帮扶力度，建立了 13 名特困职工档案和 36 户困难职工资料，先后为 5 名职工办理大病救助手续，对 6 名家庭困难的员工子女给予生活资助，组织员工为困难职工捐款 43160 元。顺利完成了劳动家属参保、基本养老金调整等工作，将组织的关怀传送到职工家属的心中。开展以“学习郭明义、争做新雷锋”为主题的青年志愿者系列活动，组织志愿者走进石油新村、扬州市社会福利院等地进行无偿服务，展现了地测处员工良好的精神风貌。为了丰富员工的业余文化生活，处先后组织了元宵节游园、掼蛋比赛、男女混合排球赛等，上述活动较好地营造了“家”的氛围，有力地推进了和谐地测建设。

（李继春）

【劳动竞赛】 深入开展“一杯四星”竞赛活动，全处共涌现“发现之星、服务之星、安全之星、和谐之星”85 名。全年共有 11 个集体和 4 名个人荣立局二等功，有 63 个集体荣立三等功，地测处 2 次获得局流动红旗。在群众性创新创效活动中，全年共申报技术创新创效课题 25 个，职工合理化建议 30 多条，为地测处的生产经营和市场开拓起到了一定的促进作用。引领青年岗位建功，着力激发青年服务油田建设、服务地测发展的热情和干劲，全年共有 2 个集体分别荣获高杨、真富会战“优秀青年突击队”称号，4 名青工荣获“优秀青年突击手”称号，2 人被评为油田 2011 年度“青年岗位能手”。

（李继春）

地测处 2007～2011 年度生产任务和经济指标完成情况统计表

指标名称＼年度	2011	2010	2009	2008	2007
地质录井（口）	312	313	293	321	274
气测录井（口）	80	58	42	55	72
裸眼井测井（井次）	352	351	339	307	286
生产测井（井次）	821	776	703	498	535
射孔（井次）	748	573	556	636	602
取芯（井次）	217	213	211	230	201

（李继春）

安徽石油勘探开发公司

【安徽公司概况】 安徽石油勘探开发公司（简称安徽公司）位于安徽省合肥市。其生产、生活基地分布在安徽省合肥市、肥东县（撮镇）、天长市、汊涧等地。它是一个以钻井工程为主要生产手段的综合性公司，经营与服务范围包括钻井生产、机械加工修理、物业管理、社会保险、离退休职工管理等多项内容。公司机关设

15 个职能科室和 12 个附属单位；设下属单位 5 个，基层队站 21 个。在 11 支钻井生产队伍中，具有甲级队资质 3 个，乙级队资质 7 个，临时资质队 1 个，钻前、定向、钻井液等钻井服务队伍具备施工资质。截至 2011 年底，公司在册职工 873 人，其中女职工 221 人。干部总数 317 人，具有大专以上文化程度 233 人，工程专业技术干部 71 人。在各类技术干部中，有高级职称任职资格的 48 人，中级 95 人，初级 128 人。全公司有党员 677 人（离退休党员 304 人）。所管理的离退休职工 827 人。截至 2011 年底，公司拥有固定资产原值 38307 万元，净值 27755 万元。有大型钻机 11 台，主要生产设备 398 台（套），设备完好率 97.8%。

历年累计完成钻井 1211 口，总进尺 251.2 万米，其中：1999 年 12 月新组建安徽公司后累计完成钻井 991 口，进尺 207.2 万米。

（孙秀琴）

【域内生产任务和考核指标完成情况】 2011 年，安徽公司继续坚持以服务上产为己任，围绕高杨等油田重点产能建设项目，综合运用安全快速钻井技术，落实提速提质提效措施，精准组织生产、精心钻井施工，全年域内共完成钻井 112 开 111 完，进尺 22.73 万米，超额完成油田下达的 21.5 万米任务指标，其中高杨重点产能建设项目累计完成钻井 62 口，进尺 11.6 万米，并在该区块创机械钻速最高、钻井周期最短、水平井泥浆成本最低、位垂比最大等施工纪录，为高杨会战作出了应有贡献。圆满完成勘探局下达的利润指标；投资规模控制在计划范围内；投资计划执行率 100%；财务管理达标率 100%；钻井工程效率指标完成率 100%；钻机运转时率 82.69%，与计划指标相比提高 7.69 个百分点；科技外协审批合格率 100%；用工效率 208.6 米进尺/（人·年），超计划指标 11.6 米进尺/（人·年）；合同管理规范率 100%；物资供应综合管理达标率 96.5%；综合能耗 0.33 吨标煤；钻井完成井合格率 100%；季季安全生产挂红牌，精神文明建设、社会综合治理、计划生育、环境保护、科技进步等局专项考核指标均达标。

详见安徽公司 2007～2011 年生产任务和经济指标完成情况统计表。

（孙秀琴）

【域外市场】 2011 年，安徽公司域外 3 支钻井队以效益为目标，充分挖掘施工潜力，超前考虑，周密安排，确保域外生产任务的完成，全年域外共完成钻井 15 开 17 完，进尺 4.9 万米，同比增长 17.8%，其中华东局项目完成钻井 8 开 9 完（水平井 3 口），进尺 2.14 万米；长庆油田项目全年完成钻井 7 开 8 完（水平井 5 口），钻井进尺 2.79 万米，自 2007 年进入内蒙古苏里格气田施工以来，安徽公司实施绿色钻井，不断强化职工环保意识，在钻井施工中，认真执行设计要求，采用节能钻井工艺，较好地保护了大漠的生态环境，累计钻井进尺 16 万米，未发生一起环保事故。

（孙秀琴）

【海外项目】 2011 年，安徽公司抓住机遇，积极备战厄瓜多尔项目。按照项目投标要求，挤出资金，对 70D 钻机整体运移装置、变频变压装置、钻井仪表仪器、固控设备和生活营地设备等进行改造和配套，完成了钻机的 4G 认证工作。同时在人员培训、组织机构上做好了项目实施的准备。目前，该项目钻机设备已到达厄瓜多尔，相关人员正在进行搬迁安装工作，其他开钻前各项准备工作正在加紧进行。厄瓜多尔项目的实施，是公司迈出了走向海外市场的第一步，实现了多年来“走出去”发展战略的夙愿。

（孙秀琴）

【组织机构】 2011 年，安徽公司优化组织结构，实施机关工作重心前移，减少中间环节，使生产组织和经营

重心前移生产一线　（蒋如高　摄）

管理直接面向基层队站；分离技术服务与管理职能，成立技术监督中心，加强工程技术监督与管理；建立安全监督制，成立 HSE 监督站，加强 HSE 监督管理；加强外部市场管理力量，进一步明确职能和责任，完善外部市场管理机制。

（孙秀琴）

【基础工作】 2011 年，安徽公司强化精细管理，提升管理水平。（1）深化“达标创优”工作，推进精细管理。抓好基层队站 QHSE 管理及月度检查考核，围绕“零伤害、零钻具事故、零相碰、零起套管、零电测遇阻、零井喷失控、零卡钻、零落物事故”的“八个零”目标开展技术管理工作，将技术管理与“比学赶帮超”和“达标创优”活动结合起来，每月进行评比挂牌并与月度考核结合起来。全年 3 支钻井队实现“八个零”，6 支钻井队实

现“七个零”。开展基层队站“三个一”评比活动，推进“建标、对标、追标、创标”活动，促进“达标创优”由活动驱动型向机制驱动型转变。(2)深化财务精细管理。实行预算新模式，推行预算目标管理；管好单项成本费用，实现成本指标受控运行。(3)加强绩效考核，促进机制转变。调整内部经营责任制，建立了直接面向基层队站的考核机制：制定一体化的《公司基层QHSE管理及文明队站建设考核细则》，实行对基层队站直接考核；坚持由公司领导带队，实行月度考核兑现制度。(4)开展管理标准化和信息化工作。推进公司信息化建设，整合规范工作流程和制度，实现规章制度、工作流程、管理行为的一体化；开发网络视频会议、网上收发文、网上审批等现代化“网上办公”管理手段，为提高工作效率和科学管理提供信息平台。

（孙秀琴）

【新技术推广应用】 2011年，安徽公司继续加强新技术新工艺的运用。(1)运用“四合一”钻井集成技术，优化随钻轨迹，优选高效PDC钻头，优化钻具组合和泥浆体系，提高钻井速度，钻井技术指标不断取得新突破。由30157队施工高11－17井，以8天5小时完成钻井2096米，创该区块最短钻井周期纪录，同时以5515.79米/台创高集地区最快钻机月速度纪录；30201队创造了单队单机完成年进尺4万米的公司新纪录，并实现“八个零”目标。(2)提升了防碰绕障技术。在域内的施工井中，有55%存在防碰问题，其中防碰距离在15米以下的有70余井次，结果未发生井眼相碰事故。(3)加强新技术新工艺的运用，组织攻关海安地区丛式水平井、苏里格气田小井眼长水平段水平井技术，使内蒙项目大位移长水平段水平井施工水平不断提高，钻井周期从100多天缩短到60多天。(4)成功实施了大井眼定向、大位移、大位垂比高难度定向井。(5)推广环保型乳化石蜡钻井液技术，攻关大位移井钻井液技术，实施水平井钻井液重复利用技术，在苏里格气田成功应用复合盐无土相钻井液技术，钻井液技术取得新进步。(6)完善老区施工井完井技术，提高了完井作业技术。(7)加强特殊井技术攻关，提升了天然气井钻井技术。(8)在5口水平井中成功应用英国进口LWD仪，初步掌握了随钻地质导向测量技术，积累了LWD仪使用维护的经验。

（孙秀琴）

【安全环保】 2011年，公司继续强化深化“我要安全”主题活动，在全公司范围内开展“8·19”质量安全警示日活动，召开了“8·19”质量安全警示日座谈会，举办《钻井安全知识及典型案例分析》、《钻井大绳安全使用》等专题讲座。全面推行领导干部带班和大型联合作业监督制度，进一步强化关键装置、要害部位的现场

油田开展钻井设备大检查 （许平玲 摄）

监管。严格落实“三特”领导带班制度，全年领导带班工作73次。落实领导HSE管理责任，全年共开展安全承包点检查300次，查改问题951个，提出改进措施936条。建立安全监督制，聘任安全副总监，成立HSE监督站，选聘6人担任基层安全监督员。强化环境风险防控工作，加强对污染源的日常监测和应急监测，全年完成噪声源监测18点次，环境监督频次达到集团公司环境监测条例要求。对完井后泥浆池进行固化处理，确保排放废弃物达到国家规定标准，消除可能因环境污染造成的赔偿问题。规范钻井队井口方井，及时回收废弃泥浆，提高井架底座下的标准化管理水平。坚持清洁生产审核与节能减排、设备更新、精细管理的有机结合，广泛推广钻井新技术新工艺，在水平井中运用石蜡乳液替代原油，回收水平井泥浆重复利用，全过程控制污染和降低能耗物耗。持续开展清洁生产，有4支钻井队已通过油田清洁生产现场验收和审核报告验收。

（孙秀琴）

【天长科研生产基地启用】 2011年9月28日，油田在天长科研生产基地举行落成典礼。油田领导朱平、李东海、毛凤鸣、陈网根、钟志国、李浩及天长市地方政府相关人员出席典礼。局党委书记李东海主持典礼，局长、分公司总经理朱平发表讲话并为基地落成揭牌。天长科研生产基地工程是改善基层生产和科研重点工程项目之一。该项目位于天长市西城开发区纬一路与沿河路交汇处，占地37.7亩，建筑总面积13378.3平方米。工程主要包括：科研试验中心、倒班公寓、供应仓库、食堂综合楼，以及供应料棚、道路、场地、绿化及系统配套等。工程于2010年1月10日动工。该基地的建成，大大改善了安徽公司、安徽采油厂、供销处等基层单位的生产科研条件。

（孙秀琴）

【精神文明建设】 2011年，安徽公司深入学习贯彻建

党90周年大会、党的十七届六中全会、油田思想政治工作会精神，紧贴专业化钻井公司建设，唱响“埋头苦干创精细管理之先，团结奋进争内涵发展之优”主旋律，深入开展“责任、潜力、办法”大讨论，进一步激发了队伍活力。以“强基固本除害年”活动及“比学赶帮超”活动为抓手，制定《公司干部问责实施细则》和《公司党委巡视工作实施细则》，出台《公司干部竞聘上岗暂行办法》，开展“基层支书话安全”活动，进一步夯实了发展基础。以“强基固本提升服务质量，做精做优助力油田发展”为主题，突出三个服务重点，着力提升四个水平，全面部署“为民服务创先争优”活动，进一步提升了服务水平。落实职工带薪休假制度，出台《优秀员工疗（休）养管理办法》，天长科研基地正式启用，“两堂两室”建设不断推进，劳动家属参保工作稳步运行，员工的认同感、归属感、忠诚度不断提高。坚持服务老同志精细管理“五清楚”，亲情服务“六及时”理念，成立油田老年大学安徽分校，使离退休老同志的生活品质不断提高。开展“安全防范、法制教育、卫生防疫、计生宣传”四进基地活动，使居民的舒适感、安全感、幸福感不断提高。组织“颂歌献给党”红歌会、红色影视展播月、党史图片展等庆祝建党90周年系列活动，进一步营造了和谐稳定氛围。推进理论武装建设，公司党委论文获局政研成果一等奖，编印出版“十一五”钻塔文化成果丛书等，为公司科学有效和谐发展提供了思想保证和文化支撑。杨家领获集团公司优秀党支部书记、兰文明获油田劳动模范、30201钻井队获油田标杆队、公司获油田双文明标杆单位和安全生产先进单位等荣誉称号。

（蒋如高）

安徽公司2007～2011年度生产任务和经济指标完成情况统计表

指标名称＼年度	2011	2010	2009	2008	2007
完井口数（口）	128	116	106	116	89
钻井进尺（米）	276666	263699	263399	252666	180118
全员劳动生产率（米/人）	208.6	197.2	199.4	193.6	148.0
机械钻速（米/时）	9.3	8.9	10.33	10.99	10.8
井身质量合格率（%）	100	100	100	100	100
固井质量合格率（%）	100	100	100	100	100
钻井生产时效（%）	96.4	96.6	98.8	98.6	97.6
千人死亡率（%）	0	0	0	0	0
钻井总成本（万元）	51603.0	47882.7	44373.6	40775.7	27935.8

（孙秀琴）

勘察设计研究院

【设计院概况】 勘察设计研究院（简称设计院）隶属于江苏石油勘探局，是中国石油、石化行业主要设计单位之一。1975年，随着江苏石油勘探会战指挥部的成立，组建设计室，1979年4月，成立江苏石油勘探开发会战指挥部规划设计处（后更名江苏石油勘探局勘探开发指挥部规划设计研究院），1992年1月更名为勘察设计研究院至今。1993年9月，经中国石油天然气总公司评审、建设部批准，其晋升为乙级设计院。1998年晋升为甲级设计院。目前其具有建设部颁发的石油天然气甲级设计资质，工程咨询甲级资质，建筑、环境、市政工程设计乙级资质，勘察（岩土）、工程造价及工程总承包乙级资质，Ⅰ、Ⅱ、Ⅲ类压力容器设计资质及压力管道设计资质。设计院为多专业综合性勘察设计研究单位，主要从事基本建设领域各类工程项目的可行性研究、规划、勘察、设计和工程咨询、技术服务及工程总承包等业务。全院设有油田地面工程、天然气工程、管道工程、油气库、油气加工处理、油气化工及综合利用、工业与民用建筑、燃气、热力、给排水、道路与桥梁、电力、通信、污水处理、自动控制、计算机、机械、压力容器、总图规划、工程经济、工程测量、工程地质等专业。1999年通过ISO9001质量认证。从1975年建院以来，该院承担了江苏油田油气田地面建设工程及矿区建设工程的所有勘察设计任务。随着江苏油田非烃类矿藏的开发，其还承担了江苏油田非烃类矿藏开发的勘察设计工作。参与了中石化、中石油原油、成品油管道工程，浙江、海南等多省市燃气管道工程，川气东送工程

承接的设计项目在施工中　　（苏继奎　供稿）

的设计工作，承担了华东石油地质局、延长油田股份有限公司等油田的地面工程建设的勘察设计工作，同时还承担了大量的地方油气库（站）、机修、设备、民用建筑、道路、桥梁等工程的勘察设计，为江苏石油工业的发展及地方建设作出了积极贡献。该院2000年自江都邵伯迁至扬州市经济开发区。

（苏继奎）

【主要经济技术指标完成情况】　2011年主营业务收入14582万元，其中，勘察设计收入6730万元，工程总承包收入6691万元，商品销售收入1161万元，上交相关管理费用后，略有盈余，圆满完成局下达的考核利润任务。施工图设计标准强制性条文执行率、工程设计质量事故率、内控制度执行率、设备综合管理合格率、对外收入资金回笼率、合同管理规范率、用工效率与管理执行率等相关考核指标全面完成，4个季度安全挂红牌。院荣获局双文明先进单位称号。

详见设计院2007～2011年工作任务和经济技术指标完成情况统计表。

（苏继奎）

【机构人员和设备】　设计院机关设党群工作部、院长办公室、人力资源部、财务资产部、生产管理部、经营管理部、技术质量部（含档案室）等。专业生产科室设有油气设计所、建筑设计分院、水暖设计所、电气设计所、工程管理中心、工程咨询中心、工艺技术研究所、造价咨询所、产品开发部、延安分院、勘察公司和通力科技中心等。截至2011年底，设计院共有员工157人，其中，干部143人，工人14人。具有大学本科学历的有96人，研究生以上学历6人。全院有教授级高级工程师2人，高级工程师44人，中级职称60人，国家一级注册建筑师、结构师6人，其他各类注册师40多人。具有各类技术设备和装备190台（套），固定资产原值374.43万元。

（苏继奎）

【油田产能建设】　设计院及时完成了真富及高杨产能会战项目、陈堡联合站及站外管线改造、欧北联合站增容、曹庄油区配电系统升压改造、码头庄污水系统改造等工程的勘察设计工作。

（苏继奎）

【非烃类矿藏开发】　设计院主动配合元明粉项目组做好协调工作，加强与长沙设计院的沟通，及时提供相关图纸，派驻专业人员现场服务，保证了该项目施工的顺利进行。

（苏继奎）

【民生矿建】　设计院发挥自身长处，积极配合相关部门，及时提供相关资料，保证了北京建筑设计院按时完成扬州科研生产中心的初步设计。由设计院完成的第一版施工图设计得到了相关部门和专家的肯定，使得扬州科研生产中心图纸顺利交付。陆续完成了黄山、南京紫京饭店、水电、供应等小区基础设施改造，以及真武矿区、扬州基地供暖管网改造、难采储量职工倒班点建设等其他10个矿区改造方案编制。

（苏继奎）

【总承包工程建设】　由设计院总承包的天长科研生产基地顺利落成，工程建设质量、标准、功能得到了油田领导和机关部门的肯定。公道生产培训基地建设按计划安全运行。年底，设计院着手南京、黄山紫京项目总承包工作。民生矿建工程稳步推进，总承包工程安全建设，助推油田领导“为民服务创先争优”承诺落到实处。

（苏继奎）

【合作开发市场】　设计院与徐州管道设计院、胜利油田设计院保持互惠合作，参与了苏北成品油管道工程、金丽温省级天然气管道工程等项目的可研、初设与施工图设计工作。在苏北成品油管道、金丽温省级天然气管道这两项工程中，设计院承担的投资工作量约为6亿多元。通过合作，进一步提升了设计院长输管道的设计能力和设计业绩，2011年中标了川气东送江苏配套管线一期工程金武管道工程、百色—玉溪成品油管道工程III标段等300多千米长输管线工程的勘察设计工作量。

（苏继奎）

【延长油矿市场】 设计院在承担华东分公司地面工程设计的同时，于2011年初成立了延安设计分院，明确了相关职责，加强了延长油矿地面工程勘察设计市场的开发和维护工作。延安分院与延长油矿9个采油厂开展了业务合作关系，承担了这个油矿5个主力采油厂地面工程的“十二五”规划工作，完成了近2亿元投资的地面工程勘察设计工作，参与了30万吨级大型集输站场施工建设服务工作。延长油矿市场在一定程度上弥补了当前苏皖油田内部工作量少、规模小、品种少的不足，给设计人员特别是新近入院的年轻职工提供了锻炼平台。

（苏继奎）

【其他市场】 设计院与中石化销售公司、华北局建立合作关系，努力进入销售公司加气站设计市场和华北局地面工程设计市场。利用现有的设计资质，该院还积极开拓周边燃气设计市场、建筑设计市场和电力工程设计市场。与油建处合作，参与了沙特SWCC水管线项目的设计准备工作。

（苏继奎）

【“四新”技术应用】 设计院努力做好油田实用技术、材料设备的引进、消化和吸收，通过油田内部产能建设、新老区块的改造调整、延长油田地面集输大型项目建设等，不断总结完善以“李堡模式”为基础的地面集输工艺技术，努力提高地面工艺设计水平。积极推广应用20多项“四新”技术。

（1）通过改进卧式油气水三相分离器内部结构，采用冷凝无压加热装置和物理除垢装置等，提高了陈堡、欧北、码头庄等老区站场系统效率和装置效率。

（2）在域外市场，宜西沟联合站采用煤气混烧蒸汽锅炉，实现有气燃气、没气烧煤的目标，提高了综合效益。此外，建、电、暖、机等专业也结合现场实际采用了一批新型节能新工艺、新技术、新材料，取得了较好效果。

（3）合作开发的压力除油装置、小型立式三相分离装置、撬装式注水设备、物理除垢装置等，其功能得到了进一步的完善和改进，及时满足了生产的需要，节省了地面工程投资。

（4）开展了太阳能、风能和污水余热能在油田的综合应用研究、在线计量集油流程优化技术研究与应用两项局级课题。

（苏继奎）

【青年技术座谈会】 设计院举办了青年技术座谈会，为青年技术人员的成长交流、展示才华提供了平台。其不仅向油田主管部门和建设方集中展示了一年来的技术成果，还集中收集了油田地面工程技术专家对院生产经营管理等方面的好建议。

（苏继奎）

【精细管理服务】 设计院克服人员少、点多、面广、战线长的困难，加强沟通和协调，努力做好生产、安全、质量、经营、管理、考核分配等，各项管理工作进一步规范。

（1）规范企业管理。按照上级部门要求，结合设计院流动红旗、优胜杯评比活动，有序开展了“比学赶帮超”、创先争优、制度化信息化改造等工作。顺利通过了各项资质的年审和检查工作，通过努力取得了送变电设计丙级资质，解决了由于缺少专项资质而在电力设计中遭遇的瓶颈问题。

（2）加强生产协调。重点项目协调会制度得到了较好的执行，确保了生产工作的有序运行，产能建设任务按时完成。及时成立相关组织机构，主动配合扬州科研中心、元明粉项目组做好各项工作，保证了民生矿建工程的顺利实施。两个总承包项目坚持算好安全、管理、质量和责任“四本账”，确保安全、工期、质量受控。

（3）深化“我要安全”主题活动。该院开展了主题征文和身边“十大安全隐患”查找活动，修订了《办公场所HSE管理标准与制度》，使得每月例检与节假日抽检常态化。做好施工现场安全管理，不定期组织安全检查，发现问题及时整改。

（4）加强队伍管理。通过网络招聘、劳务引进、协调调动等方式，多渠道引进紧缺专业技术人员，不断缓解结构性缺员矛盾；通过导师带徒、岗位锻炼、大项目参与、业务学习等方式，多途径培养使用青年技术人员，不断缩短青年技术人员成长周期；通过岗位交流、长驻现场、承接项目等方式，多手段促进经营管理人才成长，使业务骨干向复合型人才方向发展。

（苏继奎）

【班子建设】 设计院党委不断充实党委中心组学习内容，改进学习方法，提高学习效果；针对生产经营实际，分时段、分专题举办了中层干部培训班；根据工作要求，院领导班子和班子成员查找了廉洁从业风险点，并制定了相应的防控措施。

（王晓山）

【“三创一争”劳动竞赛】 设计院围绕能力作风、人才培养、服务油田、市场开拓等方面，开展了“责任、潜力、办法”大讨论活动；重点在领导服务发展、机关服务基层、职工服务市场3个层面，实施了为民服务承诺活动；将“比学赶帮超”、创先争优等统一到“三创一争”劳动竞赛活动中，开展争做先进个人、争扛流动红旗、争夺流动杯竞赛，并坚持每季度表彰奖励做法。

（王晓山）

【活力党建】 设计院及时成立了延安分院党支部，并对基层党支部设置进行了调整；开展了政研课题研究，政研论文获中石油政研会科研分会论文二等奖，在油田思想政治工作会上交流了经验；推进企业文化建设，完善了企业精神，不断充实了责任文化、安全文化、廉洁文化等文化内涵。院工会、共青团组织配合党委围绕建党90周年开展了"永远跟党走"系列活动。做到立功竞赛活动制度化、群众性文体活动正常化、"送温暖"工作常态化，有效促进了和谐氛围建设。

（王晓山）

设计院2007~2011年度工作任务和经济技术指标完成情况统计表

指标名称＼年度	2011	2010	2009	2008	2007
工程设计总投资（万元）	78000	78000	28000	120000	60000
主营业务收入（万元）	14582	11284	9620	6881	4413
勘察设计收入（万元）	6730	4937	4206	3961	2928
工程总承包收入（万元）	6691	5111	4088	2098	800
商品销售收入（万元）	1161	1236	1326	685	685
图纸合格率（%）	100	100	100	100	100
工程质量事故率（%）	0	0	0	0	0
固定资产保值增值率（%）	100	100	100	100	100
设备综合管理合格率（%）	95	95	95	95	95
集团公司以上优秀设计奖（项）	0	2	2	2	2
局优秀设计、节能奖（项）	2	2	1	1	1
"四新"技术推广（项）	9	9	9	9	9
CAD绘图率（%）	100	100	100	100	100

（苏继奎）

油田建设处

【油建处概况】 江苏石油勘探局油田建设处（简称油建处）位于江苏省扬州市江都区邵伯镇，是中国石化集团江苏石油勘探局直属、专业从事石油化工、储运安装施工的国家一级总承包施工企业。截至2011年底，有职工总数859人，劳务工355人，项目用工973人，非全日制用工54人。职工队伍中干部351人，工人508人，女职工246人。干部中具有高级职称的54人，中级职称的146人，初级职称的122人。工人中有各类技术工人503人，其中工人技师47人，高级工241人，中级工144人，初级工71人。全处职工中有大学以上文化的186人，大专文化的157人，中专文化的100人。处机关设有12个职能部室，下辖15个分（子）公司、厂、站，拥有固定资产原值1.36亿元，净值5388万元，其中设备资产原值1.1亿元，净值4364万元，主要设备515台（套），其中主要生产设备410台（套）。新度系数0.40。年施工能力可达30亿元以上。

（冯　彬）

【主要生产经营指标完成情况】 2011年，油建处累计完成施工产值13.1亿元，其中海外项目完成合同额6.08亿元，国内完成产值7.02亿元（全民部分完成3.18亿元，集体企业完成3.84亿元）；全处实现收入18.82亿元，其中海外项目实现收入10.08亿元，国内实现收入8.74亿元（全民部分完成4.92亿元，集体企业完成3.82亿元）。全处上缴各项费用及利润5522万元，其中海外实现综合利润4054万元，国内在消化各项成本上涨因素基础上，上缴各项费用及利润1468万元，超额完成局考核任务。全年施工各类工程675项，新开工程659项，工程验交一次合格率100%，产品合格率100%，质量事故率为零。青岛大炼油配套成品油管线和济南—邯郸成品油管道工程I标段被评为"中石化优质工程"；昆明—大理成品油管道工程III标段被评为"全国优秀焊接工程"；阿尔及利亚沙漠水管道项目被阿中友好协会、中国驻阿大使馆和阿尔及利亚中资企业协会联合授予“中阿合作杰出贡献奖”荣誉。党的建设、思想政治工作、党风廉政建设进一步加强，计划生育、社会治安综合治理及环境保护均达局考核要求。成功召开了思想政治工作会议，处政研会被授予局优秀政研会，处政研成果获得局政研成果一等奖；处首次被局评为“双文明标杆单位”，并继续保持了“扬州市文明单位”和“江苏省文明单位”及江苏省3A信用企业称号。全年完成实物工作量：铺设安装各类集油管线160千米，输油管线254千米，注水管线57千米，各类工艺管线70千米；制造安装各类储罐26台（套），共计19311立方米（不含外部市场）；制造压力容器649台（套），预制管道129千米，产品出厂合格率100%；架设电力线路47千米；质量事故率为零。

（冯　彬）

【保油上产】 真富、高杨两个重点产能建设项目均按局计划要求正点运行；淮安元明粉项目克服工期要求紧、技术质量要求高、多专业联合施工等诸多难题，不断加强组织管理力量，优化施工组织方案，按局预定计划紧锣密鼓地推进；铜庄站改扩建工程、陈堡联合站污水系统改造等老区稳产、抢维修工程，均按照计划目标安全有序运行。

（冯　彬）

【域外市场】 在全力抓好广东高压燃气管网一期工程、广西成品油、浙江甬绍金衢及刘庄气田联络线等在建项目的同时，再度中标武汉石化供气管道及中石油管道局山西煤层气管道项目等9项工程，新签合同额1.83亿元，在中石化、中石油及中海油市场均取得了较好的战果，呈现出多点开花、捷报频传的生动场面。

（冯　彬）

【海外市场】 苏丹项目新创产值3994万元，实现了13年持续平稳增长；阿尔及利亚沙漠水管道项目两个标段均提前实现通水目标，项目累计完成合同额76355万美元，实现收入70569万美元，上缴管理费、投标基金及利润3983万美元。全年在全力抓好阿尔及利亚沙漠水管道项目收尾结算和巡线保运的同时，着力推进新市场开发，成功中标了沙特SWCC B1 + B2管道项目，合同额1.77亿美元。

（冯　彬）

【HSE管理】 以建立完善HSE管理体系为主线，以持续深化“达标创优”工作和“我要安全”主题活动为契机，在全处深入排查身边安全生产“十大薄弱环节”，强化隐患治理，在施工现场推行“七想七不干”安全提示卡制度，并重点针对直接作业环节、域外海外HSE风险等关键领域、要害部位及交通安全管理，确保了各项工程安全高效运行。

（冯　彬）

【成本管控】 进一步推行“两全两集中”管理模式，着力构建全员成本控制目标体系，突出单项工程核算和绩效考核，加强单项工程成本分析和过程控制，调动了项目人员降本增效的积极性。同时，通过切实加大工程分包、物资采购、车辆设备租赁及外协管理等各项制度的执行力度，强化内控执行和效能监察，推动了财务管理水平稳步提升，处再次被局评为“财务决算工作先进单位”。

（冯　彬）

【班组管理】 在全处大力开展“班组建设提高年”活动，进一步落实以岗位责任制为核心的各项制度，不断完善以定额考评和工效挂钩为主体的分配机制，强化以岗位练兵为主要形式的基本功训练，以质量、安全、健康、环保为目标的现场管理日益精细，标准化班组建设在持续深化、创新提升中上了一个新的台阶。

（冯　彬）

【信息化建设】 通过不断加强信息采集分析利用体系建设，在全处创建生产经营信息平台，初步实现了主要业务网上会审会签和业务办理信息公开，进一步畅通了信息采集、反馈、传递渠道；积极推广应用SAP-HR系统，规范业务流程，实现了人力资源管理向集成化、科学化、现代化迈进。

（冯　彬）

【队伍建设】 加大管理岗位人员培训力度。先后对290名管理干部进行了国际工程管理培训，300人次参加HSE、消防等知识培训，选派10人参加国际化英语、焊接检验、工程造价等专业技术培训；加强技能人才培养。全年有105名电焊工和120名特殊工种人员参加了培训取证，对84人进行了技能鉴定，在局技能大赛中分别荣获了电焊工冠亚军的好成绩，夏露宁被评为“中石化青年岗位能手”，温涛被江苏省团委授予“我们身边的好青年”荣誉称号；加快急需人才引进。全年聘用外语、物资采办等10多名海外项目紧缺人才，新聘23名急需专业大学本科生，通过深入工程项目岗位锻炼培养，为持续发展增添了新的血液。

（冯　彬）

【科技创新】 围绕油田生产实际，成功推广应用了电动钻机VFD系统、储罐电磁加热器技术等7项新技术、新工艺，为油田发展提供了技术支撑；开展“百案百例”征集活动，累计征集各类工法135项，《冲沟、陡坡单边定向钻管道安装工法》被中石化集团公司评为省部级工法，全年有 6 项技术成果获得国家专利，其中发明专利 3 项；加强技术装备更新，购置了 600 吨水平定向钻机及一批先进的管道焊接设备，进一步增强了装备配套水平和竞争实力。

（冯　彬）

【精神文明建设】　2011 年党建和思想政治工作以“为民服务创先争优”活动为契机，以深入开展“比学赶帮超”和“责任、潜力、办法”大讨论活动为载体，持续推进党员自主管理，党建目标管理、基层党支部标准化建设进一步完善；推进“四好”班子建设，加强对各级领导干部的岗位锻炼和经营管理知识的学习培训，使得整体素质和引领发展能力得到有效提升；继续深化厂务和业务公开、廉洁教育、效能监察等工作，党风廉政建设取得新成效；劳动家属参保、薪酬体系完善和职工住房补贴发放等工作平稳推进，油建矿区规划维修改造有序实施，职工生产生活条件持续改善，进一步营造了团结创业的和谐氛围和良好环境；庆祝建党 90 周年系列活动丰富多彩，劳动竞赛、青年创新创效、女职工素质工程等群众性活动蓬勃开展，推动了各项生产经营任务的圆满完成。

（冯　彬）

运　输　处

【运输处概况】　江苏石油勘探局运输处（简称运输处）成立于 1975 年 4 月，位于江苏省扬州市江都区邵伯镇。运输处从事油田井队搬迁、管道配送、修理制造、客运旅游、经营销售及部分原油、重油、成品油的拉运业务。处机关设有科室 10 个，同时有生产单位 10 个，辅助生产单位及机关附属单位 10 个，其中 2 个修理厂具有江苏省汽车维修一类资质。

运输生产　　（顾丽琳　摄）

截至 2011 年底，该处有各类车辆 357 台，其中吊车 45 台、卡车 160 台、客车 53 台，固定设备 104 台（套）。有职工 613 人，其中干部 135 人、有高级专业技术任职资格的 12 人、中级任职资格 53 人、初级任职资格 50 人。技能操作人员 469 人，其中技能大师 1 人、高级技师 3 人、技师 34 人、高级工 332 人、中级工 88 人、初级工 12 人。

（苏庆华）

【生产经营】　2011 年，处内外部市场结构为 52∶48，趋于合理，销售收入 2.8 亿元，其中外部收入 1.3 亿元，创历史新高。完成了包括海南、宝鸡等多个长途运输在内的钻机 312 台（套），井架 36 副运输任务，拉运原油 180 万吨，吊车工作量 1.12 万台时，累计完成货物周转量 1.4 亿万吨 · 千米。一年来，按照“十二五”发展规划，积极巩固和拓展市场，管道配送业务在徐州管道局日仪管道全线开通后，又承接了大庆油建甘肃天水、江苏油建湖北武汉管道配送等项目；在成立无锡、南通两个运输部的基础上，又加强与江苏省石油公司合作，涉足天然气运输市场；继续加强与浙江油田的合作；业务范围不断拓展，进入新疆西北局原油拉运市场；工程机械厂借助成为徐重战略合作供应商的契机，为徐重建机开发了履带吊上车操作室等新产品；依托油建处、钻井处、物探处等兄弟单位，成功立足阿尔及利亚、叙利亚市场，油井线修造 5 个板块结构逐步形成。

（苏庆华）

运输处 2007 ~ 2011 年度主要生产经营指标完成情况统计表

指标名称＼年度	2011	2010	2009	2008	2007
钻井搬迁数（台）	261	135	165	170	163
设备资产综合管理合格率（%）	95.99	95.72	94.41	94.3	94.8

续表

指标名称＼年度	2011	2010	2009	2008	2007
完成大修车辆(台)	—	2	2	2	5
车辆货物周转量(万吨·千米)	12736.52	13121	10158.28	9701.96	9351.42
吊车工作台时(万小时)	9.05	7.96	7.38	7.37	6.75
客运运输量(万车·千米)	276.57	236.80	227.44	229.47	244.3

(苏庆华)

【内外部市场】 该处始终把油田内部运输市场作为自身生存发展的立足之本,精心组织生产,车辆工作率达到历史最高的85.75%,项目经理参与井队搬迁302人次,完成了包括新疆、徐闻等多个长途运输钻机搬迁312台(套),井架36副,累计完成吊车工作台时1.13万台班,货物周转量1.4亿吨·千米。积极做好油田内部油品和省公司无锡、南通等地成品油保供业务,进入新疆西北局原油拉运市场,车辆投入增加到20台;充分发挥危险品运输资质优势,涉足压缩天然气运输市场;年拉运原油93.6万吨、成品油128万吨、天然气420万立方米;与省公司液态天然气运输合作已经正式启动。选派3名管理人员赴西安参加"吊装管理人员培训班",为涉足周边地区石化、炼化检修等吊安装业务市场夯实人才基础。实现了履带吊驾驶室的开发和批量生产,起重机驾驶室和特车驾驶室、操纵室业务稳中有升,全年完成销售产品4754台(套),徐重上车操作室研发任务已完成并通过评审。依托油建处、钻井处、物探处等兄弟单位,开拓了阿尔及利亚和叙利亚市场,成功立足阿尔及利亚机械维修市场,正在积极筹备进入沙特市场。此外,管道运输项目提前完成日照—仪征原油管线、西气东输刘庄联络线管材拉运业务,同时承接了大庆油田天水段和江苏油建武汉天然气管线等运输业务。

(苏庆华)

【精细管理】 开展制度标准化改造,在原有的30项管理制度中,修订完善后与之对应的有20项。对492个文件进行了梳理,修订97个。通过开展安全"十大薄弱环节"查找、劳动竞赛、"质量月"、改善经营管理建议征集等一系列活动,各部门、单位在"比学赶帮超"活动中互比互进、互赶互促。在安全"十大薄弱环节"查找活动中,针对查找出的薄弱环节,比谁的薄弱环节找得准,比谁的措施制定得有效,比谁的责任落实得到位,同时制定了详细的防范措施及改进计划。经专项会议讨论、专业人员打分排序,对排名靠前或靠后的单位在月度绩效中进行了奖罚。通过"十大薄弱环节"查找活动,使全处形成了良好的风险管理意识氛围。在考核上,根据2010年开始运行的"五比"考核具体实施情况,对《机关"五比"评分标准》和《基层"五比"评分标准》进行了修订,全部项目实行量化打分,确保了考核评比的公正准确。10月,根据油田"为民服务创先争优"活动实施方案精神,将处"五比"竞赛活动深化为"八比",增加了"比作风、比能力、比业绩"三项内容。按照10000元安全风险抵押、1000元"三无"班组考核、100元优质服务奖励(锦旗200元/面)、1元责任管理,强化员工责任心,确保制度执行力。将班组日常考核纳入到基层单位考核管理中,实行"单位推优,部门评优"的考核模式,并将评比结果予以通报,激发了员工、班组、单位的工作动力。2011年收到表扬信及锦旗91封(面),发放奖金11200元,评选达标班组12个,达标班组长13人,发放奖金20340元;评选"三无"班组137班次,发放奖金116500元。

(苏庆华)

【安全工作】 认真落实了关键装置、要害部位处、科领导安全承包制度,30名承包人对承包的要害部位共开展了310人次HSE检查,共查出问题465个,整改完成438项。检查车辆746台次、固定设备171台(套),发现问题56个。持续开展禁令的学习教育,对HSE作业计划书进行了再学习,组织610人观看了安全处网站6部安全警示片。抓好新员工三级入厂教育中的安全教育,对23名新入厂员工和76名外包用工进行了72学时HSE培训教育;探索多元化用工管理办法,针对新员工安全意识、法律法规知识薄弱的情况,除正常教育以外,还组织了19名百万安全千米驾驶员与新司机"一帮一"结对互助,不断提高新员工的综合素质。组织HSE成员、车管干部、班组长、汽驾技师等356人次参加了上海悍士安全技术有限公司"三层空间驾驶法"的防御性驾驶技术培训,编制了《汽车安全驾驶》手册。在安全月活动中,处承办并组织了25名员工参加局安全处和局团委主办的"呵护青春翅膀"主题安全沙龙活动;组织人员到基层进行身边安全小故事巡讲、请安全先进典型讲安全经等,进一步丰富了基层安全教育形式。根据"风险管理年"活动安排,结合运输实际，确定了影响处的十大 HSE 风险，以文件形式印发各单位学习防范，同时在宣传栏公开，让全处员工家属监督，帮助防控。基层班组每周开展安全活动进行风险识别，识别出风险点 1026 个，参加活动 9582 人次。以 HSE 巡查卡闭环管理为载体，加强安全检查和监督。每周领导碰头会对巡查卡反映的主要问题进行研究，提出解决办法，共开具 HSE 巡查卡 874 张，发现问题 876 个，安装了 296 台车载 GPS 终端，设立专人监控，每个基层单位每天监控不少于 3 个时间段，每次监控不少于 3 台车，及时监控，每天进行监控情况分析，削减不安全因素。

（苏庆华）

【科技创新】 实行“课题研究效果与年度考核挂钩”、“师带徒提前出师奖励”等激励措施，调动了包括中高级技师在内的科技人员开展科技创新的积极性和推广应用新技术、新工艺的主动性、自觉性。添置了 3 种高压共轨发动机故障诊断仪，提高故障诊断率，缩短修理周期；组织科技人员赴贵阳公交总公司学习 LNG 发动机改装技术，首台改装试验工作已基本完成；编写了《行车安全知识手册》和《吊装安全手册》，为员工安全操作提供了理论支持；以 QC 小组活动开展搭建学习交流平台，“降低暖风机外部质量反馈率”、“降低斯太尔气管线爆裂故障”获得油田质量管理小组成果三等奖；坚持专业技术人员带课题聘任制度，全处 113 名有职称人员确立了 116 项课题开展研究，召开了政工会、经济研讨会和科技工作会，表彰了 63 项优秀成果；充分运用生产调度、合同管理等信息系统，实现资源共享，信息传递及时，促进了工作质量和管理效率的提升。通过实行零油卡加油制度、油箱滤网等部件技术改进、推广《运输处节油操作法》等一系列措施，2011 年节油 40 多万升，价值 200 多万元。

（苏庆华）

【降本增效】 按照局降本增效指标要求，处把指标进行全面分解，并要求各单位将降本增效措施及时进行上报，以明确目标，逐项落实。积极实施修旧利废工作，实行交旧领新，对材料循环实行修、改、代制度，对可回收的旧轮胎进行翻新使用，节约成本 40 多万元；实行油料消耗定额制，严格按照夏、冬季标准核销油料费用，积极推广使用中石化加油卡，推行零油卡满油箱制度，节约油料 40 万升，价值 200 多万元。同时实行修理定保制，要求单车严格按照规定，定时进行一、二保，确保车辆不因缺保或滞保造成损失。

（苏庆华）

【职工培训】 按照“十二五”人才培养规划和年度培训计划，全年共组织员工各类培训达 1680 人次，其中处内共举办各类培训班 36 期。业务知识和专业技能培训达 928 人次。参加外部培训达 164 人次，共 674 天次。在全处开展防御性驾驶培训，聘请上海悍士公司

技能竞赛　（顾丽琳　摄）

专家来处授课，全处共有 63 人参加培训。选派 3 名教练参加“防御性驾驶技术内部教练员资质”培训并取得证书后，在全处组织开展“学习防御性驾驶，确保安全行车”轮训；组织 10 名基层单位管理人员参加物流师资质培训；有 47 名管理人员参加 HSE 管理资质培训；有 19 名新入厂驾驶员进行“师带徒”培训，其中 15 人已通过上岗考核出师；锻炼培养项目经理 36 人，域外队伍 21 人，海外队伍 24 人。5 月，组织举办处第三届职业技能竞赛，共有汽车驾驶员、汽车修理工、安全管理员、材料工、核算员等 90 人参加了 5 个工种比赛。参赛选手在竞赛中发扬了“有排头就站、有红旗就扛、有第一就争”的“比学赶帮超”精神，展现出了较好的精神风貌；8 月，有 7 名选手参加了局第十二届技能竞赛汽驾、汽修、电焊 3 个工种的比赛，参赛选手囊括汽驾、汽修项目前三名。各基层单位以处职业技能竞赛、局技能大赛为契机，积极开展多形式的岗位练兵和技术比武活动，着重提高操作技能，提升素质水平，夯实基本功。单位与单位之间比效果、学方法；班组与班组之间比成绩、学经验，营造了浓厚的学习氛围。

（苏庆华）

【企业文化建设】 运输人在“永不放弃、永不停步”企业精神的基础上，用“四找”培养员工高素质，形成符合自身特色的企业文化：即“找魂”，找出各个部门单位自己的“方针”，让员工形成“问题找自己，典型在身边，功劳在别人”的习惯。“找人”，何时何地员工都要统一着装、有扎实的安全知识、有诚恳的学习态度。“找事”，工作兢兢业业，提高员工“三老四严、四个一样”的执行力。“找家”，培养员工爱同事、爱运输的团结互助共为企业的使命感。以“杨军汽车驾驶操作法”、“安全管理四十八字法”等特色管理法形成了家风；强

化“四好”班子建设，注重维护和发挥领导班子的整体合力，以“亮剑”精神指导各级干部学习李云龙、当好赵刚，带好队伍，干好工作。充分发挥工青妇组织的作用，积极开展“谋发展创品牌”等主题合理化建议活动，共征集建议2000多条，“共享风险识别点”等一批成果得到了广泛应用。共青团开展“三比三赛三学”、岗位练兵、青年突击队等活动，女职委开展庆百年“三八”系列活动，积极强化队伍管理，持续推进以安全文化为核心，以服务文化、和谐文化、精细文化为支撑的运输“家”文化建设。

（苏庆华）

【精神文明建设】 2011年，紧紧围绕“推进运输科学内涵和谐发展”这个主题，以打造“活力党建”为目标，以“比学赶帮超”活动为抓手，广泛开展“一个支部一个堡垒，一名党员一面旗”活动，党员责任车挂牌上岗，亮明党员身份；以廉政为主题，制定了《运输处廉洁从业安全防控风险管理工作的实施方案》，将廉洁从业和生产、经营、队伍“三个安全”风险管理工作结合一体，同一个体系运行，实施建立廉洁从业安全防控风险管理体系。开展政工课题研究，37名政工职称人员申报政工课题35项，年底完成了39项政工课题成果，经评审，其中14篇被评为一、二、三等奖。加强政策宣传和热点问题的引导，坚持团结、稳定、鼓劲的方针，做好正面宣传工作，重视和加强思想政治工作研究，成功召开了政工课题发布会。认真落实信访稳定工作责任制，针对家属因待遇问题而上访的事件，处领导班子带头分工进行家访，细致做好思想疏导工作。重视新员工队伍的稳定，通过结对帮助、生活关心、定期谈心等方式，帮助新员工融入运输这个大家庭中，同时专门开展立项课题研究，完善新员工管理机制。2011年共发出服务满意度调查问卷710份，服务满意度94.42%，共收到表扬信92封，锦旗15面。

（苏庆华）

水 电 讯 处

【水电讯处概况】 江苏石油勘探局水电讯处（简称水电讯处）地处扬州市江都区邵伯镇，负责油田电、讯管理维护与运行保障工作。截至2011年底，员工总数413人，其中正式职工356人，党员164人，干部109人，女员工150人；高级职称22人，中级职称36人；技能大师2人，高级技师6人，技师42人，高级工181人。该处设机关职能科室12个，基层生产单位10个，生产班组54个。现有110千伏变电站1座、35千伏变电站12座、10千伏开闭所2座，110千伏输变电线路4.8千米，35千伏输变电线路176.1千米，6～10千伏输变电线路741.33千米，通讯站点24个，电、讯网络覆盖江苏、安徽2省7个县（市）。固定资产原值2.01亿元，净值1.21亿元。

（唐傲宇）

【经营指标完成情况】 2011年，完成转供电2.84亿千瓦·时，同比增加1000万千瓦·时，增幅3.6%，通讯全网装机11863部。全年上缴利润2008万元，较考核指标增加8万元；投资计划执行率100%；财务管理达标率100%；电力设备（线路）有效运转率99.7%；35千伏供电网损率3.6%，较考核指标（<5%）降低了1.4个百分点，35千伏供电功率因数0.921，较局考核指标（>0.9）提高了0.021；用工总量417人；合同管理规范率100%；物资供应综合管理达标率95%；综合能耗0.028吨标煤/万元。其他各项指标均在考核范围内。全年4个季度安全生产挂红牌，获得3次局劳动立功竞赛流动红旗，连续12年荣获油田双文明先进单位称号。

（唐傲宇）

【运行保障】 2011年，该处围绕“电通讯畅”工作目标，春季检修突出质量和效益，安排了32个重点检修项目约73.8万元，为全年安全可靠运行打下了坚实基础；故障抢修突出安全和效率，高压电力系统强化24小时值班，完成倒闸操作273次，正确率100%，处理各类故障336起；低压用电中心处理报修1189次，门厅售电336.7万千瓦·时；通讯系统突击抢修全网通讯故障40余起、处理A、B类故障共计3889次；迎峰度夏突出有序和效能，加强沟通协调、运行管理和调度指挥，将经济损失和社会影响降到了最低程度。

（唐傲宇）

【工程项目】 该处电力系统圆满完成了真武、洪泽两个变电所构架改造、盐卤变电所二次系统改造、真武变电所主变更换、闵桥变电所增容等重点工程项目，相继完成了崔金线改线、闵桥断路器光缆敷设、曹邵线改造等工程施工任务。通讯系统出色完成了兰州皋兰光缆架设、公安分局通讯改造、ERP通道扩容、供销处加油站网络工程、天长科研基地和农工商通讯网接入等16项工程施工任务，取得了良好的经济和社会效益。

（唐傲宇）

【**安全工作**】 全年安全形势总体平稳，再次被评为局安全生产先进单位。主题教育确保“全面”，组织各类安全培训202人次，组织了电讯两个专业的故障应急处置演练和消防演练。制度执行突出“全力”，不断完善HSE管理体系建设，突出作业现场、关键环节、要害部位和交通运输的安全监管，全年安全行车79万千米，由处领导带队组织HSE综合检查9次。隐患治理力求“全部”，深入开展查找安全“十大薄弱环节”和全员HSE观察活动，组织实施局级隐患治理项目8个计44.3万元、处级安全技术措施5个计46.3万元。劳动保护实现“全程”，完成了22个重点部位的微波辐射监测任务，组织了员工职业卫生和健康体检，完成了油田5607个点的防雷防静电检测工作。

（唐傲宇）

【**精细管理**】 在财务管理上，持续深化全员成本目标管理和全面预算管理，加强会计集中核算线上运行管理和资金集中管理，荣获2011年度局财务决算先进单位称号。在经营管理上，加强组织绩效考核，实施完成

110千伏输变电工程档案验收评审　（唐傲宇　供稿）

了局4个批次的计划投资2495.3万元，统筹安排了民生工程和零星维修项目40余项152万元，完成了日常零星维修80余项；积极推广小型工程建设施工合同标准文本，合同管理、法律顾问和效能监察工作不断加强；110千伏输变电工程顺利通过集团公司档案和竣工验收。在基础管理上，以“达标创优”为平台，深入开展“比学赶帮超”、“改善经营管理建议”、“制度标准化信息化”3项工作，研究出台了11个规范执行类文件，完成了自主类制度改造29项，组织了内外两个层面的参观交流和现场推进会，有1个金牌队、2个银牌队通过了检查验收。在油田指标排名上，全处共获得5面红旗和4颗红星，在油田先进基层队排名中，有3个变电所先后获得5面红旗。

（唐傲宇）

【**三项工程**】 2011年，该处全面启动实施“素质提升、科技创新、通道平安”3项工程，电讯可持续发展的基础不断夯实。

（1）队伍素质全面提升。深入开展“理论素质提升年”活动，全年共举办各类培训班35期，培训人数411人次，培训总课时达28200课时；276人次参加理论素质提升考核，综合完成率达119%；引进电讯专业大学毕业生2人；完成了72名电讯专业岗位技能鉴定、25名新入厂员工三级入厂教育、16名新分配大学生劳务工岗位技能培训。成功承办了油田第十二届职业技能大赛维修电工比赛，该处参赛选手包揽了维修电工比赛的前三名，取得了比赛组织和竞赛成绩的“双丰收”。

（2）科技创新提速提效。完成了2010年度6个科研项目的验收评审，其中1项成果获得油田2010年度科技进步三等奖；2011年5项科研项目按计划有序实施，其中1项课题获得局级科研项目立项；完成带电作业115次，累计减少停电时间172.5小时；完成了汉涧、天长等地，供销处、物研院等矿区的通道扩容改造；“降低局电力调度自动化系统故障率”等两项QC成果分获局二、三等奖；全年完成节能减排考核量156.56吨标煤，实现节能减排104.92万元。水电讯处被评为油田“十一五”信息化先进单位，获局2011年度节能管理先进单位称号，1个变电所获得集团公司“节能达标”标杆队称号。

（3）通道清障加速突破。从内、外两个方面入手，着力打造“人防、制防、联防”的清障工作新格局。全年共检查线路通道300余处，清理树障11326棵，同比增加1000余棵，刘陆油区取得了历史性突破，黄珏、闵桥等油区全线成片打通，基本保证了电网通道畅通，“平安通道”建设水平有了质的提高。

（唐傲宇）

【**党建和思想政治工作**】 按照“跟得上、贴得紧、拿得下”的总体要求，深入开展“责任、潜力、办法”大讨论和“为民服务创先争优”活动，以“理论学习三个一”活动为平台，“四好”班子建设逐步加强；以“清风电讯从我做起、干群共筑关爱工程”主题创建为载体，党风廉政宣教月活动取得成效；深化“党员党性体检”活动，着力推进“双七一”党员自主争创模式，党建工作水平不断提高，《弹奏四音和弦，打造幸福电讯》课题获2010～2011年度油田优秀政研成果二等奖。

（唐傲宇）

油田第十二届职业技能竞赛维修电工操作赛场
（唐傲宇 供稿）

【和谐建设】 工会、共青团、女职委创造性地开展工作，"金点子"征集、巾帼文明示范岗创建、"团约教师、团刊采编"等活动内容丰富、形式多样。处获2011年度局人口与计划生育先进单位称号，1人当选为油田"身边的十大雷锋"。在建党90周年"红色印象"主题系列活动中展示了形象，鼓舞了士气，在油田"永远跟党走"邵伯片区歌咏会上，获总分第三名的好成绩。武装保卫、综治、信访等部门通力协作，尽心尽责，确保了劳动家属参保、用工结构调整、完善薪酬分配等民生工作的有序落实、和谐稳定，被评为局社会治安综合治理先进单位。（唐傲宇）

【民生建设】 坚持全心全力、真心真情为职工群众办实事、做好事、解难事。一批困扰职工多年的"老大难"问题得到集中解决，处职工食堂经过努力，终于建成投入使用，解决了全处干部职工的"吃饭难"问题；金湖前线倒班职工喜迁"星级"公寓，结束了多年来"四处游击"的生活困境；一线站所的厨房、澡堂改造扎实推进，"标准化"变电所建设稳步实施；运输公司、调度值班室等工作办公条件得到显著提高；外围值班员工的米、蛋、油等配套标准不断提高，前线站所的"小菜园、小宿舍、小库房"等配套建设逐步到位，节日慰问、"送温暖"活动深入人心，全处员工的责任感、自豪感和归属感明显增强。

（唐傲宇）

水电讯处2007～2011年生产任务和经济指标完成情况统计表

指标名称＼年度	2011	2010	2009	2008	2007
劳务收入（万元）	27914.97	26245.75	22654.38	19356.38	17816
供电量（万千瓦·时）	28431.74	27439.48	23641.71	20687.85	19961
供电线路损耗（%）	3.58	3.43	4.1	3.8	3.2
全员劳动生产率（元/人）	167738	149781	151920	130381	127925
生产工人劳动生产率（元/人）	227293	202380	210556	180654	179373

注：供电线路损耗为35千伏供电线路网损率。

离退休职工管理处

【离退休职工管理处概况】 离退休职工管理处是兼有机关管理职能的局属二级单位，主要负责全油田离退休工作的政策业务指导和离退休职工的管理服务工作。

截至2011年底，全处有在岗管理服务工作人员116人（不含安徽公司、安徽采油厂等隶属原单位管理的工作人员）。其中，处级干部5人（其中退二线2人），科级干部31人，其他干部34人，工人46人。具有各类专业技术职称的68人（高级职称12人、中级职称36人、初级职称20人），工人技师2人。

离退休职工管理处机关设综合办公室、管理科、财务资产科、技术安全科、工会办公室、关工委办公室等。处下辖邵伯、真武2个管理中心及扬州基地、运输处、油建处、供销处、水电讯处、职工医院、矿业开发总公司、机关二科、钻井处、试采一厂、地测处、中油天工、试采二厂、江阳物探等离退休职工管理科和物探技术研究院离退休职工管理站、江阳石油山庄社区管理科等。

安徽石油勘探开发公司、安徽采油厂、紫金集团等单位的离退休工作机构及其工作人员隶属本单位领导，并负责本单位离退休职工的管理服务工作。

（李雨春）

【离退休职工情况】 截至2011年底,油田离退休职工总数为7807人,其中,离休干部105人(抗战时期的29人,解放战争时期的76人),退休干部2556人,退休工人5146人。在离退休职工中,有原局级19人,享受局级待遇的9人,享受部分局级待遇的11人,有原正副处级285人,享受处级待遇的453人,科级以下及专业技术干部1866人;在离退休职工中,具有各类专业技术职称的2132人,其中,教授级高工46人,高级职称的665人,中级职称的976人,初级职称的445人;工人技师114人;在离退休职工中,有党员3345名、占离退休人员总数的42.8%,建有7个党总支,100个党支部,294个党小组;在离退休职工中,60周岁以下的1674人,60至69周岁的3451人,70周岁以上的2682人,占离退休职工总数的34.4%;在油田以外居住的906人。2011年离退休职工因病因故死亡的100人。

(李雨春)

【落实政治生活待遇】 (1)在落实政治待遇方面,油田及各二级单位分别组织召开了离退休职工管委会、情况通报会、座谈会等,向老同志通报本单位两个文明建设情况和面临的形势任务,与老同志座谈沟通,听取他们的建议和意见;进一步健全文件阅读管理制度,使老同志能及时、全面地了解企业改革发展的形势和面临的任务,关心支持企业的发展;坚持走访慰问制度,全年共走访慰问全局离休干部、原老领导、老专家、老劳模、老石油240多人次,特别是在建党90周年前夕,油田党政领导登门看望老党员,送上鲜花和祝福,充分体现了油田领导对离退休老同志的尊重和关怀。

(2)在落实生活待遇方面,除按时足额发放离退休职工养老金、定期按规定标准报销医药费外,还及时发放了节日慰问费,协调落实好每一位离退休职工的非生产性福利待遇。节日期间,广大离退休老同志都和所在原单位职工一样享受了补助粮及节日物品。按照"真困难、真帮助"的原则,在节日期间对长期患病人员和有特殊困难的家庭以及老同志的遗属普遍进行了走访慰问,给予其一定的经济补助。仅春节期间就走访慰问离休干部、困难老党员、老职工、重病号、长期卧床病人、遗属等共982人,发放慰问金50.22万元。关心老同志的身体健康,组织了2544人次的妇检,安排2935名老同志进行了体检;安排了783名老同志参加疗养,让老同志们共享油田改革发展的成果。

(李雨春)

【离退休职工党支部建设】 以创建"五好支部"为目标,切实加强党支部建设。(1)合理设置党支部。按照便于组织活动、便于联系服务群众的原则,对支部委员会机构设置进行了调整。按区域居住集中程度,在江苏地区共设置95个支部,在安徽地区共设置10个支部。(2)加强支部班子建设。8月进行了支部换届改选工作,将思想素质佳、工作能力强、表率作用好、群众威信高的老同志推选为党支部书记。在挑选支部委员时,按照对支部工作热心、听取群众意见细心、身体健康等要求,配齐配强支部委员,保证了党支部的活力和生机。(3)举办了离退休职工党员骨干培训班。分片开办了6期离退休党员骨干培训班,有近400名老同志参加了学习,请局党校、扬州市委党校的老师,有针对性地进行了党的十七届五中全会精神的辅导、党史知识学习和国际形势讲座,观看了杨善洲的先进事迹报告,进一步增强了离退休老同志的党性修养;(4)举办了油田第十七期离退休党支部书记培训班。为提高支部书记的工作能力,9月23日举办了油田第十七期离退休党支部书记培训班。油田领导到会讲话,充分肯定了广大离退休老同志为油田发展作出的积极贡献,通报了油田生产经营形势和当前的一些工作情况,对加强离退休职工党建和思想政治工作提出了殷切希望,使老同志们深受鼓舞。培训班组织学习了胡锦涛总书记在庆祝建党90周年大会上的重要讲话、推广了关工委工作经验做法、交流了支部工作的经验体会,为进一步做好离退休职工党建和思想政治工作夯实了基础。(5)以"忆党史、唱红歌、学先进、作表率"为主要形式,开展了庆祝建党90周年系列活动。先后举办了"伟大的旗帜"书法美术摄影作品展、"党在我心中"演讲比赛、"与党同呼吸、共命运、心连心"征文活动、"忆党史、颂党恩、跟党走"座谈会、"永远跟党走"文艺演出等,广大离退休老同志缅怀党的光荣历史、讴歌党的丰功伟绩、歌颂党的恩情,表达了"永远听党话"、"永远跟党走"的坚定信念,唱响了共产党好、社会主义好、伟大祖国好、江苏油田好的主旋律。(6)注重选树典型。召开庆祝建党90周年表彰大会,表彰了13个先进党支部、13名优秀党支部书记、120名优秀共产党员,2个党支部被评为油田先进党支部,3人被评为油田优秀共产党员,1人被评为扬州市关心下一代先进个人,1人被评为江苏省优秀离退休党员。

(李雨春)

【老年思想政治工作】 开展"三比"(比学习,做到思想常新、理想永存;比健康,做到心态良好、健康长寿;比团结,做到邻里和气、家庭和睦)、"三关注"(关注油田生产经营形势,与全局职工共享发展喜悦;关注重大社情民意,为构建和谐油田建言出力;关注单位发展,理解和支持单位的工作)活动,加强离退休职工思想政治建设。(1)认真学习党的十七届六中全会精神和胡锦涛总书记在建党90周年大会上的重要讲话。通过理论宣讲、辅导报告、座谈研讨等形式,认真学习领会,统一认识,做到思想常新。(2)广泛开展形势任务教育。分片区传达学习油田辞旧迎新大会、职代会和年中工作会精神,组织老领导参观天长科研基地等油田重大建设项目,使广大离退休职工及时了解油田改革发展和生产经营面临的形势任务,更加关心和支持油田的发展,维护企业和谐稳定。(3)及时把握离退休职工的思想动态,提高思想政治工作的针对性和实效性。对离退休职工关心、议论的热点、难点问题,积极主动地靠上去做工作。如物业管理、劳务工管理、家属管理等问题,主动与他们沟通、座谈交心、宣传政策、耐心解释,有的放矢做好工作,有效地化解了矛盾;注重做好一人一事的思想工作,认真做好来信来访接待工作,维护了老同志队伍的稳定。(4)开展老年思想政治工作研究,积极探索做好新形势下老年思想政治工作新途径、新方法。注重发挥"老政工"的作用,总结并形成了一批政研成果,老年政研分会被评为局优秀政研分会。

(李雨春)

【组织开展文化娱乐活动】 围绕"关爱老人、构建和谐"主题,在各片区开展小型、分散、多样文体活动的基础上,组织了离退休职工象棋、台球、乒乓球、扑克牌4个"百人赛"。在敬老节期间,发动各片区举办文艺演出、游园、书画摄影展等形式多样的庆祝活动,据统计,参与敬老节系列庆祝活动的离退休老同志有4000多人次,广大离退休老同志都"走出来,动起来,乐起来",营造了节日的喜庆氛围。

积极组织老同志走出去。9月,参加了中石化在山东青岛举办的桥牌赛;10月,油田老年门球队代表江苏省参加了在浙江诸暨举办的全国老年门球赛,取得了第四名的好成绩,为江苏石油人赢得了荣誉,得到了油田党政领导的高度赞扬。

老年活动场所和老年大学建设取得了新进展。开展创建"最佳活动室"活动,营建"老年之家"。结合"比学赶帮超"活动,确定了"责任明确、设施完好、清洁卫生、安全保障、服务到位"等10个具体考核项目,通过现场查看、请老同志测评,按季对各个老年活动室进行考核评比,并以挂流动红旗的方式接受广大离退休职工的监督。经省委老干部局评审验收,扬州基地老年活动室和试采一厂离退休科老年活动室被授予"江苏省示范性老干部活动室"称号,为广大离退休职工学习、娱乐创造了良好的条件。2011年是老年大学建校5周年,2006年3月21日,在油田各级领导的亲切关怀和支持下,油田老年大学在扬州基地成立。5年来,油田老年大学在办好扬州基地总校教学的基础上,不断拓展办学规模和内容。油田老年大学做到了分校不断增加,就学人数不断增加,开设专业不断增加,同类班级不断增加的"四个增加"。目前,油田老年大学开办有1所总校(扬州基地)、5所分校(邵伯、真武、金湖、江阳、合肥),共设13个专业、37个教学班,学员从最初的63名增加到现在每学期500多名,巩固了油田离退休老同志老有所学的阵地。

(李雨春)

【服务管理工作】 按照油田党委的统一部署,离退休职工管理处认真开展了"为民服务创先争优"活动,并郑重承诺"让领导放心、让老同志满意"。(1)抓好班子建设,按照局党委关于"四好班子"建设的要求,坚持以党的十七大和十七届五中、六中全会精神为指导,认真贯彻党的路线、方针、政策和上级党委的指示规定,积极开展"抓促"活动,落实领导干部党风廉政责任制的各项制度,班子成员按时参加轮训班,坚持党委民主生活会、中心组学习、个人收入申报和重大事项报告制度;坚持处务公开、民主管理;班子的凝聚力、战斗力不断增强。(2)抓好队伍建设。处认真开展"创五好、争四优"活动,增强大局意识、责任意识、服务意识。引导工作人员牢固树立以老同志为本的理念,牢固树立全心全意为老同志服务的思想,带着感情做,做出感情来。进一步完善有特殊困难的老同志的帮扶工作,在对老同志现状深入调查的基础上,2011年全处明确了103名重点帮扶对象,做到定期电话联系、定期上门看望。(3)抓好学习培训。举办了科级干部及业务骨干培训班,学习了精细化管理、内控管理、法律法规、办公自动化等知识,进行了党员干部党性修养专题讲座,邀请江苏省委老干部局领导进行了离退休工作政策规定宣讲、加深对离退休工作政策规定的理解,提高了业务能力。(4)抓好安全生产。切实推进HSE管理,举办了安全管理培训班,请扬州市消防支队和局安全处专家,有针对性地进行了消防安全和交通安全知识培训,增强全员安全意识,提高本质安全技能;针对处里老、旧车辆多的实际,开展车辆使用维护状况评比,请专家现场讲评,选树典型,连年被评为油田设备管理先进单位;开展安全生产月活动,切实做好消防安全、交通安全及大型活动的现场安全工作,实现了安全生产季季挂红牌。(5)加强财务管理,严格执行内控管理制度。在经费运行上,严格审批、使用、核销制度,按照财务制度的要求规范操作,认真开展绩效考核,提高了综合管理水平。

(李雨春)

【关工委工作】 自下而上基本形成了以"油田关工委为中心,片区关工委为中坚,党支部关工委小组为主体,离退休老同志为主力"的横向到边、纵向到底的关心下一代工作网络。在加强对青少年队伍的思想道德教育、革命传统教育、技能知识教育搞好传帮带的同时,还深化打造"七个一"安全教育工程品牌活动,通过举办"七个一安全教育"成果展,引导在校学生给在岗职工写安全信、发祝福语等形式,老少合力,共筑安全大堤,进一步浓厚了"我要安全"的氛围。

(李雨春)

新闻中心

【新闻中心概况】 江苏石油勘探局新闻中心(简称新闻中心,对外保留“江苏石油报社”名称),是局属二级单位,设有编辑科、记者科、通联科、油田有线电视台、印刷厂、办公室、《中国石化报》记者站等科室和单位。中心共有职工64人,其中,高级职称16人,中级职称21人,初级职称8人。拥有固定资产原值672万元,净值169万元。2011年,新闻中心在油田党政的正确领导下,深入贯彻落实科学发展观,按照“高举旗帜、围绕中心、服务大局、改革创新”的总体要求,坚持“跟得上、贴得紧、拿得下”的工作方针,紧紧围绕“加快有效发展,构建和谐油田”主题和“精细管理、内涵发展”主线,大力唱响“埋头苦干创精细管理之先,团结奋进争内涵发展之优”主旋律,不断提高舆论引导的针对性、实效性和吸引力、感染力,较好地发挥了新闻媒体凝聚人心、鼓舞士气的作用,出色地完成了各项宣传任务,为油田的科学有效和谐发展提供了有力的舆论支撑。

2011年度工作表彰会 (潘月斌 摄)

(王业军)

【出版《江苏石油报》100期】 2011年,《江苏石油报》编发100期,共408个版面,发稿4365篇,其中,社内稿790多篇,通讯员稿3490多篇,中缝80篇。编发通讯员刊物《新闻桥》1期。在全国、省、石油石化行业企业报好新闻评比中,共有33件作品获奖,其中一等奖10件,继续走在江苏省企业报前列。2011年,《江苏石油报》获得中国石化企业报刊协会年度优秀报刊奖,被评为江苏省十佳企事业媒体。编辑部1人获中国石油记协“走基层、转作风、改文风”优秀记者编辑称号,2人获中国石化记协“百优编辑记者”称号。

(王业军)

【播出电视《油田新闻》149期】 2011年,油田电视台全年共制播《油田新闻》149期,《一周要闻》46期,《图文电视》52期,专题片5部,专访8次,现场实况录像6场次;播放党建教育片及各类知识讲座20部,播放文艺录像片1250集。油田电视台被评为全国最佳企业电视台、江苏省十佳企事业媒体。

(王业军)

【对外宣传】 2011年,《中国石化报》记者站全年向《中国石化报》投稿(含图片)210篇(幅),共约20万字,其中发表在各版头条的重要新闻34篇。此外,还分别在《江苏工人报》等新闻媒体上发表各类新闻稿件若干篇。油田电视台在《中石化新闻》中播出156条油田新闻,专题片10部。稿件质量在中石化系统名列前茅。《中国石化报》记者站连续第13年获得中国石化报优秀记者站称号。油田电视台连续7年被评为中石化优秀电视宣传报道单位,双双排在中石化媒体先进行列的第一方阵。

(王业军)

【印刷与文印】 印刷厂职工充分发挥主观能动性,圆满完成《江苏石油报》的印刷任务;面对社会印刷市场的激烈竞争,全厂职工团结一致,千方百计开拓市场,完成产值约183.3万元。文印中心4名女职工不怕困难,以优质服务争取客户,完成年产值120.3万元,双双完成承包指标任务。

(王业军)

【队伍建设】 新闻中心坚持业务研讨制度,以马克思主义新闻观教育引导广大采编人员,紧紧围绕油田勘探开发、增储上产和生产经营等中心工作大张旗鼓地宣传,为油田的夺油上产、和谐稳定建设营造有力的舆论环境。坚持每周一次的报纸、电视编前会制度,定期进行重点工作报道策划,确保突出重点,引导正确。为确保新闻的准确性,新闻中心采编工作实行逐级审查制度,从记者编辑,到总编,到中心领导,逐级审查,力求将错误控制在最低限度内。全年新闻重大失真及事故率为零,文字新闻差错控制在万分之二以内。针对报纸非日刊的实际,中心要求充分利用局域网这个平台,及时将重点新闻登录在油田信息门户网站,确保新闻的时效性。此外,一年来新闻中心注重加强了新闻策划,适时组织探讨重点稿报道,努力拓展稿件的广度和深度，做大新闻的影响力。2011年，以开展“走基层、转作风、改文风”活动为契机，进一步促进新闻宣传贴近实际、贴近生活、贴近群众，报纸电视约80%的稿件反映了基层一线的火热生活。采编人员深入基层、深入一线、深入群众，用脚丈量百里油区。报纸电视先后开辟了《唱响主旋律·建功“十二五”》、《为民服务创先争优》、《劳模风采》、《夜查同期声》、《我要安全》、《走进边远队站》等专栏，采编了大量鲜活的稿件，及时宣传和报道了油田干部职工夺油上产的热情和干劲，进一步激发了一线职工的生产积极性和创造性。

（王业军）

【精神文明建设】 2011年，新闻中心为了提高新闻宣传质量，针对队伍实际，采取多种措施，努力提高全体职工的综合素质。新闻中心党总支坚持用马列主义、毛泽东思想、邓小平理论、“三个代表”重要思想和科学发展观武装干部职工。同时，在全体党员中深入开展了“觉悟高于群众、技能高于群众、业绩高于群众，创一流工作水准”的“三高一创”活动；在全体职工中广泛开展以“工作反粗心、作风反浮躁，严守新闻工作者职业道德”为主要内容的作风建设活动，在新闻采编人员中广泛开展了“争当名牌记者、争做名牌编辑、争创名牌栏目”的“三争名牌”活动，确保了新闻中心工作的平稳顺利运行。2011年，《江苏石油报》编辑部被评为局双文明标杆队。1人获局优秀共产党员称号，1人被评为油田学雷锋先进个人。新闻中心第三党支部获局先进党支部荣誉，1人获油田优秀思想政治工作者称号。

（王业军）

庆祝建党90周年座谈会

（潘月斌　摄）

职工培训处

【职工培训处概况】 江苏石油勘探局职工培训处（简称培训处，对外保留“中共江苏石油勘探局党校”和“江苏油田技师学院”名称），分为扬州邗江老虎山、扬州江都邵伯、淮安洪泽三河3个教学基地（邗江区公道生产培训基地主体工程已竣工），是江苏油田党员干部教育、工人技能培训和职业技能鉴定的综合培训基地。培训处有全国计算机信息高新技术（CITT）考试站、中国企业远程培训示范基地、国家级焊培中心、江苏油田技师学院、江苏省计算机办公自动化考点、中国石化钻井液高级技师、中国石化油田企业班组长培训示范基地、一级建造师、施工企业项目经理轮训取证点、江苏油田安全培训中心、江苏油田井控技术学校、江苏油田HSE培训基地等资质。截至2011年底，培训处设有8个机关职能科室、8个专业培训部、4个教学辅助单位和1个后勤服务单位，教职工234人（含劳务工25人），其中专职教师99人，具有高级职称以上的46人，中级职称61人，初级职称27人。各教学基地分别拥有专业基本功训练场和图书资料室等。固定资产原值7085万元、净值5635万元。2011年，培训处全面完成集团公司和油田各项教育培训任务，经费控制在油田额定范围内，投资计划执行率、财务管理达标率、培训任务完成率、教学设备完好率、合同管理规范率均达到考核标准，全年安全挂红牌，精神文明建设、社会治安综合治理、用工总量、安全生产、环境保护、综合能耗、科技进步、计划生育均符合局考核要求。

（许乃华）

【培训教学任务完成情况】 2011年，培训处共完成554个班次、19315人次的培训教学任务。其中党校主体班26个班次计982人次；其他各类短训班354个班次计16221人次；研究生、本科及大专函授学历教育和技校班174个班次计2112人次，全面完成全年各项培训教学任务。在全局范围内组织实施了油田54个工种共计731人次技能鉴定及职业资格证书的办理；组织完成了技能鉴定、技能竞赛578人次的理论考试；组织修编包括12个工种40个技能操作项目和4000多道理论的试题库；组织完成65人次考评员培训及职业资格证书的办理，充实完善了考评员队伍，提高了鉴定服务能力，技能鉴定计划完成率100%。

（许乃华）

【教学与科研】 （1）2011年，培训处根据集团公司和油田教育培训工作要求，成立培训教育督导科，组建专兼职相结合的培训教育督导队伍，建立了培训教育督导分组工作机制，认真开展培训教学督导检查、评估评价工作。先后在中石化基层队（站）长等 3 个培训班中开展培训评估试点工作；组织专兼职培训教育督导员随机督导、随堂听课，听课覆盖 30 多人次，并及时向授课教师反馈听课意见；组织开展新教师集体说课、讲评活动，有效地促进了青年教师的成长。

（2）通过完善规章制度、细化工作流程、强化质量监督等措施，不断推进培训规范化管理。先后制定《短期培训学员管理规定》、《教师教学工作质量考核办法（试行）》等 10 余项规章制度。同时，按照规范化培训的要求，进一步加强培训需求调研、培训评估两个环节，重新建立培训需求调研、授课情况考核、培训工作测评等标准，对所有培训项目进行规范化管理，有效提升教育培训管理能力。在集团公司培训项目评估情况通报中，培训处 2009 年首席技师创新能力培训项目，被认定为集团公司优秀培训项目；集团公司井控培训资质检查与评估成绩名列前茅；省三级安全培训资质检查验收顺利通过，获得省三级安全培训甲级资质（3 年免审）；淮安市锅炉压力容器、压力管道焊工考试中心的复审工作顺利通过；在省技工院校教学管理规范检查验收中取得全省第四名的好成绩。

（3）教科研工作，注重教学与科研、理论与实践、目前与今后等相结合的方法，以应用、解决问题、管用为着力点，坚定科研兴处之路，坚持开门搞研究，丰富多种类型、模式、方法的课题研究载体，进一步提升课题研究水平，发挥教科研对培训教学的引领、促进作用。修订完善《教科研工作管理办法》、《教科研课题研究管理实施细则》等制度；组织两批申报课题立项论证工作，确立“职工培训处教师校本培训有效性实施的研究”等 9 个处级课题；承担校外 3 个课题（子课题）的研究；全年在研立项课题总数 21 个，再创历史新高。其中《采油（气）井控培训教材》课题成果填补江苏油田采油（气）井控培训教材空白，“万向偏心光杆密封盒”课题成果已申报国家实用新型发明专利。组织 2010 年度教科研课题成果评奖，进一步加大教科研成果管理和激励力度，使教科研真正成为培训教学创新的原动力、培训质量提升的助推器。

（4）按照油田党委要求，积极强化主题教育工作方面的研究，为“为民服务创先争优”活动、活力党建工作积极建言献策。重点加强“职工思想政治工作”、“密切党群关系”等方面的研究，形成相关论文成果 4 项，合计 3 万余字。其中，《新形势下密切党群关系的思考》一文在国家公开出版刊物《唯实》杂志上发表；《以密切党群关系为切入点提升党的领导能力》一文在江苏省领导科学研究建党 90 周年研讨会上交流发布，受到与会领导与专家的高度评价；《技术垄断：文化失范现象透视》一文在《环球市场信息导报》上发表。《充分发挥党校阵地熔炉作用、智力支撑油田科学和谐发展》获油田优秀政研成果二等奖。与党委宣传部、组织部共同主办了“构建和谐油田”、“党建园地”两张网页，年度共编辑、上传文章 610 篇，内容涉及党的路线方针政策、法律法规、领导讲话和油田党建、精神文明建设等诸多内容，在油田主题教育活动和基层党建工作中，发挥了教育引导、宣传发动和交流平台的作用。

（5）适应江苏油田教育培训工作的需要，2011 年新开发了“十七届六中全会精神解读”、“海权视野中的大国战略”、“‘七一’讲话学习宣贯”、“共产党的领导是历史的必然”、“科技论文写作”、“全员成本目标管理”、“国学与企业管理”、“加强文化建设 增强凝聚力”等共 20 多个教学专题，为油田 20 余个二级单位及处干班、科干班、基层干部班等不同层次的培训班授课 80 余场次，提升了油田干部职工的政治理论水平、专业技术知识和人文修养。编辑《探索与实践》（处刊）4 期，合计 25 万余字，与 70 余家培训机构进行刊物交流，扩大了培训处的知名度、美誉度和影响力。

（许乃华）

【师资培养】 通过校本培训、课题研究、高校进修、公开课观摩等途径，加速教师专业成长，提升师资队伍素质。先后选派 90 人次参加学院进修、资质培训、现场实习锻炼和业务提高等不同形式的学习活动；组织参加省、市级教研活动 3 次；组织处级观摩课 3 次、专题讲座 2 次；组织 10 名职工参加中级工及以上等级的培训和技能鉴定；组织 6 对老教师开展导师带徒活动，助推新教师快速成长。全年共有 8 名教师分获高、中、初级专业技术任职资格，其中 1 名教师成为“技师、高级经济师、高级实习指导师”的“三师型”教师，师资队伍结构得到了优化。全年在国家级刊物公开发表论文 30 余篇，其中《数学反思性教学的探索实践》一文，在省技工院校中心教研组数学分组主办的论文评比中被评为二等奖。

（许乃华）

【“三品工程”建设】 结合集团公司培训项目评估和江苏省高技能人才培养示范基地评估等相关标准，按照“三品工程”建设规划及时间进度，客观评价和分析建设现状与标准之间的契合程度（已达到、基本达到、有差距、差距很大），不断优化“三品工程”建设机制和建设体系，加强对“三品工程”建设的过程管理和阶段性考核，组织各品牌建设单位围绕“三品工程”建设过程中遇到的“瓶颈”问题，进行系统分析，给予针对性指导，逐一排除“盲点”，走出建设误区；组织参加省厅精品课程遴选推荐工作；组织江苏省技工院校专业带头人申报工作；组织 5 位名师培养对象参加集团公司《管理案例》、《井下作业工具》和《井下作业工艺技术》等相关培训教材的编写工作。

（许乃华）

【精神文明建设】 (1)2011年,培训处结合庆祝建党90周年和“为民服务创先争优”活动,在全体党员中开展宗旨教育及党史专题教育;深入学习贯彻胡锦涛“七一”重要讲话精神,深化唱响主旋律,提振党员干部昂扬向上的精神状态;切实加强和改进领导班子作风建设,认真落实廉洁从业风险管理要求,开展廉政风险评估,制定风险防控措施。根据处领导班子人员的变化,及时调整党风廉政建设责任区分工范围,组织党风廉政建设责任制执行情况专项检查考核;认真落实民主生活会、处务公开、干部选拔任用工作监督等制度,坚持用制度管权、管人、管事,努力打造作风扎实、廉洁高效团队。

(2)以“责任、潜力、办法”大讨论为抓手,以“比学赶帮超”工作为平台,认真做好“为民服务创先争优”活动的宣传、部署,精心设计实施方案,扎实推进活动开展。通过召开思想政治工作会,交流、表彰政研成果,激发广大职工用科学理论武装头脑,指导实践、推动工作;通过召开部分职工、劳务工、老同志座谈会,了解职工思想状况,多角度听取意见和建议,以改进工作方式和方法。

(3)对因病住院职工、军属、职工遗属走访慰问、高温慰问等368人次;按期为180多名离退休职工、150多名职工家属发放非生产性福利;及时办理申报职工及职工家属大病救助;积极稳妥地完成了150名劳动家属参保工作;继续落实职工带薪年休假、职工常规体检、女职工妇检、职工疗休养、生活补贴发放、旅游景点年票办理等工作。工会、共青团、女职委等群众组织围绕中心、服务大局,因地制宜地组织开展庆祝建党90周年、三八国际妇女节、迎新年联欢等系列活动,使全处职工奋发向上、和谐稳定的氛围更加浓厚,加快发展的信心更加坚定,有力地推动了各项工作目标的顺利实现。

(许乃华)

【基础设施建设】 按照集团公司统一部署和安排,完成了远程培训视频直播教室和课件制作室的建设工作,并已开通运行。目前江苏油田远程教育培训系统注册、学习的人数已达2000多人,此项工作受到了中国石化远程教育培训中心的肯定。完成了扬州老虎山基地大门及配套、教学楼改造等8个维修大项目及其他零星维修项目,提高和改善了教职员工办公、学习、生活的环境。公道生产培训基地,按照“技能大赛赛场、生产单位练兵场、技能鉴定考场、教学单位教学场、大型井控演练场”五位一体功能定位进行建设。办公楼、教学楼、公寓、食堂、浴室等主体工程均已封顶并装修结束,相关配套建设正按计划进行。基地建成后,全油田所涉及单位均将受益。学校的办公、办学条件将得到进一步改善,钻井、井控、司钻、消防、HSE、硫化氢防护技术等石油主专业及安全类培训的条件将得到进一步改进和提升,所承担的集团公司钻井液、钻井地质高级技师等技能类高层次培训项目的教学设施条件有望得到提高和完善,其区位优势得以彰显,培训功效得以发挥。

(许乃华)

【获得荣誉】 2011年,培训处先后获中国石油大学(华东)远程教育先进单位、十年最佳合作单位、招生先进单位,江苏省技工院校教学管理示范院校、江苏省技工院校开展社会培训工作先进单位等12项省、部级及局级称号,有4个基层单位分别获局级先进党支部、双文明标杆队等称号,有34人次分别被授予石油大学远程教育十年突出贡献个人、省委党校系统“优秀教师”、局级优秀共产党员、优秀党支部书记、优秀教师、优秀教育工作者称号和荣立一、二等功。

(许乃华)

真武管理服务中心

【真管中心概况】 真武管理服务中心(简称真管中心)设在扬州市江都区真武镇。主要担负真武矿区生活后勤管理服务等工作。真管中心机关设中心办公室、财务科、经营管理科、劳动人事科和生产协调室(安全科)等科室。下设物业管理站、生活服务站、基建管理站、供热供气站、综合管理站(房管所)、净水站、一厂幼儿园、油田二幼等8个基层单位。截至2011年底,真管中心在册全民职工275人,其中离岗休养147人,劳务用工37人,干部85人(包括处级6人,科级21人),中级职称41人,高级职称6人,党员127人(其中协解党员27人);拥有固定资产12984万元,净值9345万元。主要设备为锅炉房2座(锅炉11台:8吨3台,4吨8台),日处理能力为5000立方米污水处理总站1座、污水集输站2座,提升泵站12个及其他辅助设施。

(施建华)

【任务及指标完成情况】 2011年,真管中心以优异成绩顺利通过集团公司创建“文明示范和谐小区”复评;保持集团公司文明和谐示范小区和扬州市“文明社区”称号;全年共处理污水112万立方米,清理污水含泥450余吨;提供就餐服务3.1万人次,公寓服务3.1万人次;换液化气1.8万瓶;环卫保洁13.5万平方米,绿化面积4.6万平方米,清运垃圾2500立方米;采暖、物业收费率达到95.3%,超出局核定指标3.3个百分点;

服务满意度4个季度均位列“A”档，获油田“比学赶帮超”7面红旗；安全生产季季挂红牌，环境保护、职业健康达到考核标准；足额上缴折旧费，固定资产保值率100%；设备综合管理内部考核合格率95%；内控制度执行率100%，合同管理规范率100%，物资需求计划执行率100%，规范用工管理执行率100%；投资规模控制率100%，项目完成率100%，质量符合率100%；综合能耗控制在局规定的范围之内，同比节约1.62%。精神文明建设、社会治安综合治理、计划生育等方面都达到了油田专项考核要求。再度被评为油田双文明先进单位，陈宁当选为油田劳动模范。安全生产、节能管理、计划生育、锅炉房达标创优等工作均获油田先进称号，全年获油田劳动竞赛优胜单位流动红旗2次，1项管理成果分获中国石油、中国石化管理现代化创新成果三等奖，1项政研成果获油田二等奖。

（施建华）

【做优服务工作】 2011年，真管中心创新服务载体，优化服务流程，丰富服务手段，做到服务居民真心实意，服务主业全心全意，服务民生一心一意。在职工中开展“责任、潜力、办法”大讨论。承担了钻井真武住宅区、一厂办公区的日常维修工作。巩固物研院食堂服务工作，通过增加花色品种、精打细算降成本，使就餐人数较过去增加了5倍，受到了该院职工、家属的好评。优质安全地承接了集团公司井下作业工技能大赛餐饮服务。组织文艺宣传队赴高杨、真富产能建设项目组慰问演出，为油田增储上产服务。拓宽服务载体，设立便民粮店，解决居民补助粮的领取和保存困难。信访接待工作关口前移，在小区设立信访接待室，及时化解纠纷125户次，为居民解决各类困难486户次，保障了家属参保等特殊时期的社区稳定。设立人口家庭文化屋，流动人口计生工作由重管理向重服务延伸。以第二届居民文化节为载体，开展为孤寡老人写春联、居民自养花卉展评、红色电影放映周、摄影美术展等文化活动12场次，做到日有健身舞会、月有文化活动。结合重大纪念日开展了学雷锋广场服务、建党90周年广场红歌会，“11·9”广场消防演练等活动6场次。

（施建华）

文明和谐示范小区复查汇报会 （王博爱 摄）

【矿区建设】 2011年，真管中心努力把民生工程建设成廉洁工程、优质工程、惠民工程。用心优化方案，按照投资不超、满足需求的原则，通过现场查看优化设计方案，召开矿改居民座谈会，不断完善设计方案。建立动态测算投资设计方案体系，确保方案切合实际、利于投资，使居民满意。建立了矿改月度协调会制度，及时化解施工中的矛盾，保证了安全、有序、高效地完成矿改任务。结合冬季供暖时节，优先解决地埋管线刺漏的“多发病”，缓解了供暖维修压力。用力破解难题，经过两个半月的细致调查、耐心解释、科学组织，基本解决了大坝小平房的安全隐患问题，在国庆前顺利完成了涉及11个二级单位26户居民的搬迁与拆除工作。加快“两堂两室”建设，积极与设计方沟通协调，增加蒸汽供热流程，解决地热资源不足的难题。

（施建华）

【人才培养】 2011年，真管中心以岗位建设为核心，以业绩贡献为导向，不断加强“三支队伍”人才建设，做到感情留人、待遇留人、培训育人、文化聚人。树立新理念，为人才成长“定调子”。本着人力资源是企业科学有效和谐发展第一资源的指导思想，把“人才是第一资源”、“人人皆可成才，个个都是人才”和“人才支撑发展，发展造就人才”的理念真正落到实处。构建新机制，为人才成长“铺路子”。认真落实《江苏油田人才成长通道建设实施方案》及配套办法，建立了经营管理、专业技术、操作人员的人才队伍职位序列。搭

首期声乐、舞蹈培训班 （王博爱 摄）

建新平台,为人才成长“搭台子”。全面推进思想素质、文化素质、技能素质培训,扎实开展了“业务大培训、岗位大练兵、技能大比武”活动,通过集中授课促进学、典型示范引领学、互助共进结对学、政策保障激励学等手段不断提升员工综合素质。成功举办了第四届技能大赛,创历次技能大赛参赛人数最多、参赛工种最多、参赛项目最多的纪录,营造出“比学赶帮超”的浓厚氛围,“精一懂二会三”的复合型人才逐年增加。

(施建华)

【“三基”工作】 2011年,真管中心结合集团公司文明和谐示范小区创建验收标准、局达标创优考核标准,对《基层综合管理考核办法》进行必要的调整,设置了党群、HSE、综治、经营、人力资源、财务、物资设备等7个方面的考核体系,合理界定考核评价标准,实现了一个标准支持多个专项检查考核的工作目标。举行了“制度——让行为更规范”的管理制度知识竞赛,有力地促进了广大干部职工学制度、守制度的自觉性。完成了5项承接类制度、28项自主类制度的标准化改造工作。开展全员质量培训,召开了首届QC成果发布会。规范合同管理,规避法律风险,完成了合同管理的信息化上线准备工作。全年有两个基层单位通过油田“达标创优”优胜队验收。完善了设备现场管理考核细则,自上而下地进行量化考核。组织人员对所有在用设备进行了逐台鉴定,编制了设备更新改造方案,制定了“三规程一图表”操作标准。坚持开好每天5分钟班前班后会,做到上道工序为下道工序负责。

(施建华)

【安全环保工作】 2011年,真管中心持续深化“我要安全”主题活动,进一步落实安全环保责任制,加强作业场所监管,深化“生命最可贵,安全是保障”的安全文化建设,有力地提升了本质安全水平。在“我要安全”主题活动中,认真开展安全隐患排查工作,组织HSE风险识别,查找身边“十大薄弱环节”,从人的不安全行为、物的不安全状态、环境的不良因素和管理的缺陷等方面查隐患,提出了改进措施和建议。关注职工身心健康,组织了275名在岗职工职业健康体检。强化清洁生产,生活污水处理外排达标率>96%,外排废水COD含量同比降低3%,新鲜水用量同比下降3%。组织对辖区内88栋居民住宅楼的房檐、墙面、自行车棚支架等公共设施逐一进行检查,及时整改,消除隐患。在各小区宣传防洪防汛知识,协助居民清除摆放在阳台上的物品,提高小区居民的安全防范意识。加强公共场所的安全管理。落实油田70岁以上老人免费洗浴惠民政策,制定了身份登记、家人免费陪护、洗浴时间提醒、保健医生值班等制度,保障了老同志的人身安全。严格执行“三特”期间领导带班制度、值查夜查制度、安全承包点制度。加强安全培训工作,先后举办了防硫化氢气体中毒、多用气体检测仪的正确使用、正确佩戴空气呼吸器、职业卫生和食品卫生知识等方面知识讲座;建立HSE观察卡,推行“七想七不干”安全提示卡,提高了人的本质安全水平。两所幼儿园顺利通过了扬州市“A”级食堂验收,被评为“食品安全A级信誉度单位”和“餐饮安全示范单位”。

(施建华)

【精神文明建设】 (1)2011年,真管中心深入开展创先争优活动。以纪念建党90周年为契机,围绕“责任、意识、办法”大讨论,围绕“爱岗敬业、优质服务”主题,着力在机关服务基层、干部服务职工上塑造为民服务的新形象。围绕党员自主管理目标,着力在制度规范化、管理精细化上探索基层党建的新途径,有效发挥了党支部的战斗堡垒作用和党员的先锋模范作用。围绕党风廉政建设任务,扎实开展廉洁从业风险管理工作,切实增强党员干部的廉洁从业意识。积极探索党建工作服务油田发展大局,引领和谐社区建设的新途径,结合小区管理与服务的工作实际,按照党建工作向小区延伸,向楼栋辐射的工作思路,成立了油田首家“社区党员服务站”。通过搭建平台,让小区党员“聚”起来;创新载体,让党旗在小区“飘”起来;规范体系,让小区党建阵地“建”起来;示范引领,让小区党员“活”起来。社区党员在创先争优中广泛开展了“做一件好事、献一份爱心、尽一份义务、提一个良策、树一面旗帜”活动,社区党员服务站在文明创建中发挥了积极的作用,中国石化新闻和油田电视台对上述做法进行了深度报道。(2)中心坚持开展劳动竞赛、合理化建议活动,广大职工围绕精细管理、做优服务、安全生产、节能减排等方面献计献策,全年共收集合理化建议67条,采纳实施28条,取得了较好的经济效益。在劳动竞赛活动中,先后有2人和3个集体荣立局二等功,46人和28个集体荣立三等功。(3)深化厂务公开,强化民主管

庆祝建党90周年系列活动 (王博爱 摄)

理,维护了职工合法权益。(4)中心团组织团结带领团员青年积极开展“建功‘十二五’、青春做奉献”活动,被评为“五四红旗团组织”。女职委积极推进女职工素质提升活动,12 年保持了油田人口与计划生育工作先进单位称号。

(施建华)

邵伯管理服务中心

【邵管中心概况】 邵伯管理服务中心设在扬州市江都区邵伯镇(简称邵管中心),主要担负邵伯、宜陵矿区的生活后勤服务、矿区管理以及全油田生活用液化气的充装、销售等任务。邵管中心机关设办公室、财务科、劳动人事科、安全环保科、企业管理科、协调管理科等科室。下辖物业管理站、供热服务站、邵伯紫京饭店、液化石油气供销站、基建维修服务站、江苏油田第一幼儿园、污水处理站、宜陵物业队等 8 个基层单位。截至 2011 年底,邵管中心固定资产原值 17426 万元,净值 11704 万元。共有全民在册职工 321 人,劳务工 38 人,其中女职工 175 人,35 岁以下 32 人,干部 84 人(不含全休人员)。大专以上文化程度 111 人;有专业技术职称的 72 人(不含全休人员,不含劳务工),其中初级职称 29 人,中级职称 32 人,高级职称 11 人。有党员 210 人,其中在职党员 112 人,非在职党员 98 人(含家属党员 15 人)。

(殷 莲)

【任务完成情况】 2011 年是邵管中心的“充实加强年”,扣除局认可因素后,总成本费用控制在局核定范围内;服务质量考核四个季度均获 A 档;全年无上报事故,四个季度考核均挂红牌;设备综合管理合格率 92% 以上;精神文明建设、环境保护、社会治安综合治理、计划生育等专项指标达标。全年共处理污水 80 万立方米,供暖面积(含办公区)54 万平方米,环卫保洁 24 万平方米,绿化面积 19 万平方米。公寓服务 27010 人次。清运垃圾 1800 余立方米。为居民提供维修服务 508 项次。调解居民纠纷 30 起。2011 年,中心获得局财务决算、设备管理、内控管理、消防安全管理、通讯报道(报纸、电视)、人口和计划生育、创建“文明信访接待室”等先进单位称号,获局第十二届技能大赛优秀组织单位奖、建党 90 周年歌咏比赛金奖、局会计特色管理工作一等奖、局会计基础资料展评二等奖等,一幼 10 篇论文获省学前教育学会表彰。液化气站获得扬州市燃气行业先进单位。服务满意度考核达 A 档水平,收到表扬信 48 封。

(殷 莲)

【社区创建】 邵管中心以“家文化”理念建设社区新家园,全面推进文明和谐示范小区创建工作。(1)把“每一次服务都是一个微笑,每一项工作都是一个满意,每一回用心都实现一个惊喜”作为新的服务承诺,把“做居民的知心人”作为新的服务定位,履行好“管家”的责任。细化“1234”服务体系、“五心”工作法等,做到“零打扰”服务为民,“一站式”服务利民,“金钥匙”服务便民。(2)在物业管理中首次推行 QHSE 管理体系,组织 QHSE 体系文件的发布和内审员培训,完善、补充规章制度和服务规范,在服务中提供规范,在服务中检查规范。(3)建立特殊困难、特殊需求家庭帮扶平台,搭建民情采集点、民意代言人、民情恳谈会、民间评议组“四民”载体,健全民意受理、回应、监督、推进机制,组建 120 余人的建家、爱家、管家、兴家骨干居民队伍,促进企民共治管理、居民自治管理。(4)举办社区广场晚会、庆祝建党 90 周年红歌赛,开展红色影视作品进社区等活动。积极创建无毒社区、平安社区、交通安全村,构建社区民警、治安经警、小区居民全方位、全天候的社区防范格局,当好社区建设的勤务员、上传下达的信息员、解难帮困的服务员、邻里互助的联络员、矛盾化解的调解员、文明新风的倡导员,建设“文化认同,邻里融洽,环境优美,和谐安定”的新型社区。2011 年,邵伯石油新村小区被评为中石化文明和谐示范小区,并分别在中石化、油田文明和谐示范小区创建工作总结会上作典型发言,顺利通过了中石化专家组的复评估。

(殷 莲)

【细节管理】 以细节管理推动精细管理,持续加强企业管理工作。按照“查出一个问题,规范一个细节,完善一项制度,推进一项工作”的新要求,通过排查细节、规范细节,将精细理念渗透到经营、服务和管理的各项环节中。(1)印发《关于深化细节管理工作的通知》。通过对基本现场、基础资料、基本功训练这一新“三基”的加强,为精细管理奠定了坚实的基础。全面推行“5S”现场管理、现场状态定置管理,通过规范动作与示范效果的照片留影对照以及可视化的流程和样本,巩固现场管理效果。(2)组织“大整改”强精细责任。开展“我的岗位操作精不精准,我的服务流程到不到位,再完善再提高的措施是什么”大排查大整改活动,共排查出 98 项业务流程或操作环节、487 个步骤的岗位细节,并通过实践、分析、改进形成文本化操作规范。针对少数干部职工中存在的“粗、虚、飘”现象,组织开展

污水处理站摘得中心首面管理红旗

（殷　莲　摄）

“强化责任落实意识”主题活动，在明责、履责、问责中强化“我的岗位我负责，我的操作我尽责，我的服务我有责”的责任意识；深入开展“达标创优”工作，遵循达标创优“一站一标”思路，完善、调整“达标创优”考核内容和考核办法，实施“四律四督”机制，使日常考核与建章立制相结合、与整改问题相结合、与奖优罚劣相结合，努力做到“每个细节有规范，每个规范有落实，每个落实有考核，每个考核有兑现”，有3个基层队达到了局优胜队水平。

（殷　莲）

【降本增效】　以新模式保驾经济运行，进一步显现降本增效成果。面对多年来持续加大的成本费用压力，牢固树立“三个一切”的理念，即：一切成本费用都可控、一切支出都可再压缩、一切创收市场都可再开拓，向内强化管理降成本，向外紧盯市场求开拓，进一步提高了经济运行质量。推行“两全两比”全员成本目标管理，采取单位自评、基层互评、科室讲评、财务点评、领导总评的“五评法”，召开经济效益分析会，实施经济运行“三重并进考核法”，编制《2011新版内控实施细则》，进一步提高了风险管控能力，中心财务工作连续10年被评为局财务管理先进单位。邵伯紫京饭店荣膺三星级旅游饭店。

（殷　莲）

【安全管理】　大力推进“从文字向文化转变、从挂在墙上向印在脑中转变、从被动执行向主动管理转变”的“三个转变”。深入开展“我要安全”活动，坚持“两书一表”制度，积极推行HSE观察卡、“七想七不干”提示卡。开展新入厂员工三级安全教育。开展边缘安全隐患及“十大薄弱环节”排查工作，逐步创立“我管安全”的良好环境。完善应急预案和预案演练机制10项，各

物业管理站QHSE管理体系文件发布会

（殷　莲　摄）

单位组织实战演练41次，健全职业健康档案4个，油田一幼创建并通过江苏省A级食堂验收。

（殷　莲）

【党群工作】　（1）组织党支部工作擂台赛、党支部亮点做法展示赛、党支部园地评比赛，促进党支部工作的规范化。广泛实践基层党建“5＋1”精细工作法、“三多”兴趣党课模式，促进党建工作的精细化。全面开展党员自主管理工作，及时修订了党员自主管理4套考核细则，以“精细管理，规范操作”旗帜、“落实关爱，服务居民”旗帜、“我要安全，责任在我”旗帜、“降本节费，挖潜增效”旗帜、“文明新风，无私奉献”旗帜的“五面旗帜”选树为抓手，深化“比学赶帮超”、“为民服务创先争优”活动，形成中心、系统、单位、班组、岗位5个层面的创先争优承诺并汇编成册。编发战报38期，被局创先争优简报录用4篇。党建与思想政治工作经验在油田政工会、党委书记汇报会上交流，“为民服务创先争优”活动在油田现场会作经验介绍。

（2）组织召开中心第七次政工会，总结两年来思想政治工作的新做法新经验，有18篇政研成果在会上交流，其中两项成果分获局党建、工会学组一等奖。

（3）运用廉政短信、参观警示教育基地、组织基层支部互上廉政党课、制定党风廉政建设责任书和廉洁自律承诺书、党风廉政建设宣教月等多种形式加强廉政建设。开展廉洁从业风险管理工作，查找风险点206个并分别确认风险等级，制定防控措施226条。

（4）公开油田、中心层面业务81项。开展群众性经济技术创新活动，产生了5个操作法和2个管理法。中心开展了第九届“满意服务杯”职工排球赛。团总支开展了团员、青年“三比三学三赛”等活动。

（殷　莲）

【队伍建设】　以开展第四届职工技能大赛为手段，大

力开展全员培训、岗位练兵活动，年培训职工 660 人次，共有 8 个工种 162 人参加了技能竞赛，涌现出 8 名处级技术能手、16 名技术标兵，该次大赛活动不仅规模最大、准备最充分，而且还创造性地将队容队貌作为技能大赛的比赛项目，此举提升了员工的技能素质，培育了员工的良好士气。油田一幼加强保教人员的培训，为此他们获得了扬州市第六届幼儿园优秀教育活动一等奖的荣誉。开展全员绩效考核，畅通经营管理、专业技术、技能操作三支人才队伍的成长通道，彰显个人价值。

（殷　莲）

【信访维稳】 持续落实“关爱”理念，以 A 类标准规范信访稳定工作。中心先后探望、慰问患病职工 68 人，慰问特困户 137 户，保持了托管群体稳定的态势。完成 284 名家属参保工作。在薪酬调整工作中，积极做好政策解释工作。

（殷　莲）

扬州管理服务中心

【扬管中心概况】 扬州管理服务中心（简称扬管中心）成立于 1999 年 4 月，2000 年 3 月正式挂牌，负责管理扬州基地范围内生产、科研、生活场所以及各种配套设施，服务对象为油田机关、地质科学研究院、石油工程技术研究院、勘察设计研究院、离退休职工管理处等单位和扬州基地居民，负责扬州基地办公区和生活区的水电转供以及居民的热水、暖气和办公区冷气供应等。扬州石油新村占地面积 18.6 公顷，建筑面积 15.6 万多平方米，小区绿化面积为 11 万平方米，共有住户 1741 户，居民 5500 多人。自 2006 年以来，小区分别获得“全国物业管理示范住宅小区”、“江苏省园林式单位”、“扬州市文明社区”等荣誉称号，办公大楼被江苏省建设厅授予“江苏省物业管理优秀大厦”称号。扬管中心为局属二级单位，有正式职工 151 人，在岗正式职工 146 人，其中男职工 55 人，女职工 96 人。党员 109 人。中心下设 5 个基层单位，机关 5 个科室。2011 年，中心全体干部职工大力唱响“埋头苦干创精细管理之先，团结奋进争内涵发展之优”主旋律，坚持把“四精五细树样板、凝心聚力促和谐”主线贯穿于全年工作始终，扎实开展“为民服务创先争优”和“五比五促”活动，精细管理稳步推进，优质服务持续提升，和谐建设卓有成效，保障能力得到加强，两个文明协调发展，圆满完成了全年各项目标任务。

（李　兵）

新型人口文化宣传月活动　（崔培耕　摄）

【提升服务质量】 2011 年，扬管中心以“为民服务创先争优”活动为抓手，创新服务方式，丰富服务内涵，增强服务效果，坚持创新服务方便人，真心服务拉近人，真情服务感动人的理念，不断提升服务质量。

（1）以高起点规范服务工作。一以贯之江苏省物业管理三级标准和集团公司文明和谐示范小区创建标准，使“四精五细”服务理念深入人心。实行客户服务 24 小时值班制、限时承诺制，服务效率明显提升，各种报修、投诉问题得到了快速解决。全年共完成各项维修任务 5207 项，其中办公大楼维修 915 项，小区住户维修 3369 项，公共部分维修 923 项，维修合格率达 100%。

（2）以新亮点提升服务质量。大力推行一站式、首问负责制和便民服务，减少办事环节，提高服务效率。完善电话、走访服务回访机制和电话预约、上门收费便民机制。设立了便民服务站，在办公区摆放“便民服务雨伞”，为 150 名老同志申领发放了尊老金，办理敬老优待证 70 份，协调邻里纠纷 35 次。

（3）以关注点突破服务瓶颈。根据扬州市出台的社区宠物管理规定，进一步规范了小区宠物饲养行为，宠物扰民现象得到了有效缓解。严格加强车辆管理，根据居民意见和建议，制定了新增车位租用权获取实施方案，做到了公开公平公正。规范车辆进出通道，新增交通标识，实行车辆登记制度等，小区车辆管理井然有序。

（李　兵）

【强化精细管理】 坚持以“比学赶帮超”、“达标创优”工作为抓手，通过“建标、对标、追标、创标”，强“三基”除“四害”，精细管理得到进一步深化，管理水平得到较大提升。

(1)HSE管理深入推进。认真开展查找身边“十大薄弱环节”活动，全年共进行7次全面及专项的HSE检查，排查隐患29个，整改26个，对一时不能整改的问题，均采取了防控措施，进一步削减了HSE风险。强化节能降耗，严格控制能耗的过快增长，加强数据分析，改进工艺流程，与2010年相比，全年共节约蒸汽400余立方米，节约水2.7万立方米，节约电23.6万千瓦·时。同时加强质量、计量和水务工作，荣获局质量管理先进单位称号。

(2)经营管理有效提升。坚持公开、公平、公正，规范运作外委项目，认真执行合同管理制度，合同管理规范率100%。财务管理全面加强，规范了财务核算。量入为出、统筹兼顾，合理安排各项资金收支。持续推进全员成本目标管理，财务管理水平稳步提高，获得江苏油田“财务决算先进单位”、“第三届会计知识大赛优秀奖”等荣誉称号。

(3)队伍建设卓有成效。在班组广泛推行“一周一题，一题一练”活动，培养“精一会二懂三”的技能人才。培训新职工、转岗职工20名，对11名新职工采用“师徒结对”形式，促进了新职工更快适应岗位的需要。开展多形式、多层次的技术比武，实现了职工技能水平的普遍提高。积极构建选人用人工作机制，完善三支人才队伍成长通道，使队伍的凝聚力进一步增强。

(李 兵)

【和谐社区创建】 2011年，扬管中心着重在加强社区管理、完善基础设施、保障居民生活、营造文化氛围上下功夫，着力打造管理有序、环境宜居、平安稳定、文明祥和的示范小区。

加强治安 (崔培耕 摄)

(1)环境整治有了新面貌。针对小区供暖和污水管网老化导致的渗漏严重、资源浪费、影响供暖效果等问题，对供暖和排污系统进行部分改造。大力开展小区亮化美化工程，集中开展居住环境的整治工作，粉刷了楼宇外立面，清理了楼道杂物，清除了私搭乱建。强化绿化养护工作，加强日常绿化养护，针对背阴处草坪退化问题，补栽补种草坪2000平方米，小区环境更加怡人。

(2)平安稳定有了新局面。坚持把安全作为和谐创建的基石，积极打造平安小区。加强与楼栋长、普通居民的日常交流，宣传防盗防骗常识。完善人防、技防、协防网络，严格领导干部值查、夜查制度，加大巡逻力度，发挥义务巡逻队作用，实行多点防控，确保一方平安。坚持把稳定作为和谐创建的抓手，强化维稳责任，畅通舆情反馈。加强对保安人员的接待、巡逻和身份识别能力的培训。

(3)文化建设有了新提升。围绕建党90周年主题，以红色文化为主线，开展了“唱红歌、颂新风、促和谐”社区文化活动。组织开展建党90周年党史知识竞赛，有356位小区居民参加了竞赛答题。播放红色电影31部，受到了小区居民的称赞和欢迎。与扬州广播电台联合举办了“红歌进社区”活动，将油田文化通过电波传到了千家万户。与离退休职工管理处联合举办了“庆六一老少同唱红歌”广场音乐会，丰富了小区居民的业余文化生活。

(李 兵)

【党建和思想政治工作】 2011年，扬管中心深入开展创先争优活动，扎实有效地推进基层党支部建设和党员教育管理工作，使党支部的战斗力不断增强，党员干部的整体素质不断提高，为完成全年各项任务提供了有力的思想和组织保障。

(1)党建和思想政治工作全面深化。深入开展“为民服务创先争优”活动，大力加强基层党支部建设，通过支部工作交流、党支部书记例会等方式，增强支部工作的针对性和有效性。加强组织发展工作，党员和入党积极分子队伍不断壮大。加强思想政治研究，积极参加局政研论文交流，获得局三等奖。召开中心党建研讨交流会，交流政研成果10篇。党风廉政建设持续加强，认真落实党风廉政建设目标责任制，完善谈话制度，严格执行“三重一大”制度。开展廉洁从业风险点查找，组织中心党员领导干部到扬州廉政警示教育基地接受反腐倡廉教育。

（2）群众工作卓有成效。大力开展劳动竞赛、合理化建议、女职工素质提升工程、巾帼示范岗、青年文明号等一系列活动，充分调动了广大职工群众的生产积极性和劳动热情。积极开展扶贫解困送温暖活动，帮助困难职工解决生活中遇到的实际困难。加强对职工的人文关怀，全年共为员工送生日蛋糕152份，发放电影券320张。组织开展排球、篮球、歌咏比赛等丰富多彩的文化体育活动，丰富了职工群众的文化生活，队伍的向心力和凝聚力进一步增强。

（李　兵）

矿业开发总公司

【矿业开发总公司概况】　江苏油田矿业开发总公司（简称总公司），是具有独立法人资格的江苏石油勘探局所属全资子公司。行政上为局属处级单位，经济上实行独立核算、自主经营、自负盈亏。总公司机关设在扬州市，下设11个科室：综合办公室、党委办公室、纪检监察科、工会办公室、人力资源科、财务资产科、生产技术科、安全环保科、海外事业管理科、企业管理科和内控办公室。总公司下属二级法人企业2个：扬州福力特油脂油品厂（江都注册）、江苏利源实业有限公司（淮安注册）；下属非法人单位11个：邵真分部、黄珏分部、金洪分部、综合服务分部、新疆分部、哈萨克斯坦项目部、叙利亚项目部、盐硝分公司、地热分公司、天然气分公司、机电分公司。全公司共有从业人员2012人，其中全民职工总数469人，劳务用工1478人，非全日制等临时工65人。其中全民职工现有干部196人（含借调18人），高级职称34人、中级职称70人、初级职称58人。专业从事低产井捞油及石油工程技术服务的有6个生产单位：邵真分部、黄珏分部、金洪分部、综合服务分部、新疆分部和哈萨克斯坦项目部。

（陈增顺）

【经营指标完成情况】　2011年，总公司大力唱响"埋头苦干创精细管理之先，团结奋进争内涵发展之优"主旋律，全力贯彻"立足资源、服务油田、拓展西部、走向海外"发展思路，坚持有所为有所不为方针，持续优化产业结构，大力加强基础管理，全年实现劳务收入4.56亿元，同比增长24.6%，首次突破4亿元大关；净利润260万元，完成局计划的130%，经济规模和经济效益再创历史新高。全面超额完成了局下达的各项任务指标，连续四个季度获油田劳动竞赛流动红旗，获油田环境保护先进单位、双文明标杆单位等荣誉称号。

（陈增顺）

【主营核心业务】　（1）捞油产量：坚持精打细算捞油、精查细找老井、精雕细刻老区、精耕细作注水原则，在小断块上做出了大文章。江苏油区共采捞油5.26万吨（含难采储量合作开发1.05万吨），超额完成产量指标，连续7年稳产5万吨以上。一是勤捞多捞、斤油必

建设中的元明粉项目工地　　（陈增顺　供稿）

争，捞油产量稳中向好。二是精耕细作、精细管理，开发水平不断提升。进一步深化油藏认识，扩大技术攻关，完善注采井网，保持了地层供给能力，持续实现稳产。自沙14和沙30块合作开发以来，已累计产油8.05万吨，取得了较好的经济效益。三是精查细找、精益求精，滚动接替呈现亮点。细化老井措施挖潜，全年共实施措施增油17井次，增油8956吨。

（2）硝水外输：积极探索科学开采模式，严格执行配产方案，加强设备维护保养，加强油地和上下游企业信息交流，精细各生产井的维护，确保了开采工作稳步进行。全年外输硝水浓度保持在260～280克/毫升，满足了外销的品质需要。共外输标准浓度硝水76.5万立方米，比去年同期增产20%；实现收入1960万元，同比增加36%，硝水开发取得量质齐升的新业绩。

（3）元明粉项目：作为集团公司的限上项目，油田芒硝矿藏资源产业链的重要延伸，项目组严抓质量、严控进度、严把安全、严控投资、严明作风，确保项目准点安全廉洁高效运行。元明粉厂区硝盐车间、热电主厂房、化学水处理间、干煤棚及输煤系统等主体工程已施工完毕并通过验收；非标设备吊装、调试进展顺利；辅助工程建设同步推进；相关岗位人员的招聘和培训工作提前进行，共招收大中专毕业生、社会熟练工、油田技校生和子女工133人，为项目准点投产奠定坚实基础。

(4)地热项目:圆满完成了2010年冬季供暖任务,对地热井进行了措施作业,对供暖设备进行了更换维修,确保了2011年冬季供暖准点运行,服务质量稳中有升,共创收300.5万元。

(陈增顺)

【石油工程服务】 (1)域内作业市场:以服务油田、强化保障为己任,发挥特色优势,主动出击,形成了常规作业稳中有进、带压作业能力提升的崭新格局。在常规作业上,作业现场管理和施工质量进一步提高,作业一次成功率99.5%。在带压作业上,带压技术水平进一步提升,刷新带压冲砂井段最长纪录、带压施工井深最深纪录、油井带压施工压力最高纪录等多项带压作业施工纪录,首次实现带压填砂施工作业、带压挤灰封层作业、带压钻灰作业等。域内作业市场共完成常规作业394井次,劳务收入4695万元,同比增长35.5%;带压作业39井次,劳务收入1250万元,同比增长68.92%,成为服务油田的一支重要保障力量。

(2)域外新疆市场:克服了甲方定额低、员工流失快、新工素质杂、自然环境差等实际困难,稳固发展代运行服务市场,做精做强抽汲捞油市场,积极拓展外围市场,加强基础管理、完善"三式管理"、规范制度管理、严格降本增效、强化安全生产。加大与甲方领导的沟通,争取各项服务及定额补差358.8万元,加强市场开拓过程中的经济分析,争取到更多更好的劳务工作量,塔河3个采油厂、完测测试中心等成熟市场工作量稳中有升;雅克拉采气厂等新兴市场抽汲、检泵业务取得进展;玉北片区、塔中片区等塔河油田外围市场开拓迎来曙光;天然气压缩回收等潜在市场进展顺利,市场结构进一步优化。全年完成各类劳务收入10073万元,首次突破亿元大关,再创新疆市场新辉煌。

(3)海外市场:哈萨克斯坦项目克服了恶劣天气频发、公共安全形势严峻、捞油井资源不足、合同价格下降等困难,迎难而上,艰苦奋斗,共捞油2.06万吨,抽排清蜡145井次,均创历史新高。经过多方斡旋,顺利取得肯基亚克区块2012年捞油合同,项目保持平稳运行。经过初步协商谈判,与肯基亚克油田附近的KMK公司达成捞油意向,2012年有望开始合作。叙利亚项目在局外事办的大力支持和帮助下,顺利实施捞油评价试验,先后成功捞油作业14口井,累计增油6740桶,日均捞油108桶,增油效果明显,验证了捞油工艺和工具在该油田的适应性、可行性,并得到甲方的一致好评。

(陈增顺)

【特色贸易】 (1)天然气贸易:在自有天然气资源大幅萎缩的情况下,调整主营业务向天然气贸易转型。优选低价上游供气商,与南京龙潭加气站、仪征青山加气站以市场最低价重新签订了供气合同;巩固长期下游大客户,积极进行质量和服务回访,与省石油公司达成长期合作协议;逐渐规范中间物流运输,根据市场用气量变化,及时协调运力,确保不间断供气,以优质服务稳固贸易链。全年压缩销售天然气884万立方米,销售收入2620万元。

(2)油脂油品贸易:2011年初,中石化对润滑油实行集中统一采购,经营形势异常严峻。为了福利企业的生存,公司积极想对策、谋出路,经过艰苦努力终于取得了长城油品在油田内部的运输配送权,从而保障了利润来源;积极巩固与扬州石化的合作关系,保证了液体石蜡的供应渠道,保障了市场空间;加快新项目的开发速度,元明粉编织袋项目进展顺利,与石化公司合作2万吨干气制燃料油项目已获得扬州市经信委的立项批复,新项目的实施有望改善残疾人福利企业的经营局面,全年创收6873万元。

(3)机电产品贸易:紧紧抓住油田内部贸易、元明粉项目建设机遇,在原来的基础上增加供货范围,市场空间得到了有力拓展;严格管理外租车辆,车辆租赁业务得到有序拓展;服务质量进一步提高,市场和客户反响热烈,全年创收5426万元。

(陈增顺)

【基础管理】 (1)安全环保:持续深化"我要安全"主题活动,不断加大HSE工作力度,全面提升HSE管理水平。一是进一步完善安全管理制度,QHSE体系顺利通过年度复审。在生产现场推行"七想七不干"安全提示卡制度,促进HSE管理规范实施。二是扎实开展自查自改,切实消除安全隐患。三是计提安措费专款专用,全年实际投入548.29万元,进一步提高物的本质安全水平。共组织1947名员工参加职业健康体检,确保员工身心健康。四是切实加强交通安全工作。认真开展有车辆单位的HSE管理主题活动,不断提高驾驶人员的安全意识。五是加强环保宣传教育,自觉保护施工作业现场及周边环境,采取有效措施控制现场油污,

弘扬铁人精神承诺仪式 (陈增顺 供稿)

现场固定废弃物和作业废液回收率100%，顺利通过中石化清洁生产二级审核验收。

（2）经营管理：一是根据油田统一部署，持续推进“比学赶帮超”、达标创优、“改善经营管理建议”和“制度标准化信息化”3项工作，全面提升精细管理、创新管理水平。在全年公用工程板块“比学赶帮超”指标排名中全部实现挂红旗。二是全面加强成本控制、预算管理、资金集中管理，规避经营风险；大力推进合同管理信息化工作，进一步强化合同规范化管理。三是不断强化投资项目前期调研工作和计划执行过程中跟踪管理，全年安排投资计划和维修改造计划共计3052.79万元，有力保障了生产经营的需要，有效改善了后勤生活的配套。

（3）队伍建设：以打造学习型管理队伍为抓手，组织总公司经营管理人员培训班两期，全面提升管理队伍的引领发展能力。在专业技术人才培养上，深入开展“导师制”活动；积极开展青年课题科研攻关小组活动，促进专业技术人才在实践的探索研究中从“专”向“广”延伸；提拔5名80后青年专业技术人才走上基层管理岗位，努力促进“复合型”人才培养，全面提升专业技术人才助推发展能力。在技能操作队伍上，切实加强高技能人才选拔和培养，全年新增采油工技师3人、高级工22人、中级工64人，高技能人才比例稳步提高。认真组织员工参加取证培训和日常培训，共组织各类培训1700人次，培训计划完成率100%。新疆分部综合一大队在塔河采油一厂技术比武中再次获团体一等奖，在胜利新勘首届技能大赛中3人分获集输工种一、二、三等奖，为矿业开发西部市场争得了荣誉。

（陈增顺）

【和谐矿总建设】 （1）主题活动特色突出：围绕庆祝建党90周年创新工作载体，主题活动更有号召力。积极组队参加“永远跟党走”红歌大合唱比赛，获扬州片区金奖第一名；积极开展党员亮身份、亮承诺、亮业绩的“三亮”活动，让广大党员干部时刻牢记自己的身份。围绕各项主题活动创新工作方法，主题活动更有影响力。在创先争优活动中，进一步创新开展“十大党员先锋”、先进基层党支部评比活动，促进了党员先锋模范作用和党组织战斗堡垒作用的发挥。在开展党员自主管理和“为民服务创先争优”活动中，重点在偏远班组和改制企业等单位开展党员互评、群众点评活动，起到了良好的监督作用。在深化“为民服务创先争优”活动过程中，结合“责任、潜力、办法”大讨论，激发广大党员干部主动承担责任、挖掘自身潜力，为总公司的发展出谋划策。为丰富驻疆队伍的文化生活，创建第一份队报《征程》。

（2）和谐氛围更加浓厚：廉洁为本、防范为先，党员干部形象更加鲜明。大力开展多层次、多载体的廉洁文化活动，营造了风清气正的廉洁氛围。基层为准、服务为先，号召党员干部充分深入基层，了解员工关注热点，掌握员工实际困难。2011年，累计慰问一线员工、大病职工、困难职工200多人次。克服成本压力，在新疆分部开展二区基地建设，在邵真地区启动难动用倒班点建设工程，改善一线员工生产生活条件。组织20名劳动家属顺利参保，劳动家属实现老有所养。完善薪酬分配制度稳妥实施，人均工资收入普遍上涨，使发展成果更多更好地惠及广大员工。工会积极牵头开展元明粉项目参战单位公开擂台赛，为项目建设擂鼓助威，积极组队参加局羽毛球比赛，展示了员工顽强拼搏的精神风貌。团委积极引导青年岗位成才，季晓海获得集团公司青年岗位能手荣誉称号，黄珏分部作业二队荣获局青年文明号。总公司和谐稳定的局面持续巩固。

（陈增顺）

紫京旅游集团

【紫京集团概况】 紫京旅游集团（简称紫京集团）是以酒店管理、物业配餐、旅游会务、海外后勤服务为主营，贸易、实业为配套的国际化企业集团。集团机关位于南京市鼓楼区沈举人巷19号华辰大厦，设有财务资产部、人力资源部、企业管理部、海外项目部、市场开发部、综合办公室等6个部门，经营地域分布在国内6个省市，海外17个国家53个项目中，固定资产净值约1211.83万元。

截至2011年底，集团在册职工107人，劳务工79人，集团国内项目用工1094人，海外项目合计用工194人。

2011年，紫京集团坚持“立足油田，做大域外，拓展海外”的市场发展思路，以服务“建设世界一流能源化工公司”为己任，以“打造中石化生活后勤服务第一品牌”为目标，坚定不移地实施“走出去”战略，抢抓机遇，乘势而上，全年共实现销售收入1.62亿元人民币，比上年增长14.19%，海外域外市场创收达1.46亿元人民币，比上年增长23.27%，再创历史新高。

（吴　曦）

【海外经营项目】 海外项目积极应对中东、北非局势变化，及时撤出也门、叙利亚等国。成功进入中石化沙

双文明总结表彰会　（吴　曦　供稿）

特东部朱拜勒工业区5000人营地后勤服务项目、伊朗胜利油建项目、俄罗斯项目、厄瓜多尔项目、加纳项目、叙利亚阿拉伯餐厅项目等，在海外进一步打响了"紫京"品牌。

（吴　曦）

【餐饮旅游项目】　南京紫京饭店圆满完成与《我是特种兵》剧组为期3个月的业务合作，取得较好的社会效益和经济效益，"好吃鱼"主题火锅社会市场进一步拓展。同时，南京紫京饭店旅游部积极提升旅游产品质量，努力开发疗养市场，做实油田内部疗养市场，旅游业务效益不断提高；黄山紫京饭店在与安徽职工国际旅行社合并后，充分发挥职工国旅品牌优势，调整营销思路，积极开辟新市场。充分利用处干班等油田内部培训机会做好油田内部的市场营销，建立档案资料，找准销售对象，二次促销工作达到良好效果；大力开发中石化、中石油等市场，制定多样促销活动，全方位、多层次承办旅游、会议和培训业务，经营业绩取得新突破，完成了处干班、国勘、国工国际会议等重要接待任务。

（吴　曦）

【物业管理项目】　在油田内部，精雕细刻、精益求精，拓展了淮安采输卤项目，进入了油田天长科研生产基地服务项目；在外部市场，精心组织，快速反应，相继中标广西石化绿化项目、钦州国税及地税局项目、江苏省石油公司项目、华东局研究院项目、六安填充材料厂绿化项目、淮安元明粉项目、新疆矿业开发采油二厂项目、国投山西大同能源有限公司项目、协和医院新签2011～2012年服务合同等。

（吴　曦）

【创先争优·质量管理】　集团全年开展了"规范在心，服务远行"质量管理主题实践活动，并在集团范围内组织开展以"质量就是尊严"为主题的服务质量月活动，将"买卖不是交易的终止，而是交易的开始"落实下去，营造了"人人关心质量，人人重视质量"的良好氛围。2011年，集团组织开展了"改善经营管理建议"、"达标创优"和"制度标准化信息化"等活动，提高集团质量管理水平；同时，集团以"在微笑服务中延伸快乐"为主题，组织开展质量管理系列活动，健全质量检查体系，推动集团质量管理工作上水平，并成功举办了第三届"金厨杯"厨艺竞赛，有效促进了餐饮质量的提升。

（吴　曦）

【内控·财务管理】　通过分析成本管理重点和薄弱环节，积极制定本单位全员成本控制单元、成本控制节点等关键指标，印发了紫京集团《全员成本管理实施办法》。组织年度固定资产、实物资产、存货、货币资金盘点造册，组织往来核对函证，做到账实、账单账表相符。清查出待报废固定资产12项，原值194万元，净值101万元，经上报批复后，完成财务、资产相关手续和账务处理。同时全年回笼海外项目资金500余万元，保障了运营资金，收回以前年度挂账2050万元，降低了应收账款存量，资金回笼率达到100%。

（吴　曦）

【人力资源管理】　不断树立科学人才观，加强人才成才规律研究，建立健全选才、育才、用才、聚才工作机制，充分调动员工积极性和创造性。先后完善了《海外人员薪酬制度》、《紫京集团海外(域外)项目员工招聘、

第三届"金厨杯"厨艺竞赛　（吴　曦　供稿）

培训、考核、选拔和外派程序》等文件；选派11人次参加金陵旅馆干部学校总经理培训班脱产培训，选派4人参加局科级干部培训班，2人分别参加局、集团公司党支部书记培训班，并选派1人到集团公司参加国际化领军人物培训班。全年储备厨师、服务员、工程维修人员共200余人，管理人员10多人，吸收财务、旅游管理等专业大学毕业生6人，丰富人才储备。共派出管理人员、厨师、服务员和工程维修人员106人，将8名优

秀在岗员工转为劳务工,人才队伍建设得到不断加强。

(吴　曦)

【HSE 管理】 集团始终把安全工作放在头等重要位置来抓,作为“天字号”工程来做,牢固树立“安全是最大的效益”、“安全是最大的稳定”的管理理念,进一步开展危险源识别、风险评估工作,不断健全 HSE 管理体系;针对中东北非局势动荡恶化的形势,进一步完善海外项目公共安全应急预案,并狠抓各项安全管理制度的执行落实,从而有效提升了本质安全水平。在南京紫京饭店、黄山紫京饭店、广西分公司、天长科研生产基地等单位(项目)举行了多次消防演练;在海外叙利亚、也门、阿尔及利亚等国举行了多次公共安全应急预案演练,HSE 管理得到了有效保障。

(吴　曦)

【精神文明建设】 集团深入开展学习实践科学发展观回头看活动,对照整改方案较好完成了 6 项整改措施;开展创先争优、“比学赶帮超”、党员自主管理、“亮剑”精神、四比四看、学习“红树林”精神等活力党建系列活动,增强队伍的凝聚力和战斗力,活动成果得到了上级组织和领导的充分肯定;“两堂两室”建设不断加强,广大员工生活娱乐条件得到有效改善;充分发挥工会、共青团、女职委等群众组织在和谐建设中的积极作用,进一步激发广大职(员)工投身改革发展的工作热情和昂扬斗志,巩固了和谐稳定发展的良好局面。

(吴　曦)

【北京中亚紫京公司】 中亚紫京公司位于北京市西城区阜成门北大街,服务范围包括餐饮、商务、楼宇工程、保洁、环境艺术美化等。其主要为中国石油天然气勘探开发公司、中国石油勘探开发研究院、孔子学院总部、中储粮油脂有限公司等单位提供物业管理、配餐及商务等服务,目前新增了中油中亚石油有限公司项目。2011 年圆满完成各类会议接待 2492 场;其中领导会议 792 场,大型会议 50 场,公司会议 311 场,部门会议 1179 场,外事会见 114 场,VIP 会议 46 场。餐饮部全年服务早餐 40559 人次,中餐 66461 人次,晚餐 18468 人次。宴会接待场次达 241 次,高规格承接了 3 次 CNPC 集团领导的大型宴会,成功举办“健康绿色早茶”、“休闲周末烧烤”及“当代餐饮流行风”美食节活动。

(吴　曦)

【北京协和物业管理中心】 北京协和物业管理中心位于北京市东城区王府井帅府园,服务项目涵盖客服、餐饮、综合后勤等。目前主要为北京协和医院提供导医服务、电梯服务、会议服务、员工配餐服务、营养配餐服务、一站式调度服务。其 2010 年 9 月进驻北京协和医院中央干保基地,项目积极探索医院物业管理与服务的方法和理论,注重在实践中总结和提高,确立了“以质为先,力求提高,持续改进,客户满意”的质量方针,现已打造了一支专业化的管理与服务队伍。2011 年,自助餐厅接待医护人员早餐 13776 人次、午餐 22724 人次、晚餐 8423 人次,接待后勤人员早餐 22791 人次、午餐 48194 人次、晚餐 22629 人次,宴会接待 44 次 785 人次,营养餐接待 3470 人次,早餐接待 1176 人次,午餐接待 1333 人次,晚餐接待 961 人次。客服接待党和国家领导人 5 人次,正部级查体 68 人次,副部级查体 529 人次,院士查体 76 人次,VIP 活动 38 次,门诊 5128 人次,会议服务 253 次,3925 人次,咖啡厅服务 933 人次,接待参观活动 829 人次、VIP 专梯服务 42 次。顺利完成 61 名中国工程院、中国科学院院士来北京协和医院“帅府壹号”项目健康体检接待。全年接报 7227 项,完成 7166 项,未完成 61 项,完成率 99.2%。完成工程维修 5183 项,接到及传达通知 509 项,接待活动 14 项,其他咨询及查询 993 项,绿植及保洁 528 项,投诉零项。

(吴　曦)

【南京紫京饭店】 南京紫京饭店位于环境幽雅、风光秀丽的南京钟山风景区,地处南京市玄武区孝陵卫晏公庙 53 号,与中山陵、明孝陵等景区相邻,交通便利,可快速直达绕城公路、宁杭高速等,现有各类客房 126 间(套),大小餐厅齐全,餐位 300 个,会议室 5 个。同时负责油田职工内部疗休养和旅游等业务。2011 年南京紫京饭店圆满完成与《我是特种兵》剧组为期长达 3 个月的业务合作,取得较好的社会效益和经济效益,“好吃鱼”主题火锅的社会市场也得到进一步拓展。

(吴　曦)

【无锡紫京饭店】 无锡紫京饭店是一家三星级标准的江南园林式宾馆,斜倚在太湖之滨,与著名的风景名胜鼋头渚毗邻,蠡湖之光的百米高喷景点近在咫尺,有客房 168 间,宴会厅和各式包厢 10 个,大小会议室 12 个,娱乐休闲设施齐全。西姆莱斯配餐项目目前已进入无锡、新疆等地,日配餐总数超过 4000 份。目前停业升级改造。

(吴　曦)

【黄山紫京饭店】 黄山紫京饭店位于黄山北大门脚下的太平湖畔,占地 50 亩,拥有客房 97 间,餐厅可容纳 300 人同时就餐,装饰典雅,设施齐全,菜肴以当地土家菜为主,具有独特风味,并建有占地面积 20 余亩的户外拓展基地。目前黄山紫京饭店与安徽职工国际旅行社合并,同时具备了专业从事国际、国内旅游招徕、接待、订票、咨询等旅游业务的能力。黄山紫京饭店共有职(员)工45名,其中职工9名、“协解”返岗职工3名、劳务工4名、其他用工29名。

(吴 曦)

【广西分公司】 广西分公司位于广西钦州港开发区,服务项目涵盖石油技术、人力资源、物业管理、酒店管理、配餐、保安、园艺等多种业务。目前为中国石油广西石化公司、广西东油沥青有限公司、中国石油国际事业有限公司钦州储运工程项目部提供公寓物业管理、办公楼商务服务、员工配餐服务、保安服务和保洁绿化服务等;成功进入钦州当地市场,为钦州市政府、国投钦州发电有限公司、钦州市烟草专卖局提供餐饮服务、商务服务、保安服务等。

(吴 曦)

【淮安分公司】 淮安分公司自从2004年9月起开始管理江苏油田采输卤生活后勤基地,该基地现已建成包括2幢办公楼(3000平方米)、1幢员工公寓(66间共5000平方米)、1幢综合楼(2600平方米),占地面积共15亩,服务范围包括办公楼、公寓、餐厅、澡堂、阅览室、健身房、厂区道路等,服务内容包括餐饮、会务、保安、保洁、绿化等,现有员工75人,年营业额590万元。

(吴 曦)

【沙特分公司】 紫京沙特阿拉伯分公司在延布、拉比格、朱拜勒、吉达等地设有多个服务点,为中石化炼化公司、国际工程公司等单位提供配餐服务,日配餐总量接近1万份。多次成功完成国家、甲方公司高层领导的来访接待任务。连续3年被评为集团双文明先进单位。

紫京集团沙特分公司现有东部二建项目、东部中鼎项目、东部五建项目、国工利雅得油罐项目、十一化建项目、中国矿业、中石化代表处等项目。今年上半年新增了炼化工程项目。目前沙特分公司员工人数191名(其中管理人员6名,厨师115名,客房2名、工程2名、理发师1名、外籍帮工65名)。

东部二建项目部位于沙特Jubayl,现有员工45名,其中项目经理1名(分公司总经理兼职)、财务1名、厨师43名(其中二建项目11名,库巴1名),合作单位为中国石化集团第二建设公司。

台湾中鼎项目位于沙特Jubayl,现有员工12名,其中项目经理1名、厨师2名、外籍帮工7名,合作单位为中鼎海外有限公司。

国工项目位于沙特利雅得,现有员工13名,其中项目经理1名、行政主管1名、客房2名、工程2名、理发1名、外籍帮工6名,合作单位为中国国工。

十一化建项目位于沙特Jubayl,现有1名厨师长,合作单位为十一化建。炼化工程库巴总部2名厨师,合作单位为中国石化集团炼化工程公司。

中石化办事处位于沙特利雅得,现有员工1名(厨师),合作单位为中国石化集团驻沙特办事处。

中国地质矿业位于沙特库巴,现有员工1名(厨师),合作单位为中国地质矿业沙特分公司。服务项目是为甲方提供营地卫生、洗衣、配餐及招待餐服务。

炼化工程项目位于沙特达曼,现有员工48名(厨师),合作单位为中国石化炼化工程公司。

(吴 曦)

【也门分公司】 也门分公司于2005年7月注册成立,主要业务包括客房餐饮、后勤物业、前线配餐和旅游票务等,分别为中石化国勘也门公司、江苏油田也门分公司、亚丁总领馆等提供后勤物业服务。长城旅游公司为客户商务旅游、考察提供酒店、机票预订、旅游行程安排等服务。紫京也门投资公司在2011年开展的业务主要有客房餐饮、旅游票务、前线配餐和后勤物业服务等。现在运行的项目有:美食园、长城国际旅游公司,71区块中原钻井配餐等,9区块江苏钻井配餐,江苏油田也门分公司后勤物业服务等,国勘公寓楼物业服务和国勘办公楼物业服务等。但由于2011年初也门政治局势紧张,自2011年3月开始人员陆续撤离,目前已无人员在也门开展工作。

(吴 曦)

【叙利亚项目】 紫京叙利亚项目主要业务范围为餐饮服务、后勤物业、旅游接待、电子票务、国际贸易等。为中石化国勘、中石化国工、江苏油田在叙项目提供生活后勤服务。自2010年7月起,成功进入阿餐服务市场并已自行经营5个前线阿餐厅,致力于为中石化国工在叙工程服务队伍提供标准的阿餐服务,全面践行“提升标准化服务、强化个性化服务”的要求。叙利亚项目经营范围:

(1)集住宿、餐饮、办公于一体的美食园项目。有客房19间,办公场所3间,餐厅4间,可同时接纳60人用餐,鉴于当地中国人较少且存在经营风险的实际,上半年已撤销该项目。

(2)为在叙中石化各油田前线工作的当地员工服务的阿拉伯餐厅项目。日接待能力120人,目前用餐人数每日达150人左右。

(3)以在叙中石化各项目为依托的后勤物业服务项目。目前服务对象有:中石化国勘、中石化国工、江苏测井、温菲尔德项目等。

(4)为在叙中方人员服务的票务旅游服务项目。该项目锁定在叙的所有中方人员为服务对象,采用与当地票务公司合作经营的方式。利润共享,风险共担。由于自2011年5月起叙利亚政治局势紧张,故该项目经营萎缩,人员撤离。

(吴 曦)

【伊朗项目】 紫京伊朗项目现管理各类客房360余间，为460余人提供餐饮服务。共有8个服务项目：分别为中石化国勘YADA项目（包含AHWARZ公寓）、中石化国勘GARMSAR项目、中石化国工项目、中石化炼化工程ARAK项目、中石化代表处项目、中石化胜利油田项目、温菲尔德项目、中石化YADA项目先锋营地等。有服务员14名，厨师15名，管理人员1名。

（吴 曦）

【迪拜项目】 紫京迪拜项目为中石化国际勘探开发公司西亚北非大区总部提供后勤服务，自2011上半年起为中石化国际事业公司提供后勤服务。共有厨师5名，服务员8名，管理人员1名。

（吴 曦）

【阿尔及利亚项目】 紫京阿尔及利亚项目主要为江苏油田油建处承接的阿尔及利亚水管线项目、中石化国勘阿尔及利亚分公司、中石化胜利油田培训中心、中石化新办公楼、中石化地面工程项目、中石化北非办等提供后勤服务，年底有厨师19名，服务员8名，管理人员1名。

（吴 曦）

【其他海外项目】 年底仍有驻海外俄罗斯、巴西、加蓬、厄瓜多尔、墨西哥、特立尼达和多巴哥、委内瑞拉、安哥拉、缅甸等集团代管劳务输出项目，共有厨师21名，服务员4名。

（吴 曦）

农工商公司

【农工商公司概况】 江苏油田农工商公司位于江苏省洪泽县三河镇，占地5平方千米，公司下设有直属农场、钻井农场、运输农场、米面加工厂和农科所等5个单位8个基层队（站），在扬州市江都区邵伯镇设有办事机构。公司主要从事粮食生产、生态农业、米面加工、小型机械加工及农场家属基地生活管理和后勤工作。截至2011年底，公司全民职工103人，大集体职工3人，劳务工3人，在岗家属120人。

局领导到农场一线调研慰问 （常家新 摄）

（张 静）

【主要指标完成情况】 2011年，该公司获粮食总产851万斤，连续6年实现了“吨粮田”目标，其中小麦总产355万斤，亩产852斤，水稻总产496万斤，亩产1158斤；生态农业平稳推进，为职工供应补助粮177万斤；安全生产，社会治安综合治理、计划生育、厂务公开均达局考核目标；精神文明成果喜人，获局双文明标杆队1个、局优秀共产党员1名、局优秀思想政治工作者1名、局流动红旗1次和局集体二等功2次。

（张 静）

【吨粮田建设】 2011年，正值气候多变，从春季小麦孕穗期间的低温干旱，到秋季农忙二十年一遇的“烂秋”，农业生产面临严峻考验。为此，公司上下立足“吨粮田”目标不动摇，抓科技、抓精细、抓农忙，在稳产增收上做足文章。

（1）小麦灾年实现稳产。从郑麦9023等高产抗病品种的选择，到“氮肥后移”施肥技术的运用，再到病虫草害的全程防控等，针对每一环节，科学制定方案。尤其在后期面临不利天气影响所导致的抽穗不足、穗小干瘪等问题时，公司领导及农业技术人员，深入田间一线、分析麦情长势、积极有效应对，通过增施叶面肥、清沟理墒等有效措施，增加了千粒重和提升了小麦品质，最终小麦产量在周边地区普遍减产两成的背景下，亩产仍达852斤。

（2）水稻顺利实现高产。为完成“以秋补夏”生产任务，公司继续坚持机械化插秧、无纺布育秧、麦秆全量还田等先进农业新技术的引进、消化、吸收和创新，其中水稻机械化插秧高产示范区作为当地政府重点扶持项目，得到省农委专家多次肯定。在农田水利等基础设施的完善配套上，通过局投资和自筹资金两条途径不断得到改造更新,其中中心渠改造前期工程的顺利完工,为水稻高产稳产奠定了坚实基础。在水稻生长的全过程管理中,首先从苗情入手,完善育秧期间每一道工序,确保根壮苗肥;其次抓水稻生长各关键期的管理,在分蘖期抓好烤田控水,在拔节期抓好水肥运筹,在抽穗期抓好防虫治病等,最终使水稻喜获丰收,亩产高达1158斤,兑现了"以秋补夏"的承诺,顺利实现了"吨粮田"奋斗目标。

(3)全力以赴保两季农忙。夏秋两季农忙期间,公司从机关到基层,从干部到职工,一切围绕农忙,一切保障农忙。机关人员下基层跟班劳动并"三项制度"有效执行,老旧设备鉴定及农机设备新增,库房维修翻新及场院扩充加固,做到基础设施配套到位。夏季农忙的旋耕、平整、插秧,秋季农忙的播种、镇压、开沟,各农田作业环节衔接有序。在秋季农忙中,虽遭遇了二十年一遇的"烂秋",但公司确定了"分片进行、集中管理,'抢'字当头、灵活应对,科技支撑、颗粒归仓"的应急策略,最终实现了秋收秋种的圆满落幕。

(张 静)

【生态农业】 2011年,公司面对持续发展新课题、有效发展新挑战、和谐发展新问题,秉持"有机为地、健康为天"的价值理念,在"发展生态新农业"道路上不断摸索前行,在农业产业结构调整上继续实践探索。尤其是"洪泽苏油农工商有限公司"的成立,为公司农业产业化奠定了基础,公司生态农产品正立足油田,辐射周边,逐步向外部市场转变。各农场的生态农业项目发展喜人。

生态农业示范基地稻鸭共作现场 (张 静 摄)

(1)稻鸭共作成为构建公司生态农业的主要模式。稻鸭共作生态农业自2008年由35亩的稻田探索起步,至今已逐渐发展至316亩,2011年以稻鸭共作为基础,外延发展出稻蟹共作等系列生态项目,同时,3.1亩全网覆盖稻鸭(番鸭)有机水稻试验种植也取得初步成功。一年来,作为"稻鸭共作"有机系列产品的有机米和生态鸭已惠及油田职工近万人,除获得显著的经济效益外,还赢得了全局职工的良好口碑。

(2)巴马香猪成为发展公司生态农业的有力支撑。巴马香猪养殖项目自2011年7月启动以来,通过科学饲养和精心管理,50头香猪长势喜人,部分已顺利生产繁育,养殖规模正逐渐扩大。目前巴马香猪已开始接受预定、少量试销,香猪肉正逐步销往油田千家万户。

(3)林地养殖成为加速公司生态农业的积极探索。3家农场在林地养殖上齐头并进、各具特色。钻井农场以林地草鸡养殖为特色,主打草鸡和草鸡蛋;直属农场以林地虫草鸡养殖为特色,主打虫草鸡和虫草鸡蛋;运输农场以林地浙东白鹅养殖为特色,主打生态鹅和生态蛋。3家农场立足3个项目,形成了公司林地养殖三足鼎立的生动局面。

(4)杂粮种植成为推动公司生态农业的重要补充。公司生态农产品坚持"营养均衡、平衡发展"的原则,在发展生态养殖的同时,以50亩杂粮基地为主,以职工家属种植回收为辅的有机杂粮生产模式成功推出,"有机杂粮礼盒"孕育而生,成为发展生态农业的有效补充。

(5)良种繁育成为提升公司农业效益的有效途径。2011年,公司以千亩粮田为基地,投资引进了包括良种精选设备、真空包装设备在内的良种加工成套设备,通过与有资质种子公司合作,230万斤稻麦良种以高出常规粮食25%以上的价格成为提升公司效益的重要作物之一,公司产业结构正逐步从低端的粮食销售向高端的良种繁育、种子销售等产业转型。

(张 静)

【补助粮供应】 2011年,面对油田职工群众对生活质量的新要求、对提升补助粮水平的新期待,公司以"为民服务创先争优"活动为载体,建立了选种、种植、采收、贮运、加工、包装、服务7个环节的全产品质量体系,用心、用情、用力为全局广大职工服务。通过局政策支持和多方努力,延续了18年的传统补助粮供应方式,实现了"四大"根本转变,即:在供应网络上,实现了邵伯单点向真武、邵伯、扬州三地四点的转变,网络更加完善;在供应时间上,实现了固定4个月向全年供应的转变,时间更加均衡;在供应包装上,实现了30斤大包装向10斤小包装的转变,服务更加到位;在供应方式上,实现了单位拉粮集中发放到职工凭票随时领取的转变,方式更加灵活多样。

(张 静)

【安全环保】 2011年,公司严格执行安全生产各项标准,狠抓安全环保,实现安全生产无事故。这一年,公司始终坚持"安全第一、预防为主"的方针,将安全文化理念融入生产经营全过程，不断完善 HSE 管理体系。一是 HSE 责任制落实，包括全员 HSE 承诺书的签订、领导 HSE 承包点的落实、“三项制度”的贯彻执行和岗位安全责任制修订。二是 HSE 基础资料完善，及时修订防洪防暑防雷电等各类应急预案，坚持对包括农民工和雇佣工在内的所有人员进行上岗前安全教育。三是严格 HSE 监管，结合“七想七不干”要求，对农忙现场作业进行全程安全监察，开展包括农药库、粮库、油库、电路、住宅等全方位的安全大检查，做到全面控制。四是结合“我要安全”、查找身边“十大薄弱环节”等活动，针对直接作业环节和要害部位，加大隐患排查力度，并及时做好各类农机设备保养和老旧设备技术鉴定。五是狠抓交通安全管理，设置专人专岗，严格执行“安全行驶奖惩办法”、“三交一封”、长途行驶令等各项制度。六是做好职业卫生健康体检和环境保护工作，大力推广秸秆还田、无纺布育秧、农药包装无害化处理等环保节能技术。

（张　静）

【精细管理】　2011 年，公司大力唱响主旋律，狠抓经营管理，精细文化得到彰显。（1）加强制度标准化建设。制定并执行了《经理办公会制度》、《党总支委员会工作规则》、《党政领导联席会制度》、《农资统一采购规定》、《原粮统一销售规定》和《原粮出入库管理办法》等制度，不断优化决策机制，努力实现了决策集体化、

引进良种加工成套设备　（张　静　摄）

民主化和科学化。（2）继续深化“达标创优”活动。从夯实“三基”工作入手，加强基层建设，公司继续获得了局“达标创优优胜队”的荣誉；加强基础工作，完善整改汇编了以全员岗位责任制为基础，包括各类出入库台账、设备运转记录在内的一系列基础资料；加强基本功训练，组织开展了公司第三届拖拉机驾驶员技能竞赛。以“三会一查”为抓手，加强“三标”管理，以经济效益为中心，以降本增效为根本，建设责任考核双轨制，量化考核标准，严格奖惩兑现。（3）加大精细管理力度，不断在广度上拓展、深度上挖掘、高度上提升。在经营管理上实现了“五个统一”，即：财务统一管理、大宗物资统一采购、生产计划统一布置、技术措施统一下达、大批粮食统一销售。在生产操作中做到了“四少一多”，即：少施一两肥、少打一次药、少用一滴水、少漏一滴油、多收一粒粮。

（张　静）

【民生工程】　2011 年，公司坚持把实现好、维护好、发展好职工群众的根本利益作为每一项工作的出发点和落脚点来抓，扎实推进民生工程，将“惠民”政策落到实处。（1）顺利完成家属参保工作。以严谨的态度、扎实的作风、有力的措施，带着责任、带着感情、带着方法，领导坚守值查岗位，信访维稳保驾护航，顺利完成了公司 120 位劳动家属的参保工作。（2）正式启动住房分配货币化工作。按照“重心下移、节点前移、标准上移”的工作方针，认真筹划、狠抓落实，从统计到公示，从答疑到反馈，耐心解释规章政策，认真办理房补手续，使第一批职工顺利拿到住房补贴。（3）积极做好帮扶送温暖工作。公司领导高度重视帮扶助困工作，走进农忙现场，给一线参战职工群众送去慰问；走进社区家庭，给困难职工、遗属、离退休干部送去温暖；走进医院病房，给住院职工送去关怀。

（张　静）

【“三支队伍”建设】　2011 年，公司秉持“人才资源是第一资源”的理念，逐步完善“三支队伍”建设，将“人才”用到实处。一是重点完成了人才通道建设和薪酬分配制度改革。以畅通通道、规范管理为重点，制定形成了公司《全员绩效考核实施办法》，完善绩效分档考核机制。二是以中石化 SAP－HR 人力资源系统上线为契机，完善基础资料，强化基础工作。三是抓住人才引进、培养、使用 3 个环节，通过轮岗、师带徒、外送培训等方式加强公司各类人才培养，着力构建聚才、选才、育才、用才工作机制。

（张　静）

【企业文化建设】　2011 年，公司从精细文化抓起，加强文化建设，形成了以精细管理为核心元素、具有油田水乡农业特色的企业文化体系，包含 5 个核心部分，即：“服务油田、助力健康”的企业宗旨，“建设高效吨粮田、发展生态新农业”的发展战略，“在希望的田野上、我们一直在努力”的企业精神，“有机为地、健康为天”的核心价值观和“每粒粮食都是承诺”的质量理念。

（张　静）

【党建和思想政治工作】　2011 年，公司按照局党委

“跟得上、贴得紧、拿得下”的整体思路，以深入学习科学发展观、大力开展“比学赶帮超”和创先争优活动为载体，以“责任、潜力、办法”和“负责任、受尊敬”大讨论为契机，以改革创新精神全面加强党建和思想政治工作。党建工作更加扎实深入。以争创“四好”班子为目标，强化理论学习，坚持每周五中心组学习制度，增强党性修养，培育良好的“社会心态”，不断完善并严格执行“三重一大”集体决策、民主评议等制度，各级领导班子的思想政治素质进一步提高。以争当“四优”党员为目标，开展党员自主管理活动，设立党员责任区，推行党员目标承诺制，重点加强党员作风建设，推进机关作风建设的巩固加强。以争创“四强”党组织为目标，加强基层党支部建设、考核与兑现，并根据党员情况，及时调整基层党支部组织结构，充分发挥党支部的战斗堡垒作用。以务实清廉为要求，扎实推进廉洁文化“六进”工程，进一步落实党风廉政建设责任制，切实开展预防惩处体系的建设。积极组织党员干部参加集团公司廉洁从业优秀领导人员先进典型事迹报告会，号召以先进为标杆，向先进典型学习。党建活动更加有声有色。一是抓深“为民服务创先争优”活动，把为民服务作为学习实践活动的继续、创先争优活动的升华，有效融入到党建各项工作中。二是抓新“比学赶帮超”活动，推进比、学、赶、帮、超的机制化。通过在两季农忙中开展“五比五赛”专项立功竞赛活动，充分调动了职工农忙的积极性。三是抓实庆祝建党90周年系列活动。通过集中学习、基层党课等多种形式，学习贯彻胡锦涛总书记“七一”重要讲话精神，通过红歌赛、党员集体宣誓、参观红色圣地、观看红色电影等形式来欢庆建党90周年。四是抓细“责任、潜力、办法”和“负责任、受尊敬”大讨论，通过全员参与、自上而下大讨论，明确责任、深挖潜力、集思广益，积极探寻公司持续发展的新契机。五是抓好“迎中秋、庆国庆”、“迎新年、促发展”等多形式多内容的文体娱乐活动。充分发挥工会、青年支部、女职委等群众组织的桥梁纽带作用，使和谐稳定的局面得到进一步巩固。

（张 静）

采输卤管理处

【采输卤管理处概况】 中国石化集团江苏石油勘探局采输卤管理处（简称采输卤管理处）位于江苏省淮安市淮阴区赵集镇，成立于2005年3月18日，主要负责江苏石油勘探局淮安采输卤工程建成后采输卤的生产运行和市场开发、销售等。处机关位于江苏省扬州市百祥路120号。下设采输卤综合首站、末站两个基层单位，分别分布在江苏省淮安市淮阴区赵集镇和连云港市经济技术开发区碱厂南路连云港碱厂西侧。截至2011年底，有职工123人，其中：机关及其附属25人，基层单位98人；男职工92人，女职工31人；管理人员22人，其中高级职称10人，中级职称8人，初级职称10人。

（杨 蕾）

【机构设置】 采输卤管理处机关及机关附属设置综合办公室、党群工作部、财务资产科、安全监察科、生产管理科、企业管理科、经营销售科、工艺技术研究室等8个科室，定员21人。设采输卤综合首站、末站两个基层单位，其中：综合首站负责卤水生产与输送，输卤管道的日常巡检及站场机泵、阀门、电器仪表、管件、非标设备的维修和沿线管道干线的维护和事故的应急抢修等；末站负责与用户的卤水交割并提交最终卤水化合物化验报告。

（杨 蕾）

【生产经营任务完成情况】 2011年，采输卤管理处认真贯彻落实集团公司工作会议和局职代会精神，以“加快有效发展，构建和谐盐卤”为主题，以“精细管理、内涵发展”为主线。面对节能限电、雷击停电，碱厂长时间停产检修等造成产量大幅下降的重重困难，全处广大干部职工沉着应对，攻坚克难，紧紧围绕年度经营目标，突出工作重点，强化工作措施，大力唱响“埋头苦干创精细管理之先，团结奋进争内涵发展之优”油田工作主旋律，着力加强市场开拓，在“增卤”上出新思路；着

采输卤管理处历年生产经营状况柱状图
（2005～2011年）

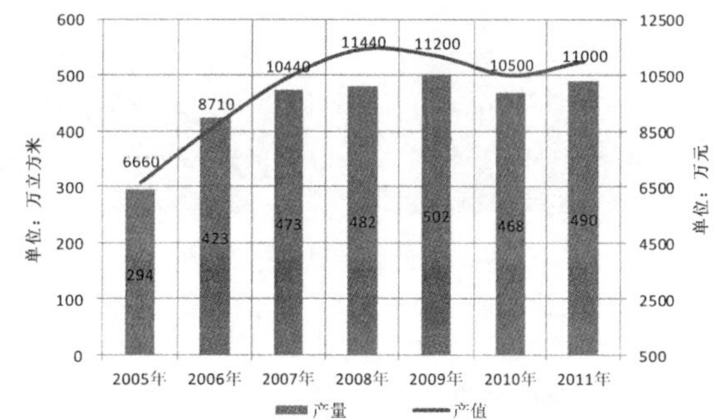

力加强科技创新，在“降硝”上出新举措；着力加强管理创新，在“提效”上出新成绩；全年生产合格卤水489.69万立方米，比计划增加19万立方米；实现销售收入1.1亿元，同比增长5.46%，卤水销量较上年稳中有升。截至2011年底，采输卤管理处累计生产合格卤水3042万

立方米，实现销售收入 6.95 亿元，为勘探局创造了可观的经济效益。

（杨　蕾）

【石盐开发】　2011 年，采输卤管理处认真贯彻落实局领导提出的油田非烃类矿业开发要在延伸产业链、优化业务链、提升价值链上有作为的要求，努力在增卤、降硝、提效上出新成绩，以加强石盐资源开发为主要切入点，科学开发，有效开采，确保了全年产量任务的全面完成。一是抓好资源接替，针对该处首采矿区再打井有困难的情况，对资源接替开采进行了研究和分析，编制了开发调整方案，确保石盐开采的可持续性发展。二是加强溶腔综合利用研究，定期计算井下溶腔大小，科学判断溶解层位，为溶腔成型研究创造条件；三是着力加强井组动态分析，着手建立开发数据库，分析解决开采、井堵问题，不断提高开发水平。

（杨　蕾）

【生产管理】　2011 年，采输卤管理处提出拓展市场，努力在增量增效上有作为；强化运行管理，努力在保质提效上下功夫的工作思路。(1)加大新市场开拓，挖掘老市场潜力。按照国家政策规定，卤水销售仅限两碱企业，各企业都有固定的经销商，新市场拓展难度大。针对这种情况，处领导亲自抓、靠前抓，销售人员更是主动跑市场、抓市场，与淮安、连云港、扬州、山东的多家客户积极洽谈，经过艰苦的谈判和不懈的努力，该处分别与金桥益海氯碱公司、山东郯城阳煤集团签订了供卤合同，增加销售收入 200 多万元。通过反复谈判协商，与连云港碱厂达成了卤水价格每立方米上涨 0.5 元的协议，此举可增加年销售收入 200 多万元。市场开拓挖潜为下一步碱厂搬迁转产寻找到了最大的接替市场，对该处的可持续发展意义重大。(2)强化井组及设备安全的运行管理，狠抓井组“防碰、防堵、防漏”三防措施的落实，严格执行设备管理“十字作业法”。加大井组、设备的现场管理，2011 年夏季，因雷电危害造成全面停电事故 5 次，井组及设备安全遇到了严峻考验，通过强化领导干部“三特”带班，严格 HSE 考核问责，加大“一票否决”等制度的执行力度，严格执行停电、停产应急预案等措施，使得主要设备没有一台发生大的机械故障，设备完好率达 99% 以上。2011 年 6 月，新投产的 7 井组发生严重井堵事故，该处维修人员在夏季野外气候炎热、井组周边环境艰苦恶劣等条件下，发扬不怕苦、不怕累的精神，现场作业近 2 个月，最终完成了解堵工作，节约修井费用 20 余万元，为全面完成产量任务提供了坚强保障。(3)强化质量控制，通过开展“一井一策”分析活动，及时掌握各井组的生产动态，严格履行计量器具强检要求，强化卤水计量交割步骤，确保了卤水的质量。(4)强化管道巡查，对输卤管线整点桩及提醒桩全部重新标识，并对整点桩阴保电位重新进行采集，对管道防腐层破损点采取“补伤片法”进行了局部防腐。重点做好沟渠疏浚、建设施工开挖等管道占压点的监控，制定并采取有效措施妥善保护了管道，有力地保障了全年生产任务的完成。

精制卤水试验现场　（叶　岗　摄）

（杨　蕾）

【科技管理】　2011 年，采输卤管理处坚持实施“科技兴企”战略，着力推进科技进步，科技创新成果显著，发展活力和动力进一步增强。(1)始终把开展工作的着眼点和着力点放在科技增产，创新增效上，全方位营造推进采输卤管理处健康发展的良好氛围。加大了新产品研发力度，开展了精制卤水试验，在双膜法除硝技术的工业化应用方面进行了积极探索研究，从目前已取得的试验结果看，该项研究已取得突破性进展，精制卤水的几项关键指标均达到并超过市场销售标准，项目实施可研报告已进入完善阶段，为下一步卤水精制项目的立项申报、实施打下了良好基础，对下一步转变经营策略，提升产品附加值，实现资源的有效、高效利用具有重要意义。(2)规范科技管理，注重单项技术突破，通过大井口技术研究，降低盐井故障率，在苏盐 13 井组更换大井口一次成功，运行效果较为明显，冲井次数明显下降，提升了管理效益，降低了工人的作业劳动强度，也为下一步更深入地应用研究奠定了基础。

（杨　蕾）

【经营管理】　2011 年，采输卤管理处将精细管理理念深入到经营管理的方方面面，不断提升各项管理水平。(1)积极运行 QHSE 管理体系，对管理手册和程序文件

给山东阳煤集团车运供卤项目启动仪式

（叶 岗 摄）

进行了修订，重新确立质量控制点，顺利通过外部再认证审核。(2)认真做好投资项目管理工作。2011年，该处共申报局投资计划项目7项，批准并完成7项，计划申报率和执行率均达到了100%。(3)加强财务管理，严格费用支出，按照“经营一元钱、节约一分钱”的要求，深入开展全员成本目标管理，大力开展增收节支、节能降耗和降本压费、修旧利废等活动，基层站采用研磨技术修理废旧阀门2个，节约资金近4万元。严格控制办公费、差旅费、会议费、车辆使用费、招待费等5项非经营性费用的支出，财务管理更加精细。(4)认真落实安全生产责任制，牢固树立“安全高于一切，生命最为宝贵”的安全价值观念，以“强三基，除四害”活动为切入点，按照“谁主管、谁负责”的原则，切实把安全环保责任落实到每个岗位、每名员工中，做到“有岗必有责，上岗必守责”。针对职工倒班的工作性质，在基层各单位普遍实行小班培训制度，通过开展岗位大练兵活动，狠抓“反三违”细节教育，提高员工在生产中学安全、学好安全促生产的积极性。(5)开展“我要安全”大家谈、“安全标识”设置、“我要安全”知识竞赛等活动，使安全活动深入到个人，提高了安全活动的成效，强化了职工的安全意识。始终坚持“四不”安全理念，推行“七想七不干”现场安全提示卡制度，开展HSE观察，班前班后5分钟、未遂事件报告等活动，切实把安全责任、安全禁令、安全措施、安全文化落实到岗位、落实到现场、落实到每一位员工中，提高员工安全素养。狠抓三项制度的落实，突出抓隐患治理，组织开展查找身边的“十大薄弱环节”活动，把隐患消灭在萌芽状态。强化环境保护意识，加强管道的本质安全管理。该处配合专业公司完成了第一阶段输卤管道的检测工作，对末端60千米输卤管线的走向定位、埋藏深度及管壁腐蚀等情况进行了全面分析，为彻底摸清管线运行情况，有针对性地进行防控，确保管道安全运行、降低环保风险提供了有力依据。

（杨 蕾）

【党建和思想政治工作】 2011年，采输卤管理处发挥思想政治工作引领作用，着力在凝聚人、激励人、培养人上下功夫。(1)深入开展“四好”领导班子创建活动。强化领导班子前线驻勤值班制度的落实，进一步加强处理论中心组学习制度化、规范化建设，加强民主集中制、积极推进“三重一大”决策制度的落实，在给金桥益海供卤、精制卤水试验及干部提拔任用等关乎发展的重大问题上坚持集体决策、民主决策，不断增强领导班子贯彻民主集中制的自觉性，不断增强领导班子管理能力。(2)坚持执行干部双向流动制度，不断完善干部选拔培养机制，形成富有活力、动态发展的干部选拔培养机制。(3)按照“跟得上、贴得紧、拿得下”总体要求，深化细化“党员自主”管理工作，设计党员自主创优管理手册，建立党员自主管理平台，切实发挥党员的示范带头作用。开展庆祝建党90周年系列活动，组织召开党员英模座谈会，大力营造共产党员在本职岗位上比技能、比绩效、比奉献的积极氛围。(4)积极宣贯《油田企业文化实施纲要》，广泛开展精细文化大家谈、精细案例大家评活动，通过岗位格言征集、“打造高度负责任、高度受尊敬”大讨论等活动，在员工队伍中大力倡导和践行企业的核心价值观和经营理念，不断丰富和发展采输卤文化。(5)坚持服务基层，按照“为民服务创先争优”活动要求，认真贯彻“依靠”方针，加大为民服务办实事的落实力度。认真做好一人一事思想工作，力所能及地为职工群众办实事。按局统一要求完成了职工及劳务工薪酬调整工作；继续为每位职工购置意外伤害保险；选送一名职工子女光荣入伍；职工体检按计划圆满完成；职工疗养优先向一线职工倾斜；为单身职工租住了单身公寓；职工收入稳定增长；对两名特困职工申请了大病救助，对困难职工给予了补助，切实关心困难职工的生活，做好军属慰问，号召全体职工向毕坚屹捐献造血干细胞事迹学习，不断将采输卤发展的成果惠及广大干部职工中，使采输卤大局和谐稳定。2011年，采输卤管理处获局双文明先进单位荣誉称号；获得油田安全生产先进单位荣誉称号；夺得局劳动竞赛流动红旗3次；1个基层单位获得局双文明标杆队荣誉称号；2个基层班组被记局集体二等功；19人受到局级表彰，1人荣立局一等功，2人荣立局二等功，取得了两个文明建设的双丰收。

（杨 蕾）

扬州友好医院

【友好医院概况】 扬州友好医院(简称友好医院)是一所集医疗、教学、科研于一体的综合性国家二级甲等医院,由江苏石油勘探局职工医院改制而来,于2005年12月26日以民办非企业的性质在扬州民政局登记注册,成为江苏油田首家整体改制单位,改制协议明确医院为油田提供医疗、预防保健、职业卫生服务等权利和义务。

医院现拥有扬州友好医院油田总院(位于江都区邵伯镇)和扬州新院(位于扬州市四望亭路446号)2所二级甲等医院,1所一级甲等医院真武分院(位于江都区真武镇),下属扬州卫生所、江阳卫生所、石油新村卫生所、运输卫生所、机厂卫生所、江都卫生所、老虎山卫生所等7个卫生所及1个防疫站和江都友谊花园金桥卫生室。医院主要业务包括内科、外科、预防保健科、妇产科、儿科、眼科、耳鼻喉科、口腔科、皮肤科、肿瘤科、医学急诊科、麻醉科、病理科、医学影像科、医学检验科、中医科、心理咨询、健康体检等25个诊疗科目,拥有固定资产为1.46亿元。截至2011年底,医院共有员工630人,卫技人员538人,大学以上学历435人,研究生5人,高级职称64人,中级职称198人,初级职称230人。

(聂 香)

【医疗业务指标】 2011年,医院门诊总数353500人次,住院病人总数9266人次,完成手术数2486例次、无痛胃肠镜3580例次、各类体检40450人次。其中,总院:住院病人4905人次,床位使用率70.4%;入出院诊断符合率100%,治愈好转率99.6%;门诊119276人次,手术1259例。扬州新院:住院病人4039人次,床位使用率76%;入出院诊断符合率100%,治愈好转率97.7%;门诊82399人次,手术1227例。真武分院:住院病人322人次,床位使用率50%;入出院诊断符合率100%,治愈好转率94%;门诊30186人次。邵伯卫生所:门诊23542人次。扬州卫生所:门诊33904人次。江阳卫生所:门诊28186人次。老虎山卫生所:门诊5324人次。机厂卫生所(含友谊花园卫生所、金桥石油苑卫生服务站):门诊30683人次。

(聂 香)

【科技创新】 2011年,医院不断完善医疗技术创新管理体系,制定了一系列规范性文件,坚持走“质量安全立院、特色技术兴医”的发展道路。2011年,心血管内科在心脏介入方面取得了重大突破,使医院的心脏支架和冠状动脉造影技术处于地区领先地位;内感科新开展的液囊空肠导管临床应用中的护理、终末期恶性肿瘤患者肠内营养干预、重组内皮血管抑制素治疗非小细胞肺癌和临床感染评分等临床研究,在提升医务人员素质的同时也提高了科内相关专业知名度;骨科开展的复杂缺损感染创面负压引流(VSD)和椎体成形术(PVP、PKP)等有效解决了患者疼痛及功能障碍,获得病人好评;妇产科阴式子宫切除、子宫肌瘤经阴道摘除术、宫腔镜下输卵管插管术等新技术以其创伤小、痛苦少、不留疤痕的优点而更易为病人接受,吸引了更多的患者前来就医;放射科开展了腔静脉滤器置入术、脑动脉瘤弹簧圈栓塞术、颈动脉狭窄支架置入术、下肢血管狭窄支架置入术、腹主动脉瘤腔内隔绝术、胆道梗阻经皮穿刺胆道支架置入和经皮穿刺外引流术等新项目,使得放射介入的整体实力得到了进一步的发展和提高;人工种植牙技术的应用、鼾症的手术治疗也填补了五官科的技术空白。同时,内镜下胃黏膜剥离术(ESD)、肿瘤射频消融术、肿瘤靶标检测和靶向治疗等一系列新技术、新方法的运用都显示了医院的技术水平和力量。医疗技术的不断创新不仅提高了医务人员的科研素质,也提高了医院的整体技术水平和学术地位,为医院建立品牌效应、走优势化发展道路打下了良好的基础。

(聂 香)

【担当社会责任】 2011年,医院以参加创建文明城市活动为平台,积极参与公益事业:组织义务献血活动2场,共有64名员工献血19800毫升;承担扬州市首次集中征兵体检任务;顺利完成扬州市所有区县的公务员体检任务;成为扬州市癌症康复协会活动中心;组织文昌广场大型义诊、关爱健康义诊走进真武社区、助残日走进油田福利厂等社区义诊79场,诊治患者数千名;举办各类健康教育活动50余场次,受惠群众数千人次。医院公益性得到充分彰显,社会声誉不断提升。

(聂 香)

【护理培训】 2011年,医院对新招聘的护士,在上岗前进行规章制度、基础理论、基本技能等方面的培训;每月组织应知应会理论考试1次,操作培训1次,科室指定资深护士对其理论及技能进行一对一指导,以读书笔记和工作体验日记的形式强化知识点的巩固,以提高适应临床并独立顶岗的能力;对参加工作2~5年的护士进行每季度1次理论和操作的考核、培训,重点强化基本技能的提高,以巩固专业知识和综合能力;对工作5年以上的护师以提高专科护理水平、解决疑难问题能力为主;通过参加管理学习班和参观、交流的形式着重对护士长进行管理知识和能力的培养,2011年有27人取得了护士长岗位的上岗证;护理部还通过实

上岗培训结业　（史建洲　摄）

行护士长岗位目标责任管理，落实层级管理，使整个护理队伍的综合素质得到提高。

（聂　香）

【医疗培训】　2011年，医院除加强“三基”培训外，还组织包括腹泻病专题培训、抗生素合理使用培训、冠状动脉造影及支架技术讲座、心肺复苏指南、免疫组化在临床病理中的应用等专题培训20余场，有计划地选派人员到江苏省人民医院和苏北人民医院等医院进修学习、参加各类学术交流会议和短期培训班。同时，对外出进修人员进行公开考核，旨在提高员工学习新知识、掌握新技术的能力，促进业务水平和临床工作能力的提高。2011年，医院在扬州市19所二级医院医护人员的“三基”抽考中，获得总分第一，内科、外科、妇产科、儿内科、急诊科等专项成绩名列榜首的好成绩；2项新技术获得扬州市卫生局新技术引进奖，为二级医院独有；6篇论文在扬州市获优秀论文奖。

（聂　香）

【对外合作】　11月30日，医院与扬州大学广陵学院签订教育实习基地协议，医院将为广陵学院护理本科学生提供实习教学便利，双方在医学科研项目、师资培训、人才培养、学术交流及教学实习基地等方面展开全方位的合作，实现优势互补，合作共赢。

（聂　香）

【支持癌症康复事业】　5月6日上午，扬州市癌症康复协会活动中心揭牌仪式在医院隆重举行，这标志医院援助市癌症康复协会的活动中心正式启用。医院为市癌症康复协会设计建设200多平方米的活动中心及办公室，并配备中央空调、练功镜、数字电视、电话、办公桌椅等，提供多功能活动场所，同时定期组织院内、院外医学专家讲座，普及肿瘤知识，创造了一个有利于患者康复的良好氛围。

（聂　香）

【整合医疗资源】　2011年，医院不断整合医疗资源，优化服务流程：一是为了适应现代医学的进步和诊疗要求，对启用20年的邵伯住院大楼实施改造，根据轻重缓急，首先对妇儿科和手术室进行了彻底的装修改造，截至年底，设计科学、流程合理、舒适美观的妇产(儿)科病房已经交付使用，手术室改造正在进行中。二是根据扬州市卫生局对社区服务中心的要求，完善了福利厂卫生室，撤销了洪泽卫生室，整体装修真武分院病房楼，重新装潢石油新村卫生所和运输卫生所，为石油城卫生所重新优化了布局并添置了理疗仪器，完善了分院卫生所的物资、人员的配备，并定期将分院、卫生所的医务人员送到总院、新院培训，提高其业务能力，保障了油田社区和边远油区的职工、家属的基础医疗服务，充分发挥医院“桥头堡”作用。三是根据医院需要，投资新增了DR、电子肠镜、彩超、脑电图等新设备，诊疗手段更加完备。

（聂　香）

【深化“学习梅奥”活动】　2011年，医院通过开展“学习梅奥”系列活动，让梅奥理念“入口、入脑、入心”。一是给每个基层科室发放了《向世界最好的医院学管理》一书，通过读书对“梅奥的核心价值观”和“梅奥精神的实质”有更深的认识；二是通过开展“学习梅奥”心得交流汇报会和“学习梅奥”演讲会等活动，从多个角度、不同侧面展开了热烈而有益的讨论，让员工就“我们应该向梅奥学习什么”、“如何学习梅奥”的自觉性得到增强；三是通过“学梅奥、找差距、想对策”的合理化建议活动，让员工找到了今后工作的努力方向。通过“学习梅奥”系列活动的开展，进一步培育了医院员工的责任意识、服务意识、大局意识。

（聂　香）

【医德医风建设】　2011年，医院继续强化医德医风建设，努力做好职业道德建设。(1)积极引导全体医务人员牢记宗旨，弘扬医德新风，强化对病人极端负责、对工作极端热忱的理念，为病人提供优质、高效、低耗、满意的服务。通过组织讲座、报告会、座谈会及开展丰富多彩、富有感染力的文艺活动，有针对性地进行教育引导，努力形成文明行医、廉洁行医的良好氛围。(2)完善规章制度。针对医院建设的实际，进一步建立健全医德规范，落实监督制度，拓宽监督渠道。医院与院、科领导干部签订《党风廉政责任书》，重点抓对领导干部执行党风廉政建设责任制情况的考核和医务人员医德医风考核，通过一系列行之有效的监督制度和措施，使廉洁行医和医德医风建设逐步走向制度化、规范化和经常化。(3)严格执行招标采购制度,增加透明度,实行阳光操作。大型设备、卫生材料等物资的采购和大型基建工程等热点敏感工作全部采取公开招标的方式择优选用,确保优质优价,杜绝采购活动中的不正之风。召开专门会议并形成文件,对药品收入占业务收入的比例明确上限规定,实行处方量限额,对开大处方,月用药量和用药金额前10名的医生进行公示。为了规范药品的使用,医院对药品采用通用名,禁止使用商品名。(4)强化监督管理。通过设立意见箱和举报电话,重新制定下发住院患者意见调查表、医患道德合约和住院须知,广泛听取意见,采取定期走访、召开监督员座谈会、定期进行问卷调查、及时通报满意度考核和出院患者问卷调查情况等方式,及时接受患者投诉和群众信访举报,通报患者提出的意见和建议,形成了一个多方位、多渠道、多层次、多形式的监督网络,密切了医患关系。2011年,医院共收到感谢信46封,锦旗44面,全年发放住院和门诊病人问卷调查表1000余份,病人综合满意度达85.27%,出院病人问卷调查表1564份,综合满意度达98%。

(聂　香)

【精神文明建设】　2011年,医院以开展纪念建党90周年活动为契机,深入开展党建工作,通过重温入党誓词、召开纪念建党90周年座谈会、请党校专家上党课、各支部和各科室参加红歌比赛、组织合唱队参加局里"永远跟党走"歌咏晚会、召开政研会等活动,强化了党员的政治意识和表率意识。尤其是自满意医院创建活动开展以来,通过设立党员责任区,推行党员目标承诺制,有针对性地加强党性教育和医德医风教育,强化了全体党员"立足本职、岗位创优"的务实态度,将提高业务技能、服务患者健康作为参与活动的出发点和落脚点,把提升政治修养、加强业务学习和提高社会满意度有机结合起来,从自我做起,从小事做起,从细节做起,从规范做起,提高服务意识,提升服务能力,提供满意服务。同时工会、共青团紧紧围绕医院改革发展中心,发挥各自优势,开展多项活动,团结带领广大员工在岗位上建功立业。合理化建议活动、纪念建党90周年红歌赛、女职工素质工程、巾帼文明示范岗、"5·12"护理操作比赛、优质服务窗口竞赛、流动红旗评比、无偿献血活动,学雷锋日义诊、助残日义诊活动、迎新年长跑、秋季运动会等丰富多彩的文化体育活动、紧贴医疗主线的主题活动、日益增多的社会公益活动等,既增强了医院与员工共同发展的内在动力,又推动了医院、员工与患者的相互理解、相互信任、相互尊重,促进了和谐医院的构建。2011年,医院再次获得"江苏省价格诚信单位"称号,被授予"扬州市文明单位"、"扬州市社会组织争先创优先进单位"、"群众满意医院"、"绿色生态医院"等荣誉称号。

(聂　香)

【医院主要领导人员】　董事长、院长、党委副书记:贾玉清;

副董事长、副院长、党委书记、纪委书记、工会主席:王雯;

副董事长、副院长:许吟秋;

副董事长、副院长:张冬雷;

副院长:陈琨。

(聂　香)

江苏中油天工机械有限公司

【中油天工概况】　江苏中油天工机械有限公司(简称中油天工)始建于1952年,占地面积14.22万平方米,地处长江三角洲发达经济圈腹地,位于扬州市东郊,南临万里长江黄金水道,北依宁启铁路大动脉,京沪高速公路、328国道环绕左右,距扬州—泰州机场仅5千米。公司扬州厂区位于扬州经济开发区,距离扬州港不足2千米,水陆空交通畅通便捷。中油天工是集机械制造与设备修理于一体的中型机械制造企业,主要产品有:石油钻机、系列抽油机、系列抽油泵、采油井口装置、系列模块化野营房、泥浆净化系统、废弃泥浆处理装置、作业污水处理装置、野外饮用水装置、永磁电机、螺杆钻具、钢结构房屋、LED节能灯具、起重机械、破碎机、铅粉机等产品。公司同时承揽石油钻采机械、工程机械、内燃机的大修理业务,以及钢结构工程、机电安装、管道工程、金属门窗等工程安装施工等。

截至2011年底,公司共有员工596人,其中管理技术员工175人,女员工178人。具有高级职称的9人,中级职称34人,初级职称43人。中级技师3人,初级技师9人,高、中级工102人。下设机关部门7个,基层生产单位12个。拥有包括X2025－80A龙门铣床、CQ5240立式车床、TX6213落地镗铣床等大型切削机床、数控机床以及现代化钢结构生产线、三维测量仪、振动时效处理机、液压剪板机、仪表车床等在内的各型冷热加工设备500多台(套)。

(孙丽玲　翟　准)

【生产经营指标完成情况】　2011年,全年实现销售收入4.29亿元。公司全年生产抽油机525台,采油树

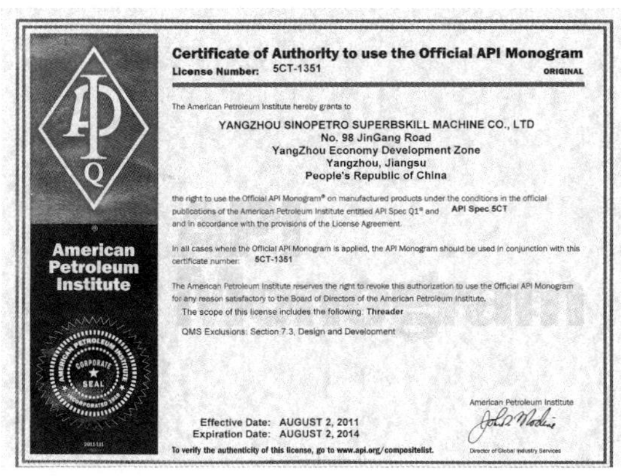

公司顺利取得 API 5CT 认证证书

（孙丽玲　翟　淮　摄）

343 套，抽油泵 582 套，野营房 50 幢，泥浆净化系统 3 套，行车 14 台，油罐 16 套，永磁电机 281 台，建造钢结构厂房 35 万平方米，设备修理 240 台件，钻机 2 台，抽油杆 562 件，油套管加工 3800 吨，产品出厂合格率 100%，顾客满意率达 95.94%，设备完好率 98.8%。

详见中油天工 2007～2011 年主要生产任务和经济技术指标完成情况统计表。

（孙丽玲　翟　淮）

【市场开拓】 2011 年，公司全力以赴抓经营，突出品牌服务，加快市场开拓步伐。公司扩大营销队伍，安排工程技术人员参与业务谈判及现场技术服务等环节，得到油田新老客户赞同，稳固了油田市场。全年向江

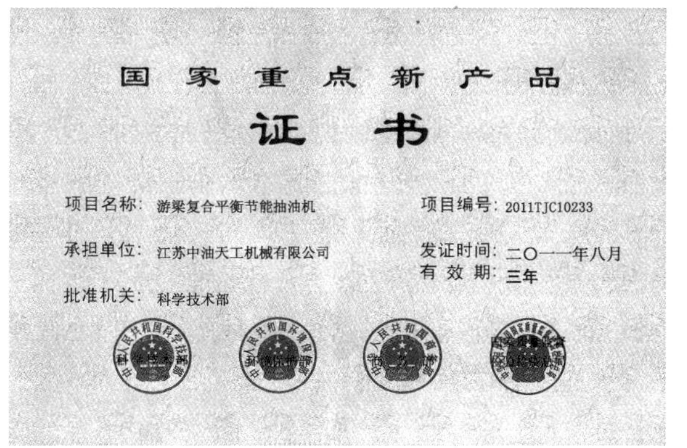

国家重点新产品证书　（孙丽玲　翟　淮　摄）

苏、浙江和华东局等油田单位累计销售抽油机 258 台，钻机 2 套，板房 44 幢，套管加工 3800 吨。在钢构工程方面，公司始终坚持顾客至上的方针，以安全、快捷、优质的施工和真诚的服务赢得客户、创造客户，形成了固定的用户群，并荣获“江苏省最佳钢结构企业”、“扬州市优秀建筑企业”等称号。公司还注重国外市场开拓，始终坚持“走出去”战略，12 月，远赴非洲，加大对海外市场的扩张步伐，有 50 台 912 抽油机出口到叙利亚，开创了公司历史上出口大型抽油机的新纪录。

（孙丽玲　翟　淮）

【科研管理】 公司坚持科技兴企方针，切实把科技创新放在优先发展的战略地位上，充分发挥国家高新技术企业的优势，把产品研发和市场、生产、销售紧密联系在一起，及时了解市场动态和用户需求，把握产品发展趋势，走引进、消化、吸收和自主创新相结合之路，产品竞争力得到显著提升。2011 年，公司克服困难，组织精干技术力量团结协作，在方案设计、工艺布局、图纸审查等方面做了一系列扎实有效的工作，成功开发陕煤 50 钻机，获得了经济效益和社会效益的双丰收。公司按照“完善生产一代、改进优化一代、研究储备一代、规划发展一代”的原则，立足于现有生产工艺和设备基础，进行抽油机技术创新和设计创新，涵盖了从 3 型到 16 型的抽油机种类，丰富完善了抽油机品种系列。公司还注重其他新增市场的需要，自主开发了 20 吨龙门吊、20 吨单梁行车和港口机械等民用产品，并快速推向市场，由于其性能可靠、操作方便，深受用户欢迎。

（孙丽玲　翟　淮）

【经营管理】 2011 年，公司始终坚持把发展作为第一要务，在继承中不断超越，在传承中不断创新，完善了内部管理体系，整体实力得到显著增强。公司实行绩效管理，通过开展问题诊断、岗位梳理、岗位价值评估等工作，建立了一套关键业绩指标（KPI）考核体系，把经营目标和部门职责分解传递到每一个岗位，使每个人的工作都能与目标达成一致。在财务管理方面，注重实效，降低风险，加强税管，着力打好资金管理主动仗。公司坚持多元化发展战略，注册成立了江苏中油天工建设工程有限公司，进行了石油套管 API 5CT 取证和计量保证体系审核，获得了 20 吨单梁和 20 吨门式行车生产许可证。2011 年，公司科技管理工作也取得了显著成效，共申报国家创新产品 1 项、国家发明专利 1 项、江苏省高新技术产品 1 项、省外经贸技改项目 1 项，成为扬州市工程技术中心，促进了科技管理的规范化，提高了公司知名度和影响力。

（孙丽玲　翟　淮）

【基础设施管理】 2011 年，公司克服困难，在完成各项生产任务的同时，还根据年度投资计划和设备大修理计划，完成了电力增容改造、水塔拆除和行车轨道延伸、厂区饮用水管线改造、锻工房顶更换、气源房和下料房的新建等基本建设项目，有效地缓解了由生产规模扩大而带来的瓶颈压力。

（孙丽玲　翟　淮）

【队伍建设】 2011年,公司定期召开领导班子民主生活会和董事会、监事会联席会,围绕油田党委提出的"把握三个关键、做到三个结合、确保四个效果"要求,继续开展"比学赶帮超"和创先争优活动。通过强化执行力,抓工作落实,铸就了一支锐意进取、勇于拼搏、乐于奉献的干部队伍,有效地促进了干部作风的转变。同时,紧密结合公司实际,以公司使命和愿景为根本出发点,把员工的利益、荣誉和企业发展目标统一起来,形成共同的价值取向和行为规范,使员工感到公司的事就是自己的事,使大家团结一致、共渡难关,构建了"魅力天工"新格局。

(孙丽玲 翟 淮)

【企业文化建设】 公司坚持干部早会制度,加强干部巡视工作,采取"请进来、走出去"等多种形式,邀请汇聚国际教育集团来公司作《真正的执行》企业内训,组织人员参加《总裁实战执行》、《团队复制精英特训营》等培训,组织员工学习《日事日清》一书,撰写心得体会并编印成书。2011年是公司文化建设取得重大成绩的一年。通过谱写《中油天工之歌》,设计公司旗帜,建设公司视觉识别系统等,培育了富有现代企业意识、市场经济观念和团结进取、积极向上的企业文化,大大增强了企业的凝聚力、激励力、导向力。

(孙丽玲 翟 淮)

中油天工2007~2011年度主要生产任务和经济技术指标完成情况统计表

指标名称 \ 年度	2011	2010	2009	2008	2007
销售收入(万元)	42900	41100	32556	24880	18863.07
设备修理(台)	240	131	192	191	172
抽油机制造(台)	525	329	292	363	338
野营房制造(幢)	50	16	54	114	92
轻钢结构加工(吨)	9692.96	7491.74	6936.37	7308.95	9780.53
轻钢房建筑面积(平方米)	350000	210000	215909	160000	196203
钻机(台)	2	7	5		

(孙丽玲 翟 淮)

机构与干部

机　　构

【油田机关机构变动情况】　(1)2011年2月15日,油田以苏油劳〔2011〕40号文下发通知决定:①在安全监察处增设公共安全科,将海外事业部境外公共安全管理相关职能调整到安全监察处,由安全监察处统筹负责油田境内、境外公共安全管理工作,海外事业部配合支持境外公共安全应急处置工作。②在安全监察处工业安全科增设井控监督岗,具体负责油田井控监督管理工作。③安全监察处总定员增加3人。安全监察处做好与海外事业部的工作交接,尽快制定并完善相关管理制度,抓好落实,确保油田公共安全和井控监督管理工作有序开展。

(2)12月16日,油田以苏油劳〔2011〕538号文下发通知决定,对局纪委监察处内部机构设置作如下调整:①设5个内部机构,其名称及主要职责分别是,局纪委监察处一室:主要负责日常事务管理等;局纪委监察处二室:主要负责信访件及案件调查等;局纪委监察处三室:主要负责全局案件审理等;局纪委监察处四室:主要负责总部及油田效能监察项目立项与实施等;局纪委监察处五室:主要负责党委巡视工作等。②局纪委监察处原下设的办公室、审理教育室、效能监察室、纪检监察一室、纪检监察三室(挂靠地球物理勘探处)、纪检监察四室(挂靠试采二厂)和分支机构纪检监察二室随文撤销。③调整后局纪委监察处总定员保持不变,仍为25人。

详见2011年末江苏油田机关机构设置和定员表。

(岳大伟)

2011年末江苏油田机关机构设置和定员表

序号	单　位	定员(人)	机构数(个)	内部机构设置	备　注
一	**机关处室小计**	513	140		
1	党委办公室	4	2	保密委员会办公室、秘书科	
2	工会(文联)	15	6	办公室、生产保障部(劳动争议调解委员会办公室)、组织民管部、文化宣传部、女工部、财务部	
3	团委	4	1	办公室	
4	纪委监察处、分公司监察处	20	5	一室、二室、三室、四室、五室	
5	组织部、干部处	14	5	组织科、干部管理科、技术干部科、江苏油田博士后科研工作站管理办公室、培训科	
6	宣传部	10	3	办公室、宣传科、编辑部	
7	机关党委	5	2	办公室、机关工会(团委)办公室	
8	治安综合治理办公室	7	3	综合治理科、消防科、财务科	
9	人民武装部	3			
10	局长、总经理办公室	19	5	秘书科、文书科、接待科、值班室(综合科)、史志科	

续表

序号	单　位	定员（人）	机构数（个）	内部机构设置	备　注
11	企业管理处	18	5	绩效考核科、基层管理科、改革与调研科、内部市场办公室、综合科	
12	局财务资产处	36	9	综合管理科、预算管理科、会计信息管理科、内控稽核管理科、资金管理科、价税管理科、资产管理科、海外资金管理科、机关财务科	
13	分公司财务资产处	35	9	综合管理科、内控稽核管理科、成本科、会计科、资金管理科、财税价格科、资产科、ERP 支持中心、机关财务科	
14	分公司规划计划处	22	6	规划科、项目管理科、投资管理科、统计科、评价科、综合科	
15	劳动工资处	18	5	劳动组织科（综合科）、工资科、工人培训考核科、用工督查管理科、SAP－HR 系统运行科	
16	就业服务中心	7	4	综合管理科、流动管理科、就业管理科、劳动力管理科	
17	装备处	12	3	综合科、设备管理科、机修机加工管理科	
18	安全监察处	18	6	职业卫生与综合科、交通安全科、工业安全科、锅炉压力容器科、HSE 管理体系科、公共安全科	
19	科技处	12	2	项目管理科、成果管理科	
20	基建办公室	13	3	综合科（抗震办）、工程科、工程质量监督站（副处级）	
21	生产协调处（土地公关处）	22	5	生产综合科、生产协调科、生产运行科、公关协调科、土地管理科	
22	分公司开发处	25	5	油藏工程科、采油工程科、市场管理科、项目管理科、财务科	
23	分公司勘探处	27	8	办公室、项目部、综合部、计划经营部、监督部、矿产资源管理办、财务科、新区项目部	
24	公共事业处	20	7	综合办公室、房改办公室、计划生育办公室、房产管理科、生活后勤管理科、财务科、幼教管理科	
25	分公司经营销售处	16	4	办公室、经营科、储运科、财务科	
26	分公司审计处	34	6	综合审计科、审理督导科、工程投资审计科、经济责任审计科、管理效益审计科、财务内控审计科	
27	信息中心	21	5	综合科、网络与系统管理科、应用技术支持科、信息资源管理科、信息安全与信息门户管理科	
28	局处事办公室（分公司外事办公室）、局海外事业部	12	4	综合办公室、人力资源科、财务核算科、项目开发与管理科	
29	技术监督服务中心	18	6	办公室、标准计量科、质量管理科、环保办、节能办、水务管理科	
30	工程技术管理处	13	4	综合管理科、技术管理科、井控管理科、资质管理科	
31	法律事务处	8	2	合同管理科、综合管理科	

续表

序号	单　位	定员（人）	机构数（个）	内部机构设置	备　注
二	**挂靠单位小计**	63	19		
1	局概预算定额站（分公司概预算定额站）	18	4	综合科、地面工程定额科、钻井工程科、井下工程科	
2	局资金监督服务中心、分公司资金监督服务中心（财务核算部）	8	2	审核管理科、会计核算科	
3	社会保险办	12	4	财务科、养老保险科（档案管理科）、医疗保险科、基金管理科	
4	局、分公司信访办公室				
5	北京联络处				
6	淮安采输卤工程项目部		4		
7	职工集资建房项目部	25	5		
三	**附属单位小计**	193	9		不列入局机关编制
1	工程监理部		4	综合办公室、技术质量科、经营管理科、项目监理科	
2	档案馆（地质资料馆）	11			
3	小车队	103			
4	图书馆	13			
5	科技情报室	6			
6	环境监测中心站	14			
7	特种设备检验检测所	8			
8	节能监测站	8			
9	消防支队	30	5	真武、邵伯、金湖、黄珏、洪泽消防队	
10	扬州基地招待所				
四	**分支机构小计**	50	11		不列入局机关编制
1	资金监督服务中心办事处	20	5	扬州6，邵伯、真武、竹西、金湖办事处合计14	
2	社会保险办保险所	18	4	扬州4、邵伯7、真武4、金洪保险所3	
3	邵伯审计分处	12	2	审计一科、审计二科	
总合计		819	179		

（岳大伟）

组织机构及负责人

一、中共江苏石油勘探局第六届委员会

书　记：周恒友（～3月） 李东海（3月～）

副书记：朱 平 李 浩（5月～）

常务委员（以姓氏笔画为序）：

毛凤鸣　朱　平　李东海　陈网根　周恒友（～3月）　谈正鑫（～5月）　李　浩（5月～）

委　员（以姓氏笔画为序）：

毛凤鸣　朱　平　李东海　李　浩　吴　玖　罗贵旗（～11月）

周恒友(~3月) 陈网根 姚 成
陶仁俊 谈正鑫(~5月)

二、中共江苏石油勘探局纪律检查委员会

书 记: 谈正鑫(~5月) 李 浩(5月~)
副书记: 何有国(~9月) 朱荣茂(12月~)
常务委员(以姓氏笔画为序):
朱荣茂 何有国(~9月) 吴 鹏
李 萍 李 浩(5月~)
谈正鑫(~5月)
委 员(以姓氏笔画为序):
左清岭 田 瑜 朱荣茂 乔庆瑞
吴 鹏 李 萍 李 浩(5月~)
何有国 周育曙 须 健 谈正鑫(~5月)

三、江苏石油勘探局工会第七届委员会

主 席:谈正鑫(~5月) 李 浩(5月~)
副主席:吴 勇 吴月红(~9月) 徐晓明
焉 莉(9月~)
常务委员(以姓氏笔画为序):
叶礼平 孙灿兴 李 浩(5月~)
吴月红(~9月) 吴 勇 陈 华
范 晖 钱 强 徐晓明
谈正鑫(~5月) 焉 莉 章继跃

四、江苏石油勘探局

局 长:朱 平
副局长:周恒友(~3月) 李东海(3月~)
陈网根

五、江苏油田分公司

总经理:朱 平
副总经理: 李东海 毛凤鸣 钟志国
总会计师: 肖国连

六、江苏油田HSE总监、首席专家、副总师

勘探局(分公司)HSE总监:王掌洪
首席专家:周方喜 朱立华
局副总工程师:刘 亚 张登庆 吴叶成 路 焰
分公司副总地质师:邱旭明 马欣本 李亚辉
唐建东
副总经济师:陈 辉 熊太炎 徐成伟
陈烈明(~12月) 邓政丰 周天乔
朱国华(9月~) 李学慧(9月~)
副总审计师:刘良顺
副总政工师:全宏研 潘仰明 吴 勇(12月~)
总法律顾问:李东海(兼)

七、油田机关部门

局党委办公室:
主 任:王 健(~9月)
副主任:戎卫林(9月~)

局工会(局文联):
副主席:吴 勇 吴月红(~9月) 徐晓明
焉 莉(9月~)
局文联副主席: 徐晓明

局团委:
副书记:戎卫林(~9月)
代理副书记:杨国松(9月~)

局党委组织部、干部处:
部长、处长:李 浩
副部长、副处长:陈 勇
副处级巡视员:王建健

局党委宣传部、统战部:
部 长:陶仁俊
副部长:高和兴 常小明

局精神文明建设办公室:
主 任:陶仁俊(~9月) 吴 玖(9月~)

局纪委、监察处:
处 长:何有国(~9月) 朱荣茂(12月~)
副处长:朱荣茂(~12月) 田 瑜 张朝友
纪检监察一室主任:朱荣茂(~12月)
办公室主任:田 瑜

局机关党委:
书 记:李 浩(兼,5月~) 谈正鑫(兼,~5月)
副书记:李 萍
纪委书记:程广祥
工会主席:程广祥

治安综合治理办公室:
主 任:周育曙(兼)
副主任:汪大金(兼)

人民武装部:
部 长:田 阳(~12月) 陈进军(12月~)

局长(总经理)办公室:
主 任:臧庆莹(~12月)
副主任:于 虎(~12月) 张 建
王 浩(9月~)
信访办主任:宋景远
北京联络处主任:于 虎(~12月)

企业管理处:
处 长:徐成伟
副处长:徐同亚 彭仕耀

法律事务处:
处 长:张忠银

分公司规划计划处:
处 长:李学慧
副处长:王金传
主任经济师:厉元东

概预算定额站:
站 长:张波莲

基建办公室:
主 任:熊太炎

副主任:周建中　张　青

装备处:

处　长:朱　宏

副处长:张洪军(～9月)

主任工程师:卢群辉

科技处:

处　长:杨海滨

副处长:徐守礼(～12月)

主任工程师:徐守礼(～12月)

主任地质师:刘晓军

局(分公司)财务资产处:

处　长:朱国华

副处长:齐　跃　汪前进　张滨海(12月～)

资金监督服务中心(财务核算部):

主　任:袁　静

生产协调处:

处　长:鲁西杰

副处长:孙增荣

土地公关处:

处 长:鲁西杰

副处长:赵　斌

工程技术管理处:

处　长:朱立华(～9月)　吴叶成(9月～)

副处长:徐　健　黄　育　张　敏

安全监察处:

处　长:袁玉柱

副处长:葛志羽

主任工程师:杨桂明

劳动工资处:

处　长:邓政丰(～12月)　臧庆莹(12月～)

副处长:姜明申　汪　浩(9月～)

社会保险办公室主任:姜明申

就业服务中心(江苏兴油劳务技术服务有限责任公司):

主　任(经理):李跃军

副主任(副经理):宋长健

审计处:

处　长:刘良顺

副处长:赵晓红

副处级审计员:许学定

分公司勘探处:

处　长:唐建伟(～12月)　李亚辉(12月～)

副处长:肖秋生(正处级,12月～)

主任工程师:朱相雨

主任地质师:严元锋　熊学洲

分公司开发处:

处　长:唐建东

副处长:娄国泉(～12月)　杨新明

主任工程师:李南杰

海外事业部:

主　任:陈网根(兼)

常务副主任:尹军强

副主任:严　忠　孙文超　李　云

主任工程师:徐伯林　徐国良

外事办公室:

主　任:尹军强

副主任:严　忠　孙文超　李　云

技术监督服务中心:

主　任:石　健

主任工程师:庄国泰　陆克山　周以琦

经营销售处:

处　长:张　华

副处长:郎丰进　李传中

信息中心:

主　任:刘喜荣

主任工程师:高铁钢

公共事业处:

处　长:陈　辉

副处长:石　峰

计划生育办公室主任:陈　辉

工程监理部:

主　任:添维立

副主任:陈其耐(正处级,12月～)

党总支书记:陈其耐(12月～)

八、油田直属单位

地球物理勘探处:

处　长:王俊平

党委书记:潘仰明

党委副书记:王俊平　陈海滨

副处长:潘仰明　占德发　包俊杰　程中胜　周　胜

纪委书记:陈海滨

工会主席:包俊杰

主任工程师:周　胜　朱　峰

主任会计师:徐　洋

钻井处:

处　长:吴叶成(～9月)　吴　波(9月～)

党委书记:全宏研

党委副书记:吴叶成(～9月)　吴　波(9月～)　叶礼平

副处长:全宏研　张绍龙　樊继强　钱文明　吴　波(～9月)　刘太满　叶志群

纪委书记:叶礼平

工会主席:叶礼平

主任会计师:叶志群

主任经济师:司万春

试采一厂：
厂　长：熊建华
党委书记：李东方
党委副书记：熊建华　陈　华
副厂长：李东方　裘井岗　王学余　陈　刚
　　王明才　刘根新
纪委书记：陈　华
工会主席：陈　华
主任地质师：陈　刚
试采二厂：
厂　长：马欣本（～9月）　景步宏（9月～）
党委书记：黄　伟
党委副书记：马欣本（～9月）　景步宏（9月～）
副厂长：黄　伟　毕文平　丁在民
纪委书记：龚玉梅
工会主席：龚玉梅
主任地质师：刘家军
主任工程师：曹　鹏
主任会计师：张　帆
安徽采油厂：
厂　长：刘炳官
党委书记：任志庚
党委副书记：刘炳官
副厂长：任志庚
纪委书记：唐玉峰
工会主席：唐玉峰
主任工程师：王光明
主任地质师：蒋弋平
主任经济师：徐　强
安徽石油勘探开发公司：
经　理：王士斌
党委书记：顾培城（～9月）　钱义长（9月～）
党委副书记：王士斌　王文接
副经理：顾培城（～9月）　钱义长（9月～）王友礼
纪委书记：王文接
工会主席：王文接
主任工程师：张宗林　许劲翔
主任会计师：王友礼
地质测井处：
处　长：施振飞
党委书记：牟　荣（～9月）　何有国（9月～）
党委副书记：施振飞　张　鑫
副处长：牟　荣（～9月）　何有国（9月～）
　　钱忆申　施永新　杨　星　柯　涛
纪委书记：张　鑫
工会主席：张　鑫
总会计师：李　凌（12月～）
井下作业处：
处　长：徐　建
党委书记：曹祥生
党委副书记：徐　建　何如夏
副处长：曹祥生　张国华　唐　京
纪委书记：何如夏
工会主席：何如夏
主任工程师：王　青
主任会计师：王凤霞
油田建设处：
处　长：路　焰
党委书记：陈其耐（～9月）　张洪军（9月～）
党委副书记：路　焰　陈建新
副处长：陈其耐（～9月）　张洪军（9月～）
　　万红春　王健恺　文　学
纪委书记：陈建新
工会主席：陈建新
主任工程师：戚国顺
主任经济师：李熙岩
主任会计师：刘亚玲
运输处：
处　长：陈　荣
党委书记：沈　闽
党委副书记：陈　荣　邱贵荣
副处长：沈　闽　匡章明　杨玉川　王川才
工会主席：邱贵荣
纪委书记：邱贵荣
主任会计师：张振宁
水电讯处：
处　长：蒋学军
党委书记：毛文俊
党委副书记：蒋学军
副处长：毛文俊　秦瑞明
纪委书记：储祥明
工会主席：储祥明
主任工程师：沈金宝　茅向东
物资供销处：
处　长：谷　峰
党委书记：钱义长（～9月）　牟　荣（9月～）
党委副书记：谷　峰　秦以江
副处长：钱义长（～9月）　牟　荣（9月～）
　　翟　羽　刘维珍
纪委书记：秦以江
工会主席：秦以江
地质科学研究院：
院　长：李亚辉（～12月）　梁　兵（12月～）
党委书记：梁　兵（～12月）
党委副书记：李亚辉（～12月）　梁　兵（12月～）
　　于　虎（12月～）　宣以硕（～9月）

副院长:梁　兵(～12月)　于　虎(12月～)
　　刘玉瑞
纪委书记:宣以硕(～9月)　于　虎(12月～)
工会主席:宣以硕(～9月)　于　虎(12月～)
主任地质师:张建良　陈莉琼　钟思瑛

勘察设计研究院:

院　长:王厚安
党委书记:刘正意
党委副书记:王厚安
副院长:刘正意　杨扣虎　王大卫
纪委书记:王大卫
工会主席:王大卫
主任工程师:吴明菊(～12月)　杨扣虎　杨森宽
　　王占香

物探技术研究院:

院　长:王　勇
党委书记:陈进军(～12月)　娄国泉(12月～)
党委副书记:王　勇　吴向阳
副院长:陈进军(～12月)　娄国泉(12月～)
　　王山岭　胡　斌
纪委书记:吴向阳
工会主席:吴向阳
主任工程师:华　伟

石油工程技术研究院:

院　长:彭　中
党委书记:刘子龙
党委副书记:彭　中
副院长:刘子龙　景步宏(～9月)　张文升
纪委书记:张文升
工会主席:张文升
主任工程师:薛　芸　袁玉峰

职工培训处(党校):

党校校长:谈正鑫(兼,～5月)
　　李　浩(兼,5月～)
党校常务副校长:姚　成
党校副校长:何明虎　张国庆　王海松
处　长:姚　成
党委书记:秦安宁(～9月)　王　健(9月～)
党委副书记:姚　成
副处长:秦安宁(～9月)　王　健(9月～)
　　何明虎　张国庆　王海松
纪委书记:张　懿
工会主席:张　懿

新闻中心:

主　任:陶仁俊
党总支书记:陶仁俊
党总支副书记:董培根
副主任:董培根　李玉家(～9月)
　　常小明(9月～)
工会主席:董培根
石化报社江苏记者站站长:常小明(9月～)

矿业开发总公司:

总经理:周达祥
党委书记:孙智星
党委副书记:周达祥　王维华
副总经理:孙智星　王　进　徐　刚　丁曙东
　　张朝阳　王志云
纪委书记:王维华
工会主席:王维华
主任经济师:徐　刚
主任会计师:梁　莹

采输卤管理处:

处　长:严苏宁
党总支书记:严苏宁
副处长:许　云
工会主席:吴家平
主任工程师:许　云

农工商公司:

经　理:李　强
党总支书记:李　强(～9月)　姜长钺(9月～)
党总支副书记:李　强(9月～)
副经理:姜长钺(9月～)　孙家声　沈　彪
工会主席:孙家声
主任经济师:吕洪年

紫京旅游集团:

总经理:周天乔
党委书记:姜长钺(～9月)　顾培城(9月～)
党委副书记:周天乔
副总经理:姜长钺(～9月)　顾培城(9月～)
　　赵开华　郭兆跃　张滨海(～12月)
　　陈苏德
纪委书记:赵开华
工会主席:赵开华
总会计师:刘向阳(12月～)

离退休职工管理处:

处　长:陈烈明(～12月)　邓政丰(12月～)
党委书记:陈烈明(～12月)　邓政丰(12月～)
党委副书记:张　钊
副处长:张　钊
纪委书记:张　钊
工会主席:曹　华

邵伯管理服务中心:

主　任:陈往才
党委书记:钱平官
党委副书记:陈往才
副主任:钱平官　须　健　高圣龙

纪委书记:须　健
工会主席:高圣龙
真武管理服务中心:
主　任:毛振光
党委书记:孙光喜
党委副书记:毛振光
副主任:孙光喜　丁　宏　张振坤
纪委书记:魏宏江
工会主席:魏宏江
扬州管理服务中心:
主　任:吴　鹏
党委书记:吴　鹏
副主任:李明生　张　文
纪委书记:张　文(9月~)
工会主席:李明生
扬州石化有限责任公司:
总经理:孙银高
党委副书记:孙银高　季成林
副总经理:李明进　季成林　陈应廷
纪委书记:季成林
总工程师:姚日远
总会计师:唐一飞

（贾筱蓉）

先进集体与先进个人

先进名录

获全国非科技类奖项先进集体名单

奖项名称	获奖者	授予单位	授予时间
全国“安康杯”优胜企业	江苏油田	中华全国总工会 国家安全生产总局	2011 年 2 月
“十一五”时期社会主义竞赛先进集体	江苏油田	中华全国总工会	2011 年 3 月
全国能源化学系统先进工会	局工会	中国能源化学工会全国委员会	2011 年 11 月
全国能源化学系统工会信息工作先进单位	局工会	中国能源化学工会全国委员会	2011 年 8 月
全国能源化学系统工人先锋号	井下作业处综合大队压裂队	中国能源化学工会全国委员会	2011 年 11 月
2008 ~ 2010 年全国内部审计先进集体	江苏油田审计处	国家审计署	2011 年 8 月
2006 ~ 2010 年中央企业法制宣传教育先进单位	江苏石油勘探局	国务院国有资产监督管理委员会	2011 年 9 月

获江苏省非科技类奖项先进集体名单

奖项名称	获奖者	授予单位	授予时间
江苏省模范劳动关系和谐企业	江苏油田	省人力资源和社会保障厅、江苏省总工会、省经济和信息化委员会、省企业联合会/企业家协会	2011 年 12 月
江苏省十佳基层工会	局工会	江苏省总工会	2011 年 10 月
江苏省企事业先进班组	试采一厂输油二队沙埝联合站	江苏省总工会、江苏省经济和信息化委员会、江苏省国资委、江苏省工商业联合会	2011 年 9 月
2011 年全省经济责任审计理论与实务研讨优秀组织奖	江苏油田审计处	江苏省内审协会	2011 年 10 月
江苏省技工院校教学管理示范院校	江苏油田技师学院	江苏省人力资源和社会保障厅	2011 年 12 月
江苏省技工院校开展社会培训工作先进单位	江苏油田技师学院	江苏省人力资源和社会保障厅	2011 年 12 月

续表

奖项名称	获奖者	授予单位	授予时间
2006～2010 年全省法制宣传教育先进单位	江苏石油勘探局	中共江苏省委宣传部、江苏省司法厅	2011 年 7 月
江苏省“五五”普法工作先进企业	江苏石油勘探局	中共江苏省委宣传部、江苏省司法厅、江苏省法制宣传教育协调指导办公室	2011 年 7 月
江苏省“五四”红旗团委创建单位	安徽石油勘探开发公司团委	团省委	2011 年 1 月
江苏省优秀志愿服务项目	志愿服务“站点联动”工程	团省委	2011 年 3 月
江苏省青年志愿服务行动组织奖	油田青年志愿者协会	团省委	2011 年 3 月
2010 年度全省共青团工作创新创优成果二等奖	局团委“360 度考核机制构建团组织评价模型”	团省委	2011 年 1 月
省“五四”红旗团委	试采二厂团委	团省委	2011 年 5 月
省“五四”红旗团委创建单位	地测处团委	团省委	2011 年 8 月
2010 年度省级青年文明号	钻井处 70461JS 钻井队	团省委	2011 年 12 月
2010 年度省级青年文明号	安徽石油勘探开发公司 50761JS 钻井队	团省委	2011 年 12 月
2010 年度省级青年文明号	井下作业处作业一大队大修二队	团省委	2011 年 12 月
运用新媒体引导青年创新案例一等奖	《细分媒介特征，发掘新型阵地》	团省委	2011 年 12 月

获集团公司非科技类奖项先进集体名单

奖项名称	获奖者	授予单位	授予时间
2010 年度财务管理先进单位	江苏石油勘探局	中国石油化工集团公司	2011 年 3 月
2010 年度财务管理先进单位	江苏油田分公司	中国石油化工股份有限公司	2011 年 3 月
非上市油田板块 2010 年度全员成本目标管理贡献程度奖	江苏石油勘探局	中国石油化工集团公司	2011 年 3 月
上市油田板块 2010 年度全员成本目标管理贡献程度奖	江苏油田分公司	中国石油化工集团公司	2011 年 3 月
ERP 模块应用典型企业	江苏油田分公司	中国石油化工股份有限公司	2011 年 4 月
2010 年度财务决算先进单位	江苏石油勘探局	中国石油化工集团公司财务部	2011 年 9 月
2010 年度财务决算先进单位	江苏油田分公司	中国石油化工股份有限公司财务部	2011 年 11 月
2010 年度中国石化青年文明号	钻井处 40416JS 钻井队	中国石油化工集团公司	2011 年 8 月
2010 年度中国石化青年文明号	地质测井处生产测井中心	中国石油化工集团公司	2011 年 8 月

获全国非科技类奖项先进个人名单

奖项名称	获奖者	授予单位	授予时间
全国经济责任审计理论与实务研讨三等奖	刘良顺 徐夏青 谢　萍 王　欣	全国内审协会	2011 年 8 月
“十一五”节能先进工作者	朱　平	中国石油和化学工业联合会	2011 年 8 月
“十一五”环境保护先进工作者	周以琦	中国石油和化学工业联合会 中国化工环保协会	2011 年 5 月

获江苏省非科技类奖项先进个人名单

奖项名称	获奖者	授予单位	授予时间
2011 年全省经济责任审计理论与实务研讨二等奖	刘良顺 徐夏青 谢　萍 王　欣	江苏省内审协会	2011 年 10 月
省“五一”劳动奖章	田　明	江苏省总工会	2011 年 1 月
省劳动模范	杨　莲	江苏省人民政府	2011 年 4 月
省委党校系统优秀教师	薛　琴	中共江苏省党校	2011 年 6 月

获集团公司非科技类奖项先进个人名单

奖项名称	获奖者	授予单位	授予时间
优秀组织人事干部	蔡　刚	中国石油化工集团公司	2011 年 1 月
2010 年度财务决算先进个人	周立东	中国石油化工集团公司财务部	2011 年 9 月
2010 年度财务决算先进个人	张艳清 张伟斌	中国石油化工股份有限公司财务部	2011 年 11 月
信息化突出贡献奖	刘喜荣	中国石油化工集团公司	2011 年 4 月
信息化先进工作者	高铁钢 匡有毅 杨礼明 夏加斌 李养生	中国石油化工集团公司	2011 年 4 月
“两化”融合先进个人	刘喜荣	中国石油和化工工业联合会	2011 年 9 月
2010 年度优秀审计项目二等奖	陆亚东 张咏梅 徐呈扣 何淑华 陈晓明	中国石油化工集团公司	2011 年 7 月
环保管理先进个人	朱　平 钟志国 石　健	中国石油化工集团公司	2011 年 12 月
环保管理先进工作者	熊建华 孙银高 高善荣 朱珍迎 刘　真	中国石油化工集团公司	2011 年 12 月
“十一五”节能先进工作者	朱　平 刘根新	中国石油化工集团公司	2011 年 7 月
质量先进个人	庄国泰 杨　静	中国石油化工集团公司	2011 年 11 月

获局党委、勘探局、分公司表彰的先进名单

一、阿尔及利亚沙漠水管道项目先进集体和个人

（苏油党〔2012〕字 16 号　2012 年 4 月 21 日）

1. 给江苏石油勘探局阿尔及利亚管道项目管理部记集体一等功；
2. 给钱健康、胡振华 2 人记个人一等功；
3. 授予 8 人“工程建设标兵”称号：李　凯　余兆春　潘　芳　李　华　陈洪俊　房守江　范小军　杨　磊

二、2011 年度双文明标杆单位、双文明先进单位、双文明标杆队、双文明劳动模范

（苏油党〔2012〕字 5 号　2012 年 1 月 12 日）

1. 双文明标杆单位（6 个）

试采一厂　安徽石油勘探开发公司　油田建设处　地质科学研究院　矿业开发总公司　扬州石化有限责任公司

2. 双文明先进单位（10 个）

地球物理勘探处　安徽采油厂　井下作业处　地质测井处　水电讯处　物资供销处　物探技术研究院　勘察设计研究院　采输卤管理处　真武管理服务中心

3. 双文明标杆队（40 个）

地球物理勘探处：246 地震队　2252 地震队

钻井处：40416JS 钻井队　30159JS 钻井队　钻井液技术服务公司　40639JS 钻井队

试采一厂：输油二队　采油一队　采油九队

试采二厂：金东作业区采油七队　金东作业区采油三队　黄珏采油作业区采油十队　油田开发研究所

安徽石油勘探开发公司：30201JS 钻井队

安徽采油厂：采油三队

井下作业处：作业一大队大修一队　作业二大队作业一队

地质测井处：解释计算中心

油田建设处：安装一公司

运输处：起重安装公司

水电讯处：电力技术检修公司

物资供销处：金湖供销科

地质科学研究院：勘探一室

物探技术研究院：解释研究一部

石油工程技术研究院：采油工艺研究室

勘察设计研究院：油气设计所

矿业开发总公司：黄珏分部作业一队

采输卤管理处：综合首站

扬州石化有限责任公司：化纤分厂

紫京旅游集团：广西分公司

农工商公司：钻井农场农业队

扬州管理服务中心：幼儿园

邵伯管理服务中心：液化石油气供销站

真武管理服务中心：物业管理站净水站

职工培训处：安全工程培训部

离退休职工管理处：扬州管理科

新闻中心：编辑部

局综治办：消防支队邵伯消防中队

局机关：江苏石油勘探局小车队　江苏油田扬州招待所

4. 双文明劳动模范（10 名）

苗向阳　吴建国　冯恩山　李　静（女）　兰文明　郑　超　章东海　徐华兴　孙东升　陈　宁（女）

三、优秀思想政治工作者

（苏油党〔2011〕字 59 号　2011 年 11 月 13 日）

赵　斌　刘亚青　傅春艳　杨常春　吴　正　黄秀梅　魏洪兵　苏祥玉　朱年朝　蒋如高　刘　峰　闫海军　徐毅蓉　戴国莲　邱步祥　冯志斌　陈云成　甘　露　罗祥毅　喻晓新　章瑞华　曹　俭　丁建业　韩海军　徐　萍　侯预红　施建华　马洪军　潘广平　叶　岗　陈建文　叶海燕　刘　俊　张　炎　徐圣超　陈礼谦　王　瑾

四、2011 年度先进党支部　优秀共产党员和优秀党支部书记

（苏油党〔2011〕字 18 号　2011 年 6 月 30 日）

1. 先进党支部（38 个）

地球物理勘探处 246 地震队党支部

地球物理勘探处仪修公司党支部

钻井处 40639JS 钻井队党支部

钻井处管具公司党支部

试采一厂采油九队党支部

试采一厂采油一队党支部
试采二厂油田工艺研究所党支部
试采二厂黄珏作业区采油十队党支部
安徽石油勘探开发公司40655JS钻井队党支部
安徽石油勘探开发公司40418JS钻井队党支部
安徽采油厂采油三队党支部
地质测井处勘探测井中心党支部
井下作业处作业二大队作业一队党支部
井下作业处作业一大队大修一队党支部
油田建设处石化设备管道制造厂党支部
水电讯处变电运行公司党支部
物资供销处真武供销科党支部
运输处大件运输公司党支部
地质科学研究院勘探一室党支部
物探技术研究院解释研究党支部
勘察设计研究院油气设计所党支部
石油工程技术研究院工程监督钻井联合党支部
职工培训处综合党支部
矿业开发总公司新疆分部党总支
紫京旅游集团广西分公司党支部
离退休职工管理处局机关离休党支部
离退休职工管理处局机关退休第二党支部
邵伯管理服务中心污水处理站党支部
真武管理服务中心物业管理站党支部
扬州管理服务中心新村管理部党支部
新闻中心第三党支部
采输卤管理处综合首站党支部
农工商公司钻井农场党支部
江苏中油天工机械有限公司总装党支部
扬州友好医院扬州新院党支部
油田公安分局真武油田派出所党支部
油田机关开发处党支部
油田机关工程技术管理处党支部

2. 优秀共产党员(41名)

地球物理勘探处:周建佩 石一青
钻井处:涂达林 陈爱东
试采一厂:邵 勇 袁 荔
试采二厂:朱 玫 佘 川
安徽石油勘探开发公司:杨家领 李玉枝
安徽采油厂:许德文
地质测井处:李 莉 顾建忠
井下作业处:田 明 张传宝
油田建设处:张昌伟 王 辉
水电讯处:柏广德
物资供销处:李士佐
运输处:裴海云
地质科学研究院:李华东
物探技术研究院:张海洋
勘察设计研究院:杨锁二
石油工程技术研究院:杨大勇
新闻中心:王学志
职工培训处:季家俊
采输卤管理处:张守军
矿业开发总公司:杜景玲
紫京旅游集团:闫 冬
农工商公司:嵇朝球
离退休职工管理处:周政发 杨联余 孔宪满
邵伯管理服务中心:王德霞
真武管理服务中心:陈 宁
扬州管理服务中心:钱海霞
江苏中油天工机械有限公司:伊民众
扬州友好医院:颜士芹
油田公安分局:姚 顺
油田机关:吉文献 谢金花

3. 优秀党支部书记(23名)

地球物理勘探处:宣善浩
钻井处:宗桂勇
试采一厂:朱苏青
试采二厂:汪青松
安徽石油勘探开发公司:朱年朝
安徽采油厂:张勤龙
地质测井处:吴建东
井下作业处:蒯卫军
油田建设处:王普成
水电讯处:花惠柏
运输处:余 智
地质科学研究院:薛成刚
物探技术研究院:陈佳梁
勘察设计研究院:米鸿祥
石油工程技术研究院:李汉周
职工培训处:胡志杰
矿业开发总公司:胡正凯
离退休职工管理处:张格凤
邵伯管理服务中心:周英群

扬州管理服务中心:余敏华
扬州友好医院:姚恩鸾
采输卤管理处:王加明
油田机关:沈文范

五、2012年度江苏油田科技创新优秀团队和科技创新先进个人

(苏油科〔2012〕212号 2012年6月5日)

1. 江苏油田科技创新优秀团队(3个)
   勘探一室(地质科学研究院)
   举升工艺研究课题组(石油工程技术研究院)
   高邮综合研究组(物探技术研究院)
2. 江苏油田科技创新先进个人(10名)
   陈 军 刘桂玲 李汉周 魏 军 陈广超
   冯恩山 龚厚平 夏连军 陆凤才 郑海金

六、2011年度行政办公室系统先进个人

(苏油办〔2012〕202号 2012年5月29日)

宋英华 薛迎春 卢会才 罗云东 周守敏
顾春林 唐玉生 李继春 朱 祥 朱成军
胡继军 王军霞 袁家科 江代栋 陈 文
汪海洲 冯 兵 张孝成 冯 琳 唐傲宇
徐晓春 苏庆华 杨焱远 李佑炜 杨丛杰
曾海东 周兴松 杨大勇 苏继奎 丁伟国
陈增顺 张语端 沈 刚 常家新 韩海军
吕志成 潘广平 李雨春 赵贤琴 郭维杰
侯予红 李云翔 董顶琴 单天兵 戚 奕
黄永生 汪先迎 屈传刚 莫志祥 卞红梅

七、2011年度节能达标竞赛优胜基层队(站)

(苏油技监〔2012〕199号 2012年5月28日)

1. 油气生产系统(7个)
   试采一厂采油五队 试采二厂采油七队 试采一厂采油十队 试采一厂采油九队 试采一厂真联联合站 试采二厂采油九队 试采二厂黄4联合站
2. 井下作业系统(4个)
   井下作业处试油大队试油四队 井下作业处作业一大队作业五队 井下作业处作业一大队作业七队 井下作业处特车一队
3. 物探系统(1个)
   物探处2163队
4. 供电系统(2个)
   水电讯处庙湾变电所 水电讯处码头庄变电所
5. 供热系统(1个)
   真武管理服务中心北区锅炉房
6. 钻井系统(6个)
   钻井处30159JS钻井队 钻井处40671JS钻井队 钻井处50768JS钻井队 钻井处70835JS钻井队 安徽公司70199JS钻井队 安徽公司40633JS钻井队

八、2010~2011年度"达标创优"工作先进集体和先进个人

(苏油企〔2012〕198号 2012年5月23日)

1. 2010年度油田基层管理优胜队、星级管理优胜站
   (1)基层管理优胜队(80个)
   试采一厂:采油九队 地质研究所 采油七队 采油十二队 盐城采气队 试井队 采油三队 综合车队
   试采二厂:采油七队 油田工艺研究所 油田开发研究所 测试队 采油三队 采油十队 运输二中队 采油二队
   安徽采油厂:采油三队 采油二队 地质研究所
   井下作业处:作业一大队大修一队 作业二大队作业二队 试油测试大队地层测试队 作业一大队大修二队 作业二大队作业一队 试油测试大队试油一队 作业一大队作业三队 作业二大队作业四队 作业一大队作业二队 综合大队特车二队
   钻井处:40416JS钻井队 30159JS钻井队 40671JS钻井队 定向井技术服务公司 泥浆公司 30158JS钻井队 70836JS钻井队 40639JS钻井队 40767JS钻井队 40670JS钻井队 50116JS钻井队
   安徽石油勘探开发公司:40418JS钻井队 30201JS钻井队 泥浆站 40419JS钻井队
   地球物理勘探处:2163地震队 228地震队 2180地震队 2251地震队 仪修公司
   地质测井处:JS209裸眼测井队 JS303套管测井队 JS103综合录井队 JS102综合录井队 JS305套管测井队 JS403射孔队 JS110综合录井队 JS212裸眼测井队 JS112综合录井队 JS204裸眼测井队
   水电讯处:邵伯变电所 曹庄变电所 刘陆变电所 输电线路二队

油田建设处：安装一公司　石化设备管道制造厂
运输处：值班二分公司　小型车修理厂
物资供销处：金湖供销科
采输卤管理处：综合首站
矿业开发总公司：综合分部带压作业队　邵真分部采油队
真武管理服务中心：净水站
邵伯管理服务中心：液化气站
扬州管理服务中心：大楼管理部
地质科学研究院：勘探一室
物探技术研究院：计算机部
石油工程技术研究院：钻井工艺研究室
勘察设计研究院：油气设计所
扬州石化有限责任公司：三益分公司
紫京旅游集团：广西分公司
(2)星级管理优胜站(3个)
试采一厂：真联联合站　沙埝联合站
试采二厂：崔庄联合站

2.2011年度油田基层管理优胜队　星级管理优胜站和突出进步奖单位

(1)基层管理优胜队(83个)
试采一厂：采油九队　地质研究所　采油七队　采油十二队　盐城采气队　注采工艺所　安装队
试采二厂：油田开发研究所　油田工艺研究所　采油七队　采油三队　采油十队　测试队　运输二中队
安徽采油厂：地质研究所　采油三队　采油二队
井下作业处：作业一大队大修一队　试油测试大队地层测试队　作业二大队作业一队　综合大队压裂队　作业一大队大修二队　作业二大队作业二队　试油测试大队试油四队　作业一大队作业二队　作业二大队作业三队　试油测试大队试油五队　作业一大队作业三队
钻井处：40416JS钻井队　30159JS钻井队　40767JS钻井队　定向井技术服务公司　40639JS钻井队　40671JS钻井队　30158JS钻井队　70835JS钻井队　40652JS钻井队　40650JS钻井队　管具公司
安徽石油勘探开发公司：40418JS钻井队　30201JS钻井队　30157JS钻井队　40419JS钻井队
地球物理勘探处：228地震队　2251地震队　2180地震队　仪修公司　246地震队
地质测井处：JS102综合录井队　JS209裸眼测井队　JS110综合录井队　JS303套管测井队　JS103综合录井队　JS207裸眼测井队　JS208裸眼测井队　JS305套管测井队　JS403射孔队　JS214裸眼测井队
水电讯处：邵伯变电所　真武变电所　曹庄变电所　输电线路二队
油田建设处：安装一公司　安装二公司
运输处：起重安装公司　运达公司
物资供销处：金湖供销科
采输卤管理处：综合首站
矿业开发总公司：综合分部带压作业队　综合分部作业一队
真武管理服务中心：供热供气站
邵伯管理服务中心：液化气站
扬州管理服务中心：幼儿园
地质科学研究院：开发一室
物探技术研究院：解释一部
石油工程技术研究院：采油工艺研究室
勘察设计研究院：建筑设计分院
扬州石化有限责任公司：电仪车间
职工培训处：焊接培训部
农工商公司：直属农场
离退休职工管理处：扬州管理科
紫京旅游集团：广西分公司
新闻中心：编辑部
(2)星级管理优胜站(3个)
试采一厂：真联联合站　沙埝联合站
试采二厂：崔庄联合站
(3)突出进步奖单位(3个)
试采一厂：采油十队
试采二厂：采油六队
钻井处：70461JS钻井队

3.2010～2011年度优秀组织单位(8个)

试采一厂　钻井处　试采二厂　地球物理勘探处　井下作业处　物资供销处　物探技术研究院　真武管理服务中心

4.2010～2011年度优秀基层管理工作者(28名)

孔维军　袁　荔　李连国　胡　刚　王亚东
张文平　陈建国　杨常春　汤少亮　余　岩
冯在军　李桂秋　兰文明　武云龙　孟　强
黄　新　毛文龙　何雪松　杜　红　马姣艳
王小华　王　玮　刘启东　林汉兴　唐海军

熊卫华　孙步华　沈　毅

九、2010～2011 年度科技管理先进集体和先进工作者

（苏油科〔2012〕165 号　2012 年 5 月 2 日）

1. 科技管理先进单位(6 个)

地质科学研究院　石油工程技术研究院　试采一厂　钻井处　井下作业处　物探技术研究院

2. 专利管理优秀单位(3 个)

石油工程技术研究院　钻井处　油田建设处

3. 科技管理先进工作者(23 名)

刘小霞　李　红　李　洋　李付强　李巧宁　李灵芝　朱达山　余立群　余健华　陈德华　沈晓燕　杨　鹏　张齐东　张宏霞　范　锦　林东胜　赵小玲　黄金明　景清平　姚　娟　程金星　熊光勤　魏　燕

十、2011 年度质量科技成果

（苏油技监〔2012〕145 号　2012 年 4 月 16 日）

一等奖(4 个)

1. 试采一厂输油一队 QC 小组：降低真－联输油系统能耗
2. 地球物理勘探处仪修公司电缆 QC 小组：提高 428XL 数据链维修效率
3. 钻井处定向井技术服务公司随钻测量技术 QC 小组：YST－48R 测斜仪两用安全吊装装置的研制
4. 试采一厂注采工艺所 QC 小组：防砂防垢抽油泵的改进

二等奖(13 个)

1. 地质测井处仪修一室 QC 小组：测井仪器防磨损装置的研制
2. 钻井处 50768JS 钻井队 QC 小组：增加全井 PDC 钻井进尺比例
3. 试采二厂采油三队 QC 小组：提高闵 35 块油井机采系统效率
4. 安徽石油勘探开发公司钻井机修厂 QC 小组：钻井油品润滑系统保管及加注方式的改进
5. 水电讯处网络技术中心 QC 小组：降低水电讯处信息网络故障次数
6. 扬州石化有限责任公司热电车间 QC 小组：降低化学水处理装置的再生剂耗
7. 试采二厂采油七队 QC 小组：降低高 II 联合站注水泵维修频次
8. 井下作业处作业一大队带压一队 QC 小组：油管堵塞器预警装置的研制
9. 物探技术研究解释二部金湖项目 QC 小组：提高金湖凹陷构造圈闭有效性评价精度
10. 矿业开发总公司邵真分部 QC 小组：降低采油井燃煤消耗量
11. 油田建设处电通公司 QC 小组：降低配电变压器运行故障率
12. 井下作业处综合大队工具队 QC 小组：降低深井泵上游动凡尔故障发生率
13. 安徽采油厂动态室 QC 小组：提高天 83 井组注水效果

三等奖(28 个)

1. 地球物理勘探处 228 队技术攻关 QC 小组：提高新疆巴楚二维折线施工效果
2. 地球物理勘探处 246 队采集 QC 小组：提高地震资料品质
3. 钻井处钻井液技术服务公司现场技术 QC 小组：降低富民地区完井电测故障损失时间
4. 钻井处机修厂钻修 QC 小组：延长眼镜蛇振动筛使用寿命
5. 安徽石油勘探开发公司 40418JS 钻井队 QC 小组：套管护丝卸扣装置的研制
6. 安徽石油勘探开发公司工程技术中心定向井技术服务队 QC 小组：循环套安装专用工具的研制
7. 地质测井处射孔 QC 小组：降低射孔返工率
8. 地质测井处勘探测井中心 QC 小组：提高声成像仪套管探伤效果
9. 试采一厂输油二队 QC 小组：降低集输系统能耗
10. 试采一厂综合车队创新 QC 小组：低压洗井装置的研制
11. 试采二厂采油九队 QC 小组：提高永磁电机的节能效果
12. 试采二厂工艺研究所 QC 小组：优化供热系统运行参数
13. 井下作业处装备科 QC 小组：提高酸化压裂车台上传动系统的完好率
14. 井下作业处作业二大队作业一队 QC 小组：XT－12 型履带通井机低压燃油供给系统的改进
15. 油田建设处电器厂 QC 小组：提高变频柜散热系统可靠性

16. 油田建设处苏扬公司焊接 QC 小组：提高野外管道焊接射线检测的一次合格率

17. 矿业开发总公司综合分部 QC 小组：减少带压井口装置套管头损伤

18. 矿业开发总公司盐硝分公司 QC 小组：改进注水泵高压回流装置

19. 真武管理服务中心物业管理站 QC 小组：降低小区门卫用电量

20. 真武管理服务中心净水站 QC 小组：降低消毒池清淤成本

21. 安徽采油厂采油二队采油 QC 小组：提高机采井单井效益

22. 水电讯处电力技术检修公司 QC 小组：提高 35kV 刀闸吊装施工速度

23. 运输处物资经营部节油 QC 小组：提高加油卡管理的有效性

24. 物资供销处真武油库 QC 小组：提高柴油存储量

25. 物探技术研究院处理二部南通—如皋项目 QC 小组：提高南通—如皋地区去噪效果

26. 扬州石化有限责任公司油品车间 QC 小组：降低机泵设备故障率

27. 职工培训处国际化经营人才英语培训项目开发 QC 小组：提高国际化经营人才英语培训听力得分

28. 邵伯管理服务中心基建维修—污水处理联合 QC 小组：降低污水泵维修频率

十一、2011 年度信访稳定工作先进单位和个人

（苏油访〔2012〕105 号 2012 年 3 月 23 日）

1. 创建"文明来访接待室"先进单位：

地球物理勘探处 钻井处 安徽石油勘探开发公司 试采一厂 试采二厂 地质测井处 井下作业处 运输处 邵伯管理服务中心 真武管理服务中心

2. 信访稳定工作先进个人：

吴宏升 杨元俊 张 红 朱 祥 洪绍祥 李迎川 张 帆 冯 兵 冯 琳 杨焱远 杨丛杰 王萍花 赵贤琴 于庆宝 任 波 丁建业 李雨春 蔡 刚 崔 森 端 玲 张广莉 刘高峰

十二、2011 年度内控管理工作先进集体和个人

（苏油财资〔2012〕92 号 2012 年 3 月 16 日）

1. 2011 年度内控管理工作先进集体：

钻井处 安徽石油勘探开发公司 地球物理勘探处 油田建设处 试采一厂 试采二厂 扬州石化有限责任公司 井下作业处 物资供销处 运输处 水电讯处 紫京旅游集团 邵伯管理服务中心 信息中心 规划计划处 审计处 法律事务处 经营销售处 勘探处 开发处 科技处 技术监督处 监察处

2. 2011 年度内控管理工作先进个人：

刘同力 顾晓中 唐鹏飞 王鲁云 黄 锦 蔡庆龙 尚秀芝 王岸辉 龚丽娟 陈振鸿 高明霞 李 斌 周盛梅 瞿小军 黄 河 袁德美 王建友 李柏年 姜凤芝 万金梅 王 燕 田洪波 李义英 倪福建 喻海蓉 吴艳娟 李 亚 徐玉勤 吴舒梅 黄兆云 张 煊 朱 莉 闵 捷 成 慧 严 军 叶云飞 谢俊梅 王晓燕 佘长征 蔡 乔 宗桂生 戴冬梅 陈建宇 刘开拓 杨 磊 陈素萍 孙 瑜 刘春芳 翟清萍 戴社平 金 鑫 刘 霞 徐正东 张华东 柏 薇 何雪琴 沈柏清 邱泽惠 罗 锐 陈 洁 欧阳畅 赵淑云 祁 宁 解 宁 殷玉娣 曾光洁 刘爱华 姚红梅

十三、2011 年规划计划定额造价经营销售系统工作先进集体和个人

（苏油计〔2012〕86 号 2012 年 3 月 16 日）

1. 2011 年度业务系统先进集体

钻井处：经营管理部

试采一厂：计划科（经营销售）

试采二厂：计划科

地质测井处：计划经营科（定额）

水电讯处：计划经营科

油建处：定额站

物探技术研究院：经营科

2. 2011 年度业务系统先进个人

王明安 俞 强 房子同 杭仁银 陈晓松 刘雪梅 孙雅卫 杨尚平 徐 志 张兰芳 陆美华 陈志惟 喻 峰 陈敬中 李佃营 管志亮 曹效忠 许文忠 张 静 徐卫华 陈 军 吴 伟 蒋文化 陈 武 张语端

钱菊新　田洪波　文克香　宋忠宇　王雪梅
李建桃　邓宏远　魏连忠　吴林芳　吴　伦
吴静兴

十四、2011年度人口和计划生育工作先进单位、先进集体、先进工作者

（苏油计生〔2012〕76号　2012年3月14日）

1. 人口和计划生育工作先进单位（13个）

试采一厂　地球物理勘探处　钻井处　试采二厂　真武管理服务中心　物资供销处　油田建设处　安徽石油勘探开发公司　邵伯管理服务中心　物探技术研究院　水电讯处　安徽采油厂　地质测井处

2. 人口和计划生育工作先进集体（30个）

试采一厂：采油九队　采油十二队　生产保障部
试采二厂：采油二队　采油四队　综合大队测试队
安徽采油厂：生活服务站
井下作业处：作业一大队作业五队
扬州石化有限责任公司：分析检测中心
物资供销处：真武供销科
地质科学研究院：院机关
物探技术研究院：处理部
钻井处：管具公司　机修厂
安徽石油勘探开发公司：机关党总支　工程技术中心
地质测井处：录井中心
地球物理勘探处：仪修公司　物探大队
油田建设处：金洪工程公司
运输处：值班三分公司
水电讯处：变电运行公司
职工培训处：安全工程培训部
邵伯管理服务中心：紫京饭店
真武管理服务中心：物业管理站
矿业开发总公司：综合服务分部
农工商公司：直属农场
紫京旅游集团：南京紫京饭店
局机关：财务资产处
扬州友好医院：总院妇产科

3. 人口和计划生育先进工作者（55名）

（1）“十佳”人口计生服务标兵

宋晓珍　张永琼　王　平　贾玉霞　甄　煜
刘素玲　祖德琴　曾素芳　于庆宝　肖云霞

（2）人口和计划生育先进工作者（45名）

唐建萍　曾晓莉　王建红　卞江萍　仲婷婷
李晓凌　周春燕　姜　玲　周爱芹　张　娟
张必艳　梅丛莲　刘丽娟　王　阳　章瑞华
汤亚丽　刘志琴　焦桂英　陈小红　严丽静
孙爱红　宣菊香　冯继豫　厉　玲　李　波
仇晓敏　戴玮丽　宋卫京　鲁伶俐　王春兰
孙馥芸　杨　玲　臧秀丽　杨　芳　张春红
翟庆华　蒋　珍　谢　艳　高　虹　鞠苏婷
郝燕明　朱　杰　聂　香　朱　艳　殷正琴

十五、2011年度设备管理先进单位、先进队站

（苏油装〔2012〕67号　2012年3月1日）

1. 设备管理先进单位（9个）：

钻井处　地球物理勘探处　井下作业处　试采一厂　试采二厂　运输处　物资供销处　邵伯管理服务中心　物探技术研究院

2. 先进队站（18个）：

钻井处40416JS钻井队　安徽石油勘探开发公司40633JS钻井队　地球物理勘探处仪修公司　井下作业处综合大队压裂队　试采一厂采油七队　试采二厂采油七队　安徽采油厂采油一队　地质测井处勘探测井中心　油田建设处管道技术工程公司　水电讯处变电运行公司　矿业开发总公司综合服务分部　离退休职工管理处车队　扬州管理服务中心大楼管理部　真武管理服务中心净水站　地质科学研究院计算机室　石油工程技术研究院油田化学研究局机关小车队　综治办真武中队

十六　2011年度质量先进

（苏油技监〔2012〕51号　2012年2月17日）

1. 质量先进单位

试采一厂　试采二厂　井下作业处　钻井处　地质测井处　物探处　物资供销处　扬州石化有限责任公司　运输处　扬州管理服务中心　安徽采油厂

2. 质量先进集体

试采一厂采油九队　试采二厂采油五队　地测处解释计算中心　物探处246队　油建处安装二公司
真管中心基建维修站

3. 质量先进个人

梅　洋　张士俊　易济麟　赵小玲　张祝元

黄晓芳　顾龙娟　姚启庆　胡远招　彭　涛
孙建军　李同来　季亚林　蒋　勇　陆　峰
严江南　赵　民　何雪松　向　英　姜　涛
徐东霞　郭凌娟　窦正道　李付强　许志强
徐文斌　闫　冬　孙　浩　翟红梅　李庆玲
彭珊珊　徐克勤　刘朝晖　蒋祖华　赵鲁苏

十七、2011年度科技进步奖

（苏油科〔2012〕17号　2012年1月19日）

江苏油田2011年度科技进步奖经科学技术委员会审议通过：授予“高邮凹陷阜三段高精度沉积微相及控砂机制研究”、“基于叠前地震资料的储层评价研究”、“江苏低渗透油藏非线性渗流特征及立体调整技术研究”、“悬浮乳液钻井液技术研究与应用”和“套损井打通道、加固技术的研究与应用”等5项成果科技进步一等奖，“江苏油田‘十一五’勘探战略研究”等8项成果科技进步二等奖，“带压修井工艺研究与应用”等22项成果科技进步三等奖。

十八、2011年度环境保护先进集体及先进工作者

（苏油技监〔2012〕11号　2012年1月13日）

1. 环境保护先进单位（10个）

地球物理勘探处　钻井处　试采一厂　试采二厂　井下作业处　安徽勘探开发公司　安徽采油厂　地质测井处　矿业开发总公司　扬州石化有限责任公司

2. 环境保护先进科室（站）（12个）

地球物理勘探处安全环保科　钻井处安全环保部　试采一厂安全环保科　试采二厂技术监督中心　试采二厂环境监测站　井下作业处安全环保科　安徽石油勘探开发公司HSE管理科　安徽采油厂机动环保科　地质测井处安全环保科　矿业开发总公司安全环保科　扬州石化有限责任公司安全环保部　技术监督处环境监测中心站

3. 环境保护先进工作者名单（共36名）

张谊贤　杨　威　曹　敏　刘　杰　吴　君
吕　兵　廖显涛　李加刚　张士俊　崔兴早
刘奎虎　许　建　侯春国　胡金刚　李元忠
黄　凯　蒋世界　徐春华　杨家领　史正清
许鲁兵　方　芝　张红丽　俎梅峰　朱　彦
吴建丽　刘又涛　张亚东　何兆敏　蒋　锐
史润青　王建军　郭红莲　丁忠健　汪九新
苟　智

十九、2011年效能监察优秀项目

（苏油监〔2011〕585号　2011年12月28日）

特等奖（1个）

规范外协单位（队伍）管理项目

实施单位：开发处　基建办公室　科技处　生产协调处　监察处　物资供销处等单位和部门

一等奖（2个）

1. 非标产品采购项目

实施单位：物资供销处

2. 高集油田集输系统优化工程项目

实施单位：试采二厂

二等奖（4个）

1. 柴油、钻头使用管理项目

实施单位：安徽石油勘探开发公司

2. 报废船舶资产处置项目

实施单位：地球物理勘探处

3. 陈堡联合站污水处理系统改造工程项目

实施单位：试采一厂

4. 提高车辆运行效率项目

实施单位：井下作业处

三等奖（5个）

1. 安徽采油厂铜庄联合站改扩建工程项目

实施单位：安徽采油厂

2. 实物资产管理项目

实施单位：运输处

3. 追缴域外项目欠款项目

实施单位：地质测井处

4. 电器开关柜隐患治理项目

实施单位：扬州石化有限责任公司

5. 规范域外项目管理项目

实施单位：油田建设处

优秀奖（3个）

1. 规范食堂资金管理项目

实施单位：试采二厂

2. 报废变压器处置项目

实施单位：水电讯处

3. 工程院科技外协专项效能监察项目

实施单位：石油工程技术研究院

二十、2011 年度节能先进

（苏油技监〔2011〕571 号 2011 年 12 月 21 日）

1. 节能先进单位（8 个）

试采一厂 钻井处 试采二厂 井下作业处 水电讯处 地质测井处 安徽勘探开发公司 真武管理服务中心

2. 节能先进工作者（55 名）

廖显涛 袁 荔 李 欣 欧远斌 李小玲
丁红波 袁长军 刘 军 赵 邦 皮远顺
方 芝 郁雅芳 李林华 孙步华 徐 晔
雷 静 肖 茹 陈洪林 李新林 王玉祥
翟清萍 童 斌 钱新建 王 辉 杨永农
景清平 王晓军 洪 敏 徐文平 庄海荣
崔卫平 黄秀请 朱元华 马建桥 郭庆水
陈 兵 王校伟 杨恩祥 钱菊新 高传芳
翟红梅 朱灵春 程锦山 李义勇 宋京香
李新如 余立群 陈伟忠 胡美兰 刘爱明
刘 勇 刘松林 李品芳 商广宽 陈 红

3. 节能减排合理化建议活动

（1）优秀组织单位（4 个）

试采一厂 试采二厂 钻井处 井下作业处

（2）一等奖（2 条）

①真联集输系统供热参数优化（试采一厂 景志华 胡 斌）

②热泵技术在原油集输系统中的应用（安徽采油厂 周奎修）

（3）二等奖（5 条）

①韦五接转站天然气的回收与利用（试采二厂 熊涛）

②应用变电装置提高钻井网电利用率（钻井处 陶仁高）

③周 43 油区富余天然气集输与利用（试采一厂 唐正江 邹 盼）

④推广双桥减速装置降低低产油井能耗（试采二厂 李小玲）

⑤运用导热介质提高电加热器热效率（油田建设处 王 勇）

（4）三等奖（9 条）

①范庄油田供热系统优化（试采二厂 何永强）

②脱盐污水余热利用（扬州石化有限责任公司 徐鲁滨）

③190 型柴油机回油回收利用（钻井处 蒋晓峰）

④在复杂措施井使用撬装泵（井下作业处 姚立中）

⑤锁爪式泄油器现场的应用（井下作业处 焦大进）

⑥沙 26 站真空炉安装油气混合燃烧器（试采一厂 税旭东）

⑦苏 61 站热水罐的改造（试采一厂 丁洪兵）

⑧富 13 站等使用简易天然气火嘴（矿业开发总公司 周良江）

⑨合理调度车辆进行吸水剖面测井（地质测井处 张所明 张 强）

（5）优秀奖（19 条）

变频控制技术在电潜泵中的应用 （试采一厂 潘国辉 朱苏清）

卸油岗长输泵增加变频控制 （试采一厂 景志华）

加强管理，控制澄清池开停数量 （试采一厂 汤其网 吴方荣）

崔 17 站供热系统改造 （试采二厂 何永强）

杨 3、卞东站套管气回收与利用 （试采二厂 钱钦）

主要系统能耗分析及应对措施 （安徽采油厂 邓亚东 易双林）

原油管道穿心电加热装置工艺技术应用 （安徽采油厂 周奎修 王 平）

油井加装电加热杆实行间抽 （安徽采油厂 许鹏）

油管堵塞器定位浮标的应用 （井下作业处 宋广宁）

利用外送凝结水给聚合热水加热 （扬州石化 王新程）

完井期间使用小型发电机 （钻井处 熊运林）

水平段钻进使用非常规直径 110 毫米的缸套 （安徽公司 周家强）

190 型柴油机水箱电加热技术应用 （安徽公司 施治国）

TCP 射孔十二米以上夹层采用多级起爆技术 （地质测井处 宫 建）

强化满油箱、零油卡管理力度 （运输处 陈洪林）

油建提升泵房管线改造 （邵管中心 吴族明）

热水循环泵应用变频控制技术 （邵管中心 杨恩祥）

有效利用热泵能量，降低锅炉能耗 （真管中心 朱建）

将北区锅炉房小浴室用水纳入热泵站供水系统（真管中心 经焕华）

4. 节能报表资料先进单位（3个）

地质测井处 试采一厂 钻井处

5. 节能知识答题活动

(1)一等奖

刘 平 徐 军 陈永连

(2)二等奖

徐 燕 朱元华 殷晓青 谭显兵 蒋鸣凤 王 胜

(3)三等奖

张 斌 谈 丽 刘奎花 周 靖 颜佩君 吴菊英 沈献成 刘向前 孙晓丽 赵芳芹 陈 军 杨才坤

二十一、2011年统计工作先进单位和优秀统计分析报告(论文)

（苏油计〔2011〕529号 2011年12月13日）

1. 2011年度统计工作先进单位

钻井处 安徽公司 地质测井处 试采一厂 试采二厂

2. 2011年统计报表先进单位

水电讯处 油建处 井下作业处 扬州石化有限责任公司

3. 2011年统计分析先进单位

安徽采油厂 矿业开发总公司 运输处 物资供销处

4. 2011年度优秀统计分析报告(论文)

(1)总公司优秀统计分析报告(论文)

一等奖

《提升发展质量 努力建设专业化钻井公司》 安徽公司 孙秀琴 吴 伟

二等奖

《加强投资管理 提高投资效益——江苏油田安徽采油厂“十一五”投资完成情况分析》 安徽采油厂 叶云飞

《科学决策增储上产 精打细算降本增效》 试采一厂 陈 莉

《江苏钻井“十一五”期间侧钻井指标分析》 钻井处 刘长兰

三等奖

《推进投资精细管理 夯实有效发展基础》 物探处 薛 虎

《推进科学理性采购 强化物资储备管理 提升物资供应水平——江苏油田“十一五”物资供应统计分析》 物资供销处 唐智雄

(2)2011年江苏油田优秀统计分析报告(论文)

一等奖

《精雕细琢谋稳产 精打细算降本增效》 试采二厂 薛传红

《辉煌“十一五”铁军续新篇》 钻井处 薛 峰

《明确发展方向 转变发展方式——谱写“十一五”矿业开发工作新篇章》 矿业开发总公司 刘 颖

二等奖

《浅析“十一五”生产经营发展轨迹 促“十二五”再创辉煌》 地质测井处 李晓晖

《跳出运输 强造精修 突出物流 发展运输》 运输处 唐中元

《试采一厂“十一五”投资完成情况分析》 试采一厂 田洪波

《范庄污水处理系统改造工程投资控制分析》 试采二厂 徐祝芳

《强化经营管理 实现各项生产指标顺利完成》 安徽采油厂 叶云飞

三等奖

《油建处“十一五”生产经营统计分析》 油建处 蒋文化

《三月份转供电量为何偏低?》 水电讯处 雷 蕾

《邵管中心2006～2010年综合统计分析》 邵管中心 张 静 夏彬涛

《试采二厂“十一五”期间油田生产投资情况浅析》 试采二厂 陈亚明

《降低煤炭在装卸过程中的损耗》 物资供销处 王雪梅

《井口供电工程造价差异分析》 安徽采油厂 房子同

《井下作业处“十一五”经营分析》 井下作业处 陈戬侃

二十二、2010年度财务决算先进单位和个人

（苏油财资〔2011〕501号 2011年12月7日）

1. 财务决算先进单位

钻井处　地球物理勘探处　安徽石油勘探开发公司　试采一厂　试采二厂　井下作业处　油田建设处　水电讯处　运输处　物探技术研究院　扬州石化有限责任公司　扬州管理服务中心　邵伯管理服务中心

2. 财务决算先进个人

周立东　张艳清　葛红霞　叶　霞　严　玲　张　琳　石美华　李　刚　解文森　刘凤杨　孙华强　李金莲　陈　明　苗文亭　高冬梅　段春梅　顾　丽　史桂琴　王相颖　徐　蓉　何海琴　李　明　彭桃荣　巫徐民　陈　梅　张　娟　温岸东　刘开拓　李　青　李　玲　顾　琼　凌　翔　吕　飞　张　煊　陈　云　张滨娣　徐丽华　张　慧　朱　艳　陈　璐　王来武　朱心梅　黄黎伟　曾　萍　祁　宁　唐　慧　徐文胜　李慧淑　李俊峰　龚丽莉　包慧芝　蒋　怡　刘爱华　陆卫红　胡六生　解　宁　柏　微　李　敏　曾光洁　陈　康　章　强　沈柏清　杨树红　陈　卫　赵淑云　贡云萍　芦　燕　朱为玲　谢俊梅　胡红霞　高春红　孙　瑜　刘晓春　潘正阳　杨丽萍　邱泽惠　俞战鹰　钱忆玲　吕秀芳　戴苏丽　贾冰莲　蒋子英　刘田春　施　晖　居震萍　李国旗　张　众　汪先迎　帅文江　王保国　陈立芳　吕继伟　吴　勇　王新强　谷其亮　蒋明君

二十三、2011 年度江苏油田青年岗位能手

（苏油团〔2011〕471 号　2011 年 12 月 1 日）

地球物理勘探处：葛　丰　付英露

钻井处：严晓理　姜　华

试采一厂：刘　彬　廖显涛

试采二厂：周　斌　纪永梅

安徽石油勘探开发公司：许阳华　兰文明

安徽采油厂：卓知明

井下作业处：刘铭强　张立平

地质测井处：季金龙　胡　冰

油田建设处：付　民

运输处：朱　艳

物资供销处：余健华

地质科学研究院：仇永峰

物探技术研究院：王洪艳

勘察设计研究院：张新芬

石油工程技术研究院：王　彪

矿业开发总公司：杜　红

邵伯管理服务中心：茹叶雯

真武管理服务中心：秦　蕾

扬州管理服务中心：李　兵

扬州友好医院：刘秀琴

二十四、2011 年“局青年岗位能手”

（苏油团〔2011〕323 号　2011 年 10 月 19 日）

蔡　巍　郑　和　成　鹏　李松文　马　林

二十五、第十二届职业技能竞赛优秀单位和个人

（苏油劳〔2011〕322 号　2011 年 10 月 18 日）

1. 优胜单位

钻井处　试采一厂　试采二厂

2. 优秀组织单位

地质测井处　运输处　邵管中心

3. 二〇一一年度油田技术能手（获得金、银、铜牌 63 人）

物探处：苏　辉　曾垂健　张　旭　王利利　徐会东　倪英凯　任运利

钻井处：严晓理　陈　斌　朱　伟　先　强　孙　静　张晓波　嵇绍吾　李松文　赵永伸　霍尚俊

试采一厂：张　峰　钟立峰　陈国庆　付琼华　白锡锋　方　华　秦秋花　樊雪丽　雷　莉　魏明霞

试采二厂：李　静　纪永梅　吴继昌　魏洪春　袁　丽　吉丽华　赵建华

井下作业处：李敏俊　颜加旺

地质测井处：陈　兵　刘　宁　张　亮　曹功显　史洲江　彭　亮　冯　浪　杨小军　卢　洪

安徽采油厂：卓知明

运输处：王　峻　王俊峰　王小勇　李旭彬　沈新康　白立新

油建处：夏露林　付　民

扬州石化有限责任公司：孙正安　范庆松　李玉军

水电讯处：王晓明　姜明东　梁吟秋

采输卤管理处：刘　义　王　军　刘文蓉

4. 优秀裁判员（21 名）

朱建平　贾文景　祖　峰　马士平　徐罗凤

蒋俊湘　范存明　武云龙　石建设　刘胜来
吴　昭　李升芳　周文成　骆胜喜　龚　义
刘文胜　卢志瑶　杨　蕾　何宗清　李品芳
周顺银

二十六、优秀教师、教育工作者、职业教育工作者、兼职教师

（苏油劳〔2011〕250号　2011年9月9日）

1. 优秀教师（16名）

张雪梅　黄莲贞　张海燕　李　莉　刘学丽
涂小兰　戴江晋　汪传华　童亚雨　洪志敏
薛　琴　蔡　蕾　刘　梅　吕光友　杨　建
姬雪强

2. 优秀教育工作者（9名）

曾爱华　张　瑞　陆东升　宋小梅　江广梅
兰　洁　徐　燕　谢桂芹　陶选春

3. 优秀职业教育工作者（20名）

王彩芬　黄永煌　李建军　肖红成　李晓凌
许　鹏　陈迪祥　赵庆灵　张必栋　许国宏
张江伟　周一松　钱菊萍　沈　阳　宣小石
夏小雨　车爱萍　吴坛珍　端　玲　胡丰成

4. 优秀兼职教师（7名）

王守金　徐宏彬　洪　政　张　岩　卞光荣
刘雪梅　郭朝奎

5. 三十年教龄教师、教育工作者（13名）

石祥玮　李玉萍　王有林　余向京　蔡　芳
王　瑾　黄永煌　虞克西　季家俊　王丛林
李同富　杨俊仁　于　萍

二十七、优秀清洁生产技术报告

（苏油技监〔2011〕217号　2011年7月20日）

1. 一等奖

带压作业技术在油田的应用　试采一厂　试采二厂　井下作业处　矿业开发总公司

绿色环保泥浆在油田环境敏感地区的使用　钻井处

作业循环罐的研制与应用　井下作业处

2. 二等奖

可控震源勘探减少对地表环境的影响　地球物理勘探处

水平定向钻穿越复式扩孔施工技术的应用　油田建设处

节能低排放新型燃气机应用　钻井处

太阳能、电加热技术在采油集输工艺中的应用　安徽采油厂

侧钻井卡堵水工艺技术　试采一厂

3. 三等奖

提高钻井速度配套技术的研究与应用　钻井处

测井斜井装备的研发与应用　地质测井处

李堡油田太阳能辅助电加热集输　试采一厂

油井供热系统优化技术的研究与应用　试采二厂

电脱盐装置改造技术报告　扬州石化有限责任公司

生物聚合物钻井液技术推广应用　安徽石油勘探开发公司

地热资源在冬季供暖中的应用　矿业开发总公司

30DB网电拖动技术可研报告　安徽石油勘探开发公司

二十八、2010年度油田海外工作先进个人

（苏油外〔2011〕207号　2011年7月6日）

袁爱军　何　军　张　鹏　余兆春　周　峰
齐孟颖　钱卫东　吴福源　孟祥永　闫　冬
杨利华　李　杰　丁　文　郑　峰　陈　琪

二十九、“十一五”信息化先进单位和先进个人

（苏油信〔2011〕155号　2011年5月17日）

1. 油田“十一五”信息化先进单位（10个）

试采一厂　安徽采油厂　井下作业处　安徽石油勘探开发公司　地球物理勘探处　地质科学研究院　物探技术研究院　水电讯处　运输处　油田建设处

2. 油田数据中心建设先进基层单位（33个）

数据中心建设项目组

地球物理勘探处2163地震队

钻井处40416JS钻井队　40653JS钻井队　30158JS钻井队　40671JS钻井队　50768JS钻井队

安徽石油勘探开发公司70199JS钻井队　40415JS钻井队　40418JS钻井队　40633JS钻井队

地质测井处录井中心　解释计算中心　测录井技术研究开发中心　生产测井中心　勘探测井中心

试采一厂采油一队　采油四队　采油五队　采油十队

试采二厂采油二队　采油四队　采油五队　开发研究所　工艺研究所

安徽采油厂采油三队　地质研究所　工艺技术研究所　井下作业处作业一大队作业一队　作业一大队大修一队　作业一大队大修二队　作业二大队作业五队　试油测试大队试油一队

3. 油田“十一五”信息化先进工作者(64名)

徐　俊　张银华　稽绍贵　蒋晓明　邱训忠　彭　涛　万正喜　刘长兰　徐子践　纪　晶　程　萍　陈　青　朱洪新　施均道　陈冬林　赵　权　卢长江　袁艳勤　施新月　赵小玲　刘苏洪　张红霞　朱炳兰　易财荣　郭　赟　熊　焰　郑　忠　韩国培　江　伟　黎　英　邓宏远　谭家虎　袁良悦　孙锦富　刘红梅　徐广明　缪　玲　于　华　朱建军　梁文广　孙　浩　李　翀　杨　蕾　王　瑞　解　宁　陈永连　丁思敏　陈增顺　胡华春　吴　曦　黄润钦　陈　钧　阮宝国　张新雷　施豫琴　单天兵　任　旻　李　玲　陆　璐　王洪军　陈　杰　夏　江　苗　勇　徐　铭

三十、优秀WWW网站

(苏油信〔2011〕154号　2011年5月13日)

一等奖(4个)

钻井处网站　地测处网站　地研院网站　工程技术处网站

二等奖(8个)

试采一厂网站　试采二厂网站　井下作业处网站　安徽公司网站　安徽采油厂网站　运输处网站　局长(总经理)办网站　财务资产处网站

三等奖(13个)

物探处网站　物研院网站　油建处网站　水电讯处网站　物资供销处网站　工程院网站　矿业开发总公司网站　扬管中心网站　技术监督处网站　生产协调处网站　法律事务处网站　组织部网站　审计处网站

三十一、桥7平1长水平段钻井暨分段压裂项目先进单位和先进个人

(苏油分开〔2012〕48号　2012年5月3日)

1. 优秀组织奖(3个)

石油工程技术研究院　钻井处　井下作业处

2. 优秀施工奖(2个)

钻井处50769钻井队　井下作业处综合大队压裂队

3. 优秀个人(9名)

张　进　窦正道　杲　春　杨国杰　胡茂楠　马亦农　陈晓斌　乔春国　王国祥

4. 先进个人(39名)

钟思瑛　卞　炜　薛成刚　袁玉峰　施智玲　何竹梅　沈　飞　虞建业　卢敏晖　段志刚　王韶华　樊继强　黄志安　王亚宁　张东方　魏秀刚　万礼勇　孙云德　肖庆昆　柯　涛　杨忠泽　王明根　林文峰　张志鹏　张国华　吕卫祥　王加明　高善荣　顾克忠　周　渝　李大勇　李程碑　曹　鹏　陈兴越　李文森　李连国　杨新明　顾庆宏　张　敏

三十二、2011年度物资供应管理先进单位和先进个人

(苏油分物〔2012〕45号　2012年4月12日)

1. 先进单位(7个)

钻井处　试采一厂　试采二厂　安徽采油厂　井下作业处　地质测井处　真管中心

2. 先进个人(18名)

彭　梅　郝继国　崔大庆　蔡晓波　邓士圣　张志梅　朱政文　吴成珍　朱　莉　陈洪林　赵珊珊　张洪林　谌伦丽　朱新彦　邵国群　陈　伟　景志宏　甘军毅

三十三、2011年度开发新工艺新技术项目以及开发生产课题

(苏油分开〔2012〕11号　2012年2月28日)

陈堡油田油井综合治理技术的研究与应用　试采一厂　李　兴　雷　佳　张向阳　张学仟　施豫琴

中频电加热流程系统分析与评价　工程院　试采二厂　朱　锋　郭中成　王　志　吉武星　孙立新

小井眼井防砂技术研究与应用　试采二厂　许　健　李文森　李汉周　程　浩　吴江平

井下铁质小件落物收集与打捞工具的推广应用　井下作业处　刘海明　武允革　蔡多卓　韩书将　张　容

提高泵效技术应用　工程院　狄敏燕　石建设　张　格　邹俊松　李汉周

水平井找水技术的推广应用　试采一厂　周宇成　黄　耀　藏　燕　张小孔　陈　颖

低渗透油藏水平井分段改造技术推广与应用　工程院　虞建业　杲　春　沈　飞　卢敏辉　马　巍

量子防垢、防蜡技术应用研究 试采二厂 李 庆 袁长军 汪树军 赵智超 张小莉

新型找堵水管柱的开发与应用 安徽采油厂 卫光明 田庆柱 李日科 卓知明 李艾芳

2011 年度重点开发生产项目获奖情况

江苏油田 2011 年开发总体部署 地研院 金忠康 刘延宗 李红昌 薛成刚 刘桂玲

江苏油田 2011 年度原油产能核定及月度部署跟踪 地研院 罗钰涵 刘延宗 李海安 金忠康 骆 瑛

周 43 断块油藏精细描述及调整挖潜研究 试采一厂 周 均 祝 奎 秦家敏 崔梅红 张小孔

范庄、南湖油田治理挖潜研究 试采二厂 马淑娇 陈兴越 陈洪才 汪 锦 朱龙权

东阳—桃园—程庄构造带滚动评价研究 安徽采油厂 丁玉盛 石先达 王海波 覃恒杰 韩亚飞

江苏油田油田开发综合数据采集与处理 开发处 施豫琴 董项琴 刘松林 周玉晴 管红艳 胡桂华 袁艳琴 施欣月 李艾芳 姚 娟

江苏油田 2011 年开发部署图册 地研院 徐建政 薛成刚 朱昔君 金忠康 潘 凌

2011 年滚动勘探及油藏评价实施效果及 2012 年第一批项目部署 地研院 薛成刚 姚文斌 罗珏涵 唐在秋 刘 辛

江苏油田 2011 年(油气)储量评价 地研院 张 连 李红昌 刘延宗 金忠康 罗钰涵

2011 年江苏油田上市油气储量评估 地研院 李红昌 张 连 刘 麟

真富产能建设油藏工程方案 地研院 李新红 奥立德 王 军 唐 华 姚富来

高杨产能建设油藏工程方案 地研院 解金凤 孔 红 李 莉 蔡新明 闫焕玉

钻井工程设计及监督 工程院 王韶华 严俊红 徐 浩 付 林 任 飞

油田产能建设采油工程方案研究与编制 工程院 张 格 戴 鑫 唐礼骅 张华丽 王志明

油田产能建设钻井工程方案研究编制 工程院 朱炳兰 孙 鑫 唐玉华 曾甘林 金 晶

沙埝地区滚动调整挖潜研究 试采一厂 张小孔 郁甜甜 周 伟 卞亚军 陆修莲

侧联 30 井高效开发研究 试采一厂 蒋小庆 秦家敏 祝 奎 陈永志 崔梅红

崔庄、高集油田滚动调整研究 试采二厂 田立君 陈 军 张 阳 张 毅 陈洪林

江苏油田 2011 年原油开发年报 开发处 金 勇 龚建萍 刘延宗 刘 麟

江苏油田 2011 年采油工程年报 开发处 施豫琴 顾庆红 刘松林 周 毅 陈剑峰

江苏油田 2011 年天然气部署、产能、总结与跟踪 地研院 刘延宗 李红昌 刘 麟 罗钰涵

江苏油田 2011 年末日产水平标定 地研院 刘延宗 金忠康

江苏油田 2011 年开发储量数据表 地研院 李海安 张 连

江苏油田产能跟踪分析查询系统 地研院 胡庆文 李海安 刘延宗 赵高攀 颜 红

陈 2 断块阜三段油藏综合调整方案 地研院 罗 南 屈 红 朱左成 刘登科 王 军

沙 18-1 等断块滚动及周 32 断块稳产调整研究 地研院 吴晓敏 王 军 毕建福 颜琳娜 罗洪飞

储层改造设计及跟踪评价 工程院 李升芳 张华丽 包敏新 金智荣 殷玉平

重点井完井试油设计 工程院 段志刚 徐贵春 唐礼骅 高 丽 任双双

油田注入水水质监测 工程院 雷世华 贾广华 郭 敏 王 彪 杨 帆

注入水配伍研究及水处理药剂评价 工程院 王建华 杨 帆 林晶晶 纪艳娟 许 涛

曹、肖、永地区滚动调整挖潜研究 试采一厂 周 均 蒋小庆 路玉东 王金钊 张小孔

李堡、梁垛油田调整挖潜研究 试采一厂 崔梅红 杨阿玲 陈 颖 张小孔 李玉红

高含水疏松砂岩油藏控水防砂技术研究 试采一厂 陶剑清 贺永军 冯贵宾 李 兴 潘国辉

真 35 块聚合物驱现场实施 试采一厂 冯贵宾 潘 义 陶剑清 贺永军 龙远强

庄、马、黄地区滚动调整挖潜研究 试采二厂 李爱民 毛超琪 刘宁滔 杨冬平 朱龙权

卞-闵-杨地区滚动调整挖潜研究 试采二厂 薛 斌 吴振东 张路崎 冯绪波 张 阳

高含水油井炮眼封堵—射孔技术的研究与应用 试采二厂 曹 鹏 黄一汉 李文森 陈 军 郑海男

安徽低效零散开发区块综合治理研究 安徽采油厂 邹桂丽 李祥珠 熊桂林 彭 倩 方彩莲

高含水油藏治理挖潜研究 安徽采油厂 周巨标

王启斌　李军珠　郑玉贤　袁晓芳

江苏油田2011年天然气开发年报　开发处　何育山　刘延宗　刘　麟

江苏油田2011年月度开发简报与产能跟踪报告　开发处　董项琴　朱　巍　李海安

开发区块目标管理及企业三项管理工作　开发处　周　毅　卢鼎润　董项琴　施豫琴　刘松林

江苏油田2011年开发工作总结与跟踪分析　开发处　金　勇　董项琴　罗钰涵　何育山

（尤　鉴）

人　物

新任油田领导

【李东海】 现任江苏石油勘探局党委书记、副局长、江苏油田分公司副总经理。男，1961年6月出生，汉族，江西新余人，1983年7月参加工作，1985年12月入党，博士研究生，理学博士，教授级高级工程师。

1979年9月在江汉石油学院石油地质专业学习，1983年7月在胜利油田河口采油指挥部采油一大队任助工、副大队长，1991年4月在胜利石油管理局河口采油厂采油一大队任大队长，1994年5月在胜利石油管理局海洋石油开发公司任副经理，1998年8月在胜利石油管理局海洋石油船舶公司任经理、党委副书记，1999年1月在胜利石油管理局河口采油厂任厂长、党委副书记（其间：1998年9月至2001年5月，上海交通大学船舶与海洋工程专业硕士研究生学习），2001年12月在江苏油田分公司任副总经理（其间：2001年9月至2003年6月，石油大学（华东）矿物学、岩石学、矿床学专业博士研究生学习），2011年3月起任现职。

（贾筱蓉）

【李　浩】 现任江苏石油勘探局党委副书记、纪委书记、工会主席，兼任江苏石油勘探局党委组织部部长、干部处处长。男，1966年7月出生，汉族，江苏江阴人，1990年7月参加工作，1988年5月入党，博士研究生，工学博士，教授级高级政工师。

1986年9月在西南石油学院勘查地球物理专业学习，1990年7月在江苏石油勘探局地调处、南京计算中心实习，1991年11月在江苏石油勘探局地质科学研究院任助工、院办副主任，1997年4月在江苏石油勘探局局长办公室任科级秘书，1998年4月在江苏石油勘探局团委任副书记、书记，2003年1月在江苏油田分公司地质科学研究院任党委书记、副院长，2005年4月在江苏石油勘探局党委组织部、干部处任组织部部长、干部处处长（其间：2005年9月至2008年7月，中国地质大学（北京）地质资源与地质工程专业博士研究生学习），2011年5月起任现职。

（贾筱蓉）

模　范　人　物

江苏省劳动模范

【杨　莲】 女，32岁，试采一厂采油二队周32站副班长。她勤奋、好学、肯钻研，2010年夺得集团公司采油工职业技能竞赛金牌，为油田实现采油工金牌零的突破作出了贡献，被评为中石化和油田青年岗位能手，荣立一等功。2011年4月当选为江苏省劳动模范。为了尽快成为一名业务熟练的采油工，她14年里口袋里始终装着一个小笔记本，跟着师傅一起倒小班、修设备、倒流程、做报表。白天，她记下别人处理的疑难问题；晚上，她拿出笔记本找来技术书对照着学，练就了“看出苗头、听出隐患、摸出病症”的绝活。她所在的周32中转站有大小22台泵，每天处理液量在300立方米左右，中转原油约30立方米，因为设备陈旧、流程老化，油泵检修、流程穿孔都是常有的事，这也给她提供了极好

的学习机会。站上每遇到处理复杂的故障和地下集输流程时,她都会在自己的本子上标注“星”记。久而久之,全站22台泵的“脾气”她都摸透了,不仅成为站上公认的“活字典”,而且还能运用所学的知识解决生产难题。她总结出了“听、量、测、憋、碰、洗”六字诀,增加了油井产量。针对注水泵泵阀拆卸难的问题,她设计专用拆卸工具,避免了维修中阀体损坏的现象,每年节约材料费2万元。她设计污油池热盘管流程,解决了低温收油难的问题,每年多回收污油约50立方米,创效20余万元。在集团公司技能大赛集训期间,她每天休息不足5小时,刻苦练习比赛项目,最终夺得油田唯一的一块金牌。她乐于助人,在她的帮助下,班组职工在局油水井分析大赛和厂职工技能大赛采油工女子组比赛中分获第一名。

(局工会)

江苏省“五一”劳动奖章获得者

【田　明】 男,45岁,中共党员,大专文化,井下作业处试油测试大队地层测试队仪表班班长、高级技师、油田测试仪表技能大师。他以劳模工作室为平台,在工作上积极进取、踏实肯干,技术上虚心钻研、攻坚克难,工艺上持续改进、不断创新。2011年1月,他的“试油测试工艺配套工具的研制与应用”荣获“江苏省职工十大科技创新成果”称号,他本人被江苏省总工会授予省“五一”劳动奖章。为了提高地层测试资料的质量和精度,他在工作中创新并实施了“清洁、点检、校验、跟踪”四位一体压力计管理法,全年保养压力计132只,压力计合格率从98%提高到99.2%。为更好地服务生产,他以“四优党员”标准严格要求自己,积极发挥自身特长,协助测试班组完成工具的保养、调试以及上井前的准备工作。作为一名高级技师,田明把创新作为人生理念,发挥出自己在技术上的优势,积极投入到稠油井电加热试油、气动抽汲、酸压数据监测等新工艺、新技术的研发使用中,攻克了一系列的技术难题。他研制的滑套式取样装置,解决了稠油、含蜡较高的油气井取样难的问题,获得油田群众性技术创新二等奖。他研制的“压力计过载保护器”、“封隔器保养专用工具”两项创新成果申请了国家专利,他撰写的《SS1井三联作测试技术探讨》等两篇论文在国家级技术刊物上发表,两项合理化建议被处里采纳并推广,创经济效益100多万元。2010年,油田成立了以他名字命名的首个操作层面的劳模工作室。自工作室成立以来,他充分发挥工作室的示范、辐射作用,多次走上讲台,为班组长、技师等传授创新理念与实践经验;他不断更新工作室网站,将自己的成果与大家一同分享,影响并带动了一批员工走上了学知识、钻技能、比贡献的创新之路。

(局工会)

2011年度油田双文明劳动模范

【苗向阳】 男,41岁,中共党员,大学学历,高级工程师,物探处218地震队(尼日利亚项目)队长。参加工作18年来,他扎根一线无怨无悔。2005年12月到尼日利亚项目后,率领218队员工先后优质、安全、高效地完成7期地震采集项目。在他的领导下,218队连续4年获得局、处双文明标杆队称号,先后获得局先进党支部、集体二等功、工人先锋号等荣誉。2011年,他科学组织生产,安全优质地完成了OPL280三期和OML114两个大项目。面对工区关系复杂、公共安全危险的环境,他大胆探索,全面实施“人才国际化、用工当地化”管理模式,创新安全管理“5字法”。他发扬“敢闯禁区、坚忍不拔、科学勘探、勇于奉献”的“尖兵”精神,填补了该处海上勘探空白,创下了海外勘探多项纪录。在两期项目中,他们安全优质地完成了38838炮,其施工项目均被甲方评为优质工程,实现产值3141.18万美元。他们以332万安全人力时的佳绩刷新该项目安全生产纪录。

(局工会)

【吴建国】 男,38岁,中共党员,大学学历,钻井处40416JS钻井队党支部书记,油田2010年度劳动模范,曾多次获得油田优秀思想政治工作者、优秀党支部书记等荣誉称号。2011年,他团结带领全队职工完成了13口井的施工任务,实现进尺31094米,在同类型钻机中名列前茅。在真富产能建设中,完成了富18平5井等一批防碰绕障高难度井的施工任务，先后6次夺得钻井处和项目组的流动红旗。他推行标准化建设，通过“安全警句人人讲、拍成图片看现场”的做法，建立起独具特色的“40416安全文化”。他推出的“单井成本激励机制”，全年节约成本400多万元。他重视人才培养，使该队先后有副司钻级以上骨干人才20多人奔赴油田海内外市场。在他的带领下，40416队多次获得“中石化金牌队”、“局标杆队”、“先进党支部”等荣誉称号。

（局工会）

【冯恩山】 男，43岁，中共党员，大学学历，试采一厂副主任工程师，真富产能建设项目经理，局优秀共产党员，取得省部级科技成果8项。他认真落实产能规模，在富83－4井，大胆提出压裂措施，实施后初期日产油8吨，为富83断块下步分层系开发提供了思路；他创新应用单井示功图计量技术，配合中频加热技术，实现了节能降耗目标；他组织开展重构重建重组开发、井网、层系模式，做好滚动评价，使老区开发效果得到改善，富民油田日产油由年初150吨上升到300吨左右，探索出了一条老油田二次开发的新路子；他利用老流程、老井场，将47口井优化为21个丛式井组，实施富5混输流程与注水干线同步建设，节约了投资；他积极组织开展劳动竞赛，带领项目组提前实现8万吨产能建设目标。

（局工会）

【李　静】 女，34岁，中共党员，中技学历，采油技师，试采二厂采油六队南湖站副站长。她刻苦钻研，由“门外汉”变身“女状元”，勇夺油田第十二届职业技能竞赛采油女子组冠军；她埋头苦干，将基础薄弱的南湖站由“老大难”变成“样板站”，成为全厂参观学习的必经之地；她爱站如家，由“带头人”兼职“管家婆”，在工作中执行军队般纪律、在学习上创造学校般气氛、在生活中营造家庭般氛围，“把心放在站上、把站放在心上，一家人、一条心、一起干”成为南湖站最响亮的口号，南湖站多次被评为厂“管理优胜班组”与“工人先锋号”，并受到了局、厂领导的一致好评。她摸索出的班组材料“三清、三零、三定位”管理法，在全厂推广。

（局工会）

【兰文明】 男，32岁，中共党员，大学学历，安徽公司30201JS钻井队队长，公司劳动模范、优秀共产党员、局青年岗位能手。在高杨产能建设期间，面对防碰要求高、注水层压力大等多项挑战，他运用“四合一”集成钻井技术，顺利完成了22开22完任务，年钻井进尺超4万米，实现了零伤害事故、零钻具事故、零相碰事故、零卡钻事故、零落物事故、零起套事件、零电测遇阻、零井喷失控等“8零”工作目标。他坚持精细化管理，建立“定额预算、实时分析”班组核算制，努力降本增效，共节约钻井成本130万元。他认真履行“为民服务创先争优”承诺，强化“三基”建设，关心关爱员工。该队荣获局二等功两次，流动红旗1面，3次获得集团公司金牌队、局标杆队称号。

（局工会）

【郑　超】 男，33岁，中共党员，中技学历，安徽采油厂采油三队小关井组班长，荣立局二等功两次。2011年，他带领职工管理偏远区块的12口油井，克服地方供电部门拉闸限电和油区点多线长等困难，超产原油460吨。在油井管理上，他根据结蜡结垢情况，为每口油井量身配制了加药清单，有效延长油井作业检泵周期60多天，节约药剂成本5万元，节约作业成本20余万元；在节能降耗上，他严格调配好电加热化油时间，使平谷电使用比例超过70%，年节约动力费10多万元；在班组管理上，他针对5个值班点分散，且离队部较远的实际，以身作则干在前，团结协作聚人心，把班组建成了一个出色的团队。2011年，他所在班组被评为厂“标准化班组”，荣立局集体二等功1次。

（局工会）

【章东海】 男，36岁，中共党员，大学学历，井下作业处作业一大队大修一队队长，先后荣立局一等功，获得优秀共产党员、中石化“优秀基层管理者”等荣誉称号。他积极研究应用井眼轨迹控制、井壁稳定、优化钻井参数等侧钻技术，创下了侧钻完钻井深3001米、侧钻裸眼段长1002米、年累计裸眼进尺6235.15米等3项油田侧钻纪录；在侧真21A井施工中，成功运用复杂绕障技术，填补了侧钻技术一项空白；采取分级变密度固井新

工艺,解决了低压易漏地层固井合格率低的难题;探索了“3211”管理模式,队伍运行效率得到提升。2011 年,全队共完成 10 口侧钻井施工任务,为建队以来工作量之首。他所带队伍多次获得局双文明标杆队、基层管理优胜队、先进党支部等荣誉称号,连续 3 次被评为中石化金牌队。

(局工会)

【徐华兴】 男,37 岁,中共党员,物流工程硕士,供销处企业管理科副科长,中石化 ERP 专家型人才,多次获得中石化物资供应管理先进个人荣誉称号。他提出的“四线溯源需求计划管理法”,成功开发了油田物资需求计划提报系统,使需求计划准确率从 92.3% 提高到 99.6%,库存周转率从 95% 提高到 99.52%,年降低库存占用资金 1100 万元,油田积压物资减少指数列中石化油田板块第一,其研究成果“实施油田物资需求计划 E 化管理”获得中石化管理创新成果二等奖。在油田分公司 ERP 项目建设中,他连续加班加点 3 个月完成了 46800 多条物码转换,新增 11 个 ERP 系统功能,使油田 ERP 应用效率提高 4 倍,得到油田领导和 ERP 国际咨询公司的肯定。他参与编制的油田年度采购策略经过实施后,节约采购资金 1835 万元。

(局工会)

【孙东升】 男,40 岁,中共党员,大学学历,高级工程师,地研院开发二室主任,有 1 项科研成果获中石化三等奖,7 项获局一、二等奖。近年来,他带领全室职工潜

心钻研,刻苦攻关,为油田稳产上产作出了贡献。他通过建立层系细分模式和方法进行油田开发,新增可采储量 54 万吨,提高采收率 3.2 个百分点,其中韦庄、真武、沙埝等油田工作获得中石化表彰。通过建立水驱效果评价方法进行油田调整,新增可采储量 132 万吨,提高采收率 2.7 个百分点。通过建立水平井井网优化技术,使 24 口低渗水平井注水成功;他优化微型砂体水平井 8 口,日产油达 120 吨;他通过二次开发技术的研究和实施,使联西区日产油由 2.6 吨增加到 40.5 吨;他针对瓦庄低品位油藏创造新的开发模式,新建产能 6.6 万吨,超额完成建产任务。

(局工会)

【陈　宁】 女,31 岁,中共党员,大学学历,真管中心试采一厂幼儿园教师,幼教高级,先后获得局优秀教师、局十大杰出青年、局优秀共产党员、油田“我身边的好人”等称号。她善于钻研,勤于思考。针对部分幼儿中存在的“独占症”现象,她分析成因,制定措施,并撰写了论文《幼儿独占行为的干预》,获全国教育教学一等奖。她以人为本,注重实践。以激发幼儿自主潜能为基础,强调共性,突出个性,她指导的幼儿作品在中国“国际书画大赛”中分别获得金、银奖。她以身作则,勇于创新。形成了独具特色的“三细”管理法和多元阅读法,她的教案《电池的奥秘》获国家级一等奖并入选中华教育书库。她用行动影响和带动了身边的人,使其所在集体先后获得了省青年文明号、扬州市教科研基地等荣誉称号。

(局工会)

规章制度选编

油田管理文件

关于印发《江苏油田制度标准化改造实施方案》的通知

苏油企〔2011〕176号

局、分公司所属各单位：

现将《江苏油田制度标准化改造实施方案》印发给你们，请遵照执行。

附件：江苏油田制度标准化改造实施方案

二〇一一年五月三十日

附件：

江苏油田制度标准化改造实施方案

为贯彻落实集团公司塑造中国石化管理模式的精神，全面开展油田制度标准化改造工作，实现油田制度与总部制度的无缝衔接，进一步提高油田经营管理水平，按照塑造中国石化管理模式的总体部署和《中国石化标准化制度体系建设方案》的工作要求，结合油田实际，特制定本方案。

一、基本原则、总体思路和工作目标

基本原则：制度是油田生产经营管理的基础，是油田员工工作的行为准则。油田制度标准化改造必须遵循全面、系统、不相容和持续改进原则。

全面原则就是制度标准化改造范围要涵盖油田生产经营管理的所有制度。

系统原则就是严格遵循《中国石化标准化制度体系建设方案》，油田制度在类别上要对应三十大类业务，分实施和执行两种类型予以系统落实。

不相容原则就是在同一层级内不应有同一制定主体针对同一业务制定的多个制度存在。

持续改进原则就是建立制度监督、检查、考核和改进机制的闭环管理，确保制度过程受控、有效执行。

总体思路：按照“系统规划、总体推进”的工作思路，从全局角度出发，制定油田制度管理细则、制度改造方案、工作实施计划，把握制度类别类型、上下位制度科学承接、统一制度模板、规范制度实质内容等工作要点，全面完成油田制度标准化改造。按照“分类实施、分步推进”工作方式，将油田现行有效制度分为总部执行类制度、总部承接类制度、油田自主制定制度和地方政府监管要求制定的制度，分类改造，分阶段完成。

工作目标：2011年9月底完成油田制度标准化改造工作，建立和完善油田标准化制度体系。

二、组织分工及职责

（一）组织分工

制度标准化改造工作在油田三项工作领导小组及办公室的指导下开展，设立制度标准化改造工作组和专业组，工作组由企管处牵头，专业组由各专业处室牵头。

油田各部门、二级单位要成立制度标准化改造工作的领导机构和工作团队，确定分管领导、牵头单位及联络员，落实责任部门和责任人，制定计划，明确分工，全面推动本部门、单位的制度标准化改造工作。

（二）工作职责

企业管理处：为油田制度的归口管理部门，全面负责制度标准化改造统筹协调工作，制定油田制度管理细则、制度改造方案和工作实施计划。牵头负责各部门、二级单位制度标准化改造工作的组织实施，协调解决工作中存在的问题，做好各部门、各单位制度标准化改造的指导、帮促工作。组织落实机关部门和二级单位两个层面的制度改造工作宣贯培训,总结、上报、推广油田制度标准化改造工作经验和典型。

油田机关部门:主要负责总部对口管理部门的制度承接改造以及油田自主制定、当地政府监管要求制定的制度改造工作,在负责的专业领域内对二级单位制度改造工作进行指导、监督,确保本部门负责、制定的制度执行落地。负责本专业领域内制度改造工作的组织实施和典型推广,做好本专业领域内制度改造工作的总结、汇报、信息反馈,完成领导小组及办公室安排的其他相关工作。

二级单位:主要负责本单位制度梳理改造工作,成立制度标准化改造工作领导小组,落实具体负责单位,明确相关责任人,按照总部和油田的安排部署,制定具体工作目标和改造办法,拟订各阶段实施计划,并抓好落实。根据工作计划及油田领导小组办公室要求,及时汇报工作进展情况,全面推进制度标准化改造工作。

三、工作内容

根据集团公司总体部署和近期工作任务安排,油田制度标准化改造工作从以下几方面开展:

(一)分类归集

1.油田制度范围

按照集团公司制度定义,油田制度范围应涵盖用于生产经营管理的所有制度。油田制度主要包括四种:一是总部层面制定的要求全石化系统遵照执行的执行类制度;二是根据总部制度的承接要求,结合油田管理实际制定的制度;三是根据油田业务管理的需要,自主制定的制度;四是根据地方政府监管要求制定的制度。

2.科学合理分类

按照明确的油田制度范围及总部下发的制度目录清单、制度承接要求,结合前期各部门、二级单位梳理的制度目录,进行对比分析,制定油田制度改造目录清单,确保制度改造工作条理清晰、目标明确。

一是修订、完善油田制度目录。目前油田层面现行有效制度822项、部分有效的48项,二级单位层面现行有效制度2436项、部分有效的23项。4月份总部下发了27个部门的制度目录清单,制度目录清单主要分为按标准化要求改造制度目录、不宜套用模板改造制度(文件)目录两部分。油田各部门、二级单位要根据制度目录清单与油田现行有效制度进行对比分析,将承接总部的制度与油田自主制定的制度、当地政府监管要求制定的制度区分开来,并确定油田缺失的制度以及需要废止的制度。在此基础上,制定油田部门、二级单位制度目录清单,确保油田制度的完整性及科学性。油田部门、二级单位制度目录清单见附件1、附件2。此表主要由油田机关部门编制,企管处负责统一汇总。

二是明确油田制度承接方式,区分油田、二级单位制度。油田层面承接的总部制度类型有原则类、实施类、执行类,根据油田管理层次及管理需求,确定不同制度类型的承接方式,划分油田制度、二级单位制度。承接方式主要有以下三种:总部层面下发的需要企业承接的原则类制度,按照机关部门制定实施类制度、二级单位制定执行类制度的方式,进行制度有效承接;总部层面下发的需要企业承接的实施类制度,建立企管处、机关部门、二级单位沟通协调机制,结合油田管理实际,确定执行类制度由机关部门或者二级单位承接。由机关部门制定的执行类制度,二级单位全部遵照执行;由二级单位制定的执行类制度,机关部门可以结合部门工作需要,提出共性要求,二级单位参照总部实施类制度、机关部门要求,制定本单位执行类制度;总部层面下发的执行类制度,由局(总经理)办公室负责转发到油田各部门、二级单位,各部门、二级单位全部遵照执行。各部门、二级单位要根据实际情况及油田制度承接方式,填写油田制度承接改造目录清单。油田制度承接改造目录清单见附件3。此表主要由油田各部门负责编制,企管处、二级单位协同配合。

三是确定油田制度类别、层级、类型。油田承接总部制度的类别应与总部制度保持一致,油田所有制度的层级均为企业级,类型应与总部制度上下承接对应。油田自主制定的制度、当地政府监管要求制定的制度应严格遵循《中国石化标准化制度体系建设方案》,根据中国石化业务框架30个大类、162个中类,按照制度管控业务确定制度类别;根据企业实施类、执行类的制度类型要求,结合制度执行效力、管控深度,确定油田自主制定的制度、当地政府监管要求制定的制度类型。

四是开展制度分析评价。油田各部门、二级单位要组织人员对油田现行有效制度及部分有效制度进行系统分析,制订制度改造建议。在内容完整上要确定每项制度做什么、谁来做、怎么做、谁监督、谁考核的内容;在内容规范上确保同类业务制度之间管理内容不重复、不交叉,相关业务制度之间管理要求不矛盾;在制度体系上要确保相关规定、相关制度的系统性,根据业务类别,对以补充说明等形式出现的通知性文件与其对应的主体制度进行关联,提出整合建议。对缺失的制度要及时组织人员进行起草编写。

3.编制改造计划

各部门、二级单位根据油田制度目录清单、承接改造目录清单,结合本单位制度改造进度安排,制定油田部门层面、二级单位层面的制度改造计划表,明确制度改造人员、改造完成时间,并将改造计划表上报企管处。油田制度改造计划表见附件4、5。此表由油田各部门与二级单位共同完成,企管处负责统一汇总。

(二)制度改造

油田制度改造工作按照分类实施、分步推进的工作方式，根据油田制度所属实施类、执行类的制度类型，主要从以下几个方面实施：

1. 标准化模板选择

根据油田实施类、执行类的制度类型，油田可以选择的标准化制度模板有5种，主要包括实施类模板2种、执行类模板3种。模板选择主要按以下方式：

实施类制度模板有实施类主模板和（原则类+实施类）衍生模板。选择的主要依据是在同一业务领域，油田上一层级是否有原则类的上位制度。如果有原则类的上位制度，各部门只能选择实施类主模板；如果没有原则类的上位制度，各部门根据需要可以选择实施类主模板或（原则类+实施类）衍生模板。（原则类+实施类）衍生模板主要是便于各部门根据需要，在实施类制度中增加原则类的要求及内容。

执行类制度模板有执行类主模板、（实施类+执行类）衍生模板、（原则类+实施类+执行类）衍生模板。选择的主要依据是在同一业务领域，油田上一层级是否有原则类、实施类的上位制度。如果有原则类、实施类的上位制度，各部门、二级单位只能选择执行类主模板；如果有原则类的上位制度，但没有实施类的上位制度，各部门、二级单位根据需要可以选择执行类主模板或（实施类+执行类）衍生模板；如果既没有原则类的上位制度，也没有实施类的上位制度，各部门、二级单位根据需要可以选择执行类主模板、（实施类+执行类）或（原则类+实施类+执行类）衍生模板。（实施类+执行类）、（原则类+实施类+执行类）衍生模板主要是便于各部门、二级单位根据需要，在执行类制度中增加原则类、实施类的要求及内容。

除“特殊制度文本”外，所有纳入改造范围的油田制度均应当采用标准化制度模板。不采用标准化制度模板改造的“特殊制度文本”有以下几种：

（1）章程类，包括各种协会、学会等社团章程等。

（2）手册类，包括形象识别手册、使用导则、加油卡系统运行维护管理手册等。

（3）用词标准类，包括公文主题词表、机关部门与企事业单位标准名称表、固定资产分类与代码、中国石化站港信息代码标准、生产装置名称及编码标准等。

（4）指标模板类，包括石油化工统计指标解释、经济活动分析模板、示范文本等。

（5）技术规范类，包括职业卫生技术规范、技术标准、计算机病毒防护管理规范、数据库系统安全使用规范等。

（6）预案类，包括重特大事件应急预案等。

（7）禁令类，包括安全生产方面的禁令、规范专业领域职业操守的要求、党组织建设与纪检方面的特别规定等。

（8）岗位相关文件（说明书，职责，操作手册等）。

（9）针对改制分流、协议解除劳动合同、清理整顿等特定时期，对特定人群、特定事项所制定的有关制度（文件）。

（10）其他情况（需要特别说明）。

2. 标准化模板运用

油田制度标准化改造模板主要包括表格、正文两个部分。模板运用规范按以下方式：

表格部分。主要包括制度名称、编号、文号、版本、所属业务类别、下位制度制定者（实施类）、监督检查者（执行类）、解释权归属、主办部门、会签部门、审核部门，废止说明、签发日期、生效日期，以及制定目的、制定依据、适用范围、约束对象、涉及的相关制度等内容。目前制度编号、制度版本号暂时不用填写，待制度标准化信息化系统在油田统一实施上线后，按总部规定编制制度编号、版本号；油田制度审核部门是信息中心、法律事务处、企业管理处；实施类制度与执行类制度表格部分主要区别，实施类制度中有下位制度制定者内容，执行类制度中有监督检查者的内容；衍生模板表格部分与主模板完全相同。

正文部分。实施类模板正文主要包括业务管理的基本要求、各级管理部门职责、按业务流程或工作程序展开的管理内容与方法、重点业务活动的管理内容与规则、监督检查与考核、其他规定、附件等内容。执行类模板正文主要包括业务流程详细描述、流程控制点管理、流程控制点的检查考核标准、其他规定等内容。目前总部正在开展流程梳理工作，在执行类模板的运用中暂时不需要流程示意图，流程主要用文字的形式表示。衍生模板正文部分主要是在主模板的基础上增加原则类、实施类的有关要求及内容。

3. 制度会签、审核、签发

对改造后的制度，各部门、各单位要严格按照《中国石化标准化制度体系建设方案》和《江苏油田制度管理细则》的要求，认真履行会签、审核、签发程序。对于改造后的制度，各部门要根据业务管理需要以及制度内容涉及到的相关部门，严格履行预审、会签程序。对于重要制度，企业管理处要组织相关部门开展制度预审，对于涉及到全油田各个层面的制度要由油田领导班子会审核签发。企管处对改造后的制度要从制度的规范性等方面进行审核；法律事务处对改造后的制度要从制度内容的合法性等方面审核；信息中心对改造后的制度要从信息化的角度进行审核。对履行完会签、审核、签发程序的制度，由公文处理部门统一制发。

（三）体系建设

一是制定油田规章制度管理办法。建立制度监督、检查、考核机制，完善对制度执行情况的监控手段和方法，提高制度执行力。根据《中国石化标准化制度体系建设方案》工作要求及《中国石化制度管理办法》，企管处作为油田制度归口管理部门制定《江苏油田制度管理细则》，油田各部门、二级单位遵照执行。

二是根据总部制度标准化信息化工作进展情况，适时建立制度管理信息系统，实现在线使用标准化制度模板撰写文本，在线履行审批程序，以及制度立项管理、制度模板管理、新增制度管理、制度文档管理、制度培训等相关功能的信息化。

三是建立制度管理的联动机制。按照制度全生命周期闭环管理要求，明确相关方在各环节的职责与分工，实现制度归口管理方、制度制定方、信息系统管理方以及制度执行方的共同参与、协调运作的四方联动机制，对制度实行动态管理，不断完善改进，确保制度标准化、信息化运行通畅和有效。

四是建立动态管理、持续改进的制度管理方式。企业管理处每年定期组织开展标准化制度体系的评估与优化，各部门和二级单位负责对本单位的制度体系进行评估，提出优化改进意见。企业管理处对各部门、单位的评估结果进行汇总完善，形成油田制度评估报告，并将评估报告上报油田领导。经领导批准后，按照要求组织实施。

四、工作要求及进度安排

（一）工作要求

1. 强化领导，精心组织，稳步推进

各部门、二级单位要按照油田统一部署，充分认识制度改造工作的重要性和必要性，切实把制度改造工作摆上重要工作日程。成立制度标准化改造领导小组和工作机构，落实领导责任和工作责任，主要领导要亲自抓，负总责。在制度标准化改造工作中，各部门、各单位要加强协调配合，形成纵横结合、上下联动、齐抓共管的工作局面，稳步推进油田制度标准化改造工作。

各级企管部门是本单位制度标准化改造工作的归口管理部门，全面负责本单位制度改造的统筹协调工作。一是做好制度标准化改造中的意见反馈上传、工作指令下达工作；二是做好横向部门之间的协同、纵向单位之间的沟通；三是按照工作计划定期检查各部门工作进度，全面督促制度标准化改造工作。针对各部门、二级单位在改造过程中反馈的意见、出现的问题，企管处要组织有关人员进行分析论证，完善解决措施，积累标准化改造工作经验。同时将制度改造过程中形成的好经验、好做法进行总结提炼，组织部门、二级单位之间交流学习，形成以点带面的辐射效应。

2. 突出重点，分类实施，分级管理

制度标准化改造工作分为油田、二级单位两个层面，既要整体推进，又要结合实际突出重点。今年油田制度标准化改造工作首先要完成总部承接制度的改造，同时根据制度标准化改造计划，完成自主制定制度以及地方政府监管要求制定制度的标准化改造。在改造过程中，各部门、二级单位要按照《中国石化标准化制度体系建设方案》的工作要求，既要完成制度形式上的改造，又要抓住重点完成制度内容上的改造。针对应当建立而未建立的缺失制度，在调查研究的基础上抓紧填补；已经过时的制度，要及时废止并公示；有缺陷、不完善的制度，及时修订完善；需要细化的制度，尽快细化；需要制定配套制度的，抓紧制定配套制度；对油田发展重要、关键环节的改革成果、成熟的实践经验和有效做法，要转化为油田制度或将相关内容纳入到现有制度中。

3. 围绕中心，结合业务，统筹兼顾

制度标准化改造工作是一项系统工程，具有较强的综合性。油田制度标准化改造工作要与各方面工作统筹兼顾，相辅相成。各部门、二级单位要制定制度改造计划，明确制度改造内容、方法步骤、时限等要求。对制定的制度，要广泛听取各方面的意见，对重要制度可采取听证、论证等形式征求意见，确保制度的合法性、公正性、科学性和可操作性。要紧紧围绕油田建设，将制度改造工作与油田 RRP、内控体系、五项劳动竞赛、改善经营管理建议、“比学赶帮超”、全员目标成本管理、员工绩效考核、岗位责任制建设等工作紧密结合。同时还要立足长远、系统推动，将制度改造、流程梳理、信息化建设紧密衔接，促进油田制度标准化体系建设整体推进。

4. 落实责任，强化管理，严格考核

制度标准化改造领导小组办公室要加强油田制度标准化改造工作的协调、指导、管理、督促、检查，全面推动制度标准化改造工作落实。要经常性地开展检查督办工作，及时通报各部门、各单位活动的进展情况。要对各单位制度改造工作的方案实施、责任落实、计划完成等情况进行重点检查。要将油田制度改造工作与各单位领导班子年度绩效考核挂钩，与年终双文明评比和考核兑现挂钩，促进相关工作落实。对工作扎实、成效显著的单位和个人，进行表彰奖励。

（二）工作安排

根据总部标准化制度体系建设目标要求及工作部署，按照时间进度分解细化，油田制度标准化改造工作主要分为五个阶段：

1. 前期准备阶段。2011 年 6 月初，完成油田制度标准化改造实施方案、制度管理细则、制度标准化改造培训材料以及油田制度标准化工作所涉及的总部和企业两个层面的领导讲话、相关文件等资料汇编，召开油田制度标准化改造动员会，并将相关文件、资料下发到各部门、二级单位。

2. 宣贯培训阶段。2011 年 6 月中旬，完成油田制度标准化改造工作的宣贯与培训。油田制度标准化改造宣贯培训分机关部门、二级单位两个层面进行。

3. 分类归集阶段。2011 年 7 月底，各部门、二级单位完成制度分类归集、分析梳理工作，制定本单位制度标准化改造方案、改造工作计划，将梳理结果和制度改造方案、工作计划，以及部门制度目录清单、制度承接目录清单、制度改造计划表上报企管处办公室。

4. 实施改造阶段。2011 年 9 月底，根据总部下发的制度目录清单、制度集合，以及油田制度目录清单、制度承接目录清单、制度改造计划表，完成制度标准化改造工作。

5. 评价总结阶段。2011 年 10 月，完成油田标准化制度体系的评价和总结工作。

关于印发《江苏油田组织绩效考核管理暂行办法》的通知

苏油企〔2011〕178 号

局、分公司所属各单位

现将《江苏油田组织绩效考核管理暂行办法》印发给你们，请遵照执行。

附件：江苏油田组织绩效考核管理暂行办法

二〇一一年六月二日

附件：

江苏油田组织绩效考核管理暂行办法

第一章 总 则

第一条 为有效发挥绩效考核的激励约束作用，充分调动所属单位和职工的工作积极性，不断提高管理水平和经济运行质量，促进“加快有效发展，构建和谐油田”目标，确保油田全年生产经营任务完成，根据《中国石化年度绩效考核管理办法》相关要求，并结合油田实际，特制定本办法。

第二条 本办法为组织绩效考核（以下简称“绩效考核”）。调整范围为勘探局、分公司所属各单位年度绩效考核。

第三条 指导思想：坚持以科学发展观为统领，以“加快有效发展，构建和谐油田”为主题，以“精细管理、内涵发展”为主线，以“比学赶帮超”为抓手，认真贯彻集团公司工作会议和油田职代会精神，坚持“三个为本”，突出“四个优先”的工作方针，充分调动各方面积极性，着力提升油田市场竞争实力和价值创造能力，不断开创油田科学有效和谐发展新局面。

第四条 基本原则：本年度组织绩效考核管理围绕从严从紧，强化控制；绩效挂钩，落实责任；科学简约，规范管理；严格考核，认真兑现的基本原则开展工作。

第五条 年度绩效考核内容及考核目标以油田领导与各单位负责人签订年度《绩效考核责任书》的方式予以明确。

第六条 油田对年度《绩效考核责任书》的完成情况，实行季度、年度考核兑现，季度公示，半年综合分析。

第二章 考核组织及职责

第七条 成立江苏油田绩效考核委员会和绩效考核领导小组。考核领导小组在油田考核委员会领导下，对组织绩效和个人绩效考核实行统一领导。考核委员会由油田主要领导担任主任，其他领导担任副主任。

考核领导小组成员由勘探处、开发处、财务资产处、计划处、劳资处、组织部、审计处、工程技术处、技术监督处、企管处等部门负责人组成，考核领导小组组长由油田分管领导担任，其主要职责：

（一）审议绩效考核办法。

（二）审议绩效考核重要事项。

（三）研究部署绩效考核重要工作。

第八条 考核领导小组下设办公室（以下简称考核办公室），考核办公室主任由考核领导小组组长兼任，副主任分别由企管、劳资、组织部门负责人担任，考核办公室设在企业管理处。其主要职责：

（一）组织制定或修订组织绩效考核管理办法。

（二）汇总审核机关职能部门提出的考核意见。

（三）组织绩效考核责任书的签订和年度执行情况的跟踪及信息反馈。

（四）组织季度、年底及年度组织绩效考核兑现。

（五）向考核领导小组、考核委员会提交相关审议或审定材料和报告。

（六）每季召集办公室成员会议，分析绩效考核总体运行情况，拟定近期工作重点，并组织跟踪落实。

第九条 相关职能部门的考核职责：

（一）负责相关考核指标的提出及考核目标的测算。

（二）负责对相关考核指标的季度、年度实际完成（或预测完成）情况提供考核结果。

（三）做好全年运行情况的跟踪检查和督促指导，定期进行指标运行情况分析。

（四）负责相关考核指标的解释说明。

第三章　考核模式及指标体系

第十条　依据各单位的生产经营特点和发展定位，油田对所属单位的绩效考核模式分为：成本任务型；经费包干型；自主经营、自计盈亏型和自主经营、自负盈亏型等四种模式。

（一）试采一厂、试采二厂、安徽采油厂、井下作业处、地质科学研究院、物探技术研究院、石油工程技术研究院、扬州石化有限责任公司、海外事业部实行成本任务绩效考核。

（二）物资供销处、新闻中心、离退休职工管理处、农工商公司实行经费包干绩效考核。

（三）地球物理勘探处、钻井处、安徽石油勘探开发公司、地质测井处、运输处、水电讯处、采输卤管理处、职工培训处、紫京旅游集团、邵伯管理服务中心、真武管理服务中心、扬州管理服务中心等单位实行自主经营、自计盈亏绩效考核。

（四）油田建设处、勘察设计研究院、矿业开发总公司等法人单位实行自主经营、自负盈亏绩效考核。

第十一条　按照体现特点，突出关键，抓大放小，注重实效的原则，将所属单位的绩效考核指标具体分为基本指标、分类指标和约束性指标三大类。

（一）基本指标包括产量、储量、效益（含成本、费用、利润）指标等。

（二）分类指标包括能耗、效率、利用率以及专业分类指标等。其中专业分类指标根据不同板块、不同单位的业务类别、性质和特点分别确定。

（三）约束性指标包括安全、环保、质量指标等。

第十二条　年度效益指标（成本、费用、利润）分为基本目标、提升目标、奋斗目标三档，所属单位在三档目标中自行选择，作为年度考核指标在绩效责任书中明确。

第十三条　基本目标的确定应在同等生产经营能力和价格条件下，原则上不低于上年实际效益，具体数额由相关部门与二级单位对接后确定；提升目标和奋斗目标原则上高于基本目标5%和10%，具体提升比例由相关部门结合二级单位实际，分类分档核定，经绩效考核领导小组讨论后，提交油田考核委员会审定。

第十四条　下达年度绩效考核责任书：

（一）机关职能部门根据考核职责以及当年指标运行情况，在与二级单位对接的基础上，于12月中、下旬前将绩效考核指标目标值及指标的定义、计算公式一同提交绩效考核办公室统一汇总。

（二）经绩效考核办公室审核汇总，绩效考核领导小组审议通过，报请绩效考核委员会审定。

（三）每年辞旧迎新大会对绩效考核指标测算情况进行公开交底，并预下达各单位绩效考核责任书。职代会期间由油田领导与各单位负责人正式签订年度《绩效考核责任书》。

第四章　绩效考核及兑现

第十五条　各单位工资总额由基数工资、绩效奖金、超额效益奖金和年度增长工资四部分组成。工资总额＝基数工资＋绩效奖金＋超额效益奖金＋年度增长工资。

（一）基数工资：是年初下达给各单位的工资计划，二级单位根据油田相关规定发放。

（二）绩效奖金：按照所属单位各类别人员的绩效工资挂钩比例之和进行测算（处级及以上领导人员绩效奖金不低于总收入的50%，一般经营管理人员和专业技术人员绩效奖金占总收入的30%左右，技能操作人员绩效奖金占总收入的20%左右）。年初在各单位绩效考核责任书中一次核定，并按比例分别于相关考核指标挂钩，其中，基本指标占绩效奖金的70%，完成核定指标，全额发放，超额完成的增发超额奖金，未完成核定指标，按比例扣减。分类指标占绩效奖金的30%，完成核定指标，全额发放，未完成核定指标，按相应规定扣减。约束性指标只扣不奖，未完成核定指标，按相应规定扣减应发奖金。

（三）超额效益奖金：是对全年超额完成效益、地质储量、原油销售商品量（产量）和投资节约指标的兑现奖励。此项奖励作为一次性奖励，不计入下年工资基数。

超额完成效益指标的奖励实行超额累进分段计算的办法，同时必须先上缴，后兑现。以选择基本目标为基础，全年超额效益在200万元（含200万元）以下的部分按30%奖励超额效益奖金；对超额效益在200万元以上、1000万元（含1000万元）以下的部分按40%奖励超额效益奖金；对超额效益在1000万元以上的部分按50%奖励超额效益奖金。

超额完成地质储量指标和投资节约的按绩效考核责任书中规定的比例奖励。

（四）年度增长工资：按照集团公司对油田效益指标考核结果核增的工资增量确定各单位年度增长工资。对于完成年度效益考核指标的单位，根据各单位生产经营类型和管理复杂程度的不同，分档确定；对于未完成年度主要经济效益考核指标（成本、费用、利润或亏损）的单位，视未完成程度按比例核减年度增长工资。此部分工资在年底预考核时预兑现，次年初总考核后结算。

第十六条 在同等生产经营能力和价格条件下，效益指标根据各单位自选基本目标、提升目标、奋斗目标，兑现相应效益奖金。

（一）年初均按基本目标核定各单位绩效挂钩奖金，相关奖罚规定均以基本目标为基础。

（二）对年初选择提升目标的：

完成提升目标，以基本目标为基数，提高奖励标准10%给予超额兑现；未完成提升目标，以基本目标为基数，降低奖励标准5%给予超额兑现。

（三）对年初选择奋斗目标的：

完成奋斗日标，以基本目标为基数，其提升目标及以下部分，提高奖励标准10%给予超额兑现；超过提升目标部分，提高奖励标准20%给予超额兑现。

未完成奋斗目标，但达到提升目标的，以基本目标为基数，降低奖励标准5%给予超额兑现。

未完成奋斗目标，但达到基本目标的，以基本目标为基数，降低奖励标准10%给予超额兑现。

（四）对年初自选较高档次目标，但当年未达到基本目标的，仍以基本目标为基数，进行考核兑现，即按未完成数额的50%扣罚单位绩效挂钩奖金。

第十七条 对组织绩效的考核分为季度考核预兑现、年底预考核预兑现和年度总考核总兑现三个层次。

（一）季度考核预兑现：实行累计滚动考核兑现，完成当期考核目标，兑现相应考核期80%的绩效奖金，其余的20%在年度总考核时予以兑现。未完成的，按比例扣减挂钩工资，其中效益指标按未完成指标数额的50%扣减相应工资。季度扣减数额最多不超过当期核定的绩效奖金总额。年终各项考核指标累计考核完成，全额补发。

（二）年底预考核预兑现：根据对绩效考核责任书中各项指标的全年完成情况预测，按照季度考核相关政策，预兑现绩效奖金和年度增长工资。

（三）年度总考核总兑现：全面考核上年度各项指标完成情况，并根据各单位自选效益目标的档次，总兑现年度绩效奖金和超额效益奖金。

此外，对安全挂牌实行与工资总额挂钩制度。发生一次挂黄牌，人均扣效益工资40～60元；发生一次挂黑牌，人均扣效益工资80～100元。性质恶劣，社会影响严重的，按HSE委员会讨论决定扣罚效益工资。

第十八条 考核兑现程序

（一）各单位在每季初10日前、每年12月15日前和次年元月20日前，向油田相关职能部门上报上季度、全年预测和上年度相关指标自考自评结果的同时，向绩效考核办公室报送绩效考核责任书中各项指标自考自评表，并认真填写申报情况说明。

（二）油田有关职能部门在每季初15日前、每年12月18日前和次年元月25日前，结合各单位上报的自考自评结果，按考核职责向绩效考核办公室提交所属单位季度、年底和上年度绩效考核指标完成情况考核意见。

（三）考核办公室汇总审核机关职能部门提供考核结果和各单位申报材料，依据本办法有关规定提出考核兑现意见，提交考核领导小组审议。

（四）季度及年底预考核预兑现意见，由主管领导审批。年度总考核总兑现经审计后，提交油田领导班子会审定。

（五）考核办公室向各单位相关部门反馈考核兑现结果。

第十九条 指标考核结果的公示：

（一）所有考核指标均实行季度考核。由相关考核部门根据所属单位指标的季度完成（或预测）情况提供考核意见。

（二）每季度考核结束后，对各单位利润（限亏）、成本（费用）、任务及重点专业分类指标和约束性指标的考核结果予以公示。

（三）对连续两个季度完成率较低的单位，由主要领导作专题汇报，鞭策相关单位强化精细管理、改善经营状况。

第二十条 指标完成情况的还原

（一）效益类指标还原。以年度目标下达同口径为基础，以财务报表决算数为依据，分以下情况还原（剔除）影响指标完成情况的预算外因素。

对国家相关政策调整、集团公司或股份公司重大生产经营计划调整、经过批准的预算或核算口径变化以及不可抗力等4种因素而影响效益指标的情况，按照100%的比例还原考核指标。

各单位通过努力多创收、减支，而使效益增加或成本降低的，给予全额确认，不作调整；因努力不够、经营判断失误等自身因素使效益降低或成本增加的，油田一律不予还原，按实际结果考核。

对普遍性影响因素，在公平、公开、合理的范围内，按照鼓励创效、调动积极性的原则，进行一定比率的还原。

（二）非效益类指标还原。按照统一原则，由考核责任部门参照效益类指标还原办法提出还原意见，提交油田绩效考核领导小组讨论决定。

第五章 其他规定及要求

第二十一条 坚持和完善工作例会制度。每季度由企管处牵头召开一次考核领导小组工作例会，通报运行情况，协调解决问题，研究下步工作，实现政策制定，指标测算，工作运行以及考核兑现的全过程、多部门共同参与。

第二十二条 认真开展年中综合动态分析。7月底前,各单位对上半年各项考核指标完成情况进行一次综合分析,上报绩效考核办公室和机关职能部门。相关部门根据上半年考核指标完成情况,有针对性地督促指导所属单位改进工作,完成全年目标任务。

第二十三条 依据各类指标责任的相关性和可分解性,层层分解逐级落实。避免定性考核,实现考核指标细化量化,做到责任互联、指标互保、风险互担、利益互享,有效传递经营风险和压力,形成以绩效考核为主线贯穿油田经营管理的格局,促进绩效考核与职工薪酬的紧密结合,不断增强岗位责任意识和执行力。

第二十四条 严格个人绩效考核兑现与组织绩效考核兑现相衔接。以组织绩效考核为前提,在对组织绩效考核、兑现的基础上,进行个人绩效的考核兑现。各单位绩效考核主管部门要建立绩效考核奖罚台账,保证绩效考核兑现挂钩比例,做到每一次奖金发放都以考核结果为依据,通过全员绩效考核,促进和保证油田层面和二级单位层面组织绩效的实现。

第二十五条 进一步发挥考核结果的延伸利用作用。组织绩效考核结果不仅是各单位生产经营业绩的体现和绩效奖金分配的依据,还是考核各级领导班子工作绩效和年度双文明先进单位评选的重要内容。

双文明先进单位的考评主要从组织绩效指标、安全生产、环境保护、综合能耗、科技进步、计划生育、社会治安综合治理以及季度流动红旗评比和精神文明建设等九个方面进行审核。其中效益指标、安全生产、综合能耗、计划生育、社会治安综合治理以及季度流动红旗为否决指标。

第二十六条 绩效考核指标一旦确定,任何单一部门不得擅自修改变动。对测算差额和其他突发性费用支出,需要油田考核认可的,相关二级单位在上报考核报表的同时,提出书面申请,经考核领导小组讨论后,提交油田绩效考核委员会研究决定。

第二十七条 依据绩效考核有关规定,由审计部门对二级单位效益指标完成情况的真实性、合法性进行审计。凡三年内审计发现的问题,对二级单位和领导班子成员的兑现予以追溯调整,真实体现单位经营业绩。

第六章 附 则

第二十八条 做好绩效考核管理办法备案工作。各单位要认真贯彻落实集团公司和油田有关绩效考核管理办法和指导意见精神,结合自身生产经营实际,制定具有较强操作性和适用性的管理办法和实施细则,细化闭环考核管理流程,并做好与本单位原有考核办法、薪酬制度的有序衔接,实现激励有效、约束到位。修改完善的绩效考核办法请于2011年6月31日前报油田绩效考核办公室(企业管理处)备案。

第二十九条 本办法自2011年月1日1月起执行,原《2010年内部经营责任制实施办法》(苏油企〔2010〕72号)同时作废。

第三十条 本办法由企业管理处负责解释。

关于下发《江苏油田组织绩效考核管理补充办法》的通知

苏油企〔2011〕298号

局、分公司所属各单位:

经油田领导班子研究决定,现将《江苏油田组织绩效考核管理补充办法》下发给你们,望遵照执行。各单位要结合本单位实际,及时完善本单位的组织绩效考核办法,将安全、环保、质量、稳定工作落到实处,并将本单位完善后的组织绩效考核办法,于10月10日前报企业管理处审核备案。

附:江苏油田组织绩效考核管理补充办法

二〇一一年九月二十六日

附件:

江苏油田组织绩效考核管理补充办法

为落实集团公司《关于进一步加强安全环保等工作考核的通知》(中国石化企〔2011〕702号,以下称《通知》)精神,加大对安全、环保、质量、稳定工作的考核力度,进一步推进平安油田、绿色油田、诚信油田、和谐油田建设,在《江苏油田组织绩效考核管理暂行办法》(以下称《暂行办法》)的基础上,对各单位《绩效考核责任书》中的约束性指标考核内容和考核权重作相应的补充和调整,为此特制定本补充办法。

一、约束性指标考核内容及权重的调整

《暂行办法》办法的基本原则、考核模式、考核程序、运行方式保持不变;将安全、环保、质量、稳定工作,对应《通知》明确的考核标准,对《绩效考核责任书》中没有的指标进行增补;相关指标不全的进行补充完善。

原约束性指标包含季度安全挂牌、环保综合达标和质量合格率三个子项，根据《通知》精神，将安全、环保、质量工作的考核内容进行补充和细化，形成《安全指标考核扣分细则》、《环保指标考核扣分细则》、《质量指标考核扣分细则》，作为新的考核标准。新增对各单位稳定工作的考核，作为约束性指标，按《稳定指标考核扣分细则》进行考核。

提高安全、环保、质量、稳定工作的考核权重，对各单位考核扣分上限分别设定为15分、10分、10分、10分，即为考核权重。

二、约束性指标考核扣分细则及覆盖面

安全指标考核扣分细则（见附表1），考核范围覆盖所有二级单位，由安全处负责考核，安全工作最高扣分上限不超过15分。

环保指标考核扣分细则和考核范围（见附表2），由技术监督处负责考核，环保工作最高扣分上限不超过10分。

质量指标考核扣分细则和考核范围（见附表3），由技术监督处负责考核，质量工作最高扣分上限不超过10分。

稳定指标考核扣分细则（见附表4），考核范围覆盖所有二级单位，由信访办公室负责考核，稳定工作最高扣分上限不超过10分。

三、约束性指标的考核兑现

所属单位因发生安全、环保、质量、稳定事故（事件）的，对照安全、环保、质量、稳定工作考核扣分细则进行考核扣分，并按每扣1分扣减单位核定绩效奖金每人30元进行考核兑现。因同一事件（事故），在不同考核项目中同时出现扣分情况的，按就高不就低的原则，仅对一个考核项目进行扣罚，不重复扣罚。

四、考核结果对领导班子及成员考核的延伸应用

以年度安全、环保、质量、稳定考核扣分为基础，对所属单位领导班子及其成员进行年度绩效考核。对因安全、环保、质量、稳定事故（事件）等受到绩效考核扣分的单位（部门）领导班子及其成员，正职和分管该项业务的副职按相应分值扣减，其他班子成员按相应分值的80%计扣，其中，安全事故（事件）对领导班子和成员，实行加倍扣减绩效得分。凡因安全、环保、质量、稳定事故（事件）受到通报批评和各类处分的，按通报批评、警告、记过、记大过、降级、撤职、留用察看的顺序，分别扣减个人年度绩效考核得分10分、15分、20分、25分、30分、40分和60分。同一事故（事件）不重复扣分，按就高原则进行绩效分扣减。

本补充办法从2011年10月1日起执行。

附表：1. 安全指标考核扣分细则（略）
2. 环保指标考核扣分细则（略）
3. 质量指标考核扣分细则（略）
4. 稳定指标考核扣分细则（略）

关于印发《江苏油田全员绩效考核管理实施意见》的通知

苏油劳〔2011〕204号

局、分公司所属各单位：

现将《江苏油田全员绩效考核管理实施意见》印发给你们，请严格遵照执行。

附件：江苏油田全员绩效考核管理实施意见

二〇一一年六月二十八日

附件：

江苏油田全员绩效考核管理实施意见

根据《中国石化全员绩效考核管理指导意见》精神，为进一步规范和加强油田全员绩效考核管理工作，建立完善科学有序、公平公正的员工考核、评价和激励机制，充分调动全体员工的积极性、主动性和创造性，推进油田科学、有效、和谐发展。结合油田实际，制定如下实施意见：

一、适用范围

本实施意见适用于油田在岗正式职工、劳务派遣工和海外单位使用的国际员工、当地员工的绩效考核管理。

二、基本原则

（一）全员覆盖。绩效考核范围覆盖全体员工，不留考核盲区，确保各项工作目标任务层层分解，落实到人。

（二）分级负责。根据层次管理的要求，实行分级负责，分级考核，一级考核一级。各级考核办公室要按照管理权限，负责做好所管辖单位人员（含借聘、借用人员）的业绩考核组织工作。

（三）业绩导向。坚持考核的正确导向，突出对工作业绩的考核，引导员工积极主动地提升个人工作绩效，推动整体效益提高。

（四）激励约束。充分体现责、权、利相统一，考核结果与奖惩挂钩。

三、组织机构

（一）成立油田全员绩效考核领导小组，组长由油田领导班子正职担任；副组长由油田领导班子副职担任；考核领导小组成员由组织部（干部处）、劳动工资处、就业服务中心、海外事业部、企业管理处、安全监察处、技术监督服务中心、财务资产处、审计处、计划规划处、纪委监察处、信访办公室等部门负责人组成。其主要职责是：审议油田全员绩效考核制度和办法；研究、协调和审定全员绩效考核工作中的重大事项。

（二）根据经营管理、专业技术和技能操作三支人才队伍的考核要求，在组织部（干部处）设立经营管理和专业技术人员绩效考核管理办公室，在劳动工资处设立技能操作人员绩效考核管理办公室。其主要职责是：负责制、修订油田全员绩效考核办法和考核工作制度；负责组织开展及统筹协调绩效考核工作；负责绩效考核有关资料的归集存档组织工作。

（三）就业服务中心协助做好劳务派遣工的绩效考核管理工作；海外事业部协助做好外派员工、国际员工和海外单位使用的当地员工的绩效考核管理工作。

四、考核内容

（一）内容构成

依据集团公司绩效考核管理指导意见和经营管理、专业技术、技能操作三支人才队伍的特点，分别从工作绩效、工作能力和工作作风三个方面（按100分计）确定绩效考核的内容：

1. 对油田领导班子副职人员：主要是依据油田和其分管范围内的绩效目标整体完成及个人工作目标完成情况，进行综合评定。

2. 对处级经营管理人员和油田专家及以上高层级专业技术人员：工作绩效占70%，工作能力和工作作风各占15%。工作绩效主要考核其单位（或部门）整体绩效目标、个人重点绩效目标完成情况以及人才培养情况。工作能力和工作作风主要考核决策能力、执行能力及创新能力等。

3. 对一般经营管理人员：工作绩效占60%，工作能力和工作作风各占20%。工作绩效主要考核个人工作任务完成情况和工作效率、质量等；工作能力和工作作风主要考核业务能力、执行能力及职业素养等。

4. 对一般专业技术人员：工作绩效占60%，工作能力和工作作风各占20%。工作绩效主要考核个人工作任务完成情况和工作效率、工作质量等；工作能力和工作作风主要考核专业能力、创新能力及职业素养等。

5. 对技能操作人员：工作绩效占60%，工作能力和工作作风合计40%。其中，高层级（技师及以上）人员工作绩效主要考核工作质量、技术革新情况等；工作能力和工作作风主要考核专业能力、培养人才和品德态度等。其他人员工作绩效主要考核安全生产、工作质量情况等；工作能力和工作作风主要考核专业能力和品德态度等。对值守型岗位，在能力和作风考核上要加大责任心、遵章守纪方面的考核权重。

具体各类人员的绩效考核内容及考评标准见附表1－4。

（二）考核方式

全员绩效考核采取上级考评、民主测评相结合，百分制加权汇总的考核方式。

上级考评是由被考核对象的上级领导或组织对其进行考核评价。上级领导或组织按照“谁管理、谁考核”的原则确定。

民主测评是由被考核对象的同事，按工作能力、工作作风的考核内容，对被考核对象进行测评。参与民主测评的对象，原则上由被考核对象所在基层单位的人员组成，且不少于5人，单位可参与测评人数不足5人的，由被考核人所在支部或工作关系较密切的相关部门人员组成。

（三）考核周期

绩效考核以自然年为一个完整考核周期，每个周期内按不同被考核对象的考核要求，分时段设定为若干定期考核和年度综合考核两种形式。

定期考核是对年度目标完成程度的跟踪考核，考核频次可结合油田组织绩效考核兑现按季进行，也可由各单位根据管理需要，按月或按项目周期进行，定期考核一般只进行以工作绩效为主要内容的上级（组织）考评。

年度综合考核是对被考核人全年完成工作绩效，以及工作能力、工作作风表现情况的总体综合评价，原则上于考核期次年的一季度内进行。

依据集团公司绩效考核工作指导意见，油田处级以上经营管理人员、首席专家、油田专家及首席技师实行年度综合考核。其他员工实行定期考核与年度考核相结合的考核形式，定期考核每年最少1次。

五、考核步骤

（一）制定绩效考核目标

各单位要以年度工作目标为基础，通过逐级层层分解、细化各项目标和任务，确定每一考核对象年度应完成的工作绩效目标，并通过签订绩效目标责任书的形式确认，作为年度工作绩效考核的主要依据。其中：

二级单位和油田机关处室正职，主要以单位组织绩效目标作为个人工作绩效指标。

退居二线的处级调研员，以经过单位（部门）主要领导审定的年度工作任务和调研工作计划作为个人工作绩效考核的指标。

其他人员按照岗位职责和所承担的工作任务，制定有数量、质量和时间要求的工作绩效目标责任书，经直接上级或单位党政领导审定后签字确认。

（二）定期监控绩效运行

通过开展定期考核工作，跟踪、检查各类人员实际工作完成情况，发现进度明显落后或出现工作明显失误的，要及时与被考核对象进行沟通，查找原因并提出改进意见。

（三）分类开展年度考核

1. 考核组织

按照考核对象的不同类型，对应附表1－4的适用范围，按管理权限组织进行上级考评和民主测评。

（1）经营管理、专业技术人员：油田领导班子副职人员由油田党政正职对与其签订绩效目标责任书完成情况进行考核，并结合集团公司对油田绩效目标考核结果和职工代表大会民主测评情况，提出考核意见，报集团公司人事部审核。

油田处级正职经营管理人员的考核，按照组织考核50%、分管领导20%、主要领导30%的考核权重，分别按附表1考核评估标准确定考评得分后，加权汇总形成考核结果。其中，组织考核由绩效考核管理办公室牵头，工作绩效对照单位（部门）组织绩效目标责任书实际完成情况确定考核得分。工作能力、工作作风以单位职工大会（处室会）群众测评平均分为准。

二级单位和机关处室副职、油田专家的考核，按照组织考核40%、单位（处室）正职10%、分管领导20%、主要领导30%的考核权重，分别按附表1考核评估标准确定考评得分后，加权汇总形成考核结果。其中，组织考核由绩效考核管理办公室牵头，工作绩效对照单位（部门）组织绩效目标责任书和个人绩效目标责任书实际完成情况确定考核得分。工作能力、工作作风以单位职工大会（处室会）群众测评平均分为准。

油田机关一般经营管理和专业技术人员，工作绩效得分由处室正职征求分管副职意见后，对照其个人绩效目标责任书实际完成情况进行考评；工作能力和工作作风考核由职工民主测评后，加权计算构成。

首席专家的考核按照《江苏油田首席专家考核评价管理办法》执行。

退二线处级调研员，按照江苏油田调研员管理相关办法计算年度绩效考核得分。

其他经营管理和专业技术人员由各单位根据本实施意见所规定的考核内容、考核方式、考核周期和考核步骤，并结合自身管理特点制定具体实施办法。

（2）技能操作人员：

油田首席技师由劳动工资处牵头负责组织进行考核工作，工作绩效考核以油田技师考评委员会专家打分（不少于3人）的平均分为准；工作能力和工作作风考核得分，由首席技师所在单位组织相关人员进行民主测评形成。

技师、高级技师、主任技师由其所在单位组织进行考核工作，工作绩效考核以单位技师考评委员会专家考评（不少于3人）平均分为准；工作能力和工作作风考核得分，由其所在单位组织人员进行民主测评形成。

一般技能操作人员由各单位组织进行考核工作，工作绩效得分由直接上级进行考评打分，并经单位主要领导审核后确定；工作能力和工作作风考核得分，由所在单位组织人员进行民主测评形成。

（3）劳务派遣工和外派员工、国际员工、海外单位使用的当地员工：按照谁使用、谁考核的原则，劳务工比照同岗位的正式职工，按照同标准、同方式、同步骤进行考核。海外单位用工由海外事业部牵头，会同派出单位有关部门，结合项目管理实际，参照本实施意见制定具体的考核办法，经海外事业部审批后实施。

特殊事项扣分：根据中国石化企〔2011〕702号《关于进一步加强安全环保等工作考核的通知》精神，对发生安全、环保、质量事故和稳定事件单位的领导班子成员，在年度绩效考核结果基础上，按照《江苏油田组织绩效考核管理暂行办法补充规定》相关内容，扣减个人绩效分值。

此外，对在考核期内受到通报批评和各类行政处分的人员，按通报批评、警告、记过、记大过、降级、撤职、留用察看的顺序，分别在个人年度绩效考核分中扣减3分、5分、10分、15分、20分、25分和40分。

同一事件（事故）不重复扣分，按就高不就低的原则进行绩效分扣减。

对年出勤率低于95%的，由各单位结合自身工作特点，制定相应扣分办法，最多不超过20分。

2. 考核定格

油田副处级及以上经营管理人员、油田专家及以上高层级专业技术人员和油田首席技师的初步考核结果，经征求分管领导意见后，按"谁主管、谁负责"的原则，分别送油田党政主要领导考评，最后提请油田领导班子会审定。

其他经营管理、专业技术和技能操作人员，年度绩效考核得分审定程序可参照上述经营管理人员办法自行制定。

按照经营管理、专业技术和技能操作三支人才队伍划分人员类别和层级，同类别、同层级人员以考核得分高低排序。原则上，考核得分位列同类别、同层级人员排名前20%以内的，定格为A档；排名在前20%以后，且大于或等于70分的，定格为B档；小于70分且大于或等于60分的，定格为C档；60分以下的，定格为D档。

3. 绩效改进

考核结果要及时反馈给被考核人，对考核结果排名靠后的，要由直接上级或有关人员与其进行谈话，帮助分析存在问题，指导其改进工作。

六、结果应用

（一）与薪酬分配相结合

密切绩效考核与薪酬分配的关系，实行组织绩效考核结果与单位工资总量挂钩,员工绩效考核结果与个人收入水平挂钩。原则上,副处级及以上经营管理人员绩效考核结果与薪酬挂钩比例约为65%,其他管理人员、专业技术人员绩效考核结果与奖金挂钩比例约为35%,技能操作人员绩效考核结果与奖金挂钩比例约为25%。

对副处级及以上经营管理人员,按《江苏油田二级单位党政领导班子成员薪酬实施办法》的规定执行。

对其他人员,各单位要根据定期绩效考核工作开展情况,调整完善现行按月、季或以项目为周期的各类奖金分配办法,将定期绩效考核结果与当期奖金分配挂钩。对年度考核结果兑现,要以平稳过渡为前提,由各单位结合本单位生产经营组织形式、职工从事岗位特点等因素,制定年度综合绩效考核结果与绩效奖金挂钩实施细则并组织实施。

劳务派遣工、海外单位使用的国际员工和当地员工可参照上述办法确定与薪酬分配的挂钩比例。

(二)与员工年度考核相结合

对经营管理和专业技术人员,绩效考核定格为A档的,年度考核结果为优秀,B档的为称职,C档的为基本不称职,D档的为不称职;技能操作人员绩效考核定格从A档到D档,分别对应年度考核结果为优秀、较好、一般、较差。

(三)与评先评优相结合

对绩效考核结果定格为A档的员工,在安排各类培训、专业研讨、评先推优、专业技术资格晋升、职业技能等级鉴定、人才选拔使用中,同等条件下优先考虑。对考核结果为C档及以下的正式职工,要进行诫勉谈话,当年不得参与评先推优、专业技术资格评审和职业技能等级鉴定。对连续两年考核结果为C档或当年考核结果为D档的员工,要安排向低一级职位流动;劳务工要退回劳务公司处置;海外单位使用的国际员工和当地员工在劳动合同到期后,不再续签。专业技术人员连续两年绩效考核得分在本单位同层级人员中排名末位的,按照《江苏油田专业技术人员年度考核实施细则》执行。

七、有关要求

(一)加强组织领导

开展全员绩效考核工作是油田深化"四精"管理、打造"高度负责任、高度受尊敬"企业的重要举措。为切实加强组织领导,引导广大干部职工立足岗位,奋勇争先,各单位要成立由主要领导挂帅的考核领导小组,明确具体工作部门,确保全员绩效考核工作落到实处,见到成效。

(二)夯实管理基础

今后对员工个人的各类考核均统一到全员绩效考核中。各单位要按照油田全员绩效考核实施意见,并结合自身生产经营管理特点,制定本单位的全员绩效考核实施细则,于2011年10月底前报油田审核批准后组织实施。

(三)扎实稳步推进

为推进全员绩效考核工作的有效开展,油田将不定期组织对各单位全员绩效考核管理情况进行检查,对考核工作有特色,考核效果明显的单位,将予以表扬并推广其经验。对考核制度不健全,考核工作不到位,没有实现考核全覆盖的,要给予通报批评。

(四)强化民主管理

各单位在具体操作中,要精心组织、周密部署,做到工作的平稳衔接。考核办法、考核结果、考核兑现要公开透明。对考核过程和考核结果汇总等重要环节,要安排职工代表参与,主动接受群众监督,努力实现全员绩效考核工作的公平、公正。

本意见自下文之日起执行,由组织部(干部处)、劳动工资处负责解释。

(尤　鉴)

重要文件目录索引

2011年中共江苏石油勘探局委员会部分文件目录

发文时间	文　号	文　件　标　题
2011.01.07	苏油党〔2011〕字3号	关于组织开展建党90周年纪念活动的通知
2011.02.24	苏油党〔2011〕字5号	关于调整油田党政领导党风廉政建设责任区的通知
2011.02.27	苏油党〔2011〕字6号	关于印发《二○一一年党委理论学习中心组学习安排意见》的通知
2011.02.17	苏油党〔2011〕字7号	二○一○年局处两级党委理论中心组学习情况通报

续表

发文时间	文 号	文 件 标 题
2011.02.26	苏油党〔2011〕字8号	关于表彰2010年度双文明标杆单位 双文明先进单位 双文明标杆队 双文明劳动模范的决定
2011.03.18	苏油党〔2011〕字9号	关于举办2011年油田处级干部培训班的通知
2011.03.28	苏油党〔2011〕字10号	关于认真做好2011年度厂务公开工作的通知
2011.05.03	苏油党〔2011〕字11号	关于评选创先争优活动中先进党支部优秀共产党员优秀党支部书记的通知
2011.05.23	苏油党〔2011〕字12号	关于江苏石油勘探局工会第七届委员会主席选举结果的批复
2011.06.01	苏油党〔2011〕字13号	关于转发中国石化党组《关于进一步加强领导干部思想作风建设的通知》的通知
2011.05.23	苏油党〔2011〕字15号	关于转发中共中国石油化工集团公司党组《关于李浩、谈正鑫同志职务任免的通知》的通知
2011.05.23	苏油党〔2011〕字16号	关于李浩等两名同志兼任 免职的通知
2011.05.23	苏油党〔2011〕字17号	关于调整油田领导工作分工的通知
2011.06.30	苏油党〔2011〕字18号	关于表彰二○一一年度先进党支部优秀共产党员和优秀党支部书记的决定
2011.07.11	苏油党〔2011〕字19号	关于认真学习贯彻胡锦涛总书记在庆祝中国共产党成立90周年大会上重要讲话精神的通知
2011.08.10	苏油党〔2011〕字20号	关于深化唱响“埋头苦干创精细管理之先,团结奋进争内涵发展之优”主旋律工作的通知
2011.08.31	苏油党〔2011〕字21号	关于召开二○一一年领导班子民主生活会的通知
2011.09.14	苏油党〔2011〕字39号	关于开展“为民服务创先争优”活动的实施方案
2011.09.21	苏油党〔2011〕字40号	关于召开油田第二十三次政工会暨政研会第十八次年会的通知
2011.09.16	苏油党〔2011〕字42号	关于印发《江苏油田精神文明建设考核标准》的通知
2011.09.16	苏油党〔2011〕字43号	关于印发《江苏油田突发公共事件新闻报道应急预案》的通知
2011.09.20	苏油党〔2011〕字44号	关于印发《江苏油田企业文化实施纲要》的通知
2011.10.27	苏油党〔2011〕字47号	关于印发《江苏油田贯彻落实〈建立健全惩治和预防腐败体系2008～2012年工作规划〉实施细则》的通知
2011.10.27	苏油党〔2011〕字48号	关于印发《江苏油田加强廉洁文化建设的实施办法》的通知
2011.10.27	苏油党〔2011〕字49号	关于印发《江苏油田纪检监察案件检查工作实施细则》的通知
2011.10.27	苏油党〔2011〕字50号	关于印发《江苏油田党风廉政建设责任制实施细则》的通知
2011.10.27	苏油党〔2011〕字51号	关于印发《江苏油田反腐倡廉建设工作协调会规程》的通知
2011.10.27	苏油党〔2011〕字52号	关于印发《江苏油田廉洁从业风险管理工作实施办法》的通知
2011.10.27	苏油党〔2011〕字53号	关于印发《江苏油田领导人员问责办法》的通知
2011.10.27	苏油党〔2011〕字54号	关于印发《江苏油田党风廉政建设谈话实施细则》的通知
2011.10.27	苏油党〔2011〕字55号	关于转发《中国石油化工集团公司纪检监察案件审理工作规范》的通知

续表

发文时间	文　号	文　件　标　题
2011.10.27	苏油党〔2011〕字56号	关于转发《中国石化党风廉政宣传教育协调会议规程》的通知
2011.10.27	苏油党〔2011〕字57号	关于转发《中国石化兼职纪检监察专员兼职纪检监察员工作规范》的通知
2011.11.03	苏油党〔2011〕字58号	关于转发中国石化党组《关于深入学习贯彻党的十七届六中全会精神的通知》的通知
2011.11.13	苏油党〔2011〕字59号	关于表彰优秀思想政治工作者的决定
2011.11.30	苏油党〔2011〕字60号	关于成立韦庄产能建设项目工委的通知
2011.11.23	苏油党〔2011〕字62号	关于印发《江苏油田干部人事档案管理细则》的通知
2011.11.29	苏油党〔2011〕字63号	关于印发《江苏油田创建无邪教单位实施细则》的通知
2011.11.29	苏油党〔2011〕字64号	关于印发《江苏油田“平安创建”工作实施细则》的通知
2011.11.29	苏油党〔2011〕字65号	关于印发《江苏油田治安综合治理工作考核细则》的通知
2011.12.01	苏油党〔2011〕字66号	转发集团公司《关于在创先争优活动中进一步推动各级机关和干部深入基层为民服务的意见》的通知
2011.12.12	苏油党〔2011〕字68号	关于开展2011年度双文明总结评比工作的通知
2011.12.12	苏油党〔2011〕字69号	关于开展2011年度领导班子和干部考核工作的通知
2011.12.06	苏油党〔2011〕字70号	关于印发《江苏油田劳动模范和先进集体评选表彰管理实施细则》的通知
2011.12.13	苏油党〔2011〕字71号	关于批转局工会《关于召开江苏石油勘探局第十一届二次职工代表大会的请示》的通知
2011.12.15	苏油党〔2011〕字73号	江苏油田厂务公开工作实施办法
2011.12.28	苏油党〔2011〕字81号	关于成立永－联产能建设项目工委的通知
2011.12.26	苏油党〔2011〕字82号	关于印发《中共江苏石油勘探局委员会党支部工作规范》的通知
2011.12.26	苏油党〔2011〕字83号	关于印发《中共江苏石油勘探局委员会党员自主管理实施办法》的通知
2011.12.26	苏油党〔2011〕字84号	关于印发《中共江苏石油勘探局委员会党支部工作目标管理实施细则》的通知
2011.12.26	苏油党〔2011〕字85号	关于印发《中共江苏石油勘探局委员会流动分散离岗党员教育管理细则》的通知
2011.12.28	苏油党〔2011〕字86号	关于加强2012年元旦春节期间党风廉政建设的通知

2011年江苏石油勘探局部分文件目录

发文时间	文　号	文　件　标　题
2011.01.07	苏油安〔2011〕1号	关于印发《2011年HSE工作要点》的通知
2011.01.06	苏油技监〔2011〕3号	关于表彰2010年度节能先进的决定
2011.01.07	苏油安〔2011〕6号	关于二〇一〇年度安全生产考核的决定

续表

发文时间	文　号	文　件　标　题
2011.01.13	苏油技监〔2011〕9号	关于表彰二〇一〇年度环境保护先进集体的决定
2011.01.17	苏油技管〔2011〕10号	关于印发《2011年油田井控工作要点》的通知
2011.01.17	苏油专〔2011〕13号	关于印发《江苏油田首席专家考核评价管理办法(试行)》的通知
2011.01.17	苏油职改〔2011〕14号	关于转发集团公司2010年任职资格评审结果的通知
2011.01.19	苏油技监〔2011〕16号	关于印发《2011年产品质量监督抽检计划》的通知
2011.01.18	苏油就〔2011〕17号	关于印发《江苏石油勘探局 江苏油田分公司人才引进及人员流动工作程序》的通知
2011.01.19	苏油科〔2011〕19号	关于颁发江苏油田二〇一〇年度科技进步奖的决定
2011.01.20	苏油技监〔2011〕20号	关于印发《2011年节能工作要点》的通知
2011.01.21	苏油企〔2011〕21号	关于油田2010年四季度"比学赶帮超"工作指标排名的通报
2011.01.28	苏油办〔2011〕26号	关于印发《江苏油田油气田勘探开发生产科研地质资料内部汇交管理规定》的通知
2011.01.27	苏油法〔2011〕27号	关于印发《中国石化集团江苏石油勘探局合同(信用)管理实施细则》的通知
2011.01.28	苏油科〔2011〕28号	关于下达江苏油田2011年科技项目计划的通知
2011.01.28	苏油科〔2011〕29号	关于印发《江苏油田博士后科研项目管理办法(试行)》的通知
2011.01.28	苏油办〔2011〕30号	关于调整油田地质资料管理领导小组的通知
2011.01.31	苏油基〔2011〕31号	关于印发《2011年度江苏油田工程质量监察计划》的通知
2011.02.12	苏油财资〔2011〕32号	关于转发《关于统一固定资产折旧年限的通知》的通知
2011.02.14	苏油技监〔2011〕33号	关于转发集团公司《关于做好2011年环境保护工作的通知》的通知
2011.02.14	苏油技监〔2011〕34号	关于下达二〇一一年环境保护考核指标的通知
2011.02.15	苏油劳〔2011〕40号	关于安全监察处增加公共安全和井控监督管理职能的通知
2011.02.17	苏油技监〔2011〕41号	关于转发《关于印发〈中国石油化工股份有限公司油田企业计量管理办法〉的通知》的通知
2011.02.17	苏油综〔2011〕42号	关于印发《江苏油田2011年消防工作要点》的通知
2011.02.18	苏油干〔2011〕44号	关于调整江苏油田博士后科研工作站工作领导小组的通知
2011.02.21	苏油技监〔2011〕46号	关于印发《2011年压力管道起重机械检验计划》的通知
2011.02.21	苏油安〔2011〕47号	关于持续深化"我要安全"主题活动的通知
2011.02.22	苏油监〔2011〕48号	关于2011年油田效能监察工作的安排意见
2011.02.22	苏油监〔2011〕49号	关于表彰2007～2010年度效能监察工作先进集体和先进个人的决定
2011.02.22	苏油监〔2011〕50号	关于表彰二〇一〇年优秀效能监察项目的决定
2011.02.22	苏油技监〔2011〕51号	关于转发《关于印发〈中国石油化工股份有限公司油田企业标准实施监督管理规定〉的通知》的通知
2011.02.22	苏油财资〔2011〕52号	关于下发《会计手册》及业务衔接转换指导意见的通知

续表

发文时间	文　号	文 件 标 题
2011.02.23	苏油技监〔2011〕53 号	关于印发《2011 年水务管理工作要点》的通知
2011.02.23	苏油装〔2011〕54 号	关于做好迎接中国石油化工集团公司设备大检查工作的通知
2011.02.23	苏油装〔2011〕55 号	关于转发集团公司《关于印发〈中国石化仪表设备管理规定〉的通知》的通知
2011.02.28	苏油安〔2011〕57 号	关于下达二○一一年锅炉压力容器检验计划的通知
2011.03.03	苏油计〔2011〕60 号	关于成立江苏油田生产科研中心建设项目组织机构的通知
2011.03.04	苏油安〔2011〕61 号	关于加强域外 境外安全工作的通知
2011.03.07	苏油安〔2011〕64 号	关于印发《江苏油田二级单位领导带班制度(试行)》的通知
2011.02.24	苏油企〔2011〕66 号	关于持续推进“比学赶帮超 达标创优”、“改善经营管理建议”和“制度标准化信息化”工作的指导意见
2011.03.10	苏油安〔2011〕67 号	关于下达《2011 年安全技术措施计划》的通知
2011.03.11	苏油审〔2011〕69 号	关于做好上市与非上市工程款结算专项审计迎审工作的通知
2011.03.15	苏油劳〔2011〕74 号	关于印发《二○一一年江苏油田工资总额与效益挂钩考核办法》的通知
2011.03.16	苏油法〔2011〕75 号	关于表彰“五五”普法先进单位 先进个人和学法用法创新成果的决定
2011.03.17	苏油生〔2011〕83 号	关于印发《江苏油田土地公关工作规定》的通知
2011.03.21	苏油安〔2011〕90 号	关于印发《关于在一线生产单位选聘安全监督员的指导意见》的通知
2011.03.21	苏油技监〔2011〕91 号	关于转发《中国石化节约能源管理办法》的通知
2011.03.22	苏油办〔2011〕92 号	关于做好《江苏油田年鉴》(2011)编撰工作的通知
2011.03.21	苏油财资〔2011〕94 号	关于下达 2011 年费用及资金管理指标的通知
2011.03.25	苏油财资〔2011〕95 号	关于表彰 2010 年度内控管理工作先进集体和个人的决定
2011.03.29	苏油装〔2011〕103 号	关于表彰二○一○年度设备管理先进队站 红旗设备的决定
2011.03.29	苏油技管〔2011〕104 号	关于表彰 2010 年度创油田石油工程新纪录基层队的决定
2011.03.29	苏油访〔2011〕105 号	关于表彰 2010 年度信访稳定工作先进个人的决定
2011.04.01	苏油办〔2011〕107 号	关于转发集团公司紧急通知的通知
2011.03.31	苏油审〔2011〕108 号	关于印发《二○一一年审计工作要点及计划安排》的通知
2011.04.02	苏油访〔2011〕109 号	关于印发《2011 年江苏油田信访稳定工作要点》的通知
2011.04.02	苏油劳〔2011〕110 号	关于举办江苏油田第十二届职业技能竞赛的通知
2011.04.02	苏油科〔2011〕111 号	关于下达《江苏油田对外技术协作管理办法(试行)》的通知
2011.04.06	苏油技监〔2011〕113 号	关于表彰江苏油田 2010 年度质量科技成果的决定
2011.04.06	苏油法〔2011〕114 号	关于印发《江苏油田 2011 年法制宣传教育工作要点》的通知
2011.04.07	苏油科〔2011〕116 号	关于转发《中国石化试验记录册管理办法》的通知
2011.04.07	苏油安〔2011〕117 号	关于开展锅炉压力容器 HSE 专项检查的通知

续表

发文时间	文　号	文　件　标　题
2011.04.07	苏油办〔2011〕132号	关于转发《关于印发〈中国石化公文处理办法〉的通知》和《关于印发〈中国石化电子公文运行管理办法〉的通知》的通知
2011.04.07	苏油安〔2011〕134号	关于二〇一一年一季度安全生产考核挂牌的决定
2011.04.08	苏油技管〔2011〕135号	关于转发《关于开展井控安全专项检查的通知》的通知
2011.04.13	苏油技监〔2011〕138号	关于开展2011年江苏油田计量工作检查的通知
2011.04.15	苏油办〔2011〕139号	关于转发《关于印发〈中国石化档案工作评价规定〉的通知》的通知
2011.04.19	苏油企〔2011〕143号	关于油田一季度“比学赶帮超”指标排名及各单位绩效考核情况的通报
2011.04.21	苏油企〔2011〕146号	关于印发《江苏油田“比学赶帮超”工作评比考核办法》的通知
2011.04.25	苏油计生〔2011〕147号	关于表彰2010年度人口和计划生育工作先进单位 先进集体 先进工作者的决定
2011.04.25	苏油技管〔2011〕148号	关于调整油田井控工作领导小组成员和机构的通知
2011.04.25	苏油计〔2011〕149号	关于2011年江苏油田项目后评价工作安排的通知
2011.05.05	苏油技监〔2011〕151号	关于下达《江苏油田2011年节能监测计划》的通知
2011.05.10	苏油审〔2011〕152号	关于印发《江苏油田经济责任审计工作联席会议制度》的通知
2011.05.13	苏油信〔2011〕154号	关于表彰优秀WWW网站的决定
2011.05.17	苏油信〔2011〕155号	关于表彰油田“十一五”信息化先进单位和先进个人的决定
2011.05.17	苏油财资〔2011〕156号	关于开展江苏油田2011年会计信息质量检查自查工作的通知
2011.05.17	苏油财资〔2011〕157号	关于印发《江苏油田境外资金管理暂行规定》的通知
2011.05.24	苏油生〔2011〕159号	关于做好二〇一一年防洪防汛工作的通知
2011.05.23	苏油安〔2011〕160号	关于开展“安全生产月”活动的通知
2011.05.23	苏油技监〔2011〕161号	关于下达《江苏油田基层队(站)节能达标指标评比方案(试行)》的通知
2011.05.26	苏油财资〔2011〕169号	关于开展集团公司内部往来清理工作的通知
2011.05.26	苏油财资〔2011〕170号	关于实施江苏油田内部控制实施细则(2011年版)的通知
2011.05.26	苏油财资〔2011〕171号	关于成立江苏油田内部控制管理领导小组的通知
2011.05.30	苏油技监〔2011〕172号	关于开展2011年节能宣传周活动的通知
2011.05.31	苏油财资〔2011〕174号	关于成立江苏油田自用成品油退税管理领导小组和工作组的通知
2011.05.30	苏油企〔2011〕175号	关于印发《江苏油田制度管理细则》的通知
2011.05.30	苏油企〔2011〕176号	关于印发《江苏油田制度标准化改造实施方案》的通知
2011.06.01	苏油劳〔2011〕177号	关于调整江苏油田技能操作人员考评委员会的通知
2011.06.02	苏油企〔2011〕178号	关于印发《江苏油田组织绩效考核管理暂行办法》的通知
2011.06.03	苏油技管〔2011〕180号	关于颁发二〇一〇年度石油工程技术突出贡献奖的决定
2011.06.09	苏油审〔2011〕181号	关于转发中国石油化工集团公司《关于认真做好2011年“小金库”专项治理及迎审准备工作的通知》的通知

续表

发文时间	文　号	文　件　标　题
2011.06.10	苏油公〔2011〕185 号	关于开展油田一线队(站)饮食安全卫生工作检查的通知
2011.06.15	苏油财资〔2011〕188 号	关于开展"严肃财经纪律加强财务管理"专题教育活动的通知
2011.06.15	苏油财资〔2011〕189 号	关于转发《中国石化应收款项管理办法》和《中国石化内部结算纠纷仲裁办法》的通知
2011.06.20	苏油财资〔2011〕194 号	关于印发《江苏油田 2011 年持续推进全员成本目标管理工作要点》的通知
2011.06.21	苏油装〔2011〕195 号	关于转发集团公司《关于印发〈中国石化锅炉设备及运行管理规定〉的通知》的通知
2011.06.21	苏油装〔2011〕196 号	关于转发集团公司《关于印发〈中国石化电站汽轮机组管理规定〉的通知》的通知
2011.06.23	苏油财资〔2011〕197 号	关于开展 2009～2010 年地方税费检查自查工作的通知
2011.06.27	苏油技管〔2011〕199 号	关于转发集团公司《关于印发〈中国石油化工集团公司石油工程队伍资质认证管理规定〉的通知》的通知
2011.06.29	苏油安〔2011〕200 号	关于印发《江苏油田防恐工作实施意见》的通知
2011.06.28	苏油劳〔2011〕204 号	关于印发《江苏油田全员绩效考核管理实施意见》的通知
2011.07.06	苏油安〔2011〕205 号	关于开展健康安全与环境检查的通知
2011.07.06	苏油技监〔2011〕206 号	关于下达 2011 年节能考核指标的通知
2011.07.06	苏油外〔2011〕207 号	关于表彰二〇一〇年度油田海外工作先进个人的决定
2011.07.07	苏油监〔2011〕208 号	关于印发《江苏油田规范外协单位(队伍)管理效能监察实施方案》的通知
2011.07.15	苏油就〔2011〕214 号	关于做好 2011 年高校毕业生就业工作的通知
2011.07.15	苏油企〔2011〕215 号	关于油田二季度"比学赶帮超"指标排名及各单位绩效考核情况的通报
2011.07.18	苏油计〔2011〕216 号	关于做好 2011 年投资计划执行和 2012 年投资建议计划预测编报工作的通知
2011.07.20	苏油技监〔2011〕217 号	关于表彰优秀清洁生产技术报告的决定
2011.07.20	苏油办〔2011〕219 号	关于转发集团公司《关于大力弘扬艰苦奋斗作风进一步简化规范内外事活动的通知》的通知
2011.07.19	苏油审〔2011〕220 号	关于做好迎接上级审计有关工作的通知
2011.07.21	苏油技监〔2011〕221 号	关于发布《原油贸易计量操作与油量计算》等 2 项企业标准的通知
2011.07.29	苏油安〔2011〕230 号	关于开展集团公司隐患治理项目实施效果后评估工作的通知
2011.08.02	苏油安〔2011〕231 号	关于转发集团公司《关于开展 HSE 大检查的通知》的通知
2011.08.05	苏油安〔2011〕232 号	关于开展车(船)队 HSE 管理主题活动的通知
2011.08.08	苏油审〔2011〕233 号	关于转发《中国石化设立和使用"小金库"问题处理办法》的通知
2011.08.05	苏油访〔2011〕234 号	关于印发《江苏油田信访事项分级受理工作细则》的通知
2011.08.05	苏油访〔2011〕235 号	关于印发《江苏油田信访事项复查(复核)工作细则》的通知

续表

发文时间	文　号	文　件　标　题
2011.08.10	苏油技监〔2011〕236 号	关于成立江苏油田辐射管理领导小组的通知
2011.08.10	苏油企〔2011〕238 号	关于印发《江苏油田改善经营管理建议项目后评估管理办法(试行)》的通知
2011.08.15	苏油综〔2011〕240 号	关于转发《中国石化消防达标管理规定》的通知
2011.08.15	苏油综〔2011〕241 号	关于转发《中国石化大型公共场所消防安全管理规定》的通知
2011.08.16	苏油财资〔2011〕242 号	关于转发集团公司《关于转发国务院国资委〈中央企业境外资产监督管理暂行办法〉和〈中央企业境外产权管理暂行办法〉的通知》的通知
2011.08.18	苏油干〔2011〕245 号	关于印发《江苏油田青年专业技术人才培养"导师制"管理规定》的通知
2011.08.21	苏油劳〔2011〕247 号	关于成立中国石化集团江苏石油勘探局南通运输部的通知
2011.08.25	苏油劳〔2011〕254 号	关于印发《2011 年江苏油田二级单位党政领导班子成员薪酬实施办法》的通知
2011.08.30	苏油科〔2011〕257 号	关于下达江苏油田 2011 年第二批科技项目计划的通知
2011.08.30	苏油法〔2011〕258 号	关于印发《江苏油田开展法制宣传教育第六个五年规划》的通知
2011.09.05	苏油企〔2011〕265 号	关于印发《江苏油田制度审核工作暂行规定》的通知
2011.09.05	苏油技监〔2011〕268 号	关于开展"质量月"活动的通知
2011.09.09	苏油劳〔2011〕250 号	关于表彰优秀教师　教育工作者　职业教育工作者 兼职教师的决定
2011.09.19	苏油安〔2011〕287 号	关于在生产现场推行"七想七不干安全提示卡"做法的通知
2011.09.19	苏油职改〔2011〕288 号	关于调整油田职称改革工作领导小组的通知
2011.09.19	苏油职改〔2011〕289 号	关于印发《江苏油田专业技术职务任职资格评审工作管理细则》的通知
2011.09.19	苏油职改〔2011〕290 号	关于印发《江苏油田专业技术职务任职资格评审条件》的通知
2011.09.19	苏油职改〔2011〕291 号	关于印发《江苏油田专业技术职务任职资格评审组织建设管理细则》的通知
2011.09.19	苏油职改〔2011〕292 号	关于印发《江苏油田专业技术人员资格考试管理规范》的通知
2011.09.19	苏油职改〔2011〕293 号	关于印发《江苏油田专业技术职务任职资格外语加分细则》的通知
2011.09.19	苏油职改〔2011〕294 号	关于开展 2011 年专业技术职务任职资格评审工作的通知
2011.09.21	苏油生〔2011〕295 号	关于开展二○一一年冬防保温工作检查的通知
2011.09.26	苏油企〔2011〕298 号	关于下发《江苏油田组织绩效考核管理补充办法》的通知
2011.09.23	苏油财资〔2011〕299 号	关于印发《江苏油田内部控制检查评价与考核暂行办法》的通知
2011.09.28	苏油宣〔2011〕300 号	关于印发《江苏油田对外宣传工作管理办法》的通知
2011.10.10	苏油财资〔2011〕303 号	关于江苏石油勘探局 2011 年三季度月度会计报表报送情况的通报
2011.10.08	苏油干〔2011〕306 号	关于印发《江苏油田博士后进站管理细则》的通知
2011.10.08	苏油干〔2011〕307 号	关于印发《江苏油田博士后中期考核细则》的通知
2011.10.08	苏油干〔2011〕308 号	关于印发《江苏油田博士后出站管理细则》的通知
2011.10.08	苏油干〔2011〕309 号	关于印发《江苏油田博士后出站留用细则》的通知

续表

发文时间	文　号	文　件　标　题
2011.10.08	苏油干〔2011〕310号	关于印发《江苏油田博士后导师和助手选配规范》的通知
2011.10.08	苏油干〔2011〕311号	关于印发《江苏油田博士后日常经费使用管理细则》的通知
2011.10.08	苏油干〔2011〕312号	关于印发《江苏油田博士后薪酬 社会保险交通 通讯等有关待遇的管理细则》的通知
2011.10.10	苏油装〔2011〕313号	关于印发《江苏油田设备管理办法》的通知
2011.10.17	苏油武〔2011〕319号	关于做好二〇一一年冬季征兵工作的通知
2011.10.17	苏油财资〔2011〕320号	关于转发集团公司《会计集中核算系统规范应用检查工作内容》的通知
2011.10.18	苏油劳〔2011〕322号	关于表彰江苏油田第十二届职业技能竞赛优秀单位和个人的决定
2011.10.19	苏油团〔2011〕323号	关于授予蔡巍等五名同志“局青年岗位能手”称号的决定
2011.10.18	苏油访〔2011〕324号	关于印发《江苏油田信访稳定工作考评暂行细则》的通知
2011.10.21	苏油监〔2011〕326号	关于转发《中国石化国内交往中收受礼品实行登记制度实施细则》的通知
2011.10.21	苏油监〔2011〕327号	关于转发《中国石化资本支出业务监督规程》等十五项监督制度的通知
2011.10.21	苏油监〔2011〕328号	关于印发《江苏油田领导人员和两级机关公务用车管理细则》的通知
2011.10.21	苏油监〔2011〕329号	关于印发《江苏油田实行业务招待费使用情况向职代会报告制度实施细则》的通知
2011.10.21	苏油监〔2011〕330号	关于印发《江苏油田业务公开网上巡视工作规范(试行)》的通知
2011.10.21	苏油监〔2011〕331号	关于印发《江苏油田效能监察实施细则》的通知
2011.10.21	苏油监〔2011〕332号	关于印发《江苏油田签订廉洁从业责任书管理规范》的通知
2011.10.21	苏油监〔2011〕333号	关于印发《江苏油田业务公开工作管理规范(试行)》的通知
2011.10.21	苏油监〔2011〕334号	关于印发《江苏油田外部项目(国内部分)业务监督规程》的通知
2011.10.21	苏油监〔2011〕335号	关于印发《江苏油田外部项目效能监察跟踪督查规程》的通知
2011.10.21	苏油监〔2011〕336号	关于印发《江苏油田内部市场准入管理业务监督规程》的通知
2011.10.21	苏油监〔2011〕337号	关于印发《江苏油田效能监察优秀项目评审细则》的通知
2011.10.24	苏油企〔2011〕342号	关于油田三季度“比学赶帮超”指标排名及各单位绩效考核情况的通报
2011.10.24	苏油就〔2011〕343号	关于做好共同培养签约毕业生和建立研究生实习基地工作的通知
2011.10.24	苏油就〔2011〕344号	关于印发《江苏油田选送优秀技能操作人员进行石油专业知识培训实施细则》的通知
2011.10.24	苏油就〔2011〕345号	关于印发《江苏油田人员流动配置管理细则》的通知
2011.10.24	苏油就〔2011〕346号	关于印发《江苏油田技能操作人员储备实施细则》的通知
2011.10.24	苏油就〔2011〕347号	关于印发《江苏油田残疾人就业保障金管理细则》的通知
2011.10.24	苏油就〔2011〕348号	关于印发《江苏油田高校毕业生引进工作实施细则》的通知
2011.10.27	苏油法〔2011〕349号	关于江苏油田合同管理信息系统上线运行的通知
2011.10.27	苏油企〔2011〕350号	关于开展第九届“达标创优”检查评比工作的通知

续表

发文时间	文　号	文 件 标 题
2011.10.27	苏油法〔2011〕351 号	关于印发《江苏油田企业法律顾问管理细则》的通知
2011.10.27	苏油法〔2011〕352 号	关于印发《江苏油田法律纠纷管理细则》的通知
2011.10.27	苏油法〔2011〕353 号	关于印发《江苏油田授权委托管理细则》的通知
2011.10.27	苏油法〔2011〕354 号	关于印发《江苏油田商标管理细则》的通知
2011.10.28	苏油生〔2011〕355 号	关于印发《江苏油田生产运行管理规范》的通知
2011.10.28	苏油生〔2011〕356 号	关于印发《江苏油田生产调度信息系统管理细则》的通知
2011.10.28	苏油企〔2011〕357 号	关于印发《江苏油田“达标创优”工作管理细则》的通知
2011.10.28	苏油综〔2011〕359 号	关于成立江苏油田防火安全委员会的通知
2011.10.28	苏油信〔2011〕360 号	关于印发《江苏油田信息化管理办法》的通知
2011.10.28	苏油信〔2011〕361 号	关于印发《江苏油田信息资源管理细则》的通知
2011.10.28	苏油信〔2011〕362 号	关于印发《江苏油田信息系统安全管理细则》的通知
2011.10.28	苏油信〔2011〕363 号	关于印发《江苏油田信息化项目管理细则》的通知
2011.10.28	苏油信〔2011〕364 号	关于印发《江苏油田信息技术风险评估管理细则》的通知
2011.10.28	苏油信〔2011〕365 号	关于印发《江苏油田信息分级与授权规则(试行)》的通知
2011.10.28	苏油信〔2011〕366 号	关于印发《江苏油田信息基础设施运行维护管理细则》的通知
2011.10.28	苏油信〔2011〕367 号	关于印发《江苏油田网络管理细则》的通知
2011.10.28	苏油信〔2011〕368 号	关于印发《江苏油田信息系统应用与运维管理细则》的通知
2011.10.31	苏油科〔2011〕370 号	关于印发《江苏油田科学技术成果评定办法》的通知
2011.10.31	苏油科〔2011〕371 号	关于印发《江苏油田科技项目技术负责人招标竞聘管理规定》的通知
2011.10.31	苏油科〔2011〕372 号	关于印发《江苏油田博士后科研项目管理细则》的通知
2011.10.31	苏油科〔2011〕373 号	关于印发《江苏油田专利管理办法》的通知
2011.10.31	苏油科〔2011〕374 号	关于印发《江苏油田知识产权保护管理办法》的通知
2011.10.31	苏油科〔2011〕375 号	关于印发《江苏油田科技项目管理办法》的通知
2011.10.31	苏油科〔2011〕376 号	关于印发《江苏油田科学技术奖励管理办法》的通知
2011.10.31	苏油科〔2011〕377 号	关于印发《江苏油田试验记录册管理细则》的通知
2011.10.31	苏油科〔2011〕378 号	关于印发《江苏油田科技专家库管理细则》的通知
2011.10.31	苏油计〔2011〕386 号	关于转发集团公司《关于印发〈中国石化境外投资项目管理办法(试行)〉的通知》的通知
2011.10.31	苏油计〔2011〕387 号	关于转发集团公司《关于印发〈中国石化境内合资合作项目管理办法〉的通知》的通知
2011.11.01	苏油技监〔2011〕379 号	关于印发《江苏油田节能达标工作实施细则》的通知
2011.11.01	苏油技监〔2011〕380 号	关于印发《江苏油田节约能源管理办法》的通知
2011.11.01	苏油技监〔2011〕381 号	关于印发《江苏油田节能目标责任评价考核办法》的通知

续表

发文时间	文　号	文　件　标　题
2011.11.01	苏油计〔2011〕384 号	关于印发《江苏油田统计工作评比细则》的通知
2011.11.01	苏油计〔2011〕385 号	关于印发《江苏油田统计管理细则》的通知
2011.11.01	苏油综〔2011〕388 号	关于开展“119”消防宣传活动的通知
2011.11.07	苏油装〔2011〕390 号	关于印发《江苏油田仪表设备管理规范》的通知
2011.11.14	苏油技监〔2011〕392 号	关于印发《江苏油田节能产品准入证管理规范》的通知
2011.11.11	苏油法〔2011〕393 号	关于开展“12 · 4”法制宣传日系列活动的通知
2011.11.12	苏油安〔2011〕398 号	关于印发《江苏油田安全生产风险抵押实施细则》的通知
2011.11.12	苏油安〔2011〕399 号	关于印发《江苏油田安全承诺实施细则》的通知
2011.11.13	苏油安〔2011〕400 号	关于印发《江苏油田重大安全隐患举报实施细则》的通知
2011.11.12	苏油安〔2011〕401 号	关于印发《江苏油田安全教育管理实施细则》的通知
2011.11.12	苏油安〔2011〕402 号	关于印发《江苏油田电梯安全管理规范》的通知
2011.11.16	苏油技监〔2011〕403 号	关于印发《江苏油田环境保护工作管理办法》的通知
2011.11.16	苏油技监〔2011〕404 号	关于印发《江苏油田建设项目环境保护管理规范》的通知
2011.11.16	苏油技监〔2011〕405 号	关于印发《江苏油田环境监测实施细则》的通知
2011.11.16	苏油技监〔2011〕406 号	关于印发《江苏油田油码头环境保护管理规范》的通知
2011.11.16	苏油技监〔2011〕407 号	关于印发《江苏油田放射防护管理规定》的通知
2011.11.16	苏油技监〔2011〕408 号	关于印发《江苏油田环境保护设施管理规定》的通知
2011.11.16	苏油技监〔2011〕409 号	关于印发《江苏油田内部排污费管理规范》的通知
2011.11.16	苏油技监〔2011〕410 号	关于印发《江苏油田钻井和井下作业环境保护实施细则》的通知
2011.11.16	苏油技监〔2011〕411 号	关于印发《江苏油田所属单位党政正职环保责任制管理规范》的通知
2011.11.16	苏油技监〔2011〕412 号	关于印发《江苏油田清洁生产管理规定》的通知
2011.11.16	苏油技监〔2011〕413 号	关于印发《江苏油田水务管理规定》的通知
2011.11.16	苏油技监〔2011〕414 号	关于印发《江苏油田重点环境风险源防控规定》的通知
2011.11.16	苏油技监〔2011〕415 号	关于印发《江苏油田重要环境风险点承包规范》的通知
2011.11.16	苏油技监〔2011〕416 号	关于印发《江苏油田环保先进单位先进工作者评选规范》的通知
2011.11.18	苏油干〔2011〕417 号	关于印发《江苏油田人才成长通道建设实施方案》的通知
2011.11.18	苏油专〔2011〕418 号	关于印发《江苏油田专业技术职位聘任管理办法》的通知
2011.11.18	苏油专〔2011〕419 号	关于印发《江苏油田专家选聘与考核管理细则》的通知
2011.11.17	苏油安〔2011〕420 号	关于印发《江苏油田 HSE 观察管理规范》的通知
2011.11.17	苏油安〔2011〕421 号	关于印发《江苏油田水上交通安全管理规范》的通知
2011.11.17	苏油安〔2011〕422 号	关于印发《江苏油田境外 HSSE 管理规范》的通知
2011.11.17	苏油安〔2011〕423 号	关于印发《江苏油田应急管理细则》的通知

续表

发文时间	文　号	文　件　标　题
2011.11.17	苏油安〔2011〕424 号	关于印发《江苏油田未遂安全环保事件管理规范》的通知
2011.11.17	苏油安〔2011〕425 号	关于印发《江苏油田机动车辆准驾证管理规范》的通知
2011.11.18	苏油劳〔2011〕427 号	关于印发《江苏石油勘探局 江苏油田分公司完善薪酬分配制度实施方案》的通知
2011.11.18	苏油劳〔2011〕430 号	关于印发《江苏油田拔尖技能人才选聘与管理规范》的通知
2011.11.18	苏油劳〔2011〕431 号	关于印发《江苏油田高技能人才评价工作细则》的通知
2011.11.21	苏油装〔2011〕432 号	关于印发《江苏油田设备管理检查考核办法》的通知
2011.11.21	苏油基〔2011〕435 号	关于印发《江苏油田建设工程监理管理实施细则》的通知
2011.11.21	苏油技监〔2011〕443 号	关于印发《江苏油田商品煤质量检验细则》的通知
2011.11.24	苏油就〔2011〕445 号	关于调整江苏油田劳务合作费用内部结算价格的通知
2011.11.23	苏油外〔2011〕446 号	关于印发《江苏油田国际石油工程项目管理细则》的通知
2011.11.23	苏油外〔2011〕447 号	关于印发《江苏油田境外机构管理办法》的通知
2011.11.25	苏油财资〔2011〕448 号	关于 2011 年固定资产报废的通知
2011.11.28	苏油装〔2011〕449 号	关于印发《江苏油田油(气)罐车及汽车起重机管理规范》的通知
2011.11.28	苏油装〔2011〕450 号	关于印发《江苏油田海洋石油工程船舶设备管理规范》的通知
2011.11.28	苏油装〔2011〕451 号	关于印发《江苏油田测井设备管理规范》的通知
2011.11.28	苏油装〔2011〕452 号	关于印发《江苏油田录井设备管理规范》的通知
2011.11.28	苏油装〔2011〕453 号	关于印发《江苏油田定向井仪器设备管理规范》的通知
2011.11.28	苏油装〔2011〕454 号	关于印发《江苏油田电涌保护器管理规范》的通知
2011.11.28	苏油装〔2011〕455 号	关于印发《江苏油田电站汽轮机组设备管理规范》的通知
2011.11.28	苏油装〔2011〕456 号	关于印发《江苏油田作业设备管理规范》的通知
2011.11.28	苏油装〔2011〕457 号	关于印发《江苏油田石油钻机设备管理规范》的通知
2011.11.28	苏油装〔2011〕458 号	关于印发《江苏油田物探设备管理规范》的通知
2011.11.28	苏油装〔2011〕459 号	关于印发《江苏油田施工设备管理规范》的通知
2011.11.28	苏油装〔2011〕460 号	关于印发《江苏油田钻机 修井机 通井机检测评估分级管理实施细则》的通知
2011.11.28	苏油装〔2011〕461 号	关于印发《江苏油田锅炉设备及运行管理规范》的通知
2011.11.28	苏油外〔2011〕463 号	关于印发《江苏油田因公往来香港澳门特别行政区通行证管理细则》的通知
2011.11.28	苏油外〔2011〕464 号	关于印发《江苏油田因公护照管理细则》的通知
2011.11.28	苏油外〔2011〕465 号	关于印发《江苏油田外事管理细则》的通知
2011.11.25	苏油劳〔2011〕466 号	关于印发《江苏油田劳动用工管理办法》的通知
2011.11.25	苏油劳〔2011〕467 号	关于印发《江苏油田劳动合同管理细则》的通知

续表

发文时间	文　号	文　件　标　题
2011.11.25	苏油劳〔2011〕468 号	关于印发《江苏油田劳动用工管理检查评比细则》的通知
2011.11.25	苏油劳〔2011〕469 号	关于印发《江苏油田用工总量管理细则》的通知
2011.11.25	苏油劳〔2011〕470 号	关于印发《江苏油田年度用工计划管理细则》的通知
2011.12.01	苏油团〔2011〕471 号	关于表彰 2011 年度江苏油田青年岗位能手的决定
2011.11.28	苏油安〔2011〕472 号	关于印发《江苏油田安全事故管理规范》的通知
2011.11.30	苏油企〔2011〕476 号	关于印发《江苏油田“三基”工作管理细则》的通知
2011.11.30	苏油劳〔2011〕477 号	关于印发《江苏油田技术能手评选表彰细则》的通知
2011.11.30	苏油劳〔2011〕478 号	关于印发《江苏油田技师高级技师考评与管理细则》的通知
2011.11.30	苏油劳〔2011〕479 号	关于印发《江苏油田职业技能鉴定工作细则》的通知
2011.12.01	苏油生〔2011〕480 号	关于印发《江苏油田钻杆排使用与管理细则》的通知
2011.12.01	苏油生〔2011〕481 号	关于印发《江苏油田新钻探井开发井交接管理规程》的通知
2011.12.01	苏油生〔2011〕482 号	关于印发《江苏油田油水井交接管理规程》的通知
2011.12.01	苏油生〔2011〕483 号	关于印发《江苏油田内部运输市场管理实施细则》的通知
2011.12.01	苏油安〔2011〕491 号	关于印发《江苏油田职业卫生管理工作考核实施细则》的通知
2011.12.01	苏油安〔2011〕492 号	关于印发《江苏油田血吸虫病预防及控制管理规范》的通知
2011.12.01	苏油安〔2011〕493 号	关于印发《江苏油田职工听力保护管理规范》的通知
2011.12.01	苏油安〔2011〕494 号	关于印发《江苏油田高毒物品防护管理规范》的通知
2011.12.02	苏油外〔2011〕495 号	关于印发《江苏油田因公出国(境)管理细则》的通知
2011.12.05	苏油装〔2011〕496 号	关于印发《江苏油田机修机加工及市场管理细则》的通知
2011.12.07	苏油财资〔2011〕501 号	关于表彰江苏油田二〇一〇年度财务决算先进单位和个人的决定
2011.12.07	苏油财资〔2011〕502 号	关于印发《江苏石油勘探局 2011 年度财务决算工作若干规定》的通知
2011.12.06	苏油工〔2011〕503 号	关于印发《江苏油田帮扶救助金管理细则》的通知
2011.12.09	苏油安〔2011〕504 号	关于印发《江苏油田安全检查管理规范》的通知
2011.12.09	苏油安〔2011〕505 号	关于印发《江苏油田安全设施管理规范》的通知
2011.12.09	苏油安〔2011〕506 号	关于印发《江苏油田安全技术科研项目管理规范》的通知
2011.12.09	苏油安〔2011〕507 号	关于印发《江苏油田生产区间封闭化管理规范》的通知
2011.12.09	苏油安〔2011〕508 号	关于印发《江苏油田职业卫生管理规范》的通知
2011.12.09	苏油安〔2011〕509 号	关于印发《江苏油田机动车辆保险管理实施细则》的通知
2011.12.06	苏油工〔2011〕510 号	关于印发《江苏油田劳动竞赛管理办法》的通知
2011.12.12	苏油装〔2011〕511 号	关于印发《江苏油田大型压缩机管理规范》的通知
2011.12.12	苏油装〔2011〕512 号	关于印发《江苏油田船舶设备管理规范》的通知
2011.12.12	苏油装〔2011〕513 号	关于印发《江苏油田逾龄 闲置报废设备管理规范》的通知

续表

发文时间	文　号	文　件　标　题
2011.12.12	苏油装〔2011〕514 号	关于印发《江苏油田注采设备管理规范》的通知
2011.12.12	苏油装〔2011〕515 号	关于印发《江苏油田设备采购管理实施细则》的通知
2011.12.12	苏油安〔2011〕516 号	关于印发《江苏油田机动车辆交通安全管理实施细则》的通知
2011.12.12	苏油安〔2011〕518 号	关于印发《江苏油田安全生产考核奖惩规定》的通知
2011.12.13	苏油安〔2011〕519 号	关于印发《江苏油田劳动保护费用及个体劳动防护用品管理规范》的通知
2011.12.13	苏油审〔2011〕520 号	关于印发《江苏油田审计项目审理实施细则》的通知
2011.12.13	苏油审〔2011〕521 号	关于印发《江苏油田内部控制审计评价管理细则》的通知
2011.12.13	苏油审〔2011〕522 号	关于印发《江苏油田财务收支审计实施细则》的通知
2011.12.13	苏油审〔2011〕523 号	关于印发《江苏油田内部审计工作规定》的通知
2011.12.13	苏油审〔2011〕524 号	关于印发《江苏油田经济责任审计实施细则》的通知
2011.12.13	苏油审〔2011〕525 号	关于印发《江苏油田经济效益审计实施细则》的通知
2011.12.13	苏油审〔2011〕526 号	关于印发《江苏油田经济责任审计工作联席会议制度》的通知
2011.12.13	苏油审〔2011〕527 号	关于印发《江苏油田固定资产投资项目审计实施细则》的通知
2011.12.13	苏油计〔2011〕529 号	关于表彰 2011 年统计工作先进单位和优秀统计分析报告(论文)的决定
2011.12.14	苏油工〔2011〕532 号	关于印发《江苏油田职工疗养细则》的通知
2011.12.14	苏油团〔2011〕533 号	关于印发《江苏油田青年文明号活动管理细则》的通知
2011.12.14	苏油团〔2011〕534 号	关于印发《江苏油田青年岗位能手活动管理细则》的通知
2011.12.16	苏油技管〔2011〕535 号	关于印发《江苏油田石油工程技术突出贡献奖评审细则》的通知
2011.12.15	苏油干〔2011〕536 号	关于印发《江苏油田员工培训管理细则》的通知
2011.12.16	苏油劳〔2011〕538 号	关于调整局纪委监察处内部机构设置的通知
2011.12.16	苏油职改〔2011〕544 号	关于授予查乃权等六十名同志高级工程师任职资格的通知
2011.12.16	苏油职改〔2011〕545 号	关于授予王小川等二十九名同志高级专业技术职务任职资格的通知
2011.12.16	苏油职改〔2011〕546 号	关于授予叶礼平等五十七名同志高中级思想政治工作专业职务任职资格的通知
2011.12.20	苏油生〔2011〕547 号	关于印发《江苏油田防台风抗灾管理规定》的通知
2011.12.16	苏油专〔2011〕549 号	关于印发《江苏油田首席专家选拔推荐实施细则》的通知
2011.12.16	苏油专〔2011〕550 号	关于印发《江苏油田首席专家考核评价管理细则》的通知
2011.12.16	苏油专〔2011〕551 号	关于印发《江苏油田学术技术带头人选聘与管理实施细则》的通知
2011.12.19	苏油审〔2011〕552 号	关于转发执行《中国石化审计档案管理办法》的通知
2011.12.19	苏油审〔2011〕553 号	关于转发执行《中国石化境外投资审计管理办法》的通知
2011.12.19	苏油审〔2011〕554 号	关于转发执行《中国石化企业内部审计工作督导办法》的通知
2011.12.19	苏油审〔2011〕555 号	关于转发执行《中国石化审计工作情况通报办法》的通知

续表

发文时间	文　号	文　件　标　题
2011.12.19	苏油审〔2011〕556 号	关于转发执行《中国石化固定资产投资项目审计业务规范指引(试行)》的通知
2011.12.19	苏油审〔2011〕557 号	关于转发执行《中国石化委托中介机构审计固定资产投资项目管理办法》的通知
2011.12.19	苏油审〔2011〕558 号	关于转发执行《中国石化固定资产投资项目委托审计招标投标管理办法》的通知
2011.12.19	苏油审〔2011〕559 号	关于转发执行《中国石化审计项目计划管理办法》的通知
2011.12.19	苏油审〔2011〕560 号	关于转发执行《中国石化企业年金基金风险管理办法(试行)》的通知
2011.12.19	苏油财资〔2011〕561 号	关于调整扬州苏油油成商贸实业有限公司作业现场服装价格的通知
2011.12.20	苏油生〔2011〕565 号	关于印发《江苏油田防汛抗灾管理规定》的通知
2011.12.20	苏油法〔2011〕566 号	关于印发《江苏油田合同(信用)管理细则》的通知
2011.12.21	苏油安〔2011〕567 号	关于印发《江苏油田事故隐患治理项目管理规定》的通知
2011.12.21	苏油安〔2011〕568 号	关于印发《江苏油田石油库和罐区安全管理规定》的通知
2011.12.21	苏油技监〔2011〕571 号	关于表彰 2011 年度节能先进的决定
2011.12.23	苏油财资〔2011〕572 号	关于印发《江苏石油勘探局内部贷款规定》的通知
2011.12.22	苏油财资〔2011〕573 号	关于印发《江苏油田关联交易管理细则》的通知
2011.12.22	苏油财资〔2011〕574 号	关于印发《江苏油田石油工程关联交易管理细则》的通知
2011.12.22	苏油财资〔2011〕575 号	关于印发《江苏油田工作人员差旅费开支的规定》的通知
2011.12.20	苏油财资〔2011〕576 号	关于印发《江苏石油勘探局固定(油气)资产管理细则》的通知
2011.12.20	苏油财资〔2011〕577 号	关于印发《江苏石油勘探局资产管理细则》的通知
2011.12.28	苏油公〔2011〕581 号	关于印发《江苏油田进一步深化住房制度改革实行住房分配货币化实施方案》的通知
2011.12.28	苏油生〔2011〕582 号	关于印发《江苏油田临时用地管理细则》的通知
2011.12.28	苏油生〔2011〕583 号	关于印发《江苏油田土地公关工作规范》的通知
2011.12.28	苏油监〔2011〕585 号	关于表彰二〇一一年效能监察优秀项目的决定
2011.12.28	苏油安〔2011〕586 号	关于印发《江苏油田承包商 HSE 管理规范》的通知
2011.12.28	苏油专〔2011〕587 号	关于印发《江苏油田专业技术人员年度考核实施办法》的通知
2011.12.28	苏油劳〔2011〕588 号	关于授予戴志芳等 87 名同志高级技师 技师任职资格的决定
2011.12.28	苏油劳〔2011〕589 号	关于印发《江苏油田职业资格证书核发与管理规范》的通知
2011.12.28	苏油劳〔2011〕590 号	关于印发《江苏油田职业技能鉴定考评人员管理规范》的通知
2011.12.28	苏油劳〔2011〕591 号	关于印发《江苏油田职业技能鉴定题库运行管理细则》的通知
2011.12.29	苏油装〔2011〕592 号	关于下达二〇一一年度设备大修理调整计划的通知
2011.12.30	苏油财资〔2011〕593 号	关于印发《江苏石油勘探局安全生产费用财务管理规定》的通知
2011.12.30	苏油财资〔2011〕594 号	关于印发《江苏石油勘探局预算管理办法》的通知

续表

发文时间	文　号	文　件　标　题
2011.12.30	苏油财资〔2011〕595 号	关于印发《江苏石油勘探局单位银行卡管理细则》的通知
2011.12.30	苏油财资〔2011〕596 号	关于印发《江苏石油勘探局资金集中管理信息系统运行管理规定》的通知
2011.12.30	苏油财资〔2011〕597 号	关于印发《江苏石油勘探局境外项目保证业务管理暂行办法》的通知
2011.12.30	苏油财资〔2011〕598 号	关于印发《江苏石油勘探局单位出纳卡管理细则》的通知
2011.12.30	苏油财资〔2011〕599 号	关于印发《江苏油田资金对外支付差错管理暂行规定》的通知
2011.12.30	苏油财资〔2011〕600 号	关于印发《江苏石油勘探局资金集中管理实施细则》的通知
2011.12.30	苏油法〔2011〕605 号	关于印发《江苏油田工商事务管理细则》的通知
2011.12.31	苏油法〔2011〕606 号	关于印发《江苏油田法制宣传教育工作管理细则》的通知
2011.12.30	苏油法〔2011〕607 号	关于印发《江苏油田学法用法创新成果评比细则》的通知
2011.12.30	苏油法〔2011〕608 号	关于印发《江苏油田法律中介机构聘用管理细则》的通知

2011 年江苏油田分公司部分文件目录

发文时间	文　号	文　件　标　题
2011.01.06	苏油分计〔2011〕1 号	关于下达二○一一年油气生产计划及一月份油气生产运行计划的通知
2011.01.27	苏油分计〔2011〕3 号	关于下达 2011 年第一批投资计划的通知
2011.01.27	苏油分计〔2011〕4 号	关于下达二○一一年二月份油气生产运行计划的通知
2011.01.27	苏油分法〔2011〕5 号	关于印发《中国石油化工股份有限公司江苏油田分公司合同(信用)管理实施细则》的通知
2011.02.21	苏油分开〔2011〕9 号	关于转发《关于印发〈中国石油化工股份有限公司勘探开发工程监督管理规定〉的通知》的通知
2011.02.28	苏油分计〔2011〕12 号	关于下达二○一一年三月份油气生产运行计划的通知
2011.03.10	苏油分物〔2011〕19 号	关于转发《关于印发〈中国石化物资储备和库存管理规定〉的通知》的通知
2011.03.29	苏油分计〔2011〕26 号	关于下达二○一一年四月份油气生产运行计划的通知
2011.03.30	苏油分销〔2011〕27 号	关于转发集团公司《关于印发〈中国石化油田企业自用成品油配置管理规定〉的通知》的通知
2011.03.01	苏油分开〔2011〕28 号	关于印发《中国石化江苏油田集输与注水系统生产优化推广应用项目运行管理办法》的通知
2011.04.02	苏油分开〔2011〕32 号	关于成立上市油气储量管理工作组织机构的通知
2011.04.12	苏油分计〔2011〕34 号	关于做好重点投资项目自查和迎检工作的通知
2011.04.14	苏油分财资〔2011〕36 号	关于调整生产自用成品油价格的通知
2011.04.22	苏油分开〔2011〕37 号	关于表彰江苏油田 2010 年度开发新技术新工艺项目的决定
2011.04.29	苏油分计〔2011〕40 号	关于下达二○一一年五月份油气生产运行计划的通知

续表

发文时间	文　号	文　件　标　题
2011.05.09	苏油分物〔2011〕43号	关于发布江苏油田物资采购技术专家库(首批)的通知
2011.05.09	苏油分计〔2011〕44号	关于下达江苏油田2011年第二批项目前期工作计划的通知
2011.05.24	苏油分计〔2011〕46号	关于下达江苏油田分公司2011年第二批投资计划的通知
2011.05.30	苏油分计〔2011〕47号	关于下达二○一一年六月份油气生产运行计划的通知
2011.06.02	苏油分物〔2011〕48号	关于转发集团公司《关于建立供应商网络动态优化工作机制的通知》及《关于暂停生产建设物资流通商准入的通知》的通知
2011.06.17	苏油分财资〔2011〕49号	关于开展江苏油田分公司2009~2010年地方税费检查自查工作的通知
2011.06.16	苏油分物〔2011〕50号	关于开展物资供应管理检查的通知
2011.06.28	苏油分计〔2011〕55号	关于下达二○一一年七月份油气生产运行计划的通知
2011.07.06	苏油分开〔2011〕58号	关于表彰二○一○年度油田开发重大成果的决定
2011.08.01	苏油分计〔2011〕68号	关于下达二○一一年八月份油气生产运行计划的通知
2011.08.25	苏油分计〔2011〕70号	关于下达江苏油田2011年第三批项目前期工作计划的通知
2011.09.02	苏油分计〔2011〕76号	关于下达二○一一年九月份油气生产运行计划的通知
2011.09.27	苏油分计〔2011〕84号	关于下达二○一一年十月份油气生产运行计划的通知
2011.09.28	苏油分财资〔2011〕85号	关于已处置资产进行财务核销的通知
2011.09.29	苏油分计〔2011〕86号	关于下达江苏油田2011年第四批项目前期工作计划的通知
2011.10.24	苏油分销〔2011〕89号	关于印发《江苏油田分公司原油调运管理规定》的通知
2011.10.24	苏油分销〔2011〕90号	关于印发《江苏油田分公司落地原油回收与销售管理规定》的通知
2011.10.24	苏油分销〔2011〕91号	关于印发《江苏油田生产自用成品油管理规定》的通知
2011.10.24	苏油分销〔2011〕92号	关于印发《江苏油田分公司原油销售管理规定》的通知
2011.10.24	苏油分销〔2011〕93号	关于印发《江苏油田分公司轻烃销售管理规定》的通知
2011.10.31	苏油分计〔2011〕94号	关于下达二○一一年十一月份油气生产运行计划的通知
2011.11.16	苏油分物〔2011〕97号	关于江苏油田煤炭采购统一管理的通知
2011.08.30	苏油分勘〔2011〕98号	关于成立江苏油田非常规油气勘探开发工作管理组织机构的通知
2011.11.17	苏油分物〔2011〕100号	关于印发《江苏油田物资需求计划管理细则》的通知
2011.11.17	苏油分物〔2011〕101号	关于印发《江苏油田物资供应管理绩效考核办法》的通知
2011.11.17	苏油分物〔2011〕102号	关于印发《江苏油田集团化采购管理细则》的通知
2011.11.17	苏油分物〔2011〕103号	关于印发《江苏油田固定资产投资项目物资采购策略管理细则》的通知
2011.11.17	苏油分物〔2011〕104号	关于印发《江苏油田总部授权集中采购管理细则》的通知
2011.11.17	苏油分物〔2011〕105号	关于印发《江苏油田物资供应质量管理办法》的通知
2011.11.17	苏油分物〔2011〕106号	关于印发《江苏油田物资供应统计管理办法》的通知
2011.11.17	苏油分物〔2011〕107号	关于印发《江苏油田物资供应管理规定》的通知

续表

发文时间	文　号	文 件 标 题
2011.11.17	苏油分物〔2011〕108号	关于印发《江苏油田供应商管理细则》的通知
2011.11.23	苏油分开〔2011〕111号	关于成立韦庄产能建设项目组织机构的通知
2011.11.28	苏油分财资〔2011〕132号	关于二〇一一年四季度部分固定资产报废的通知
2011.12.01	苏油分计〔2011〕135号	关于下达二〇一一年十二月份油气生产运行计划的通知
2011.12.07	苏油分财资〔2011〕136号	关于印发《江苏油田分公司2011年度财务决算若干规定》的通知
2011.12.08	苏油分综〔2011〕137号	关于印发《江苏油田消防支队消防中队管理细则》的通知
2011.12.20	苏油分开〔2011〕145号	关于成立永－联产能建设项目组织机构的通知
2011.12.22	苏油分财资〔2011〕146号	关于印发《江苏油田分公司资产管理办法》的通知
2011.12.22	苏油分财资〔2011〕147号	关于印发《江苏油田分公司资产处置操作细则》的通知
2011.12.22	苏油分财资〔2011〕148号	关于印发《江苏油田分公司ERP系统虚拟库管理规定》的通知
2011.12.22	苏油分财资〔2011〕149号	关于印发《江苏油田分公司承兑汇票管理办法》的通知
2011.12.22	苏油分财资〔2011〕150号	关于印发《江苏油田分公司财务报表编制报送有关规定》的通知
2011.12.22	苏油分财资〔2011〕151号	关于印发《江苏油田分公司会计档案管理办法》的通知
2011.12.22	苏油分财资〔2011〕152号	关于印发《江苏油田分公司ERP系统用户管理考核办法》的通知
2011.12.22	苏油分财资〔2011〕153号	关于印发《江苏油田分公司福利费管理规定》的通知
2011.12.27	苏油分财资〔2011〕154号	关于印发《江苏油田分公司ERP应用管理办法》的通知
2011.12.30	苏油分财资〔2011〕156号	关于印发《江苏油田分公司新区油气勘探财务税收管理细则》的通知
2011.12.30	苏油分财资〔2011〕157号	关于印发《《江苏油田分公司票据管理办法》的通知
2011.12.30	苏油分财资〔2011〕158号	关于印发《江苏油田分公司价格管理办法》的通知

（尤鉴）

统计资料

2011 年全国主要油田原油、天然气产量排序表

企业名称	油气当量排序	油气当量（万吨）	原油产量排序	原油产量（万吨）	天然气产量排序	天然气（亿立方米）
合 计		27001.50		18921.12		1014.0874
一、中国石油天然气集团		16779.16		10753.98		756.1601
二、中国石化集团		5439.69		4272.85		146.4383
三、中国海洋石油集团		4782.65		3894.29		111.4890
中海油原油产量	1	4782.65	2	3894.29	4	111.4890
大庆油田有限责任公司	2	4247.32	1	4000.04	8	31.0337
长庆油田分公司	3	4060.38	4	2002.01	1	258.3260
胜利油田分公司	4	2773.85	3	2734.00	16	5.0007
塔里木油田分公司	5	1936.19	9	577.62	2	170.5000
新疆油田分公司	6	1385.66	5	1090.01	7	37.1039
西南油气田分公司	7	1146.05	24	14.08	3	142.0620
辽河油田分公司	8	1057.43	6	1000.01	15	7.2066
西北分公司	9	852.04	7	725.00	11	15.9429
中原油田分公司	10	780.05	12	262.38	6	64.9677
青海油田分公司	11	713.00	14	195.00	5	65.0096
吉林油田分公司	12	703.57	8	580.02	12	15.5056
大港油田分公司	13	513.89	10	478.32	17	4.4646
华北油田分公司	14	481.91	11	421.01	14	7.6428
吐哈油田分公司	15	238.67	17	155.00	13	10.5006
河南油田分公司	16	230.11	13	225.00	23	0.6407
西南分公司	17	225.28	27	2.07	9	28.0131
华北分公司	18	201.25	23	15.36	10	23.3297
冀东油田分公司	19	200.11	16	165.10	18	4.3938
江苏油田分公司	20	175.33	15	171.01	24	0.5422
江汉油田分公司	21	109.27	18	96.50	22	1.6030
玉门油田分公司	22	52.54	19	51.00	26	0.1936
东北分公司	23	51.33	20	21.01	19	3.8057
南方石油勘探开发公司	24	35.38	21	19.77	21	1.9590
上海海洋油气分公司	25	22.87	26	2.50	20	2.5568
华东分公司	26	18.30	22	18.01	27	0.0358
浙江油田分公司	27	5.00	25	5.00		0.0000
煤层气有限责任公司	28	2.06			25	0.2583

（顾晓中　供稿）

2011 年江苏油田基本概况

指标名称	计算单位	数　量
一、职工人数		
2011 年末职工总人数	人	17258
其中:女职工	人	5642
其中:分公司职工	人	7374
其中:女职工	人	2765
勘探局职工	人	9884
其中:女职工	人	2877
二、储量、能力		
2011 年底止探明石油地质储量	万吨	26652
2011 年底天然气地质储量	亿立方米	85.18
其中:气层气	亿立方米	25.61
溶解气	亿立方米	59.57
2011 年末原油生产能力	万吨/年	172.11
2011 年末采油井口数	口	3069
三、地震、钻井		
2011 年底止累计二维地震	千米	92378.05
其中:分公司	千米	70943.73
2011 年二维地震	千米	4084.66
其中:分公司	千米	514.28
2011 年底止累计三维地震	平方千米	10911.70
其中:分公司	平方千米	7701.26
2011 年三维地震	平方千米	776.79
其中:分公司	平方千米	500.65
2011 年底止累计钻井交井口数	口	4147
2011 年钻井交井口数	口	246
2011 年底止累计钻井进尺	米	11861347
其中:分公司	米	9989225
2011 年钻井进尺	米	974232
其中:分公司	米	668481
四、产值、产量		
2011 年工业总产值(现价新规定)	万元	1051123
其中: 分公司	万元	817018
2011 年底止累计原油产量	吨	36311109
其中: 2011 年原油产量	吨	1710168
其中:分公司	吨	1660132
勘探局	吨	50036

续表

指标名称	计算单位	数　量
五、基本建设		
2011 年底止勘探建设总投资	万元	3284798
2011 年	万元	329710
其中:分公司	万元	266378
勘探局	万元	63332
2011 年底止累计房屋竣工面积	平方米	1730452
其中: 2011 年	平方米	7212
其中:分公司	平方米	1500
勘探局	平方米	5712
2011 年末工业占地	亩	16698.7
其中:分公司	亩	5204.9
勘探局	亩	11493.8
六、财务		
2011 年末固定资产原值	万元	2383412
其中:分公司	万元	1930312
勘探局	万元	453100
2011 年末企业流动资产	万元	450178
其中:分公司	万元	270977
勘探局	万元	179201
2011 年底止累计利税总额	万元	3457974
2011 年利税总额	万元	515782
其中:分公司	万元	492601
勘探局	万元	23181
2011 年底止累计利润总额	万元	1845787
2011 年利润总额	万元	212383
其中:分公司	万元	222147
勘探局	万元	-9764
2011 年底止累计税金总额	万元	1612187
2011 年税金总额	万元	303399
其中:分公司	万元	270454
勘探局	万元	32945
七、设备		
2011 年末实有设备总数	台	9899
其中: 大型钻机	台	50
注采设备	台	2398
载货汽车	辆	676
金属切削机床	台	106
工程机械		164

续表

指标名称	计算单位	数　量
八、材料		
2011 年底止累计消耗钢材	吨	792280
其中:2011 年	吨	52527
2011 年底止累计消耗木材	立方米	75470
其中:2011 年	立方米	-
2011 年底止累计消耗水泥	吨	856762
其中:2011 年	吨	39680
九、2011 年耗电量	万千瓦时	35326

（顾晓中　杜伟莎）

2011 年江苏石油勘探局综合经济效益指标完成情况

指标名称	计算单位	2011 年实际
1. 成本费用利润率	%	-1.91
2. 增加值率	%	12.54
3. 企业劳动生产率	元/人	211234
4. 流动资产周转率	次	2.87
5. 总资产报酬率	%	-0.86
6. 资本保值增值率	%	103.04
7. 资产负债率	%	61.54
8. 固定资产原值	万元	453100
9. 固定资产净值	万元	287752
10. 主营业务收入	万元	491925
11. 利润总额	万元	-9764

（顾晓中　杜伟莎）

2011 年江苏油田分公司综合经济效益指标完成情况

指标名称	计算单位	2011 年实际
1. 工业产品销售率	%	100.00
2. 工业企业劳动生产率	元/人	1277282
3. 流动资产周转率	次	3.92
4. 总资产贡献率	%	42.2
5. 资本保值增值率	%	106.87
6. 资产负债率	%	46.51
7. 人均年吨油	吨/人	224
8. 新增探明油气储量		

续表

指标名称	计算单位	2011 年实际
石油储量	万吨	1059
天然气储量	亿立方米	3.35
其中:气层气	亿立方米	
溶解气	亿立方米	3.35
9. 原油气当量	万吨	175.51
原油产量	万吨	171.02
原油统一配置商品量	万吨	162.93
天然气外供量	万方	3607
10. 新增原油生产能力	万吨	24.56
11. 单位新增探明储量直接投资	万元/亿吨	598909.45
12. 单位新增油气能力直接投资	万元/百万吨	703146.11
13. 老井综合递减率	%	7.46
14. 老井自然递减率	%	13.95
15. 地质储量采油速度	%	0.79
16. 地质储量采出程度	%	16.72
17. 储采比		9.86
18. 固定资产原值	万元	1930312
19. 固定资产净值	万元	962139
20. 产品销售收入	万元	944550
21. 利润总额	万元	222147

（顾晓中　杜伟莎）

2011 年江苏石油勘探开发主要经济效益指标

指标名称	计算单位	2011 年实际
1. 每新增一万吨石油探明储量需直接投资	万元	59.89
二维地震	千米	0.37
三维地震	平方千米	0.46
探井口数	口	0.033
探井进尺	米	108.79
2. 平均每米探井获探明储量	吨	89.66
3. 每建成一万吨原油生产能力需直接投资	万元	7031.46
开发井口数	口	9.24
开发井进尺	米	22928.77
4. 平均每米开发井建原油产能	吨	0.44

（顾晓中　杜伟莎）

江苏油田2011年度科技进步奖获奖项目

序号	项目名称	主要完成单位	主要贡献者	获奖等级
1	高邮凹陷阜宁组三段高精度沉积微相及控砂机制研究	地质科学研究院	陆梅娟 李储华 高国强 郑元财 王路 卢黎霞 毕天卓 廖准良 杨芝文	一等奖
2	基于叠前地震资料的储层评价研究	地质科学研究院	鲍祥生 朱立华 梁兵 张春峰 陈军 李华东 李鹤永 任红民 王小群	一等奖
3	江苏低渗透油藏非线性渗流特征及立体调整技术研究	地质科学研究院	潘凌 骆瑛 林式微 杨鹏 吴晓敏 费海虹 徐建军 徐莎 黄飞 汪强 马宏	一等奖
4	悬浮乳液钻井液技术研究与应用	石油工程技术研究院 安徽石油勘探开发公司 钻井处	薛芸 何竹梅 张宗林 王亚宁 吴富生 贾利君 王学军 徐浩 荀天华	一等奖
5	套损井打通道、加固技术的研究与应用	井下作业处	陈广超 张成江 程宇辉 冯恩山 刘海明 王德金 魏军 马亦农	一等奖
6	江苏油田“十一五”勘探战略研究	地质科学研究院 物探技术研究院 地质测井处	邱旭明 唐焰 陈莉琼 郭海宁 胡斌 施振飞 牟荣	二等奖
7	中低渗砂岩油藏调剖技术研究与应用	石油工程技术研究院 试采二厂	李科星 王掌洪 马欣本 薛芸 邓秀模 汤元春 施豫琴	二等奖
8	江苏油田井位设计网上协同应用研究与开发	信息中心 地质科学研究院	高铁钢 张银华 郭赟 张桂新 杨新明 肖秋生 李养生	二等奖
9	提高钻井速度配套技术的研究与应用	钻井处 石油工程技术研究院	樊继强 张敏 陈小元 张松华 唐玉华 王亚宁 李根奎	二等奖
10	复杂障碍区地震采集方法研究及应用	地球物理勘探处	朱峰 晁如佑 成云 石一清 魏燕 冷世华 付英露	二等奖
11	杨村断裂带成藏条件与勘探潜力研究	地质科学研究院	杨立干 胡爱玉 方涛 刘喜欢 史光辉 张长木 罗丽	二等奖
12	中高含水期油藏水驱波及影响因素与对策	地质科学研究院	朱昔君 刘桂玲 蔡新明 孙东升 孔红 金忠康 汪嘉月	二等奖
13	疏松砂岩油藏调整挖潜技术研究	试采一厂	陈刚 周宇成 张建宁 孔维军 张美丹 尤启东 师国记	二等奖
14	带压修井工艺研究与应用	矿业开发总公司	周达祥 丁曙东 缪建 杜红 胡万斌	三等奖
15	苏北盆地低孔、低渗和薄互层储层测井技术研究应用	地质测井处	施振飞 徐守礼 陆风才 朱文娟 沈晓燕	三等奖
16	苏北盆地中新生代断裂体系在油气运移聚集过程中的作用机制研究	物探技术研究院	娄国泉 张浩东 高德群 林涨年 范文红	三等奖

续表

序号	项目名称	主要完成单位	主要贡献者	获奖等级
17	下扬子中、古生界变形结构及其演化特征	地质科学研究院	谈　迎　李亚辉　刘东鹰　谢献德　赵　挺	三等奖
18	水基成膜钻井液对保护油气层和井壁稳定作用研究	钻井处	吴叶成　龚厚平　王亚宁　许春田　黄物星	三等奖
19	油气运聚新技术及应用研究	地质科学研究院	张秀文　王　骏　李兴丽　宋　宁　王兵杰	三等奖
20	高邮凹陷深凹带戴一段砂体描述及提高采收率研究	地质科学研究院	奥立德　孙东升　刘桂玲　屈　红　周宇成	三等奖
21	江苏油田“十一五”开发趋势与潜力研究	地质科学研究院	周方喜　刘　红　朱昔君　刘桂玲　张　连	三等奖
22	永安油田细分开发技术政策研究	试采一厂	周宇成　孔维军　张建宁　黄　耀　张美丹	三等奖
23	跨隔射孔—测试—抽汲三联作试油测试工艺研究	井下作业处	魏　军　徐　建　张国华　李江涛　陈广超	三等奖
24	野外地震采集施工质量监控技术研究及应用	地球物理勘探处	周　胜　成　云　田春林　晋为真　黄　栋	三等奖
25	油井压裂纤维防砂工艺技术研究与应用	石油工程技术研究院 井下作业处	杲　春　李升芳　周继东　张华丽　包敏新	三等奖
26	江苏油田开发投资增加可采储量计算方法研究	地质科学研究院	张　连　李红昌　高丹丹　刘延宗　刘　麟	三等奖
27	苏北盆地表层属性研究	地球物理勘探处	朱　峰　朱相雨　芮建民　韩富钱　付英露	三等奖
28	闵桥火山岩储层评价与综合挖潜技术研究与应用	试采二厂	马欣本　王金华　张　阳　陈洪才　马　斌	三等奖
29	天然气采输过程中水合物防治技术应用研究	试采一厂	冯恩山　康成瑞　李　兴　施豫琴　白友国	三等奖
30	含油污泥调剖技术的研究与应用	试采二厂 石油工程技术研究院	沈晓翔　马　惠　陈兴越　俞　力　李巧宁	三等奖
31	苏北外围勘探接替领域与地质评价	地质科学研究院	李华东　罗　义　杨鹏举　裴　然　杜二鹏	三等奖
32	江苏油田调整井钻井压力预测研究及应用	石油工程技术研究院 地质科学研究院 安徽石油勘探开发公司	杨新明　朱炳兰　姚文斌　窦正道　谢贤东	三等奖
33	大程庄地区构造特征研究及有利目标评价	安徽采油厂	周巨标　丁玉盛　石先达　韩亚飞　王海波	三等奖
34	高邮、金湖凹陷低阻、低孔、低渗储层测井精细评价方法研究	地质测井处	钱敏刚　朱春雷　凡　刚　史敏兰　徐振中	三等奖
35	非正规井网平面模型技术及应用研究	地质科学研究院	刘柏林　陈其荣　葛永涛　费海虹　黄啸年	三等奖

（夏　兰）

2011年度江苏油田获国家、省(部)级科技进步奖项目表

序号	项目名称	主要完成单位	主要贡献者	获奖等级
1	中国东部成熟探区新增17亿吨探明储量油气成藏新认识与勘探新技术	中国石油化工股份有限公司胜利油田分公司、中原油田分公司、江苏油田分公司、河南油田分公司、江汉油田分公司、中国科学院地质与地球物理研究所	蔡希源 张善文 宋国奇 邱桂强 焦大庆 王永诗 陈莉琼 韩文功 林社卿 运华云	国家科技进步二等奖
2	基于能耗最低机采系统设计方法的创新与应用	中国石油化工股份有限公司江苏油田分公司	郑海金 邓吉彬 杨海滨 朱平 王掌洪 景步宏 唐建东 张煜 商广宽 郑海涛 王明才 袁林	中石化技术发明一等奖
3	复杂断块低渗透油藏改善开发效果技术	中国石油化工股份有限公司江苏油田分公司	朱平 刘炳官 刘桂玲 袁玉峰 孙东升 窦正道 张顺康 朱昔君 罗江涛 丰全会 孔红 虞建业	中石化科技进步二等奖
4	岩样核磁共振分析及测录井评价技术综合应用研究	中国石化集团江苏石油勘探局	施振飞 陆风才 温新房 肖秋生 朱立华 尹军强 朱巨义 钱敏刚 杨加太	中石化科技进步三等奖

(夏　兰)

2011年度江苏油田获扬州市科学技术奖项目表

序号	项目名称	主要完成单位	主要贡献者	获奖等级
1	苏北盆地泰州组油气成藏及勘探潜力研究	中国石油化工股份有限公司江苏油田分公司	李亚辉 陈莉琼 唐建伟 杨立干 王文军 宋宁 任红民 陈平原 陆英	一等奖
2	岩样核磁共振分析及测录井资料综合评价技术	中国石油化工集团公司江苏石油勘探局	施振飞 陆风才 温新房 肖秋生 尹军强 朱文娟 刘正意	二等奖
3	低渗透油藏降压增注技术研究与应用	中国石油化工股份有限公司江苏油田分公司	李学文 薛芸 彭中 袁玉峰 纪艳娟	三等奖

(夏　兰)

2011年江苏油田人口自然变动及计划生育情况统计表

序号	单位	人口数		出生			死亡			自然增长		一孩累计数	育龄妇女人数	已婚育龄妇女人数
		年初	年末	人口数	其中女性	出生率‰	人口数	其中女性	死亡率‰	人口数	自然增长率‰			
	合计	42240	42148	112	51	2.65	115	29	2.73	-2	-0.05	6895	8637	7547
1	钻井处	3666	3668	9	6	2.45	14	6	3.82	-5	-1.36	426	553	479
2	地质测井处	1464	1473	9	5	6.13	4	1	0.27	5	0.34	210	297	240
3	试采一厂	4747	4564	24	10	5.51	12		2.57	12	2.58	947	1158	1094
4	油建处	1521	1527	8	5	5.2	2		1.3	6	4.08	304	366	340
5	水电讯处	745	756	1		1.33	3	2	4	-2	-2.67	131	177	147
6	物资供销处	1347	1343	2		1.49	14	5	10.4	-12	-8.92	209	264	228
7	运输处	2362	2350				13	1	5.5	-13	-5.5	224	240	233
8	矿业开发总公司	1500	1505	3	2	1.99				3	1.99	211	284	259
9	地质科学研究院	604	599	2	1	3.32				2	3.63	135	159	150
10	勘察设计研究院	249	268	4		14.925				4	16.064	53	64	56
11	局机关	1214	1181	1		0.83	1		0.83			271	327	274
12	友好医院	704	731	11	5	15.42				11	15.42	211	255	228
13	扬州石化	1171	1180	2	1	1.7	1		0.9	1	0.9	300	344	337
14	农工商公司	1111	1108				1		0.9			56	70	67
15	新闻中心	108	108									16	17	17
16	石油工程技术研究院	158	161									35	55	51
17	中油天工	521	528									89	105	96
18	井下作业处	1627	1559	3	1	1.88				3	1.88	130	150	138
19	紫京旅游集团	159	143	3	2	19.87				3	19.87	35	44	44
20	离退休职工管理处	2174	2166				22	7	10.47	-22	-10.47	51	64	52
21	邵伯管理服务中心	1349	1458	2		1.42				2	1.42	277	379	292
22	真武管理服务中心	1043	1056									176	259	193
23	扬州管理服务中心	263	246									95	110	104
24	职工培训处	508	503	2	2	3.96	1	1	1.98	1	1.98	70	84	80
25	物探处	3687	3681	4	1	1.09	5	3	1.36	-1	-0.27	641	732	586
26	试采二厂	3928	3970	20	10	5.06	11	1	2.79	9	2.28	959	1179	1061
27	物探技术研究院	718	715									75	114	104
28	安徽石油勘探开发公司	2532	2538				10	2	3.94	-10	-3.94	315	478	335
29	安徽采油厂	1060	1063	2		1.9	1		0.9	1	0.94	243	309	262

（王金兰）

附　　录

职能委员会(领导小组)名录

2011年江苏油田调整及新设职能委员会(领导小组)名录

一、油田地质资料管理领导小组

(2011年1月28日调整)

组　长:毛凤鸣

副组长:周方喜　朱立华　刘　亚　邱旭明　李亚辉

成　员:臧庆莹　王　健　张　建　张　敏　刘晓军　严元锋　杨新明　卢群辉　余友智　陈　新

二、江苏油田博士后科研工作站工作领导小组

(2011年2月18日调整)

组　长:朱　平

副组长:毛凤鸣

成　员:李东海　陈网根　钟志国　肖国连　王掌洪　周方喜　朱立华　刘　亚　邱旭明　张登庆　唐建东　李　浩　杨海滨

调整后的领导小组办公室组成人员如下:

主　任:毛凤鸣

副主任:李　浩　杨海滨

成　员:朱立华　陈　辉　邓政丰　李亚辉　唐建东　臧庆莹　唐建伟　李跃军　朱国华　李学慧　王　勇　彭　中　徐守礼　陈　勇

三、江苏油田生产科研中心建设项目组织机构

(2011年3月3日成立)

(一)协调组

组　长:朱　平

副组长:李东海　陈网根

成　员:熊太炎　张登庆　刘良顺　李亚辉　臧庆莹　何有国　张忠银　袁玉柱　鲁西杰　朱国华　周育曙　石　健　李学慧　彭　中　王厚安　赵　斌

(二)项目组

经　理:熊太炎

副经理:孙天淦

工程管理部

主　任:许　勇

成　员:蒋必春　谭卫东　袁　胜　罗成琳　周苏闽

经营管理部

主　任:汪前进

成　员:王有文　周庆广　李冬远

综合管理部

主　任:王　浩

成　员:郁水忠　谢风云

四、上市油气储量管理工作组织机构

(2011年4月2日成立)

(一)领导小组

组　长:朱　平

副组长:毛凤鸣　钟志国　肖国连

成　员:周方喜　朱立华　邱旭明　李亚辉　唐建东　唐建伟　朱国华

(二)领导小组办公室

主　任:唐建伟　唐建东　朱国华

副主任:严元锋　杨新明　汪前进

成　员:李云翔　金　勇　张艳清

领导小组办公室设在开发处,负责日常综合协调工作。

(三)研究单位

研究单位为江苏油田分公司地质科学研究院,其组织机构为:

(1)领导小组
组　长:李亚辉
副组长:刘玉瑞　张建良　陈莉琼　钟思瑛
(2)研究科室
研究科室为地质科学研究院储量规划室。
研究科室负责人:蒋阿明　金忠康　邓　辞
研究人员由开发方案组、静态法评估组、动态法评估组、经济评价组和数据管理组人员组成。

五、油田井控工作领导小组成员和机构

(2011年4月25日调整)
组　长:朱　平
副组长:毛凤鸣　陈网根　钟志国
成　员:王掌洪　朱立华　刘　亚　徐成伟
邓政丰　李亚辉　唐建东　袁玉柱
唐建伟　朱　宏　鲁西杰　杨海滨
李跃军　石　健　尹军强　朱国华
李学慧　姚　成　彭　中　葛志羽
杨桂明　徐　健　黄　育　张　敏
油田井控工作领导小组下设井控监督办公室和井控综合管理办公室。
井控监督办公室设在安全监察处
办公室主任:葛志羽
井控综合管理办公室设在工程技术管理处
办公室主任:黄　育

六、江苏油田内部控制管理领导小组

(2011年5月26日成立)
组　长:朱　平
副组长:肖国连
成　员:朱立华　熊太炎　徐成伟　邓政丰
刘良顺　唐建东　臧庆莹　何有国
唐建伟　鲁西杰　张忠银　朱　宏
李学慧　尹军强　刘喜荣　谷　峰
朱国华　齐　跃　汪前进　张波莲
领导小组下设办公室(全面风险管理办公室),设在财务资产处。
办公室主任:朱国华
办公室副主任:刘良顺　张忠银　齐　跃
办公室成员:机关相关部门具体负责内控工作的人员

七、江苏油田自用成品油退税管理领导小组和工作组

(2011年5月31日成立)
(一)油田自用成品油退税领导小组
组　长:朱　平
副组长:肖国连
成　员:徐成伟　朱国华　张　华　李学慧
谷　峰
(二)油田自用成品油退税工作组
组　长:朱国华
副组长:齐　跃
成　员:蒋明君　张　众　陈正勇　戴于亚
余顺林　王　霖　孔宏杰

八、江苏油田技能操作人员考评委员会

(2011年6月1日调整)
主　任:肖国连
副主任:王掌洪　周方喜　朱立华　陈　辉
熊太炎　刘　亚　徐成伟　邱旭明
邓政丰　唐建东
委　员:臧庆莹　何有国　陶仁俊　吴　勇
唐建伟　袁玉柱　朱　宏　李跃军
朱国华　李学慧　刘正意　姜明申
戎卫林　周继广
其日常办事机构设在劳资处工人培训考核科。

九、江苏油田辐射管理领导小组

(2011年8月10日成立)
(一)辐射管理领导小组
组　长:钟志国
副组长:王掌洪
成　员:石　健　袁玉柱　周以琦　张　敏
施振飞　徐　建　姚　成　施永新
(二)辐射管理领导小组办公室
主　任:石　健
副主任:周以琦
成　员:陈　健　丁忠健　傅成林　吴长祥
姜　海　孙荣华　凌富银　程锦山

十、江苏油田非常规油气勘探开发工作管理组织机构

(2011年8月30日成立)
(一)领导小组
组　长:朱　平
副组长:毛凤鸣　陈网根　钟志国
成　员:王掌洪　朱立华　周方喜　刘　亚
邱旭明　李亚辉　唐建东　李学慧
朱国华　唐建伟　杨海滨
(二)管理小组
组　长:毛凤鸣　陈网根　钟志国
副组长:唐建东　吴叶成　唐建伟
成　员:王　勇　彭　中　吴　波　施振飞
徐　建　肖秋生　娄国泉　刘玉瑞
熊学洲
(三)研究小组
组　长:王掌洪　周方喜　朱立华

副组长:李亚辉　王　勇　彭　中
成　员:相关单位技术负责人,地质科学研究院勘探三室、勘探二室、储量规划室、开发三室,物探技术研究院解释研究三部,石油工程技术研究院钻井工艺研究室、压裂酸化研究室,地质测井处解释计算中心,勘探处新区项目部等单位相关人员。

十一、油田职称改革工作领导小组

(2011年9月19日调整)
组　长:朱　平
副组长:李东海
成　员:毛凤鸣　陈网根　钟志国　肖国连　李　浩　陈　勇
职称改革工作领导小组办公室设在组织部、干部处,陈勇兼任职称改革工作领导小组办公室主任。

十二、江苏油田防火安全委员会

(2011年10月28日成立)
主　任:朱　平　李东海
常务副主任:钟志国　陈网根
副主任:毛凤鸣　肖国连　李　浩　王掌洪
委　员:周方喜　朱立华　陈　辉　熊太炎　刘　亚　徐成伟　邱旭明　张登庆　邓政丰　刘良顺　吴叶成　马欣本　唐建东　朱国华　李学慧　臧庆莹　周育曙　袁玉柱　石　健　唐建伟　鲁西杰　朱　宏　吴　勇　陶仁俊　张　华　李跃军　杨海滨　张忠银　刘喜荣　田　阳　尹军强　李　萍　张　建　戎卫林　葛志羽　周以琦　杨国松　汪大金
办公室主任:周育曙
办公室副主任:汪大金　徐增训

十三、韦庄产能建设项目组织机构

(2011年11月23日成立)
(一)协调组
组　长:朱　平
副组长:陈网根　钟志国
组　员:王掌洪　周方喜　熊太炎　刘　亚　吴叶成　李亚辉　唐建东　李学慧　鲁西杰　彭　中　王厚安　景步宏
(二)项目组
经　理:陈洪才
副经理:田家兴
成　员:吴振东　张云峰　付　林　刘　军　郭中成　张兵胜　郑富国　郑　勇　宋子军
项目组下设经营部、工程部、综合办公室。
经营部主任:陈洪才(兼)
经营部副主任:郑　勇
工程部主任:田家兴(兼)
工程部副主任:郭中成
综合办公室副主任:宋子军

十四、韦庄产能建设项目工委

(2011年11月30日成立)
书　记:李　浩
副书记:黄　伟
委　员:陶仁俊　吴　勇　陈　勇　杨国松　张宗林　唐　京　杨玉川　王健恺　陈洪才

十五、永联产能建设项目工委

(2011年12月28日成立)
书　记:李　浩
副书记:李东方
委　员:陶仁俊　吴　勇　陈　勇　杨国松　张绍龙　唐　京　杨玉川　王健恺　周宇成

十六、永联产能建设项目组织机构

(2011年12月20日成立)
(一)协调组
组　长:朱　平
副组长:陈网根　钟志国
组　员:王掌洪　周方喜　熊太炎　刘　亚　吴叶成　李亚辉　唐建东　李学慧　鲁西杰　彭　中　王厚安　熊建华
(二)项目组
经　理:周宇成
副经理:王　柱
成　员:尹　辉　黄　飞　王韶华　刘建国　陈剑锋　潘德清　刘志斌　王　伟　朱圣海
项目组下设经营部、工程部、综合办公室
经营部主任:周宇成(兼)
工程部主任:王　柱(兼)
综合办公室副主任:王　伟

(尤　鉴)

领导讲话题录

2011 年油田主要领导在油田有关工作会议上的讲话题录

时间	会议名称	报告人	报告题目
2011.01.08	辞旧迎新大会	勘探局局长、分公司总经理朱平	全面提升精细管理 持续深化内涵发展 为实现“十二五”良好开局而努力奋斗
2011.01.13	新提拔干部集体廉政谈话会	勘探局局长、分公司总经理朱平	年轻干部要甘于做老实人
2011.01.15	油田 2011 年 HSE 工作会	勘探局局长、分公司总经理朱平	讲话
2011.02.25	局十一届一次职代会	勘探局局长、分公司总经理朱平	全面提升精细管理 持续深化内涵发展 为开创“十二五”工作新局面而努力奋斗
2011.02.26	油田 2010 年度双文明总结表彰大会	局党委书记周恒友	讲话
2011.02.26	2011 年局党委扩大会议	局党委书记周恒友	讲话
2011.04.01	2011 年勘探开发工程技术座谈会	勘探局局长、分公司总经理朱平	讲话
2011.04.02	油田信访综治工作会议	局党委书记李东海	讲话
2011.04.08	油田 2011 年一季度工作总结暨二季度安排会议	勘探局局长、分公司总经理朱平	凝心聚力 真抓实干 努力夺取生产经营任务双过半
2011.05.10	2011 年第三期处干班座谈会	局党委书记李东海	讲话
2011.05.17	外部市场工作座谈会	勘探局局长、分公司总经理朱平	讲话
2011.05.31	油田“十一五”信息化工作暨数据中心建设总结表彰会	勘探局局长、分公司总经理朱平	讲话
2011.06.14	油田党建信息系统上线启动仪式	局党委书记李东海	讲话
2011.06.29	老区开发滚动与调整工作会议	勘探局局长、分公司总经理朱平	讲话
2011.06.30	江苏油田庆祝中国共产党成立 90 周年大会	局党委书记李东海	讲话
2011.07.08	油田年中工作会暨老同志情况通报会	勘探局局长、分公司总经理朱平	立足主战场 打好主动仗 唱响主旋律 为圆满完成全年目标任务而努力奋斗
2011.07.28	党务工作座谈会	勘探局局长、分公司总经理朱平	讲话

续表

时间	会议名称	报告人	报告题目
2011.07.28	党务工作座谈会	局党委书记李东海	讲话
2011.08.24	油田劳动家属参保工作会议	勘探局局长、分公司总经理朱平	讲话
2011.09.15	“为民服务创先争优”活动动员会	局党委书记李东海	讲话
2011.10.09	油田2011年三季度工作总结暨四季度工作安排会议	勘探局局长、分公司总经理朱平	齐心协力 乘胜前进 为全面完成全年目标任务而努力奋斗
2011.11.04	油田2011年勘探开发石油工程工作会议	勘探局局长、分公司总经理朱平	讲话
2011.11.21	油田思想政治工作会	勘探局局长、分公司总经理朱平	讲话
2011.11.21	油田思想政治工作会	局党委书记李东海	讲话

（尤　鉴）

高级职称名录

2011年被授予高级职称任职资格名录

教授级、高级专业技术（含政工）职务任职资格人员（121人）

2011年，油田共有121人晋升教授级、高级专业技术职务任职资格。其中教授级高级工程师3人，教授级高级经济师2人，教授级高级会计师1人，教授级高级政工师1人，高级工程师60人，高级经济师25人，高级会计师4人，高级政工师22人，高级实习指导教师2人，副编审1人。

一、教授级

路　焰　肖秋生　陈莉琼　李学慧　臧庆莹
王友礼　全宏研

二、高级工程师

查乃权　李名来　刘太满　鲍祥生　李　莉
郑华峰　史光辉　袁建平　张东方　刁昌俊
马宏艳　关　莉　黄小龙　吴富生　凡　刚
王建林　王　军　顾庆宏　房兆强　刘　震
贺永军　魏增红　卞　炜　许　涛　张成江
朱圣海　张美丹　陶　晓　袁　萍　徐光林
孙寿礼　贺方波　程书鹏　缪建成　李　瑛
胡晓春　李　玲　石立黎　刘　军　周　丽
卢志瑶　邓亚东　胡行会　王忆川　郭建忠
王　兵　卢立国　黄昌俊　王春兰　钱志刚
夏春萍　单松莉　陈　亮　韩久荣　张太明
朱　红　姚　军　罗成琳　陈海明　张　勇

三、高级经济师

王小川　王金传　匡有毅　王文广　王　峥
陈　文　陈志惟　左　翼　张江林　洪　英
宋建民　谢振斌　朱雪燕　焦发华　毛祥华
许国宏　孙　林　沈　刚　黄永煌　胡春海
刘兆亮　蒋　荣　宣小石　关洪军　王永华

四、高级会计师

陆　璐　王志刚　李金莲　王洪军

五、高级政工师

叶礼平　王学志　刘亚青　杨大勇　康成继
陈翠霞　杜维玉　吴美玲　贾玉霞　吴义荣
汪　林　顾晓颖　魏洪兵　汪　源　李齐军
毛顺国　花惠柏　喻晓新　王学辉　王　进
胡正凯　赵庆灵

六、高级实习指导教师

徐宜山　刘友军

七、副编审

谢　葵

（贾筱蓉）

高级技师名录

2011 年被授予高级技师任职资格名录

高级技师任职资格人员(25 人)

物探处:戴志芳　物探高级技师

钻井处:张谊贤　钻井高级技师;蒋晓峰　钻井动力高级技师;刘功勋　钻井液高级技师;黄有斌　车工高级技师;郑　和　钻井液高级技师;蔡　巍　钻井液高级技师

试采一厂:朱　平　采油高级技师;林　凌　集输高级技师;郝建华　采油测试高级技师;陈　梅　地质高级技师

试采二厂:冉延军　采油高级技师;许桂荣　集输高级技师;张　娟　地质高级技师;张建民　电工高级技师

地质测井处:刘　庆　测井高级技师;凌志勇　录井高级技师

井下作业处:刘海波　井下作业高级技师;朱贵山　井下作业高级技师;成　鹏　井下作业高级技师

安徽公司:吴凤文　钻井高级技师;樊　英　钻井液高级技师

油建处:仲　伟　电焊高级技师

职工培训处:张礼峰　钻井高级技师　李传国　电焊高级技师

(岳大伟)

社会媒体报道题录

2011 年《中国石化报》刊发江苏油田报道题录

序　号	日　　期	标　　　题	作　者
1	2011－01－27	南国红土地上的水乡铁军	张　强　孙　克
2	2011－03－24	三年圆梦撒哈拉　茫茫大漠牵水龙	孙　克　傅冬冬
3	2011－03－24	田明:驰骋在创新的原野上	孙　克　潘月斌
4	2011－03－25	干精品级工程　练国际化队伍	孙　克
5	2011－04－11	江苏油田向第 18 个稳产增产年迈进	孙　克
6	2011－04－18	人才国际化 用工当地化	国讯
7	2011－04－27	江苏油田党员管理实现了由“要我先进”向“我要先进”的转变	孙　克
8	2011－05－09	高杨会战目标直指 5 万吨新建产能	蒋如高
9	2011－05－09	江苏油田 1.95 亿元资金网上体检	朱运山　孙　克
10	2011－05－12	把握主动权　采购效益高	王定宏　王　平
11	2011－05－16	老区稳油上产有榜样	孙　克　张　军
12	2011－05－23	原油产量完成年计划的 25%	孙　克
13	2011－06－08	海南岛上有个井队党支部	孙　克　张　强
14	2011－06－09	非标设备招标节约 166 万元	余　凤
15	2011－06－13	苏里格累计钻进 14 万米	张君甫　蒋如高

续表

序号	日期	标题	作者
16	2011－06－16	研究定价机制促采购标准化	王定宏　李红卫
17	2011－06－21	采油队上的百家讲坛	孙　克　黄春洪
18	2011－06－22	江苏油田年产26万吨元明粉项目建设进展顺利	孙　克
19	2011－06－23	每桶降1元节省3600元	王定宏　陈正勇
20	2011－06－27	高精度三维地震勘探亮点频现	孙　克　曹良才
21	2011－06－30	江苏油田开创清洁生产新模式	王学志　刘　真
22	2011－07－01	撤离烽火也门	孙　克　曹良才
23	2011－07－04	振奋精神　立足岗位 再立新功	孙　克
24	2011－07－06	站在新起点　创造新业绩	孙　克
25	2011－07－07	江苏油田汛期原油外销有保障	孙　克
26	2011－07－15	江苏油田生产经营实现“双过半”	孙　克
27	2011－07－15	江苏油田强化内控堵塞管理漏洞	孙　克
28	2011－07－25	油区管理有序　企地治安共保	孙　克　王国靖
29	2011－08－01	江苏油田年退耕还田600亩	孙　克
30	2011－08－02	文化管住魂　安全装在心	孙　克
31	2011－08－03	强化制度执行 确保责任落实	孙　克
32	2011－08－05	“三招”拓展海外市场	刘彤举　孙　克
33	2011－08－08	江苏油田开发三路并进	孙　克
34	2011－08－09	我们成长在现场	屈宇　孙　克
35	2011－08－15	资源接替区块不断扩大	孙　克
36	2011－08－15	图片	许平玲
37	2011－08－18	推进绿色低碳发展　增强差异化竞争优势	孙　克
38	2011－08－25	江苏油田抗击罕见秋汛	杜宗军
39	2011－08－29	侧钻工艺让死井“复活”	周明才
40	2011－09－05	一个人的井站	金　健
41	2011－09－07	江苏油田抗秋汛保上产	孙　克
42	2011－09－13	两站长合作解难题	孙　克　杜中军
43	2011－09－13	两代员工与两台“长寿炉”	孙　克　王庆辉
44	2011－09－13	构筑风险市场“安全岛”	曹良才　孙　克
45	2011－09－14	油建业务“走出去”越走越强	孙　克
46	2011－09－14	“为大伙儿服务是我的义务”	孙　克　李雨春
47	2011－09－19	石油玫瑰捐髓救人	潘月斌
48	2011－09－19	水乡铁军誉满大西北	张　强　管　非　孙　克

续表

序 号	日 期	标 题	作 者
49	2011-09-19	责任就是担当和付出	潘月斌
50	2011-09-26	洪水不退不回家	孙 克 曹良才
51	2011-09-27	师徒携手更上一层楼	孙 克 郭涛
52	2011-09-30	贵在情真	吴元礼 徐光灿
53	2011-10-03	识别复杂小断块	刘松针
54	2011-10-03	隐蔽油气藏勘探渐成气候	徐耀东
55	2011-10-11	江苏油田获全国内审先进集体称号	孙 克
56	2011-10-14	队伍如何干出新业绩	孙 克 刘嫒嫒
57	2011-10-18	江苏油田赛区选手进行测画比赛	孙 克 潘月斌
58	2011-10-18	巾帼亮胆气 台上显硬功	孙克 刘嫒嫒 潘月斌
59	2011-10-19	集团公司2011年职业技能竞赛落幕	刘嫒嫒 孙 克
60	2011-10-19	图片	徐 捷
61	2011-10-19	同台竞技 各显其能	刘嫒嫒
62	2011-10-24	信息化账本"晒"单井低成本	孙克 管 非
63	2011-10-24	"送 礼"	田春华
64	2011-10-24	和草原有个约定	孙 克 蒋如高
65	2011-10-27	江苏油田人才强企添动力	孙 克 刘嫒嫒
66	2011-10-31	试油测试迈向智能化	吉小敏 李江涛
67	2011-10-31	找到年轻时的激情	刘嫒嫒 孙 克 刘 娟
68	2011-10-31	老油藏增收"科技油"	孙 克 潘月斌
69	2011-11-02	江苏油田打响四季度攻坚战	刘嫒嫒 孙 克
70	2011-11-04	尼日利亚项目实现140万安全人工时	刘彤举 丁双利
71	2011-11-07	让能干事者干成事不出事	刘嫒嫒 孙 克
72	2011-11-11	要生产,更要油区天蓝水碧	孙 克 刘嫒嫒
73	2011-11-14	江苏油田提前完成油气勘探任务	孙 克 刘嫒嫒
74	2011-11-14	化学封堵治愈"水淹"井	王庆辉
75	2011-11-14	6年"少建"5支试油作业队	孙 克 尹必香
76	2011-11-14	业余时间全靠这些书充实	孙 克 刘彤举
77	2011-11-15	"背水"一战	孙 克 刘彤举 钱 锋
78	2011-11-16	江苏油田固内争外拓市场	刘嫒嫒 孙 克 陈旭东
79	2011-11-17	资源深加工将成效益增长点	曹良才 孙 克
80	2011-11-21	解心结	黄 悦
81	2011-11-23	梦想在延续	刘嫒嫒 孙 克 刘 娟

续表

序号	日期	标题	作者
82	2011－11－24	综合网管和桌面安全管理系统竞赛落幕	郭建红
83	2011－11－24	考核数据说话 净化物供源头	王定宏 白文奎
84	2011－12－01	图片	王定宏
85	2011－12－02	江苏油田精细盘活用工存量	孙 克 周海燕
86	2011－12－05	冬防保温,不忘节约能耗	刘媛媛
87	2011－12－05	一支捞油队的西部8年	桑 瑶 刘媛媛 孙 克
88	2011－12－05	一次漂亮的“转身”	孙 克 管 非
89	2011－12－12	江苏油田高杨项目 新建产能6万吨	刘媛媛 施玉琴
90	2011－12－12	完善老模式 收到大效益	李明军 孙 克
91	2011－12－12	图片	陈 冬
92	2011－12－15	博士后站致力消除勘探开发“瓶颈”	刘媛媛 吴坛珍
93	2011－12－19	江苏油田物探处 拒腐防变筑防线	孙 克 陈海滨
94	2011－12－19	下扬子海相油气勘探号角吹响	彭金宁 翟常博
95	2011－12－19	隐蔽油藏勘探增储超千万吨	仇永峰
96	2011－12－19	千米水平段抢救“溺水”井	王庆辉
97	2011－12－20	钻井儿郎走天涯	孙 克 郑海传
98	2011－12－21	科技拓“油路” 降本又增油	孙 克
99	2011－12－21	补助粮发放全年无时限	孙 克 刘媛媛
100	2011－12－21	降本又增油	孙 克
101	2011－12－22	江苏油田中标1.77亿美元沙特项目	卜晓芹 孙 克
102	2011－12－26	韦庄产能目标直指5.5万吨	刘媛媛 施月琴
103	2011－12－27	遵章守纪……	孙 克
104	2011－12－27	服务石油 走出石油	孙 克 韩海军
105	2011－12－28	走出小家融入大家	孙 克 刘媛媛 郭涛

（孙 克）

单位通联录

2011 年江苏油田附属单位通联录

序号	单位	邮编	地址	电话号码	传真
1	地球物理勘探处	225007	江苏省扬州市老虎山路 20 号	0514 – 87763020	0514 – 87763016
2	钻井处	225261	江苏省扬州市江都区邵伯镇甘棠路 101 号	0514 – 86760015	0514 – 86760010
3	安徽石油勘探开发公司	230022	安徽省合肥市梅山路 50 号	0551 – 5165588	0551 – 5164488
		239300	安徽省天长市经济开发区经 1 路、纬 1 路交叉口	0550 – 2398248	0550 – 2398200
4	地质测井处	225007	江苏省扬州市老虎山路 22 号	0514 – 87763428	0514 – 87763520
5	试采一厂	225265	江苏省扬州市江都区真武镇苏油路 200 号	0514 – 86769161	0514 – 86763514
6	试采二厂	211600	江苏省金湖县衡阳路 189 号	0514 – 86741232	0514 – 86744400
7	安徽采油厂	239300	安徽省天长市同心路	0514 – 86745678	0514 – 86745500
8	井下作业处	225265	江苏省扬州市江都区真武镇	0514 – 86763430	0514 – 86769581
9	油田建设处	225261	江苏省扬州市江都区邵伯镇	0514 – 86760133	0514 – 86769581
10	水电讯处	225261	江苏省扬州市江都区邵伯镇	0514 – 86760142	0514 – 86766696
11	运输处	225261	江苏省扬州市江都区邵伯镇	0514 – 86762702	0514 – 86760044
12	物资供销处	225012	江苏省扬州市维扬路 8 – 8 号	0514 – 87763818	0514 – 87763811
13	地质科学研究院	225009	江苏省扬州市维扬路 188 号	0514 – 87762390	0514 – 87762390
14	物探技术研究院	210046	江苏省南京市栖霞区尧新路 68 号	0514 – 86743325	0514 – 86743325
15	石油工程技术研究院	225009	江苏省扬州市文汇西路 1 号	0514 – 87760632	0514 – 87760141
16	勘察设计研究院	225009	江苏省扬州市文汇西路 1 号	0514 – 87760945	0514 – 87760074
17	采输卤管理处	223343	江苏省淮安市淮阴区赵集镇	0517 – 84568012	0517 – 84560818
		225012	江苏省扬州市百祥路 120 号富丽康城 1 号楼 3 层	0514 – 82980309	0514 – 82980320
18	矿业开发总公司	225009	江苏省扬州市文汇西路 1 号	0514 – 87762286	0514 – 87762286
19	扬州石化有限责任公司	225200	江苏省扬州市江都区江淮路 156 号	0514 – 86850012	0514 – 86850127
20	农工商公司	225261	江苏省扬州市江都区邵伯镇甘棠路 101 号	0514 – 86760973	0514 – 86762281
21	紫京旅游集团	210029	江苏省南京市新街口沈举人巷 19 号华辰大厦 7 楼	025 – 84781552	025 – 84781553
22	职工培训处	225007	江苏省扬州市老虎山路 20 号	0514 – 87763310	0514 – 87763310

续表

序号	单位	邮编	地址	电话号码	传真
23	新闻中心	225009	江苏省扬州市文汇西路1号	0514－87762022	0514－87762541
24	离退休职工管理处	225009	江苏省扬州市维扬路170号	0514－87760894	0514－87760894
25	扬州管理服务中心	225009	江苏省扬州市维扬路170号	0514－87760311	0514－87857344
26	真武管理服务中心	225265	江苏省扬州市江都区真武镇	0514－86767752	0514－86767752
27	邵伯管理服务中心	225261	江苏省扬州市江都区邵伯镇甘棠路108号	0514－86762220	0514－86766404
28	江苏中油天工机械有限公司	225231	江苏省扬州市江都区宜陵镇玉带路1号	0514－86765524	0514－86562232
29	扬州友好医院	225000	江苏省扬州市四望亭路440号	0514－87769101	0514－87769101
		225261	江苏省扬州市江都区邵伯镇建设路11号	0514－86760084	0514－86760084
30	江苏油田公安分局	225009	江苏省扬州市维扬路189号	0514－87762214	0514－87762214

（尤　鉴）

油田通勤车时刻表

江苏油田内部通勤车2011年冬季时刻表（表1）　本运行表自2011年10月1日起运行

南京办事处通勤车

发车日期及时间		真武矿区—邵伯矿区—江都矿区—扬州基地—南京办事处				
周六、周日（法定节假日）	6:50	真武车站始发	邵伯停靠	扬州停靠	南京站停靠	南京办事处（终点）
	15:00	南京（办事处）始发	南京火车站停靠	扬州停靠	邵伯车站	真武车站（终点站）

注：江都矿区去往南京乘客乘坐洪泽班车至扬州车站换车。

金洪矿区通勤车

发车日期及时间		真武矿区—邵伯矿区—江都矿区—扬州基地—金湖矿区—洪泽矿区					
每日发车	6:50	真武始发	邵伯停靠	江都停靠	扬州停靠	金湖停靠	洪泽矿区（终点）
	13:00	洪泽矿区始发	金湖停靠	扬州停靠	江都停靠	邵伯停靠	真武车站（终点）

注：停靠点依次为：邵伯、江都矿区、扬州基地、金湖矿区、技校。邵伯车站不早于7:10发车。

扬州通勤车(往扬州方向)

发车日期及时间		真武矿区—邵伯矿区—江都矿区—扬州基地			
		真武车站	邵伯车站	友谊花园	扬州基地
周一至周五	6:50	—	始发	—	终点站
周六、周日(法定节假日)	7:15	—	始发	—	终点站
每日发车	8:30	始发	途经停靠	停靠	终点站
周六、周日(法定节假日)	9:00	—	始发	—	终点站
每日发车	14:00	始发	途经停靠	停靠	终点站
周一至周五	17:00	始发	—	—	终点站
周六、周日(法定节假日)	17:00	始发	途经停靠	停靠	终点站
周一至周五	17:30	—	始发	—	终点站

扬州通勤车(往邵真方向)

发车日期及时间		扬州基地—江都 矿区—邵伯 矿区—真武矿区			
		扬州基地	友谊花园	邵伯车站	真武车站
周一至周五	6:40	始发	—	—	终点站
周六、周日(法定节假日)	6:40	始发	停靠	途经停靠	终点站
每日发车	6:40	始发	—	终点站	—
每日发车	9:00	始发	停靠	途经停靠	终点站
每日发车	15:00	始发	停靠	途经停靠	终点站
周一至周五	17:30	始发	—	途经停靠	终点站
周六、周日(法定节假日)	17:30	始发	途经停靠	途经停靠	终点站

江苏油田内部通勤车2011年冬季时刻表(表2)　本运行表自2011年10月1日起运行

邵伯真武矿区通勤车

发车日期及时间		邵伯—真武	真武—邵伯	备注
每日	7:10	始　发	7:30(不早于)	
	9:50(不早于)	扬州过路车	10:20(不早于)	
	13:30	始发途经 供应、彩虹桥	14:00 正点 (与14:00真武发扬州同车)	
	15:50(不早于)	扬州过路车		
	17:30	始　发	18:00(不早于)	

江都矿区机厂通勤车

发车日期及时间		江都友谊花园—机厂	机厂—江都友谊花园	备注
每日	7:20	始　发	8:00(不早于)	
	17:00	始　发	17:30(正点)	

江都矿区通勤车

发车日期及时间		线　路	备注
每日发车	6:30	江都友谊花园途经邵伯至真武	
周一至周五	7:10	江都友谊花园途经邵伯至真武	
	17:00	真武途经邵伯至江都友谊花园	

福利厂专用通勤车

发车日期及时间		线　路	备注
周一至周五	7:30	大河东矿区至福利厂	此班车为残疾人上下班专用,其他乘客不得搭乘
	17:00	福利厂至大河东矿区	

高速直达车

发车日期及时间	线　路		备注
周一至周五	7:10 扬州始发经高速至邵伯车站	17:20 邵伯始发经高速至扬州车站	
	7:10 扬州始发经高速至真武车站	17:10 真武始发经高速至扬州车站	

注:1. 本表自 2011 年 10 月 1 日起运行,运行中如有变化将另行通知。

2. 法定节假日临时增加班次提前一天通知。

3. 非油田职工及家属不得乘坐内部通勤车。

二〇一一年九月二十日

江苏油田内部通勤车 2012 年夏季时刻表(表 1)　本运行表自 2012 年 5 月 1 日起运行

南京办事处通勤车

发车日期及时间		真武矿区—邵伯矿区—江都矿区—扬州基地—南京办事处				
周六、周日(法定节假日)	6:50	真武车站始发	邵伯停靠	扬州停靠	南京站停靠	南京办事处(终点)
	15:00	南京(办事处)始发	南京火车站停靠	扬州停靠	邵伯车站	真武车站(终点站)

注:江都矿区去往南京乘客乘坐洪泽班车至扬州车站换车,下午返回时南京办事处乘客满员不再到南京火车站。

金洪矿区通勤车

发车日期及时间		真武矿区—邵伯矿区—江都矿区—扬州基地—金湖矿区—洪泽矿区					
每日发车	6:50	真武始发	邵伯停靠	江都停靠	扬州停靠	金湖停靠	洪泽矿区(终点)
	13:00	洪泽矿区始发	金湖停靠	扬州停靠	江都停靠	邵伯停靠	真武车站(终点)

注:每周(二、四、六)三天停发。邵伯车站发车时间不早于7:10。

扬州通勤车(往扬州方向)

发车日期及时间		真武矿区—邵伯矿区—江都矿区—扬州基地			
		真武车站	邵伯车站	友谊花园	扬州基地
周一至周五	6:50	—	始发	—	终点站
周六、周日(法定节假日)	7:15	—	始发	—	终点站
每日发车	8:30	始发	途经停靠	停靠	终点站
周六、周日(法定节假日)	9:00	—	始发	—	终点站
每日发车	14:30	始发	途经停靠	停靠	终点站
周一至周五	17:30	始发	—	—	终点站
周六、周日(法定节假日)	17:30	始发	途经停靠	停靠	终点站
周一至周五	18:00	—	始发	—	终点站

扬州通勤车(往邵真方向)

发车日期及时间		扬州基地—江都矿区—邵伯矿区—真武矿区			
		扬州基地	友谊花园	邵伯车站	真武车站
周一至周五	6:40	始发	—	—	终点站
周六、周日(法定节假日)	6:40	始发	停靠	途经停靠	终点站
每日发车	6:40	始发	—	终点站	—
每日发车	9:00	始发	停靠	途经停靠	终点站
每日发车	15:30	始发	停靠	途经停靠	终点站
周一至周五	18:00	始发	—	途经停靠	终点站
周六、周日(法定节假日)	18:00	始发	途经停靠	途经停靠	终点站

江苏油田内部通勤车2012年夏季时刻表(表2)　本运行表自2012年5月1日起运行

邵伯真武矿区通勤车

发车日期及时间		邵伯—真武	真武—邵伯	备注
每日	7:20	始　发	7:40(不早于)	
	9:50(不早于)	扬州过路车	10:20(不早于)	
	14:00	始发途经 供应、彩虹桥	14:30 正点 (与14:30真武发扬州同车)	
	16:20(不早于)	扬州过路车		
	18:00	始　发	18:30(不早于)	

江都矿区机厂通勤车

发车日期及时间		江都友谊花园—机厂	机厂—江都友谊花园	备注
每日	7:20	始　发	8:00(不早于)	
	17:00	始　发	17:30(正点)	

江都矿区通勤车

发车日期及时间		线　路	备注
每日发车	6:30	江都友谊花园途经邵伯至真武	
周一至周五	7:10	江都友谊花园途经邵伯至真武	
	17:30	真武途经邵伯至江都友谊花园	

福利厂专用通勤车

发车日期及时间		线　路	备注
周一至周五	7:30	大河东矿区至福利厂	此班车为残疾人上下班专用，其他乘客不得搭乘
	17:30	福利厂至大河东矿区	

高速直达车

发车日期及时间	线　路		备注
周一至周五	7:10 扬州始发经高速至邵伯车站	17:50 邵伯始发经高速至扬州车站	
	7:10 扬州始发经高速至真武车站	17:40 真武始发经高速至扬州车站	

注:1. 本表自2012年5月1日起运行,运行中如有变化将另行通知。

2. 法定节假日临时增加班次提前一天通知。

3. 洪泽班车每逢周二、周四、周六停发。

二〇一二年四月十六日

索 引

主题词索引

说 明

一、本索引采用主题分析法，索引名称按汉语拼音音序排列。

二、索引名称后的数字表示页码，数字后的字母 a、b 表示该页版面从左至右的栏别。

三、空一字起排的款目为上一主题的“附见”。

四、为便于读者检查，主题词省略“勘标局”、“分公司”、“厂、处”名称，下属公司和部门均采用简称。

A

阿尔及利亚地震采集项目 129b
阿尔及利亚项目 274b
安丰油田 61a
安徽采油厂 215
安徽采油厂概况 215a
安徽公司成熟技术应用 87a
安徽公司防碰绕障技术 87b
安徽公司概况 242a
安徽公司高难度定向井钻井技术 87b
安徽公司高杨产能建设项目 87a
安徽公司技术管理 87a
安徽公司科技攻关 90b
安徽公司老区复杂调整井固井技术 90b
安徽公司探井、评价井施工措施 88a
安徽公司英国进口 LWD 推广应用 90b
安徽公司钻井液技术 89a
安徽石油勘探开发公司 242
安乐油田 81a
安全工作 251b 254a
安全管理 227a 265a
安全环保 238a 244a 275b
安全环保工作 263a
安全活动 164b
安全技术措施 165b
安全监察 163
安全监察概述 163a
安全检查 164a
安全教育培训 164b
安全考核 165b

B

八字服务承诺 101a
班子建设 247b

班组管理 249b
颁发科技进步奖奖金96万元 108b
保密工作督察 208b
保密工作概述 208a
保密工作责任制 208a
保密·机要 208
保密宣传教育 208a
保险费用的征收与管理 100a
保油上产 249a
北京联络处 135a
北京协和物业管理中心 272a
北京中亚紫京公司 272a
“比学赶帮超”工作 131b
编发《保密工作信息》 208b
编发《江苏油田通讯》 197b
编辑出版《群英谱》画册 209b
编辑说明 彩3
编制“十二五”非常规油气科技攻关规划 106b
卞东油田 71a
标准信息服务 182a
标准制(修)订 182a
兵员征集 207a
播出电视《油田新闻》149期 258b
博士后科研工作站 149b
补助粮供应 275b

C

才宝金 189
财务管理 240b
财务管理概述 140a
财务结算管理 146
财务结算管理概述 146a
财务资产管理 140
采输卤管理处 277
采输卤管理处概况 277a
采油工艺 54
采油工艺概述 54a
蔡 刚 149a 150b
蔡希有 彩17
蔡晓明 161a
餐饮旅游项目 271a
仓储管理 227a
曹湘洪 彩19
曹永海 196
曹庄油田 56b
查乃权 50a
产能建设项目技术管理 84a
常家新 274a
常小明 369
唱响主旋律 204a
车队工作 135a
陈堡油田 64b
陈秉桦 182b
陈 波 161
陈 刚 369
陈国华 228a
陈海滨 369
陈鹤建 182a
陈剑峰 82
陈进军 369
陈 军 368
陈 康 127b
陈 宁 314b
陈 荣 369
陈网根 369
陈往才 369
陈文明 彩24
陈 新 186
陈 旭 132a 133
陈 炎 233b
陈增顺 91 268
成本管控 249b
承办思想政治工作汇报座谈会 197a
承办中国石化固定资产分类标准转换启动会 145b
承担上级政研会研究课题 196a
惩治和预防腐败体系建设 193a
赤岸油田 77a
筹办技能竞赛颁奖晚会 209a
出版《江苏石油报》100期 258a
出入境机电商品检验检疫及公证书认证 126b
储运设施建设 154a
创建文明来访接待室 101a
创先争优 192a
创先争优活动 189a

创先争优·质量管理 271a
创新创效 163a
从业资质培训 139b
崔 森 彩 29
崔培耕 266a 267a
崔庄油田 75a

D

“达标创优”工作 132a
大面积复杂城镇区低信噪比地震资料三维处理技术 47a
大面积养殖区观测系统动态设计 47a
大事记 33
待用土地清查 160a
戴秋华 231
担当社会责任 280b
单位概览 210
单位通联录 362
党的建设 190
党的十七届六中全会精神学习宣传 196a
党对群众组织的领导 190a
党风廉政建设 190a
党风廉政建设责任制 193b
党建概述 190a
党建工作 223a
党建工作创新 192b
党建和思想政治工作 254b 267b 276b 279b
党建思想政治工作 212a
党群工作 265b
党群工作 189
党群工作概述 189a
党委理论中心组学习 195a
党委巡视工作 193b
党务工作座谈会 190b
党性党风党纪教育 193a
党员教育管理 191b
党组织状况 191a
档案工作评价进一步开展 187b
档案管理 186a
档案管理标准颁布和贯标培训 187a
档案管理概述 186b
档案管理与退休审批 100a
档案资料的收集、整理、归档、借阅工作 186a
“导师制”常态化 217b
邓政丰 369
低品位储量开发 83a
低渗透油藏大型压裂工艺 55a
迪拜项目 274a
地测处概况 239a
地球物理勘探处 233
地热分公司 96b
地研院概况 218a
地震采集工作量 44b
地震生产 233b
地震资料处理工作量 44b
地质测井处 239
地质科学研究院 218
地质资料国家委托检查 187b
叠前反演技术在隐蔽油藏勘探中的应用 47b
丁建荣 108 109b
丁曙东 369
丁忠健 178b 180a
定额管理 138
定额管理概述 138a
定额基础工作 138a
定向井、水平井钻井技术 85a
董训流 203b
杜南洋 229b 230b
杜伟莎 347b
队伍管理 162a
队伍建设 125b 211b 214b 230a 238b 249b 258b 265b 284a
对外承包工程统计 126b
对外合作 281a
对外合作 124
对外合作概述 124a
对外合作与交流 128
对外宣传 258b
对外重大项目管理 185a
吨粮田建设 274b
墩塘油田 78b
多核集群地震资料处理系统的集成与应用 114a
多元开发 91

E

厄瓜多尔修井项目 129b
二轮省志编撰 188a
二轮市志编撰 188b

F

法律风险管理 185a
法律顾问制度建设 183b
法律人员持证资格培训 185b
法律事务 183
法律事务概述 183a
法律事务管理制度修订 184a
法律事务检查考核 184b
法律业务学习研讨 185b
法律专家小组活动 185a
“12·4”法制宣传日系列活动 186a
范友林 封面
范庄油田 72a
防洪防汛 159a
房产管理 98
房产管理概述 98a
房改性质住房修缮 98b
非常规油气勘探开发 163b
非常规油气勘探开发工作座谈会 45a
非常规油气勘探评价研究 49a
非特种设备检验 183b
非烃类矿藏开发 246b
费用发放 98a
分公司投资完成情况 137a
分公司重点项目 136b
冯 彬 248a
冯恩山 313a
扶贫帮困工作 201a
服务管理工作 257b
服务基层 126b
服务生产 223b
附录 353
复杂井眼抽油井防偏磨技术推广应用 113b
复杂障碍区地震采集方法研究及应用 112b
富民油田 58b

G

改善经营管理建议 132b
干部管理制度化建设 149a
干部培训 149a
干部培养与选拔 148b
干部人事管理 148
干部人事管理概述 148a
干部人事制度改革 148b
干部值查 159b
岗位培训与继续教育 168b
高级技师名录 358
高级职称名录 357
高集油田 76a
高集油田新增石油探明地质储量 124 万吨 50a
高技能人才队伍建设 151a
高校毕业生引进 152a
高邮凹陷戴南组隐蔽油气藏深化勘探 48a
高邮凹陷阜宁组三段高精度沉积微相及控砂机制研究 109b
高邮凹陷实施情况 45a
高邮北斜坡滚动勘探 48b
高邮南部断阶带精细勘探 48a
葛仲贤 146
个人账户管理 100a
工程承包商管理 168a
工程技术管理概述 161a
工程监理 169
工程监理概述 169a
工程建设领域专项治理 194b
工程建设资源库管理 168b
工程项目 253b
工程院概况 223a
工程招投标管理 167b
工会 199
工会全委会议 200a
工会组织概述 199a
工商事务管理 185a
工艺技术 93a 211a 230a
工作交流 188b

工作量指标　161b
公关协调　160b
供销处概况　225a
供应商管理　227a
共青团　202
共青团工作概述　202a
共青团基层组织建设　203b
辜新业　180b　181
谷　峰　369
谷永德　199a
固井技术　85b
顾丽琳　250a　252b
顾晓中　344b　347b
关工委工作　257b
ERP管理　145a
HSE管理　211b　214a　225b　229b　235a　241a　249a　272a
管理创新工作　133b
管理工作　222a
广西分公司　273a
规范报表模板　138b
规范信访举报案件办理程序　194a
规划计划管理　135
规划计划管理概述　135a
规章制度和重要决策法律审核　185b
规章制度选编　315
滚动评价　210b
郭海宁　44a　45b　46　48　50a
郭　涛　彩24　202a　211b　212a
国家秘密管理　208a

H

哈萨克斯坦、叙利亚捞油项目　130a
海外经营项目　270b
海外人力资源管理　127a
海外市场　249a
海外市场新希望　240b
海外项目　243b
海外项目财务管理　127a
韩久荣　167a
合署办公　145b
合同标准文本建设　184b
合同管理信息系统上线运行　184b
合作开发市场　246b
和谐建设　212b　255a
和谐矿总建设　270a
和谐劳动关系建设　200b
和谐社区创建　267a
和谐物探建设　236a
和谐油田建设　190a　214b
洪进富　84
洪　英　97
胡　斌　369
胡丰成　150a　151
胡继军　213
胡勤飞　170b
护理培训　280b
花26断块新增石油探明地质储量216万吨　49a
花庄油田　63b
淮安分公司　273a
环保管理措施　178b
环保宣传教育　179a
环境保护管理　178a
环境监测　179a
黄　锦　155
黄珏油田　68b
黄俊良　封底　彩5　彩9　26　188　368
黄山紫京饭店　272b
黄颖锋　210　211　212
黄永生　176a　177b　179b　181a
黄镇中　368
会计基础资料展评和会计特色管理工作交流　142a
会计集中核算　141b　146a
会计信息质量自查　141a
活力党建　242a　248a
获得荣誉　261b
获奖情况　139b　188b

J

机电分公司　95a
机构　285
机构人员　229a

机构人员和设备 246a
机构设置 277a
机构与干部 285
机关党的建设 204a
机关党风廉政建设 204b
机关工会工作 205b
机关共青团工作 206a
机关计划生育工作 206a
机关女工工作 205a
机关思想政治工作 205a
机关“为民服务创先争优”活动 205a
机关作风建设 205a
机要工作 208b
积极开展原始和实物地质资料的清理工作 187a
基层党组织建设 191a
基层文明创建工作 198a
基层组织建设 189b
基础工作 238b 240b 243b
基础管理 220a 227b 269b
基础设施管理 283b
基础设施建设 261b
基建管理 166
基建管理概述 166a
基建合同管理 167b
基建市场管理 167a
基建制度建设 167a
基于叠前资料的储层评价研究 110a
集体廉政谈话 217b
集团公司考核指标 161b
计量保证确认 182b
计量基础管理 182b
计量人员培训 183a
计算机工作 222a
纪检监察 192
纪检监察队伍建设 195a
纪检监察概述 192a
技能人才队伍建设 241b
技术管理 238a
技术监督 176
技术监督概述 176a
技术交流 183b
技术论文交流 176a
技术培训 173a
季成林 369
继续教育 140a
加蓬地震采集项目 129b
加强过程控制 138b
加强自身建设 201b
“家文化”活动 242a
家属管理 98
家属管理概述 98a
贾筱蓉 148 292b 311 357b
贾玉清 369
价格与销量 154b
价税管理 143a
监理队伍建设 170b
建立完善科技专家库 108b
建设工程安全管理 168a
建设项目环保管理 179a
江苏低渗透油藏非线性渗流特征及立体开发
技术研究 110b
2011·江苏油田大事集锦 彩14
江苏油田海外事业部——江苏油田也门分公司 128b
江苏油田海外事业部——江苏油田中东公司 128a
江苏油田海外事业部——叙利亚分部 128a
2011·江苏油田机构示意 彩12
江苏油田井位设计网上协同应用研究与开发 112a
江苏油田2011年度双文明总结表彰大会 23
2011·江苏油田荣誉荟萃 彩6
江苏油田“十一五”勘探战略研究 111b
2011·江苏油田数据统计 彩4
2011·江苏油田言论摘登 彩8
2011·江苏油田油气示意 彩10
江苏油田总述 26
江苏中油天工机械有限公司 282
姜长钺 369
蒋如高 243b
蒋学军 369
降本增效 252a 265a
交接计量 154a
交通战备 207b
焦方正 彩20
教学与科研 259b
接待工作 135a
节能达标指标评比 177b
节能监测 178a

节能监测实验室考核 178a
节能减排合理化建议 177a
节能例会 176b
节能目标责任制 176b
节能培训 177a
节能荣誉 176a
节能项目和科研 177b
节能宣传周活动 176b
节能指标 176b
节水技术 180a
节水减排 180a
结算审查 138a
金红隽 103
金湖凹陷实施情况 45a
金湖凹陷新区带甩开勘探 48b
金 健 213a
近钻头电磁测距(RMRS)技术在盐硝矿开发中的应用 114b
经营管理 211a 213b 225a 229a 232a 234b 238a 278b 283b
经营管理 131
经营指标完成情况 253a 268a
精神文明建设 171b 218b 220b 225b 227b 230b 232b 239a 244b 250a 253a 259a 261a 263b 272a 282a
精神文明建设 197
精神文明建设概述 197a
精细管理 135a 171b 251a 254a 276a
精细管理服务 247b
精心组织庆祝建党 90 周年系列宣传活动 195b
井控管理 86a 161b
井下作业处 229
井下作业处概况 229a
井下作业质量分析会 217b
景步宏 369
境外安全与人员撤离 127b
境外财务业务管理 143b
境外机构与项目简介 128
纠纷处理 185a
就业用工管理 152
就业用工管理概述 152a
局党委常委扩大会 190a
局工会 312
局机关党群工作 204
局机关党群工作概述 204a
局十一届二次职工代表大会 15
局十一届一次职代会 199a
局十一届一次职代会职工代表名录 199a
举办"供销杯"羽毛球赛 209b
举办红色电影专场 209a
举办"红色交响"文艺晚会 208a
举办油田第六届财务管理研讨会 144b
举办油田第三届会计知识大赛 144a

K

开发部署指导思想 52a
开发方针与部署任务 51
开展"三定"工作 152a
开展"为民服务创先争优"活动 147b
勘察设计研究院 245
勘探部署原则 44a
勘探成果 48
勘探发现奖励 46b
勘探方针与部署任务 44
勘探工作会 45b
勘探和滚动评价 216a
勘探计划任务 44b
勘探技术 47
勘探技术座谈会 45b
勘探局投资完成情况 136b
勘探局重点项目 136a
勘探项目设置 44b
勘探效益 46
勘探指导思想 44a
抗震减灾工作 169a
科技成果转化效益奖 121a
科技创新 211a 219b 224a 235a 249b 252a 280a
科技工作 221b
科技攻关 214a
科技管理 163a 278b
科技活动 121
科技期刊 121b
科技投入 108a

科技研究及成果 108
科技研究及成果概述 108a
科普工作 121b
科学技术 106
科学技术概述 106a
科研攻关 86b
科研管理 283b
科研生产管理 224b
科研生产及经营指标完成情况 223a
科研与技术 241a
空气源热泵试用取得成功 216b
MFE 跨隔测试突破了工艺应用瓶颈 48b
矿区建设 262b
矿权变更 46b
矿权现状 46a
矿权新立 46a
矿权延续 46b
矿业开发 91
矿业开发总公司 268
矿业开发总公司概况 268a
矿业开发综述 91a

L

兰文明 313b
劳动工资管理 150
劳动家属参保 98a 99a
劳动竞赛 242b
劳动竞赛活动 200a
劳动力储备 152b
劳动模范培养管理 201a
劳务工队伍建设 241b
劳务工基础管理 153a
劳资工作概述 150a
老年思想政治工作 256b
老区措施增油 92b
老区地面技改项目 83a
老区稳产 210b
老区稳产措施及效益 52b
离退休人员信息管理 100b
离退休职工党支部建设 256a
离退休职工管理处 255
离退休职工管理处概况 255a
离退休职工情况 256a
李堡油田 67b
李 兵 266b
李 波 150b
李春光 彩 18
李东海 311a 369
李东海 彩 15
李高贵 127a
李 浩 311b 369
李继春 240
李 静 313a
李明生 369
李 萍 369
李 清 98
李书瑜 191
李学慧 369
李佑炜 225 228b
李雨春 255b
李跃军 369
李志斌 164
连续油管径向井钻井工艺技术 55b
联 38 断块新增石油控制地质储量 640 万吨、石油预测地质储量 609 万吨 50a
联盟庄油田 60a
廉洁从业教育 193b
廉洁文化建设 193b
梁垛油田 62b
梁 兵 369
梁楚勤 52 56
“两堂两室”建设 97b
临时用地 159b
凌富银 183
领导班子建设 189b
领导视察 12
刘炳官 369
刘高峰 101
刘 磊 50b
刘良顺 369
刘松林 54
刘同力 彩 19
刘喜荣 369
刘晓强 151b

刘　勇　136
“六五”普法启动　184a
龙　锋　221a　222b
鲁西杰　369
陆锡庆　167　168
吕　刚　48a
罗云东　83　237
落实工伤及丧抚待遇　100b
落实惠民政策　101b
落实政治生活待遇　256a

M

马家嘴油田　69a
码头庄油田　70a
迈 10 断块新增石油预测地质储量 408 万吨　50b
毛凤鸣　369
毛凤鸣　彩 1
毛振光　369
煤炭采购专项督察　194b
“每季学法测试”活动　186b
“每月一课”及“每季一讲”活动　186b
孟丹江　134
秘书工作　134a
苗向阳　312b
民兵预备役整组　207a
民兵预备役政治教育和全民国防教育　206a
民生工程　218a　276b
民生建设　255b
民生矿建　246b
民主管理工作　201a
闵　路　218b
闵桥油田　73a
模范人物　311
莫志祥　368

N

南湖油田　74b
南京紫京饭店　272b
难采地质储量合作开发　92b
内部市场　237b
内控·财务管理　271b
内控管理　142a　155b
内蒙小井眼水平井施工技术　89a
内外部市场　251a
能源审计　177a
能源消耗　176a
尼日尔录井项目　130a
尼日利亚地震采集项目　129a
倪明仿　369
2011 年安徽公司经济技术指标完成情况　86b
2011 年江苏油田大事记　33
2011 年科技进步计划　107a
聂　香　280
农工商公司　274
农工商公司概况　274a
女职工工作　201b

P

潘月斌　彩 15　彩 21　彩 23　彩 24　彩 26　彩 29　彩 30　彩 32　258a　259b
潘月斌、张勇获首届中石化“朝阳”文学艺术奖　209a
培训教学任务完成情况　259b
培训取证　183b
培训与人才培养　174b
彭　中　369
平安建设　103a

Q

“七一”表彰会　190b
其他海外项目　274b
其他市场　247a
企业改革与管理　131
企业管理　211a　229b
企业节能标准　177a
企业年金计划　100b
企业文化建设　252b　276b　284b
企业志鉴　188
钱云霞　216b　217b

强化沟通与联系 124b
强化会计基础工作 147a
强化精细管理 267a
秦3断块新增石油探明地质储量140万吨 50a
青苗赔青 160a
青年安全活动 203a
青年岗位能手评选 203a
青年技术座谈会 247a
青年素质提升活动 203b
青年突击队活动 203a
青年微博论坛 202b
青年文明号创建 203a
青年志愿者活动 202b
清洁生产 179a
庆祝建党90周年系列活动 192b
邱家庄油田 62a
屈 宇 202b 203b
圈闭评价 47a

R

人才成长通道建设 149b
人才队伍建设 222b
人才培养 262b
人口和计划生育 104
人口和计生工作概述 104a
人口计生队伍建设 105b
人口计生目标责任制 104b
人口计生信息化建设 105b
人口计生优质服务 105b
人力资源管理 225a 271b
人民武装 206
人民武装概述 206a
人物 311
任务及指标完成情况 261b
任务完成情况 264a
日常思想政治工作 196b
戎卫林 369
荣誉称号 128a
汝志良 131

S

“三比三赛三学”活动 203a
“三创一争”劳动竞赛 247b
“三基”工作 263a
“三品工程”建设 260b
三项工程 254b
“三支队伍”建设 235b 276b
桑雁岷 124a 128b
沙59断块新增石油探明地质储量72万吨 49a
沙埝油田 62b
沙埝油田沙7断块提高采收率先导试验 55a
沙特分公司 273a
筛管完井水平井卡堵水技术 55b
商业秘密保护 208b
上级文件 1
邵伯管理服务中心 264
邵伯油田 61b
邵20断块新增石油预测地质储量82万吨 50a
邵管中心概况 264a
邵16、邵17断块新增石油探明地质储量93万吨 49a
设备技术改造 157b
设备培训交流 157b
设备挖潜增效 158b
设备维修管理 157b
设备状况 237a
设计院概况 245a
社会保险 99
社会保险概述 99a
社会媒体报道题录 358
社会事业 97
社区创建 264a
涉密测绘成果保密检查 208b
申维辰 彩15
申忠贤 44a 48b
深化唱响主旋律工作 195b
深化创先争优与“比学赶帮超”活动 125a
深化管理 104a
深化“学习梅奥”活动 281b
审计基础工作 175a
审计监督 173
审计理论研讨 174b

审计配合　175a
审计荣誉　174b
审计业务　173b
审计质量管理　175b
生产管理　278a
生产管理　158
生产管理概述　158a
生产管理信息系统　159b
生产计划管理　137b
生产监控　158b
生产经营　250b
生产经营情况　240a
生产经营任务完成情况　277a
生产经营指标完成情况　282b
生产任务和经济技术指标　210a
生产任务和经济技术指标完成情况　213a　216a
生产任务完成情况　221a
生产施工　229a
生产协调　158b
生产运行　158a
生产自用油协调　155a
生活服务　97
生活服务概述　97a
生活后勤系统"为民服务创先争优"现场会　97b
生态农业　275a
省石油志编委会人员调整　188b
师资培养　260b
施建华　261b
施徐生　184a
施振飞　369
"十二五"发展规划编制　138b
石港油田　79a
石宏良　368
石　健　369
石柳浩　封底
石盐开发　278a
石油工程服务　92a　269a
石油工程技术管理　161
石油工程技术研究院　223
实施社会保险缴费内部稽核检查制度　100a
史建洲　281a
市场开拓　162b　283a
试采二厂　212
试采二厂概况　212a
试采一厂　210
试采一厂概况　210a
试油和测试实物工作量　45a
疏松砂岩油藏调整挖潜技术研究　113b
数据中心建设维护管理　172a
双文明建设　222b
水电讯处　253
水电讯处概况　253a
水平井分流酸化工艺　55a
水务管理　179b
思想政治工作　189b
思想政治工作研究　196
思想政治工作研究概述　196a
"四好"班子建设　148a
四家改制企业经营者岗位激励股兑现　134a
"四新"技术应用　247a
宋景远　369
宋景远　101
宋永根　彩17　彩20　彩21　彩22　彩23
宋子军　213
送法到基层活动　186a
苏北盆地石油地质储量序列　46a
苏继奎　246　248b
苏庆华　250b
苏油油成商贸实业有限公司　95a
孙春友　48
孙东升　314a
孙　克　361b
孙立庆　178a
孙丽玲　282b
孙秀琴　243
索引　368

T

台14-1井钻探在泰一段发现新油层　50b
唐傲宇　253
唐11断块新增预测储量76万吨　50b
唐建东　369
陶仁俊　369
套损井打通道、加固技术的研究与应用　111a

特检所实验室资质认定 183a
特色贸易 269a
特殊人群服务管理 105a
特载 1
特种设备定期检验 183a
提高单井产能战略 216a
提高钻井速度配套技术的研究与应用 112a
提升服务质量 266b
提升管理服务水平 124a
提速提质提效工作 84a
HSE 体系建设 164b
天长科研生产基地启用 244b
天长科研生产基地投用 217a
天 33－1 断块新增石油探明地质储量 105 万吨 50b
天 X33－1 井实现压后流压资料录取 48b
天然气分公司 95b
天然气销售 155b
添维立 369
田 明 312a
田 瑜 369
铜庄站改扩建工程竣工 216b
统计工作 137b
统计资料 344
统一立项效能监察 194a
统一战线 198
统战工作 198a
统战工作对象 198a
统战工作概述 198a
统战活动 198b
投资计划管理 136a
投资效益 47b
图书馆 122b
土地复垦方案编制 46b
土地公关 159
土地管理概述 159a
土地管理信息系统 160b
土地监督 160a
土地税费管理 160b
推进档案网络利用、建立电子档案阅览室 187a
推进全员绩效考核工作 152a
推行领导干部下访制度 102a
退伍兵安置 152b

W

瓦庄油田 66a
外部市场 230a 234a 237b
外汇核销业务管理 126b
外事接待 128a
外围新区评价勘探 48b
完成工程主材情况调研 139a
完成开窗侧钻井定额编制工作 139b
完成 2011 年度地质资料上交工作 186b
完成 2011 年全油田档案统计工作、编制地质资料工作年报 186b
完成中国石化地质资料工作会的办会任务 187b
完井液及油层保护工艺技术 85a
完善 HSE 监督管理体系 217a
完善考核促管理 146a
完善科技管理制度 108b
完善劳动规章制度 152b
完善劳务工薪酬分配制度 153a
完善薪酬分配制度 150b
完善信访信息网络 101b
完善医保管理服务 100b
完善应急预案及应急处置体系 102b
烷烃销售 155a
汪海洲 229
汪 萌 195 197
汪先迎 140
王岸辉 108a 121b
王博爱 262 263b
王道勇 152
王定红 226
王厚安 369
王继东 239a
王建健 369
王建年 122b
王金兰 352b
王 俊 171a
王龙庄油田 80a
王庆辉 211a
王 珊 219b
王士斌 369
王伟中 193

王晓山　247b
王　欣　173a
王业军　258
王云岭　176　178a
王志刚　彩 16
王祖文　99
网络系统优化建设管理　172b
维护稳定　103a
文化建设　135b
文化体育活动　201b
文联·体协　208
文明创建活动　197a
文明创建宣传　197b
文明单位创建　197b
文明和谐示范小区创建　97a
文明社区创建工作　198b
文书工作　134b
稳定工作　98b
污染治理　178b
无锡紫京饭店　272a
吴　波　369
吴建国　312b
吴巧虎　206
吴　曦　270b
吴耀明　156a
吴　勇　369
“五四”表彰　202b
“五型”班组竞赛　200b
武器装备管理　207b
物探处概况　233a
物探地震采集项目　129a
物探技术研究院　220
物研院概况　220a
物业管理项目　271a
物资采购　226b
物资供销处　225
物资供应　226a
物资供应管理体制和机制　225b

X

SAP－HR 系统建设　150b
系统效率检测　178a
细节管理　264b
细算账,积极争取总部特殊工作量的单独投资　139a
夏加斌　171a
夏　兰　110　351b
夏　延　46a
先进集体与个人　293
先进名录　293
现场检查协调　167b
现场设备管理　156b
35 项科技成果获江苏油田科技进步奖　108a
3 项科技成果获扬州市科学技术奖励　108b
3 项科技成果获中国石化科技奖励　108a
43 项科技成果通过中国石化成果鉴定和油田成果评定　109b
项目负责人津贴　108a
项目后评价　137b
项目责任管理　137a
消防工作　103b
销售网点　155a
小关油田　82a
肖 13 断块新增石油探明地质储量 62 万吨　49b
肖国连　369
肖秋生　369
效能监察项目评选　194b
新工具、新技术推广应用　84b
新技术推广　113
新技术推广概述　113a
新技术推广应用　244a
新街油田　67a
新任油田领导　311
新闻中心　258
新闻中心概况　258a
新型家庭人口文化建设　105a
新增建设用地　159b
新增石油控制地质储量 1215 万吨　46a
新增石油探明地质储量 1059 万吨　46a
新增石油预测地质储量 1175 万吨　46b
薪酬激励方式　150a
信访维稳　266b
信访维稳　101
信访维稳概述　101a
信访制度建设　102a

信息安全管理 172b
信息工作 190b
信息管理 163b
信息管理 171
信息管理概述 171a
信息化建设 191b 249b
信息门户管理 172b
星级站库管理 153b
行政管理 134
行政管理概述 134a
形成信访处置合力 102b
形势与任务教育 195a
徐栢林 124 125 128b
徐栢林
徐成伟 369
徐国良 369
徐华兴 314a
徐 晖 169a 170 171
徐家庄油田 61a
徐 建 369
徐 健 369
徐 铭 108b 109b 113b
徐晓明 369
徐增训 102
许栋良 154a
许33断块新增石油探明地质储量113万吨 49b
许茂春 198
许乃华 259b
许平玲 244b
许庄油田 57b
叙利亚测井项目 129b
叙利亚项目 273b
宣传教育 195
宣传教育概述 195a
悬浮乳液钻井液技术研究与应用 110b
旋转式井壁取芯在大斜度井中获得成功 48a
选送优秀操作人员培训 153b
学术交流 121a
学习贯彻五项制度 193a

Y

焉 梅 123b
延长油矿市场 247a
严 波 153b 154 155a
严苏宁 369
盐硝分公司 95b
盐硝生产 94a
扬管中心概况 266a
扬州管理服务中心 266
扬州睿德石油机械有限公司 96a
扬州石化概况 231a
扬州石化有限责任公司 231
扬州苏油江华贸易实业有限公司 95a
扬州友好医院 280
扬州招待所 135a
杨丛杰 218b
杨村断裂带成藏条件与勘探潜力研究 113a
杨国松 369
杨海滨 369
杨家坝油田 71b
杨京春 168a
杨 蕾 277a
杨 莲 311a
杨 林 50b
杨 鹏 107
杨思湘 封底
杨祥锋 158
养老金社会化发放 100a
样板井选树 217a
姚 成 369
也门地震采集项目 129b
也门分公司 273b
业务公开工作 194b
叶 岗 278a 279a
页岩油气及致密砂岩油气勘探开发务虚会 45b
伊朗项目 274a
医德医风建设 281b
医疗报销电子化 100b
医疗培训 281a
医疗业务指标 280a
医院主要领导人员 282b

因公团组护照管理 128b
殷 莲 264
尹宏延 126b
引导职工子女就业 152b
隐患治理项目 165b
印刷与文印 258b
应急管理 159b 165a
迎接劳动用工管理大检查 151b
迎接总部石油工程结算审计 145b
拥军优属 207a
永安油田 65b
永 38 断块新增石油控制地质储量 420 万吨 49b
用工结构调整 153b
优化运行方案 159a
优秀标准项目评选 182a
优秀成果受上级政研会表彰 197a
优秀造价管理项目 140b
尤 鉴 彩 7 310b 326b 343b 355b 357b 363b
油藏动态监测 82a
油藏动态监测 82
油建处概况 248a
油建苏丹项目 129a
油款回笼 155a
油气发现能力 241b
油气经销 153
油气勘探 218b
油气勘探概述 44a
油气田防护项目 83b
油气田简介 56
油气田开发方针 52a
油气田开发技术经济指标完成情况 52a
油气田开发任务 51a
油水井分片承包管理 216b
油田产能建设 246b
油田地面工程建设 82
油田地面工程建设概述 82a
油田管理文件 315
油田机关机构变动情况 285a
油田建设处 248
油田开发 213b 219a
油田开发概述 51a
油田开发工作会 54b
油田勘探开发 44
油田勘探、开发、工程技术座谈会 54a
油田科技重大专项 107b
油田老区产能建设 82b
油田年鉴(2011 卷)出版发行 188a
油田审计概述 173a
油田“十一五”信息化工作暨数据中心建设总结表彰会 171a
油田外事工作会议 126a
油田下属单位机构变动情况 151b
油田新区产能建设 82b
油田自选项目效能监察 194a
油脂油品厂 96b
友好医院概况 280a
幼儿教师队伍建设 99b
幼儿教育 99
幼儿教育概述 99a
幼儿教育管理 99a
幼儿教育科研 99b
幼儿园安全工作 99a
余静云 183b 184
余友智 208
预备役连队军训和军事日活动 206b
预防职务犯罪 194b
预算管理 140b
域内生产任务和考核指标完成情况 243a
域内市场新贡献 240a
域内外监理市场 169b
域外市场 243a 249a
域外市场新步伐 240a
喻 峰 138
袁家科 216
袁 静 369
袁玉柱 369
原油产量的增长及变化 52b
原油经销概述 153a
原油生产 91b
原油天然气贸易计量 181a
原油外运 154a
岳大伟 150a 151b 285b 287b 358b
运输处 250
运输处概况 250a
运输机械维修服务项目 130b

运行保障　253b

Z

臧庆莹　369
造价分析报告评审　140b
曾海东　221b　223b
增强自发电能力　217a
翟　淮　282b
翟立铭　99
张波莲　369
张洪军　369
张　华　369
张　建　369
张　静　274
张齐鸣　106b　108b　109b
张　青　369
张　伟　223
张贤英　125a　126　127a　128
张新雷　45b
张兆利　159
张忠银　369
章东海　313b
召开法制工作会　183a
召开青年政研分会会议　203a
召开思想政治工作会　196a
赵　彬　104
赵　斌　369
赵景明　102　204
真富产能建设　210b
真管中心概况　261a
真 35 块聚合物驱先导试验　54a
真武管理服务中心　261
真武油田　56a
真 43 - 2、真 200 断块新增石油探明地质储量 30 万吨　49b
整合医疗资源　281b
郑　超　313b
政研会理事会换届　196b
支持癌症康复事业　281a
职称评审　149b
职工队伍建设　147b
职工技能培训　232b
职工培训　151a　252a
职工培训处　259
职工培训处概况　259a
职工素质工程　200a
职能委员会(领导小组名录)　353
职业技能鉴定　151a
职业技能竞赛　151b
制度标准化改造　138a
制度标准化信息化工作　133a
制度建设　125a
质量管理　180a　227a
质量监督与监察管理　168b
质量监督与考核　181a
质量考核指标　161b
质量培训　181b
质量认证　181b
质量日和质量月活动　180b
质量荣誉　180b
中低渗砂岩油藏调剖技术研究与应用　111b
中高含水期油藏水驱波及影响因素与对策　113a
中国石化推广项目　173b
中石化阿尔及利亚沙漠水管线项目　128b
中油天工概况　282a
钟志国　369
重大合同审查　184b
重点监理项目　169a
重点项目造价分析　140a
重要文件目录索引　326
周天乔　369
周育曙　369
周庄油田　59b
朱达山　114b　121b
朱　刚　234a　235b　236b
朱国华　369
朱　宏　369
朱　宏　153b　154a
朱家墩气田　68a
朱　俊　彩 14　彩 16　彩 18　彩 25　彩 26　彩 27　彩 28　彩 30　彩 31
朱　平　369
朱　平　彩 14　彩 15
朱武彬　208b

朱相羽　47　48
朱　祥　210　211　212
主要经济技术指标　231a
主要经济技术指标完成情况　237a　246a
主要经济指标完成情况　225a
主要企业简介　95
主要生产经营指标完成情况　248b
主要指标完成情况　274a
主营核心业务　268a
住房资金管理　144b
注水井恒流配水技术　55b
专利申请与授权　114b
专业技术人才队伍建设　149b
转型发展　231b
庄国泰　369
装备更新配置　157a
装备管理　156
装备管理概述　156a
装置运行　231b
资产管理　142b
资产装备　91a
资金管理　142b
资金监督管理　147a
资金预算管理　146b
紫京集团概况　270a
紫京旅游集团　270
紫京旅游集团海外项目　130b
总承包工程建设　246b
综合事务　134b
综合治理　102b
综合治理　102
综合治理概述　102a
综述　26　106　124　189　260
走访调研　126b
组干系统自身建设　150a
组织参加“中国石化第五届职工文艺录像调演”　209a
组织会计人员全员培训考核　144a
组织机构　243b
组织机构及负责人　287
组织绩效管理　131a
组织技术开发项目税前抵扣认定　109b
组织开展文化娱乐活动　257a
组织战地文艺演出　209b
钻井处　237
钻井处概况　237a
钻井工程　83
钻井工程概述　83a
钻井工程经济技术指标　83a
钻井工程新纪录　86b
钻探工作量　45a
钻探效益　47b
作风建设　175b
做优服务工作　262a

表题索引

说 明

一、本索引采用专题索引法编制。年鉴中所有表题均在标引范围内。

二、本索引基本上按汉语拼音音序排列。具体如下：以数字开头的，排在最前面；汉字标目则按首字的音序、音调依次排列，首字相同时，则以第二个字排序，并依次类推。

三、在索引中，索引标目之后的数字表示主题内容所在年鉴正文的页码。

0～9

2011年《中国石化报》刊发江苏油田报道题录 358
2011年安全生产考核评比统计表 165
2011年度江苏油田获国家、省(部)级科技进步奖项目表 351
2011年度江苏油田获扬州市科学技术奖项目表 351
2011年江苏石油勘探局部分文件目录 328
2011年江苏石油勘探局综合经济效益指标完成情况 347
2011年江苏石油勘探开发主要经济效益指标 348
2011年江苏油田分公司部分文件目录 341
2011年江苏油田分公司综合经济效益指标完成情况 347
2011年江苏油田附属单位通联录 362
2011年江苏油田基本概况 345
2011年江苏油田人口自然变动及计划生育情况统计表 352
2011年末江苏油田机关机构设置和定员表 285
2011年全国主要油田原油、天然气产量排序表 344
2011年油田主要领导在有关工作会议上的讲话题录 356
2011年原油分月价格及配置量 155
2011年中共江苏石油勘探局委员会部分文件目录 326

A

安徽采油厂2007～2011年主要生产任务和经济指标完成情况统计表 218
安徽公司2007～2011年度生产任务和经济指标完成情况统计表 245
安徽公司2011年经济技术指标与上年对比 86
安徽公司2011年苏里格气田水平井经济技术指标与上年对比 89
安徽公司2011年探井经济技术指标 89
安徽公司防碰井统计表 88

D

地测处2007～2011年度生产任务和经济指标完成情况表 242

G

供销处2007～2011年度主要生产任务和经济指标完成情况统计表 228

H

获集团公司非科技类奖项先进个人名单 295

获集团公司非科技类奖项先进集体名单 294
获江苏省非科技类奖项先进个人名单 295
获江苏省非科技类奖项先进集体名单 293
获全国非科技类奖项先进个人名单 295
获全国非科技类奖项先进集体名单 293

J

江苏油田 2006 ~ 2011 年主要经济指标 30
江苏油田 2006 ~ 2011 年主要生产建设指标 31
江苏油田 2011 年度科技进步奖项获奖项目 348
江苏油田历年职工和主要生产经营指标完成情况统计表 31
江苏油田内部通勤车 2011 年冬季时刻表(表 1) 363
江苏油田内部通勤车 2011 年冬季时刻表(表 2) 364
江苏油田内部通勤车 2012 年夏季时刻表(表 1) 365
江苏油田内部通勤车 2012 年夏季时刻表(表 2) 367
江苏油田盛骏贷款额度情况表 9
江苏油田盛骏贷款情况表 8

S

设计院 2007 ~ 2011 年度工作任务和经济技术指标完成情况统计表 248
试采一厂 2007 ~ 2011 年度主要生产任务和经济指标完成情况统计表 212
水电讯处 2007 ~ 2011 年生产任务和经济指标完成情况统计表 255

W

物探处 2007 ~ 2011 年度主要生产任务和经济技术指标完成情况统计表 236
物研院 2007 ~ 2011 年度主要生产任务和工作量完成情况统计表 223

Y

扬州石化 2007 ~ 2011 年度主要生产任务和经济指标完成情况统计表 233
运输处 2007 ~ 2011 年度主要生产经营指标完成情况统计表 250

Z

中油天工 2007 ~ 2011 年度主要生产任务和经济技术指标完成情况统计表 284
钻井处 2007 ~ 2011 年度主要生产任务和经济技术指标完成情况统计表 239
钻井处 2011 年定向井、水平井指标与上年对此 85
钻井处 2011 年主要经济技术指标与上年同期对比 83

《江苏油田年鉴》2012 卷撰稿人名单

（按卷内文图出现先后为序排列）

黄俊良　尤　鉴　石宏良　岳大伟　朱　俊　宋永根　刘同力
潘月斌　郭　涛　陈文明　崔　淼　朱　平　李东海　郭海宁
申忠贤　张新雷　夏　延　朱相羽　吕　刚　孙春友　查乃权
杨　林　刘　磊　梁楚勤　刘松林　陈剑峰　罗云东　洪进富
陈增顺　洪　英　李　清　翟立铭　王祖文　宋景远　刘高峰
徐增训　赵景明　金红隽　赵　彬　张齐鸣　杨　鹏　王岸辉
丁建荣　徐　铭　夏　兰　朱达山　王建年　焉　梅　徐栢林
桑雁岷　张贤英　尹宏延　李高贵　陈　康　汝志良　陈　旭
孟丹江　刘　勇　喻　峰　汪先迎　葛仲贤　贾筱蓉　蔡　刚
胡丰成　李　波　刘晓强　王道勇　严　波　朱　宏　许栋良
黄　锦　吴耀明　杨祥锋　张兆利　蔡晓明　陈　波　李志斌
韩久荣　陆锡庆　杨京春　徐　晖　胡勤飞　王　俊　夏加斌
王　欣　黄永生　王云岭　孙立庆　丁忠健　辜新业　陈鹤建
陈秉桦　凌富银　余静云　施徐生　陈　新　才宝金　李书瑜
王伟中　汪　萌　曹永海　许茂春　谷永德　屈　宇　董训流
吴巧虎　余友智　朱武彬　朱　祥　黄颖锋　王庆辉　金　健
胡继军　宋子军　袁家科　钱云霞　杨丛杰　闵　路　王　珊
龙　锋　曾海东　张　伟　李佑炜　王定红　汪海洲　杜南洋
戴秋华　陈　炎　朱　刚　王继东　李继春　孙秀琴　蒋如高
许平玲　苏继奎　王晓山　冯　彬　顾丽琳　苏庆华　唐傲宇
李雨春　王业军　许乃华　施建华　王博爱　殷　莲　崔培耕
李　兵　吴　曦　常家新　张　静　杨　蕾　叶　岗　聂　香
史建洲　孙丽玲　翟　淮　王金兰　孙　克　顾晓中　杜伟莎

资料提供：莫志祥　石宏良
图片整理：黄俊良　**治印：**黄镇中
英文目录译校：陈　军

《江苏油田年鉴》2012卷审稿人名单

（按通审和初审类栏目先后为序安排）

朱平	李东海	毛凤鸣	陈网根	钟志国	肖国连	李浩
张建	肖秋生	唐建东	庄国泰	宋景远	周育曙	杨海滨
徐国良	徐成伟	李学慧	张波莲	朱国华	袁静	王建健
臧庆莹	李跃军	张华	朱宏	鲁西杰	赵斌	徐健
袁玉柱	张青	添维立	刘喜荣	刘良顺	石健	张忠银
戎卫林	田瑜	陶仁俊	吴勇	杨国松	李萍	陈进军
徐晓明	陈刚	景步宏	刘炳官	梁兵	胡斌	彭中
谷峰	徐建	季成林	陈海滨	吴波	施振飞	王士斌
王厚安	张洪军	陈荣	蒋学军	邓政丰	常小明	姚成
毛振光	陈往才	李明生	丁曙东	周天乔	姜长钺	严苏宁
贾玉清	倪明仿					

江苏油田年鉴
1992·1993·1994·1995

1996

江苏油田年鉴 1997

江苏油田年鉴

江苏油田年鉴 2001

江苏油田年鉴 2002

2003
江苏油田
年鉴
JIANGSUYOUTIANNIANJIAN
中国石化出版社

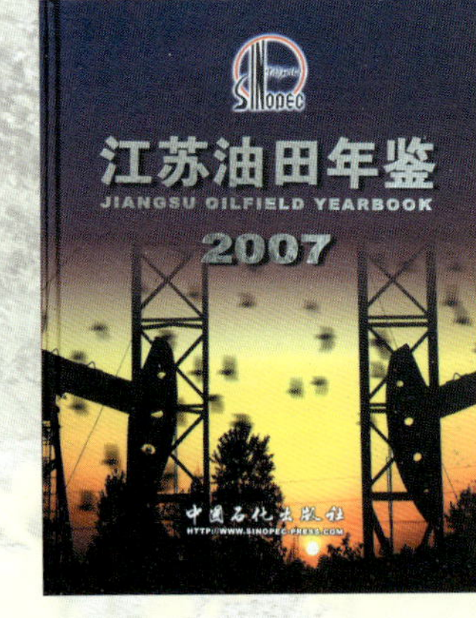
江苏油田年鉴
JIANGSU OILFIELD YEARBOOK
2007
中国石化出版社

江苏油田年鉴
JIANGSU OILFIELD YEARBOOK
2008
中国石化出版社